AF639919

Thomas Riegler

Österreichs geheime Dienste

Eine neue Geschichte

/ KLEVER /

für Lisa,
Mona und Konrad

ISBN 978-3-903110-88-5

© 2023 Klever Verlag, Wien

2. Auflage

© Alle Abbildungen im Buch: Thomas Riegler; mit Ausnahme Abb. 10 (S. 170) und 16 (S. 172)
Umschlaggrafik: k-lab Media Design GmbH, Eduard Mang
Herstellung: Finidr, s.r.o.

Inhalt

III. Fallgeschichte(n)

IV. Fazit und Ausblick

Vorwort

Seit Jahren geistern Begriffe wie „Spionage“, „Geheimdienst“, „Fake News“, „Cyberwar“ und damit verbunden „Skandal“, „Verrat“, „Versagen“, „Täuschung“ und „Desinformation“ durch die mediale Öffentlichkeit, ohne dass deshalb die damit umschriebene Welt des Geheimen, Verborgenen und der verdeckten Aktionen vom interessierten Publikum wirklich verstanden würde. James Bond bleibt das Agenten-Ideal. Vermutlich forciert auch das Geheime und Versteckte in der eigenen Lebenswelt die Neugier für diese Schattenwelten, denen man sich kaum entziehen kann. Solide Information darüber tut also not.

Spionage und Spionageabwehr als Prävention dürften in Ansätzen so alt sein wie die Entstehung organisierter Gesellschaften. Schon bevor es Staaten im modernen Sinne gab, sahen sich Menschen vor die Notwendigkeit gestellt, den Schutz vor Bedrohungen des öffentlichen wie des privaten Lebens speziellen Personen oder Einheiten anzuvertrauen, um so Gefahren besser abwehren zu können. Man nennt solche Einrichtungen seit Beginn des 20. Jahrhunderts Geheim-, Nachrichten- und Abwehrdienste. Auf Vorläufer trifft man schon in den Hochkulturen biblischer und vorchristlicher Zeit, in der Antike und im Mittelalter. Die staatliche Entwicklung ab der frühen Neuzeit erweiterte kontinuierlich das Tätigkeitsfeld der militärischen und diplomatischen Erkundungen. Man könnte behaupten, erfolgreiche Herrscherinnen und Herrscher bedienten sich zunehmend der Spionage in neuen, durchaus unterschiedlichen Formen.

Immer handelte es sich dabei um den Aufbau von Informationspotential durch Ausspäher, Kundschafter und geheime Netzwerke. Permanent etabliert und organisiert wurde Spionage erst mit wachsenden imperialen Bedürfnissen seit dem späten 19. Jahrhundert. Großbritannien war das Ursprungsland moderner systematischer Observation und Kontrolle feindlicher Tätigkeiten. Die kontinentaleuropäischen Großmächte folgten bald dem britischen Vorbild. Spätestens seit dem Ersten Weltkrieg gehört Spionage geradezu zum Wesen des Nationalstaats, egal ob dieser groß oder klein ist, egal, ob monarchisch, diktatorisch oder demokratisch geführt. Auch neutrale und friedlich gesinnte Länder halten sich Nachrichtendienste. So auch das republikanische Österreich, derzeit deren drei: das nach außen gerichtete Heeresnachrichtenamt (HNaA) und das Abwehramt (AbwA) als militärische Einrichtungen und seit kurzem die Direktion für Staatsschutz und Nachrichtendienst (DSN), bis 2002 als Staatspolizei (Stapo), danach mit der Bezeichnung Bundesamt für Verfassungsschutz und Terrorismusbekämpfung (BVT) als polizeilich-zivile Einheit geführt. Alle werden in diesem Buch ausführlich behandelt und waren kaum je mehr gefordert als heute.[1]

1 Dazu grundlegend: Siegfried Beer, *Austria: Intelligence Hub Coming out of the Shadows*, in: Bob de Graff, James M. Nyce (Hgg.), in: *The Handbook of European Intelligence Cultures*, Lanham, MD 2016, 15-28.

Der Autor konzentriert seine Darstellung auf die sicherheitspolitische Entwicklung Österreichs seit 1945, also auf den Kalten Krieg und die bislang namenlose Epoche danach.[2] Er hat viel zu erzählen, strukturell wie exemplarisch. Das war nicht immer so, denn eine wissenschaftliche Beschäftigung mit dem Wirken von Geheim- und Nachrichtendiensten begann auffallend spät. Sogenannte Intelligence Studies werden allenthalben seit ca. 50 Jahren betrieben und die anglo-amerikanische Welt ging auch da voraus. Österreich ist, wie so oft, ein Nachzügler auch in diesem Metier. Riegler gilt als einer der führenden Geheimdienstwissenschaftler des Landes. Zu meiner besonderen Freude hat er sich schon früh der seit immerhin 2004 bestehenden „Grazer Schule" für historische Geheimdienstforschung angeschlossen.

Worum aber geht es bei Geheim- und Nachrichtendiensten in erster Linie? Abgekürzt könnte man sagen: Fast immer um geheimes Wissen bzw. um Informationsverwertung; bei Geheimdiensten, die sich nur große oder besonders bedrohte Staaten leisten können, auch um verdeckte Aktionen, die von subversiver Propaganda bis zu Attentaten reichen können. Das Prinzip ist immer die Geheimhaltung eigenen Wissens und Planens, angestrebt wird stets das Aufdecken von Geheimnissen anderer. Schließlich muss der Erkenntnisgewinn für Entscheidungsträger auch anwendbar bzw. umsetzbar sein. Vertrauen der Politik zu den Diensten ist die Basis, analytische Überzeugungskraft der Dienste deren Qualität.

Zugleich stellt sich immer auch die Frage: ist geheimdienstliches Interpretieren und Handeln relevant genug, um auch die Wissenschaft zu interessieren? Dies wurde lang genug bezweifelt, spätestens seit 2001 wird es das wohl nicht mehr. Heute sind die Intelligence Studies in fortschrittlichen Ländern an Universitäten und Akademien angesiedelt. Sie liefern Erkenntnisse über die Vergangenheit, Lagebilder für die Gegenwart und Perspektiven für die Zukunft. Das Feld für Geheimdienststudien in Österreich ist überschaubar. Es umfasst kaum mehr als 25 Wissen-Wissenschaftlerinnen und Wissenschaftler mit Spezialkenntnissen.[3] Rieglers Buch ist ein wesentlicher Erkenntnisschritt vorwärts. Es wird den Status eines Klassikers und Nachschlagewerks zur österreichischen Zeitgeschichte erlangen.

Siegfried Beer, 4. Juli 2022

2 Jüngst dazu auch: Günter Bischof, Peter Ruggenthaler, *Österreich und der Kalte Krieg. Ein Balanceakt zwischen Ost und West,* Graz-Wien 2022, vor allem Kapitel 6: Tummelplatz der Geheimdienste im Kalten Krieg?, 115-137.

3 Vgl. dazu: Siegfried Beer, *Intelligence Studies in Austria. Progressing but slowly,* in: *Intelligence Beyond the Anglosphere,* John Nomikos (Hg.), Athens 2017, 177-189.

Einleitung

Seit dem Skandal rund um die 2018 erfolgte Hausdurchsuchung im Bundesamt für Verfassungsschutz und Terrorismusbekämpfung (BVT) und dessen Neuaufstellung als Direktion für Staatsschutz und Nachrichtendienst (DSN) Ende 2021 sind Österreichs Nachrichtendienste in aller Munde. Doch viele können mit dem Thema wenig anfangen. Zwar gilt Wien mittlerweile als „Welthauptstadt der Spione", aber es herrschte lange das Gefühl vor, nicht wirklich betroffen zu sein – ganz gleich ob es um Spionage, Cyberkrieg, Terrorismus oder neuartige „hybride" Bedrohungen ging.

Grund dafür ist, dass es an Kontext und vor allem an historischer Erinnerung mangelt. Denn Österreichs Nachrichtendienste sind ausgesprochen verschwiegene Apparate. Das hat natürlich gute Gründe. Aber der Mangel an Transparenz ist im internationalen Vergleich auffällig.

In anderen Ländern ist die Diskussion bereits weiter fortgeschritten: 1991 wurden in Deutschland auf Basis des Stasi-Unterlagen-Gesetzes (StUG) die Akten des ehemaligen DDR-Ministeriums für Staatssicherheit (MfS) für die historische Aufarbeitung und die Information von Betroffenen geöffnet. Ähnliche (meist unfreiwillige) Öffnungsbestrebungen kann man auch bei aktiven Nachrichtendiensten beobachten: Seit 1998 war die Central Intelligence Agency (CIA) beispielsweise aufgrund des Nazi War Crimes Disclosure Acts gezwungen, Dokumente freizugeben, die sich auf die Indienstnahme von früheren NS-Spionen und anderen „Ehemaligen" beziehen.

Auf diese Weise unter Druck gekommen, legte das deutsche Bundesamt für Verfassungsschutz (BfV) 2015 eine Studie zur Wiederbeschäftigung von NS-Personal vor. Der Bundesnachrichtendienst (BND) hatte bereits 2010 eine Forschungs- und Arbeitsgruppe „Geschichte des BND" eingerichtet. Seit 2011 untersucht eine Unabhängige Historikerkommission (UHK) darüber hinaus die Historie der BND-Vorläuferorganisationen, der Organisation Gehlen (ORG) und des BND bis 1968. Seit 2019 liegt mit *‚Stets am Feind!': Der Militärische Abschirmdienst (MAD) 1956-1990* zudem eine aktengestützte Geschichte dieser Organisation und ihrer Mitarbeiter von 1956 bis 1990 vor. Für den ehemaligen BND-Präsidenten Gerhard Schindler ist dieser Aufarbeitungsprozess Teil einer neuen Transparenzoffensive. Und er hält fest: „Gerade einem Nachrichtendienst in einer demokratischen Gesellschaft steht es gut an, sich zu seiner eigenen Geschichte mit all ihren Irrungen und Wirrungen zu bekennen."[1]

Selbst verschwiegene Geheimdienste wie der britische Secret Intelligence Service (SIS, auch bekannt als MI6) oder das Government Communications Headquarters (GCHQ) haben zumindest einem ausgewählten Historiker erlaubt, eine „offizielle Geschichte“ zu schreiben.[2]

Ähnliche Bestrebungen vermisst man in Österreich bislang. Zumindest hat das Innenministerium 2021 ein Forschungsprojekt beauftragt, um die Geschichte der österreichischen Polizei zwischen 1938 und 1945 „umfassend und transparent aufzuarbeiten“.[3]

Dagegen ist die Vergangenheit der beiden Nachrichtendienste des Bundesheers – Heeresnachrichtenamt (HNaA) und Abwehramt (AbwA) – sowie jene der neuen DSN nach wie vor eine „black box“. Historische Unterlagen können im Österreichischen Staatsarchiv/Archiv der Republik (ÖStA/AdR) oder im Wiener Stadt- und Landesarchiv (Bestand Bundespolizeidirektion Wien) eingesehen werden. Der Zugang ist aufgrund langer Sperrfristen und Datenschutz aber restriktiv. Bisweilen bekommen selbst die Archivare sensible Akten des Innen-, Verteidigungs- und Außenministeriums nicht zu Gesicht – weil man der Abgabepflicht gar nicht erst nachkommt. Vielfach wurden Dokumente bereits skartiert (vernichtet), was letztlich auch bedeutet, dass die österreichischen Dienste keine „lernenden“ Organisationen sind.

Selbst dem Parlament werden nähere Auskünfte oft mit dem Hinweis verweigert, „dass detaillierte Informationen über nachrichtendienstliche Tätigkeiten zur Sicherung der militärischen Landesverteidigung wegen ihrer besonderen Sensibilität und Klassifizierung aus Gründen der Amtsverschwiegenheit im Interesse der umfassenden Landesverteidigung (Art. 20 Abs. 3 Bundes-Verfassungsgesetz) nicht geeignet sind, […] öffentlich erörtert zu werden“.[4]

Der einzige öffentliche Auftritt der Bundesheer-Nachrichtendienste findet auf der Homepage des Verteidigungsministeriums statt und bietet einige Informationen zur Geschichte, Funktion und Kontrolle. Eine weitere offiziöse Quelle sind die Verfassungsschutzberichte seit 1997, die auf der Homepage der DSN abrufbar sind und jeweils einen Abschnitt zu „Nachrichtendienste und Spionageabwehr“ enthalten. Viele Erkenntnisse liefert generell der investigative Journalismus. Aber auch die wissenschaftliche Beschäftigung mit der Thematik hat an Fahrt aufgenommen. Mittlerweile liegen zahlreiche Publikationen vor.[5]

Hier sind zunächst die Forschungen von Siegfried Beer und des von ihm 2004 gegründeten Austrian Center for Intelligence, Security and Propaganda Studies (ACIPSS) zu nennen.[6] ACIPSS hat sich als erste Institution zum Ziel gesetzt, „durch Forschung, Lehre und Öffentlichkeitsarbeit die Subdisziplin ‚Intelligence Studies'[7] im deutschsprachigen Raum zu etablieren und die historische Forschung mit der Analyse von gegenwärtigen Problemen zu verbinden."[8]

Ein vielbeachtetes ACIPSS-Forschungsprojekt erfolgte kürzlich zum Thema „Österreichische Exilanten im Nachrichtendienst der US-Armee: Eine kollektive Kriegsbiographie der ‚Ritchie Boys'."[9]

Günter Bischof und Peter Ruggenthaler haben in ihrer Überblicksgeschichte *Österreich und der Kalte Krieg* (2022) festgehalten, dass es „dank der Grazer Schule" um Beer und ACIPSS um die Geheimdienstforschung „besonders zu den amerikanischen und britischen Nachrichtendiensten in Österreich" mittlerweile „recht gut" steht. Lediglich die Tätigkeit der französischen Geheimdienste im Nachkriegsösterreich ist bislang noch unerforscht.[10]

Darüber hinaus widmet sich ein Projekt des Ludwig Boltzmann Instituts (LBI) für Kriegsfolgenforschung (Graz) der Identifizierung, Sichtung und Digitalisierung der Österreich-relevanten Akten in den Archiven des ehemaligen Staatssicherheitsdienstes der Tschechoslowakei in Prag und Bratislava sowie der Grenztruppen in Brno/Kanice.[11]

Ein ähnliches Forschungsvorhaben wurde 2017 mit dem ungarischen Innenministerium vereinbart.[12] Vier Jahre später wurde der Sammelband *Frontline of Espionage. Studies on Hungarian Cold War Intelligence in Austria* vorgestellt.[13]

Trotzdem bedeutet der Mangel an Transparenz letztendlich, dass die breite Öffentlichkeit wenig Vorstellung davon hat, warum man sich eine Community von drei Diensten leistet. Dass Österreich seit dem Kalten Krieg ein „beliebter" Spionageschauplatz ist – mit allen Konsequenzen für die innere Sicherheit und damit für jeden Einzelnen – das erschließt sich eben nur aus einer Gesamtbetrachtung.

Nicht viel anders ist es beim Thema BVT-Affäre und der Frage, warum die sensible Behörde 2018 zum Ziel einer Razzia wurde. Viele diesbezügliche Antworten lieferte der parlamentarische „BVT-Untersuchungsausschuss" (BVT-UsA), der zwischen 4. September 2018 und 5. Juni 2019 insgesamt 102 Befragungen von 88 Auskunftspersonen durchführte.[14]

Im vorliegenden Buch werden die BVT-Affäre und in weiterer Folge die Neuaufstellung des BVT als DSN in eine quellengestützte Überblicksgeschichte der österreichischen Nachrichtendienste seit 1945 eingebettet. Aufgrund des schwierigen Zugangs zu Dokumenten ist es freilich keine Organisations-, sondern primär eine „Fallgeschichte". Die dafür eingesehenen Primärquellen stammen aus heimischen und ausländischen Archiven: vom ÖStA/AdR, über die Stiftung Bruno Kreisky Archiv (StBKA) und das Stasi-Unterlagen-Archiv, bis hin zum britischen National Archives (TNA) und diversen anderen Stellen.

Insgesamt ist es eine Reise hinein in die Abgründe der „Insel der Seligen". So harmlos und friedlich sich Österreich gerne gibt, so ist es oft Schauplatz von Attentaten, Entführungen, Spionageoperationen und Waffenschmuggel gewesen. Auch wenn darüber ungern gesprochen wird, Österreichs Nachrichtendienste haben es schon mit vielerlei Bedrohungen aufgenommen.

Die Bedeutung der Spionagedrehscheibe Österreich geht weit über das Land selbst hinaus und wird auch in der Populärkultur reflektiert. Nicht umsonst haben Klassiker des Spionagegenres wie *Der dritte Mann* oder Autoren wie Graham Greene und Ian Fleming in Österreich Inspiration geschöpft. In Kitzbühel traf Fleming sogar auf jenen Mann, der als wahrscheinlichstes Vorbild für James Bond gilt.

Deutlich wird dabei, welche prominente Rolle österreichische Emigranten in der Spionagegeschichte gespielt haben: Von Edith Tudor-Hart, die die KGB-Topquelle Kim Philby rekrutierte, über den Atomspion Engelbert Broda bis hin zu Peter Smolka, der Graham Greene bei der Recherche zu *Der Dritte Mann* wichtigen Input lieferte und selbst einen Agentenhintergrund hatte.

Auch gab es hierzulande immer wieder spektakuläre Verratsfälle. Trotzdem ist die hier aufgearbeitete Geschichte von „Mr. Seven" in Vergessenheit geraten. War dieser hochrangige „Maulwurf" in den Mord an einem Überläufer verwickelt? Dass der Staatspolizist Gustav Hochenbichler ein Stasi-Spitzel war, ist bekannt – aber nicht das Ausmaß des angerichteten Schadens. In diesem Buch wird es anhand neuer Dokumente erstmals rekonstruiert – ebenso wie die Österreich-Spionage des „kleinen Bruders" der DDR-Staatssicherheit, der Militärischen Aufklärung der Nationalen Volksarmee (NVA). Auch gab es einen Österreicher, der beim legendären Agentenaustausch auf der Glienicker Brücke 1985 mit dabei war. Und noch immer gibt der plötzliche Tod von Botschafter Herbert Amry (1985) Rätsel auf: Gab es einen Zusammenhang mit illegalen Waffengeschäften der Firma Noricum mit dem Iran?

Neben der Vergangenheit ist aber vor allem unsere Gegenwart das Thema. Denn Österreich ist mittlerweile kontinuierlich von sicherheitspolitischen Herausforderungen betroffen, die mit Geheimdiensten und Spionage zu tun haben. Zu verzeichnen waren seit 2018: ein massiver Cyberangriff auf das Außenministerium, ein mutmaßlicher staatlicher Auftragsmord, das mysteriöse „Havanna-Syndrom" und möglicher Informationsabfluss durch ein Netzwerk um den flüchtigen Wirecard-Manager Jan Marsalek. Außerdem wurde Österreich im Jahr 2020 wieder von einem Terroranschlag erschüttert. Seitdem hat der Ukraine-Krieg die Debatte über die Spionagedrehscheibe Wien neu entfacht. Und schließlich verfügt Österreich mit der DSN seit Ende 2021 zum ersten Mal über einen zivilen Inlandsnachrichtendienst, auch wenn dieser weiterhin Teil der Polizei ist.

Von daher war es noch nie aktueller, die Geschichte der österreichischen Nachrichtendienste zu erzählen.

* * *

I. Grundlagen

Österreichs geheime Dienste

Österreich verfügt über drei Nachrichtendienste, die zwei Ministerien unterstehen: Unter der Ägide des Bundesministeriums für Landesverteidigung (BMLV) befinden sich das Heeresnachrichtenamt (HNaA), der strategische Auslandsnachrichtendienst sowie das Abwehramt (AbwA), das für den Eigenschutz des Bundesheeres zuständig ist. Dem Bundesministerium für Inneres (BMI) unterstellt ist die Direktion für Staatsschutz und Nachrichtendienst (DSN), vormals bekannt als Bundesamt für Verfassungsschutz und Terrorismusbekämpfung (BVT). Es handelt sich um keine „Geheimdienste", sondern um „Nachrichtendienste". Diese Unterscheidung ist wichtig für eine seriöse Debatte.

Ein Geheimdienst wie beispielsweise die CIA verfügt über wesentlich weitergehende Befugnisse. Hier sind vor allem die verdeckten Operationen (covert operations) zu nennen, die unter anderem mit einem eigenen paramilitärischen Arm, der Special Activities Division, unternommen werden (Sabotage, Subversion, Unterstützung von Widerstands- und Guerillagruppen, Propaganda). Diese politischen und militärischen Aktivitäten sind seit Jahrzehnten ein Werkzeug der inoffiziellen Außenpolitik der USA, wenn es etwa im Kalten Krieg darum ging, nicht genehme Regime zu stürzen oder andere Bedrohungen für die nationale Sicherheit auszuschalten. Der Handlungsspielraum der CIA wurde hierfür stetig erweitert, man agiert faktisch ohne Rechenschaftslegung über Budget, Organisation und Mitarbeiter.[1] Freilich steht auch die CIA nicht über dem Gesetz, sondern ist dem National Security Act von 1947 unterworfen und benötigt sogenannte Executive Orders als Autorisierung für Maßnahmen. Zwei Kongress-Komittees, das House Permanent Select Committee on Intelligence (HPSCI) und das Senate Select Committee on Intelligence (SSCI) stellen die Aufsicht dar. Allerdings können – sofern ermächtigt – im Interesse der nationalen Sicherheit illegale Aktivitäten bis hin zum Einsatz von tödlicher Gewalt durchgeführt werden.

Die österreichischen Nachrichtendienste dagegen sind dafür konzipiert, Informationen zu beschaffen und auszuwerten. Im Unterschied dazu besteht das „Wesen geheimdienstlicher Tätigkeit“ darin, „in die Hoheitsrechte anderer Staaten einzugreifen. Und das machen wir nicht“, brachte es ein ehemaliger Leiter des HNaA auf den Punkt.[2]

Die Heeresdienste HNaA und AbwA tragen dem Informationsbedürfnis der politischen und militärischen Führung Rechnung. Sie unterstehen dem Generalstab (Generaldirektion für Landesverteidigung). Das HNaA ist für die „nachrichtendienstliche Aufklärung“ (ndAufkl) zuständig und beschafft laut Militärbefugnisgesetz (MBG) Informationen „über das Ausland oder über internationale Organisationen oder sonstige zwischenstaatliche Einrichtungen betreffend militärische und damit im Zusammenhang stehende sonstige Tatsachen, Vorgänge und Vorhaben.“[3] Insofern nimmt das HNaA eine Sonderstellung ein, weil es der einzige strategische Auslandsnachrichtendienst der Republik ist. Mit mehreren Hundert Mitarbeiterinnen und Mitarbeitern[4] ist es auch der personell stärkste aller drei Dienste. Das Hauptquartier befand sich lange im Kommandogebäude Theodor Körner in Wien-Penzing. Mit Masse ist das HNaA aber mittlerweile in der Maria-Theresien-Kaserne untergebracht.

Was den Aufbau betrifft, so gliedert sich das HNaA grob in einen Administrations- und Rechtsbereich, Beschaffung und Information, Auswertung/Analyse, Strategisch Technische Aufklärung sowie Dienststellen in den Bundesländern. Einzelne Elemente des HNaA befinden sich in ausgewählten Auslandsmissionen Österreichs. Weitere Unterstützung liefert die Attachéabteilung, die mit den militärdiplomatischen Beziehungen betraut ist.[5]

Das HNaA ist ein hybrider Dienst. Er beschäftigt sich sowohl mit taktisch-operativen als auch strategischen Aspekten der Sicherheitspolitik. Das Amt erfasst, bewertet und analysiert Entwicklungen in der gesamten Bandbreite des sicherheitspolitischen Spektrums und antizipiert so für Österreich relevante Entwicklungen und Herausforderungen. Die Ergebnisse werden Bedarfsträgern in unterschiedlicher Form zur Verfügung gestellt. Zu diesen zählt nicht nur die militärstrategische, sondern auch die politische Führung. Der Bundespräsident, die Regierungsspitze und verschiedene Ressorts stützen sich auf Lageberichte des HNaA. Darüber hinaus wirkt das HNaA an nationalen Krisenstäben mit.

Wichtigster internationaler nachrichtendienstlicher Knotenpunkt für das HNaA ist die Intelligence Architektur des Europäischen Auswärtigen Dienstes (EAD) der Europäischen Union in Brüssel. Dort wirken das EU Intelligence and Situation Center (EU INTCEN) und das Intelligence Direktorat des EU Militärstabes (EUMS) im Rahmen der Single Intelligence Analysis Capacity (SIAC) zusammen und stellen dem EAD Lagebilder und Einschätzungen auf Basis der Beiträge nationaler Nachrichtendienste zur Verfügung. Das HNaA unterstützt SIAC sowohl personell als auch durch nachrichtendienstliche Beiträge. Besondere Schwerpunkte sind dabei vor allem die Einsatzräume österreichischer Soldaten und Zivilpersonen.

Im Rahmen der österreichischen Beteiligung an Militäroperationen werden auch National Intelligence Cells eingesetzt. Diese Elemente des HNaA tragen durch Unterstützung des lokalen Einsatzkommandanten und Informationsgewinnung vor Ort zur Sicherheit der Österreicher im Einsatzraum (Force Protection) bei. Mögliche Gefahrenpotentiale sollen so frühzeitig wie möglich erkannt werden – so etwa beim Einsatz von rund 150 österreichischen Soldaten im Rahmen der EU-Mission Tschad (2008/2009), wo eine Patrouille des Bundesheer-Jagdkommandos am 18. August 2008 in einen „massiven Feuerkampf" verwickelt worden war.[6] Eine weitere „brenzlige Situation" war die Zeit unmittelbar vor und während des Abzug des österreichischen UN-Kontingents vom Golan (2013). Welche Risiken bestehen, unterstrich Ende Februar 2019 ein Terrorangriff auf das Camp der EU-Trainingsmission in Mali, wo sich auch 16 österreichische Soldaten befanden.

Das HNaA verfügt beispielsweise über viel Expertise in Südosteuropa. Dort ist das Bundesheer einer der wichtigsten Truppensteller im Rahmen der Missionen KFOR und EUFOR Althea. Die Region ist überhaupt von besonderem Interesse für die Sicherheit Österreichs – Stichwort „Balkanroute" (Migration, aber auch Waffen- und Drogenschmuggel etc.). Ein weiteres Risiko stellt die Präsenz salafistischer Netzwerke dar. Darüber hinaus befindet sich Südosteuropa zunehmend im Visier von Direktinvestitionen, „cultural diplomacy" und verdeckten Operationen seitens der Groß- und Mittelmächte China, Russland, Iran, Saudi-Arabien. Das alles trägt dazu bei, die ohnehin schwachen staatlichen Strukturen weiter zu untergraben – mit möglichen Folgewirkungen für Österreichs Sicherheit, weshalb diese Vorgänge vom HNaA aufmerksam verfolgt werden.

Das AbwA mag mit knapp 250 Mitarbeitern der kleinste der drei Nachrichtendienste sein. Es erfüllt aber eine wichtige Aufgabe: den Eigenschutz des Bundesheers, die „nachrichtendienstliche Abwehr" (ndAbw). Deren Aufgaben erläuterte im Jahr 2000 der damalige stellvertretende Leiter des AbwA, Gregor Keller: „Wir sind für die Sicherheit des Heeres zuständig: Objekt-, Geheim-, Truppen- und Personalschutz. Wir überprüfen die Verlässlichkeit von Personen, die Zugang zu sicherheitsrelevanten Bereichen im Zuständigkeitsbereich des Verteidigungsministeriums erhalten sollen."[7]

Mittels Sicherheitsüberprüfungen soll das Eindringen von Extremisten verhindert werden. So wird jeder Soldat, der Zeit- oder Berufssoldat werden will, einer solchen Überprüfung unterzogen. Das AbwA stützt sich dabei pro Kaserne auf zumindest zwei hauptamtliche Sicherheitsbeauftragte, den sogenannten S2-Dienst.[8] Seinen Sitz hat das AbwA in der Hetzgasse in Wien-Landstraße. Es besteht aus vier Abteilungen: Führungsabteilung („Stabsstelle", zuständig für Führung, Ausbildung, Informationsanalyse und Auswertung, Verwaltung, Personelles und Fuhrpark), Abteilung A (Firmenüberprüfungen/Ausland), Abteilung B („klassische" nachrichtendienstliche Abteilung) und Abteilung C (technische/elektronische Dienste). Es gibt vier Außenstellen (Abwehrstellen – ASt) in Graz, Salzburg, Linz und Klagenfurt. Dazu kommen Verbindungsoffiziere sowie Intelligence-Elemente bei allen Auslandsmissionen des Bundesheeres.[9]

Entstanden ist das AbwA per Ministerratsbeschluss vom 2. April 1985. Davor hatte Verteidigungsminister Friedhelm Frischenschlager am 21. Jänner 1985 eine Weisung erteilt: „Dem Beispiel anderer demokratischer Länder folgend" müsse künftig die Ermittlungstätigkeit streng getrennt ablaufen. Informationsbeschaffung im Ausland sei Aufgabe des HNaA, den Eigenschutz des Bundesheeres im Inland habe das AbwA zu übernehmen. Rund 60 der damals 220 Heeresagenten wechselten in die neue Dienststelle.[10]

In den Anfangsjahren wurden die Leiter-Posten praktisch proporzmäßig besetzt. Deswegen galt das HNaA lange Zeit als „schwarze", das AbwA als „rote" Hochburg. Doch dieses Schema gehört längst der Vergangenheit an.[11]

Die Tätigkeiten von HNaA und AbwA erhielten mit Inkrafttreten des Militärbefugnisgesetzes (MBG) im Jahr 2001 eine konkrete gesetzliche Grundlage. Verdeckte Ermittlungen, Observationen sowie Ton- und Bildaufnahmen dürfen erst nach Genehmigung des Rechtschutzbeauftragen durchgeführt werden. Für Gebietskörperschaften und anderen Körperschaften des öffentlichen Rechts gibt es eine Auskunftsverpflichtung. Von Betreibern von Telekommunikationsdiensten erhalten die Nachrichtendienste nach § 22 Abs. 2a MBG „Name, Anschrift und Teilnehmernummer eines bestimmten Anschlusses".[12]

Weil das nicht mehr zeitgemäß schien, erfolgte Anfang 2019 ein Vorstoß, den Zugriff auf Telekomdaten zu gewähren, falls dies während eines Einsatzes nötig sein sollte oder wenn es die „nationale Sicherheit" erfordert. Außerdem soll die Weitergabe von Daten an andere Behörden erleichtert werden.[13] Was die Aufsicht angeht, so unterstehen HNaA und AbwA der Dienst- und Fachaufsicht im Verteidigungsministerium sowie einem 1993 eingerichteten ständigen Unterausschuss des Verteidigungsausschusses des Nationalrats.[14]

Als weiteres Kontrollorgan agiert der erwähnte unabhängige Rechtsschutzbeauftragte (RSB), der gemeinsam mit zwei Stellvertretern die Rechtmäßigkeit von Maßnahmen der nachrichtendienstlichen Aufklärung und Abwehr prüft.

Im Unterschied zu HNaA und AbwA war weder das bis 2021 bestandene BVT noch ist die Nachfolgebehörde DSN als „reiner" Nachrichtendienst zu qualifizieren. Es handelt sich um eine Mischform aus Sicherheitsbehörde und nachrichtendienstlichen Elementen. Das ist übrigens kein österreichischer Sonderweg. Ähnliche Konstrukte sind die schwedische Säkerhetspolisen (Sicherheitspolizei), die Zentraldirektion für Inlandsaufklärung in Frankreich oder das Amt für Innere Sicherheit in Polen.[15] Der langjährige BVT-Direktor Peter Gridling wiederum hat den Zwitter-Charakter des BVT so umschrieben: „Reine Nachrichtendienste haben das Ziel, möglichst viel zu wissen. Dass damit auch Gefahren abgewehrt werden, versteht sich nicht von selbst. Das BVT als polizeilicher Nachrichtendienst hat die Aufgabe, nicht nur zu wissen, sondern konkret Gefahren abzuwehren."[16]

Zu schützen waren vom BVT bzw. sind nun von der DSN verfassungsmäßige Einrichtungen (Regierung, Parlament, Landtage oder Bezirkshauptmannschaften) und deren Handlungsfähigkeit, Vertreter ausländischer Staaten, internationale Organisationen und andere Völkerrechtssubjekte sowie „kritische Infrastrukturen" (Energie, Wasserversorgung, Informationstechnik und Telekommunikation, usw.). Weitere Kernaufgaben betreffen die Bekämpfung extremistischer und terroristischer Bedrohungen, von Spionage, des internationalen Waffenhandels, des Handels mit Kernmaterial und der organisierten Kriminalität in diesen Bereichen.[17]

Dass der Staatschutz Nachrichtendienst und Polizei miteinander kombiniert, ist nicht unproblematisch. Manche Beobachter, wie der erste Direktor des BVT, Gert-René Polli, sehen darin die Quelle aller Probleme, die sich seither ergeben haben. Denn Polizei und Nachrichtendienst haben unterschiedliche Aufgaben und Ziele: „Das Ziel der Strafverfolgungsbehörde ist die Überführung des Täters und seine Verurteilung bei der Hauptverhandlung vor Gericht. Das Ziel eines Nachrichtendienstes ist die Generierung von Informationen und die Veranlassung von Aktivitäten, um schon im Vorfeld eine Straftat zu verhindern. Die Grenzen sind fließend und genau das ist das Problem. Die Arbeit der Geheimdienste passiert im Hintergrund, die der Strafverfolgungsbehörden jedoch in der Öffentlichkeit. Die Arbeit der Strafverfolgungsbehörden schlägt sich in Gerichtakten nieder, und die darin enthaltenen Informationen finden meist ihren Weg in die Medien. Genau daran haben Dienste kein Interesse."[18]

Auch nach der 2020 eingeleiteten BVT-Reform, die mit Inkrafttreten des Staatsschutz- und Nachrichtendienst-Gesetzes (SNG) am 1. Dezember 2021 abgeschlossen wurde, ist die DSN weiterhin eine Sicherheitsbehörde, die der Sektion II, der Generaldirektion für die öffentliche Sicherheit, direkt unterstellt ist. Aber im Unterschied dazu sind die verschiedenen Elemente nun klar getrennt. Denn wie der damalige Innenminister Karl Nehammer 2021 meinte: „In Österreich war immer das Problem, dass die Beamten gleichzeitig Nachrichtendienst und Staatspolizei sind, und eines von beiden kommt immer zu kurz."[19]

Konkret wurde die DSN in die Organisationseinheiten „Staatsschutz" und „Nachrichtendienst" aufgeteilt. Der Nachrichtendienst ist einerseits zuständig für Informationsgewinnung und andererseits für „erweiterte Gefahrenerforschung", sprich die „Beobachtung einer Gruppierung", von der eine erhebliche Gefahr für die öffentliche Sicherheit ausgeht. Damit verfügt die 2. Republik zum ersten Mal in ihrer Geschichte über ein solches nachrichtendienstliches Frühwarnsystem im Inneren. Rechtliche Grundlage ist der § 8 des SNG. Demnach obliegt dem Nachrichtendienst „die Gewinnung und Analyse von Informationen zur Beurteilung von verfassungsschutzrelevanten Bedrohungslagen, insbesondere aufgrund von Informationen von Dienststellen inländischer Behörden, ausländischen Sicherheitsbehörden oder Sicherheitsorganisationen […] sowie von Organen der Europäischen Union oder Vereinten Nationen, sofern nicht der Vollziehungsbereich des Bundesministers für Landesverteidigung betroffen ist."[20]

Nachdem Nachrichtendienstmitarbeiter keine exekutiven Befugnisse haben und keine Polizisten sind, fällt das polizeiliche Eingreifen zwecks „Gefahrenabwehr" oder Verfolgung bereits begangener Straftaten in das Aufgabengebiet des Staatsschutzes. Dieser ist auch zuständig für den vorbeugenden Schutz vor verfassungsgefährdenden Angriffen durch Einzelpersonen.

In der einzigen Schnittstelle zwischen den beiden Organisationseinheiten, dem Gemeinsamen Informations- und Lagezentrum (GILZ), wird daher laufend abgewogen, ob Erkenntnisse des Nachrichtendiensts auf mögliche Straftaten vorliegen, die es notwendig machen, dass der Staatschutz für die weitere polizeiliche Ermittlungsarbeit eingeschaltet wird.

Staatsschutz und Nachrichtendienst werden jeweils von einem Vize-Direktor geleitet. In diese Funktion als erste bestellt wurden: Michael Lohnegger (Staatschutz) und David Blum (Nachrichtendienst.) Beiden Vizedirektoren unterstehen jeweils drei Abteilungen. Im Falle des Nachrichtendiensts sind das die Abteilungen: Cybersicherheit und technische Infrastruktur ND (Nachrichtendienst), Informationsgewinnung und Informationsmanagement sowie Strategische Prävention und Analyse. Der Staatsschutz wiederum besteht aus den Abteilungen Ermittlung, Fahndung und Gefahrenabwehr, Auswertung und Analyse sowie Schutz und Sicherheit.

Die Schnittstelle GILZ befindet sich unter der Ägide des Direktors der DSN. Zu letzterem wurde Ende 2021 Omar Haijawi-Pirchner bestellt, der vorher Leiter des Landeskriminalamts Niederösterreich war. Im Vergleich zum früheren BVT-Direktor, dem nur der administrative Bereich direkt unterstellt war, hat der DSN-Direktor eine deutlich größere Machtfülle. Ihm unterstehen neben der Abteilung GILZ das Büro für Rechtsangelegenheit und Anfragebeantwortung, das Büro Internationale Beziehungen (Partnerdienstbeziehungen), das Büro Interne Sicherheit und Strategisches Risikomanagement (Eigenschutz) sowie die Abteilung Strategie, Grundsatz- und Stabsangelegenheiten.[21]

Die „Firewall“ zwischen Staatschutz/Nachrichtendienst soll dazu beitragen, die Informationssicherheit zu verbessern. Eine Überprüfung durch eine Arbeitsgruppe von Partnerdiensten hatte Anfang 2019 gravierende Mängel im BVT-Hauptsitz festgestellt. Der Bericht monierte etwa das Fehlen eines zertifizierten Aktenverwaltungssystems und Mängel bei der Objektsicherheit. Schon länger gab es auch Kritik an der mangelnden Ausbildung der BVT-Mitarbeiter und an den laxen Sicherheitsstandards.

Als Konsequenz daraus wurde ein dreiteiliges Auswahlverfahren und eine neue Grundausbildung samt Masterlehrgang für „Intelligence Studies“ an der FH Wiener Neustadt implementiert. Darüber hinaus muss sich jede Bedienstete und jeder Bediensteter der DSN vor Beginn der Tätigkeit einer Vertrauenswürdigkeitsprüfung unterziehen, die alle sechs Jahre wiederholt werden muss. Zusätzlich gibt es alle drei Jahre eine Sicherheitsüberprüfung für den Zugang zu streng geheimer Information. Weil letztere Bestimmungen auch für Mitarbeiter des BVT gelten, die in die DSN wechseln, soll im Juni 2021 ein Viertel des Stammpersonals den Dienst quittiert oder zumindest daran gedacht haben.[22] Zuletzt soll das BVT einschließlich der für den Verfassungsschutz zuständigen Ämter in den Bundesländern (Landesämter für Verfassungsschutz, LVT) zwischen 300 und 350 Mitarbeiterinnen und Mitarbeiter gezählt haben. Im Zuge der DSN-Neuaufstellung wird eine deutliche Aufstockung angepeilt. Insgesamt sollen es 600 Mitarbeiterinnen und Mitarbeiter werden, es war auch schon von 650 die Rede.[23]

Weil zur Organisationsreform ein neues Hauptquartier gehört, wurde Ende 2021 das Projekt „Sicherheitszentrum Meidling“ initiiert. Neben dem neuen Verfassungsschutz werden sensible Bereiche des Bundeskriminalamtes, die Direktion für Sichere IKT (DISIT) inklusive Cyber-Lagezentrum

Austrian Cyber Comptence Center (ATCCC) bis voraussichtlich 2028 in der Meidlinger Kaserne angesiedelt.[24]

Die Anpassung der LVTs an die DSN und das SNG ist bis dato noch nicht abgeschlossen. Klar ist aber, dass auch künftig in jedem Bundesland eine für Staatsschutz zuständige Organisationseinheit der Landespolizeidirektionen eingerichtet ist. Aber diese ist im Unterschied zu früher „nur" mehr mit Gefahrenabwehr und Kriminalaufklärung befasst, während der nachrichtendienstliche Bereich von der DSN geleistet wird.[25] Die DSN hat aber nach wie vor „nur" die Fachaufsicht über die LVTs inne, die Personalhoheit liegt weiterhin bei den Landespolizeidirektionen.[26]

Eben weil die DSN eine Polizeibehörde ist, unterscheidet sich ihre Vorgangsweise von jener herkömmlicher Geheim- und Nachrichtendienste. Erfolgt das Einschreiten im kriminalpolizeilichen Bereich zum Zwecke der Strafverfolgung, dann gelten die Bestimmungen der Strafprozessordnung (StPO) – so wie für jeden anderen Exekutivbeamten. Eine Novelle des Sicherheitspolizeigesetzes (SPG) im Jahr 2000 schuf zusätzlich die „erweiterte Gefahrenerforschung", sprich die „Beobachtung von Gruppierungen, wenn im Hinblick auf deren bestehende Strukturen und auf zu gewärtigende Entwicklungen in deren Umfeld damit zu rechnen ist, dass es zu mit schwerer Gefahr für die öffentliche Sicherheit verbundener Kriminalität, insbesondere zu weltanschaulich oder religiös motivierter Gewalt kommt."[27]

2016 wurde die Materie in das Polizeiliche Staatsschutzgesetz (PStSG) übertragen und zusätzlich der vorbeugende Schutz vor verfassungsgefährdenden Angriffen durch Einzelpersonen integriert. 2021 wurde das PStSG unter dem neuen Namen Staatsschutz- und Nachrichtendienstgesetz (SNG) angepasst. Darin sind die Befugnisse der DSN festgelegt. Zur erweiterten Gefahrenerforschung und zum vorbeugenden Schutz vor verfassungsgefährdenden Angriffen kann die Behörde personenbezogene Daten ermitteln – und zwar durch Observation, verdeckte Ermittlung, Einsatz von Bild- und Tonaufzeichnungsgeräten, Einsatz von Kennzeichenerkennungsgeräten zum automatisierten Abgleich mit KFZ-Kennzeichen, Einholen von Auskünften von Betreibern öffentlicher Telekommunikationsdienste und sonstigen Diensteanbietern sowie durch den Einsatz technischer Mittel zur Standortlokalisierung von Endgeräten (ISMI-Catcher) oder durch das Einholen von Reise- und Verkehrsdaten. Auch der Einsatz von Vertrauenspersonen ist möglich, um Informationen aus Bereichen zu erhalten, zu denen die Verfassungsschutzbehörden sonst keinen Zugang haben.[28]

Vor der Durchführung von solchen Ermittlungsmaßnahmen und dem Einsatz von Vertrauenspersonen ist eine Ermächtigung durch den Rechtsschutzbeauftragten einzuholen, der seit Mitte der 1990er Jahre den Rechtsschutz für die Betroffenen wahrnimmt. Über qualifizierte Ermittlungsmaßnahmen entscheiden der Rechtsschutzbeauftragte und zwei seiner Stellvertreter mit Stimmenmehrheit (Rechtsschutzsenat). Bei Gefahr im Verzug kann der Rechtsschutzbeauftragte die Ermächtigung vorläufig erteilen. Der Rechtsschutzbeauftragte und seine Stellvertreter werden vom Bundespräsidenten auf Vorschlag der Bundesregierung nach Anhörung der drei Präsidenten des Nationalrates sowie der Präsidenten des Verfassungsgerichtshofs und des Verwaltungsgerichtshofs auf die Dauer von fünf Jahren bestellt.[29]

Mit dem Instrumentarium der erweiterten Gefahrenerforschung konnte bereits das BVT gegebenenfalls vorbeugend handeln. Denn eigentlich unterliegt eine solche Sicherheitsbehörde dem Offizialprinzip. Das bedeutet, dass bei Bestehen des Verdachts einer gerichtlich strafbaren Handlung Ermittlungen einzuleiten sind und die Staatsanwaltschaft tätig wird. Eine Unterlassung würde eine strafbare Handlung (Verdacht des Missbrauchs der Amtsgewalt) darstellen. Das BVT musste daher der Staatsanwaltschaft bei Ermittlungen über strafrechtlich relevante Handlungen innerhalb von drei Monaten berichten. Das wiederum barg das Risiko, dass Informationen spätestens vor Gericht an die Öffentlichkeit dringen konnten. Diese Transparenz soll abschreckend auf Partnerdienste gewirkt haben, Erkenntnisse mit dem BVT zu teilen.[30] Die DSN hat nun die Möglichkeit eingeräumt bekommen, die Berichtslegung an die Staatsanwaltschaft unter bestimmten Voraussetzungen nochmals „um höchstens drei Monate" aufzuschieben.[31]

Reine Geheim- und Nachrichtendienste haben es da einfacher: Sie unterliegen keiner Aufsicht durch die Staatsanwaltschaft. Vielmehr steht ihnen nach dem Opportunitätsprinzip die Abwägung offen, Ermittlungen weiterlaufen zu lassen, ohne andere Stellen zu informieren – wenn man sich davon einen Vorteil verspricht. Das trägt freilich das Risiko in sich, dass der „richtige" Zeitpunkt für einen Zugriff versäumt wird und der Täter diesem zuvorkommt. Bestes Beispiel hierfür ist der Fall des Attentäters vom Berliner Breitscheidplatz, Anis Amri. Dieser wurde schon 2015, ein Jahr vor dem Anschlag, von Polizei und Nachrichtendiensten observiert und abgehört – möglicherweise, weil man in Amri einen Lockvogel gesehen hatte, der zu Hintermännern beim Islamischen Staat (IS) in Libyen führen sollte.[32]

Ein weiterer Unterschied zu Geheim- und Nachrichtendiensten besteht darin, dass die DSN zwar ermächtigt ist, personenbezogene Daten zu verarbeiten, diese aber wieder löschen muss. Die Daten müssen einmal jährlich daraufhin geprüft werden, ob ihre Verarbeitung weiterhin erforderlich ist.

Nach Ablauf von sechs Jahren sind die Daten jedenfalls zu löschen. Die Kontrolle obliegt dem Rechtsschutzbeauftragten.[33] Diese Vorgangsweise widerspricht der Natur von Geheim- und Nachrichtendiensten, die danach bestrebt sind, Informationen zu sammeln und möglichst nicht wieder aus der Hand zu geben. Wie im Zuge der BVT-Affäre bekannt wurde, hatte der Umgang mit Daten in der Vergangenheit zu Konflikten geführt. Aber es gab auch andere Widerstände: In der Abteilung II wurde eine Liste geführt, in der Personen nach Staatszugehörigkeit und ihrer Tätigkeit bei einer ausländischen Behörde evident gehalten wurden. Aus einem Mailverkehr geht hervor, dass eine BVT-Mitarbeiterin der Meinung war, dass es rechtlich nicht zulässig sei, diese Liste zu führen. Der frühere BVT-Abteilungsleiter M. W. habe aber entschieden, die Liste weiterzuführen und angewiesen, sie solle den Dateinamen auf einen „unverfänglichen Namen" ändern.[34]

Im Vergleich zu „reinen" Geheim- oder Nachrichtendiensten bietet der „Hybrid"-Charakter der DSN aber auch Vorteile, insbesondere jenen der „kurzen Wege". Die nachrichtendienstliche wie die polizeiliche Arbeit erfolgen getrennt voneinander, aber letztlich unter einem Dach. Sobald ein Fall an die Staatspolizei übergeben wird, stehen kriminalpolizeiliche Ermittler bereit, die Verdächtige festnehmen können. Das ist ein wichtiger Unterschied: Denn entgegen landläufiger Vorstellungen haben Geheimdienste nur teilweise exekutivdienstliche Befugnisse. Um jemanden zu verhaften, muss in der Regel die Polizei herangezogen werden, wodurch Zeit verloren gehen kann und Reibereien nicht auszuschließen sind. In den USA beispielsweise muss sich die CIA an die Bundespolizei, das Federal Bureau of Investigation (FBI), wenden. Noch strikter verhält es sich in der Bundesrepublik Deutschland: Das Bundesamt für Verfassungsschutz (BfV) hat sich gemäß „Trennungsgebot" auf das bloße Beobachten und die Spionageabwehr zu beschränken. Die Mitarbeiter haben keinerlei exekutive Befugnisse, sie dürfen niemanden festnehmen, anhalten oder kontrollieren. Das ist auch der historischen Erfahrung aus der NS-Zeit geschuldet, wo Polizei und Geheimdienst miteinander zu einem Terrorinstrument verschränkt wurden. Im Reichssicherheitshauptamt (RSHA) waren ab 1939 Sicherheitspolizei (Geheime Staatspolizei/Kriminalpolizei) und SS-Geheimdienst (Sicherheitsdienst) zusammengefasst. Der Aufgabenbereich des RSHA umfasste alle sicherheitspolitischen und nachrichtendienstlichen Belange – von der Bespitzelung der eigenen Bevölkerung, Spionage und Gegenspionage bis hin zur Verstrickung in den Holocaust.[35]

So verständlich und sinnvoll das „Trennungsgebot" also ist, in der Praxis kann dieses auch zu Zeitverlust und zu Kompetenzgerangel zwischen den

Behörden führen. Im schlimmsten Fall werden Verdächtige nicht rechtzeitig dingfest gemacht. Ein abschreckendes Beispiel hierfür ist die Terrorgruppe NSU, die zwischen 2000 und 2006 acht Morde beging und bis 2011 unentdeckt blieb, obwohl sich 20 bis 50 Spitzel des BfV im näheren oder weiteren Umfeld der Rechtsterroristen bewegt haben.[36] Eine der Hauptgründe für dieses Versagen war das „Ämterwirrwar" – die durch Trennungsgebot und Föderalismus bedingte Zersplitterung in 38 verschiedene Sicherheitsbehörden.[37] Insofern ist es durchaus zu begrüßen, dass die DSN-Reform nicht dem „deutschen Modell" gefolgt ist, so wie es lange im Raum gestanden ist.

Was die Kontrolle betrifft, so werden Geheim- und Nachrichtendienste vom Parlament beaufsichtigt. Im Unterschied dazu war diese parlamentarische Kontrolle beim BVT schwach und zahnlos ausgeprägt. Die DSN-Reform und die damit verbundene Schaffung eines nachrichtendienstlichen Arms machte daher Nachbesserungen notwendig. Nun wurden die Berichts- und Informationspflichten an den zuständigen „Ständigen Unterausschuss des Ausschusses für innere Angelegenheiten" ausgeweitet: Nicht nur, dass der Ausschuss befugt ist, Auskünfte und Einsicht in die einschlägigen Unterlagen zu verlangen, so hat der Innenminister in den Ausschuss-Sitzungen über die Erfüllung der Aufgaben, Lagebildern, über einzelne Sachverhalte, die Gegenstand politischer Diskussionen oder öffentlicher Berichterstattung sind, oder über wesentliche Organisationsänderungen oder Aufgaben der Direktion zu berichten. Zwecks struktureller Kontrolle wurde zusätzlich noch eine unabhängige Kontrollkommission eingerichtet. Hierbei handelt sich um ein weisungsfrei eingerichtetes Organ, welches sich aus fünf Mitgliedern zusammensetzt, die sich bei der Vorsitzführung abwechseln. Das Gremium soll auch als Anlaufstelle für Whistleblower dienen. In der Vergangenheit hatten Bedienstete oft zu anonymen Anzeigen gegriffen, was sich auf das Arbeitsklima im BVT negativ auswirkte. Die per Allparteienantrag Anfang 2023 auf den Weg gebrachte Kontrollkommission soll unter anderem auch die ausreichende Ausstattung und den wirtschaftlichen Einsatz von Personen- und Sachressourcen sowie die fortlaufende Organisations- und Personalentwicklung prüfen. Nicht von den Aufgaben der Kontrollkommission umfasst ist jedoch die operative Kontrolle. Diese kommt unverändert dem Rechtsschutzbeauftragten bzw. dem Rechtsschutzsenat zu.[38]

Da die DSN so wie das BVT dem Generaldirektor für die öffentliche Sicherheit unterstellt ist, bleibt der Draht zur Politik lang. Eine Möglichkeit zum direkten Austausch bieten die Beratungen des Nationalen Sicherheitsrates (NSR), der 2001 eingerichtet wurde. Unter dem Vorsitz des Bundeskanzlers handelt es sich um das wichtigste Beratungsgremium der Bundesregierung in Angelegenheiten der Außen-, Sicherheits- und Verteidigungspolitik. Vertreten sind dort, neben den zuständigen Regierungsmitgliedern, auch Repräsentanten aller im Hauptausschuss des Nationalrats vertretenen Parteien. Einberufen wird der NSR vor allem nach außergewöhnlichen Ereignissen, die die Sicherheit der Republik betreffen. Erörtert werden bereits getroffene und künftige Maßnahmen je nach Zuständigkeit – oft persönlich durch die Leitung von DSN, HNaA und AbwA.

Andere Geheim- und Nachrichtendienste sind als eigenständige Behörden eng an die Exekutive angebunden: Als Koordinator der 17 verschiedenen US-Geheimdienste agiert der Director of National Intelligence (DNI). Dieser entscheidet über die Zusammenstellung des President's Daily Brief, eines streng geheimen Berichts, der die aktuellen Erkenntnisse der US-amerikanischen Geheimdienste täglich für den Präsidenten zusammenfasst. In den 1980er Jahren war William Casey außerdem der erste CIA-Direktor mit Kabinettsrang, was es ihm ermöglichte, den Präsidenten auch privat aufzusuchen.

In Deutschland gibt es einen Koordinator der Nachrichtendienste des Bundes, ihm untersteht die Abteilung 7 des Bundeskanzleramts, die die Dienst- und Fachaufsicht über den BND, das Bundesamt für Verfassungsschutz (BfV) und den Militärischen Abschirmdienst (MAD) wahrnimmt. Einmal wöchentlich findet im Bundeskanzleramt zwecks Austausches eine nachrichtendienstliche Lagebesprechung und anschließend in kleinerem Kreis die „Präsidentenrunde“ mit den Präsidenten des Bundeskriminalamts (BKA), des BfV, des BND statt. Geleitet werden beide Gremien vom Chef des Bundeskanzleramts, die Staatssekretäre des Innen-, Justiz- und Verteidigungsministerium sowie des Auswärtige Amt sind anwesend. Beschlüsse werden keine gefasst, es geht in erster Linie um den Informationsaustausch.[39]

Im Vergleich dazu ist die DSN hierarchisch deutlich niedriger angesiedelt. Sie ist der Generaldirektion für die öffentliche Sicherheit unterstellt und kommt daher mit der politischen Führung nur eingeschränkt in Kontakt. Dasselbe gilt für HNaA und AbwA, die dem Generalstab untergeordnet sind. Zuletzt sind auch in Österreich Forderungen nach einer koordinierenden Stelle oder einem gesamtstaatlichen Lagezentrum, wo effizienter zusammengearbeitet werden soll, immer lauter geworden. Ende 2017 war eine Novelle des Bundesministeriengesetzes beschlossen worden. Darin ist auch ein „Auskunftsrecht für den Bundeskanzler und den Vizekanzler beim Heeresnachrichtenamt, beim Abwehramt und beim Bundesamt für Verfassungsschutz und Terrorismusbekämpfung“ festgehalten. Im Unterschied zur Berichtspflicht müssen sich die politischen Spitzen aktiv an die Amtsleiter wenden.[40] 2021 wurden dann Pläne für ein Bundeslagezentrum präsentiert. Im dritten und vierten Untergeschoss des Innenministeriums am Minoritenplatz sollen bis 2024 mehrere Bereiche entstehen, in denen verschiedene Experten und Ministerien in Krisen- und Nicht-Krisenzeiten vernetzt miteinander arbeiten sollen.[41]

Anfang November 2022 wurde der Entwurf eines Krisensicherheitsgesetzes vorgestellt. Darin wird die Einrichtung des Bundeslagezentrums weiter präzisiert. Dieses soll ein Monitoring der Entwicklung in Bereichen wie Sicherheit, Gesundheit oder Energie betreiben. Es wird auf mehr als 2.000 m^2 eingerichtet und soll die gleichzeitige Bewältigung von drei Krisen-Lagen ermöglichen. Ein Regierungskoordinator für Krisenvorsorge soll im Bundeskanzleramt angesiedelt werden, sein Stellvertreter die Nachrichtendienste koordinieren.[42]

Bislang wird die Zusammenarbeit der drei Dienste untereinander durch ein Verwaltungsabkommen geregelt. Seitens des HNaA beschrieb der damalige Leiter Edwin Potocnik das Zusammenwirken 2010 so: „Man muss sich das als übereinanderliegende konzentrische Kreise vorstellen: Der innerste Kreis sind die militärischen Rechtsgüter, die werden vom Abwehramt geschützt. Der nächste Kreis betrifft das Innenministerium mit dem BVT, da geht es um Gefahren, die unmittelbar auf Österreich wirken. Und wir sind der äußerste Kreis. Wir versuchen, Gefahren schon im Ansatz zu erkennen. […] Diese Informationen geben wir auch an das BVT weiter."[43]

Als deutlich konfliktträchtiger bewertet der erste Direktor des BVT, Gert-René Polli, die österreichische Intelligence Community: In den Aufklärungsprofilen und im Zuständigkeitsbereich aller drei Ämter befänden sich „zahlreiche Überschneidungen, die von der Terrorismusbekämpfung, Proliferationsbekämpfung, Cyber Security, Personenschutz bis hin zur Bekämpfung der organisierten Kriminalität reichen. Dies führt regelmäßig zu Animositäten zwischen den Akteuren und hemmt den Informationsaustausch dort, wo er im Sinne der nationalen Sicherheit notwendig wäre."[44]

Die Animositäten zwischen den Diensten reichen lange zurück. Schon der ehemalige Generaldirektor für die öffentliche Sicherheit, Michael Sika, erinnerte sich, dass von „manchem Staatspolizisten" das HNaA „mehr als Gegner betrachtet [worden sei] denn als Partner". Der Öffentlichkeit gegenüber habe man die gute Zusammenarbeit betont, „in Wahrheit aber ließ die Kooperation durchaus zu wünschen übrig".[45] Zuletzt machten diese Reibereien 2016 Schlagzeilen. So soll das steirische LVT dem AbwA im Zuge von Ermittlungen zu einer Moscheeschändung in Graz 2016 „absichtlich geschadet" haben. In den Abendstunden des 5. Mai 2016 waren im Bereich des Minaretts des Islamischen Zentrums in der Laubgasse Nr. 22 zwei Schweinekopfhälften deponiert und Schweineblut verschüttet worden. Dadurch entstand ein Schaden von 2.000 Euro. Die zwei mutmaßlichen Täter waren der Obmann der rechtslastigen Partei des Volkes (PdV), Thomas K., und ein Informant der Abwehrstelle Graz, der aus dem Umfeld der Identitären Bewegung Österreichs (IBÖ) stammt. Während K. noch am Tatort verhaftet wurde, wurde der Informant am Tag darauf als Beschuldigter vernommen. Fünf Offiziere des AbwA waren während der Geschehnisse vor Ort gewesen, darunter auch der stellvertretende Leiter der operativen Abteilung. Der Führungsoffizier des Informanten rief schließlich eine Stunde vor dem geplanten Anschlag das steirische LVT an. Dort wurde ihm aber nur geraten, per Notruf die Polizei zu verständigen.[46] Denn auf Seiten des LVT waren die AbwA-Ermittlungen in Sachen Identitäre und PdV schon länger kritisch gesehen, weil angeblich kein Zusammenhang mit der militärischen Sicherheit erkennbar war und daher keine rechtliche Voraussetzung für das Tätigwerden des AbwA bestanden habe.[47] Die Angelegenheit wurde 2020 vor Gericht verhandelt. Ein Oberst und ein Major des AbwA wurden wegen Amtsmissbrauch zu Geldstrafen verurteilt. Das Verfahren legte die konfliktreiche Zusammenarbeit zwischen AbwA und LVT erneut offen. So sprach einer der beiden angeklagten Offiziere von einem „gestörten Arbeitsverhältnis" und Verständigungsproblemen.[48] Grund dafür sei gewesen, dass das AbwA „öfters einen Informationsvorsprung" hatte.[49]

In der Zwischenzeit soll sich das Klima aber merklich gebessert haben. Einen Beitrag dazu hat die Implementierung einer strategischen Kooperationsstelle der Nachrichtendienste Österreichs (KSN) geleistet. Diese wurde 2021 auch auf die DSN erweitert. Die Zusammenarbeit umfasst neben der inhaltlichen Kooperation Fragen der Ressourcen, Forschung und Entwicklung, Bedarfsträgerbeziehungen und internationalen Kooperation (wie beispielsweise im Rahmen des Intelligence College in Europe).

Wenn es darum geht, den Informationsaustausch permanent zu gestalten und zu institutionalisieren, könnte sich die Schaffung ähnlicher Strukturen wie in der BRD empfehlen. Dort existiert seit 2004 das Gemeinsame Terrorismusabwehrzentrum (GTAZ), eine Koordinierungsstelle von 40 Behörden von Bund und Ländern, darunter auch die Nachrichtendienste BfV und BND. Darüber hinaus bildet das Gemeinsame Extremismus- und Terrorismusabwehrzentrum (GETZ) seit 2012 einen Arbeitskreis von über 40 Bundes- und Landesbehörden zur Abwehr von Rechtsextremismus, Linksextremismus, Ausländerextremismus und Spionage.[50] In Österreich dürfte das bereits erwähnte Krisensicherheitsgesetz 2023 beschlossen werden. Davon wird ein wichtiger Impuls für eine ähnlich stringente gesamtstaatliche Zusammenarbeit ausgehen.

In der Cyberabwehr wurden in Österreich bereits nationale Koordinationsstrukturen eingeführt – die Operative Koordinierungsstruktur (OpKoord) sowie der Innere Kreis der Operativen Koordinierungsstruktur (IKDOK), die beide vom Innenministerium organisatorisch geleitet werden.[51] Allerdings ist die Cyberabwehr nach wie vor zersplittert. Geht es um Angriffe auf computerbasierte Systeme in staatlichen Institutionen, Unternehmen und private Haushalte, übernimmt die DSN. Bei einer Gefahr für die Landesverteidigung und im Falle souveränitätsgefährdender Angriffe kommt das Bundesheer ins Spiel. Und dort gibt es gleich mehrere zuständige Stellen: HNaA, AbwA sowie das Informations-Kommunikations-Technologie-und-Cybersicherheitszentrum, das auch über die Fähigkeitsbereiche Cyber-Verteidigung und Elektronische Kampfführung verfügt.

Unter dem Strich handelt es sich bei Österreichs Diensten um relativ bescheidene Strukturen, die sich von den Geheim- und Nachrichtendiensten anderer Länder stark unterscheiden. Das drückt sich nicht zuletzt personell aus. Die drei österreichischen Dienste umfassen knapp mehr als 1.000 Personen. Auch wenn die „großen" Geheim- und Nachrichtendienste selbstverständlich in einer anderen Liga spielen, so ist es doch interessant, ein paar Vergleichszahlen heranzuziehen: Die Zahl der Mitarbeiter des BND beläuft sich auf rund 6.500, mit 800 Millionen Euro Budget. Die CIA hingegen beschäftigt mehr als 20.000 Mitarbeiter und erhielt 2017 fast 13 Milliarden Dollar. Die für Auswertung und Überwachung von elektronischer Kommunikation zuständige National Security Agency (NSA) verfügt schätzungsweise über 40.000 Mitarbeiter und ein Budget von ca. 10 Milliarden Dollar.[52]

Wie alles begann

Mitte des 18. Jahrhunderts war die Habsburger-Monarchie eine Intelligence-Großmacht. Zu dieser Zeit feierte die Geheime Kabinettskanzlei viele Erfolg dabei, Diplomatenpost zu entschlüsseln. Ihre Codeknacker standen rund um die Uhr bereit, ebenso wie Übersetzer. Jeden Morgen um 7 Uhr wurde die Post für die ausländischen Botschaften in einer sogenannten „Schwarzen Kammer" insgeheim geöffnet, durchgesehen, teilweise oder ganz abgeschrieben. Dann wurden die Dokumente wieder mit faksimilierten Siegeln verschlossen und in die Postzustellung zurückgeleitet. Um die so erbeuteten Informationen auch in Klartext lesen zu können, brauchte es die Dienste der Dechiffreure. Und diese schafften es beispielsweise 1751, 18 verschiedene französische Codes zu entschlüsseln. Die Existenz der Geheimen Kabinettskanzlei war freilich ein offenes Geheimnis. Einmal beschwerte sich der britische Botschafter, in den an ihn adressierten Umschlägen österreichische Kopien der Korrespondenz aus London vorgefunden zu haben.[53]

Die historischen Anfänge der österreichischen Militärnachrichtendienste wiederum reichen zurück bis in die Zeit der napoleonischen Kriege. Ab 1802 sind erste Versuche eines strukturierten „militärischen Nachrichtenwesens" in der Habsburgermonarchie nachweisbar. Es dauerte aber noch bis 1850, ehe ein erster militärischer Geheimdienst entstand, das Evidenzbüro.[54]

Dieses war durchaus innovativ: Schon im „Deutschen Krieg" von 1866 hatte der Kundschafterdienst des Evidenzbüros die Telegraphenleitung zwischen dem Hauptquartier der 2. preußischen Armee und Berlin angezapft. Auf diese Weise lieferte man wichtige Details über den feindlichen Aufmarsch, „dass die Operation nahezu einem Spiel mit offenen Karten glich". Die militärische Führung fand aber keinen Weg, diesen Vorteil zu nutzen und der Krieg ging katastrophal verloren.[55] An der Wende vom 19. zum 20. Jahrhundert erkannte man die neuen Möglichkeiten mit der Entwicklung der Funktelegrafie. 1908 – im Zuge einer Krise mit Italien nach der Annexion Bosniens – war das Evidenzbüro in der Lage, den Funkverkehr des Gegners abzuhören. Dadurch gewann man in Wien einen unschätzbaren Einblick in die Überlegungen der italienischen Seite.[56] Trotzdem blieb das Evidenzbüro stets eine verhältnismäßig kleine und unterdotierte Einrichtung: Verrichteten doch Anfang 1912 „nur" 28 Offiziere dort Dienst. Ende 1912 waren es 35 und Mitte 1914 42 Offiziere.[57] Im Jahr 1900 wurde für die Flotte noch zusätzlich ein eigenes Marine-Evidenzbüro samt eigener Kundschaftsabteilung eingerichtet.[58]

Ende Mai 1913 wurde ausgerechnet der frühere stellvertretende Leiter des Evidenzbüros, Alfred Redl, als Spion enttarnt. Sein praktisch verordneter Selbstmord verhinderte eine völlige Aufklärung der Causa. Wahrscheinlich ab 1903 hatte Redl begonnen, für das zaristische Russland zu arbeiten.[59] Er soll aber auch für Italien und Frankreich spioniert haben, wobei sich letzteres kaum belegen lässt.[60] Dafür ließ sich rekonstruieren, dass Redl nachweislich kriegerische Maßnahmen enthüllt hatte – so etwa die Mobilisierungsanweisungen für die Kriegsfälle „R" (Russland) und „I" (Italien), vollständig für 1912/13 und zum Großteil für 1913/14. Ebenfalls verraten hatte Redl die „Kriegs-Ordre de bataille" „B" (Balkan 1913/14) und die „Weitergabe für die Kriegsausrüstung fester Plätze", was als besonders schwerwiegend eingestuft wurde.[61]

Für Behauptungen, Redl habe den Aufmarschplan Österreich-Ungarns weitergegeben, liegen dagegen keine Quellenbelege vor.[62] Im Nachhinein war Redl ein bequemer Sündenbock, um die Verantwortung für die Fehlschläge der k.u.k-Armee zu Beginn des 1. Weltkriegs herunterzuspielen. Tatsächlich lässt sich ein solcher negativer Einfluss Redls „fast zweifelsfrei" ausschließen.[63] Darüber hinaus gibt es Hinweise, dass Redl nicht der einzige hochrangige russische Spion war. Es dürfte noch mindestens einen weiteren Verräter im österreichisch-ungarischen Generalstab gegeben haben. Insofern sind frühere Darstellungen von Redl als „Spion des Jahrhunderts" als übertrieben anzusehen.[64]

Das verhängnisvolle Attentat auf Thronfolger Franz Ferdinand in Sarajewo am 28. Juni 1914 konnte das Evidenzbüro nicht verhindern, obgleich dem Dienst das Vorhandensein „staatsfeindlicher" serbischer Nationalistengruppen nicht entgangen war. Ein Bericht des Evidenzbüros soll die Notwendigkeit von engmaschigen Sicherheitsvorkehrungen bei Manöverbesuchen des Thronfolgers in Bosnien im Juni 1914 unterstrichen haben.[65] Der Leiter des Evidenzbüros, Maximilian Ronge, beantragte den Einsatz „der bereits erprobten Maßnahmen des Defensiven Kundschafterdienstes": „Der Erzherzog hatte sich wiederholt für diesen Dienst interessiert; die getroffenen Vorsichtsmaßnahmen hatten stets zahlreiche verdächtige Individuen vom Manövergelände ferngehalten, überdies sorgte ich mit den von Wien mitgenommenen tüchtigen Detektiven und ortskundigen Polizeiorganen stets für entsprechende Absperrungsmaßnahmen in der unmittelbaren Nähe des Thronfolgers. Mir erschien dies nie so wichtig wie bei diesen Manövern in einem politisch sehr verseuchten Gebiete." Doch Franz Ferdinand wollte sich zur „unangenehmen Überraschung" Ronges nicht in das enge Korsett von Personenschutzmaßnahmen zwängen lassen und lehnte

Ronges Anträge ab. „Was oder wer ihn dazu bewog, ist mir ein Rätsel geblieben", meinte Ronge später. Ob sein Abwehrdienst den Tod des Thronfolgers und seiner Gattin hätte verhindern können, wollte Ronge im Rückblick „nicht unbedingt bejahen". Aber immerhin hätte die Anwesenheit einer Anzahl von erprobten Leuten „die Möglichkeit vervielfacht, Attentatsvorbereitungen auf die Spur zu kommen".[66] Ein Grund für Franz Ferdinands Haltung könnte darin gelegen haben, dass sein Vertrauen in das Evidenzbüro seit der Redl-Affäre schwer erschüttert war.[67]

Im 1. Weltkrieg 1914-1918 sollte das Evidenzbüro seine größte personelle Stärke erreichen, allerdings verstrickte man sich auch in Kriegsverbrechen: Die Furcht vor Spionen war eine Rechtfertigung, etwa in Galizien rücksichtslos gegen die ukrainische Zivilbevölkerung vorzugehen. Ronge plädierte „von Beginn an für allergrößte Härte, und die zahlreichen Ausnahmeverfügungen gaben der Armee die Möglichkeit, diese auch zu praktizieren", bilanzieren die Autoren einer Ronge-Biografie.[68]

Der gewichtigste Beitrag zum Kriegsgeschehen aber erfolgte im Bereich der Fernmelde- und Elektronischen Aufklärung (Signal Intelligence, SIGINT). Die 1908 aufgestellte Chiffregruppe und der „Radiohorchdienst" konzentrierten sich darauf, den Funkverkehr des Gegners abzuhören und dessen verschlüsselte Kommunikation zu dechiffrieren.[69] Weil die russische Seite zunächst wenig Funkdisziplin an den Tag legte und oft in Klartext sendete, war es den Dechiffreuren unter Hauptmann Hermann Pokorny möglich, am 19. September 1914 erstmals einen feindlichen Funkspruch zu entschlüsseln. Gegen Ende des Monats knackte Pokorny einen neu eingeführten russischen Code bereits innerhalb weniger Minuten.[70] Mit Hilfe der so gewonnenen Informationen war es möglich, russische Truppenbewegungen in Galizien vorherzusehen, was die k. u. k-Armee wahrscheinlich davor bewahrte, schon im ersten Kriegswinter 1914/15 eine völlige Niederlage zu erleiden.[71] In seinen Erinnerungen zog Ronge dennoch eine bittere Bilanz, die angesichts gegenwärtiger Probleme des Staatsschutzes seltsam vertraut klingt: „Wenn unser Nachrichtendienst unmittelbar vor Beginn und zu Beginn des Weltkrieges nicht so viel leistete, wie man erwartete, so lag die Ursache sowohl in dem Mangel an Geld wie an dem Mangel an Verständnis für die Notwendigkeiten dieses Dienstes."[72]

Nach dem Ende des 1. Weltkrieges im Jahr 1918 beschloss das deutschösterreichische Staatsamt für Heerwesen die Errichtung eines neuen militärischen Nachrichtendiensts. Diese Abteilung I/N nahm unter Leitung von Oberst Otto Kick 1919 den Dienst auf und war im Ministerialgebäude am Wiener Stubenring untergebracht.[73] Ab Juni 1933 wurden Militärattachéposten zur Beobachtung fremder Streitkräfte eingerichtet. Im selben Jahr entstand eine Nachrichtenabteilung beim neu eingerichteten Generalstab.[74]

Was den Polizeibereich betrifft, so hatte schon unter Maria Theresia, Joseph II. und Leopold II. eine „Geheime Polizei" über die innere Ordnung gewacht. Einen ersten Höhepunkt erreichte diese Frühform staatlicher Überwachung mit dem Central-Informations-Comité unter der Ägide von Fürst Metternich, der 1821 Staatskanzler wurde.

Nach der Revolution von 1848 erfolgte eine Neuorganisation des Polizeiwesens.[75] 1856 wurde eine Zentralstelle für staatspolizeiliche Aufgaben bei der Polizeidirektion Wien eingerichtet. Die Rechtsgrundlage war zwei Jahre zuvor in Gesetzen und Verordnungen für die Polizeiverwaltung festgeschrieben worden. Darin heißt es, „dass die höhere oder Staatspolizei ihre Wirksamkeit vorzugsweise auf die Vorbeugung, Entdeckung oder Hintanhaltung der Gefahren zu richten hat, welche die Staatseinrichtungen oder überhaupt die bestehende staatliche und öffentliche Ordnung betreffen." Diese Passage bildete den Kern der Legitimation für die Tätigkeit der Staatspolizei bis weit hinein in die 2. Republik.[76] Das bedeutet, dass die Tätigkeit dieser Behörde größtenteils gesetzlich nicht geregelt war. Vor allem der Rechtsschutz der Bürgerinnen und Bürger war nicht gegeben.[77] Erst der Beschluss des Sicherheitspolizeigesetzes (1990) und des Polizeilichen Staatsschutzgesetzes (2016) schlossen diese eklatante Lücke.

Noch 1872 schuf man eine staatspolizeiliche Abteilung als Sektion I. Aufgabe war der äußere und der innere Schutz des Staates sowie dessen monarchischer Struktur. Obwohl man über die Vorgänge in der Monarchie gut informiert war und Entscheidungsträgern akkurate Informationen und Analysen zukommen ließ, war von Beginn an eine finanzielle Unterdotierung spürbar.[78]

Die militärischen Nachrichtendienste bis heute

Die militärischen Dienste weisen eine relativ stringente historische Entwicklung auf. Ein Grund dafür ist, dass die militärische Aufklärung über potenzielle oder tatsächliche Gegner und deren Streitkräfte seit jeher eine zentrale Grundlage für eigene verteidigungspolitische Maßnahmen bildet. Außerdem gab es personelle Kontinuitäten: Maximilian Ronge, der letzte Chef des Evidenzbüros, übte sowohl in der 1. Republik als auch in der Nachkriegszeit bis zum seinem Tod 1953 prägenden Einfluss aus. Laut seinen Biographen Hannes Leidinger, Verena Moritz und Gerhard Jagschitz war Ronge in den 1930er Jahren eine verlässliche Stütze des austrofaschistischen Regimes von Engelbert Dollfuß und Kurt Schuschnigg: „Deren Ministern riet er bezeichnenderweise zu den Notverordnungen des Jahres 1914 und einer schärferen Gangart auf der Basis strengerer Spionagebekämpfung."[79] Nach dem „Anschluss" 1938 verbrachte der nationalkonservative und antiliberale Ronge zwei Wochen in „Schutzhaft" im Konzentrationslager Dachau und war danach bis August 1938 in einem Münchner Polizeigefängnis interniert.[80]

Nach 1945 wurde der pensionierte Generalmajor Ronge reaktiviert. Einerseits war er „Mitwisser und Helfer" bei der geheimen Remilitarisierung Österreichs unter Ägide der USA.[81] Andererseits wirkte Ronge beim Aufbau eines neuen militärischen Nachrichtendienstes mit. Wieder im „Evidenzdienst" sammelte er Informationen und wertete Daten aus. Seine engen Kontakte zu den US-Besatzungsbehörden und zu Reinhard Gehlen, dem ersten Präsidenten des Bundesnachrichtendiensts (BND), machten sich bezahlt. Außerdem baute Ronge Kurt Fechner als ersten Leiter der ab 1955 bestehenden Gruppe für Nachrichtenwesen (NaGrp) auf.[82]

Fechner war k.u.k.-Offizier und Kommandant der „Heerespyrotechnischen Stelle" im Bundesheer gewesen. Ab 1938 war er als „jüdischer Mischling ersten Grades" verfolgt worden. Doch er wurde von dem aus Österreich stammenden General Erwin von Lahousen protegiert. Dieser setzte Fechner beim Amt Ausland/Abwehr, dem Geheimdienst der Wehrmacht, ein. Bei Kriegsende war Fechner Chef der Leitstelle II Südost und bot, ähnlich wie Gehlen, sein Wissen den Alliierten an, was ihm den Spitznamen „österreichischer Gehlen" eintrug.[83] Von seinen US-amerikanischen Gesprächspartnern wurde Fechner als „intelligent, gut informiert und kooperativ" eingestuft, wenngleich sein fragiler Gesundheitszustand vermerkt wurde.[84] Jedenfalls wirkte Fechner als „Schlüsselfigur beim Aufbau des österreichischen Kundschafterwesens". Gemeinsam mit anderen Agenten versorgte er Ronge mit Pressemeldungen und Monatsberichten über die Nachbarstaaten mit Schwerpunkt auf die „Ostzonen".[85]

Ronge verstarb 1953. Zwei Jahre später wurde eine Dienststelle für den militärischen Nachrichtendienst geschaffen – zunächst als Teil des Amts für Landesverteidigung im Bundeskanzleramt und anschließend im Bundesministerium für Landesverteidigung.[86] Diese NaGrp gliederte sich in eine Nachrichtenabteilung (Aufklärung, Abwehr, Presseauswertung, Führung einer Namenskartei, Attachégruppe), eine Auswertungsabteilung (Auswertung der einlangenden Informationen, Erstellung von Lageberichten und Beantwortung von Anfragen) sowie eine technische Abteilung (Funkhorchdienst, Funkpeildienst, Abhören von Tonbändern, Fotowesen, chemisch-physikalischer Dienst). Die Personaldecke war aber so dünn, dass die erwähnte technische Abteilung erst mit 1. Juli 1956 den Dienst aufnehmen konnte. Im August jenes Jahres ersuchte Österreich das US-Verteidigungsministerium um Ausrüstung für die Fernmeldeaufklärung, was seitens des Pentagons befürwortet wurde.[87] Denn die USA waren ganz wesentlich in die Gründung der NaGrp involviert. Laut einem Dokument von 1955 wollte man, dass Österreich möglichst schnell einen eigenen Nachrichtendienst einrichte, um die USA und die westlichen Verbündeten zu unterstützen: „Wenn Österreich jemals eine Armee aufbaut, muss es die Gelegenheit haben, alle Informationen über seine Nachbarländer zu requirieren. […] Bei jedem zukünftigen Konflikt kann es für Österreich notwendig sein, die Streitkräfte des Westens mit Informationen zu beliefern." Dieses Ansinnen sei von offizieller österreichischer Seite begrüßt worden, wie aus einem weiteren Dokument hervorgeht, das 1999 in *Format* zitiert wurde: „Die führenden Persönlichkeiten, die die Gründung des österreichischen Geheimdienstes vorbereiten, bevorzugen eine Zusammenarbeit mit den westlichen Besatzungsstaaten. […] Weiters gibt es den Plan, die Verbindung mit westlichen Geheimdiensten zur Gründung eines eigenen Geheimdienstes zu nutzen."[88]

Weniger schmeichelhaft war ein Dokument der Wiener CIA-Station, des lokalen Stützpunkts des Geheimdiensts. Darin fasste ein Agent seine Eindrücke beim gerade neu organisierten militärischen Nachrichtendienst Mitte Dezember 1955 zusammen. Diesen nannte er noch „Evidenzbüro". Besonders hervorstechend waren die politischen Grabenkämpfe, die auch die weitere Entwicklung des militärischen Nachrichtendienst begleiten sollten. Johann Linsbauer und sein Stellvertreter Karl Stephani waren für die Sozialdemokratie in der Leitung, Fechner für die ÖVP.[89] Stephani klärte den

US-amerikanischen Besucher zunächst über die prioritären Aufklärungsziele seiner Organisation auf: monarchistische Elemente in der Verwaltung und die damals in Österreich besonders aktive Organisation Gehlen (ORG), die ab 1956 zum Bundesnachrichtendienst (BND) wurde. In Vertretung des wegen Krankheit abwesenden Linsbauer nutzte Stephani den Termin, um bei der CIA so gut es ging Stimmung zu machen. Er lenkte den Fokus auf Fechners Nähe zum westdeutschen Geheimdienst.[90] Dann wandte sich Stephani der inneren Sicherheit zu und äußerte sich kritisch über SPÖ-Innenminister Oskar Helmer. Dieser sei zu schwach gegenüber seinem Untergebenen, dem der ÖVP zuzuordnenden Chefs des Staatspolizeilichen Büros im Innenministerium, Maximilian Pammer. Dieser hatte angebliche enge Verbindungen zu ORG/BND. Einblicke wie diese fanden ein Echo, wie es Stephani wahrscheinlich nicht erwartet hätte. Der CIA-Stationschef kommentierte den Bericht seines Untergebenen folgendermaßen: Das Evidenzbüro habe noch einen langen Weg vor sich, bevor es als aktiver Nachrichtendienst ernstgenommen werden könne.[91]

Dabei hatten die USA selbst bereits zwischen 1945 und 1955 „Hunderte Dollar-Millionen" für die Ausrüstung der NaGrp und des späteren HNaA ausgegeben. Die Mittel flossen in elektronische Lauschstationen und Funkpeilanlagen, Sende- und Empfangsanlagen sowie in Personal.[92] Das wichtigste Investment war die Aufklärungsstation auf der 344 m hohen „Königswarte" bei Hainburg – direkt gegenüber von Bratislava. Zwischen Januar 1959 bis Juni 1960 sind 1.250.000 österreichische Schilling US-amerikanischer Zuwendungen für die Instandsetzung dokumentiert. Bis Dezember 1960 waren weitere 238.000 Schilling erforderlich.[93] Von der Königswarte aus konnte „weit in den Osten hinein gelauscht werden", Funkmeldungen von Truppen der Warschauer-Pakt-Staaten aufgezeichnet und an die Partner beim BND zur Dechiffrierung weitergegeben werden. Während des Kalten Krieges horchte man auf der Königswarte den Telefon- und Funkverkehr im Ostblock und auf dem Balkan ab. Das Hauptaugenmerk wurde auf die Einsatzfähigkeit der östlichen Radarstationen gelegt.[94]

Zur Königswarte kamen weitere Stationen hinzu. Die wichtigste befindet sich am Kohlreithberg bei Neulengbach. Seit 1976 ist das dortige Gelände per Verordnung Sperrgebiet. Der Horchposten des HNaA-Fernmeldeaufklärungsbataillons soll über zehn unterirdische Stockwerke verfügen. Die erkennbare Antenneninstallation dürfte zum Abhören von Telefongesprächen, militärischer Funksprüche und verschlüsselter Kommunikation geeignet sein.[95] Die Anlage wurde zuletzt 2020/2021 mit 5,47 Millionen Euro Mitteleinsatz modernisiert.[96]

Weitere Abhör- und Peilstationen befinden oder befanden sich in Großharras (Niederösterreich), Gols (Burgenland), Pirka bei Graz und Stockham bei Wels.[97] Unter der Bezeichnung „Goldhaube" wiederum zusammengefasst ist das militärische Luftüberwachungssystem mit drei Radarstationen auf der Koralpe, dem Steinmandl und dem Kolomansberg und Kommandozentralen in Bunkern in Wien-Erdberg und in St. Johann im Pongau.[98] Darüber hinaus kamen mobile Lauschgeräte zum Einsatz. Auf diese Weise hörte man verschiedene Frequenzbänder ab und zeichnete die Gespräche vollautomatisch auf.[99] Dechiffrierung und Übersetzung übernahmen die westlichen Partner, denen die Bänder per Kurierflug – mitunter mit Austrian Airlines – nach Frankfurt am Main übermittelt wurden, wo sich auch die Europa-Zentrale der CIA befand.[100]

Die Bande nach Westdeutschland waren traditionell eng: Von Fechners Kontakt zu Gehlen war bereits die Rede. Von diesen persönlichen Beziehungen einmal abgesehen, versuchte Gehlen schon Ende der 1940er Jahre beim Aufbau des künftigen österreichischen Militärgeheimdiensts mitzumischen.

Für die tragende Rolle favorisierte Gehlen den bereits erwähnten Erwin von Lahousen, der 1939 bis 1943 die Abteilung für Sabotage und Spezialaufträge des Amtes Ausland/Abwehr der Wehrmacht geleitet hatte. Lahousen, der in Tirol unter dem Schutz der französischen Besatzungsmacht lebte und in enger Verbindung mit seinem „lieben Freund" Ronge stand, verhielt sich aber passiv.[101] Mitte 1949 empfahl Gehlen explizit die Schaffung eines „inneren Zirkel" („inner circle"), aus dem ein zukünftiger österreichischer Nachrichtendienst hervorgehen sollte. Für diese Mission sei Lahousen der Bestqualifizierte, weil dieser schon vor dem „Anschluss" 1938 eine führende Position im österreichischen Nachrichtendienst innegehabt hatte. Außerdem verfüge Lahousen über die notwendige Anerkennung in österreichischen Offizierskreisen. Gehlen regte auch an, diesen „inneren Zirkel" mit 10.000 US-Dollar im Monat auszustatten, damit er volle Wirkung entfalten könne.[102]

Die US-amerikanische Seite ließ sich das Heft aber nicht aus der Hand nehmen und blockte Gehlens Ansinnen ab. Das änderte jedoch nichts daran, dass der deutsche Einfluss groß blieb. Anfang der 1960er Jahre beklagte Hans Kratky, der in der NaGrp für die Sicherung der Dienststelle zuständig war, einen regelmäßigen Informationsaustausch mit dem BND, aber auch die Weitergabe von Berichten über die Ostblockstaaten an US-Verbindungsleute.[103]

Später soll es von Seiten des HNaA „regelmäßige Kurierdienste zum BND […], und zwar über die Dienststelle Salzburg zum Starnberger See" gegeben haben. Das ging aus einem angeblichen Beschwerdebrief eines HNaA-Offiziers an Verteidigungsminister Otto Rösch Ende der 1970er Jahre hervor. Und: „Eingeweihten ist bekannt, dass die Aufgabenstellung für unsere Nachrichtendienste z.T. weniger von österreichischen Stellen als aus Pullach [Hauptquartier des BND] erfolgt.“[104] 1979 soll sich deshalb ein HNaA-Angehöriger bei Rösch über „befehlswidrige Kontakte von HNaA-Offizieren mit dem BND“ beschwert haben. Konsequenzen gab es keine. Noch 1989 wurde HNaA-Leiter Johann Ulrich in Pullach über die Reformbewegungen im Ostblock gebrieft.[105]

Ulrich hatte einen speziellen Ruf unter seinen internationalen Partnern: Er galt als „irrational sensibel“ („irrationally sensitive“). So entschuldigte ein BND-Mann 1983 das Fernbleiben des BND-Präsidenten Eberhart Blum von einem Termin gegenüber einem CIA-Kontaktmann damit, dass Blum „in letzter Minute“ von seinem Gastgeber Ulrich zur Morgenarbeit in der Spanischen Hofreitschule mitgenommen worden sei. Blum sei darauf eingegangen, weil er fürchtete, Ulrich würde sonst beleidigt sein. Der CIA-Offizier meinte dazu in seinem Bericht, dass diese Charakterisierung Ulrichs richtig sei („right on the mark“) und Kollegen ähnliche Erfahrungen gemacht hätten.[106]

Was die politische Ausrichtung anging, so dominierten im HNaA lange Zeit ausgesprochen konservative Tendenzen, was sich auch durch die Vorgeschichte des Führungspersonals erklärt. So war einer der wichtigsten Mitarbeiter Fechners, der Chef der Informationsabteilung, Robert Wrabel, in der Zwischenkriegszeit bei der Heimwehr gewesen. Während der Februarkämpfe 1934 diente er dem austrofaschistischen Innenminister Emil Fey als Adjutant. Nach 1938 war er bei der Spionageabteilung des Wehrkreises XVII tätig.[107]

Alles andere als ein lupenreiner Demokrat war Fechners Nachfolger, Alexander Kragora. Dieser stellte seine Wehrmachtsuniform samt Auszeichnungen in einer Vitrine seiner Perchtoldsdorfer Villa zur Schau – während über dem Schreibtisch ein Ölbild von Kaiser Karl I. prangte.[108]

Ein besonderer Fall war der Leiter der Nachrichtenstelle (NAST) in Klagenfurt, Oberst Walter Kainz. Der 1914 in Wien geborene Kainz war bereits 1933 in die NDSAP und 1934 in die SS eingetreten.[109] Im selben Jahr wurde er dabei ertappt, wie er das Büro von Generalmajor Ronge auskundschaften wollte. Den Auftrag dazu war von nach Deutschland geflüchteten österreichischen Nationalsozialisten gekommen. Kainz wurde zu zwei Monaten Arrest verurteilt.[110] Nach der NS-Machtübernahme machte er dafür Karriere bei der Sicherheitspolizei. In einem Personalbericht wurde Kainz so charakterisiert: „Ein geistig reger Mensch mit anständigem, manchmal etwas kompliziertem Charakter, weltanschaulich gefestigt."[111] Von 1943 bis 1945 war Kainz beim Einsatzkommando 3 der Einsatzgruppe A in den besetzten sowjetischen Gebieten stationiert. Laut den deutschen Historikern Andreas Hilger und Sabrina Nowack dürfte Kainz „aller Wahrscheinlichkeit nach an zahlreichen Verbrechen direkt beteiligt" gewesen sein.[112]

Nach Kriegsende für zwei Jahre interniert, wurde Kainz 1951 von der Organisation Gehlen, Vorgänger des BND, angeworben. Drei Jahre später wurde er von der österreichischen Polizei wegen Spionageverdachts festgenommen. Der Fall wirbelte viel Staub auf (siehe dazu das Kapitel „Spionagedrehscheibe Österreich"). Trotzdem dauerte es bis 1958, ehe sich der nunmehrige BND und Kainz überwarfen und letzterer kündigte. Tatsächlich hatte er zu diesem Zeitpunkt schon Einstellungsverhandlungen mit der Abwehrstelle bei der NaGrp geführt und wurde dort Verbindungsoffizier zur Staatspolizei. Im Kollegenkreis galt er freilich immer noch als „fanatischer Nationalsozialist". Schon bald bot sich Kainz erneut dem BND an, offerierte den Austausch von nachrichtendienstlichem Material und die Abdeckung von BND-Personal bei Operationen auf österreichischem Boden. Der BND ging schließlich 1961 erneut eine lose Verbindung zu ihm ein und führte Kainz als Sonderverbindung „Romulus". Von Interesse war, dass Kainz über einige „gute Nachrichtenagenten" verfügte, die er auch im Auftrage des BND nach Jugoslawien geschickt haben soll. Bis Ende 1963 wurden aber alle Zahlungen an Kainz eingestellt und die Verbindung gekappt – auch weil seine Vergangenheit in der österreichischen Presse bereits Thema war. Trotzdem fand noch bis in die 1970er Jahre ein sporadischer Informationsaustausch statt.[113]

1972 war die NaGrp unter der Bezeichnung Heeresnachrichtenamt neu aufgestellt und die Fernmeldeaufklärung darin integriert worden.[114] Im Jahr darauf sorgte der Selbstmord von Hauptmann Walter Eckert, des persönlichen Referenten von HNaA-Leiter Alexander Buschek, für Aufregung. Die offizielle Erklärung lautete: „persönliche Motive", inoffiziell hieß es, „wegen geheimdienstlicher Fehlschläge."[115]

In der Stiftung Bruno Kreisky Archiv (StBKA) befindet sich eine „streng vertrauliche" Information der SPÖ-Fraktion an Bundeskanzler Bruno Kreisky zu „Veränderungen" im HNaA. Darin wird über die scharfen parteipolitischen Auseinandersetzungen rund um die Besetzung von HNaA-Spitzenposten Mitte der 1970er Jahre Auskunft gegeben. Aus Sicht der SPÖ war der Dienst nämlich „nahezu reinrassig mit ÖVP-nahestehenden Personen besetzt". Darüber hinaus wird der Status quo bewertet. So heißt es unter

Punkt 2: „Die Bedeutung des Heeresnachrichtenamtes liegt einerseits in der offenen Nachrichtenbeschaffung und Auswertung, andererseits in den Aufklärungsergebnissen des Fernmelde-Aufklärungsbataillons, welches immer wieder von der kommunistischen Presse angegriffen wird und in welches seitens der Kommunisten versucht wird, Personal im Wege von Wehrpflichtigen einzuschleusen. Die geheime Nachrichtenbeschaffung ist nicht zuletzt aus finanziellen Gründen eher von untergeordneter Bedeutung." Laut Punkt 4 ist das HNaA „trotz aller Schwächen insbesondere durch die Mittel der Fernmeldeaufklärung in der Lage, oft wesentliche Beiträge zur Erstattung eines Lagebildes zu geben, wobei es in Zusammenarbeit mit der Generaldirektion für die öffentliche Sicherheit und dem Generalsekretär für Auswärtige Angelegenheiten periodische Lagedarstellungen liefert." Das Dokument hält weiter fest, dass das technische Gerät für die Fernmeldeaufklärung „sehr kostenintensiv und weitgehend veraltet" sei: „Im vergangenen Jahr wurde eine Erneuerung und Verbesserung (Automatisierung) der Fernmeldeaufklärung durch eine erhebliche Beschaffung (Generalunternehmer Fa. Kapsch) in die Wege geleitet."[116]

Das HNaA war im Verlauf seiner Geschichte immer wieder Gegenstand von Kontroversen: So recherchierten Angehörige des Diensts bereits 1972 die Kriegsvergangenheit des damals gerade bestellten UN-Generalsekretärs Kurt Waldheim. HNaA-Chef Kragora behielt das Dossier jedoch unter Verschluss.[117] 1976 entzündete sich eine Kontroverse rund um Major Johann Aehrenthal, den man nach einem Zeitungsbericht Verrat von Staatsgeheimnissen vorwarf. Der Empfang des Zusatzberichts zum Verteidigungsplan, der an die *Presse* geleakt worden war, wurde von HNaA-Agenten zum Büro von Brigadier Gustav Habermann, dem Leiter des Planungsstabes, zurückverfolgt. Der im Nebenzimmer sitzende Referent Aehrenthal geriet in Verdacht. Doch in Habermanns Büro wurden lediglich „amouröse Briefe im Schreibtisch der Sekretärin" gefunden, aber keine Kopie des Geheimberichts.[118]

1997 publizierte der pensionierte HNaA-Offizier Werner Novak im Eigenverlag ein sehr persönliches Enthüllungsbuch: *Armer kleiner Spion*. Es ließ kein gutes Haar am Alltag im HNaA: „Der einzige Unterschied zu den technisch schlecht ausgerüsteten Kollegen aus dem Osten war, dass unsere Leute meist rasiert waren." Neben Kritik an Fehlplanung, Intrigen und fachlich ungenügenden Mitarbeitern, äußerte Novak auch den (unbestätigten) Verdacht, dass HNaA könnte von „Maulwürfen" unterwandert worden sein. Nur seine schwere Erkrankung bewahrte Novak vor einem Disziplinarverfahren.[119]

Einmal abgesehen von Medienberichten oder Memoiren ist die Quellenlage zu den Heeresdiensten sehr dürftig. So gibt es in österreichischen Archiven bislang keine zugänglichen Unterlagen zur früheren Struktur des HNaA. Es gibt allerdings einen Quellenbestand, mit dem sich diese Lücke schließen lässt: Die Unterlagen der DDR-Staatssicherheit. Darunter befindet sich etwa ein Analysepapier der für Auslandspionage zuständigen Hauptverwaltung Aufklärung (HVA) zum Thema „Entwicklung, Struktur und Hauptaufgaben der Geheimdienstorgane Österreichs", das 1988 erstellt wurde. Aus diesem Dokument geht hervor, wie das HNaA in dieser Zeit aufgestellt war. Diese Quelle und insbesondere die darin vorgenommenen subjektiven Wertungen müssen mit Vorbehalt gelesen werden – aber was die Fakten zur Gliederung angeht, so sind diese nach Meinung des Autors glaubwürdig. Die Unterschiede zur aktuellen Struktur werden zweifellos beträchtlich sein.

Dem HVA-Bericht zufolge stand an der Spitze des HNaA Ende der 1980er Jahre die Führungsabteilung, die auch als Stabsabteilung bezeichnet wurde. Dazu gehörten neben dem Sekretariat des Leiters und des Stellvertreters die Adjutantur und ein Schreibbüro. Den Grundstock des HNaA bildeten fünf Abteilungen:

- Informationsabteilung: Diese war für Informationsbeschaffung mit konventionellen nachrichtendienstlichen Methoden zuständig („Aufklärung/Werbung/Einsatz von Agenten", „Nutzung von Reiseagenten unter Angestellten der österreichischen Staatsbahnen und Binnenschiffern – u.a. der österreichischen Donaudampfschifffahrtsgesellschaft – DDSG) usw."
- Fernmeldeaufklärungsabteilung: Hier ging es um „Kryptologie-Wesen; Einsatz operativer Technik (u.a. Abhörtechnik); Forschung; Erarbeiten von Lösungsvarianten des EDV-Einsatzes entsprechend den konkreten Erfordernissen der Abteilung". Die Abteilung gliederte sich weiters in zwei Hauptreferate: Dabei handelte es sich zunächst um die Nachrichtenbeschaffung (Auswertung Kurzwellenbereiche und Ultrakurzwellenbereiche, elektronische Aufklärung (ELINT) und Kryptologie). Außerdem gab es eine Abteilung Wissenschaft/Forschung. Die Empfangskomponente bildetet das Bundesheer-Fernmeldeauflärungsbataillion in der Maria-Theresien-Kaserne. Deren Personal besetzte stationäre und mobile Erfassungs- und Peilstationen in den grenznahen Räumen zu den Ostblockstaaten und nahm eine Vorauswertung der erfassten Daten vor. Die Ergebnisse wurden zur Endauswertung zum Teil bereits auf EDV-Basis der Fernmeldeaufklärungsabteilung zur Verfügung gestellt.
- Auswertungsabteilung: Diese war mit der Erfassung, Auswertung, Speicherung sowie der analytischen Verarbeitung der eingehenden Informationen befasst.

• Ein selbstständiges Auswertungsreferat Ostblockländer sammelte ausschließlich Informationen zu dortigen militärischen Objekten und zur „Verteidigungsindustrie“ dieser Staaten.

• Attachéabteilung: Diese war für die Überprüfung und operative Kontrolle der Tätigkeit ausländischer Militärattachés in Österreich zuständig.

• Personalabteilung (Kaderangelegenheiten, Neueinstellungen, Kaderplanung, Ausbildung und Schulung).

• Selbstständiges Referat Verbindungswesen (Funk- und Fernschreibstelle der HNaA-Zentrale).[120]

Darüber hinaus verfügte das HNaA in sechs Bundesländern über Außenstellen, die als Nachrichtenstellen (NAST) bezeichnet wurden.

Vor dem Hintergrund des Kalten Krieges, der bereits dargestellten „Geburtshilfe“ von Seiten westlicher Dienste für das HNaA und der Praxis der Informationsweitergabe an die Partner, fällte die HVA ein hartes Urteil, ohne die eigenen Spionageaktivitäten in Österreich zu reflektieren: „Seinem Charakter nach handelt es sich beim HNaA um einen prowestlich geprägten Geheimdienst, der seinen ausländischen Partnern vorbehaltlos Informationen und andere Spionagematerialien zur Verfügung stellt und im Prinzip jede geforderte Unterstützung leistet.“[121] Die Ergebnisse der fernmeldeelektronischen Aufklärung des HNaA, „deren Ergebnisse im Wesentlichen für Österreich selbst wertlos“ seien, würden für die Geheimdienste der NATO-Staaten „von wesentlicher Bedeutung“ sein: „Hauptangriffsziele des HNaA bilden die CSSR und die VR [Volksrepublik] Ungarn sowie die in diesen Ländern stationierten Einheiten der Sowjetarmee. Im Rahmen der Tiefen- bzw. Fernaufklärung wird versucht, auch Angaben über andere sozialistische Staaten zu beschaffen. Mit Abstrichen wird außerdem eine aktive Aufklärungstätigkeit gegenüber der Sozialistischen Föderativen Republik Jugoslawien (SFRJ) durchgeführt.“[122] Die Übermittlung der Aufklärungsergebnisse erfolge in konkret festgelegten Abständen und werde „streng konspirativ gehandhabt, wobei die Übergabe an neutralen Orten stattfindet.“[123]

In dem Dokument wurde auch ausgeführt, dass das Verhältnis des HNaA zu den Kollegen von der Staatspolizei „schwierig“ war. Das deckt sich mit diversen Zeugnissen: „Im Verhältnis zum zivilen Abwehrdienst STAPO bestanden bisher gegenseitig recht deutliche Ressentiments. Ursachen dafür sind die Entwicklung eines Elitedenkens beim HNaA und ein entsprechendes Auftreten und Verhalten der Mitarbeiter gegenüber den STAPO-Beamten sowie ein gewisses Misstrauen beim HNaA gegenüber der STAPO hinsichtlich der Möglichkeit der Unterwanderung dieses Dienstes durch ‚östliche‘ Nachrichtendienste. Dementsprechend entwickelte sich auch der

Informationsaustausch, indem die STAPO trotz einiger Vorbehalte dem HNaA ständig Informationen zur Verfügung stellte, umgekehrt jedoch nur ein recht spärlicher Informationsfluss zustande kam."[124]

Dass das HNaA im Kalten Krieg keine passive Rolle spielte, sondern an der Aufklärung gegenüber den Ostblockstaaten beteiligt war und Erkenntnisse daraus teilte, ist ein Faktum. In den 1970er Jahren sorgte sogar eine Reihe von fehlgeschlagenen Spionageoperationen im Ausland für Aufsehen. Das hing damit zusammen, dass man sich gerne der Hilfe von Laien wie Fernfahrern oder Donauschiffern als „Reisequellen" bediente. Einmal wurde sogar der Schlagersänger Vico Torriani auf diese Weise abgeschöpft: „Der Schnulzenstar war – damals noch per Auto – auf einer Konzertreise in Osteuropa unterwegs gewesen und hatte Truppenbewegungen beobachtet, die er sofort nach dem Grenzübertritt bei Bratislava den österreichischen Heeresgeheimdienstlern meldete."[125] Ein anderes Mal berichtete Torriani bei der Einreise in Drasenhofen über Truppenbewegungen in der Sowjetunion, die er beobachtet haben wollte: „Doch erkannte ich sie einwandfrei als russische Einheiten, die ich bereits bei Minsk einholte" und „in Richtung DDR fahren sah".[126]

Manchmal ging es aber nicht glatt und die „Reisequellen" verstrickten sich in Schwierigkeiten: Einmal musste man einen Eisenbahner in Jugoslawien oder einen Angestellten der Österreichischen Mineralölverwaltung (OMV) in der CSSR auslösen, die der Spionageabwehr dieser Länder ins Netz gegangen waren. Auch schickte das HNaA immer wieder Nachwuchsagenten mit Kamera und Notizblock nach Jugoslawien, wo sie Militärflugplätze beobachteten, Flugzeugtypen identifizierten und Radarstationen fotografierten.[127] Diese jungen Leute waren „mehr studentische Abenteurer als echte (hochbezahlte) Spione", hieß es dazu in *profil*: „Sie zuckelten mit ihren billigen Studentenautos los, finanzierten sich mit einer einfachen, aber spannenden Nebenbeschäftigung einen Jugoslawienurlaub und wussten oft nicht einmal, dass auf das, was sie da taten, hohe Strafen standen." Wenn die Amateure über den Loiblpass in Österreich zurück waren, wartete dort auf sie ihr Führungsoffizier, der HNaA-Mitarbeiter Gerhard Lackner. Dieser wiederum arbeitete unter dem bereits erwähnten Major Kainz, was wiederum die Frage aufwirft, wie viele dieser Missionen eigentlich im Auftrage eines fremden Nachrichtendiensts erfolgten. Lackner jedenfalls lud die aus Jugoslawien zurückgekehrten Studenten „auf ein Gulasch und ein Seidl Bier" ein, ersetzte die Fahrtspesen und zahlte ein Honorar von 3.000 Schilling. Im April 1968 wurde aus dem Agentenspiel Ernst, als einer der Studenten, Dieter N., in der Nähe eines Militärflughafens bei Zagreb einer

Patrouille in die Arme lief. Im September 1968 kassierte der Mann dafür acht Jahre Gefängnis. 1971, also nach knapp dreijähriger Haft, wurde der Student ausgetauscht. Am Grenzbahnhof Spielfeld-Straß angekommen, wurde N. vom Leiter der NAST Klagenfurt, Kainz, sowie von Lackner erwartet. Die beiden wollten wissen, „was der Mann den Jugoslawen preisgegeben hatte". Lackner schied 1973 bei der NAST aus und war als Leiter der EDV-Abteilung des Militärkommandos Kärnten tätig. Offenbar leistete er aber weiter nachrichtendienstliche Arbeit, gerüchteweise für den BND. Denn am 23. Dezember 1978 wurden Lackner und die in der EDV-Abteilung beschäftigte Sekretärin Paula Wogatai in Varaždin verhaftet, als sie dort militärische Objekte ausspähten.[128] Beide wurden verurteilt – Wogatai wurde im April 1980 auf Bewährung entlassen, Lackner 1981 im Austausch gegen zwei Angehörige der slowenischen Staatssicherheit, die 1979 in Völkermarkt festgenommen worden waren.[129]

Wenn es um die eigentliche Kernaufgabe ging, dann lieferte das HNaA stets wertvolle Analysen, Einschätzungen und Handlungsempfehlungen: Hier sind in erster Linie militärische Truppenbewegungen in der Nähe von Österreichs Grenzen – so etwa während der Ungarnkrise (1956), dem sowjetischen Einmarsch in der Tschechoslowakei (1968) und beim Ausbruch des jugoslawischen Bürgerkrieges (1991) – zu nennen. Als letzterer Konflikt mit einem Vorstoß der Volksarmee auf Slowenien begann, hatte das HNaA die Aktivitäten bereits über Wochen verfolgt. Man fing Funksprüche der Panzerverbände ab, speicherte diese und wertete sie aus. Das Vorrücken in Richtung Grenze wurde mit mobilen und stationären Empfangsanlagen geortet. Auf diese Weise konnten rechtzeitig militärische Vorbereitungen für den Krisenfall getroffen werden.[130] Später lieferte das HNaA Analysen, die auch von den westeuropäischen Partnern sehr geschätzt wurden. Man wertete dafür Rundfunksendungen, Zeitungsartikel, Zeugenaussagen und Funksprüche systematisch aus. „Österreichs Geheimdienste", so *profil*, „haben – nicht zuletzt wegen der geographischen Nähe und des zu erwartenden Sicherheitsinteresses – über das ehemalige Jugoslawien die besten Informationen."[131]

Im Jänner 1999, während des Kosovokrieges, gelangte das HNaA frühzeitig in den Besitz eines serbischen Strategiepapiers, des sogenannten „Hufeisenplans", der eine systematische Vertreibung der Kosovo-Albaner beschrieb. Auf informellem Weg soll der Bericht an den deutschen BND und weiter an die USA gegangen sein. Ein *Washington Post*-Journalist wurde mit der Äußerung zitiert, wonach Regierungsstellen bestätigt hätten, „dass die Informationen von den Österreichern kamen."[132] Außerdem konnte das HNaA auf Militärkarten aus Zeiten der k.u.k.-Armee zurückgreifen. Auf diesen Karten, denen oft auch Geländeskizzen beiliegen, sollen „Pfade und Steige durch die Schluchten des Balkan eingezeichnet sein, die nicht einmal das modernste Awacs-System oder der scharfäugigste Satellit ausmachen kann."[133]

Das HNaA überraschte 1996 damit, dass man ein codiertes Bekennerschreiben der Bajuwarischen Befreiungsarmee (BBA), hinter der sich der Briefbombenattentäter Franz Fuchs verbarg, schneller dechiffrierte als die US-amerikanische NSA, um deren Hilfe das Innenministerium gebeten hatte.[134]

Auch innenpolitisch war das HNaA immer wieder Thema. So wurde die Schlagseite des Dienstes deutlich, als ein HNaA-Offizier den Herausgeber der *Politischen Briefe*, Hans Pretterebner, mit Informationen „anfütterte". Einen Höhepunkt fand das Intrigenspiel, als der damalige Verteidigungsminister Frischenschlager dahinterkam, dass er selbst von einem HNaA-Mann beschattet wurde. Als Konsequenz zerschlug der Minister, wie bereits erwähnt, den Dienst Ende 1985 in zwei Teile: in das für die Auslands-Aufklärung zuständige HNaA und das nach Innen gerichtete AbwA.[135] Letzterer Dienst ist, wie bereits erwähnt, für die „nachrichtendienstliche Abwehr" (ndAbw) zuständig

Der bereits zitierte Analysebericht des DDR-Auslandnachrichtendiensts enthält auch Einblicke in die strukturelle Gliederung des AbwA Ende der 1980er Jahre. Demnach stand damals an der Spitze des Dienstes der „Leiterbereich mit Sekretariat und Poststelle sowie ein ständig besetzter Operativstab". Weiters zählten dazu:

- Spionageabwehrabteilung: „Speicherung militärischen Personals sowie von Objekten gegen Spionageangriffe; Bearbeitung von Vorgängen in Richtung Militärspionage; Gegenspionageoperationen."
- Abteilung Sicherheit: „Gewährleistung des Geheimschutzes in allen Belangen des militärischen Bereichs; Erarbeitung entsprechender Vorschriften und Kontrolle ihrer Durchsetzung; Sicherheitsüberprüfungen militärischen Personals sowie von Zivilangestellten."
- Abteilung Auswertung/Speicherführung: „Erfassung, Auswertung und Speicherung der eingehenden Informationen aus eigenem Aufkommen, vom HNaA, von der STAPO sowie von ausländischen Partnerdiensten; Dossierführung; Erarbeitung von Analysen; EDV-Einsatz im Rahmen der Auswertung- und Speicherprozesse."
- Erhebungsgruppe: „Realisierung von Ermittlungen, Befragungen; ad hoc-Einsatz im Rahmen der Observationstätigkeit."[136]

Im Oktober 1987 wurden zwei Außenstellen des AbwA, die Abwehrstellen (AST) Graz und Salzburg eingerichtet (aktuell sind es vier).[137]

Blickt man auf die historische Entwicklung des AbwA zurück, so ist auffällig, dass sich der Dienst so wie das HNaA auch in der Causa „Lucona" bedeckt hielt. 1988/89 tagte ein parlamentarischer Untersuchungsausschuss zu den politischen Verwicklungen in den Versicherungsbetrug rund um die 1976 erfolgte Sprengung des Frachtschiffs „Lucona". Das AbwA lieferte gerade einmal 600 Seiten an den Untersuchungsausschuss, das HNaA „nur eine Handvoll Unterlagen". Vermisst wurden etwa Niederschriften über eine Observation des Hauptverdächtigen Udo Proksch 1978 durch das HNaA in Villach.[138]

Am 4. Juli 1976 hatte HNaA-Leiter Buschek Verteidigungsminister Karl Lütgendorf über die dubiosen Aktivitäten von Prokschs Verein Civil und Militär (CUM) informiert und einen Bericht zu den Funktionären übergeben. Lütgendorf, der selbst Gründungsmitglied von CUM und ein enger Freund von Proksch war, antwortete, „dass er diesen Bericht zu sich nehme und dass weitere Erhebungen nicht erforderlich seien." Als das betreffende Dokument im Untersuchungsausschuss vorgelegt wurde, fielen den Abgeordneten handschriftliche Bemerkungen Lütgendorfs zu erwähnten Personen auf. An den Seitenrändern stand etwa „Jude" oder „überzeugter Kommunist".[139] Dass, wie damals kolportiert, Akten des HNaA bzw. des AbwA vernichtet worden waren, um diese dem Ausschuss nicht vorlegen zu müssen, konnte „mangels vorhandener Aktennachweise" (sic!) nicht bestätigt werden.[140]

1984 wurden dem damaligen ÖVP-Generalsekretär Michael Graff von „Amateurfunkern" Mitschnitte eines Autotelefonats zugespielt, das der frühere Finanzminister Hannes Androsch während einer Fahrt auf Höhe der Lauschstation am Kolreithberg geführt hatte.[141] Umgekehrt leitete das AbwA im Zusammenhang mit Munitionsbeschaffung eine Untersuchung gegen ÖVP-Verteidigungsminister Robert Lichal ein. Es fand eine Hausdurchsuchung statt, aber nach einem Jahr wurde das Verfahren wegen Verdachts auf Untreue eingestellt.[142]

Auf der Habenseite gelangen dem AbwA immer wieder Erfolge in Sachen Spionageabwehr: Im Jahre 1985 gestand ein Angestellter der ungarischen Schifffahrts-AG, dass er den Auftrag hatte, jährlich alle bekannten militärischen Anlagen in Oberösterreich von der Angriffsseite her zu fotografieren. 1989 nahm man zwei ungarische „Brauchtumsforscher" fest, die bei einer Gefechtsübung der Militärakademie eine Autopanne vorgetäuscht und Aufnahmen von militärischen Hinweistafeln sowie Gefechtsständen gemacht hatten. 1990 versuchte ein russischer Diplomat den Geschäftsführer einer medizinisch-technischen Firma dafür zu gewinnen, Unterlagen über Forschungsprojekte des Heeresspitals Stammersdorf und des Forschungszentrums Seibersdorf zu liefern.[143]

Das AbwA wiederum geriet durch interne Querelen immer wieder in die Schlagzeilen. In den 2000er Jahren lieferten sich zwei Lager einen erbitterten Machtkampf. Eines wurde von einem bereits pensionierten Personalvertreter angeführt, der früher die wichtige nachrichtendienstliche Abteilung B geleitet hatte. Das andere führte sein Nachfolger auf diesem Posten an.[144] In dieser Schlammschlacht wurden auch Vorwürfe der Spionage für die DDR-Staatssicherheit ins Feld geführt. Außerdem wurde der Verdacht evident, dass Informationen des AbwA in den 1990er Jahren an die FPÖ geflossen waren.[145]

2008 wurde das AbwA im Rahmen eines „IKT-Sicherheitsaudits", einer Prüfung auf Abhöreinrichtungen, ausgerechnet im Telefonapparat des Pressesprechers von Minister Norbert Darabos fündig.[146] Wie der ehemalige Leiter des AbwA, Wolfgang Schneider, in einem Interview angab, war es keine „Wanze" gewesen, „sondern eine interessante Manipulation des Telefonapparats, die zweifellos ein Fachmann gemacht hat. Mehr will ich dazu nicht sagen."[147] Wer den Apparat manipuliert hatte, konnte offiziell nie geklärt werden. Laut *profil* waren die Täter selbst AbwA-Agenten gewesen, die „unbotmäßige Kontakte des Pressesprechers zu Journalisten" überwachen wollten.[148] 2019 sorgte intern die Beschwerde einer Mitarbeiterin mit türkischem Migrationshintergrund wegen Diskriminierung und Mobbings für Unruhe.[149]

Mitunter geriet auch die Zivilgesellschaft ins Visier der Bundesheer-Nachrichtendienste: In den 1980er Jahren liefen Ermittlungen gegen die Volksstimme und die Monatszeitschrift *Wiener Tagebuch*. Über die „rot-grünen" Aktivisten Ortwin Weiss, Paul Blau und Gerhard Prager wurden ebenso Dossiers angelegt wie über den Zukunftsforscher Robert Jungk. 2009 überwachten AbwA-Mitarbeiter eine Veranstaltung von Gegnern des Eurofighter-Ankaufs in Knittelfeld. Nicht nur die Veranstaltung wurde observiert, sondern auch die Kennzeichen von PKWs notiert, die im Umkreis geparkt waren.[150] Wohl über Zehntausende Österreicher sind sogenannte Sperrvermerke angelegt worden. Dafür genügte die Teilnahme an Friedensdemos, Engagement in der Anti-AKW-Bewegung oder einfach nur Cannabis-Konsum. Daten darüber wurden auch mit der Staatspolizei ausgetauscht und konnten bei Bewerbungen im öffentlichen Dienst hinderlich sein.[151]

Mittels Sperrvermerk können aber auch Soldaten für bestimmte Funktionen oder Tätigkeiten im Bundesheer gesperrt werden – etwa wegen extremistischer Gesinnung. Zuletzt gab es 2019 eine Diskussion darüber, ob Mitglieder oder Unterstützer der rechtsextremen Identitären Bewegung Österreichs (IBÖ) weiter gesperrt bleiben. Man entschied, von einer Lockerung abzusehen.[152]

Von der Staatspolizei zum BVT

Im polizeilichen Bereich führte ab 1920 die Zentrale Evidenzstelle (ZESt) bei der Bundespolizeidirektion Wien die bereits bestehenden Schwerpunkte der staatspolizeilichen Arbeit fort: die Überwachung monarchistischer, kommunistischer und später auch nationalsozialistischer Bewegungen. 1930 wurde dann die Generaldirektion für die öffentliche Sicherheit gegründet.[153] Drei Jahre später, am 21. November 1933, gründete man das Staatspolizeiliche Büro, das zunächst von Norbert Ferraris und wenig später von Bruno Hantsch geleitet wurde.[154] Kurz nach Ende der Februarkämpfe 1934 wurde zusätzlich die Staatspolizeiliche Evidenz unter Leitung des reaktivierten Maximilian Ronge eingerichtet. Aufgabe seiner Dienststelle war es vornehmlich, die politischen Gegner der austrofaschistischen Diktatur zu erfassen. Die ZESt verlor im Gegenzug an Bedeutung und wurde 1938 aufgelöst.[155] Vom Putsch der illegalen Nationalsozialisten im Juli 1934, dem auch Bundeskanzler Engelbert Dollfuß zum Opfer fiel, zeigten sich die Sicherheitsbehörden aber überrascht und überfordert.[156]

Mit dem „Anschluss" an Hitler-Deutschland (1938) wurden die Agenden der Staatspolizei von der Geheimen Staatspolizei (Gestapo) des Deutschen Reichs übernommen.[157] Nach dem tiefen Einschnitt von Austrofaschismus und NS-Terrorherrschaft, in der die Gestapo eine der wichtigsten Säulen des Repressionsapparates war, gab sich die 2. Republik neue Sicherheitsstrukturen. Ein wirklicher Neuanfang war das aber nicht. Man griff im Wesentlichen auf die Struktur von 1938 zurück. Da war zunächst die der Generaldirektion für die öffentliche Sicherheit unterstellte Oberbehörde oder Zentralstelle (Gruppe C), die unter wechselnden Bezeichnungen auftrat: 1945 als „staatspolizeiliches Büro", ab 1953 als „Sicherheitspolizei", von 1958 bis 1968 als „staatspolizeiliche Gruppe" und ab 1965/66 als „Gruppe Staatspolizei". Ab 1966 war die Gruppe C in der Sektion II als „Staatspolizeilicher Dienst" angesiedelt (Gruppe C/II). Ihr Sitz war stets im Amtsgebäude Herrengasse Nr. 7, wo sich seit 1945 das Bundesministerium für Inneres befindet. Als Zentralstelle führte die Gruppe C/II vor allem auftragssteuernde, koordinierende und kontrollierende Funktionen aus. Auf lokaler Ebene, in den Sicherheitsdirektionen der Bundesländer und in den 14 Statutarstädten, war der staatspolizeiliche Dienst in den sogenannten „Abteilungen I" organisiert, die den örtlichen Behördenleitern unterstanden.[158]

Erster Leiter der Zentralstelle im Innenministerium war Maximilian Pammer, Mitglied im ÖVP-nahen Österreichischen Cartellverband (ÖCV) und bereits 1933 vom damaligen Bundeskanzler Engelbert Dollfuß in die Staatspolizei berufen. Er war in der Vaterländischen Front aktiv gewesen und hatte dort einen eigenen Nachrichtendienst organisiert. Nach der Machtübernahme der Nationalsozialisten wurde Pammer im März 1938 in einem sogenannten „Prominententransport" ins Konzentrationslager Dachau gebracht, wo er bis 20. September 1938 inhaftiert war. Bereits am 16. April 1945 wurde Pammer von Staatskanzler Karl Renner mit dem Wiederaufbau und der Leitung der Staatspolizei beauftragt. Pammer sollte später aber nicht zum Generaldirektor für die öffentliche Sicherheit aufrücken, sondern seine Karriere nach Unstimmigkeiten mit den SPÖ-Innenministern Oskar Helmer und Franz Olah als Präsident des Statistischen Zentralamts (1965-1969) beschließen.[159]

Eine merkliche Neubesetzung erfolgte durch den kurzzeitigen Staatssekretär für Inneres, Franz Honner, von der Kommunistischen Partei Österreichs (KPÖ). Er genehmigte am 8. August 1945 den Organisationsplan der Wiener Polizeidirektion und ihrer „Abteilung I – Staatspolizeiliche Abteilung".[160] An die Spitze dieser – vereinfacht ausgedrückt – Wiener Staatspolizei, setzte Honner schon im Juni 1945 Heinrich Dürmayer, der im spanischen Bürgerkrieg als Kriegskommissar der Internationalen Brigaden Erfahrungen mit nachrichtendienstlicher Arbeit gesammelt hatte.[161] Honner habe zu ihm gesagt: „So, und du übernimmst die Staatspolizei", erinnerte sich Dürmayer später und fügte hinzu: „Und in dem Moment, da er das gesagt hat, war ich die Staatspolizei. Ich allein, sonst nichts. Denn es war ja nichts da, kein Personal, keine Räume, keine Schreibmaschine, kein Papier, nichts. Es war tatsächlich die Stunde Null."

Dürmayer behalf sich, indem er einfach Büroräume und Wohnungen beschlagnahmen ließ – in der Herrengasse Nr. 13, dem Palais Niederösterreich. Selbst das „Wichtigste" für eine „politische Polizei" habe gefehlt: Vorakten – „die hab ich ja auch nicht gehabt. Es gab ja keine Kartei."[162] Doch Dürmayer leistete systematische Aufbauarbeit. Dank der Unterstützung durch den sowjetischen Stadtkommandanten war er mit großen Vollmachten ausgestattet und verfügte bald über einen Apparat mit fast 1.000 Beamten. Die Prioritäten lagen auf der Ausforschung und Verhaftung ehemaliger Nationalsozialisten, aber auch auf der Durchsetzung des kommunistischen Einflusses in der sowjetischen Besatzungszone.[163]

Ende 1945 hatte die Wiener Staatspolizei bereits 679 Mitarbeiter, von denen 90 Prozent als Kommunisten, neun Prozent als Sozialdemokraten und lediglich ein Prozent als Parteigänger der ÖVP eingestuft wurden.[164]

Eben deshalb wurde Dürmayer – ebenso wie der sowjetischen Besatzungsmacht – ein hochbrisanter Fund verschwiegen: Noch 1945 waren in den Großöfen der Zentralheizung des Wiener Parlamentsgebäudes die Akten des Gaupersonalamts des Reichsgaues Wien („Gauakten“) sichergestellt worden. In den letzten Tagen des NS-Regimes hatte man die Öfen mit den Dokumenten so vollgestopft, dass die Luftzufuhr unterbunden und die Vernichtung verunmöglicht wurde. Die rund 300.000 Faszikel gaben Aufschluss über NS-belastete Österreicherinnen und Österreicher.[165] Pammer erinnerte sich später: „Da waren die einzelnen Lebensläufe, die Einstellung der Leute zur Partei, zur NSDAP von ein paar hunderttausend Österreichern, Wienern hauptsächlich. Ihre eigene Darstellung, so, wie sie's gegenüber der Partei zum Ausdruck bringen wollten, indem sie sich gerühmt haben, was sie alles geleistet haben, als Illegale in der NSDAP oder für die NSDAP. Natürlich hat nicht alles gestimmt, was das drinnengestanden ist, aber um es zu Erpressungen zu gebrauchen, hätte es um so mehr gereicht.“[166] Pammer erkannte, wie brisant dieses Material war „und wie gefährlich es werden konnte, wenn es in die unrichtigen Hände – Russen oder Polizeidirektion Wien – gelangen würde.“

Er informierte Staatskanzler Karl Renner, der den Auftrag gab, „alles Erforderliche zur Auswertung dieser Akten zu veranlassen, dabei aber für die strikteste Geheimhaltung dieses Fundes Sorge zu tragen“.[167] Die Dokumente wurden zuerst im Parlament belassen und später ins Innenministerium gebracht, wo im dortigen großen Sitzungssaal eine Namenskartei fertiggestellt wurde. Eine erörterte Vernichtung der Gauakten wurde nicht realisiert, weil dies einen Beschluss des Alliierten Rates vom April 1946 verletzt hätte. Die Alliierten wurden erst Anfang 1946 voll ins Bild gesetzt. Ihren Dienststellen musste auf Verlangen Auskunft erteilt werden, aber die Gauakten verblieben im Gewahrsam des Innenministeriums. Trotz aller Vorsichtsmaßnahmen kam es vor, dass Beamte ihr Wissen für Geld preisgaben.[168] Vor allem aber verhinderte der langjährige Verschluss der Gauakten eine ernsthafte Debatte über die NS-Vergangenheit und Fragen der individuellen Verantwortung, was mit ein Grund für die Geheimhaltung gewesen sein dürfte. Diese Verschwiegenheit hatte freilich „Risse“: So wurde der Vorwurf erhoben, dass bestimmte Gauakte „gereinigt“ und andere verschwunden seien – „aber auch, dass Inhalte der Gauakten, obwohl sie geheimgehalten werden sollten, bekannt wurden und zur Belastung politischer Gegner verwendet worden wären“, so der Journalist Hugo Portisch.[169] Die Gauakten sollten erst 1990 in den Bestand des Archivs der Republik im Österreichischen Staatsarchiv übergehen.[170]

Der KPÖ-Einfluss wurde bald zurückgedrängt. Schon Ende 1945 stellte die Partei nur mehr den Energieminister. 1947 schied auch dieser aus der

Regierung von Bundeskanzler Leopold Figl aus. Unter Oskar Helmer (SPÖ) als Innenminister und dem ehemaligen Funktionär der Vaterländischen Front und nunmehrigen ÖVP-Politiker Ferdinand Graf als Staatssekretär im Innenministerium schwand Dürmayers Einfluss. Im Frühjahr 1947 musste die Wiener Staatspolizei Abteilungen wie die Reiseerlaubnisstelle und die Fremdenpolizei abgeben. Die Exekutivabteilung wurde auf 130 Beschäftigte reduziert und alle Personalentscheidungen dem Wiener Polizeipräsidenten Josef Holaubek überantwortet. Im Herbst 1947 war die Staatspolizei von ursprünglich 700 Beamten auf etwa die Hälfte reduziert, wovon die Kommunisten und ihre Sympathisanten noch etwa 65 Prozent stellten.[171] Holaubek erinnerte sich später: „Ich habe in den ersten zehn Jahren meiner Polizeipräsidentschaft über 10.000 Personen aus dem Polizeidienst entfernt – teilweise Pensionierungen, vorwiegend Kündigungen, Entlassungen und Überstellungen. Darunter auch viele Kommunisten. Es haben sich dann auch viele Kommunisten bei anderen Behörden beworben. Den Prozess der Verringerung des kommunistischen Einflusses bei der Staatspolizei habe ich damit beschleunigt."[172]

Den letzten Schritt bildete die Absetzung von Dürmayer. Zuvor hatten sich dieser und Helmer einen erbitterten Machtkampf geliefert, der so weit ging, dass der Innenminister eine Parallelstruktur zur Staatspolizei aufbaute, die „Gruppe 5". Diese arbeitete mit den westlichen Geheimdiensten zusammen – etwa wenn es darum ging, die große Gruppe osteuropäischer Flüchtlinge und „Displaced persons" zu screenen.[173] In seinen Memoiren klagte Helmer, die Staatspolizei unter Dürmayer sei ein „förmlicher kommunistischer Staat im Staate geworden": „Sie war in einem eigenen Gebäude am Wiener Schottenring untergebracht und kümmerte sich weder um Weisungen der Polizeidirektion noch des Innenministeriums. Diese Behörde war einfach ein Instrument der Besatzungsmacht und ihr Leiter das willfährige Vollzugsorgan ihrer Wünsche."[174] Um wieder Kontrolle herzustellen, habe er den „in Staatspolizeifragen versierten" Sektionsrat Franz Mayer zum Stellvertreter Dürmayers gemacht. Der Konflikt eskalierte im Sommer 1947 völlig, als Helmer und Mayer zum Schluss kamen, dass Attentatspläne „faschistischer Elemente" auf das Siegesdenkmal der Roten Armee fabriziert worden waren, um das Eingreifen der Besatzungsmacht zu rechtfertigen. Tatsächlich hatte ein Spitzel der Staatspolizei, ein gewisser „Herbert", im Tanzlokal „Koralle" ehemalige HJ-Mitglieder dazu angestiftet, das Denkmal zu sprengen.[175] Dürmayer sollte deswegen abgesetzt werden. Dieser verlautbarte im Gegenzug, dass er seinem Stellvertreter Mayer „das Betreten der Amtsräume und jedwede Tätigkeit im Rahmen der staatpolizeilichen Abteilung" untersagen würde. Daraufhin verfügte Helmer die sofortige Versetzung Dürmayers zur Polizeidirektion Salzburg, wo dieser den Posten krankheitsbedingt nie antrat und daher zwangspensioniert wurde.[176]

Das machte den Weg frei für eine neue Ära: Oswald Peterlunger, ebenfalls ÖCV-Mitglied, war während des Ständestaats bei der Polizeidirektion Innsbruck und der dortigen Staatspolizei gewesen. In dieser Funktion hatte er während der Februarkämpfe 1934 Mitglieder des republikanischen Schutzbunds „mit drakonischer Härte" verfolgt. Nun wurde er aus der Zwangspensionierung durch das NS-Regime wieder reaktiviert.[177] Als Peterlunger den Tresor Dürmayers öffnete, erwartete ihn freilich eine Überraschung. Alles war leer. Dürmayer hatte noch in der Nacht vor seiner Absetzung die Losung ausgegeben, „nicht nur die Geheimakte, die unter meinem Einfluss standen, sondern auch alle anderen wichtigen Akte" verschwinden zu lassen.[178]

Peterlunger war zunächst bis 1966 Leiter der Wiener Staatspolizei, dann Leiter der Gruppe Staatspolizeilicher Dienst im Innenministerium und ab 1969 bis 1975 Generaldirektor für die öffentliche Sicherheit.[179] „Peterlunger sollte das Bild der Staatspolizei in Österreich wie kein anderer prägen", schreibt Manfred Fuchs.[180] Gemeinsam mit Holaubek drängte Peterlunger den KPÖ Einfluss Schritt für Schritt zurück, wenngleich der Wiener Staatspolizei lange der Ruf nachhing, kommunistisch unterwandert zu sein. Zum geflügelten Wort wurden die „Kompensationsgeschäfte" Peterlungers: Der Austausch von Informationen mit westlichen Diensten, um im Gegenzug selbst zu profitieren.[181]

Die neuen Gegebenheiten des Kalten Krieges spiegelten sich auch darin wieder, dass die aktive Rolle Österreichs bei der Entnazifizierung aufgegeben wurde. Der „Nazijäger" Simon Wiesenthal beschwerte sich deshalb, dass „der Peterlunger die Kriegsverbrecher nie verfolgen wollte".[182]

Besonders abgründig war der Fall von Jan Robert Verbelen: Der 1947 wegen Mordes an belgischen Widerstandskämpfern zum Tode verurteilte SS-Obersturmbannführer führte für das US-amerikanische Counter Intelligence Corps (CIC) bis 1957 das Wiener Netz „Herbert", vor allem, um die KPÖ auszuspionieren. Anschließend arbeitete Verbelen noch bis 1955 für die CIC-Abteilung in München, um danach für die österreichische Staatspolizei als Informant tätig zu sein. Peterlunger soll Verbelen davor bewahrt haben, an die belgische Justiz ausgeliefert zu werden.[183] „Ich war ja nie Mitglied der Stapo", erzählte Verbelen später: „Aber als die Amerikaner abgezogen waren, sind die östlichen Geheimdienste sehr wohl in Österreich geblieben. Ich brauchte nur durch die Straßen Wiens zu gehen, ich kannte sie alle. Darüber habe ich auch der Stapo berichtet".[184] Peterlunger hatte 1959 ein Staatsbürgerschaftsansuchen Verbelens befürwortet und um „Erledigung desselben" gebeten. Als 1962 Wiesenthal eine Verhaftung Verbelens wegen Kriegsverbrechen erreichte, bescheinigte Peterlunger per Aktenvermerk, dass Verbelen „seit Jahren" schon als „Vertrauensmann der Abteilung I" tätig sei, der über den Rechtsextremismus und seine internationale Verflechtung berichte: „Von ihm stammen sämtliche Informationen über die ‚Internationale der Nationalen' bis in die jüngste Zeit. Die von ihm übermittelten vorgelegten Nachrichten haben jeder Überprüfung Stand gehalten und jedenfalls dazu geführt, dass die österreichischen Behörden zu jeder Zeit über die Entwicklung auf dem Sektor ‚Rechtsradikale' bzw. ‚Internationale der Nationalen' auf dem Laufenden waren."[185] Im Prozess gegen Verbelen wurde 1965 ein Freispruch gefällt, auch der Versuch, ihm wieder die Staatsbürgerschaft zu entziehen, scheiterte. Verbelen lebte bis zu seinem Tod 1990 in Wien und fiel immer wieder durch rege Vortrags- und Publikationstätigkeit in der rechtsextremen Szene auf.[186]

Den „Feind" hatte Peterlungers Staatspolizei ohnedies primär im linken Lager ausgemacht: Die Oktoberstreiks im Herbst 1950 wurden gründlich bespitzelt bzw. als kommunistischer Putschversuch gebrandmarkt. Unter anderem spielte man dem *Kurier* den angeblichen „Geheimplan 3" zu, der die rote Machtübernahme in allen taktischen Einzelheiten detailreich wiedergab.[187] Die auf dem Dokument angebrachten Häkchen sollen intern bedeutet haben, dass es sich um eine Fabrikation handelte.[188]

Insgeheim leistete auch die CIA während der Oktoberstreiks Hilfe: Im Austausch mit den Kontaktstellen im Innenministerium entwickelte der Wiener CIA-Stationschef John „Jocko" Richardson einen Plan, Angehörige der Bau- und Holzarbeitergewerkschaft als Streikbrecher einzusetzen. Für diese Aufgabe wurden sie mit Axtstielen „bewaffnet". Es waren so viele notwendig, dass Richardson Axtstiele mit Lastwagen heranschaffen ließ. Bezahlt wurde das aus dem Budget des Office of Policy Coordination (OPC), eines verdeckten operativen Arms der CIA. Auf diese Weise war es möglich, jede Beteiligung glaubwürdig abstreiten zu können.[189]

Eine unrühmliche Rolle spielte die Staatspolizei am 31. März 1965, als Vertreter von Studentenorganisationen, ehemalige Widerstandskämpfer sowie Gewerkschafter in Wien in der Inneren Stadt gegen die antisemitischen und antidemokratischen Äußerungen des Hochschulprofessors Taras Borodajkewycz demonstrierten. Bei einem Zusammenstoß mit Gegendemonstrationen beim Hotel Sacher wurde der ehemalige Widerstandskämpfer Ernst Kirchweger niedergeschlagen; zwei Tage später erlag er seinen Verletzungen. Die Staatspolizei hatte es verabsäumt, Großalarm zu geben, als man merkte, dass einige der Gegendemonstranten mit Ketten und Schlagringen bewaffnet waren.[190] Untätig blieb man auch, als rechtsextremistische Kleingruppen im Wienerwald im Rahmen von Übungen mit „Gatschkugeln" aufeinander losgingen. Peterlunger beschwichtigte lediglich: „Es gibt keine gefährlichen Banden."[191]

Wesentlich besser im Bilde war man über die Vorgänge in Südtirol. Dort hatte der Befreiungsausschuss Südtirol (BAS) sich ab 1961 darauf verlegt, mit Bombenanschlägen auf die Forderung nach Selbstbestimmung aufmerksam zu machen. Österreich spielte in diesem Zusammenhang eine ambivalente Rolle: Bis das Bundesheer 1967 die Grenze abriegelte, war Nordtirol das Rückzugsgebiet für die BAS-Leute, die man verharmlosend „Bumser" nannte. Und nicht nur das. Der BAS war zuvor jahrelang von Österreich aus aufgerüstet worden. Bis zum Sommer 1961 wurden insgesamt drei bis vier Tonnen Sprengstoff, Hunderte von Sprengkapseln und Zeitzündern sowie mehrere Dutzend Gewehre über den Brenner, den Reschen sowie über Osttirol nach Südtirol geschmuggelt. Außerdem hielt ein Nordtiroler Unterstützer Sprengkurse für die späteren Attentäter ab.[192]

Die Regierungsspitze in Wien, insbesondere der damalige Außenminister Bruno Kreisky, war über den BAS von Beginn an informiert. Das erledigte ein regelrechtes Netzwerk, zu dem unter anderem der aus Tirol stammende Peterlunger und der Tiroler SPÖ-Landesrat Rupert Zechtl zählten. Kreisky selbst hatte die Führungsriege des BAS Ende 1960 in seiner Wiener Wohnung empfangen.[193]

In Kreiskys Nachlass findet sich jedenfalls ein staatspolizeiliches Dossier zum BAS, das von viel Insiderwissen zeugt. Entwicklung und Aufbau der Organisation werden „minutiös" wiedergegeben, so die Einschätzung des Südtiroler Journalisten und Historikers Christoph Franceschini: „Das Ganze liest sich wie eine Chronik des BAS. An vielen Stellen wird klar, dass die Informationen direkt aus der illegalen Bewegung selbst kommen müssen." Wer die Berichte zusammenstellte, darüber lasse sich nur mutmaßen. Franceschini vermutet zwei Nordtiroler Polizeibeamte als Verfasser – den Polizeiinspektor Franz Spörr und den Staatspolizisten Ludwig Reiter. Beide hatten nicht nur mit dem BAS sympathisiert, sondern waren auch in Aktionen eingeweiht.[194]

Wie Franceschini ausgeführt hat, gab es zwischen Österreich und Italien während des Südtirol-Konflikts eine „kontinuierliche und gut funktionierende Zusammenarbeit". Periodisch fanden Treffen zwischen dem italienischen Geheimdienst SIFAR und der NaGrp (Vorläufer des HNaA) statt, in denen man „Informationen über den BAS und die geplanten Attentate" austauschte. Diese Treffen erhielten den Decknamen „Rosengarten"-Besprechungen. Die Staatspolizei bekam davon im Nachhinein detaillierte Berichte. Franceschini wertet das als Beleg dafür, dass die österreichischen Nachrichtendienste „weit enger" mit der italienischen Seite kooperierten „als bisher angenommen".[195]

Es gibt nur wenige Selbstzeugnisse ehemaliger Staatspolizisten. Eine Ausnahme ist Leo Maier, der an der Fahndung nach NS-Kriegsverbrechern beteiligt gewesen war. In seinen Memoiren erzählte er, wie er Staatspolizist wurde und deswegen viele Vorteile genoss: „Ich musste keinen Dienstweg und keine Dienstzeiten einhalten". Von einem Ministerialrat bekam Maier einen Presseausweis auf den Alias „Peter Brucker", der ihn als Journalisten der französischen Zeitung *La Liberté* auswies. In Wien lebte er in einer „KW" (Konspirative Wohnung) mit völlig anderer Identität. Maier legte hohe Reiserechnungen, weil er „ständig im In- und Ausland" unterwegs war und bekam oft Sonderprämien, was in der Kollegenschaft „zunehmend Neider" erzeugt habe. Hauptaufgabe sei es gewesen, „die Tätigkeit der verschiedenen Geheimdienste in Österreich vertraulich zu kontrollieren". Denn wie Maiers Vorgesetzter und Mentor, Josef Rossmanith, Leiter der Abteilung 2 B, zu sagen pflegte: „Es ist wohl unser legitimes Recht zu wissen, was diese Scheiß-Geheimdienstler in unserem Land machen." Maier nahm die Aufgabe anfangs ernst, kam aber dann zur Überzeugung, „dass 90 Prozent dieser Geheimdiensttätigkeit blanker Unsinn, überflüssiges Getue waren." Manche der gesammelten Informationen seien dem jeweiligen Innenminister zur Kenntnis gebracht worden. Rossmanith tat dies aber, ohne die Namen der Quellen zu offenbaren. Als dann Franz Olah 1963 Innenminister wurde, verlangte er genauere Auskünfte, was Rossmanith abblockte. Daraufhin sei er in einer „Nacht-und-Nebel-Aktion" abgelöst und in eine andere Abteilung versetzt worden. Als Rossmaniths Tresor im Auftrag Olahs geöffnet wurde, fand man darin aber nur „Rätselheftchen und Märchenbücher". Er hatte die Akten vernichtet.[196]

Olah legte sich damals mit der Staatspolizei an. Am 28. Jänner 1964 brach ein erster „Spitzelskandal" los, als der Innenminister live im Fernsehen enthüllte, dass von der Staatspolizei Akte „über Hunderte, ja Tausende von Menschen" angelegt worden waren. Zu den Betroffenen zählten laut Olah er selbst und mächtige SPÖ-Politiker wie Helmer, Bundespräsident Franz Jonas und Josef Afritsch, 1959 bis 1963 Innenminister. In seinen Memoiren schrieb Olah, dass sich 40.000 solcher „Spitzelakten" gefunden hätten, „allesamt angefertigt nach 1945, zumeist unter der Ägide des Stapo-Chefs Max Pammer, den noch Helmer 1958 wegen seiner Eigenmächtigkeiten versetzt hatte, ohne wohl den vollen Umfang dieser Aktivitäten zu kennen".[197] Doch es war Olah selbst, der am 21. September 1964 nach einem innerparteilichen Konflikt zurücktreten musste.[198]

Peterlunger hatte auch diese Kontroverse „überlebt". Olah hatte ihn einen „sehr guten Beamten" genannt. Und das, obwohl klar war, dass die Staatspolizei selbst den jeweiligen Innenministern bis ins Private hinein nachgespürt hatte. Offenbar machte Peterlunger sein Wissen zu einem gewissen Grad unantastbar.[199] Ansonsten hätte er die zahllosen Niederlagen auf einem ureigenen Feld, nämlich dem der Spionageabwehr, wohl kaum durchgestanden.

1960-62 ereignete sich eine spektakuläre Entführungsserie, deren Opfer ausnahmslos Antikommunisten waren. Hinter den Eisernen Vorhang verschwanden der Ungar Stephan Molnar, letzter Überlebender der prowestlichen Nachrichtensammelstelle „Goldene Stiege", der Ungar Aurel Abranyi, Mitverfasser der Broschüre *Ein Land in Flammen – der Opfergang Ungarns*, und der Tscheche Emil Svec, ein ehemaliger Ostagent. 1962 starb der abgesprungene ungarische Offizier Bela Lapusnik einen mysteriösen Tod.[200] Möglicherweise war in den Todesfall ein hochrangiger Verräter verstrickt, der „Mister Seven" genannt wurde. Es soll sich dabei um die „rechte Hand" von Pammer gehandelt haben. Die Geschichte von „Mr. Seven" wird in einem eigenen Kapitel erzählt.

Anfang 1967 wurde ein Fall von Informationsweitergabe aufgedeckt, der in die „andere Richtung" verlaufen war: Dem bereits erwähnten Beamten Leo Maier und seinem Kollegen Otto Weidinger von der oberösterreichischen Sicherheitsdirektion wurde vorgeworfen, mit der CIA und dem Mossad in Verbindung zu stehen. Insbesondere Maier galt damals als „Super-James-Bond". Er soll in einer Mietwohnung in Salzburg seine Kontaktleute getroffen haben, um ihnen Material „hauptsächlich über östliche Agententätigkeit" zu liefern.[201] Als Konsequenz wurde Weidinger in eine Abteilung des Innenministeriums versetzt, Maier hingegen wechselte „freiwillig" zum UN-Polizeikorps auf Zypern. Schon 1972 vermutete *profil* deshalb eine Intrige: Der eifersüchtige Peterlunger wollte sich von niemandem den Rang ablaufen lassen, schon gar nicht bei „Kompensationsgeschäften" mit westlichen Partnerdiensten.[202]

Am 12. November 1968 wurde der ehemalige Staatspolizist und spätere Berufsdetektiv Johann Ableitinger zu zweieinhalb Jahren Gefängnis verurteilt. Er hatte über den Polizeirayoninspektor Norbert Kurz Hunderte Durchschriften von Vernehmungen tschechoslowakischer Flüchtlinge beschafft, die in Österreich um Asyl angesucht hatten. Aus den Protokollen ergaben sich Hinweise auf einen möglichen kriminellen Hintergrund oder auf mögliche Agententätigkeit der tschechoslowakischen Staatssicherheit. Dieses Material leitete Ableitinger an einen überzeugten „Kalten Krieger", den Landesvorsitzenden des „Volksbund für Frieden und Freiheit" und CDU-Politiker, Martin Hein, weiter. Einen Teil der Protokolle schickte Ableitinger auch an eine Deckadresse des BND in München. Doch als eine Sendung wegen Unzustellbarkeit geöffnet und an eine Sicherheitsbehörde übergeben wurde, flog die Sache auf.[203]

Doch es kam noch „dicker". Wenige Wochen vor Ableitingers Verurteilung, am 19. November 1968, wurde ein weiterer Spion verhaftet: der Pressereferent von Innenminister Franz Soronic, Alois Euler. Er war Doppelagent gewesen – für den BND und die tschechoslowakische Staatssicherheit (Statni Bezpecnost, StB). Besonders brisant: dem StB hatte Euler Geheimberichte und Informationen aus der persönlichen Post des Ministers geliefert. Vieles wies darauf hin, dass Ableitinger und Euler miteinander korrespondiert hatten. Möglicherweise gelangten so Auskünfte über die Flüchtlinge an die StB. Das ließ sich allerdings nicht klären. Im Verfahren sagte Euler jedenfalls aus, von seinem Führungsoffizier einen entsprechenden Auftrag erhalten zu haben. Das Verfahren gegen Euler führte im März 1969 zu weiteren Enttarnungen von StB-Zuträgern. Darunter waren der Ministerialrat i. P. Franz Neumer („Raoul") und der Geschäftsmann Hermann Rauscher („Maret").[204]

Weiters stellte sich heraus, dass Ableitinger zahlreiche Polizeibedienstete quasi als „Hilfskräfte" eingesetzt hatte, um über 3.000 Einzelauskünfte zu Personen (Prioren) zu erhalten. Unter anderem hatte er als Hausdetektiv die Dienstnehmer des Hotels Intercontinental überprüft. Dafür veranlasste Ableitinger die Einholung von 429 Strafregisterauskünften.[205] Auf diese Weise kam viel brisantes Material zusammen, das es ausländischen Geheimdiensten erleichtert haben dürfte, Österreicher anzuwerben und auch zu erpressen.[206]

Gegen insgesamt 44 Polizeibeamte wurden gerichtliche Strafverfahren eingeleitet, vier der Verfahren endeten mit rechtskräftigen Verurteilungen. Offenbar war Ableitingers Detektivbüro von höchsten Stellen initiiert und gefördert worden. So soll Peterlunger von einigen strafrechtlichen Tätigkeiten Ableitingers Kenntnis gehabt und über den Privatdetektiv einen Teil der Aufgaben der Staatspolizei „privatisiert" haben.[207] Als etwa Simon Wiesenthal hörte, ein ehemaliger Staatspolizist habe ein Büro eröffnet, entschloss er sich zum ersten Mal, mit einem Detektiv zusammenzuarbeiten – nicht ohne vorher bei Peterlunger nachzufragen. Dieser verbürgte sich für Ableitinger: „Er war mein bester Mann."[208]

Bis zu dieser Spionageaffäre hatte die Meinung vorgeherrscht, dass sich die osteuropäischen Dienste in Österreich darauf beschränkten, ihre westlichen Gegenspieler und internationale Organisationen aufzuklären – so wie umgekehrt auch. Österreich schien außen vor. Doch spätestens nach dem „Prager Frühling" (1968) konnte davon keine Rede mehr sein. Dem neutralen Österreich wurde eine aktive Rolle in den nachrichtendienstlichen Operationen des Westens gegen den Warschauer Pakt angelastet. Aber schon zuvor hatten Ostgeheimdienste wie die StB mit großem Geschick „Quellen" innerhalb des Wiener Regierungs- und Sicherheitsapparats erschlossen.[209]

Die Spionagefälle Ableitinger und Euler führten 1969 zur Einsetzung eines parlamentarischen Untersuchungsausschusses. Dieser kam zu dem Ergebnis, „dass durch die Tätigkeit einer Anzahl ausländischer Nachrichtendienste in Österreich ein Zustand eintreten kann, durch den die Staatssicherheit gefährdet scheint." Noch deutlicher war der Minderheitsbericht der Opposition: Peterlunger habe Ableitinger nachweislich zweimal Privatpersonen bzw. Institutionen als Privatdetektiv empfohlen. Das Schlamassel sei letztlich hausgemacht: „Es muss mit Besorgnis festgestellt werden, dass die Tätigkeit ausländischer Nachrichtendienste in Österreich offenbar besonders intensiv ist und dass es diesen Nachrichtendiensten gelingen konnte, mittelbar in den staatspolizeilichen Apparat einzudringen und sich dessen Material nutzbar zu machen. Dieses Ergebnis ist offenbar auch auf krasse Organisationsmängel zurückzuführen."[210] Eine geharnischte Kritik an Peterlunger.

Anfang 1971 wurde ein Mitarbeiter des Bundespressedienstes im Bundeskanzleramt, Karl Erwin Lichtenecker, als Spion enttarnt: „Er hat auf seinem Schreibtisch im Büro im Bundeskanzleramt einen Zettel mit Informationen über ein Treffen vergessen. Ein Arbeitskollege hat diesen Zettel gefunden und seine Vorgesetzten informiert. Daraufhin sind Polizisten zu uns nach Hause gekommen und haben ihn verhaftet", erzählte die Witwe. Lichtenecker hatte über den tschechoslowakischen Kulturattaché in Wien, der in Wirklichkeit für den militärischen Auslandsgeheimdienst der CSSR spionierte, Berichte zu Fragen der österreichischen Innen- und Außenpolitik geliefert. Dafür wurde Lichtenecker zu zehn Monaten Haft bestraft. Zu Unrecht, wie er selbst zeitlebens beteuerte. Er wurde auch nur wegen der Absicht, für ein anderes Land zu spionieren, verurteilt.[211]

Weitaus öfter kam die Staatspolizei in Sachen Spionageabwehr zu spät. Für Aufsehen sorgte der Fall des Josef Hodic, der zwischen 1977 und 1981 in Wiener Emigrantenkreisen spionierte.[212] 1979 entkam das ostdeutsche Agentenehepaar Herbert und Irene Beutler in die DDR. Die Staatspolizei hatte sich zu viel Zeit gelassen, auf die Hinweise des Überläufers Werner Stiller zu reagieren. 1980 brauchte es die Hilfe der CIA, um zwei Zuträger der rumänischen Securitate zu entlarven: den Leiter der Fremdenpolizei Edgar Berger und den Abteilungsinspektor Josef Czernanski.[213] In den 1990er Jahren wurde enthüllt, dass der Sinologe Ernst Schwarz, ein enger Freund des Wiener Magistratsdirektors Josef Bandion, ein „Inoffizieller Mitarbeiter" der DDR-Staatssicherheit gewesen war.[214]

Ein gerichtliches Nachspiel gab es nach der „Wende" nur in den seltensten Fällen: Von 1983 bis 1996 wurden 82 Personen wegen Verdachts auf Landesverrat angezeigt, nur sechs wurden rechtskräftig verurteilt. Im Fall von Gustav Hochenbichler, bis 1991 stellvertretender Leiter der Wiener Staatspolizei und danach bis 1993 Chef der Wiener Fremdenpolizei, erhärtete sich erst kurz vor seinem Tod 1995 der Verdacht, dass er für mehrere Ostgeheimdienste spioniert hatte (siehe dazu das Kapitel „Schöner Gustav").[215]

Laut dem russischen Exilanten Boris Volodarsky existieren im sogenannten „Mitrochin-Archiv" weitere Hinweise auf hochrangige KGB-„Maulwürfe" im Polizeiapparat. „Eduard" wurde 1945 rekrutiert, „Ventseyev" 1946, „Peter" 1952, zwei weitere Agenten 1955, „ZAK" 1974 und „Nadezhdin" 1978.[216] „ZAK" dürfte offenbar ein weiterer Deckname für Hochenbichler gewesen sein.[217]

Diese Hinweise stammen aus Abschriften, mit denen der frühere KGB-Archivar Wassili Mitrochin 1992 nach Großbritannien übergelaufen war. Vier Jahre später erhielt die Staatspolizei erstmals Kenntnis von dem Material. An die 200 Verdachtsfälle wurden bis 1999 übermittelt. Allerdings musste auf Wunsch des britischen Geheimdiensts alles „streng vertraulich" behandelt werden. Wie sich der damalige Generaldirektor für die öffentliche Sicherheit, Michael Sika, erinnerte, waren viele der Straftaten bereits verjährt: „Wir mussten zur Kenntnis nehmen, dass einige der belasteten Spione bereits verstorben waren, also nicht mehr zur Rechenschaft gezogen werden konnten." Das Agentennetz des KGB in Österreich habe „praktisch in alle Felder von Politik, Wissenschaft, Behörden, Medien und Gesellschaft" gereicht: „Besonderes Augenmerk richteten die KGB-Agenten auf den Polizeiapparat, insbesondere die Staatspolizei."[218] Was letztere betrifft, so blieb beispielsweise eine angebliche Operation „Edelweiß" völlig im Dunkeln: Ein Agent mit dem Decknamen „Shvert" soll Ende 1965 und im Februar 1966 Dokumente aus den Safes der Staatspolizei beschafft haben.[219]

Aufgrund neuer Nachforschungen in osteuropäischen Archiven sind einige weitere konkrete Spitzeltätigkeiten bekannt geworden: So spionierte der Bibliothekar der SPÖ-Zentrale und des Renner Instituts, Richard K., bis zu seinem Tod 1988 für den ungarischen und tschechoslowakischen Geheimdienst.[220] Ebenfalls zu Lebzeiten unentdeckt blieb ein Spion im Bundeskanzleramt: Der 1987 verstorbene hohe Beamte soll unter dem Decknamen „Livingstone“ mehr als 15 Jahre für den ungarischen Dienst gearbeitet haben.[221]

Der bekannteste Fall betraf aber den langjährigen Wiener Bürgermeister Helmut Zilk. Zwischen 1965 und 1968 soll der damalige TV-Direktor des ORF der tschechoslowakischen Staatssicherheit unter dem Decknamen „Holec“ Informationen über die österreichische Innenpolitik und seine Partei, die SPÖ, überliefert haben. Für seine Dienste kassierte er rund 55.000 Schilling und 13.000 Kronen sowie Sachgeschenke wie einen Glasluster.[222]

Neue Erkenntnisse legte 2015 auch eine Kärntner Historikerkommission vor, die die Bombenanschläge in Südkärnten in den 1970er Jahren untersucht hatte. Einer der Befunde war, dass die Kärntner Sicherheitsbehörden von der jugoslawischen Behörde der staatlichen Sicherheit (UDBA) unterwandert und ausgespäht worden waren: „Es gab kaum ein Vorhaben der Österreicher, das nicht ausgespäht worden wäre. [...] Spitzenquellen, die nicht enttarnt wurden, beschafften sich Interna und verrieten über Jahre Staatsgeheimnisse.“[223] Für die UDBA sei insbesondere das HNaA ein „offenes Buch“ gewesen. „Jeran“, ein besonders umtriebiger Spitzel, verriet 1981 sogar sämtliche personelle Strukturen in einem siebenseitigen Dossier.[224]

Aber die Infiltrierung ging noch weiter. Am 3. Juli 1972 wurde der 26jährige Soziologiestudent Stjepan Crnogorac aus seiner Wohnung in der Salzburger Konrad-Laib-Straße entführt und nach Slowenien verschleppt. Noch im Juli 1972 wurde er ermordet – auf Befehl des Leiters des slowenischen Arms der UDBA. Dass Crnogorac dem Entführerkommando die Tür geöffnet hatte, war einem österreichischen Spitzel zu verdanken, der an der Aktion teilnahm.[225] Dieser Mann, der 2008 verstorbene Franz F., war Zollwachebeamter und lieferte unter dem Decknamen „Bilic“ zwischen 1970 und 1983 Informationen aus dem Kärntner Polit-Establishment, der Gewerkschaft, seiner Dienststelle und aus innersten Zirkeln der Sicherheitsbehörden.[226] Bei der Operation gegen Crnogorac gab „Bilic“ vor, es gebe den Verdacht, der Student handle mit Drogen, weshalb man seine Wohnung durchsuchen müsse.[227] In Wirklichkeit hatte es die UDBA auf Crnogorac abgesehen, weil er die Kroatische Revolutionäre Bruderschaft (HRB), eine rechtsgerichtete Organisation von Exilkroaten unterstützt hatte. Die HRB war 1961 in Australien entstanden und unternahm 1972 die großangelegte

„Operation Phönix“,[228] die vor allem in Frankreich und Westdeutschland organisiert wurde und Österreich in der letzten Phase berührte.[229] Von hier aus drangen 19 Mann in Jugoslawien ein, um einen Bürgerkrieg zu entzünden. Letzte Station vor dem Grenzübertritt war die Südsteiermark, wo die HRB zwischen Schwanberg und St. Lorenzen vier Lagerstellen in den Wäldern anlegte. Die nördlichste diente als Sammelpunkt.[230] Später wurden dort leere Munitionskisten, Uniformstücke, Landkarten und 20 kg Lebensmittel sichergestellt. Der Vorstoß hatte in der Nacht vom 20. auf den 21. Juni 1972 begonnen. Das HRB-Kommando legte auf einem gekaperten Lieferwagen einer Mineralwasser-Firma 470 km zurück, ehe die jugoslawischen Sicherheitsbehörden Alarm auslösten.[231] Im zentral-bosnischen Bugojno wurde die Gruppe dann bis Ende Juli 1972 zerschlagen: 15 Kämpfer fanden den Tod, ebenso wie 13 jugoslawische Sicherheitskräfte.[232] Die Tatsache, dass die HRB-Kämpfer über Österreich eingedrungen waren, führte zu diplomatischen Protesten seitens Jugoslawiens, aber auch zu der geschilderten Geheimdienstoperation gegen das Netzwerk der HRB in Salzburg, zu dem Crnogorac gehört hatte. Dieser war als Fahrer tätig gewesen und hatte unter anderem in einem Mietwagen über 700 km zurückgelegt.[233]

Crnogorac war nicht das einzige Opfer der Vergeltung der UDBA in Österreich. Im Februar 1975 wurde der Initiator des Ustascha-Gedenkmarschs in Bleiburg, Nikola Martinovic, in Klagenfurt von einem Profikiller ermordet.[234] Zu diesem Zeitpunkt ging es der UDBA längst um noch mehr: Man mischte sich in den Kärntner Minderheitenkonflikt ein und versuchte diesen „anzuheizen“, um von den Problemen im eigenen Land abzulenken. Bereits am 16. September 1972 hatte eine Serie von insgesamt 19 Bombenanschlägen begonnen. Ziele waren Abwehrkämpfer- und Partisanendenkmäler, Hochspannungsmasten, aber auch das Büro des Kärntner Heimatdiensts in Klagenfurt, das Heimathaus in Miklauzhof oder die Bahnlinie nach Bleiburg. Die Attentäter, eine kleine Zelle von Kärntner Slowenen, wurde von der UDBA materiell und mit Ausbildungen unterstützt.[235] Das war aber nicht alles: Der Geheimdienst bombte auch selbst in Österreich. So wurde an Bundeskanzler Kreisky 1979 berichtet, dass die Sabotage der Eisenbahnbrücke bei Kappel/Drautal „von einem Einsatzkommando aus Laibach verübt worden sein soll“.[236] Opfer gab es keine – nur das letzte Attentat, die Sprengung des Völkermarkter Heimatmuseums am 18. September 1979, verletzte drei Menschen – den Museumskustos und die beiden Bombenleger.[237]

Wenn Peterlunger die „graue Eminenz“ der Staatspolizei war, dann war Anton Schulz der „Spymaster“, wie man ihn aus der Spionage-Geschichte anderer Staaten kennt: Als Leiter der Gruppe C/II führte er die Staatspolizei in den 1980er Jahren durch unsichere Zeiten.

Der Nahostterrorismus hatte Österreich erreicht. 1981 und 1985 kam es zu Attentaten in Wien. In dieser Situation arbeitete Schulz nicht nur mit nahöstlichen, sondern auch mit westlichen Diensten eng zusammen. So gelang es etwa, die Bedrohung durch die Abu-Nidal-Organisation (ANO) im Rahmen von Geheimverhandlungen abzustellen. Zuvor hatte die ANO 1981 den Wiener Verkehrsstadtrat Heinz Nittel ermordet und ein Attentat auf die Synagoge in der Seitenstettengasse verübt. Zwei Menschen starben, 21 wurden teilweise schwer verletzt.

1985 wurde der El-Al-Schalter am Flughafen Schwechat Ziel eines Anschlags. Es gab drei Todesopfer und mehr als 40 Verletzte. Die ANO hatte Österreich ursprünglich wegen der österreichischen Nahostpolitik ins Visier genommen. Der Sponsor Abu Nidals, der syrische Präsident Hafiz al-Assad, stieß sich an der Unterstützung der Palästinensischen Befreiungsorganisation (PLO) durch Kreisky. Abu Nidal wiederum wollte eine politische „Normalisierung“ der PLO, wie sie Kreisky vorschwebte, unterbinden. Das waren die Hauptmotive für die Anschläge 1981 – weil aber dabei drei ANO-Angehörige verhaftet worden waren, setzte die Gruppe den Terror fort, um diese freizupressen. Um weiteres Blutvergießen nach dem Anschlag in Schwechat zu vermeiden, setzte man auf österreichischer Seite auf Geheimdiplomatie: Am 21. Jänner 1988 kam Schulz am Pariser Flughafen Orly im Beisein von Vermittlern des französischen Inlandsgeheimdienstes DST mit dem libyschen Arzt Jamal el Din M. Gritli, der „Nr. 4“ der ANO, zusammen. Die Unterredung fand anfangs in nervöser Atmosphäre statt – Jamal stand der Schweiß auf der Stirn, ehe er sich sichtlich beruhigte. Im Gedächtnisprotokoll von Schulz hieß es: „Zusammenfassend möchte ich sagen, dass es Jamal offensichtlich a) um die Wiederaufnahme der Gespräche mit dem österreichischen Sicherheitsdienst ging. Er b) eine bessere Behandlung der in österreichischer Haft befindlichen Angehörigen seiner Organisation zu erreichen trachtete, er c) die Erlaubnis für einen Besuch dieser Gefangenen in absehbarer Zeit (ein Termin wurde nicht genannt) anstrebte (wobei er mit keinem Wort deren Freilassung erwähnte) und d) als unabdingbare Forderung die Einstellung jeglicher Zusammenarbeit des österreichischen Sicherheitsdienstes mit dem Mossad verlangte. In diesem Fall (so wörtlich), könne er in Gegenwart seiner französischen Freunde garantieren, dass seine Organisation in der Zukunft in Österreich oder gegen Österreich nichts unternehmen werde.“

Die Gespräche wurden am 28. April 1988 fortgesetzt. Am Ende waren beide Seiten zufrieden. Schulz hielt fest: „In welch freundschaftlicher Atmosphäre das Gespräch schließlich endete, mag daraus ersehen werden, dass es sich Dr. Jamal nicht nehmen ließ, mich zum Abschied arabischer Sitte gemäß als seinen Freund zu küssen."[238]

Zwecks Betreuung der einsitzenden ANO-Leute erlaubte man der Gruppe, einen inoffiziellen „Botschafter" in Wien zu platzieren. Bis 1993 kamen abwechselnd fünf ANO-Leute. Mit dem Eintreffen dieses zweiten „Botschafters" begann eine Überwachungsoperation. Die betreffende Wohnung, zuerst in der Koppstraße, dann in der Viaduktgasse und zuletzt in der Geblergasse, wurde praktisch „rund um die Uhr" überwacht, nur während der Nachtstunden legte man Pausen ein. Für die Observation war eine größere Einheit der Wiener Staatspolizei zuständig, während der „Lauschangriff" von einem „befreundeten Dienst" übernommen wurde. Dieser wurde unter der Codebezeichnung „Zwei" geführt. Es dürfte sich dabei um den britischen SIS gehandelt haben, der die anfallenden Kosten übernahm und die technischen Hilfsmittel beisteuerte. Ein weiteres Zugeständnis an die ANO waren kostenlose medizinische Behandlungen im Wiener Allgemeinen Krankenhaus für enge Familienangehörige Abu Nidals.[239] Die Rechnung ging auf: Anschläge ereigneten sich keine mehr, vor allem, nachdem die ANO die Unterstützung des Sponsors Syrien verloren hatte. So gelang es auch, Forderungen nach vorzeitiger Entlassung des inhaftierten Haupttäters der Anschläge von 1981 auf die lange Bank zu schieben. Erst nachdem dieser zwei Drittel seiner Strafe abgesessen hatte, durfte er 1995 das Gefängnis verlassen, anschließend lebte er lange Zeit staatenlos in Wien.[240] Der Mörder Nittels wiederum wurde 1995 wegen einer anderen Terror-Straftat an Belgien ausgeliefert, kam dort aber aus Mangel an Beweisen frei und tauchte dann im Nahen Osten unter. Dass der Politikermord auf diese Weise ungesühnt blieb, unterstreicht, wie ambivalent das österreichische Vorgehen insgesamt war.[241] Eine Hinterlassenschaft des Abu Nidal-Terrors waren acht Millionen Euro, die der „Finanzfachmann" der Gruppe in den 1980er Jahren ursprünglich auf mehreren Konten in Österreich angelegt hatte. Die Staatsanwaltschaft fror die Summe im Jahr 2000 ein. Nach mehreren Prozessen wurde das Geld 2014 freigegeben, samt Zinsen und Zinseszinsen. Die Begründung lautete, dass „diese Gelder nicht Abu Nidal zugerechnet werden konnten".[242]

Die Rolle des Problem-„Fixers" spielte Schulz nicht immer erfolgreich – so etwa 1989, als er versuchte, einen Staatsanwalt davon abzubringen, Haftbefehle gegen die Verdächtigen in der Causa „Kurdenmorde" auszureden, um außenpolitische Verwicklungen mit dem Iran zu vermeiden.[243]

Am 13. Juli 1989 waren drei kurdische Politiker – Abdul-Rahman Ghassemlou und Abdullah Ghaderi-Azar sowie ihr österreichischer Begleiter Fadil

Rasoul – in einer Wohnung in der Linken Bahngasse in Wien erschossen worden. Ihre Gesprächspartner, mit denen sie Geheimverhandlungen für eine Atonie führen wollten, stellten sich als iranische Agenten heraus – mit Mordauftrag. Kurz nach 19 Uhr fielen mindestens 19 Schüsse aus Schalldämpferpistolen. Der Tathergang ließ sich ziemlich genau rekonstruieren: „Schüsse aus weniger als 50 cm Entfernung bzw. Nahschüsse, die Opfer waren im Sitzposition getroffen worden und hatten keine Zeit für eine Reaktion gehabt."[244] Doch den Killern unterlief ein Fehler. In dem blutigen Chaos wurde der Anführer vermutlich von einem Querschläger getroffen, „welcher durch den Zimmervorhang geschossen wurde".[245] Einer anderen Erklärung zufolge hatte das Projektil „bereits vorher den Körper eines anderen (Getöteten) durchdrungen".[246] Der Schwerverletzte musste mit einem Mittäter zurückbleiben. Obwohl es von Anfang an einen Tatverdacht gegen beide Iraner gab, wurden sie als Zeugen behandelt – mit dem Effekt, dass der verletzte Anführer elf Tage nach den Morden das Land verlassen konnte. Sein Kompagnon verbarg sich in der iranischen Botschaft, ehe gegen Jahresende 1989 auch ihm die Flucht gelang. Hauptgrund für die außergewöhnliche Zurückhaltung der Behörden war Erpressung durch den Iran. Das Mullah-Regime wollte die Attentäter unbedingt freibekommen und drohte mit Vergeltungsmaßnahmen.[247] Angesichts des Drucks sprach Justizminister Egmont Foregger am 28. Juli 1989 in einer Pressekonferenz gar von einem „Staatsnotstand", in dem „auch ein Verstoß gegen ein Gesetz […] entschuldigt werden kann."[248]

Zum Verhängnis aber wurden Schulz 1988/89 die Untersuchungsausschüsse zum „Lucona-Skandal" sowie zu den illegalen Waffenlieferungen der VOEST-Tochter „Noricum" an die kriegsführenden Staaten Irak und Iran. Letzterer Ausschuss ermittelte, dass Schulz auf höheren Auftrag hin einen Aktenvermerk im Zusammenhang mit Ermittlungen umdatiert hatte – weswegen er sich nach seiner Pensionierung noch vor Gericht verantworten musste.[249] Im „Lucona-Ausschuss" wiederum kam ans Licht, dass die Staatspolizei Lesungen des Enthüllungsjournalisten Pretterebner beobachtet hatte, der mit seinem Buch *Der Fall Lucona* ein Auslöser der Causa gewesen war. Im Bericht des Untersuchungsausschusses hieß es, „dass unter Befassung des Büros von Bundesminister Blecha und persönlicher Berichterstattung an diesen eine Reihe von Veranstaltungen durch die Staatspolizei, teilweise in kostspieligen Überstunden bis in die frühen Morgenstunden (für die Berichterstattung), observiert worden war."[250] Noch brisanter war eine Aussage, die Schulz selbst am 23. Februar 1990 in einer Befragung im „Noricum"-Untersuchungsausschuss zu Protokoll gab. Die Staatspolizei habe alle zwei Monate die Stimmung in der Waffenschmiede „Noricum" erhoben.

Ähnliche Aufzeichnungen gab es praktisch über alle Großbetriebe. In weiterer Folge stellte sich heraus, dass die Staatspolizei hauptsächlich auf Wunsch von Betrieben, darunter Unternehmen der Verstaatlichten Industrie, Bewerber durchleuchtet („prioriert") und anschließend über das Ergebnis informiert hatte. Alleine 1988/89 war das in 700 Fällen so geschehen. Festgehalten wurde das Wissen auf rund 100.000 Karteikärtchen und offiziell 59.000 Überprüfungsakten.[251]

Wie das vor sich ging, erklärte Helmut Reinweber von der Sicherheitsdirektion Steiermark so: „Da hat man halt nachg'schaut, ob gegen den Bewerber etwas vorliegt. Man hat ihn überprüft, ob er sozusagen astrein ist, ob er irgendwelche Verwaltungsstrafen hat, ob er eine Havarie mit der Polizei oder einen Widerstand gegen die Staatsgewalt hat. Und so."[252] Die entsprechenden Auskünfte holte man sich unter anderem von den zuständigen Polizeikommissariaten, dem Strafregisteramt, dem Sicherheitsbüro, den Gerichten, dem Verkehrsamt, dem fremdenpolizeilichen Büro und der Zentralevidenzstelle. Zusätzlich wurden auch Vorort-Erkundigungen gemacht – etwa durch Befragung von Hausbesorgern, Hausparteien und bei Geschäftsleuten in der Umgebung. Ergab sich dann „nichts", kam der diesbezügliche Akt in die Informationskartei der Staatspolizei. Denn schon Peterlunger hatte gesagt, dass man „ja den Akt nicht einfach von sich aus wegwerfen" könne.[253]

Nach einem öffentlichen Aufschrei durchforstete eine Kommission die Dokumente. Eines der Mitglieder beanstandete, dass diese „mäßig strukturiert" und „nicht sehr effizient" waren: „Ich habe den Eindruck, es wurden viele Fleißaufgaben geleistet." 80 Prozent der Informationen seien „verzichtbar" gewesen. Besonders akribisch war zivilgesellschaftliches Engagement in der Anti-Atomkraftbewegung oder bei Organisationen wie Greenpeace oder Amnesty International vermerkt worden, ebenso wie die Teilnahme an Demonstrationen allgemein.[254]

Der Grund dafür lag auf der Hand: Die Staatspolizei habe „zu allen Zeiten" vor allem „politische Gegner bespitzelt" – insbesondere „linke Organisationen wie zum Beispiel die Alternative Liste oder Longo mai", erläuterte ein anonymer Staatspolizist 1989 gegenüber *profil.* Als Anschauungsbeispiel erwähnte der Staatspolizist den Auftritt einer Theatergruppe von Longo mai mit Namen ‚Terra mundi' im Wiener Volksgarten Ende der 1970er Jahre: „Der Beamte notierte ‚Terror mundi'." Alles, „was sich politisch regt, selbst Aktivitäten im Vorfeld der Politik", würde beobachtet: „Sobald jemand an einer Demonstration, an einer Kundgebung teilnimmt, muss er damit rechnen, dass er fotografiert, auf Videoaufnahmen festgehalten oder dass er vorgemerkt wird. Jeder, der in Österreich einmal das Impressum eines politischen Flugblattes unterzeichnet hat, wer Unterschriften leistet für politische Aktionen, wer aktiv an einer politischen Kundgebung teilnimmt, darf sicher sein, dass er in einer staatspolizeilichen Vormerkung aufscheint."[255]

Jedenfalls lag die „Hochzeit" der Spitzeltätigkeit zwischen 1980 und 1989. Besonders im Fokus der Aufklärung stand die KPÖ der 1950er und 1960er Jahre, die Anti-AKW-Bewegung der 1970er Jahre, die Themen Zivildienst und „internationale Solidarität"[256] sowie zivilgesellschaftliche Proteste im Zusammenhang mit der Besetzung der Hainburger Au 1984 oder dem Volksbegehren gegen den Draken-Abfangjäger-Kauf 1985.[257] Anhand der Kontroverse zeigte sich wieder einmal, dass der Rechtsschutz unterentwickelt war – genauso wie die Befugnisse und Vorgangweise der Staatspolizei immer noch nicht eindeutig geregelt waren.[258]

Eine andere Problematik, die die Staatspolizei im Laufe ihrer gesamten Geschichte bewegte, war der Mangel an geschultem Personal. Im Unterschied etwa zur BRD verfügte der Staatsschutz über keinen eigenen Bestand, sondern es wurden Kriminal- und Verwaltungsbeamte den staatspolizeilichen Abteilungen dienstzugeteilt. Diese Beamten verfügten über keine spezielle Ausbildung. 1972 urteilte daher *profil*: „Die Männer, die über Österreichs Sicherheit zu wachen haben, bringen für ihre verantwortungsvolle Aufgabe zum Großteil weiter nichts mit als die normalen Kenntnisse, die sie sich während des zweijährigen Unterrichts an der Polizeischule, dem anschließenden vierjährigen Dienst bei der Sicherheitswache und später bei der Kriminalpolizei erworben haben."[259]

Im Laufe der Zeit änderte sich nicht viel. 1989 vermerkte die bereits zitierte anonyme Quelle kritisch, dass das Bildungsniveau seiner Kollegen „erschreckend gering" sei: „Fremdsprachenkenntnisse sind so gut wie nicht vorhanden. Die Kenntnisse von Gebieten, die sie bearbeiten sollen, sind noch erschreckender."[260]

Erschwerend kam hinzu, dass ganz unterschiedliche Materien zum Aufgabengebiet gehörten: Schutz der verfassungsmäßigen Einrichtungen, Personenschutz für den Bundespräsidenten, Mitglieder der Bundesregierung und ausländische Staatsgäste, polizeilicher Ordnungsdienst bei Demonstrationen, Staatsbürgerschaftsangelegenheiten, Waffen-, Munitions und Sprengmittelwesen, Flüchtlingsevidenz, Vereins- und Versammlungswesen und sogar die „Bekämpfung unzüchtiger Veröffentlichungen und den Schutz der Jugend gegen sittliche Gefährdung".[261] Die „Wahrnehmung staatsfeindlicher Vorgänge" – etwa nach dem Verbotsgesetz oder dem Wahlschutzgesetz, aber auch die Bildung von bewaffneten Untergrundgruppen oder Spionage gegen Österreich war nur ein Teilbereich.[262]

Dem breiten Zuständigkeitsbereich stand eine unzureichende personelle Ausstattung gegenüber. Verlässliche Zahlen dazu gibt es wenig und die vorhandenen schwanken stark: So sollen 1972 gerade einmal 250 Personen bei der Staatspolizei gedient haben – davon waren 120 in Wien stationiert. Bei den Polizeidirektionen in den Bundesländern sollen es zwischen fünf und 24 Mann gewesen sein.[263] In den 1980er Jahren waren 600 von zweitweise insgesamt 700 Staatspolizisten auf die Abteilungen I aufgeteilt und 100 bei der Gruppe C/II angesiedelt.[264] 1990 zählte man insgesamt 775 Staatspolizisten,[265] deren Anzahl infolge des „Spitzelskandals" um fast die Hälfte reduziert wurde.[266]

Was die strukturelle Gliederung angeht, so sei an dieser Stelle wieder auf das bereits mehrfach zitierte Analysepapier „Entwicklung, Struktur und Hauptaufgaben der Geheimdienstorgane Österreichs" der Hauptverwaltung Aufklärung (HVA) der DDR-Staatssicherheit zurückgegriffen. Darin wird detailliert – und nach Meinung des Autors glaubwürdig – auf die Aufstellung der Staatspolizei im Jahr 1988 eingegangen. Laut den Erkenntnissen der DDR-Auslandsspionage zählte die Staatspolizei zu diesem Zeitpunkt rund 400 Mitarbeiterinnen und Mitarbeiter (administrative Kräfte miteingerechnet). Davon entfielen „ca. 50 Kader" auf die Gruppe C/II im Innenministerium. Die übrigen Kräfte verteilten sich auf die Abteilungen I (staatspolizeiliche Abteilungen) in den Sicherheitsdirektionen der Bundesländer, „die über STAPO-Gruppenreferate in Stärke von 5 bis 25 Mitarbeiter verfügen".[267]

Der HVA-Bericht bestätigt auch, dass der Staatspolizei keine ausreichenden Ressourcen zur Verfügung standen: Der Kaderbestand reiche angesichts der zu lösenden Aufgaben nicht aus, der überwiegende Teil der Mitarbeiterinnen und Mitarbeiter verfügte „nicht über eine spezifische nachrichtendienstliche Ausbildung". Nur ein kleiner Prozentsatz habe entsprechende Lehrgänge bei Partnerdiensten absolviert. Diese ohnehin schwierige Situation wurde noch dadurch verschlimmert, dass die Stapo „keine eigene Personalhoheit" besitze (das hat sich bis heute nicht geändert). Ende der 1980er Jahre führte das zu einer hohen Fluktuationsrate bei operativen und administrativen Kräften. Das Ziel, einen „stabilen Kaderstamm" zu erreichen, wurde laut HVA verfehlt.[268]

Was nun konkret die Struktur betrifft, so befand sich an der Spitze die Gruppe C/II. Diese setzte sich abgesehen vom Leiterbereich und dessen administrativem Bereich (Kanzlei C) aus drei Abteilungen zusammen:

- Abteilung II/6: „Informationsdienst; Bearbeitung staatspolizeilicher Belange im Staatsbürgerschaftswesen; fremdenpolizeiliche Aufgaben, Reise-

und Grenzverkehr; Flüchtlingswesen; Bearbeitung von Waffen-, Munitions- und Sprengstoffdelikten, Personen- und Objektschutz; Vereins- und Versammlungswesen; Verbindungsstelle für die Sicherheitsbeauftragen der Bundesministerien."

• Abteilung II/7: „Spionageabwehr; Leitung und Koordinierung der Maßnahmen zur Aufrechterhaltung der staatlichen Sicherheit; Bearbeitung ausländischer Vertretungen; staatspolizeiliche Schulung; Untersuchung von Nazi-Verbrechen; Amtshilfe Inland/Ausland, einschließlich Verbindungshaltung zu Partnerdiensten anderer Staaten."

• Abteilung II/15: „Bearbeitung zentraler Angelegenheiten politischer Parteien sowie Fragen des Vereins- und Versammlungswesen."[269]

Was die Dienststellen in den Bundesländern anging, so konzentrierte sich der HVA-Bericht alleine auf die Wiener Staatspolizei, die mit rund 120 Mitarbeiterinnen und Mitarbeitern „die bedeutendste Struktureinheit der österreichischen STAPO darstellt".[270] Zum Leiterbereich gehörten Sekretariat, Kanzlei, der Journaldienst (ständig besetztes Diensthabendensystem) und vier persönlichen Referenten des Leiters. Ihm direkt unterstellt war das Staatspolizeiliche Büro (StB), der „operativ bedeutendste Bereich".[271] Dessen Leiter war seit 1982 Gustav Hochenbichler, der schon davor begonnen hatte, für die DDR-Staatssicherheit zu spionieren. Hierin dürfte auch ein wesentlicher Grund dafür liegen, warum die HVA so gut über die nachrichtendienstlichen Strukturen Österreichs im Bilde war.

Zum StB zählten mehrere Referate und zwei weitere Büros:

• Referat 1: „Staats- und Verfassungsschutzaufgaben, Spionageabwehr, Personen- und Objektschutz von Ausländern und deren Vertretungen, einschließlich internationaler Einrichtungen; Maßnahmen bei Streiks, Demonstrationen; Wahrnehmung aller Amtshandlungen im Zusammenhang mit der UdSSR und VR Polen; Betreuung israelischer Delegationen."

• Referat 2: „Wirtschaftsspionage, Sabotage; Absicherung Konferenzen, Veranstaltungen, Empfängen; Bearbeitung Emigration, Abwehr der Infiltration durch Asylwerber; alle Amtshandlungen bezüglich nordischer Staaten, Rumänien, Bulgarien, Griechenland und VR Ungarn."

• Referat 3: „Bearbeitung Linksextremismus; Schutz ausländischer Parlamentsdelegationen; alle Amtshandlungen bezüglich ost-asiatischer Staaten, speziell VR China und Chile, Spanien, Portugal, CSSR, Albanien sowie Länder, die nicht in andere Referate fallen."

• Referat 4: „Bearbeitung Rechtsextremismus; Volksdeutsche Landsmannschaften, Vereine usw.; Soldatenverbände, einschließlich deren Verbindungen in das Bundesheer; Schutz des Parlaments (Abgeordnete, Sitzungen u.dgl.); alle Amtshandlungen bezüglich Waffen, Schuss- und Sprengmittel; Alarmplanung."

- Referat 5: „Vorderer und mittlerer Orient, arabischer Terrorismus, militante Bewegungen (z.B. El Fatah, PLO, PLFP); Flüchtlingswesen allgemein; Bearbeitung Hochschuleinrichtungen, speziell ausländische Studenten; Sicherung internationaler Kongresse, Ausstellungen u.dgl."
- Referat 6: „Kriminalbeamtengruppen für fremdenpolizeiliche Aufgaben."
- Referat 7: „Personen und Objektschutz, schwerpunktmäßig Bundespräsident, Bundeskanzler, Innenminister, Polizeipräsident usw., einschließlich der entsprechenden Objekte und Residenzen."
- Referat 8: „Ermittlungen, Überprüfungen, Observationen. Bis 1987 auch für Bearbeitung von Terrordelikten zuständig [ab diesem Zeitpunkt übernahm die Einsatzgruppe zur Bekämpfung des Terrorismus, EBT, diesen Aufgabenbereich, Anm. des Autors]; derzeit erfolgt Spezialisierung auf Spionageabwehr."
- Referat 9: Hotelkontrolle [Überprüfungen in Hotels, Herbergen und Pensionen auf gefahndete Personen, Anm. des Autors].
- Referat Informationskartei: „Auswertung, Karteiführung, Speicherung von Personen, Objekten und Sachverhalten, EDV-mäßige Registrierung; Archivierung der Duplikate von Ermittlungsergebnissen, die im Auftrag der Zentrale etc. erfolgten."
- Überprüfungsstelle für Asylbewerber.
- Büro für Vereins- und Presserechtsangelegenheiten.
- Fremdenpolizeiliches Büro.[272]

Angesichts des Missverhältnisses von Zuständigkeiten und der stets angespannten Personalsituation überrascht es nicht, dass ein Beamter bereits 1983 in der Tageszeitung *Kurier* erklärte, dass man etwa ausländische Spione außen vor lasse: „Solange sie mit ihrer Tätigkeit Österreich aus dem Spiel lassen, ist uns das wurscht."[273] Ein verantwortlicher Sektionschef sah das kritischer: „Wie könnten wir denn da auch nur die geringsten Erkenntnisse gewinnen? Da müssten wir ja jeden einzelnen observieren – und das geht ganz sicher nicht."[274]

Nicht viel anders lautete der Befund von Schulz: „Wenn ausländische Dienste zu uns kommen, fragen sie immer, wie wir das mit den paar Manderln überhaupt schaffen."[275]

Für den früheren Innenminister Karl Blecha stellte das dagegen kein Problem dar: „Ist doch völlig wurscht, wenn da einer auf einer Parkbank einem anderen ein Kuvert zusteckt! Was geht uns das an? Wir Österreicher nehmen das zur Kenntnis – und überwachen nur, dass diese Leute keine österreichischen Gesetze verletzen. Umgekehrt haben die gewusst, dass sie hier nichts unerkannt tun können. Wenn es Verletzungen dieser ungeschriebenen Agreements gab, dann sind wir eingeschritten."[276]

In der Regel ging man dabei diskret vor: „Wenn wir jemanden entdecken, der in Wien stationiert ist, dann geben wir dem Ursprungsland dezent einen Hinweis, den Herrn doch abzuziehen", meinte ein Beamter 1985 gegenüber der *Wochenpresse*.[277] Als beispielsweise 1969 ein Amtsrat der Chiffrierabteilung des Außenministeriums, der zehn Jahre lang Berichte österreichischer Auslandsvertretungen an den sowjetischen Geheimdienst weitergegeben hatte, aufflog, reiste der betreffende Führungsoffizier stillschweigend in die Heimat ab. Es hatte sich um den Handelsattaché der Wiener UdSSR-Botschaft, Gennadin Federenko, gehandelt.[278] Zu fünf Monaten Haft auf Bewährung wurde dagegen 1979 der Schweizer Nachrichtendienstoffizier Kurt Schilling verurteilt. Er war quasi in flagranti erwischt worden, als er mit Fotoapparat, Landkarten und Feldstecher ausgestattet, die Raumverteidigungsübung 79 des Bundesheeres im Mostviertel beobachtete. Das Interesse von Schillings Spionagemission soll dem Jagdpanzer „Kürassier" gegolten haben.[279] Später zeigte sich Schilling laut Staatsanwalt „überaus kooperativ, ja geradezu geschwätzig." Dadurch wurde nicht nur der Leiter des Schweizer Nachrichtendiensts, Oberst Albert Bachmann, enttarnt, sondern dieser auch noch vom Bundesrat in den vorzeitigen Ruhestand geschickt.[280] Offenbar war Schilling von Bachmann zu Übungszwecken nach Österreich geschickt worden – „ohne nachrichtendienstliche Notwendigkeit oder Auftrag".[281]

Bei Terrorismusermittlungen zeigte sich ein Phänomen, das man auch von anderen Schauplätzen kennt: Geheim- und Nachrichtendienste teilen „ihr" Wissen ungern – schon gar nicht mit der „normalen" Polizei, selbst wenn dadurch Amtshandlungen behindert werden. So geschehen im Falle der Entführung von Walter Palmers durch die „Bewegung 2. Juni" am 9. November 1977. Die Staatspolizei hatte relativ früh Aufschlüsse über mögliche Täter, denn die „Bewegung 2. Juni", eine westdeutsche linksterroristische Gruppe, hatte Unterstützung von Sympathisanten in Wien erhalten. Diese waren im Rahmen der Arbeitsgruppe politische Gefangene (APG) im Mai 1977 erstmals öffentlich aufgetreten. Seit damals hatte die Staatspolizei die APG und deren führende Köpfe – Thomas Gratt, Otmar Keplinger und Reinhard Pitsch – im Auge. *profil* berichtete: „Tatsächlich ist das Verhältnis zwischen der APG und der Staatspolizei ein durchwegs lockeres. Pitsch & Co. sind dort bekannt, und man observiert sie auch gelegentlich. Pitsch ist stolz darauf: ‚Die beschatten mich auf Schritt und Tritt', prahlt er vor Freunden."[282] Doch offenbar kam es kurz vor der Palmers-Entführung zu einem Missgeschick, wie sich ein an den Beschattungen beteiligter Beamter im Interview mit dem Autor erinnerte. Edgar K. gehörte damals zu einer Observationsgruppe von 30 Beamten, die aus ganz Österreich zusammengezogen worden waren: „Die drei Österreicher – Gratt,[283] Keplinger und Pitsch – haben wir einen Monat lang rund um die Uhr beobachtet. Aufmerksam geworden sind wir auf sie, weil die Wiener Kollegen einen Informanten an der Universität sitzen hatten. Es wurde berichtet, dass ‚etwas in der Luft liegt'. Der Informant ist aber nicht ganz nahe an die Verdächtigen herangekommen. Wir wussten von ihm, dass die Österreicher Kontakte zur westdeutschen Terrorszene hatten. Aber davon, dass sie Terroristinnen von der Bewegung 2. Juni in Wien Unterschlupf gewährten, haben wir nichts geahnt. Nach circa einem Monat ist die Observation abgebrochen worden. Das war ausgerechnet drei Tage vor der Palmers-Entführung. Wenn wir nicht abgezogen worden wären, hätten wir diese live miterlebt. Stattdessen hat man uns auf einen jugoslawischen Spion in Wien angesetzt. Warum das so passiert ist, darüber kann ich nur spekulieren: Ein möglicher Grund könnte gewesen sein, dass die Rundum-Observation sehr teuer war und bis zu diesem Zeitpunkt wenige Anhaltspunkte erbracht hatte."[284]

Erst neun Tage nach der Entführung von Palmers fiel der Name „Pietsch" [sic!]: Aufgrund eines Aktenvermerks vom 18. November 1977 hielt das Sicherheitsbüro Rücksprache bei der Staatspolizei. Der diensthabende Beamte Gottfried Baumgartner gab so detailliert Auskunft, dass man sich fragt, warum die Puzzlestücke nicht schon früher zusammengesetzt wurden: „P. [itsch] soll sich aktiv für die Terrorszene in Deutschland interessieren. Er verkehrt fast immer mit einem gewissen Keplinger. P. und Keplinger standen in der letzten Zeit öfters unter Observation der Abt. I. Keplinger steht zur Zeit noch immer unter Observation. Zum Zeitpunkt der Entführung von Palmers stand P. nicht unter Observation. Dr. Baumgartner teilte weiters mit, dass die Observation des P. einige Tage vor dem 9.11.1977 abgebrochen worden ist." Baumgartner nahm zu diesem Zeitpunkt an, dass Pitsch mit der Palmers-Entführung zu tun hatte, „da die Observation von P. erst einige Tage vor dem 9.11.1977 abgebrochen worden war und P. von dieser Observation Kenntnis hatte."[285] Der Durchbruch im Entführungsfall kam aber, als gemeldet wurde, dass die drei Österreicher bei einem versuchten Grenzübertritt in Chiasso (Schweiz) festgenommen worden waren. Den Kadern von der Bewegung 2. Juni war es hingegen gelungen, sich mit den rund 31 Millionen Schilling Lösegeld abzusetzen.

Österreich war seit Anfang der 1970er Jahre ins Fadenkreuz des internationalen Terrorismus geraten. Konsequenzen im Sicherheitsapparat waren aber großteils ausgeblieben. Die Verschleppung von Palmers und die wenig später, im Dezember 1977, erfolgte Entführung der Ehefrau des Unternehmers Leopold Böhm durch Kriminelle, lieferten entscheidende Anstöße für den Aufbau spezialisierter Strukturen. Zwecks Terrorbekämpfung wurde Anfang 1978 das Gendarmerieeinsatzkommando (GEK), Vorläuferorganisation des heutigen Einsatzkommando Cobra (EKO Cobra) aufgestellt. In einem weiteren Schritt wurde am 20. Februar 1978 die Kriminalbeamteneinsatzgruppe (KEG) als Referat 8 bei der Wiener Staatspolizei angesiedelt.[286]

Edgar K. war von Beginn an mit dabei: „Bei der Zusammensetzung der KEG wurde eine österreichweite Zusammenarbeit angestrebt. So wurden neben 24 Kolleginnen und Kollegen aus der Abt. I der BPD [Bundespolizeidirektion] Wien auch je 2 Kriminalbeamte aus Innsbruck, Salzburg, Linz, Graz und Klagenfurt nach einem 2-tägigen fachlichen und körperlichen Eignungstest aufgenommen. Im Folgenden gab es laufend Schulungen im Bereich des palästinensischen und RAF-Terrorismus." Zudem hielt man Kurse mit dem EKO Cobra und der westdeutschen Grenzschutzgruppe 9 (GSG 9) ab.[287]

Mit der Etablierung der KEG wurde Neuland beschritten. Ein weiterer Veteran, der heutige Chefinspektor Herbert Z., erinnert sich: „Bis zur Palmers-Entführung gab es in Österreich so etwas wie Terrorbekämpfung nicht. Die KEG war der erste Schritt, diesen neuen Bereich aufzuziehen."[288]

1987 ging Innenminister Karl Blecha noch einen Schritt weiter und installierte zusätzlich eine ihm direkt unterstellte Einsatzgruppe zur Bekämpfung des Terrorismus (EBT). Die EBT hatte die Aufgabe, Präventions- und Aufklärungsarbeit zu leisten.[289] Daher arbeitete die Truppe im Gegensatz zum GEK, das weiterhin für die „aktive" Terrorbekämpfung zuständig war, im Geheimen. Das Personal rekrutierte sich primär aus den Reihen der KEG, so Chefinspektor Z.: „Zuvor haben wir uns wie in einem Schneeballsystem mehr und mehr professionalisiert. Beim Aufbau der EBT war dieser Prozess abgeschlossen. Alle alten Hasen sind in die neue Gruppe gewechselt, und wir haben einige große Erfolge gehabt: Wir haben Ende 1987 Aufenthalte von Mitgliedern und Kurieren der Japanischen Roten Armee in Österreich festgestellt und sie über Fingerabdrücke identifiziert."

Ein Mann, der 1991 den Verkehrsminister und die ÖBB erpresst hatte, wurde bei einer fingierten Geldübergabe am Friedhof in Gumpoldskirchen verhaftet. 1992 wurden zwei Mitglieder des Hawari-Netzwerks festgenommen, die Anschläge auf kuwaitische Einrichtungen in Wien vorbereitet hatten. Einer der beiden wurde an Großbritannien ausgeliefert, wo er ebenfalls in einen Terrorfall verwickelt gewesen war. „Als EBT sind wir in die internationalen Kreisläufe eingebunden gewesen", berichtet Z. Und: „Wir waren etwa bei Police Working Group-Konferenzen mit dabei, und man hat unseren Input geschätzt."[290]

Die EBT setzte sich aus jüngeren Beamten zusammen und war bewusst der Kontrolle der eher bürokratisch ausgerichteten Staatspolizei entzogen. Folglich kam es intern immer wieder zu Reibereien und Kompetenzstreitigkeiten, was auch den östlichen Diensten nicht entging. Die „Äußere Abwehr" der tschechoslowakischen Staatssicherheit StB berichtete Ende der 1980er Jahre, dass die EBT seit ihrer Bildung mit einer Reihe von Problemen kämpfe: „Entscheidend sind die Parteistreitigkeiten zwischen Anhängern von Blecha (SPÖ) und seinen Gegnern in der ÖVP und die damit verbundenen Streitereien bei der Ernennung in leitende Funktionen. Weiters geht es um Widersprüche hinsichtlich der eigentlichen Formen und Methoden der operativen Tätigkeit. Der tragende Kern des Personals wurde nämlich aus den früheren Angehörigen der Sondereinheit ‚Cobra' gebildet, die vor allem in der Arbeit ‚mit den Händen' ausgebildet worden waren, d. h. im Schießen, Judo usw. Nach den Vorstellungen des Bundesparlaments sollte diese Abteilung der Abwehr und des Kampfes gegen den Terrorismus aber eine Symbiose von ‚Kopf und Händen' sein, das bedeutet Prioritäten der agenturischen Tätigkeit im internationalen Maßstab und erst danach gewaltsames Handeln."[291]

Interessanterweise hatte die StB auch das „Konzept für die Aufstellung der Sondergruppe zur Bekämpfung des Internationalen Terrorismus", die Blaupause für die Gründung der EBT, beschafft und den Verbündeten beim MfS zur Verfügung gestellt. In diesem Entwurf wird festgehalten, dass sich die Aufgaben der Sondergruppe „auf alle sicherheits-politisch relevanten Bereiche im Rahmen der Terror-Bekämpfung" erstrecken: „Die Erfahrung hat gezeigt, dass sich politischer Extremismus und Terror grenzüberschreitender Methoden und Arbeitstechniken bedient, seine Angriffe, Aktionen und Attentate je nach politischer Aktualität in jedes Land hineinträgt und jedes Objekt Ziel sein kann." Eine Priorität war weiters die moderne Ausstattung: „Dem Spektrum des politisch motivierten Verbrechens – es reicht vom Mord über Geiselnahme bis zur schwersten Sachbeschädigung – ist bei der Kompetenzzuteilung, Zurverfügungstellen der Mittel, Ausrüstung, Auswahl, Schulung und Stärke des Personals, Rechnung zu tragen." An der Spitze der insgesamt 50 Beamte umfassenden Einsatzgruppe stand die Zentrale, die für Anweisungen und den Informationsfluss an die einzelnen, verdeckt arbeitenden Teams sowie für die Herstellung der internationalen Kontakte zuständig war. Den Teams selbst wurden bestimmte Aufgabenbereiche zur Bearbeitung zugewiesen – laut Konzept sah die Grobeinteilung vor: Terrorismus („Bereich Naher Osten", „Euro-Terrorismus"), „politisch extreme Bewegungen" (Links- und Rechtsterrorismus, „militante Ökobewegungen"), Nachrichtendienste („Ost und West"). Im Unterschied zu den bis dahin bestehenden Strukturen wurde bei der EBT auf nachrichtendienstliche Aktivitäten und hier besonders auf das Anwerben von „Quellen", Informationssammlung und Prävention Wert gelegt: „Das Ausfindigmachen, Anwerben und das Führen von Personen aus dem Umfeld des Terrorismus ist ein vorrangiges Ziel, das nur mit geschulten und motivierten Beamten erreichbar ist. Die Sondergruppe soll weiters den politischen Hintergrund des Terrorismus analysieren und systematisch in die Ermittlungen einbeziehen. [...] Sie soll weiters Erkenntnisse über Kräfte, welche die innere Sicherheit gefährden oder gefährden könnten (Personen, Organisationen, Objekte, Methoden, Praktiken, Agitationen, Verbindungen, Bedrohungen, etc.) gewinnen. Dazu gehören: Durchführung von Observationen und Überwachungen; die Verfolgung und Aufklärung von terroristischen Anschlägen und anderen subversiven Tätigkeiten; Einvernahme von Tätern und Zeugen nach Anschlägen; Durchführung von offenen und verdeckten Ermittlungen, Nutzbarmachung von nachrichtendienstlichen Erkenntnissen etc."[292]

Mit der „alten" Staatspolizei kam die EBT häufig in Konflikt. Bevor die neue Einheit auf den Plan getreten war, war staatspolizeiliche Arbeit vor allem in den Abteilungen der jeweiligen Sicherheitsdirektionen gemacht worden. Auf diese Weise bildeten sich „Schrebergärten" heraus, wie es ein „Insider" 1990 formulierte – „ein Staat im Staate, der schalten und walten konnte, wie er wollte". Dann kam die EBT und es wurden ihr immer häufiger operative Aufgaben übertragen. Das führte zu Doppelgleisigkeiten, Reibereien und gegenseitigen „Ausbesserungsversuchen". Das soll soweit geführt haben, dass Oswald Kessler, der die EBT konzipiert hatte, in Sicherheitskreisen als „absolute persona non grata" galt.[293] Vor allem die „alte" Abteilung I der Wiener Staatspolizei hatte das Nachsehen. So kam es nach den Kurdenmorden (1989) zu Parallelermittlungen – rückblickend laut Generaldirektor Michael Sika „ein Fehler": „Noch dazu, wo es beträchtliche Spannungen zwischen diesen Organisationseinheiten und vor allem auch deren Spitzenfunktionären gab."[294]

Aber die EBT selbst war nicht unumstritten: Anfang der 1990er Jahre widmeten sich gerade einmal sechs Beamte der Analyse rechtsextremistischer Vorgänge. Erst 1993 war ein Konzept entwickelt, um die Aktivitäten der damals notorischen Volkstreuen Außerparlamentarischen Opposition (VAPO) aufzuklären.[295] Die VAPO galt nach der Verhaftung der Führungskader 1992/93 als zerschlagen – ebenso wie die Wehrsportgruppe Trenck, die Anfang 1992 ausgehoben wurde. Der zum Leiter der Gruppe C/II aufgestiegene Kessler war danach zuversichtlich, dass die Neonazi-Szene „zwischen Vorarlberg und Wien“ als „aufgerollt“ betrachtet werden könne.[296]

Doch bereits 1993 sollte der „Briefbomben-Terror“ beginnen. Bis 1997 verübte Franz Fuchs im Namen einer Bajuwarischen Befreiungsarmee (BBA) zahlreiche Brief- und Rohrbombenanschläge. Vier Menschen starben, 15 weitere wurden zum Teil schwer verletzt. Die Fahndung verlief für die EBT glücklos. Man vernachlässigte Hinweise, dass es sich um einen Einzeltäter handeln könnte. Symbolhaft war 1995 der Abgang Kesslers nach sechs Jahren an der Spitze der Gruppe C/II.[297] Zuvor hatte er sich gemeinsam mit zwei Kollegen von der EBT für das Magazin *News* vor dem Innenministerium unter der Headline „Die Bombenjäger“ fotografieren lassen, was angeblich Innenminister Franz Löschnak „zur Weißglut“ gebracht haben soll. Letztendlich waren aber die ausbleibenden Erfolge entscheidend.[298] In Sachen Briefbomben-Ermittlungen übernahm eine Sonderkommission aus zugeteilten Beamten, die räumlich und organisatorisch von der EBT getrennt war.[299] Der ausgeübte Fahndungsdruck war so groß, dass Franz Fuchs nervös wurde und Fehler machte. Am 1. Oktober 1997 wurde er von der Gendarmerie kontrolliert, nachdem sich zwei Frauen verfolgt gefühlt hatten. Fuchs glaubte sich überführt und zündete eine Bombe, die ihm beide Hände zerfetzte.[300]

Die Briefbomben-Serie hielt den Staatsschutz insgesamt von 1993 bis 1997 in Atem und legte Ausbildungsdefizite sowie Mängel bei der Technik und Raumausstattung offen, löste gleichzeitig aber auch einen Professionalisierungsschub aus.[301] Dieser war angesichts neuer Herausforderungen wie organisierter Kriminalität, Geldwäsche, „offener Grenzen“ und neuer terroristischer Bedrohungen notwendig. Deshalb richtete man 1992 eine weitere Sondereinheit, die Einsatzgruppe D, zur Bekämpfung der Organisierten Kriminalität (EDOK) ein. Die EDOK brachte es zu einem zweifelhaften Ruf, weil einige ihrer Beamten immer wieder selbst in Korruptionsfälle, Bestechung und illegale Datenweitergabe verwickelt waren. Außerdem handelte es sich wieder nur um einen weiteren Tropfen auf dem heißen Stein. So zählte die EDOK Mitte der 1990er Jahre gerade einmal 60 Mitarbeiter, darunter zwei mit akademischem Abschluss. Die überwiegende Mehrheit – rekrutiert aus Gendarmeriedienststellen und dem Wiener Sicherheitsbüro –

musste sich nun mit komplexen Transaktionen und der Observation verdächtiger Personen herumschlagen, die in ihren Herkunftsländern Verbindungen in höchste politische Kreise unterhielten. Die Sondereinheit, so lautete die Kritik von Fachleuten, konnte die organisierte Kriminalität „nicht einmal beobachten, von einer effizienten Bekämpfung ganz zu schweigen“.[302]

Erst die Novelle des Sicherheitspolizeigesetzes (2000) brachte mit der bereits erwähnten „Erweiterten Gefahrenerforschung“ lange geforderte Befugnisse in Sachen Prävention und Vorfeldermittlung. Im Zuge der sogenannten Polizeireform (2002) wurde schließlich auch die Organisationsstruktur reformiert: Staatspolizei, EBT und EDOK wurden zum BVT verschmolzen, ein Bundeskriminalamt (BK) wurde errichtet.

Das BVT

Der erste Direktor des BVT, Gert-René Polli, legte Wert darauf, dass die neue Behörde mit der alten Staatspolizei nichts mehr zu tun hatte. Diese gebe es „als solche nicht mehr, das ist insbesondere eine Frage der Philosophie. Wir grenzen uns inhaltlich, qualitativ und moralisch von der ehemaligen Staatspolizei sehr stark ab."[303] Im Unterschied zu letzterer verfügte Österreich mit dem BVT ab 2002 über eine zentral agierende Behörde, die – wie bereits erwähnt – sowohl polizeilich als auch nachrichtendienstlich arbeitete. Befugnisse wurden sukzessive erweitert. Den größten Schritt stellte 2016 das Polizeiliche Staatsschutzgesetz dar, welches das BVT in Sachen Staatsschutz alleinzuständig machte. Terrorismus- und Extremismusbekämpfung nahmen nun einen viel größeren Stellenwert ein. Auch der Informationsaustausch mit den Partnerdiensten wurde vertieft.

Für die Namensgebung des BVT ließ sich der Kabinettschef von Innenminister Ernst Strasser, Christoph Ulmer, unter anderem von einer TV-Serie inspirieren. Er und Polli waren sich einig, dass die künftige Organisation in irgendeiner Weise die Bezeichnung ‚Verfassungsschutz' tragen sollte. „‚Verfassungsschutz', das lehnt sich an eine im deutschen Fernsehen laufende und sehr beliebte Krimiserie an und ist positiv belegt."[304]

Insgesamt stand das BVT aber mehr für Kontinuität als für Wandel. Es blieb eine Sicherheitsbehörde. Das hatte sowohl Vor- als auch Nachteile. Für Kritiker wie Polli besteht ein „innerer Konflikt" zwischen dem polizeilichen Ansatz, der darauf abzielt, Täter auszuforschen und der Justiz zuzuführen, und dem nachrichtendienstlichen Ansatz, der Straftaten bereits im Vorfeld erkennen und verhindern will. Der Plan bei der Gründung des BVT habe daher darin bestanden, beide Bereiche so miteinander zu verbinden, „dass beides gewährleistet ist: Prävention und gerichtsrelevanter Staatsschutz. Da es sich bei den vorgefundenen Strukturen und Mentalitäten fast durchwegs um Polizei gehandelt hat, ist es vorrangig gewesen, die präventive Komponente innerhalb des Staatsschutzes zu forcieren." So wie vorher die staatspolizeiliche Gruppe II/C unterstand das BVT weiterhin organisationsrechtlich der Generaldirektion für die öffentliche Sicherheit. Die „Abteilungen I" wiederum fanden ihre Entsprechung in den LVTs, die ähnlich locker an die Oberbehörde angebunden sind. Diese Struktur wurde auch im Zuge der späteren DSN-Reform 2021 beibehalten.

Die Skepsis gegenüber einem „echten" Nachrichtendienst war und ist in Österreich groß. Somit hatte es keinen „großen Wurf" gegeben, wie Polli bemängelt. Ursprünglich habe die ÖVP damals einen zivilen Nachrichtendienst errichten wollen, es habe sich jedoch „kein parteipolitischer Konsens" herstellen lassen. Auch die Opposition – „insbesondere die Grünen" – hätte sich vehement dagegen ausgesprochen.[305] Aber selbst der ehemalige Generaldirektor für die öffentliche Sicherheit, Michael Sika, war ein „erklärter Gegner" der Idee gewesen, sich anhand internationaler Beispiele zu orientieren: „Nachrichtendienste umgeben sich mit einer Aura des Geheimnisvollen. Durch den Umstand, dass Dienste unabhängig vom Strafgesetz arbeiten und nach eigenen Gesetzen funktionieren, besteht die Gefahr, dass sie sich innerhalb kürzester Zeit verselbstständigen und aus der Kontrolle geraten."[306]

Polli, der das BVT von 2002 bis 2008 führte, ist deshalb im Rückblick enttäuscht von der BVT-Reform. In seinen Memoiren schreibt er, der ÖVP sei damals ein Verfassungsschutz nach deutschem Vorbild vorgeschwebt: „Die politischen Gespräche kollabierten, noch bevor es zur inhaltlichen Ausgestaltung einer solchen Reform der Staatspolizei kam. [...] Das Wort Geheimdienst lag in der Luft, und wer wollte schon einen Geheimdienst in Österreich? Was blieb, war die Worthülse im Koalitionsübereinkommen: ‚Reorganisation der Staatspolizei'. Das war alles, was von den ursprünglich engagierten Plänen der ÖVP übrig war."[307]

Im Endeffekt, so Polli, sei nur ein „müder Kompromiss" übriggeblieben: „Eine zentrale polizeiliche Behörde durch Verschmelzung der Gruppe C mit der EBT, ergänzt durch die Integration nachrichtendienstlicher Elemente, die man fortan Analyse genannt hat." Außerdem wurden die historisch gewachsenen internen Reibereien nicht aufgearbeitet, sondern fortgeschrieben. So wie es früher zwischen der Staatspolizei und den „jungen Wilden" der EBT gekriselt hatte, bestand im BVT eine Konfliktlinie, diesmal zwischen Kriminalbeamten und Verwaltungsbediensteten, also „Nicht-Polizisten", die vor allem Aufgaben als Analytiker wahrnehmen und nicht operativ tätig sind.[308]

Diese Spannungen kamen im BVT-UsA zur Sprache. Eine langjährige BVT-Beamtin, die schon bei der EBT gedient hatte, meinte: „Wir waren vorher eine Einsatzgruppe zur Bekämpfung des Terrorismus. So haben wir auch gearbeitet. Und dann wurden wir ein Bundesamt. Das ist ein Unterschied. Und die Vermischung mit Verwaltungsbediensteten, wo es in vielen Bereichen keine klare Aufgabentrennung gab, führt zu Konflikten. Das ist meine Wahrnehmung."[309] Die BVT-Beamtin spitzte ihre Kritik noch weiter zu: „Wenn Sie einen Betrieb haben, ein Amt haben, und in diesem Amt sind, Hausnummer 500 Mitarbeiter, und von denen sind zehn halt mehr oder weniger zu nichts zu gebrauchen, die druckt man halt durch. Wenn aber diese Anzahl eine gewisse Personenanzahl übersteigt, dann möchte ich schon darauf hinweisen: Es gibt ein sehr gutes Zitat von Bertolt Brecht, der schon damals meinte: Wenn die Dummheit genügend große Ausmaße angenommen hat, dann wird sie unsichtbar."[310]

Verschärft wurde dieses Problem dadurch, dass das BVT (so wie auch die DSN heute) keine Personalhoheit hatte, sondern in diesen Belangen der Sektion I des Innenministeriums unterstand. Das öffnete politisch motivierten Besetzungen Tür und Tor, vor allem, nachdem das viele Jahrzehnte von der SPÖ geführte Innenministerium ab 2000 in den Macht- und Einflussbereich der ÖVP wechselte. Seitdem vollzog sich insgesamt eine allmähliche Politisierung der Verwaltung: Die Kabinette der Regierungsmitglieder wurden erweitert. So entstand eine Nebenstruktur aus Parteigängern und Vertrauenspersonen, die teils in Spitzenpositionen in der Ministerialbürokratie aufrückten, während Beamte ohne Partei-Protektionismus übergangen wurden.[311] Aber auch die leitende Verwaltungsebene selbst war von dieser Entwicklung betroffen, insbesondere im Innenministerium. Bereits 2006 waren der ÖVP zuzurechnende Spitzenbeamte jenen von der SPÖ numerisch überlegen. 2013 war sämtliches SPÖ-nahes Personal aus der Verwaltungsspitze des Innenministeriums de facto verschwunden.[312]

Wie im BVT Postenbesetzungen formal abliefen, erläuterte ein Amtsdirektor aus der Sektion I im BVT-UsA folgendermaßen: „Die Verlautbarung erfolgt via Jobbörse der Republik Österreich, oder wenn es nur eine ressortinterne Interessentensuche ist, dann wird es auf der Intranetseite des Innenressorts verlautbart. Es kommt dann zur Ausschreibung, zu Bewerbungen, es wird definiert, welcher Bereich diese Bewerbungen zu erhalten hat. Von dort erfolgt ein Vorschlag, die Reihung aller Bewerberinnen und Bewerber, und das wird dem Personalbüro, der Abteilung I/1, zur Entscheidung vorgelegt."[313]

Unter Bewerberinnen und Bewerbern, die im BVT zum Zug kamen, waren auch solche, die zwar keine einschlägige juristische oder polizeiliche Ausbildung hatten, aber dafür eine politische Nähe zur ÖVP aufwiesen. Ex-BVT-Direktor Polli hat diese Praxis im BVT-UsA scharf kritisiert: „Eine Organisation wie das BVT, die in diesen Bereichen arbeitet, [...] verträgt nur einen bestimmten Prozentsatz an neuen Kräften, vor allem dann, wenn diese Leute nicht als solche ausgebildet sind. Werden zu viele solche Leute in die Organisation eingeschleust, kollabiert diese Organisation. Und genau das ist eigentlich passiert. Ja, ich hatte als Direktor BVT ein sehr ernstes Gespräch mit der leider verstorbenen Frau Bundesminister [Liese] Prokop, in dem ich mich – schriftlich – bei ihr über die Aktivitäten im BVT beschwert habe, als also Personen, die unseres Erachtens damals nicht über die Qualifikation verfügten, ins BVT aufgenommen worden sind."[314] Rund um den EU-Ratsvorsitz Österreichs 2006 seien nämlich diverse Neuzugänge ins BVT „eingeschifft" worden, so Polli. Man habe damals „die Gelegenheit beim Schopf gepackt", die akademische Expertise im BVT entsprechend aufzupolieren und mindestens zehn Akademiker innerhalb des BVTs zu verankern: „Ich war der Meinung, es handelt sich überwiegend um sehr hoffnungsfrohe, loyale Mitarbeiter, die sich an dieses System erst gewöhnen müssen. Tatsächlich habe ich dann aber letztlich erfahren, dass diese zehn Personen durch einen sehr internen Selektionsprozess, der durchaus parteipolitisch war – oder um es zu sagen: fast ausschließlich parteipolitisch –, gegangen sind, und diese Leute sind dann dort aufgeschlagen."[315] In der ZIB-24-Sendung im österreichischen Fernsehen war Polli am 9. März 2008 noch deutlicher: Die Probleme im BVT seien darauf zurückzuführen, „dass Personen in Führungspositionen gebracht wurden, die außer das Parteibuch selbst keine Qualifikation aufwiesen." Im BVT-UsA nahm Polli diese Äußerung teilweise zurück.[316]

Polli selbst war aber auch nicht unumstritten – wenngleich aus anderen Gründen. Er hatte seine Karriere beim HNaA begonnen und war dann ins Innenministerium gewechselt. Diese Entscheidung sei „vom HNaA und von Teilen des Verteidigungsministeriums" als „eine Art Verrat" angesehen worden, so Polli.[317] Seine Amtszeit 2002-2008 verlief turbulent. Im November 2004 hatte das Innenministerium den Export von 800 panzerbrechenden Steyr HS 50 Scharfschützengewehren in den Iran genehmigt, wo sie der Polizei angeblich zur Bekämpfung der Drogenkriminalität dienen sollten.[318] Als bereits ein Großteil geliefert war, wurde auf Druck der USA kurzfristig ein Stopp verhängt. Innenministerin Prokop ließ daraufhin beim BVT nachfragen, ob die Waffen zu terroristischen Zwecken verwendet werden könnten. Die Antwort lautete: „Vorbehaltlich einer tiefer gehenden Beurteilung durch das BVT darf in der gegenständlichen Causa angemerkt werden, dass sich die Rahmenbedingungen seit der letzten Bescheiderlassung nicht geändert haben."[319] Polli soll Prokop trotzdem vor negativen Konsequenzen gewarnt haben, wurde aber von den USA angeblich als Hauptverantwortlicher angesehen, dass der Deal doch über die Bühne ging.[320] In seinen Memoiren stellt Polli den Fall so dar: Das BVT habe den Akt über die Waffenexporte von der zuständigen Fachabteilung, der Rechtssektion III, angefordert. Damit habe das „Verhängnis" seinen Verlauf genommen: „Der Akt war ein dicker Schmöker, und das Genehmigungsverfahren lief schon seit mehr als einem Jahr im Kreis. Nun aber sollten die Waffen an ihren Bestimmungsort geliefert werden. Die Genehmigungen für den Export wurden von der zuständigen Fachabteilung im Innenministerium schließlich durchgewunken. Das BVT wurde umgangen und erst nach erfolgter Genehmigung involviert." Ob dahinter Absicht lag oder nicht, konnte nie geklärt werden.[321]

Weiteren Anstoß nahm man an Iran-Reisen Pollis. Die Visiten im Mai 2005 und im Jänner 2006 sollen den Zweck gehabt haben, eine iranische Proliferationsagentur in Wien anzubahnen. Das Argument dafür war, dass man so die nuklearen Ambitionen des Iran besser unter Kontrolle hätte. Die USA und Großbritannien sollen jedoch strikt dagegen gewesen sein.[322] Außerdem soll auf Pollis Initiative ein Verbindungsoffizier des iranischen Geheimdiensts akkreditiert worden sein – wobei in diesem Fall der Streit nicht lange währte: Der Mann soll in einer Wiener Moschee einem Herzinfarkt erlegen sein.[323] Für Ärger speziell bei der CIA sorgte, dass Polli einen hochrangigen syrischen Geheimdienstmann abgeschirmt hatte und zwar so, dass ein von der CIA arrangiertes Treffen mit dem Syrer nicht zustande kam, als dieser aus Wien abreiste: „Der Konvoi war Richtung Flughafen unterwegs und hielt nicht an. Auch nicht an der roten Ampel am Weg zum Flughafen, die unerwartet auf rot geschalten wurde, als der Konvoi sich näherte."[324]

Auf heimischem Territorium wiederum verstrickten sich BVT-Beamte 2004 in Kontakte zu einem „angeblichen Informanten", der kurze Zeit später einen Sprengfallen-Mord auf der Wiener Höhenstraße beging.[325] All diese Einzelfälle sollen in Summe dem BVT den Spitznamen „Polli-Klinik" eingebracht haben.[326] Auch weil der BVT-Direktor für die USA – konkret für den CIA-Residenten in Wien, Mark K. – als „nicht mehr länger tragbar" galt, beendete Polli 2008 seine Funktion und wurde Sicherheitschef bei Siemens. Doch schon 2009 musste er auch diesen Posten räumen. Details aus dem Ermittlungsverfahren der Staatsanwaltschaft Wien waren lanciert worden – angeblich eine Retourkutsche dafür, dass Polli bei Operationen der CIA in Österreich „nicht mehr weggeschaut" haben will.[327] Er gründete in der Folge 2012 eine private Sicherheitsfirma und beriet die FPÖ im Nationalratswahlkampf 2017. Im Jahr darauf trat er einen Posten als Verbindungsbeamter in Madrid an, wurde aber 2019 wieder abgezogen.[328] Eine Bewerbung als DSN-Direktor war nicht erfolgreich.[329]

An der BVT-Spitze war Polli von Peter Gridling abgelöst worden. Dieser hatte seinen Polizeidienst in Tirol begonnen und war anschließend bei der Vorläuferorganisation des heutigen EKO Cobra, dem Gendarmerieeinsatzkommando (GEK) tätig. Nebenher arbeitete er als Schwimmtrainer und studierte Jus (Diplomarbeitsthema: „Das Recht auf persönliche Freiheit: Neuregelungen durch das BVG"). Unter SPÖ-Innenminister Franz Löschnak wechselte er 1992 als Referatsleiter zur Staatspolizei nach Wien. Caspar Einem machte ihn zum Leiter der EBT. Unter Ernst Strasser führte Gridling die Anti-Terror-Abteilung von Europol und 2008 wurde er von Günther Platter zum Direktor des BVT bestellt.[330] Gridling geriet jedoch intern bald ins Hintertreffen. 2013 wurde mit Wolfgang Zöhrer ein stellvertretender Direktor installiert, der für drei der damals vier BVT-Abteilungen zuständig war. Gridling blieb nur die Abteilung I, der Administrationsbereich.[331]

Zwischen 2012 und 2016 führte das BVT umfangreiche Ermittlungen gegen den Anwalt Gabriel Lansky und andere wegen mutmaßlicher nachrichtendienstlicher Tätigkeit zum Nachteil Österreichs durch (siehe dazu *Österreichs geheime Dienste*, 2019). Bald kamen Vermutungen auf, das BVT sei in dieser Angelegenheit parteiisch vorgegangen. Immer wieder hatten Ermittlungsergebnisse den Weg in die Öffentlichkeit gefunden. 2015 hatte Lansky sogar Anzeige gegen drei BVT-Beamte – „ND 11", „ND 13" und „ND 31" – erstattet, nachdem eine anonyme Eingabe Amtsmissbrauch in den Raum gestellt hatte. Behauptet wurde außerdem, dass das BVT „für politische Zwecke von korrupten Beamten missbraucht" würde. Das betreffende Ermittlungsverfahren wurde 2017 eingestellt.[332]

Anfang 2018 – kurz vor der Hausdurchsuchung – war das BVT in verfeindete Lager gespalten und hatte mit großen Problemen zu kämpfen. Die personelle Unterbesetzung hatte kritische Ausmaße erreicht. Vor allem im Bereich Terrorismus- und Extremismusabwehr war man infolge der ab 2014 sprunghaft angestiegenen radikal-islamistischen Anschläge in Europa und dem neu hinzugekommenen Phänomen der „Staatsverweigerer" überfordert. Auch im Bereich Spionageabwehr stieg der Druck merklich – infolge der zunehmenden geopolitischen Spannungen hatten mehrere Länder ihre geheim- und nachrichtendienstlichen Aktivitäten verstärkt, und das betraf gerade die Spionagedrehscheibe Wien. Bereits 2016 warnte Gridling in einem Interview: „Das BVT ist derzeit in über 230 Ermittlungsfälle für die Staatsanwaltschaften eingebunden und arbeitet an der Grenze seiner Belastbarkeit."[333] In diesem toxischen Umfeld aus Überbelastung und Intrigen kursierte 2015 bereits eine anonyme Anzeige (‚Erga Omnes'), die Machtmissbrauch im Verfassungsschutz anprangerte. Der oder die Verfasser drohten, dass sich der Unmut noch in anderer Form manifestieren könnte. So war es dann auch – und das BVT sollte bis in die Grundfesten erschüttert werden.

Spionagedrehscheibe Österreich: Vom „Schießstand" zum Begegnungsort

Österreich gilt bis heute als Spielwiese internationaler Geheim- und Nachrichtendienste. Das war offiziell so nie beabsichtigt, aber bereits in den Jahren nach dem 1. Weltkrieg verzeichnete man eine intensive Tätigkeit verschiedener Geheimdienste. Wien löste damals Paris als Hauptstadt der Spionage ab. Diese richtete sich wie auch in den darauffolgenden Jahrzehnten mehrheitlich nicht direkt gegen Österreich. Interessant war das Land aufgrund seiner zentralen geographischen Lage als Drehkreuz und Knotenpunkt für Spione verschiedener Länder, die sich zwischen der Tschechoslowakei, Ungarn, Deutschland und der Sowjetunion hin- und herbewegten. Vor allem aber war Wien das Hauptquartier für die Aktivitäten des sowjetischen Geheimdiensts in Südosteuropa, in Italien, der Tschechoslowakei, der Schweiz, in Ungarn und von 1929 an in Jugoslawien.[334] Es wurde versucht, politische Umstürze zu fördern und man unterstützte die Bemühungen der dortigen kommunistischen Parteien, die ihre Zentralkomitees oder Auslandsapparate nach Wien verlegt hatten. Auch die Komintern, die Kommunistische Internationale, betrieb in Wien ein bis zum März 1922 bestehendes „Südostbüro". Zu den wichtigsten konspirativen Treffpunkten zählten die private Unterkunft des sowjetischen Missionschefs im Hotel Regina und die umliegenden Cafés wie das Landtmann.[335]

Die Aktivitäten der Sowjets riefen Gegenspionage von Seiten der Westmächte hervor. Insbesondere der britische Auslandsgeheimdienst SIS war stark vertreten. 1918 war der in Bern stationierte Major Hans Vischer beauftragt worden, Stützpunkte in den Ländern der untergegangenen Habsburgermonarchie einzurichten: Wien, Prag und Budapest.[336] Bereits in den 1920er Jahren galt die Vienna Station unter Leitung von Captain Thomas Kendrick in der Metternichgasse Nr. 6 als der wichtigste SIS-Außenposten in Europa.[337] Kendrick ließ nicht nur Telefonkabel der sowjetischen Gegenseite anzapfen,[338] sondern verfügte auch über einen Informanten bei der Wiener Polizei.[339] Gewinnbringend war der Austausch und das Zuhören in den Caféhäusern der Stadt. Insbesondere die Cafés Louvre, Herrenhof und Atlanta stachen hervor. Dort trafen sich internationale Korrespondenten, aber auch einheimische Politiker, Künstler und Intellektuelle.[340] Nach dem „Anschluss" 1938 sollten Kendrick und seine Mitarbeiter eine wichtige Rolle bei der Rettung von österreichischen Juden spielen. Da Kendrick im Rahmen seiner Tarnung als Passport Control Officer bei der britischen Botschaft für Visa-Angelegenheiten zuständig war,[341] ermöglichte sein Stab ab März 1938 innerhalb von zwei Monaten jeden Tag zwischen 175 und 200 Juden die Ausreise nach Großbritannien.[342] Kendrick geriet allerdings bald ins Visier des Amts Ausland/Abwehr der Wehrmacht. Am 17. August 1938 wurde er auf dem Weg nach München nahe Salzburg verhaftet. Nach diplomatischem Protest wurde Kendrick innerhalb von Tagen ausgewiesen. Das war das Ende für die SIS-Station in Wien: Ihr Personal wurde umgehend zurückgezogen.[343]

Ein weiterer begünstigender Faktor für Spionage in den 1920er und 1930er Jahren war, dass diese nur ein Vergehen darstellte, wenn sie sich gegen Österreich richtete und dies mit einer Höchststrafe von 10 Jahren relativ milde geahndet wurde.[344]

Diese tolerante Haltung sollte sich nach dem 2. Weltkrieg noch mehr herauskristallisieren. Hinzu kamen noch weitere Faktoren, die Spionage begünstigen: die seit 1955 verbriefte Neutralität, eine hohe Dichte an internationalen Organisationen, diskrete Banken sowie bis in die Nachkriegszeit zurückreichende Abhängigkeiten, die schwer abzubauen sind.[345] So bestätigt eine Entscheidung des Obersten Gerichtshofs vom 20. April 1956, dass Spionagetätigkeit nur dann geahndet wird, wenn sie sich unmittelbar gegen Österreich richtet. Wer nach § 256 Strafgesetzbuch (StGB) einen „Geheimen Nachrichtendienst zum Nachteil der Republik Österreich" betreibt, ist mit einer Freiheitsstrafe von sechs Monaten bis zu fünf Jahren zu bestrafen. Bis 2021 hatte die Strafandrohung mit Freiheitsstrafe „nur" bis zu drei Jahre betragen. Wer einen „militärischen Nachrichtendienst" für einen fremden Staat betreibt (§ 319), kommt nach wie vor mit zwei Jahren davon.[346] In Fällen von „Konkurrenz- oder Wettbewerbsspionage", die von in- oder ausländischen Firmen ausgeht, werden die §§ 122-124 StGB herangezogen (Freiheitsstrafe bis zu drei Jahre).[347] Noch 1962 hatte Justizminister Christian Broda einen Entwurf eines neuen Strafgesetzes mit verschärften Bestimmungen zum Schutz des inneren Friedens, gegen die Tätigkeit ausländischer Nachrichtendienste in Österreich und gegen Werkspionage zum „Schaden österreichischer Unternehmungen" vorgelegt. Doch der Koalitionspartner ÖVP verweigerte die Weiterleitung der Novelle an den Nationalrat.[348]

Die Rechtslage trug wesentlich dazu bei, dass Österreich und hier insbesondere Wien „ein beliebter Umschlagplatz für Spione aus aller Herren Länder" wurde, meinte Michael Sika im Rückblick. Die Staatspolizei habe das „natürlich" gewusst, „doch war ihr in den meisten Fällen durch die Gesetzeslage die Hände gebunden". Sofern nicht zum Schaden von Österreich spioniert wurde, „durften unsere Leute nur zuschauen und sich ihren Teil dabei denken". Es sei aber deutlich geworden, dass „sowohl der Osten wie auch der Westen größtes Interesse an den Vorgängen in der Republik hatten, ob sie nun politischer, wirtschaftlicher oder gesellschaftlicher Natur waren." Aber „hin und wieder" sei der Staatspolizei auch ein Agent ins Netz gegangen.[349] Diese wenige Erfolge der Spionageabwehr änderten aber nichts an der Gesamtsituation. Diese umschrieb der Journalist Klaus Stephan 1984 folgendermaßen: „Niemand kann mir ausreden, dass es sich für Spione in Wien besonders angenehm lebt. Die Stadt ist schön, das Essen gut, die Grenze nach Osten und Westen mehr oder minder offen; der Bundesnachrichtendienst in Pullach bei München ist ebenso schnell zu erreichen wie die Zentrale Zpravodajská Služba des Militärgeheimdienstes der ČSSR in Prag. Und die österreichische Staatspolizei, [...], kümmert sich nicht darum."[350]

2014 ging der Journalist Emil Bobi in seinem Buch *Die Schattenstadt* der Frage nach, ob Wien überhaupt zur „Welthauptstadt der Spionage" geworden sei. Seine zentrale These lautet: Das neutrale Österreich habe einen auf den ersten Blick paradox anmutenden Weg gefunden, für stabile Verhältnisse zu sorgen. Potenziellen Unruhestiftern, darunter Angehörige ausländischer Nachrichtendienste, werde ein Umfeld geboten, in dem sie ungestört ihren Aktivitäten nachgehen können – solange nichts passiert oder österreichische Interessen betroffen sind.[351] Das mag journalistisch zugespitzt sein, aber wie sich im historischen Rückblick zeigt, ist der Befund durchaus zulässig. Spionage kann in Wien auf eine jahrzehntelange Tradition zurückblicken. Einfach ausgedrückt: nach Kriegsende 1945 richteten sich westliche und östliche Nachrichtendienste entsprechend ein und sind seitdem geblieben.

Während des Kalten Krieges prädestinierte die Nähe zum Eisernen Vorhang Wien als Ausgangspunkt für verdeckte Operationen, Schleusungen und als Kontaktstelle für Agenten beider Lager.[352] Vor allem in der Frühphase des Konflikts Ende der 1940er und Anfang der 1950er Jahre war Wien ein mindestens so betriebsamer Spionageplatz wie das geteilte Berlin oder München. In einem freigegebenen Recherchepapier der CIA von 1999 ist von einem regelrechten „intelligence jungle" die Rede.[353] Ein Bericht des US-Geheimdiensts von 1949 listet insgesamt 17 verschiedene nachrichtendienstliche Gruppen auf, die zu diesem Zeitpunkt in Österreich aktiv waren: Neben dem unter Anleitung von Maximilian Ronge im Aufbau befindlichen Militärnachrichtendienst verfügten auch die Großparteien SPÖ und ÖVP über eigene Informationsdienste ebenso wie die katholische Kirche. Hinzu kamen zwei jeweils für Großbritannien und Frankreich tätige Netzwerke. Fünf weitere dieser selbstständig operierenden und miteinander konkurrierenden Organisationen wurden von ehemaligen SD-Mitarbeitern, SS- und

HJ-Angehörigen angeführt.[354] 1950 wurde diese außergewöhnlich dichte Spionageaktivität im britischen *Guardian* so veranschaulicht: „Man schätzt, dass in Wien etwa 20 Spionagedienste operieren. Hier eine Liste ihrer Arbeitgeber: Jeder der 4 Besatzungsmächte, die österr. Regierung, die 4 Hauptparteien, die beiden Deutschland, mindestens 4 Länder des Ostblocks und Jugoslawien, die heimlichen Nazi und eine ‚neutrale Gruppe', die sich aus Schweizern, Juden usw. zusammensetzt. Hier könnten noch viele ‚Dritter-Mann-Filme' gedreht werden. An Zitherspielern herrscht auch kein Mangel."[355]

Laut einer Schätzung hatten die USA während des Besatzungsjahrzehnts im Schnitt etwa 700 Personen im geheimdienstlichen Einsatz. Die CIA kam nach ihrer Gründung 1947 ins Spiel und etablierte ihre Präsenz in Wien bis 1949. Bis dahin war man noch abhängig vom Informationsapparat der militärischen Geheimdienste, die seit Kriegsende in Österreich waren.[356] Insbesondere das Counterintelligence Corps (CIC), die Spionageabwehr der US-Armee, legte bis 1950 bis zu 100.000 Dossiers an. Darin fanden sich Informationen zum Wahlverhalten, zu Trinkgewohnheiten oder zum Sexualleben bestimmter Personen.[357] Man traf aber auch Vorkehrungen für den Fall eines militärischen Konflikts mit den Sowjets. Der Evakuierungsplan sah vor, dass das Botschaftspersonal, darunter die CIA-Mitarbeiter, durch den Wienerwald entkommen würde und zwar in betont „unauffälliger" Kleidung, die Frauen in Dirndln und die Männer in Lederhosen.[358]

Der CIA-Stationschef[359], sein Sekretariat und die Kommunikationsspezialisten waren in der American Legation und später in der US-Botschaft untergebracht. Weiters wurden Büros in der Stiftskaserne und im Allianz-Versicherungsgebäude in der Währingerstraße genutzt. Laut Siegfried Beer hatte die CIA Anfang der 1950er Jahre zwischen 50 und 60 Vollzeitkräfte in Wien. 1955 sollten es zwischen 80 und 100 sein. Im Unterschied dazu soll die Stärke der sowjetischen Geheimdienstkräfte zunächst im April 1948 2.500 Mann betragen haben, fünfmal so viele wie bei der CIA.[360] In den darauffolgenden Jahren sollen laut dem Ex-CIA-Agenten Tennent H. Bagley die westlichen Dienste ihrem Gegenüber zahlenmäßig eins zu drei unterlegen gewesen sein. Aber die Sowjets waren nicht nur stärker, sondern gingen auch rücksichtsloser vor. Laut Bagley hätten sie in Österreich anfänglich getötet und gekidnappt, als wären sie auf eigenem Territorium. Allerdings seien nur Informanten und Kontaktleute bedroht worden, während die Agenten der Station so etwas wie Immunität genossen, die wechselseitig gewährt wurde.[361] Das bedeutete aber nicht, dass der Dienst nicht lebensgefährlich war. Zumindest in den späten 1940er Jahre und frühen 1950er

Jahren trug Wien bei CIA-Leuten den Beinamen „The Shooting Gallery" („der Schießstand") – weil es bei Operationen so oft vorkam, dass Gewalt angewandt wurde.[362] Riskant war es aber auch in anderen österreichischen Städten: So spürte der CIA-Offizier Peer de Silva 1950 in Oberösterreich einem sowjetischen Major nach, der als mögliche Quelle galt. Dabei geriet er beinahe in eine tödliche Falle. In der Pfarrgasse in der Altstadt von Linz schnitt ihm nächtens ein alter Sedan den Weg ab. Aus dem Rückfenster zielte jemand mit einer Pistole und gab fünf Schüsse ab. Dann fuhr der Wagen mit quietschenden Reifen davon. De Silva hielt es für unglaublich, dass er nicht getroffen worden war. Er vermutete, dass man ihn in Angst versetzen wollte.[363]

Andere Agenten hatten weniger Glück. Halvor Ekern, der 1948 als Mitglied der US-amerikanischen Hochkommission in Wien war, erzählte dem Journalisten Hugo Portisch von zahlreichen Opfern: „Zwischen Briten, Franzosen und Amerikanern und den Sowjets gab es einen ganz schönen Untergrundkrieg. Eine Anzahl von Menschen wurde dabei getötet. Die Sowjets töteten drei Amerikaner oben auf dem Kahlenberg, und wir haben einige Sowjets niedergeschossen vor der Peterskirche. Die Franzosen hielten einen sowjetischen Major von einer Brücke über die Eisenbahnschienen, bis der Zug kam, dann ließen sie ihn fallen. Es gab nicht wenige Zusammenstöße und nicht wenige Opfer."[364]

Dokumentiert sind nur wenige Fälle: In der Nacht vom 30. auf den 31. Oktober 1948 wurde auf einer Landstraße nahe der Vösendorfer Ziegelteiche der US-Diplomat Irving Ross ermordet. Als man den Tatort in den Morgenstunden untersuchte, bot sich ein schreckliches Bild. Am Ende der Schönbrunner Allee war ein Chevrolet Fleetmaster abgestellt. Die Kühlerhaube stand offen, alle vier Räder und das Reserverad waren abmontiert: „Am Wagenlenkersitz lag ein Mann in Zivilkleidern, Nebensitz, Armaturenbrett, Fenster und Türen waren vollständig mit Blut und Gehirnteilen beschmutzt. Der Unbekannte hatte schwere Kopfverletzungen und war bereits tot. Neben dem Wagen lagen abseits im Felde auf der einen Seite die hintere Kennzeichentafel des Wagens, auf der anderen Seite eine Identitätskarte mit Lichtbild, ausgestellt auf den Namen Irving S. Ross – SD – Civilian Attaché." So steht es im Polizeibericht, der von einem Raubmord spricht.[365] Ross hatte seit 1947 bei der Economic Cooperation Administration (ECA) Marshallplan-Geldern nachgespürt, die in der Sowjetzone versandeten.[366] Er war auch in Kontakt mit der CIA und führte ein eigenes Informantennetzwerk. (siehe dazu das ausführliche Kapitel in *Österreichs geheime Dienste*, 2019). Ross' Leichnam wurde von einem Kollegen bei der ECA, Howard E. Hunt, identifiziert. Dieser sollte später bei der CIA Karriere machen und war Anfang der 1970er Jahre in die Watergate-Affäre verwickelt.[367]

Ebenso ungeklärt wie jener von Ross ist der Todesfall von Captain Eugen Simon Karpe, der am 23. Februar 1950 in einem Tunnel bei Golling aus dem Arlberg-Express stürzte (siehe dazu das Kapitel „Auf den Spuren von James Bond in Österreich").

Die Mehrzahl an Opfern forderte der Schattenkrieg der Geheimdienste aber unter Zuträgern und zahllosen Unschuldigen, die man der Spionage verdächtigte. Sie fielen nicht unter das „Gentlemen's Agreement", sondern wurden Opfer von Mord, Entführungen und Erpressungen. 1948 sollen bis zu drei Personen pro Tag von sowjetischen Geheimdienstlern und ihren Helfershelfern verschleppt worden sein.[368] Manchmal rückten die Entführer sogar in Verkleidung als US-amerikanische Militärpolizisten aus.[369] Das führte zu einer allgegenwärtigen Atmosphäre aus Angst und Terror. Suzanne Fesq, eine Mitarbeiterin der Alliierten Kontrollkommission, erinnerte sich später, dass sich die Menschen damals nicht einmal in den eigenen vier Wänden sicher fühlten. Jederzeit – Tag und Nacht – konnte Türklopfen Gefahr und Unglück verheißen. Von vielen, die verschleppt wurden, habe man nie wieder etwas gehört und jene, die das Glück hatten, davon zu kommen, schwiegen über ihre Erlebnisse.[370]

Zu den bekanntesten Entführungsfällen zählten die Sektionschefin im Ministerium für Vermögenssicherung und Wirtschaftsplanung, Margarethe Ottillinger, Ministerialrat Paul Katscher, Oberinspektor Anton Marek und sein Stellvertreter Franz Kiridus.[371] Ottillinger war zuvor von dem österreichischen Kriminalbeamten und US-Spion Alfred Fockler belastet worden. Dieser war der sowjetischen Spionageabwehr in die Hände gefallen und hatte unter Folter angegeben, die Sektionschefin wäre ebenso eine Geheimdienst-Quelle.[372] Mit der Verschleppung Katschers wiederum wollten die Sowjets Druck auf die höheren österreichischen Beamten ausüben. Katscher verstarb 1949 in der Haft.[373] Marek und Kiridus waren enge Mitarbeiter von Innenminister Oskar Helmer in der „Gruppe 5". Beide wurden im Sommer 1948 von der sowjetischen Besatzungsmacht verhaftet. Im Falle Mareks hatten Pammer und Peterlunger noch überlegt, wie sie dessen Verlegung in das sowjetische Gefängnis in Baden verhindern könnten. Sie überlegten, die sowjetische Kommandantur mit Patrouilienwagen der Polizei zu umstellen „und mit jedem Wagen, der aus der Kommandantur herauskommt, wenn notwendig, eine Karambolage zu bewerkstelligen, um auf diese Weise den Marek zu befreien". Doch es war zu spät. Marek und Kiridus wurden vor ein geheimes Tribunal gestellt.[374] Man warf ihnen Spionage vor; sie hätten Informationen über die KPÖ, über in die Sowjetunion verschleppte Österreicher und über die Sowjetische Mineralölverwaltung (SMV) sowie über die sowjetische Präsenz im Allgemeinen gesammelt. Die beiden Exekutivbeamten kamen in ein Arbeitslager und wurden erst im Juni 1955 entlassen.[375]

Besonders abgesehen hatten es die sowjetischen Geheimdienste auf Richard Kauder, der im 2. Weltkrieg ein wichtiger Informant des Amts Ausland/Abwehr gewesen war und nun mit dem CIC zusammenarbeitete. Im Sommer 1947 wurde versucht, Kauder in der US-amerikanischen Besatzungszone habhaft zu werden. Ein nächtlicher Vorstoß in sein Wohnhaus in St. Gilgen, wo sich auch eine CIC-Dienststelle befand, wurde aber abgebrochen, um keine Schießerei zu provozieren. Das sechsköpfige Entführerkommando setzte sich offenbar aus Beamten der Wiener Staatspolizei zusammen, die damals noch unter Kontrolle Dürmayers stand. Noch drei Jahre später wertete der CIC dies „als eine der gewagtesten und kühnsten Operationen" des sowjetischen Geheimdienstes in Österreich.[376]

Entführungen waren freilich keine sowjetische Spezialität. Auch die US-Dienste und ihre Alliierten schreckten nicht davor zurück, Zielpersonen im sowjetischen Sektor von Wien zu ergreifen und diese in ihre Sektoren zu verschleppen.[377] In einem CIA-Dokument von 1954 ist die Rede davon, dass sich ein sowjetischer General vor einer Runde von Untergebenen über entsprechende Aktionen der US-Geheimdienste ausgelassen hatte. Der Offizier behauptete, dass die US-amerikanische Seite Akte von Sabotage, Terror und sogar Mord durchgeführt habe, ohne dafür eindeutige Beweise zu nennen. Außerdem erwähnte er mehrere Fälle, wo US-Agenten angeblich die Kinder von sowjetischen Offizieren entführt hätten.[378]

Ein Grenzfall war die Festnahme des ehemaligen Tiroler KPÖ-Landessekretärs Max Bair durch das CIC in Salzburg am 19. April 1949. Er wurde unter dem Falschnamen Josef Maier im Salzburger Landesgerichtsgefängnis acht Monate in Isolationshaft gehalten. Erst dann gelang es Bair einen Kassiber hinauszuschmuggeln, der von KPÖ-Presseorganen verbreitet wurde und den Fall zum Politikum machte. Bair war dem CIC ins Netz gegangen, weil er sich im Auftrag der sowjetischen Besatzungsmacht fünfmal mit einem Flüchtling namens Wladimir Svidersky getroffen hatte. Der sollte Informationen über eine antikommunistische Emigrantenorganisation sammeln, die mit den US-Diensten zusammenarbeitete. Svidersky war jedoch längst mit dem CIC im Bunde, das Bair festnehmen ließ. Er wurde am 31. März 1950 gegen Kaution enthaftet, floh danach in die sowjetische Besatzungszone in Wien und emigrierte schließlich nach Ost-Berlin.[379]

Österreichische Beamte wurden mal für die eine, mal für die andere Seite zu Handlangern. In einem Fall hatte der Polizist Georg Winterer 1953 einen aufgegriffenen Taxifahrer gefesselt und von einem westlichen in den sowjetischen Sektor verschleppt. Dort musste sich das Opfer zur nachrichtendienstlichen Zusammenarbeit bereit erklären und ging danach wieder frei. Winterer emigrierte nach 1955 in die Sowjetunion, sein ebenfalls involvierter Vorgesetzter, Kommissariatsleiter Vinzenz Seiser, erschoss sich.[380] Die Organisation Gehlen (ORG) warnte ihre Agenten jedenfalls ausdrücklich: „Ihnen droht Gefahr nicht nur von Seiten der Sowjets, sondern ebenso seitens der österreichischen Gendarmerie. Darum seien sie hier vorsichtig." Außerdem waren die ORG-Dienststellen angewiesen, die Sicherheit ihrer Quellen wegen „Verschleppungsgefahr" zu überprüfen. Die sowjetische Besatzungsmacht wiederum hatte in Lokalen eigene Spitzel sitzen, die „stundenlang bei einem Glase Bier oder Wein saßen". Ihr Auftrag war es, sowjetische Soldaten zu beobachten. Wenn diese von Zivilisten angesprochen wurden, versuchten die Spitzel mitzuhören, was gesagt wurde. Erst spätabends gegen 22 Uhr ließ die Aufsicht nach. Während die einfachen Soldaten zu dieser Uhrzeit in ihren Unterkünften waren, konnte man im Wiener Prater sowjetische Offiziere antreffen, „die sich ungeniert mit österreichischen Mädchen ergehen und auch sich dem Genuss alkoholischer Getränke ergeben", wie ein Kundschafter der ORG vermerkte.[381]

Es kam sogar vor, dass sich US-Soldaten als Kidnapper für den Gegner verdingten. So standen Anfang 1950 der Feldwebel John T. Frankey und der Unteroffizier Paul E. Abel vor Gericht, einen gewissen Oswald Eder aus dem britischen Sektor zu einem Treffpunkt mit sowjetischen Agenten auf der Straße Wien-Tulln verbracht zu haben.[382] Eder war ein ehemaliger österreichischer Mitarbeiter des CIC. Die beiden US-Militärpolizisten kassierten 7.000 Schilling für seine Verschleppung. Ein weiterer Auftrag konnte nicht umgesetzt werden, weil das potentielle Opfer nicht mehr unter der angegebenen Adresse wohnte. Abel und Frankey, die vom CIC die „Roover Boys" genannt wurden, offenbarten sich schließlich selbst, nachdem ihnen das allgemeine Presseecho rund um die Entführungen zu heiß geworden war.[383]

Die Tatsache, dass so viele „kleine Fische" zu Opfern dieses Schattenkrieges wurden, hatte mit der Verwicklung einfacher Menschen in Spionage zu tun. Viele von ihnen waren Zwangsverschleppte und Kriegsflüchtlinge, die man „Displaced persons" nannte. Die wirtschaftliche Not der unmittelbaren Nachkriegszeit machte es westlichen und östlichen Geheimdiensten leicht, aus diesem Pool Informanten und Spitzel zu rekrutieren. Der österreichische

Kommunist Karl Fischer, der selbst in den Gulag verschleppt wurde, berichtete später über seine „Reisebegleiter“: „Viele von ihnen sind blutjung, haben überhaupt keinen Beruf erlernt. Sie waren einfach Soldaten gewesen, ohne Wurzeln im zivilen Leben. Für das Aufschreiben sowjetischer Autonummern, für unbedeutende Informationen von Zistersdorfer Erdölfeldern, von sowjetischen Flugplätzen erhielten sie Lebensmittel, Zigaretten oder Geld. Nicht wenige dieser Leute arbeiteten für beide Seiten.“[384]

Das CIC schätzte, dass unter jeweils 1.000 Zivilisten zwei direkt oder indirekt mit sowjetischen Diensten in Kontakt standen.[385] Ein US-Diplomat hatte 1950 in Salzburg gar den Eindruck, jeder vierte Bewohner arbeite für einen der zahllosen Nachrichtendienste.[386] Denn immerhin konnte man als hauptamtlicher Mitarbeiter beim CIC 130 bis 200 US-Dollar monatlich verdienen, während „Zuträgerdienste“ mit Hilfspaketen abgegolten wurden. Auch die Sowjets hatten trotz der antikommunistischen Grundhaltung der Bevölkerung keine Probleme, Vertrauensleute zu gewinnen.[387] Die Werber der westdeutschen ORG wiederum bekamen spezifische Verhaltensregeln mit auf den Weg, wenn es darum ging, Österreicher als V-Leute zu gewinnen: „In den meisten Fällen fühlt sich der Wiener als deutscher Österreicher. Hier ist aber zu berücksichtigen, dass die Eltern oder Großeltern der in Frage kommenden zumeist Tschechen, Polen oder Ungarn etc. waren. Es ist daher auch ein taktvolles Benehmen des V-Mann-Führers erforderlich, um Minderwertigkeitskomplexe nicht akut zu machen.“[388]

Die ORG griff außerdem auf die Dienste eigener „Forscher“ oder „Anbahner“ zurück, die ihnen potentielle Quellen zuführten. Dabei handelte es vor allem um Frauen, die im Auftrag der ORG „bestimmte Lokale“ besuchten, die von sowjetischen Soldaten frequentiert wurden. Die Frauen suchten dort Kontakt und nahmen passende Kandidaten mit in ihre Wohnungen. Eine der aktivsten „Schlepperinnen“ war eine gewisse „Anni“, „Jahrgang 1928, 1,68 Meter groß, mit ovalem Gesicht“ und einer Narbe unter dem Kinn. Sie hatte unter anderem einen sowjetischen Oberstleutnant an der Angel, den der Alkohol gesprächig machte und der „mehrfach“ andeutete, „dass er gar nicht mehr nach der SU [Sowjetunion] zurückkehren will“.[389] Vielversprechende mögliche Quellen wie dieser Offizier wurden dann von den Anbahnerinnen zuhause weiter unter Alkohol gesetzt. Später kam ein Werber der ORG hinzu. Oftmals handelte es hierbei sich um russische Emigranten, die als Schwarzmarkthändler auftraten und Uhren, Nylonstrümpfe, Füller und Wollstoffe zum Kauf anboten. Sie hatten die Aufgabe, den Kandidaten abzutesten – wäre dieser bereit, in den Westen zu desertieren oder für die ORG zu arbeiten? Manche gingen auf die Offerte ein und lieferten dann gegen Bezahlung Stimmungsberichte, Informationen über Waffen und Ausrüstung sowie Interna aus der sowjetischen Besatzungsadministration.[390]

Weil die Nachfrage nach Information gleich zu Beginn der Besatzungszeit am größten und gleichzeitig unfokussiert war, entwickelte sich in Wien spätestens 1948 ein regelrechter Intelligence-Schwarzmarkt. Laut dem CIA-Agenten William Hood verdingten sich Hunderte von einheimischen Informanten bei einem der verschiedenen westlichen und östlichen Geheimdienste. Die Kühnsten hätten sogar versucht, für beide Seiten gleichzeitig zu arbeiten. In Wien, wo ehrliche Arbeit damals rar und schlecht bezahlt war, wurde zeitweises Spionieren zu einer regelrechten „Heimindustrie" („cottage industry"). Problematisch für die Geheimdienste war dabei, dass sich viele Betrüger und Fälscher unter das Informanten-Heer mischten. Diese fertigten auf Basis von Zeitungsberichten und Gerüchten, die sie von osteuropäischen Flüchtlingen aufgeschnappt hatten, fantasievolle Berichte an und verkauften die fertigen Produkte an leichtgläubige Abnehmer. Insbesondere frühere SS-Geheimdienstoffiziere, die Erfahrung in Osteuropa gemacht hatten, taten sich in diesem Gewerbe hervor und betrieben regelrechte „Papierfabriken".[391] Dass frühere Kriegsgegner und insbesondere Angehörige verbrecherischer Organisationen nun relativ bald zu so etwas wie Verbündeten wurden, war für manche der westlichen Geheimdienstmitarbeiter schwer zu verkraften. Der CIC-Mitarbeiter Jury von Luhovnoy erinnerte sich an einen jüdischen Offizier, der wütend eine Schreibmaschine an die Wand warf, „weil er es nicht verstanden hat, wieso auf einmal Nationalsozialisten pardoniert wurden, warum man die verschonen soll und gegen die Waffenbrüder der Sowjetunion auf einmal aggressiv sein sollte."[392]

Die Indienstnahme der NS-belasteten Geheimdienstler war nicht nur ein moralisches Problem. Infolge von Sprachproblemen und Unerfahrenheit machte man sich abhängig von eigentlich unzuverlässigen Quellen, die dazu neigten, alarmistische Berichte zu liefern, die die kommunistische Gefahr übertrieben. Gleichzeitig waren die ehemaligen Nationalsozialisten aufgrund ihrer Vergangenheit erpressbar, was es der Gegenseite erleichterte, sie als Doppelagenten oder „Maulwürfe" umzudrehen.[393]

Eine Quelle für die Perspektive der Sowjets sind die Memoiren des Geheimdienstmitarbeiters Peter Deriabin. Dieser lief 1954 in Wien in den Westen über und veröffentlichte ein Buch über seine Erlebnisse. Darin strich er die Leichtigkeit hervor, mit der sich in Wien Informanten und Quellen aus der lokalen Bevölkerung rekrutierten ließen. Laut Deriabin war ein wichtiger Grund dafür die eher lockere Kommunikation zwischen den Besatzungssektoren, deren jeweilige Grenzen im geteilten Berlin viel strenger durchgesetzt wurden. In Wien war das aber nicht der Fall, was für entsprechenden Austausch zwischen Ost und West sorgte.[394] Das wiederum bedeutete ein fruchtbares Feld für Spionage. Aber die vielen Akteure verkomplizierten die Sache gleichzeitig. Wie Deriabin beklagte, musste man sich durch „Schichten“ von Kontakten arbeiten, um wirklich zu wissen, für welche Seite die betreffende Person arbeitete.[395]

Der Naschmarkt, an der Grenze zwischen dem sowjetischen und dem französischen Sektor gelegen, war einer der bevorzugten Treffpunkte von Deriabin und seinen Quellen. Er nutzte auch das seit 1954 nicht mehr bestehende Grabencafé für diese Zwecke und ganz bewusst keine menschenleeren Hinterhöfe oder die Kanalisation, weil eben nur öffentliche Plätze entsprechende Sicherheit boten. Für längere Sitzungen stand eine Reihe von „safe houses“ über die ganze Stadt verteilt zu Verfügung – so etwa in der 1a Untere Donaustraße, Mühlgasse 19 und in der Böcklinstraße 23, einer modernen Villa nahe des Wiener Praters, der zu den wichtigsten Operationsgebieten der sowjetischen Geheimdienste zählte.[396]

Als Anfang 1947 John „Jocko“ Richardson als stellvertretender CIA-Stationschef nach Wien kam, erlebte er diesen Spionagebazar ähnlich. In Wien habe es vor Spionen nur so gewimmelt, wobei auf der untersten Stufe hungrige Österreicher und Flüchtlinge rangierten, die Informationen gegen Geld, ein Visum oder Zigaretten tauschten. Wenn Richardson und seine Kollegen wieder einmal einem ihrer Büroangestellten oder einer Putzfrau auf die Schliche kamen, weil sie für die Sowjets spionierten, dann „drehten“ sie diese Personen „um“ und schickten sie mit Falschinformationen los. Stets hielt Richardson auch Ausschau nach „Konfusions-Agenten“ („confusion agents“), einfachen Bürgerinnen und Bürgern, die wie Spione wirkten und die Gegenseite dazu zwangen, Ressourcen für Nachforschungen zu verschwenden.[397]

Zu den Hauptaufgaben der „Laien“-Agenten auf westlicher Seite gehörte es, militärische Konvois und Züge zu fotografieren, Fahrpläne weiterzugeben, Soldaten oder Zivilisten in der Nähe von Baracken in Gespräche zu verwickeln und Informationen über wichtige Verkehrsrouten und Einrichtungen zu sammeln. Auf diese Weise konnte man jeweils ein Bild der gegnerischen Besatzungsmacht gewinnen – von der „order of battle“ bis hin zu Truppenstärken und eingesetztem Material. Hierfür wurden ganze Netzwerke von Österreichern rekrutiert, die aufgrund von Unerfahrenheit oftmals ins Visier der Spionageabwehr gerieten. Dieter Bacher und Harald Knoll haben etwa den Fall des „Groissl-Netzwerks“ untersucht, das im Dienst des

CIC stand, ehe es zerschlagen wurde: Von den 25 festgenommenen Personen wurden 18 zwischen 1951 und 1952 in Moskau hingerichtet.[398]

Was die Opferzahlen insgesamt betrifft, so sollen sich diese im Zeitraum 1946 bis 1948 zwischen 450 und 800 belaufen haben.[399] Nicht umsonst sprach der damals in Wien stationierte CIA-Agent William Hood nachträglich von einem „intelligence battlefield".[400] Während der gesamten Besatzungszeit sollten mehr als 2.200 Österreicherinnen und Österreicher aus verschiedensten Gründen in die Mühlen des sowjetischen Repressionsapparats geraten. Etwa 1.000 erhielten meist langjährige Haftstrafen, die sie in der UdSSR verbüßten.[401]

Wenn es darum ging, Verschleppungen durchzuführen, verließen sich die Sowjets auf Helfershelfer aus der Wiener Unterwelt. Der wichtigste Gangster, der ihnen zu Dienste stand, war Benno Blum – eigentlich Nikolai Borrisow, geboren 1910 in Bessarabien (Rumänien). Über sein Vorleben ist wenig bekannt: Einmal heißt es, Blum sei schon während des 2. Weltkriegs in Deutschland und am Balkan als Schleichhändler aktiv gewesen – bevor es ihn 1947 nach Wien verschlug.[402] Laut anderer Quellen war er hier als mitteloser Fremdarbeiter gestrandet, so wie viele Hunderttausend andere Zwangsverschleppte und Kriegsflüchtlinge.[403] Blum schaffte es innerhalb kürzester Zeit durch großangelegten Zigarettenschmuggel zu Reichtum zu kommen. Zigaretten amerikanischer und britischer Herkunft waren die Ersatzwährung im zerbombten Wien. Dorthin gelangten sie über verschlungene Wege. Teils wurden sie vom Freihafen Tanger aus per Schiff nach Italien gebracht. Per Bahn ging es weiter an Deckadressen in Budapest. Mit der Zeit gingen die Schleichhändler dazu über, die Waggons gleich hinter der ungarischen Grenze entleeren zu lassen. Für die letzte Etappe nach Wien brauchte es eine Übereinkunft mit der sowjetischen Besatzungsmacht. Korrupte Offiziere waren dazu nur allzu bereit. Sie ließen die Ware auf Lastwägen zu entlegenen Treffpunkten in Niederösterreich fahren, wo sie von Chauffeuren übernommen wurde. Das funktionierte eine Zeit lang, bis sich der sowjetische Geheimdienst einschaltete. Man traf eine Abmachung mit einem der Gangster, der gerne Lieferungen anderer klaute: Blum.[404] Man nannte ihn „Major", weil er die Schmuggeltransporte vorzugsweise in der Uniform eines sowjetischen Majors begleitete. Ein von ihm beraubter Konkurrent attackierte Blum einmal mit einem Messer und brachte ihm Schnittwunden im Gesicht bei; die Narben wurden zu Blums Erkennungszeichen. Im Dezember 1948 erhielt seine Bande im Rahmen einer Übereinkunft mit sowjetischen Geheimdienstoffizieren das Monopol des Zigarettenschmuggels.[405] Der dadurch für Österreich entstandene Schaden wurde mit 100 Millionen Schilling beziffert (heute umgerechnet 81,5 Millionen Euro).[406] Freilich hatte Blum allmonatlich eine spezielle Gegenleistung zu erbringen: „Menschenraub". Die Zielpersonen waren überwiegend antikommunistische osteuropäische Flüchtlinge und sowjetische Deserteure. Um sie „überall" – auch in den westlichen Besatzungszonen – in die Finger zu bekommen, waren Blums Dienste gefragt. Er ernannte mit Philipp Mehler einen zuständigen Stellvertreter, der sich um Planung und Durchführung der Entführungen sowie um Beschaffung der notwendigen Motorisierung und Ausrüstung kümmerte. Zusätzlich trainierten Blums Bandenmitglieder den Schusswaffengebrauch täglich im Prater, während der Boss von einem Tisch im Café Hauswirth in der Favoritenstraße aus das gesamte Unternehmen leitete. Ab September 1949 mussten ihm seine Untergebenen im Café Adlon täglich Meldung machen.[407]

Auf das Konto der „Benno Blum-Bande" gingen bis zu 30 Fälle.[408] Mit ihrer „Handschrift" verbreiteten die Kidnapper Angst und Schrecken: Sie kurvten in schwarzen Chevrolets herum und zögerten nicht, tief in den westlichen Besatzungszonen zuzuschlagen.[409] Alleine zwischen 14. April und 28. Juli 1949 entführten sie in Salzburg vier russische „Displaced persons".[410] Ein weibliches Opfer erinnerte sich später, wie das Auto, in das sie gezerrt worden war, „in rasendem Tempo" davonfuhr: „Ich saß, den Mantel von hinten über den Kopf gezogen; eine derbe, fleischige Hand war auf meinen Mund gepresst, meine eigenen Hände wurden wie in einem Schraubstock festgehalten. Dann verspürte ich den widerlich süßen Duft, der jener Hand entströmte."[411]

Blum war lange Zeit unantastbar: Er wohnte in einer schmalen Wiedener Gasse im sowjetischen Sektor, unweit von seinen Stammlokalen, dem Café Papageno und einem Gasthaus.[412] Mit Vorliebe fuhr er in einem Wagen mit verhängten Fenstern.[413] Am Steuer der Limousine saß Josef Krista, später selbst eine Wiener Unterweltgröße. Er machte als „Notwehr-Krista" von sich reden, weil er es schaffte, für einen Mord 1954 nur wegen „Notwehrüberschreitung" verurteilt zu werden.[414]

Über die tragische Biographie eines anderen Bandenmitglieds gibt ein dünner Akt im Staatsarchiv Auskunft. Adolf Altmann stammte aus einer jüdischen Familie in Rumänien. 1941 wurde er samt Eltern und seiner Schwester ins Ghetto von Czernowitz deportiert. Innerhalb eines Jahres wurden seine Verwandten ermordet oder starben an Krankheiten.[415] Altmann selbst wurde 1944 aus einem ukrainischen Arbeitslager befreit. Im Oktober 1947 flüchtete er wegen „Kontra-Einstellung zum Kommunismus" nach Wien, wo er „im Auftrage Blums wiederholt nach Ungarn fuhr, um an den von Blum großangelegten Zigarettenschiebungen von Ungarn nach Österreich mitzuwirken". Wie der Polizeibericht festhält, zählte der Bandenboss „zu den prominentesten Mitgliedern der damaligen Schwarzmarkt-Unterwelt in Österreich".[416]

Blum hatte seine Schuldigkeit aber bald getan, als eines seiner Kommandos am 10. Jänner 1950 aufflog. Die zwei Männer und eine Frau hatten es auf einen in Steyr lebenden russischen Deserteur abgesehen. Blum hatte sie noch bis St. Valentin begleitet. Doch ein wachsamer Kamerad des anvisierten Opfers soll misstrauisch geworden sein, woraufhin das Trio festgenommen wurde. In dem Auto, mit dem sie nach Steyr gekommen waren, fand man auswechselbare Kennzeichen, Mundknebel und eine Sherry Brandy-Flasche mit Morphiumzusatz.[417]

Der Coup trat eine Verhaftungswelle los. Alleine in Wien wurden zahlreiche Banden-Mitglieder in Haft genommen: Neben dem bereits erwähnten Adolf Altmann waren das Herbert Eichhorn, Max Eisenkraft, Hermann Frankl, Karl Holländer, Philipp Mehler, Philipp Oberländer, Josef Wocilka und Karl Wolf.[418] Noch brisanter aber war, dass zum ersten Mal die Namen der sowjetischen Führungsoffiziere Blums öffentlich wurden. Die Hauptleute Josef Bielaw und Nikolai Orlow, die zwischenzeitlich an derselben Adresse gewohnt hatten, wo sich eines der „Zentralbüros" der Benno Blum-Bande befand: Gußhausstraße Nr. 8.[419]

Um das Gesicht zu wahren, wurde Blum im Anhaltelager Katzelsdorf bei Wiener Neustadt interniert. Gemeinsam mit zwei Komplizen schaffte er es am 18. Februar 1950 noch einmal zu entkommen und in Wien unterzutauchen. Dort suchten CIC-Agenten fieberhaft nach ihm. Die Operation trug den Namen Snatch/Countersnatch. Am Nachmittag des 2. April 1950 gab es den entscheidenden Tipp. Die Quelle soll ein Verwandter Blums gewesen sein. Es hieß, Blum würde an jenem Abend in die Parterrewohnung in der Thalheimergasse 1-7 kommen, um seine Geliebte zu treffen.[420] Diese 27jährige Margarethe Hochecker, auch „blonde Grete" genannt, soll für die Verrechnungsstelle der US-Armee in der Porzellangasse gearbeitet haben.[421] Die Wohnungsinhaberin wiederum war eine gebürtige Russin und mit Blum bekannt. Ihr Schwiegersohn hatte wenige Monate zuvor ein Auto der Bande verkauft, um Spuren zur sowjetischen Besatzungsmacht zu verwischen.[422] Zwischen 21 Uhr und 22 Uhr schlugen die Agenten Robert Crowell und Frank Otto, unterstützt von französischen Militärpolizisten, zu. Der „auffallend elegant" gekleidete Blum hatte sich gerade erst in der Küche zu einer Tasse Tee hingesetzt. Er löschte das Licht, drückte sich in eine Mauernische und versuchte noch das Fenster zu öffnen. Auf engstem Raum kam es zu einem verzweifelten Handgemenge. Fünf oder sechs Schüsse fielen und Blum brach mehrfach getroffen zusammen. Er starb eine halbe Stunde später in der Unfallstation.[423]

Der Tod Blums läutete das Ende der besonders gefährlichen Anfangsjahre ein. Österreich wuchs in den Jahren 1950 bis 1955 – noch vor der Erklärung von Neutralität und Blockfreiheit – in die Rolle eines „geheimen Verbündeten" des Westens hinein. Laut dem Historiker Günter Bischof konnten sich die USA auf das „grundsätzlich prowestliche Österreich so gut wie auf die lateinamerikanischen Bananenrepubliken und die NATO-Verbündeten verlassen".[424]

Die US-Geheimdienste unterhielten enge Beziehungen nicht nur mit Angehörigen der Bundesregierung, wie Leopold Figl, Karl Gruber, Adolf Schärf und Oskar Helmer, sondern vor allem mit Entscheidungsträgern in der Verwaltung, insbesondere im Sicherheitsapparat. Maximilian Pammer, Oswald Peterlunger und der Wiener Polizeichef Josef Holaubek sollen alle gute Arbeitsbeziehungen zur US-amerikanischen Seite gehabt haben[425] und darüber hinaus zu anderen westlichen Diensten. Nicht umsonst erwähnte der Wiener CIA-Stationschef Peer de Silva seinen „alten und guten Freund" („old and good friend") Pammer in seinen Memoiren.[426]

Das Einflussnetzwerk der USA ging aber noch viel tiefer und gründete sich neben Beteiligungen an Filmproduktionen, Presseagenturen und Think Tanks auch auf Opinion Leader in den Medien. Neben Friedrich Torberg, dessen Zeitschrift *Forum* ab 1954 von der CIA-Frontorganisation „Congress for Cultural Freedom" finanziert wurde,[427] führte man ab 1962 den *Presse*-Journalisten Otto Schulmeister als Quelle „GRCAMERA".[428]

Von dieser Schlagseite einmal abgesehen, ließ man nach 1955 sowohl westliche als auch östliche Nachrichtendienste gewähren. Wie sehr man seitens Österreichs zwischen den Stühlen saß, illustriert eine Begebenheit aus dem Jahr 1964: Damals hielt sich der Chef der KGB-Spionageabwehr, Oleg Gribanow, in Wien auf. Am 14. Februar 1964 war er mit HNaA-Leiter Alexander Buschek zur „Dinner Party" verabredet und man diskutierte das gerade erfolgte Überlaufen des KGB-Agenten Yuri Nosenko. Der KGB-Generalleutnant habe diesbezüglich nicht aufgebracht gewirkt. Buschek wiederum informierte bei nächster Gelegenheit die CIA.[429] Ernsthafter Schaden durch die Spionageaktivitäten von Ost und West für eigene Interessen wurde nicht befürchtet. Die Sicherheitsbehörden, so der *Kurier* 1983, gingen davon aus, dass „alles, was bei uns des Auskundschaftens wert wäre, längst ausgekundschaftet ist und es den Geheimdiensten bloß noch darum geht, sich über aktuelle Entwicklungen auf dem Laufenden zu halten". Mitte der

1980er Jahre waren rund 6.000 einschlägige Personen registriert, darunter zirka 40% des Personals östlicher und zu einem etwas geringeren Prozentsatz als jenes westlicher diplomatischer Vertretungen. Doch die Dunkelziffer wurde doppelt so hoch angenommen.[430]

Ein anderer Bericht aus dem Jahre 1989 spricht von „rund 8.000 Agenten, Spionen und Nachrichtendienstleuten, die sich am Spionagetreff Wien" tummeln würden: „Die wenigsten der in Wiens Agentenlegionen Tätigen sind freilich Profis. ‚Die großen Dienste', schätzt ein Wiener Stapo-Mann, ‚dürften jeweils so an die hundert Leute im engeren Stab haben.' Der Rest seien Leute, die schon aus beruflichen Gründen Zugang zu verschiedenen Informationen haben und sie auf der internationalen Informationsbörse handeln. Oder unfreiwillig die Archive der geheimen Nachrichtensammler füllen. Vor allem Geschäftsleute, Journalisten, Künstler und Politiker sind gern gesehene und gefragte Gesprächspartner bei Botschaftsempfängen."[431]

Grundsätzlich war es so, dass die „Hauptkampflinien der großen Nachrichtendienste" zwar „kreuz und quer" durch Österreich verliefen, „jedoch nicht primär gegen Österreich" gerichtet waren. Auf westlicher Seite, so der Autor Harald Irnberger, seien vor allem die CIA und der BND aktiv gewesen, um die benachbarten Oststaaten Ungarn und die Tschechoslowakei auszuforschen – „und so weit dies möglich ist, den Blick bis in die UdSSR hinein zu werfen". Das habe umgekehrt eine ebenso starke Präsenz der CSSR- und ungarischen Staatssicherheit bedingt, die ihrerseits Österreich als Sprungbrett für Operationen in Westdeutschland nutzten. Der sowjetische KGB wiederum nahm eine koordinierende Rolle wahr und nutzte Österreich als Anwerbe- und Ausbildungsplatz für Agenten, die später im Westen arbeiteten.[432]

Sehr aktiv in Österreich war auch das DDR-Ministerium für Staatssicherheit (MfS).[433] Das neutrale Land wurde als Operationsgebiet eingestuft. Man nutzte es häufig für Treffen zwischen Westspionen und ihren Agentenführern. Wien war neben Brüssel die einzige westliche Stadt außerhalb der BRD, in der das MfS eine Abhörstation betrieb.[434] Zusätzlich erfassten drei Funkunterstützungspunkte im Raum Bratislava unter anderem „alle Kontakte zwischen österreichischen und ausländischen Dienststellen im Staatssicherheitsbereich, insbesondere zur BRD, zu Israel und zu den USA" sowie „alle Vorhaben der Abwehr".[435] Laut einer Liste des Innenministeriums hatte das MfS „Permanzüberwachungen" der Anschlüsse von zahlreichen hochrangigen Politikern (unter anderem Karl Blecha, Alfred Dallinger, Heinz Fischer, Bruno Kreisky, Michael Graff, Jörg Haider[436], Freda Meissner-Blau, Franz Vranitzky, Kurt Waldheim, Helmut Zilk), aber auch von Mitarbeitern des

HNaA, dem Leiter der Wiener Staatspolizei, Werner Liebhart, sowie einiger seiner Mitarbeiter vorgenommen.[437]

Das Interesse des MfS ergab sich aufgrund der zunehmenden wirtschaftlichen Verflechtungen. Insbesondere ab Ende der 1970er Jahre steigerten sich die Handelsbeziehungen zwischen der DDR und Österreich überdurchschnittlich.[438] Unter anderem wurde in Wien Technologieschmuggel über ein Geflecht von Tarn- und Scheinfirmen des MfS abgewickelt. Aber auch andere Ostblockstaaten waren in diesem Feld sehr aktiv: 1986 sollen in Wien insgesamt rund 2.000 Unternehmen aktiv gewesen sein, die sich dem Handel mit den kommunistischen Ländern widmeten. Viele dieser Firmen waren in Wirklichkeit nichts anderes als „Geheimdienstfilialen". Der Journalist Kid Möchel beschrieb die Vorgänge folgendermaßen: „Die Sowjets und ihre Genossen in den Bruderländern nutzten die Außenstellen ihrer staatlichen Handelsfirmen und Transportgesellschaften in Österreich weidlich für ihre Kundschaftereien und ihr geheimes Beschaffungs- und Schmuggelwesen. High-Tech des Westens, zum Beispiel Computermicrochips, wurden nicht selten über Mittelsmänner nach Österreich geschafft, umdeklariert und über den Flughafen Wien-Schwechat in den Osten ausgeflogen."[439]

Möglich war das, weil das neutrale Österreich im Gegensatz zu den NATO-Staaten nicht Teil des 1949 gegründeten Coordinating Committee for Multilateral Exports Controls (COCOM) war. Diese Einrichtung führte eine Liste von Gütern und Technologien, deren Export in den kommunistischen Osten verboten war. Dort fand man jedoch eine pragmatische Lösung: Wo es nicht möglich war, Technologie und Know-how legal zu erwerben, wurde es eben von den Geheimdiensten beschafft. Auf diese Weise ersparte man sich nicht nur Entwicklungskosten, sondern konnte beispielsweise eigene Waffensysteme mit westlicher Mikrotechnologie – Mikrochips, Halbleitern, Computersteuerungen – aufrüsten. Und das Osthandelszentrum Wien spielte dabei eine Schlüsselrolle. Erst 1987 erzwangen die USA eine entsprechende Verschärfung der hiesigen Außenhandelsbestimmungen.[440] Dadurch sei es „ein bisschen schwieriger geworden, aber auch nicht wirklich" – wie ein ehemaliger Embargohändler im Interview mit dem Autor betont. Und weiter: „Wien war großartig, es war ein Paradies. Im Prinzip galt ein Computer, der nach Österreich importiert wurde, als österreichische Ware. Dann ging es weiter per Flugzeug nach Moskau. Wien war ja neutral – unter Anführungszeichen. Wir hatten wunderbare Spediteure hier, die haben gut mitgeholfen und auch gut verdient daran. Es war immer nur die Diskussion, wie groß ist die Lukenöffnung des Flugzeugs, was kriegen wir da alles hinein. Das war die Kernfrage. Nach österreichischer Gesetzeslage war das alles legal.

Das hat sich geändert, als Österreich von den USA unter der Federführung von Richard Perle unter Druck gesetzt wurde, das Import/Exportgesetz zu verschärfen – in Angleichung an die COCOM-Liste. Ich erinnere mich gut an den obskuren Spruch eines US-Zollfahnders: ‚I don't like the Russians, but I hate the Austrians!'"[441]

Nach der „Wende" 1989 wurde dann DDR-Vermögen in großem Stile nach Wien verschoben oder auf Konten, die österreichische Geschäftsleute in der Schweiz und in Liechtenstein unterhielten.[442] Am bekanntesten unter diesen Treuhändern war Rudolfine Steindling, genannt „die rote Fini". Ihre Handelsgesellschaft „Novum" hatte den Sitz in der Wönnichstraße 69-71 in Ost-Berlin und war mit einem Netz an Schwester- und Tochterfirmen verbunden, für deren Bankgeschäfte Steindling zeichnungsberechtigt war.[443] Die „Novum" verfügte nicht nur über beste Kontakte zum DDR-Außenhandelsministeriums, sondern bildete auch eine Achse zwischen der Sozialistischen Einheitspartei Deutschlands (SED), der Staatspartei der DDR und der KPÖ.[444] Steindling war ab Mitte der 1970er Jahre als treuhänderische Mitverwalterin bei mehreren KPÖ-Firmen eingestiegen. 1978 übernahm sie als Gesellschafterin 50 Prozent der Anteile an der „Novum". Fünf Jahre später gehörte ihr das Unternehmen ganz. So hatte es zumindest den Anschein. Denn in Wirklichkeit agierte sie auch in der „Novum" nur als Treuhänderin.[445] Wer aber in Österreich mit der DDR Handel treiben wollte, egal ob die Verstaatlichte Industrie oder Privatfirmen, der kam an „unserer Fini" nicht herum.[446] Immer wieder reiste Steindling in die Schweiz, wo KPÖ-Firmen, die für SED und die Kommunistische Partei der Sowjetunion (KPdSU) treuhänderisch geführt wurden, Konten unterhielten.[447] Darüber hinaus legte Steindling bei insgesamt 56 Banken weltweit Konten an, vorwiegend in Hongkong, Israel, den USA und der Schweiz. Diese trugen Namen wie „Honig", „Rose", „Wolf", „Kabestra", „Tavour" und „Bilo".[448] Erst 2017 wurde der Rechtsstreit um die „verschwundenen" Millionen der 2012 verstorbenen Treuhänderin beigelegt. Die Bank Austria, Steindlings Hausbank, musste wegen ihrer Involvierung in die Geldflüsse aus der „Novum" 254 Millionen Euro an die BRD zahlen.[449]

Wie gefahrlos das MfS während des Kalten Krieges in Wien operieren konnte, zeigte sich beispielweise 1982, als im Schönbrunner Schlosspark der BND-Abwehrfachmann Klaus Kuron unter dem Decknamen „Berger" angeworben wurde. Amüsiert erinnerte sich ein ehemaliger Angehöriger der für Auslandsspionage zuständigen Hauptverwaltung Aufklärung (HVA) gegenüber dem Magazin *Focus*: „Wir hatten immer Bruno Kreiskys Ausspruch im Ohr: „Machts, was ihr wollt, nur werfts, bittschön, keine Bomben."[450]

Im Vergleich zu den Operationen der Ost-Geheimdienste ist über die Aktivitäten ihrer westlichen Gegenspieler bis heute viel weniger bekannt. So hatte die Priorität der britischen Nachrichtendienste nach 1945 zunächst dem Aufspüren von Nazis gegolten. Sergeant Geoff Broadman erinnerte sich später an entsprechende Missionen in der britischen Zone von Wien: „Wir haben sie gefunden, sie gekriegt und sie zu Fall gebracht. Es war wie ein Detektiv-Job."[451]

Eines der größten britischen Spionageunternehmen in Österreich war die Operation Silver (auch Operation Conflict genannt) zwischen 1949 und 1952. Der britische Secret Intelligence Service (SIS, bekannt als MI6) hatte einen 70 Fuß langen Tunnel gegraben, um die sowjetische Telefonleitung zwischen dem Hauptquartier im Hotel Imperial und der Kommandostelle der Roten Armee in St. Pölten anzuzapfen. Auch wenn der Tunnel nach drei Jahren wegen Erschütterungen durch den Straßenbahnverkehr aufgegeben werden musste, wurde ein „Schatz" an Informationen zusammengetragen. Laut dem involvierten britischen Offizier Anthony Cavendish wusste man über die gesamte sowjetische Truppenaufstellung Bescheid – bis hinunter zum Verbleib der Feldbäckereien.[452] Der Erfolg war so groß, dass sowjetische Telefonkabel in zwei weiteren Operationen („Sugar" und „Lord") angezapft wurden. Das zutage geförderte Material überforderte mengenmäßig die SIS-Station in Wien. Dreimal pro Woche wurden die Diktaphon-Zylinder mit den darauf aufgezeichneten Gesprächen in speziellen Fässern nach London geflogen. Die CIA, die an dem Material „mitnaschen" durfte,[453] kopierte das britische Vorgehen mit noch größerem Aufwand im geteilten Berlin (Operation Gold).[454]

Was das Zusammenspiel der Briten mit der österreichischen Seite anging, so geht aus einem CIA-Dokument von 1956 hervor, dass der Leiter der Staatspolizei im Innenministerium, Maximilian Pammer, kurz vor dem Abzug der britischen Besatzungstruppen eine komplette Liste von deren Informanten in Polizei und in der Gendarmerie erhalten haben soll. Deswegen habe es auch eine Reihe von Disziplinarmaßnahmen gegeben.[455]

Von Beginn an stark vertreten in Österreich war der westdeutsche Geheimdienst: Ende der 1940er Jahre war das Land für die damalige Organisation Gehlen (ORG) nach der DDR das zweitwichtigste Operationsgebiet. Am 30. April 1948 war die als Verlag getarnte Generalvertretung A (GV A) in Salzburg eingerichtet worden, die in Richtung Polen, Tschechoslowakei, Ungarn und Jugoslawien Aufklärung betrieb. 1955 wurde die GV A in Dienststelle 2 umbenannt und ins bayrische Bad Reichenhall verlegt.[456]

Leiter der Dienststelle 2 war ein Österreicher mit ausgeprägter NS-Vergangenheit: Rupert Mandl. Er war 1931 in die NSDAP eingetreten und seit 1935 in der SS aktiv, weshalb er auch wegen Hochverrats mehrfach verurteilt wurde. Dafür begann nach dem „Anschluss" seine Karriere im SS-Sicherheitsdienst: Unter anderem nahm Mandl 1943 an der „Befreiung" des italienischen Diktators Mussolini teil – ebenso wie an dem missglückten Handstreich gegen das Hauptquartier von Tito (1944). Von Dezember 1944 bis Mai 1945 leitete er eine Gruppe der Ausweichstelle des Reichsicherheitshauptamts (RSHA) in Wien. Dort war er für SS-Jagdkommandos verantwortlich, die zur Bekämpfung von Partisanen und des Widerstands eingesetzt wurden. 1947 wurde Mandl von der ORG angeworben und sollte die Dienststelle 2 bis 1958 leiten. Man beschrieb ihn als „Vollblut ND-Mann" mit „besonderer Eignung für den österreichisch-ungarischen Raum", warf ihm aber später „SD-Methoden" vor. In die Kritik geriet aber auch seine Spionagearbeit: So wurde die Dienststelle 2 vom Ungarnaufstand (1956) unvorbereitet überrascht.[457] Mandls Apparat war „dichter über innenpolitische Vorgänge in ihren Heimatstaaten als über Entwicklungen in den eigentlichen Zielländern informiert".[458] Die wenigen Meldungen von Mandls Dienststelle über die Länder jenseits des Eisernen Vorhangs stammten überwiegend aus Befragungen von Flüchtlingen. Dafür hatte man sich umso mehr auf die Beobachtung von Vorgängen in der BRD und in Österreich konzentriert.[459]

Letztere Spionagetätigkeit wurde am 8. Juni 1954 offensichtlich, als der bereits erwähnte ORG-Agent und spätere NaGrp-Offizier Walter Kainz verhaftet wurde. Zuvor war eine verdächtige Postsendung mit nachrichtendienstlichem Material zufälligerweise abgefangen worden war.[460] Zwei Stunden später verschafften sich zwei Staatspolizisten Zugang zu Kainz' Wohnung in der Pfarrhofgasse 13/19 in Wien-Landstraße. Mit dabei hatten sie den vorher sichergestellten Tresorschlüssel von Kainz. So gelangten sie an seine operative Korrespondenz mit der Dienststelle 2, was in der Folge vier weitere Agenten kompromittierte.[461] Außerdem wurden Listen von potenziellen Quellen gefunden. Darunter sollen sich Mitarbeiter der Polizei und des Außenministeriums befunden haben sowie Berichte über entsprechende Anwerbeaktivitäten durch Kainz.[462] Das habe Pammer verärgert, „um es milde auszudrücken", so der süffisante Kommentar in einem CIA-Dokument. Daraus wird auch ersichtlich, dass der US-Geheimdienst Pammer mit dem Codenamen „GRENGULF 1" bezeichnete, wobei GRENGULF für die Staatspolizei stand. Weiters geht aus dem Schreiben hervor, wie die US-amerikanische Seite die Vorgangsweise der ORG gegenüber Österreich einschätzte: Offenbar sei der ORG endlich bewusst geworden, dass das Land nicht mehr „Teil des Reichs“ sei. Das habe dazu geführt, dass es zwischen der ORG und GRENGULF-1 (Pammer) Abmachungen gab, dass sich die deutsche Seite nicht an österreichische Regierungsbeamte heranmachen würde.[463] Die Erkenntnisse aus der Festnahme von Kainz widersprachen dem. Zwei von ihm geführte Quellen wurden aus dem diplomatischen Dienst entlassen.[464]

Die CIA sah ihre Interessen durch den Vorfall aber auch berührt: Kainz hatte ursprünglich den Verdacht auf die USA gelenkt, weshalb die Staatspolizei zunächst glaubte, er würde von der US-Botschaft aus geführt. Die Affäre belegte, dass die ORG die österreichische Regierung ausspionierte und dass entgegen von Versicherungen gegenüber Pammer, die sowohl von US-amerikanischer Seite als auch von Gehlen selbst abgegeben worden waren. Als Konsequenz befürchtete die CIA, dass ihre eigene Arbeit in Österreich schwieriger werden würde.[465]

Die ORG hatte abgesehen von der klassischen Spionagearbeit noch eine andere Informationsquelle in Österreich: Im Rahmen von Operationen mit den Bezeichnungen „Fahrrad“, „Rösselsprung“ und „Pillendreher“ ließ man zwischen 1951 und 1954 den Müll, die Heizungsanlagen und die Abwässer von sowjetischen Dienststellen und Kasernen nach allem möglichen Schriftgut durchsuchen. Diese gefährliche Arbeit erledigten Beschaffer, die in regelrechten Banden um einen „Sammler-Kapo“ organisiert waren. Sie wurden in der Wiener Mundart als „Stirler“ bezeichnet. Es handelte sich oftmals um Angehörige der Unterwelt, aber auch um junge Männer, die aus materieller Not handelten.[466] Immer wieder wurden einzelne Müllsammler von den sowjetischen Behörden verhaftet und streng bestraft. Die Beutepapiere, die zunächst oft getrocknet und von Exkrementen befreit werden mussten, wurden verschiedenen westlichen Geheimdiensten angeboten. Diese waren an dem Material interessiert, weil es an Quellen hinter dem „Eisernen Vorhang“ mangelte. Daher hoffte man auf diese Weise Einblicke in die Dislozierung (räumliche Verteilung) der sowjetischen Streitkräfte zu gewinnen. Wegen der vielen dankbaren Abnehmer herrschte ein Konkurrenzkampf zwischen den verschiedenen Sammler-Organisationen, deren Mitglieder auch nicht davor zurückschreckten, einander zu denunzieren, um sich Vorteile zu verschaffen.[467]

Der erste Anbieter von Beutematerial war ein ehemaliger SS-Sturmbannführer und Mitarbeiter im SS-Sicherheitsdienst namens Josef Adolf Urban, der bereits 1947/48 für den US-Armeegeheimdienst CIC in Oberösterreich tätig gewesen war. Gleichzeitig war er in die Machenschaften von NS-Untergrundbewegungen verstrickt und soll eine „geistige Oberleitung" ausgeübt haben.[468] Als er deswegen festgenommen wurde, bewirkte das CIC seine baldige Entlassung. Und der Sicherheitsdirektor für Oberösterreich und spätere Sektionschef, Franz Ruppertsberger, soll dafür gesorgt haben, dass eine Anklage gegen Urban unter den Tisch fiel.[469]

Ab 1948 hielt sich Urban in Wien auf und baute ein Nachrichtennetz auf, dem einige frühere Kameraden angehörten.[470] Mit dem in Wien ansässigen Ukrainer Jaroslav Lukatsch zog Urban den ersten großen Müllsammler-Ring auf (Operation Rösselsprung). Man ging aber bald getrennte Wege. Lukatsch steuerte seine eigene Gruppe von fünf „Stirlern" und einem Vormann. Er verkaufte sein Material und die übersetzten, zusammengefassten Inhalte nicht nur an die ORG, sondern ebenso an den britischen und den französischen Geheimdienst. Urban veräußerte dieselben Informationen genauso an „jeden Abnehmer" – darunter auch Material über die KPÖ.[471]

Die ORG – und hier vor allem die in Frankfurt am Main angesiedelte Generalvertretung G – war von Urbans Lieferungen angetan. Man habe aus der Analyse des Materials drei sowjetische Großverbände identifizieren können sowie weitere Einheiten der zentralen Streitkräftegruppe in West-Russland. Auf besonderes Interesse waren auch Kopien von sowjetischen Militärfachzeitschriften gestoßen.[472] Die ORG startete daher zwei eigene Beschaffungsoperationen („Fahrrad" und „Pillendreher") und war ab 1952 nicht länger auf Urban angewiesen.[473] Die CIA hingegen war von Anfang an misstrauisch: In einer Analyse der Rösselsprung-Dokumente hieß es, dass es sich um Briefe, Klassen-Notizen, Publikationen und Formulare handelte, die teils laut Datum mehrere Jahre alt waren. Außerdem war das Papier „sehr schmutzig". Es stellte sich die Frage, wie authentisch die Dokumente wirklich waren und ob sie nicht zu einem Täuschungsmanöver gehörten.[474] So gab es Vermutungen, Urbans Müllsammler hätten in Wirklichkeit unter sowjetischer Kontrolle gestanden, während Lukatsch verdächtigt wurde, ein Doppelagent zu sein.[475] Was Urban betraf, so wusste die CIA aus den Dokumenten des CIC, dass er als notorischer Nachrichten-Fabrikateur bekannt war, der seinen Geschäftspartnern immer wieder gefälschtes Material untergejubelt hatte. So hatte er einen Putschplan der KPÖ fabriziert, der beweisen sollte, dass die österreichischen Kommunisten eine gewaltsame Machtübernahme planten.[476]

Schon während seiner Zeit in Oberösterreich hatte Urban sowjetischen Papierabfall sammeln und dann in einer Linzer Wohnung auswerten lassen. Der Staatspolizist Leo Maier, der damals Urbans Machenschaften nachging, mokierte sich später darüber, wie dubios die Meldungen waren: „Wenn also zum Beispiel irgendeine Maruschka ihrem Mann einen Feldpostbrief schrieb und darin erwähnte, dass sie in einer neuerbauten Traktorenfabrik irgendwo in Wischinorschowgrad arbeiten müsse, bekamen die Amis einen Geheimbericht. ‚Unser Mann in Wischinorschowgrad' berichtete dann über eine neuerbaute Fabrik zur Panzerherstellung."[477]

Trotzdem wurde diese Nachrichtenbörse erst 1954 endgültig geschlossen: Am 24. Februar dieses Jahres wurden Urban und seine wichtigsten Mitarbeiter Heinz Fröhlich und Franz Haschka festgenommen. Das Trio unterzeichnete Geständnisse, wonach es in US-amerikanischen als auch in französischen Diensten gestanden und vorher für die Linzer Staatspolizei gearbeitet habe. In Händen der Ermittler war zu diesem Zeitpunkt bereits eine Liste von 27 Personen, die zu Urbans Müllsammler-Ring gezählt wurden.[478] Die Staatspolizei hatte eine Untersuchung gestartet, nachdem sie eine Reihe von jungen Österreichern verhaftet hatte, die auf der Suche nach Beutedokumenten rund um sowjetische Einrichtungen „herumgeschlichen" waren.[479] Dabei stellte sich heraus, dass auch ein korrupter Ermittler Kontakt zu Urbans Gruppe gehabt hatte und dieser gegebenenfalls aus der Patsche helfen wollte.[480]

Für die Staatspolizei-Spitze war die Festnahme von drei Agenten mit Bezug zur ORG eine delikate Angelegenheit, weshalb die Beschuldigten rasch in die BRD ausgewiesen wurden. „GRENGULF-1" (Pammer) habe die Befürchtung gehegt, dass ein vorher vereinbartes persönliches Treffen mit Reinhard Gehlen gleich eine schlechte Wende nehmen würde, wenn dieser über die Gründe für die Ausweisung nicht entsprechend informiert würde. Er bat daher einen CIA-Offizier, Gehlen im Vorfeld zu briefen und diesem klarzumachen, dass es keine akzeptable Alternative in dem Fall gegeben habe. Diese Episode macht einmal mehr deutlich, über wie wenig Handlungsspielraum die österreichische Seite verfügte.[481]

Gleichzeitig war die Staatspolizei mit dem Milieu der „Fabrikateure" selbst verbunden: So geht aus einem CIA-Dokument hervor, dass der Leiter der Wiener Staatspolizei, Oswald Peterlunger, enge Kontakte mit Fritz Neeb unterhielt. Der gebürtige Wiener hatte während des 2. Weltkrieges bei der Funkspionage gedient und wurde nach seiner Freilassung aus einem Kriegsgefangenenlager 1947 für das CIC tätig. Er soll versucht haben, Mitglieder seiner Jugendorganisation „Junge Adler" in die KPÖ und deren Frontorganisationen einzuschleusen, um diese so zu sabotieren. Aber der Plan scheiterte nach einem halben Jahr. Auch soll es Pläne gegeben haben, die „jungen Adler" für „stay behind"-Widerstandsaktivitäten im Falle einer sowjetischen Invasion einzusetzen. 1949 baute Neeb dann Kontakte zu Peterlunger auf und die beiden sollen sich alle zwei Wochen zwecks Informationsaustausch getroffen haben. Neeb reichte an Peterlunger jenes Material über die KPÖ und über politische Belange weiter, das er davor schon an die US-amerikanische Seite geliefert hatte. Im Gegenzug bekam er von Peterlunger Referenzmaterial, etwa über den „Werkschutz", der damals in den sowjetisch verwalteten Ölfeldern und Raffinerien eingesetzt und auf westlicher Seite als paramilitärischer „Stoßtrupp" eingeschätzt wurde.[482]

Ende 1949 kam der Verdacht auf, wonach Neeb nicht nur mit Urbans Müllsammler-Ring zu tun hatte, sondern im Auftrag der Gegenseite das Innenministerium und den Nachrichtendienst der ÖVP unter Staatssekretär Ferdinand Graf mit Falschinformationen anfütterte.[483] Neeb verließ bald das Spionagegeschäft und war ab 1951 in der Industrie tätig. In den 1970er Jahren sollte er für die Erstellung der österreichischen Computerstatistik zuständig sein.[484]

Was die Aktivitäten der ORG in Österreich anging, so war es mit den geschilderten ungeordneten, fast „wilden" Zeiten des Informations-Sammeln vorbei, nachdem der Dienst 1956 als Bundesnachrichtendienst (BND) in die Bundesverwaltung der souveränen BRD übernommen wurde. Die Wiener Außenstelle des BND war als Unternehmen getarnt. Ab 1958 operierten die BND-Mitarbeiter unter dem Dach der Handelskontor Ex- und Import GmbH. Viele von ihnen waren frühere Angehörige der SS und des Sicherheitsdiensts (SD) – vor allem deswegen, weil die Außenstelle von dem bereits erwähnten Rupert Mandl aufgebaut wurde, der dabei auf „alte Kameraden" zurückgriff.[485] Ein Hauptinteresse des BND war es in jenen Jahren, herauszufinden, ob osteuropäische Geheimdienste eine Rolle hinter dem Südtirolterrorismus spielten. BND-Präsident Gehlen war davon persönlich überzeugt.[486] Zwecks Aufklärung infiltrierte der BND das Milieu rechtsextremer Burschenschaften, die den Befreiungsausschuss Südtirol (BAS) aktiv unterstützten.[487] Außerdem führte der BND unter anderem den Gründer der Freiheitlichen Akademikerverbände, Ex-SS-Sturmbahnführer Roland Trimmel, als Quelle in Sachen Südtirol-Konflikt.[488]

In den darauffolgenden Jahrzehnten fiel der BND etwa mit der Operation „Run" auf: Im Jahr 1971 verfolgte ein Drei-Mann-Team einen sowjetischen Agenten in Wien so auffällig, dass dieser zu entkommen versuchte. In der Nähe des Mexikoplatzes fuhr er an einen Laternenpfahl und flüchtete anschließend zu Fuß weiter. „Angeblich bedurfte es danach noch großer staatspolizeilicher Anstrengungen, um eine verkehrspolizeiliche Untersuchung dieses mysteriösen Autounfalls zu verhindern", so der Journalist Kid Möchel. Dem verantwortlichen BND-Offizier soll sein draufgängerisches

Vorgehen den Spitznamen „Der Killer vom Mexikoplatz" eingebracht haben.[489] Vorfälle wie diese ließen das Verhältnis zwischen Staatspolizei und BND merklich abkühlen. Mitte der 1980er Jahre soll sich Gruppe C/II-Leiter Anton Schulz bei einem westdeutschen Amtskollegen beschwert haben, „der ‚Anschluss Österreichs ans Reich' wirke in den Gehirnen vieler leitender BND-Angehöriger fort, die sich schlechthin weigerten, die Eigenstaatlichkeit und die Souveränität Österreichs zu verinnerlichen".[490] In den 1980er Jahren hatte die BND-Residentur in Wien einen Personalstand von 25 Mitarbeitern, der bis zum Ende des Jahrzehnts auf bis zu 40 anwuchs. Damit war es eine der wichtigsten Auslandsstationen des BND. So war Wien auch 1978 Schauplatz diskreter Kontakte des BND zur Palästinensischen Befreiungsorganisation (PLO).[491]

Von der für alle Seiten gefährlich-riskanten Anfangszeit im frühen Kalten Krieg einmal abgesehen, war der Spionagealltag in Wien relativ beschaulich. Noch 1955, nachdem der Staatsvertrag in Kraft trat und die Besatzungszeit beendete, fuhren die westlichen Geheimdienste ihre Präsenz zurück. Die CIA-Station übersiedelte in die US-amerikanischen Botschaft in der Boltzmanngasse. Ihr Personal wurde von einigen Hundert Mitarbeitern auf ein Häuflein zusammengekürzt. Allerdings behalf man sich damit, einige Agenten unter geeigneter Tarnung weiterhin in Österreich zu behalten. Die Einschnitte waren hart – aber wie Peer de Silva, CIA-Stationschef 1955-1957, festhielt, tröstete man sich damit, dass die sowjetische Seite einen ähnlich traumatischen Neubeginn durchmachte.[492] Dieser wurde durch die Konflikte im Staatsicherheitsapparat nach Stalins Tod (1953) noch verschlimmert. Fast die gesamte Wiener Belegschaft des Geheimdiensts MVD (später KGB) wurde ausgetauscht.[493] Die numerische Überlegenheit der Sowjets blieb aber bestehen. Laut de Silva waren seine Leute eins zu vier in der Unterzahl.[494] Die Ungarnkrise (1956) führte noch einmal zu einer spannungsgeladenen Situation. Allerdings hatte sich zu dieser Zeit bereits eine gemäßigt-realistische Herangehensweise durchgesetzt – weshalb hartgesottenes CIA-Personal in Westdeutschland die Kollegen in Österreich spöttisch als „Die Wiener Sängerknaben" abtat.[495]

In der Folge entwickelte sich Österreich zum „neutralen Boden" für diskrete Treffen und Kontaktgespräche. Die Meinungen über Wien und das dortige Lebensgefühl gingen auseinander. Peer de Silva etwa hatte keine hohe Meinung von der Wiener Bevölkerung. Diese erschien ihm generell als eine „zynische, kaltherzige Partie" („generally a cynical, cold-hearted lot"). Aber als infolge der Ungarnkrise zahlreiche Flüchtlinge ins Land kamen, rührte de Silva das vorherrschende Mitgefühl.[496]

Nicholas Eliott, SIS-Stationschef von 1953 bis 1956, wiederum langweilte sich, obwohl er am Wochenende Skifahren ging und es genoss, sich über seine schwerfälligen österreichischen Partner lustig zu machen. Aber er war unzufrieden mit dem Klima. Dieses sei „nicht leitfähig für Energie" („not conductive to energy").[497]

Je mehr Zeit verging, desto öfter kamen Beteiligte ins Schwärmen: Österreich sei ein „bequemes Land" für die Aktivitäten seines Dienstes gewesen, lautete das Fazit von Markus Wolf, der zwischen 1952 und 1986 die HVA geleitet hatte: „Wir konnten mit Diplomatenpässen einreisen, auch war es auf Grund des großen Fremdenverkehrs leicht."[498] Nicht viel anders war es für die sowjetischen Dienste: „Kaum eine der großen KGB-Auslandsoperationen gegen den Feind im Westen lief ohne eine Szene auf österreichischem Boden ab."[499] So wurde beispielsweise der KGB-„Maulwurf" im BND, Heinz Felfe, von Wien aus geführt. Felfe hatte sich 1951 anwerben lassen und verriet bis zu seiner Enttarnung zehn Jahre später rund 100 CIA-Mitarbeiter an den KGB und übermittelte diesem mindestens 15.000 Aufnahmen von Schriftstücken.[500] Felfes langjähriger Führungsoffizier war der in Wien stationierte Witali K. Korotkow, genannt „Alfred".[501] Felfe traf ihn in Amstetten, Linz und oftmals in Wien, aufgrund der Nähe zur BND-Zentrale in München.[502] Erleichternd wirkte auch, dass der „Maulwurf" ab 1957 über ein Wochenendhaus im oberbayrischen Oberaudorf verfügte, direkt an der deutsch-österreichischen Grenze.[503]

Wladimir Krjutschkow, bis 1991 Vorsitzender des KGB, schrieb Wien im Rückblick eine besondere Attraktivität zu: „Es war ein guter Ort für die Arbeit und die Österreicher sind sehr tolerant. Ich denke, die Vertreter verschiedenster Geheimdienste haben in Wien eine gewisse Freiheit genossen."[504]

Auf Seiten der US-Geheimdienste galt und gilt Wien ebenso als prestigeträchtiger Einsatzort: Die CIA verzeichnete hier zwei symbolisch wichtige Anfangserfolge. Der bereits erwähnte Sowjetagent Peter Deriabin wurde 1954 in einem Frachtzug aus der sowjetischen Zone geschleust. Deriabin war bis dahin der höchstrangige Überläufer. Schon am Neujahrstag 1953 hatte in Wien ein Major des sowjetischen Militärgeheimdiensts GRU, Pyotr Semyonovich Popov, brieflich Kontakt mit der US-amerikanischen Seite aufgenommen.[505] Am darauffolgenden Samstagabend stand Popov alleine am angekündigten Treffpunkt, gekleidet mit Hut und einem unförmigen Mantel. Zwischen Jänner 1953 und August 1955 folgten insgesamt 66 Treffen mit der CIA. Man half ihm einen Schlüssel nachzumachen, mit dem er sich Zugang zu den Verschlusssachen in der GRU-Residentur verschaffen konnte. Popov soll die Identitäten aller in Wien stationierten sowjetischen Geheimdienstleute übermittelt haben, aber auch zu Angelegenheiten des Warschauer Pakts. So lieferte er 1954 ein militärisches Handbuch für den Einsatz von Nuklearwaffen. 1956 wurde der Offizier nach Ost-Berlin versetzt. Zwei Jahre später kam der KGB seinem Verrat auf die Schliche. 1960 wurde Popov verurteilt und per Erschießungskommando hingerichtet.[506]

Hauptsächlich mussten die US-Amerikaner in Wien aber Rückschläge einstecken. Dazu zählt etwa das Verschwinden des russischen Überläufers Nicholas Shadrin nach einem Treffen mit KGB-Leuten am 20. Dezember 1975 vor der Votivkirche (siehe dazu das diesbezügliche Kapitel in *Österreichs geheime Dienste*, 2019).

Am 20. August 1983 war es aber der KGB, der das Nachsehen hatte. An diesem Tag entstand in der Nussdorfer Straße in Wien-Alsergrund ein ikonisches Foto des Kalten Krieges. Es zeigt die hochrangigen KGB-Offiziere Gennadij Titow und Aleksandr Popatin im Gespräch mit dem norwegischen Außenamtssprecher Arne Treholt. Osloer Staatsschutzbeamte hatten das Trio heimlich fotografiert, bevor es sich in das Restaurant „Taj Mahal" begab. Der sowjetische Überläufer Oleg Gordijewski hatte den britischen MI6 bereits 1974 vor den Spionageaktivitäten von Treholt gewarnt. Aber Briten und Norweger schritten lange nicht ein, um die Quelle Gordijewski zu schützen. Erst am 20. Jänner 1984 – als Treholt gerade wieder einmal von Oslo nach Wien fliegen wollte – wurde er verhaftet. Titow wurde ebenfalls abgefangen und bekam ein Angebot: Wenn er die Seiten wechsle, würde man ihm eine halbe Million Dollar zahlen. Er weigerte sich und wurde daraufhin ausgewiesen.[507] Vor Gericht stellte sich heraus, dass Treholt ab 1974 für den KGB und ab 1981 für den irakischen Nachrichtendienst Informationen beschafft hatte. Er wurde zu 20 Jahren Haft verurteilt.[508]

Die nächste große Spionageaffäre mit Wien-Bezug folgte 1985. In diesem Jahr wurde Ronald Pelton, ein ehemaliger Mitarbeiter der NSA, als KGB-Informant enttarnt. Nach seinem Ausstieg bei der NSA 1980 war er in Finanznöte geraten. Vom KGB kontaktiert, gab er sein Wissen an den KGB weiter. Die Geldübergabe – in Tranchen von jeweils 15.000 Dollar – fand in Wien statt. Und zwar angeblich in der Wohnung des sowjetischen Botschafters, wo Pelton acht Stunden täglich alle an ihn gestellten Fragen beantwortete.

Wien war auch der Treffpunkt für den Marineoffizier John Walker mit seinen Führungsoffizieren vom KGB. Der Kryptologe hatte ab 1968 17 Jahre lang für die UdSSR spioniert und vor allem Marine-Geheimnisse weitergegeben. Unter anderem soll er Informationen über Waffen- und Dechiffriersysteme geliefert haben, die es ermöglichten, verschlüsselte Botschaften zu lesen. Walker hatte seinen Sohn und einen Freund in der Marine für einen regelrechten Spionagering angeworben, für den Wien ab 1978 als Treffpunkt mit dem KGB fungierte.[509]

In welchem Ausmaß der sowjetische Geheimdienst Einblicke in die Tätigkeit der CIA hatte, verdeutlicht folgende Episode: Laut dem ehemaligen CIA-Agenten Milt Bearden versuchte der KGB 1986 die neue CIA-Stationschefin in Ost-Berlin unter Druck zu setzen. Bei einem Treffen in einem Restaurant wurde ihr ein selbstproduzierter Videofilm mit dem Titel „This Is Your Life" vorgespielt. Dieser enthielt Außenaufnahmen ihrer Wohnung in Wien, wo die Agentin zuvor eingesetzt gewesen war. Zu hören waren Gespräche, die offenbar von in den Wänden versteckten KGB-Mikrophonen aufgenommen worden waren: „Die Botschaft war eindeutig: Die belauschten Gespräche hätten direkt zur Aufdeckung von CIA-Aktivitäten in Österreich geführt. Würde das nicht ihrer Karriere schaden?" Die Agentin ließ sich davon nicht beeindrucken und zur Doppelspionin umdrehen, sondern meldete den Anwerbeversuch in Washington.[510]

Ende 1986 passte der US-Marine Clayton Longtree bei einem Empfang in der Wiener US-Botschaft den CIA-Stationschef Jim Olson ab. Der Soldat gestand, er habe sich bei einer vorangegangenen Stationierung in Moskau mit dem KGB eingelassen. Offenbar hatte der einsame Longtree dort mit einer sowjetischen Botschaftsbediensteten ein Verhältnis begonnen, nur um bald mit derem „Onkel Sascha" vom KGB Bekanntschaft zu machen. Als Longtree dann nach Wien wechselte, reichte „Sascha" ihn an „George", einen KGB-Kollegen in Wien weiter. Longtree lieferte weiter Informationen an den KGB, bis er mit der psychischen Belastung nicht mehr fertig wurde.[511]

1989 wurde der jahrelange Stellvertreter des US-Botschafters in Wien, Felix Bloch, beschuldigt, dem KGB Dokumente übergeben zu haben. Er wurde suspendiert, aber die Vorwürfe konnten ihm nie nachgewiesen werden.[512]

Im Rückblick geriet der CIA-Veteran Jack Devine trotz allem ins Schwärmen und erinnerte sich positiv an das „sehr gute Jagdrevier Wien": „Zudem war Österreich ungefährlich, es war weder feindlich gegenüber dem Osten noch dem Westen. Deshalb war der Standort noch attraktiver. Hinzu kommt, dass Wien wunderschön ist. Es gibt kein Denguefieber oder Menschen, die andere köpfen. All das machte es zu einer Stadt, in der jeder sehr aktiv war."[513]

Laut Ex-BVT-Direktor Polli ist Wien nach wie vor eine „Traumdestination für jeden Spion": „Dies wird deutlich, wenn man auf die vorangegangenen Karriereschritte der in Wien offiziell stationierten ‚Spione' blickt. Nicht selten kommen die Leute aus Verwendungen, die deutlich unruhiger waren, wie Afghanistan, Irak oder aus anderen Krisenregionen."[514] Wie eine Hommage wirkte daher 2010 der größte Agentenaustausch seit Ende des Kalten Krieges, der am Flughafen Wien-Schwechat abgewickelt wurde: Zehn enttarnte russische Spione waren aus den USA ausgewiesen worden. Im Gegenzug begnadigte Russlands Präsident Dmitrij Medwedjew den angeblichen CIA-Agenten und Nuklear-Experten Igor Sutjagin sowie drei weitere Spione des Westens, darunter auch jener Sergej Skripal, der 2018 Ziel eines Giftanschlags im britischen Salisbury wurde.[515]

2020 hielt der Verfassungsschutzbericht fest: „Nachrichtendienste sowie weitere staatliche und staatsnahe Organisationen sind verantwortlich für geheime Beschaffungsvorgänge und Einflussnahmen im Ausland. Österreich ist nach wie vor Operationsgebiet solcher Akteure. Dazu tragen seine EU-Mitgliedschaft, der Sitz mehrerer internationaler Organisationen, seine Unternehmenslandschaft und ein starker Forschungsstandort, aber nicht zuletzt auch die günstige Gesetzeslage bei. Ebenso geraten die aus autoritären Herkunftsländern stammenden Diasporagemeinden Österreichs immer mehr in den Fokus nachrichtendienstlicher Organisationen. Auch vor nachrichtendienstlicher Aktivität aus dem virtuellen Raum, wie Cyberangriffen oder der Verbreitung von Desinformation bleibt Österreich nicht verschont."[516] Der Bericht weist darauf hin, dass „eine große Anzahl von ausländischen Nachrichtendienstoffizieren" in Österreich in sogenannten „Legalresidenturen" untergebracht ist. Das sind diplomatische Vertretungen, also Botschaften und Konsulate, wo sich traditionell auch Stützpunkte der Geheimdienste befinden. Und zwar ganz offiziell, mit Wissen des jeweiligen Gastlandes.[517] Zusätzliches Personal wird nach Bedarf herangezogen und dies meist unter diplomatischer Abdeckung.[518] Dabei kann es sich um Tätigkeiten für halboffizielle Einrichtungen wie Vertretungen von Fluggesellschaften, Vereine, Presseagenturen, Firmenniederlassungen oder Kulturzentren handeln. 2016 gelangte das BVT zur Einschätzung, dass an Vertretungsbehörden in Österreich sogar Nachrichtendienstoffiziere stationiert seien, „die für andere Länder verantwortlich zeichnen und vom Bundesgebiet aus Botschaftsangehörige innerhalb der Europäischen Union im Auftrag ihres Regimes kontrollieren."[519]

Die Methoden, die diese Spione anwenden, sind vielfältig. Einerseits werden Informationen und Daten offen beschafft (Open Source Intelligence, OSINT). Das geschieht durch systematische Auswertung relevanter Erkenntnisse aus dem Internet, Presseveröffentlichungen und Datenbanken, aber auch durch methodische Gesprächsführung bei Fachveranstaltungen und Symposien. Von da ist es nicht mehr weit zur verdeckten Beschaffung, dem klassischen Spionagehandwerk: Anwerben menschlicher Quellen (Human Intelligence, HUMINT), Einschleusen von Agenten oder signalerfassende Aufklärung (Signal Intelligence, SIGINT).[520] Das Interesse konzentriert sich im Fall Österreichs auf die Bereiche Politik, Verwaltung, Wirtschaft, Forschung, Verteidigungspolitik sowie Energiewirtschaft.[521] 2014 hielt das BVT fest, dass „bestimmte Nachrichtendienste" große Anstrengungen unternehmen, hierzulande an westliche Produkttechnologien sowie Fertigungstechniken und -ergebnisse zu gelangen. Zu einem besonders wichtigen Aufklärungsziel zählen weiters „in Österreich aufhältige Oppositionelle oder Oppositionsgruppen".[522]

Aber es gibt noch viel mehr Informationen zu holen. Wie bereits erwähnt, ist Wien ein traditioneller Begegnungsort. Zahlreiche internationale Organisationen haben hier ihren Sitz – angefangen von der OPEC, über die Organisation für Sicherheit und Zusammenarbeit in Europa (OSZE) bis hin zur Internationalen Atomenergiebehörde (IAEA)[523] und der Organisation für industrielle Entwicklung (UNIDO). Außerdem sind hier wichtige Botschaftsstützpunkte angesiedelt. Neben dem Iran und Nordkorea verfügt Russland unter anderem im 22. Gemeindebezirk seit Mitte der 1980er Jahre über eine regelrechte „Stadt in der Stadt": eine 40.000 Quadratmeter große Diplomatensiedlung mit Wohnungen, Repräsentationsräumen und Freizeitanlagen, zu der die österreichischen Behörden keinen Zutritt haben.[524] Die sogenannte „Russencity" wurde zur „Herberge vieler Militärspione, die sich in die Institutionen der Vereinten Nationen nach und nach eingeschleust hatten."[525] Es handelt sich um eine der größten Legalresidenturen Russlands weltweit, welche die „besondere Bedeutung Wiens für die russische Spionagetätigkeit in Europa" unterstreicht, so das BVT.[526]

2001 berichtete das Magazin *Format* über ein damals aktuelles Dossier der Staatspolizei, in dem es hieß: „Von den 443 in Österreich notifizierten russischen Personen gehören hundert einem Nachrichtendienst an." Notifiziert sind jene russischen Staatsbürger, die in Österreich eine permanente Aufenthaltsgenehmigung besitzen. „Bei 23 Prozent handelt es sich um nachrichtendienstliches Personal", so der Bericht. Inbesondere in der russischen Botschaft in Wien-Landstraße liege der Anteil von nachrichtendienstlichen Personal bei 54 Prozent (32 von 59 Diplomaten).[527]

In den letzten vier Jahren war an der russischen Botschaft in Wien sowie am Generalkonsulat in Salzburg folgender Personenstand bilateral akkreditiert: 74 (2018), 81 (2019), 84 (2020), 81 (2021) und 65 (2022). Beim administrativ-technischen Personal lauten die Akkreditierungszahlen: 86 (2018),

87 (2019), 98 (2020), 88 (2021) und 79 (2022). Im Vergleich dazu haben die USA im Jahr 2022 170 Diplomaten bilateral, die BRD 30 und China 36 bilateral akkreditiert.[528] Rechnet man die Akkreditierungen bei internationalen Organisationen hinzu, kommt man beim russischen Botschaftspersonal auf eine Gesamtzahl von derzeit 290 Personen.[529] Jüngste Erkenntnisse aus Belgien zeigen, dass sich unter dem administrativ-technischen Personal ebenso Geheimdienstoffiziere befinden können. So hatte eine „Reinigungskraft" in Wirklichkeit den Rang eines GRU-Oberst und unter den regulären Technikern befand sich jemand, der bereits in einer militärischen Lauschstation nahe Moskau gedient hatte.[530]

Schätzungsweise jeder dritte russische Diplomat befindet sich somit auf Geheimdienstmission. Von dieser Rechnung erfasst sind aber nur jene, die sich unter „offizieller" diplomatischer Abdeckung befinden. Die wahre Anzahl dürfte viel höher liegen, weil viele Agenten – wie bereits dargelegt – ohne offizielle Verbindung zu ihrer Regierung verdeckt arbeiten. Möglichkeiten dafür bieten etwa die Handelsvertretung der Russischen Föderation im Wiener Botschaftsviertel, das Aeroflot-Büro am Opernring oder zahlreiche Vereine und Presseagenturen.[531]

Insgesamt wird geschätzt, dass die Hälfte der rund 17.000 in Wien akkreditierten Diplomaten Geheimdienstverbindungen unterhält. BVT-Direktor Gridling hat 2018 deutlich niedrigere Zahlen genannt. Ihm zufolge handelt es sich um eine Community von immer noch mehreren Hundert Personen, aber weniger als 1.000. Außerdem habe die EU-Hauptstadt Brüssel nunmehr Wien den Rang abgelaufen. Dort gebe es mittlerweile eine größere Präsenz von außereuropäischen Nachrichtendiensten als in Wien.[532] Neben der belgischen Hauptstadt hat sich zudem Budapest als neue Spionage-Hochburg etabliert. Hier ist insbesondere die chinesische Staatssicherheit aktiv und soll sich mit den US-Geheimdiensten messen.[533]

Was Wien betrifft, so gibt es keinen merkbaren politischen Willen, etwas am Status quo zu ändern. Ex-Sicherheitsbürochef Max Edelbacher vermutet im Hinblick auf die politisch Verantwortlichen: „Sie nehmen das halt in Kauf, um Wien als diplomatische Drehscheibe aufrechtzuerhalten. Das hat auch ökonomische Effekte."[534] Begünstigend wirkt ferner, dass Österreich selbst weniger Ziel- als Drehscheibe ist. Zu diesem Schluss kommt der Journalist Florian Horcicka: „Es geht vielmehr um diskrete Treffen und Datenübergaben oder schlicht um Beobachtungen der Aktivitäten anderer Länder und deren Diensten." Österreich selbst stehe nicht als Spionageziel im Mittelpunkt, sondern „seine Organe, seine Rechtsinstitute, seine im Land beheimateten Organisationen, die gebraucht und missbraucht werden."[535] Nicht nur würden sich sichere Wohnungen leicht anmieten lassen, Österreich sei Standort der Zentral- und Osteuropa-Hauptquartiere vieler Großkonzerne: „Darunter sind auch spannende Sachen: Energie, Finanzwirtschaft, High-Tech-Unternehmen.“[536] Das bedeutet aber nicht, dass traditionelle Spionagebereiche vernachlässigt werden. So vermerkte das BVT 2004, dass der russische Militärnachrichtendienst GRU sich auf die Beobachtung von Truppenübungen und -stationierungen, die Aufklärung ziviler und militärischer Infrastruktur und die Erkundung des privaten Umfeldes wichtiger militärischer Entscheidungsträger konzentriert.[537]

Wie breit gestreut das Interesse ausländischer Dienste mittlerweile ist, wurde 2016/17 bekannt: Der BND hat jahrelang Ministerien und Spitzenpolitiker befreundeter Staaten ausspioniert. Zu den Zielen auf den BND-Listen zählte „so ziemlich jede europäische Regierung“. Das geschah laut dem ehemaligen BND-Präsident Gerhard Schindler zufolge deswegen, „weil der Begriff ‚Freund‘ keine nachrichtendienstliche Kategorie ist – weder im Alltag noch im Gesetz“.[538] Österreich nahm der BND auffallend breit ins Visier, „bis hinunter zum Agrarministerium“.[539] 2013 soll der BND über seine Abhörstation im bayerischen Bad Aibling im US-Auftrag unter anderem „gov“, „diplo“ und „bundesamt“ abgefragt haben – wobei sich letzterer Suchbegriff gegen Österreich richtete und höchstwahrscheinlich das BVT bezeichnete.[540] Aber auch „zahlreiche mittelständische Unternehmen“ zählten zu den Zielen des BND.[541]

In welchem Ausmaß das passiert war, wurde 2017 bekannt: In *profil* und *Der Standard* wurde eine Liste von BND-„Selektoren“ veröffentlicht, die zwischen 1999 und 2008 zu systematischen Abfragen relevanter Informationen aus Datenströmen eingesetzt wurden – offenbar im Auftrag der NSA und Interesse des BND. Neben zwei Anschlüssen im Bundeskanzleramt, Festnetz- und Faxanschlussnummern im Außen- und Verteidigungsministerium und einer Nummer im Landwirtschaftsministerium konzentrierte sich das Interesse vor allem auf internationale Organisationen (insbesondere die IAEA), 75 Botschaften und Dutzende High-Tech-Unternehmen (Software, Anlagenbau, Telekommunikation, Chemie, Biotechnologie) sowie Universitätsstandorte. Besonders im Visier befanden sich außerdem Waffenproduzenten wie Hirtenberger und Steyr-Mannlicher. Und schließlich führte die BND-Liste auch Mobiltelefonnummern namentlich nicht bekannter Personen, die zum Zeitpunkt der Erfassung mit Terrorfinanzierung, organisierter Kriminalität oder Geldwäsche in Zusammenhang gebracht wurden. Andererseits wurden in vielen Fällen keine konkreten Teilnehmer gelistet, sondern die Telefonvermittlung oder ein zentrales Faxgerät. Namen von Politikern oder von Parteien waren auf der Liste nicht enthalten, auch wenn dies kein Beleg dafür ist, dass deren Kommunikation nicht auch überwacht wurde.[542]

Bei solchen Abfragen geht es grundsätzlich nicht so sehr um Gesprächsinhalte, sondern um die Gewinnung von Metadaten (Zeitpunkt, Dauer und Ort von Verbindungen, E-Mail-Adressen, Telefonnummern, Keywords, URL, Geokoordinaten, MAC-Adressen, Betreffzeile, Dateiname von Anhängen). Diese werden analysiert und ausgewertet, sodass sich ausgefeilte Profile und Netzwerke ergeben. Im US-amerikanischen Drohnenkrieg, der Ziele in Afghanistan, Pakistan, Somalia und Jemen ins Visier nahm, ging das so weit, dass Ziele nur auf Basis von Metadaten-Analyse, abgefangener Kommunikation und der Lokalisation von Mobiltelefonen angegriffen wurden. In solchen Fällen, sogenannten „signature strikes", war die genaue Identität der Zielperson oft unbekannt und es war nicht auszuschließen, dass auch Unschuldige getötet wurden.[543]

Im Vergleich zu diesen elektronischen Spähangriffen werden selten Details über den Einsatz operativer Kräfte in Österreich bekannt. So soll etwa im Januar 2007 ein Team des israelischen Geheimdienstes Mossad in das Wiener Hotelzimmer des Chefs der syrischen Atomenergiekommission, Ibrahim Othman, eingedrungen sein, um einschlägige Unterlagen aus einem Koffer zu kopieren. Es handelte sich um Pläne für einen Reaktor in Syrien. Die Baustelle wurde sechs Monate später bombardiert.[544] Überhaupt wimmle es in unmittelbarer Nähe, wann immer Meetings oder Konferenzen der IAEA stattfänden, von Teams des Mossad, der CIA und anderer Nationen, so die Journalisten Dan Raviv und Yossi Melman. Dann würde sich die seltene Chance bieten, hochrangige Wissenschaftler oder Angestellte des iranischen Atomprogramms zu rekrutieren oder abzuhören.[545]

1993 wurden zwei Mossad-Agenten mitten in einer Überwachungsaktion in einen tödlichen Verkehrsunfall verwickelt, der als tragischer Tod von Touristen ausgegeben wurde – nachdem gesichert war, dass der andere am Unfall Beteiligte kein feindlicher Spion war.[546]

Im Februar 2000 war es die CIA, die dem iranischen Geheimdienst in Wien Blaupausen eines Nuklearsprengkopfs zuspielte. Das sollte die Forscher im Iran auf eine falsche Fährte locken (Operation Merlin). Zu diesem Zweck hatte man einen übergelaufenen russischen Wissenschaftler in die Heinestraße 19 in Wien-Leopoldstadt geschickt, wo die Permanente Mission des Iran bei der IAEA ein Büro angemietet hatte. Dort hinterlegte der Bote die Dokumente, von denen er selbst glaubte, dass sie echt waren. Aber er legte auch einen persönlichen Brief bei, in dem er auf Design-Fehler hinwies, die ihm aufgefallen waren.[547]

Operationen im Zusammenhang mit dem iranischen Atomprogramm setzten sich fort. Gerade im Zuge der Verhandlungen zwischen dem Iran und der Kontaktgruppe, die zwischen 2013 und 2015 öfters in Wien stattfanden, kam es zu derart konzentrierten Überwachungsaktionen, dass die beteiligten Diplomaten aufgrund der freigesetzten Mikrowellenstrahlung keinen Mobiltelefonempfang mehr hatten und deswegen auf die Straße traten.[548]

Auch das Vorgehen der russischen Geheimdienste hinterlässt Spuren. Schätzungsweise bis zu zehn Prozent ihrer Operationen in Europa werden aufgedeckt.[549] Dazu gehören einige aufsehenerregende Fälle wie die Vergiftung des abtrünnigen Ex-Agenten Alexander Litwinenko 2006 mit Polonium in einer Londoner Hotelbar. Ein anderer Überläufer behauptete später, Teil der Transportkette des radioaktiven Materials gewesen zu sein. Er habe auf dem Innsbrucker Bahnhof ein Päckchen mit einem Code-Schloss in der Gepäcksaufbewahrung deponiert.[550]

Am 11. Juni 2007 wurde Wladimir Woschschow, angeblicher GRU-Topagent, am Salzburger Hauptbahnhof wegen Spionageverdachts gegen die BRD festgenommen, als er gerade auf eine „Quelle", Werner G., einen früheren technischen Programmleiter des Rüstungskonzern EADS, wartete und 12.000 Euro in bar mit sich führte. Doch G. hatte bereits einen Deal mit den Behörden gemacht und spielte nun den „Lockvogel" für die Festnahme von Woschschow,[551] der an Informationen über den deutsch-französischen Kampfhubschrauber „Tiger" von Eurocopter herankommen wollte. Als Hauptinformant diente nicht nur G., sondern auch ein Vizeleutnant des österreichischen Bundesheers. Dieser soll dem Agenten notwendige Kontakte verschafft „und überdies Geheimnisse des Bundesheeres verraten haben.[552] Zehn Tage nach seiner Festnahme wurde Woschschow aufgrund diplomatischer Immunität wieder freigelassen. Russland hatte die Festnahme als „unfreundlichen Akt" gewertet und im Gegenzug die Akkreditierung eines österreichischen Kulturattachés über ein Jahr lang verweigert.[553]

Am 18. Oktober 2011 machte ein weiterer russischer Spionagefall mit Österreich-Bezug Schlagzeilen – und zwar in der BRD: Ein Sondereinsatzkommando verhaftete Andreas und Heidrun Anschlag. Zwei Jahre später wurde das Ehepaar schließlich zu mehrjährigen Haftstrafen verurteilt, weil es seit den 1990er Jahren für Russland spioniert hatte. Mit der Moskauer Zentrale des russischen Auslandsgeheimdienstes SVR hatten sie sich über Kurzwelle verständigt – später auch über Kommentare auf der Video-Plattform *Youtube*. Die Anschlags hatten den Nutzernamen „Alpenkuh 1", die Zentrale antwortete als „Cristianofootballer". In der BRD lebten die Anschlags seit 1990 – mit österreichischen Pässen.[554] Diese Dokumente waren Teil einer aufwendig konstruierten „Legende“ – denn alles an den „Anschlags“ war falsch. Es handelte sich um russische Agenten der sogenannten „illegalen“ Aufklärungsabteilung, deren Angehörige langfristig im Ausland platziert werden. Um an die dafür notwendigen Dokumente zu kommen, hatten sie die Unterstützung eines schon länger nicht mehr aktiven Spions bekommen: des ehemaligen SS-Obersturmführers Adolf Slavik.

Dieser war bei Kriegsende 1945 in US-amerikanische Kriegsgefangenschaft geraten, dann aber rasch entlassen worden. Wegen seiner „illegalen“ NSDAP-Mitgliedschaft (vor 1938) bzw. weil er sich nicht wie vorgeschrieben registrieren hatte lassen, wurde Slavik von einem Volksgericht zu einer zweijährigen Haftstrafe verurteilt. Zu diesem Zeitpunkt befand er sich im sowjetischen Sektor. Dort wurde Slavik nach neun Monaten freigelassen – höchstwahrscheinlich, weil er sich als Agent anwerben ließ. Und tatsächlich erfüllte Slavik anschließend eine wichtige Aufgabe: Er gründete im Januar 1950 die Nationale Liga (NL) als Konkurrenzinstitution zum Verband der Unabhängigen (VdU), dem politischen Sammelbecken der ehemaligen Nazis.[555] Man versuchte bewusst, frühere SS-Mitglieder anzuwerben.[556] Slaviks Aktivitäten wurden von der CIA argwöhnisch verfolgt.[557] Nachdem die NL 1955 aufgelöst wurde, verlegte Slavik seine Tätigkeiten zwei Jahre später nach Casablanca. Von dort aus soll er angeblich sowjetische Waffenlieferungen ins aufständische Algerien organisiert haben. Ende der 1950er Jahre war Slavik aber auch für die NaGrp nachrichtendienstlich aktiv, obwohl dessen Leiter Fechner von einem ausländischen Dienst gewarnt worden war, dass Slavik unzuverlässig sei.[558]

Im Februar 1967 wurde Slavik in der Türkei verhaftet und im Jahr darauf wegen Spionage verurteilt.[559] 1973 kam er infolge eines von seiner Frau eingefädelten Agentenaustauschs wieder frei. Der Agentenveteran verstarb schließlich 1992 in Wien, ohne etwas über seine Geheimnisse preisgegeben zu haben. Einen letzten Dienst hatte er aber noch getan und zwar, wie erwähnt, für das Agentenpaar Anschlag. 1984 wurde Slaviks Frau Helene im Gemeindeamt von Wildalpen in der Steiermark, wo die damals etwa 70jährige Frau seit Jahren urlaubte, vorstellig. Mit ihrem Mann Andreas Anschlag bat sie um Hilfe bei der Ausstellung eines Staatsbürgerschaftsnachweises. Obwohl formal nicht zuständig, entsprach der Amtsleiter dem Ansinnen.[560] Er akzeptierte gefälschte Dokumente, die Anschlag als 1959 in Argentinien geborenen Österreicher auswiesen und nahm ihn ins Melderegister auf. Gleich mehrere Staatsbürgerschaftsnachweise wurden ausgestellt.[561] Für Heidrun Anschlag wiederum soll ein Mitarbeiter der sowjetischen Botschaft 1989 in Hornstein die entsprechenden Papiere besorgt haben. Zuvor war

Andreas Anschlag im Juni 1988 über Mexiko in die BRD gereist, wo er eine Aufenthaltsgenehmigung bekam. Heidrun folgte ihm zwei Jahre später. Damit alles seine Ordnung hatte, wurde am 6. September 1990 im steirischen Altaussee Hochzeit gehalten. Damit kam jener Spionagefall ins Rollen, der Ende 2014 mit Abschiebung des Ehepaars nach Russland abgeschlossen wurde.[562]

Ein weiteres Beispiel ebenfalls aus dem Jahr 2014 zeigt, welche Rolle Wien bei Operationen der russischen Geheimdienste in anderen Ländern spielt. Nach Recherchen von „Bellingcat" sprengte ein Team von Agenten des russischen Militärgeheimdiensts GRU am 16. Oktober 2014 ein Depot im tschechischen Vrbetice. Grund für den Sabotageakt, der 63 Tonnen Munition explodieren ließ und zwei Tote forderte, war der Schattenkrieg, den die GRU gegen den bulgarischen Waffenhändler Emilian Gebrew führt, der die Ukraine beliefert. Ein Teil der Munition in dem Depot in Vrbetice gehörte ihm. Im Jahr 2015 wurde Gebrew zweimal Opfer von Giftanschlägen, wobei sich beide Male GRU-Agenten in seiner Nähe befanden. Zwischen 2011 und 2022 ist es insgesamt fünfmal zu Explosionen in Einrichtungen gekommen, die Grebews Firma Emco gehören.[563]

Was den Vorfall in Tschechien anging, so hatten zwei hohe GRU-Offiziere die Ausführung der Sprengung aus der Nähe beobachtet. Zu diesem Zweck waren sie zunächst am 11. bzw. 13. Oktober 2014 von Moskau aus mit Diplomatenpässen in Wien eingereist. Dann begaben sie sich per Mietwagen nach Tschechien. Einer der beiden war niemand geringerer als Andrej Awerjanow, der Leiter der GRU-Einheit 29155, die für Destabilisierungs- und Sabotageaktionen in Europa verantwortlich zeichnet. Die beiden Attentäter wiederum waren oneway nach Prag geflogen und flogen am 16. Oktober 2014 – dem Tag der Sprengung – von Wien-Schwechat wieder zurück nach Moskau. Auch ihr Kommandeur Awerjanow flog am selben Tag von Wien aus retour, sein Kollege folgte erst 17 Tage später.[564] Die medialen Enthüllungen führten 2021 zu einer schweren Krise zwischen Tschechien und Russland. In der Folge wurde die russische diplomatische Präsenz stark beschnitten. Von der Prager Botschaft, wo bis dahin 100 Diplomaten arbeiteten, wies Tschechien 18 russische Diplomaten aus, wenige Tage später noch einmal 63.[565] Die russische Residentur in Wien wird den Ausfall zumindest teilweise kompensiert haben, auch wegen der ähnlich guten Verbindungen nach Mittel- und Südosteuropa.

Selbstverständlich sind die US-Geheimdienste in Österreich seit Ende des Kalten Krieges nicht minder aktiv. Im März, April und Mai 2010 hielt sich ein Maulwurf der CIA, der Däne Morten Storm, dreimal in Wiener Hotels auf. Seine Mission bestand darin, die Konvertitin Irina Horak dem amerikanisch-jemenitischen Prediger Anwar al-Awlaki, der sich Al-Qaida im Jemen angeschlossen hat, zuzuführen. Mit einem manipulierten Koffer und ausreichend Bargeld ausgestattet, flog die „Jihad-Braut" am 2. Juni 2010 über Wien und Istanbul in den Jemen. Am 30. September 2011 konnte al-Awlaki bei einem US-Drohnenangriff getötet werden. Ein von Storm in den Jemen gebrachter USB-Stick mit Ortungseinrichtung soll dabei eine wichtige Rolle gespielt haben.[566]

Überhaupt seien die US-Dienste nach den Terroranschlägen des 11. September 2001 auch in Österreich „manchmal über die Grenze der Rechtsstaatlichkeit" hinausgegangen, schrieb der ehemalige Direktor des BVT, Polli, 2009 an den deutschen BND-Chef Ernst Urlau.[567] Pollis Haltung habe zu Konflikten mit der CIA geführt: „Es ist ja allgemein bekannt, dass ich viele amerikanische Operationen aufgrund der österreichischen Rechtslage negativ bescheinigt habe."[568] So beharrte Polli auf ständiger Einschaltung des Rechtsschutzbeauftragten, dem die Überprüfung verschiedener sicherheitspolizeilicher Ermittlungsmaßnahmen obliegt. Außerdem schirmte Polli nach der Ermordung des libanesischen Ex-Premiers Rafiq al-Hariri 2005 syrische Verdächtige vor einer befürchteten Entführung ab.[569] Ein Schlaglicht auf die Aktivitäten der CIA warf 2014 die Enttarnung eines Maulwurfs beim BND. Dessen Führungsoffizier „Craig" operierte von der CIA-Station Wien aus. Seit 2008 hatte der in der BND-Abteilung „Einsatzgebiete Auslandsbeziehungen" tätige Doppelagent Markus R. unter dem Decknamen „Uwe" für 95.000 Euro mehr als 200 Dokumente an die CIA weitergegeben[570] – im Rahmen von Treffen in einem Salzburger Innenstadthotel. Enttarnt wurde Markus R. erst, als er versuchte, mit dem SVR, dem russischen Auslandsnachrichtendienst, ins Geschäft zu kommen.[571]

2021 wurde die Präsenz der CIA in Wien wieder Thema, als berichtet wurde, dass „Dutzende" Personen in der US-Botschaft, darunter auch CIA-Personal und deren Angehörige, vom „Havanna-Syndrom" betroffen seien.[572] Die mysteriöse Erkrankung, zu deren Symptomen Kopfschmerzen, Gedächtnislücken, Schwindel, Schlafstörungen und Tinnitus zählen, war erstmals 2016 auf Kuba aufgetreten. Seitdem wurden unter anderem Fälle in Kolumbien, Russland, Australien, China, Polen und Usbekistan verzeichnet. Zuletzt sorgten auch Meldungen aus Berlin und Genf für Aufsehen. Aber was die Zahl der Betroffenen anging, so war Wien der „Hotspot" – mit den meisten Fällen nach jenen in Havanna. Der Wiener CIA-Stationschef soll dennoch skeptisch gewesen sein und wurde abberufen. Das wurde als Signal an andere Topdiplomaten gewertet, das „Havanna-Syndrom" ernst zu nehmen.[573]

Mehr als 200 US-Amerikaner waren seitdem betroffen, die meisten von der CIA, aber auch Diplomaten des State Departments und Militärs. Das war ein Faktor dafür, dass Stationierungen in Übersee oftmals abgelehnt werden. Die globale Operationsfähigkeit der CIA litt zusehends. Man vermutete Angriffe durch einen „foreign actor" hinter den Erkrankungen. Dieser würde „Akustikattacken" durchführen oder die Opfer gezielt mit Mikrowellen bestrahlen. Bis auf einige Fälle unter kanadischen Diplomaten litten fast ausschließlich US-Amerikaner unter dem „Havanna-Syndrom", was auch von Anfang an Zweifel befeuerte. Ein Zwischenbericht der CIA kam Anfang 2022 zum Schluss, dass sich die Mehrheit der rund 1.000 untersuchten Fälle durch umweltbedingte Ursachen, nicht diagnostizierte Krankheiten oder Stress erklären ließe.[574] Ein Panel von Experten kam unabhängig davon zum Schluss, dass in bis zu 100 „unerklärbaren" Fällen davon ausgegangen werden müsse, dass die Betroffenen tatsächlich elektromagnetischen Energieimpulsen oder Ultraschall ausgesetzt waren – offenbar, um an Informationen auf mitgeführten Computern und Mobiltelefonen heranzukommen. Auf etwaige gesundheitliche Schäden wurde dabei keine Rücksicht genommen.[575]

Seit dem gescheiterten Putschversuch in der Türkei 2016 werden in Österreich auch verstärkt Aktivitäten des türkischen Nationalen Aufklärungsdiensts (MIT) beobachtet. Im Visier stehen neben kurdischen Oppositionellen auch Anhänger von Fethullah Gülen.[576] Angeblich soll der MIT das BVT sogar um Unterstützung bei der Bespitzelung von Vereinen der Gülen-Bewegung ersucht haben.[577] Der MIT soll über rund 300 Informanten in Österreich verfügen[578] – einigen Experten zufolge das größte nachrichtendienstliche Informantennetz hierzulande nach jenem der russischen Geheimdienste.[579]

Im Juni 2020 kam es zu Ausschreitungen in Wien-Favoriten, bei denen türkische Aktivisten eine friedliche kurdische Demonstration angegriffen hatten. Im Zuge von Ermittlungen wurde eine 45jährige Frau mit türkischen Wurzeln wegen Spionageverdachts festgenommen. Sie war für den MIT tätig und hatte den Auftrag, die kurdische Gemeinde in Österreich zu bespitzeln. Offenbar hatte sich Frau durch Druck, aber auch gegen Bezahlung rekrutieren lassen. Angeheuert wurde sie offenbar im Gefängnis in der Türkei. Sie soll nach ihrer Enthaftung und Rückkehr nach Österreich ab September 2018 bis Juni 2020 Informationen geliefert haben. Die Frau wurde im August 2021 zu einem Jahr Haft verurteilt.[580] Nur kurze Zeit nach der Festnahme der MIT-Informantin, im September 2021, gab ein mutmaßlicher Ex-Agent des MIT gegenüber der österreichischen Polizei an, er hätte den Auftrag erhalten, einen Anschlag auf die kurdischstämmige Juristin, Gemeinderätin und Landtagsabgeordnete in Wien, Berîvan Aslan, zu planen. Aslan engagiert sich in Österreich und der Türkei seit Jahren für Presse- und Meinungsfreiheit, Minderheiten und gegen Rassismus. Statt die Anschlagspläne auszuführen, wandte sich Feyyaz Ö. an die Behörden. In einer weiteren Vernehmung nannte er noch andere Zielpersonen: den ehemaligen Nationalratsabgeordneten Peter Pilz und den EU-Abgeordneten Andreas Schieder, was kurzfristig Befürchtungen auslöste, der MIT wolle Österreich mit Anschlägen ins Chaos stürzen.[581] Laut Ö. hätten ihm seine Hintermänner gesagt, „dass Österreich eine Lektion erteilt werden müsse, zumal sich Bundeskanzler Sebastian Kurz auf europäischer Ebene gegen die Türkei auflehne". Der Mann wurde zunächst in Untersuchungshaft genommen und dann eilig nach Italien abgeschoben, wo der Ex-Agent als Teppichhändler lebt.[582] Das Bundesamt für Fremdenwesen und Asyl (BFA) begründete die Abschiebung damit, dass der Mann aufgrund seiner Kontakte zum MIT eine Gefahr für die nationale Sicherheit darstelle.[583] Letztendlich blieb die Causa rätselhaft. Im Hintergrund dürften Machtkämpfe im türkischen Sicherheitsapparat eine Rolle gespielt haben. Genauso möglich ist es, dass die ganze Angelegenheit dazu diente, Verwirrung zu stiften. So hatte Ö. in seiner ersten Vernehmung angegeben, dass es darum gegangen sei, „Chaos" zu verbreiten und an Frau Aslan und andere, die sich für politische Veränderungen und die Menschenrechte in der Türkei engagieren, eine Botschaft auszusenden. Im Falle Aslans kamen zum psychologischen Druck noch die Auswirkungen des notwendigen Personenschutzes hinzu, der sie in ihrer persönlichen Freiheit und bei der politischen Arbeit über mehrere Monate hin stark einschränkte.[584] Zuletzt wurde Ende Juli 2022 bekannt, dass drei mutmaßliche türkischstämmige Spitzel des MIT in Tirol festgenommen worden waren. Sie sollen Informationen über in Österreich lebende Anhänger des regimekritischen Geistlichen Gülen gesammelt haben.[585]

Die für die Öffentlichkeit in jüngster Zeit spürbarsten Spionageaktivitäten in Österreich gingen aber wieder von Russland aus. 2018 wurde bekannt, dass ein pensionierter Salzburger Offizier, der zuletzt im Bundesministerium für Landesverteidigung gearbeitet hatte, seit 1992 als Quelle für den russischen Militärgeheimdienst GRU tätig war. Für rund 280.000 Euro soll dieser Oberst Martin M. staatliche und militärische Geheimnisse verraten haben – so etwa über die ABC-Abwehrtruppe des Bundesheeres, deren Zustand und Ausrüstung, über die Pionier- und Panzereinheiten, über Radarstationen und Flugabwehrsysteme.[586] M. soll auch Informationen über NATO-Projekte weitergegeben haben, was nicht zuletzt möglich war, weil Österreich in die NATO-Initiative Partnership for Peace (PfP) eingebunden ist. Von 2008 bis zu seiner Pensionierung 2018 war M. in das PfP-Programm involviert und hatte laut Medienberichten unter anderem Zugriff auf Militärtechnik-Daten.[587] Desweiteren soll er Persönlichkeitsprofile höherer Offiziere geliefert haben. Damit hat die GRU Ansatzpunkte für „Anbahnungen" in der Hand – also etwa Schwachstellen wie Geldsorgen oder berufliche Frustration. Mit diesem Wissen kann man potentielle Quellen unter Druck setzen oder für eine Zusammenarbeit gewinnen. „Gewinnbringend" dürfte auch die Verwendung von M. als Mitarbeiter der Luftraumsicherung sowie der Gruppe Strukturen und Organisation gewesen sein.

Seinen Führungsoffizier bei der GRU, Igor Egorovich Zaytsev, hatte M. in den 1980er Jahren während seiner Zeit als Militärattaché kennengelernt. Die beiden trafen sich bevorzugt in Bratislava, aber auch in Prag, Heviz, Pula und Laibach.[588] Im Zuge von Ermittlungen durch einen ausländischen Dienst (wahrscheinlich der britische Auslandsgeheimdienst) wurde dann eines dieser „operativen Arbeitstreffen" zwischen M. und Zaytsev beobachtet: „Bei diesem Treffen wurden dem Österreicher im Gegenzug für die Preisgabe von Informationen seitens des Führungsoffiziers nahezu 30.000 Euro in bar übergeben." Kontakt hielt man außerdem über Agentenführungsfunk und eine hochkomplexe Satelliten-Kommunikation.[589] Für letztere benutzte M. einen Koffercomputer, der eine Verbindung zu dem russischen Militärsatelliten Strela-3 herstellen und so verschlüsselte Nachrichten empfangen und versenden konnte. Gefunden wurde bei M. zudem eine Liste mit Zeitangaben, wann genau der Satellit bei seiner Umkreisung der Erde über Österreich stand.[590] Ansonsten bediente man sich auch althergebrachter Methoden wie „toter Briefkästen" – einer davon lag im Wienerwald.[591]

Der Verratsfall dürfte eine größere Dimension gehabt haben, als ursprünglich angenommen. So hieß es im Verfassungsschutzbericht von 2019: „Der durch diese Spionage entstandene Schaden lässt sich wirtschaftlich nicht bemessen, jedoch hätten die erlangten Informationen im Falle eines militärischen Konflikts der Landesverteidigung Österreichs mit hoher Wahrscheinlichkeit zum Nachteil gereicht."[592] Dem slowakischen Magazin *Dennik* zufolge soll M. auch Informationen weitergegeben haben, welche Gegenmaßnahmen die NATO gegen Sprengfallen in Afghanistan ergriff.[593] Der teils geständige M. wurde 2020 zu drei Jahren unbedingter Haft verurteilt.[594]

Direktes Spionageziel wurde Österreich im Rahmen eines großangelegten Cyberangriffs, der sich ab den Weihnachtsfeiertagen 2019 bis Anfang

Februar 2020 in drei Wellen gegen die IT-Systeme des Außenministeriums richtete. Hacker einer russischen Gruppe namens „Turla" („Schlange" oder „giftiger Bär" genannt) sollen dabei auch Daten abgesaugt haben. Konkret betroffen waren außenpolitische Dokumente mit direktem Bezug zu Russland und zur Ukraine. Den Hackerangriff eingeleitet hatte eine interne E-Mail mit Weihnachtsgrüßen und einem Video als Attachment, die an mehrere Adressaten im Außenministerium ging. Durch das Anklicken wurde die Schadsoftware, ein Trojaner, installiert. Die so gestartete Attacke wurde aber innerhalb von zwei Tagen entdeckt, wodurch ein Massenabgriff von Daten verhindert werden konnte. Die Frage einer staatlichen Verantwortung für den Cyberangriff ließ sich nicht eindeutig klären – unterhalten doch die russischen Geheimdienste ganz bewusst keine offiziellen Beziehungen zu den Hackergruppen.[595] Doch insgeheim soll „Turla" wahrscheinlich im Auftrag des russischen Inlandsgeheimdienstes FSB stehen und für diesen immer wieder ausländische Regierungsnetzwerke ausspionieren. Seit mindestens 2004 im Einsatz, ist „Turla" eine der am längsten aktiven und technisch versiertesten Hackergruppen. Unter anderem drang sie in die Netzwerke des deutschen Auswärtigen Amtes ein. Das wurde erst Ende 2017 entdeckt, nachdem die Hacker vermutlich über ein Jahr lang agierten.[596]

Weil der Cyberangriff trotz mangelnder Beweise eine deutliche russische Handschrift trug, wurde der Vorfall zu einem Wendepunkt in den bis dahin guten österreichisch-russischen Beziehungen. Symbolhaft war die Ausweisung eines russischen Diplomaten am 1. September 2020. Der Mann war in Wirtschaftsspionage verwickelt. Er hatte vor Jahren einen österreichischen Mitarbeiter in einem in Wien ansässigen internationalen IT-Unternehmen als Quelle angeworben. Anfang 2020 offenbarte sich der Informant seinem Vorgesetzten, was entsprechende Ermittlungen auslöste, die zur Enttarnung des Führungsoffiziers führten.[597] Von den aktuellen Entwicklungen im Zuge des Ukraine-Krieges (2022) ist im Schlusskapitel noch die Rede.

Gefahren für die nationale Sicherheit gehen aber nicht nur von russischer Spionage aus. Österreich war auch Schauplatz von Auftragsmorden. Diese waren Teil einer Serie, die in ganz Europa bereits mehr als ein Dutzend Opfer gefordert hat. Ins Visier genommen werden einerseits Kritiker des Kreml-treuen Präsidenten der russischen Teilrepublik Tschetschenien, Ramsan Kadyrow. Andererseits wurden auch frühere Kämpfer aus den beiden tschetschenischen Unabhängigkeitskriegen gegen Russland (1994 bis 1996 bzw. 1999 bis 2000) ermordet, da sie nach wie vor als „Terroristen" betrachtet werden.[598] In Österreich gab es zwei Opfer zu verzeichnen: Bereits am 13. Januar 2009 wurde der ehemalige Leibwächter Kadyrows, Umar Israilow, in

Wien-Floridsdorf ermordet. Zuvor hatte er sein Wissen über Menschenrechtsverletzungen des Kadyrow-Regimes offengelegt. Mehr als 11 Jahre später, am 4. Juli 2020, wurde Mamichan „Anzor" Umarow auf dem Parkplatz eines Industriegeländes in Gerasdorf mit sechs Schüssen exekutiert. Der Mörder, ein 48jähriger Landsmann, hatte die Tat angeblich begangen, weil 20 Millionen Euro Kopfgeld auf Umarow ausgesetzt gewesen sein sollen. Ob und wie viel Geld von wem geflossen ist, konnte vor Gericht nicht geklärt werden. Der Täter wurde 2021 zu 14 Jahren Haft verurteilt.[599]

Umarow war zum Verhängnis geworden, dass er Kadyrow in Videos, die er auf der Online-Plattform *YouTube* veröffentlicht hatte, scharf kritisierte. Wenige Wochen nach dem Umarow-Mord publizierte der in Vorarlberg lebende Said-Huseyn Magomadow ebenfalls ein *Youtube*-Video, in dem er drei Personen nannte, die in den Fall involviert gewesen sein sollen. 2021 wurde dann ein Tschetschene festgenommen, der geplant haben soll, eine Bombe im Auto von Magomadow zu installieren.[600] Die Causa blieb widersprüchlich. Der mutmaßliche Attentäter wurde freigesprochen.[601]

In Österreich leben schätzungsweise rund 35.000 Tschetschenen. Die meisten kamen als Flüchtlinge ins Land und viele von ihnen waren an den Kämpfen gegen russische Truppen in den beiden Unabhängigkeitskriegen beteiligt. Von daher ist es gut möglich, dass der Konflikt zwischen den regimekritischen Exilanten und dem Kadyrow-Regime bzw. den russischen Geheimdiensten hierzulande weitere Opfer fordern könnte.

Besonders aktiv agiert nicht zuletzt das iranische Ministerium für Nachrichtenwesen (VAJA oder MOIS) in Österreich. Zu diesem Schluss war schon 2012 ein Rechercheberich der US-amerikanischen Library of Congress gekommen.[602] Der Grund wurde darin gesehen, dass Österreich die Beziehungen zum iranischen Regime nie abgebrochen habe, sondern anhaltend gute Kontakte unterhalte.[603] Alle Fäden laufen in der Botschaft in Wien-Hietzing zusammen. Laut iranischen Oppositionellen werden von hier aus Operationen in ganz Europa koordiniert. So etwa Anfang Juli 2018, als der in Wien akkreditierte Botschaftsrat Assadollah Assadi verhaftet wurde, weil er ein geplantes Bombenattentat auf einen Kongress von 25.000 Exiliranern in Paris am 30. Juni 2018 gesteuert hatte. Aufgrund eines Hinweises durch den israelischen Auslandsgeheimdienst Mossad an die belgischen und französischen Partnerdienste konnte der Anschlag verhindert werden.[604] Laut dem israelischen Journalisten Ronen Bergman geschah dies quasi im letzten Moment: „Das war Action wie bei James Bond."[605]

Die beiden Attentäter – ein iranischstämmiges Paar mit belgischen Pässen – hatten ein halbes Kilogramm Sprengstoff und Zünder am 28. Juni 2018 von einem Mann mit dem Decknamen „Daniel“ in Luxemburg-Stadt erhalten. Den Ermittlern zufolge war Assadi dieser „Daniel“. Denn er befand sich zur selben Zeit am selben Ort, angeblich auf Familienurlaub. Zwei Tage später wurde das Attentäter-Paar auf dem Weg zum Anschlagsort in Villepoint bei Paris festgenommen. Für Assadi klickten auf der Rückreise in Bayern die Handschellen. Das österreichische Außenministerium entzog ihm eilig die Immunität. Unklar ist, ob der Sprengstoff im Rahmen von Assadis letztem Rückflug von Teheran nach Wien am 22. Juni 2018 transportiert worden war. Laut AUA befand sich an diesem Tag „kein diplomatisches Gepäck“ an Bord.[606] Weil das Handgepäck von Diplomaten aber nicht offengelegt werden muss, konnte man bei der AUA davon nichts mitbekommen.[607] 2021 wurde Assadi von einem belgischen Gericht zu 20 Jahren Haft verurteilt. Es war das erste Mal, dass ein iranischer Offizieller von einem europäischen Gericht wegen Terrorismus schuldig gesprochen wurde. Drei Mitverschwörer wurden zu 15, 17 und 18 Jahren Haft verurteilt.[608] Am 29. Juni 2022 wurde gemeldet, dass Assadi im Austausch für einen im Iran inhaftierten belgischen Mitarbeiter einer NGO freikommen soll.[609]

„Partnerdienstbeziehungen“

Unter „Partnerdienstbeziehungen“ versteht man die Zusammenarbeit unter Geheim- und Nachrichtendiensten. Diese war schon immer ein wesentlicher Bestandteil der Arbeit von Geheim- und Nachrichtendiensten. Mittlerweile stellen „Partnerdienstbeziehungen“ alltägliche Routine dar. Laut dem ehemaligen BND-Präsidenten Gerhard Schindler ist die internationale Zusammenarbeit so eng in die Auftragserfüllung verwoben, dass rein nationale Bearbeitungsprozesse die Ausnahme darstellen: „Man hat gemeinsame Operationen, man tauscht Analysen aus, gleicht Informationen an, fügt die Puzzlesteine zusammen und verbessert so gegenseitig das Lagebild. Und dies erfolgt Tag für Tag.“ Der BND, so Schindler, unterhalte Kontakte zu über 450 ausländischen Diensten in 167 Staaten. Dabei gebe es ein ungeschriebenes Gesetz: „Geben und Nehmen!“– Informationen fließen nur im Tausch für andere.[610]

So „normal“ die Zusammenarbeit von Geheim- und Nachrichtendiensten also ist, bleibt diese doch ein heikles Terrain. Eine Insiderin wie die CIA-Agentin Valerie Palme hat nicht umsonst von einem notwendigen Übel („pain in the ass“) gesprochen.[611] Denn gegenseitiges Misstrauen, nationale Eigeninteressen und Quellenschutz kommen ins Spiel. Das führt dazu, dass brisante Informationen oft mit einem Verwertungsverbot und einer strikten „Need-to-know“-Abschottung weitergegeben werden.

Das Machtgefälle zwischen den großen „Playern“ und den vielen kleinen Partnern spielt ebenso eine große Rolle und kann dazu führen, dass sich einseitige Abhängigkeitsverhältnisse herausbilden, die ausgenutzt werden.[612] In der Regel erfolgt die Kooperation auf vertraglicher Basis. Darin wird festgehalten, welche Informationen man teilt und welche nicht, welches Wissen an Dritte weitergegeben werden darf und welche Konsequenzen bei unerlaubter Geheimnisweitergabe drohen. Außerdem kooperiert nicht jeder mit jedem, sondern überwiegend mit einigen Hauptkooperationspartnern.[613]

Ob die Zusammenarbeit mit fremden Geheim- und Nachrichtendiensten im Falle Österreichs gegen die in der Bundesverfassung verankerte Neutralität verstößt, ist umstritten. Laut § 319 StGB ist nämlich die Unterstützung eines fremden militärischen Nachrichtendienstes strafbar. Ein Gutachten des Justizministeriums von 1993 öffnete allerdings eine Hintertür: „Ein bloß gelegentlicher Austausch von Nachrichten erfüllt die Qualifikation eines Nachrichtendienstes nicht.“ Rechtlich gehe alles in Ordnung,

„jedenfalls soweit der Informationsaustausch der Beschaffung von Nachrichten dient.“[614]

Die Pflege von „Partnerdienstbeziehungen“ ist jedenfalls fixer Bestandteil der Arbeit der österreichischen Nachrichtendienste – und wie der historische Rückblick gezeigt hat, etablierte sich seit der Besatzungszeit ein flexibler und prowestlicher Umgang, der auch dazu diente, eigene personelle und technische Mängel zu kompensieren.

Über die „Partnerdienstbeziehungen“ der Staatspolizei ist relativ wenig bekannt. Allerdings war es in „informierten Kreisen“ schon Anfang der 1970er Jahre kein Geheimnis, „dass Österreichs Staatspolizei inoffizielle, ja sogar private Kontakte zu – wenn auch nur wenigen – ausländischen Kollegen unterhält und auf deren Informationen mitunter sogar angewiesen ist.“[615] Gegenüber dem Magazin *Basta* beschwerten sich angebliche Insider 1989, dass die Zusammenarbeit „meist einseitig“ funktioniert habe: „Wir geben und die lassen uns dumm sterben, wenn wir etwas brauchen.“ Einmal hätten Kollegen einen japanischen Spion auf einer Zugfahrt bis nahe an die italienische Grenze hin observiert. Eine Station davor sollte die Angelegenheit „übergeben“ werden. Doch das Erkennungswort funktionierte nicht, weshalb die Staatspolizisten solange im Zug verblieben, bis die Verständigung klappte. Zurück in Wien habe ihnen dann ein Vorgesetzter mit einer Anzeige wegen Neutralitätsverletzung gedroht.[616]

Eine aussagekräftigere Quelle dazu, wie sich die „Partnerdienstbeziehungen“ in der Endphase des Kalten Krieges gestalteten, ist das bereits mehrfach zitierte Analysepapier des DDR-Auslandsgeheimdiensts HVA von 1988. Darin wird etwa gleich eingangs kritisiert, dass das Zusammenwirken der österreichischen Nachrichtendienste mit westlichen Partnern eine „Selbstverständlichkeit“ sei, aber eigentlich „mit einer Missachtung der österreichischen Neutralitätspolitik gleichzusetzen ist“[617] (der Umstand, dass gerade die DDR-Staatssicherheit das neutrale Österreich ebenso für Spionageaktivitäten nutzte, relativiert diese Empörung freilich). Einen Hauptgrund für die Kooperationsbereitschaft ortete die HVA in einer „relativen Abhängigkeit“ der österreichischen Nachrichtendienste vom Informationsaustausch. Diese erkläre sich dadurch, dass speziell die Aufgabenpalette Staatspolizei in keinem Verhältnis zu den vorhandenen personellen und technischen Ressourcen stehe: „Das bedeutet, dass die österreichischen Abwehrorgane z. Z. [zur Zeit] nicht in der Lage sind, Bearbeitungsprozesse oder Überwachungsmaßnahmen in breitem Umfang, d. h. gleichzeitig, gegen mehrere bedeutende Zielobjekte zu realisieren.“ Das schließe nicht aus, dass eine „qualifizierte operative Bearbeitung“ sehr wohl möglich sei, wenn österreichische Interessen

„unmittelbar tangiert" werden. Die HVA warnte diesbezüglich sogar vor der „Unberechenbarkeit der österreichischen Geheimdienste". Unerwartete Aktivitäten von deren Seite könnten etwa „durch Informationen bzw. Amtshilfeersuchen von Partnerdiensten ausgelöst werden".[618] Nach erfolgter Abstimmung mit der zentralen Gruppe C/II kam es laut der HVA „in Einzelfällen" sogar vor, dass Observationskräfte der Staatspolizei mit jenen ausländischer Dienste „auf österreichischen Territorium" unmittelbar zusammenwirkten.[619] Im Falle der Staatspolizei seien die Partnerdienstbeziehungen eine „wesentliche Funktion der Zentrale". Der damalige Leiter der Gruppe C/II, Anton Schulz, behalte sich die Kontakte mit den wichtigsten ausländischen Diensten persönlich vor und achte darauf, allenfalls Mitarbeiter seines Vertrauens zu beauftragen, „die nicht in jedem Fall Mitarbeiter der Zentrale sein müssen".[620]

Grundsätzlich verlaufe die Zusammenarbeit der Staatspolizei mit westlichen Diensten „im Wesentlichen reibungslos": „Hauptpartner sind die BRD-Geheimdienste (BfV, MAD und BND) sowie die USA-Geheimdienste. Es sind jedoch auch gemeinsame Aktivitäten der STAPO auf österreichischem Territorium, beispielsweise mit Kräften der Abwehrorgane der Niederlande bekannt. Voraussetzung für eine komplikationsfreie Zusammenarbeit ist die Anmeldung und Absprache der Interessen der westlichen Partnerdienste mit der STAPO-Zentrale, wo entweder der Leiter selbst bzw. leitende Kader der Abteilung II/7 für diese Fragen zuständig sind. Seitens der STAPO-Leitung wird dann die Durchführung der geforderten nachrichtendienstlichen Operationen, z. T. [zum Teil] auch zur direkten Unterstützung von Kräften der Partnerdienste in Österreich, angewiesen. Soweit durchführbar, z. B. bei Amtshilfeersuchen in Bezug auf die Ermittlung und Befragung von Personen, erhalten die untergeordneten STAPO-Dienststellen in der Regel keine Kenntnis, dass es sich um einen Auftrag von Partnerdiensten handelt. Die Schwerpunkte der Zusammenarbeit sind:

- die nachrichtendienstliche Verdachtsfallbearbeitung;
- operative Unterstützung im Rahmen von Anbahnungs- und Werbeoperationen [abzielend auf Gewinnung von Quellen, Anm. des Autors];
- ausgewählte Fragen der Reisewegüberwachung;
- der Informationsaustausch."[621]

Was die Partnerdienstbeziehungen der militärischen Dienste anging, so kam der HVA-Bericht zum Schluss, dass neben der Achse zu den US-amerikanischen Partnern vor allem die Kooperation mit den westdeutschen Diensten von Bedeutung sei: „Desweiteren zeichnet sich seit Existenz des AA [Abwehramts] ein relativ enger Kontakt zur CIA ab. Verbindungsoffiziere der CIA, die unter Decknamen auftreten, halten ständig Verbindung zum Abwehramt. In mindestens 2 Fällen wurden Fachschulungskomplexe zu nachrichtendienstlichen Themen durch gut Deutsch sprechende Geheimdienstmitarbeiter aus den USA – die möglicherweise in der BRD stationiert waren – beim AA durchgeführt."[622]

Die internationale Zusammenarbeit erfolgt bis heute nicht nur auf bilateraler Ebene, sondern bevorzugt in informellen Gremien. Relevant ist hier ist in erster Linie der „Berner Club", ein informeller Zusammenschluss von 28 EU-Inlandsnachrichtendiensten sowie von jenen Norwegens und der Schweiz. Das FBI, der CIA und des Mossad sind ebenfalls eingebunden. Der Berner Club existiert seit 1969. Österreich kooperiert seit Ende der 1970er Jahre und war davor schon an ein chiffriertes Meldesystem angeschlossen. 2002 gründete der Berner Club eine eigene Counter Terrorist Group (CTG). Die CTG umfasst alle Dienste in der Europäischen Union (EU) sowie jene Norwegens, der Schweiz und der USA.[623] Die CTG hat eine Datenbank zu „Gefährdern" und jihadistischen „Auslandskämpfern" eingerichtet, die in Den Haag vom niederländischen Allgemeinen Nachrichten- und Sicherheitsdienst (AIVD) geführt wird. Ein interaktives Echtzeit-Informationssystem ermöglicht die Kommunikation unter allen Beteiligten. Es gilt die „Third-Party-Rule". Das heißt, dass die Weitergabe von Informationen untersagt ist, die ein Geheim- oder Nachrichtendienst von einem Partner erhält.[624] Österreich ist außerdem in der 2016 gegründeten Paris-Gruppe (G 15) vertreten, einem Verbund von Geheim- und Nachrichtendienstkoordinatoren aus 15 europäischen Ländern.[625]

Heute ist es schwer vorstellbar, dass Österreich noch Ende der 1970er Jahre selbst ein Vorreiter in Sachen nachrichtendienstlicher Zusammenarbeit war. Man hatte dafür den „Wiener Club" ins Leben gerufen. Am 10. April 1978 waren Innenminister Erwin Lanc und seine Amtskollegen aus der Schweiz (Hans Hürlimann), der BRD (Werner Maihofer) und Italien (Francesco Cossiga) in Bern zu Beratungen zusammengetroffen. Wenige Monate später – am 10. und 11. September 1978 – tagte man im Schloss Laudon bei Wien.[626] Es wurde beschlossen, die Gespräche in nicht festgelegten Abständen weiterzuführen und darüber hinaus in Sachen Terrorbekämpfung eng in Kontakt zu bleiben. Das lief über die Vertreter der jeweiligen Geheim- und Nachrichtendienste.

Anfang November 1982 unterhielt sich Lanc mit einem britischen Diplomaten und bewarb den Wiener Club: Es gebe ein Minimum an Formalitäten und halbjährliche Treffen der fünf Innenminister (Frankreich, Italien, Schweiz, Österreich, Westdeutschland), die einen Tag dauern würden. Alles sei informell, es würden keinerlei Aufzeichnungen geführt. Ad hoc-Treffen von Experten würden kurzfristig einberufen, um sich um bestimmte Probleme zu kümmern. Der Wiener Club, erläuterte Lanc, habe sich zunächst getroffen, um die Kommunikationslinien von linksextremistischen Terroristen durch die verschiedenen Länder im Auge zu behalten. Nun widme sich das Forum der terroristischen Bedrohung insgesamt.[627]

Österreich hatte damals ein Ass im Ärmel, das es zu einem geschätzten Kooperationspartner machte, wie Lanc dem Verfasser gegenüber erklärt hat: „Wir hatten einen Informations-Vorsprung gegenüber den Anderen durch die Beziehung zur Palästinensischen Befreiungsorganisation (PLO). Ebenso durch unsere guten Kontakte zu Ägypten – vor allem zum damaligen Vize von Anwar Sadat, Hosni Mubarak, der gleichzeitig auch Chef des Geheimdiensts war. Diese Connections hatten die anderen nicht – aber sie hatten Informationen über Auslandsaktivitäten in Lagern für Terroristen in Libanon, Syrien und Libyen." Der geheime Kanal zur PLO war besonders ergiebig. Der Sondergesandte Jassir Arafats, Issam Sartawi, traf sich persönlich mit Lanc oder informierte gleich den Chef der Kriminalpolizei am Flughafen Wien-Schwechat, wenn es verdächtige Reisebewegungen gab. Das mag mit ein Grund für die Ermordung von Sartawi durch die mit der PLO verfeindete Abu-Nidal-Organisation im Jahr 1983 gewesen sein.[628]

Der Wiener Club blieb noch eine Zeit lang bestehen. 1989 traf sich die Runde im Wiener Austria Center. Es gab neue Weichenstellungen, über den Terrorismusbezug hinaus. Laut Innenminister Franz Löschnak galt es, „pragmatische Maßnahmen" gegen eine zu erwartende „Völkerwanderung" im Zuge des Umbruchs in Osteuropa zu ergreifen. Der Wiener Club sei übereingekommen, das „Schlepperunwesen" effektiver zu bekämpfen. Infolge dessen wurden auch konkrete Projekte zur Bekämpfung des Drogenhandels auf der „Balkan-Route" erarbeitet. Im Zuge der EU-Integration Österreichs verlor der Zusammenschluss aber rasch an Bedeutung.[629]

Danach soll Österreich neben Belgien zu den vehementesten Befürwortern eines CIA-ähnlichen Geheimdiensts auf EU-Ebene gehört haben. Dieses Ansinnen stieß aber bei den größeren Ländern auf Ablehnung, weshalb beim Europäischen Auswärtigen Dienst (EAD) bislang „nur" ein Fusionszentrum angesiedelt ist, das selbst keine Informationen sammelt (EU INCENT).[630] Nach wie vor werden bilaterale Kontakte oder informelle Gremien bevorzugt. Wie diese im Regelfall ablaufen, illustriert ein 2018 veröffentlichtes Papier der NSA. Diese warnte 2005 das BVT innerhalb von 45 Minuten nach Eingang eines Hinweises: Die Partnerin eines Jihadisten befinde sich auf einer Busreise von Bosnien nach Linz und führe Sprengstoff mit sich. Ob dieser Tipp tatsächlich der Wirklichkeit entsprach, geht aus dem Dokument nicht hervor.[631]

Das HNaA und die NSA verbindet im Bereich der Signals Intelligence, also der Fernmelde- und elektronischen Aufklärung, eine jahrzehntelange Kooperation.[632] Österreich sei nach wie vor „ständiger und diskreter Partner" der NSA, so der US-Journalist Glenn Greenwald: „Man sammelt vielleicht gemeinsam Daten aus Afghanistan oder nimmt bestimmte Organisationen ins Visier."[633]

Innerhalb der letzten Jahre soll die mit US-Geldern aufgebaute Lauschstation Königswarte mit Ausgaben von bis zu 150 Millionen Euro für neue Aufgaben aufgerüstet worden sein. Zum Einsatz kommt die Station nun für die Überwachung geostationärer Kommunikationssatelliten.[634] Das Gros dieser Satelliten, so der Journalist Erich Möchel, überträgt in erster Linie TV-Kanäle. Doch immer mehr Satelliten verfügen zusätzlich über Datendienste. Manche bieten ausschließlich Services wie Internetzugänge an.[635]

Im Unterschied zur ehemaligen NSA-Abhöranlage in Bad Aibling, die mittlerweile vom BND betrieben wird, verfügt das HNaA bis heute nicht über die nötige Software und die personellen Ressourcen, um das eingespeiste Suchprofil zumindest zu filtern und zu selektieren. Laut Ex-BVT-Direktor Polli ähnelt die Königswarte „eher einer Black Box": „Es sind allenfalls die Abfallprodukte der Kommunikationsüberwachung, die dem österreichischen Dienst zur Verfügung gestellt werden. Eigene Selektoren werden zwar mit eingespeist, es fehlen jedoch die technischen und analytischen Kompetenzen, diese auszuwerten." Weder die Bundesregierung noch die Betreiber der Abhöreinrichtung seien darüber informiert, „welche Rohdaten über das System gesammelt und an die NSA weitergeleitet werden, und auch nicht, ob dies gegen österreichisches Recht verstößt."[636]

Für Ermittlungen im Inland – etwa in Sachen Terrorismusbekämpfung – sei dieser Output „bisher weitgehend vernachlässigbar" gewesen: „Wenn überhaupt, so wurden diese Informationen nicht über die österreichischen Betreiber der Abhöreinrichtung an die Staatsschutzbehörden herangetragen, sondern bezeichnenderweise über den Umweg amerikanischer Sicherheitsbehörden und im Weg der Amtshilfe. [...] Ebenso ist unbekannt, welche Daten abgeschöpft werden und vor allem, was damit passiert."[637]

Dass die NSA auch Ziele in Österreich ausspäht, ist spätestens seit den Enthüllungen durch den „Whistleblower" Edward Snowden 2013 bekannt. Neben der IAEA, der OSZE und der OPEC sollen der Webknoten Vienna Internet eXchange (VIX), Telekommunikationsnetze österreichischer Firmen wie Telekom Austria oder Tele 2 sowie Kunden des Internetproviders UPC ins Visier genommen worden sein.[638]

Laut den Snowden-Unterlagen zählt Wien zu den wenigen Standorten, an denen sich ein Team des von NSA und CIA gemeinsam betriebenen Special Collection Service befindet.[639] Dass die österreichische Hauptstadt für die NSA „sehr wichtig" ist, betonte nicht umsonst Thomas Drake. Dieser hatte bereits vor Snowden Datenschutzverstöße durch die NSA kritisiert. Laut Drake sind die vielen in Wien ansässigen internationalen Organisationen „ein kaum zu unterschätzender Informationspool".[640] Bislang sind insgesamt vier angebliche Horchposten in Wien bekannt geworden, die offenbar als Knoten eines Mobilfunküberwachungsnetzes dienen: Neben einer sogenannten „NSA-Villa" in Pötzleinsdorf[641] handelt es sich dabei um Dachausbauten auf den Botschaften der USA und Großbritanniens sowie auf dem IZD-Tower gegenüber dem Vienna International Center.[642] In den von Snowden geleakten Geheimdokumenten wird Österreich jedenfalls in der Kategorie Third Parties-Signals Intelligence (TIER B-SIGNIT)-Partner geführt. Damit sind Länder gemeint, die der NSA bei ihrer Fernmelde- und elektronischen Aufklärung assistieren. Es ist eine Einstufung, die bislang nur NATO-Partner erhalten haben.[643]

Der damalige Verteidigungsminister Gerald Klug räumte lediglich ein, dass man „fallweise und im Rahmen strenger Gesetze" mit der NSA kooperiere: „Dabei geht es in erster Linie um jene Regionen, in denen österreichische Soldaten gemeinsam mit Kameradinnen und Kameraden aus anderen Staaten im Auslandseinsatz sind." Eine Bespitzelung der Bevölkerung durch das HNaA fände nicht statt: „Wir schöpfen nicht massenhaft Daten ab, wir hängen nicht an Glasfaserknotenpunkten und wir bezahlen auch keine Internet- oder Telefonanbieter, um an deren Daten zu kommen."[644] Bislang ist unklar, wie eng diese Kooperation ist. 2017 hieß es auf eine Anfrage des *Standard* seitens des Bundesheeres: „Zum Schutz der Republik Österreich tauschen wir Informationen aus."[645] Bereits 2016 hatte der Chef der Cyber Defence im AbwA konkretisiert: „Jegliche Zusammenarbeit des Bundesheeres mit anderen Diensten erfolgt nur punktuell und bezieht sich auf die Einsatzräume des Bundesheeres und die Sicherheit der dort eingesetzten Soldaten. Oder es geht darum, im Ausland in Not geratene Österreicher wieder sicher nach Hause zu holen."[646]

Laut der Tageszeitung *Die Presse* existiert ein Vertrag zwischen Österreich und der NSA, worin die Rahmenbedingungen für die Zusammenarbeit und den Informationsaustausch festgelegt sind. Seine Wurzeln habe das Dokument in der Zeit nach den Terroranschlägen des 11. September 2001.

Damals habe der NSA-Direktor Michael Hayden ältere Vereinbarungen erneuern lassen.[647] In diesem Zusammenhang wurde bereits Ende der 1980er Jahre über Abkommen berichtet, das „den Schutz aller zwischen den Regierungen (Österreich/USA) ausgetauschten geheimen Informationen" regelte.[648]

2018 wurde ein Dokument aus dem „Snowden Archive", einer Online-Datenbank der von Snowden an Medien geleakten Unterlagen, veröffentlicht. Darin ist festgehalten, dass HNaA-Offiziere die NSA 2006 aufsuchten, um „Kooperationen zwischen den beiden Organisationen" zu besprechen. Als Input lieferten die Besucher Vorträge zu den Themen Terrorismus, Nahost, Balkan und Proliferation. „Von der Expertise und dem Wissen der Österreicher kann die NSA profitieren", lautete das Fazit der NSA. Seitens des Verteidigungsministeriums wurde das heruntergespielt: „Jegliche Zusammenarbeit mit anderen Diensten erfolgt nur punktuell."[649]

Am Beispiel des „Whistleblower" und Überläufers Snowden zeigte sich aber auch, dass Österreich nicht automatisch den Direktiven mächtiger Partner folgt. 2013 erwirkten die USA, dass Frankreich, Italien, Spanien und Portugal ihren Luftraum für das aus Moskau kommende Flugzeug des bolivianischen Präsidenten Evo Morales schlossen. Es war nämlich das Gerücht aufgekommen, dass sich Snowden an Bord befände. Die Maschine durfte in Wien einen Zwischenstopp einlegen. Es wurde eine „freiwillige Nachschau" durch Grenzbeamte vorgenommen, welche bestätigte, dass Snowden nicht mitgereist war.[650]

Solche außergewöhnlichen Vorkommnisse sind rar. Denn in der Hauptsache handelt es sich bei „Partnerdienstbeziehungen" um Routineangelegenheiten wie dem automatisierten Informationsaustausch von „raw intelligence", also ungeprüfter und nicht-analysierter Hinweise aus verschiedensten Quellen. Von daher haben streng geheime Kooperationen auf bilateraler Ebene eine andere Qualität. Im Falle der österreichischen Nachrichtendienste sind im Zuge der BVT-Affäre einige Beispiele öffentlich geworden: Diese betreffen etwa die Weitergabe von nordkoreanischen Reisepassmustern an den südkoreanischen Dienst oder die Observationen von nordkoreanischen Reisegruppen oder Botschaftsmitarbeitern. Die brisanteste Enthüllung betrifft eine Gefälligkeit des BVT für den israelischen Auslandsgeheimdienst Mossad. Letzterer ist in Wien sehr aktiv, wenn es um die Tätigkeit der Internationalen Atomenergiebehörde oder um die Wiener Atom-Verhandlungen mit dem Iran geht. Außerdem arbeitete schon die Staatspolizei eng mit der israelischen Seite zusammen, als Österreich eine wichtige Rolle als Transitland für die jüdische Auswanderung aus dem Ostblock spielte.

2015 wurde der Mossad in einer spezifischen Angelegenheit vorstellig: Der Geheimdienst wollte eine seiner Quellen, den Chef der „Zweigstelle 335“ der syrischen Staatssicherheit, Khalid Mushen al-Halabi, in Sicherheit bringen. Der Brigadier war nach dem Fall von Rakka 2013 an den sogenannten Islamischen Staat (IS) über die Türkei und Jordanien nach Europa geflohen. Dort tauchte al-Halabi zunächst in Frankreich unter. Aber wegen seiner mutmaßlichen Involvierung in Folter und Kriegsverbrechen zeichnete sich ab, dass sein Asylantrag abgelehnt werden würde. Um einen Ausweg aus dem Dilemma zu finden, lud der Mossad im März 2015 eine Delegation des BVT nach Tel Aviv ein und schlug eine gemeinsame Operation vor – nämlich Halabi nach Wien zu bringen, wo dieser mit Hilfe des BVT ein neues Leben beginnen sollte. Dafür wurde zugesagt, relevante Informationen von Seiten al-Halabis zu teilen. Der Mossad gab seine Quelle nicht aus der Hand.[651]

Beim BVT gab man der Operation mit „Stelle 5“ (Mossad) den Codenamen „White Milk“ und definierte als Ziel: „Informationsgewinnung bezüglich Syrien“.[652] Am 13. Juni 2015 wurde al-Halabi heimlich in einem PKW von Frankreich an den Grenzübergang Walserberg bei Salzburg gebracht, wo ihn BVT-Beamte in Empfang nahmen. In der Folge leistete man dem Brigadier Starthilfe. Die zuständigen Beamten organisierten einen Sprachkurs und die Unterbringung in einer Wohnung in Wien-Favoriten samt Möbelbeschaffung bei IKEA.[653] Dem BVT, das mit wenigen konspirativen Wohnungen (safe houses) und ohne spezielle Mittel für geheime Operationen (black budget) auskommen musste, verlangte das viel Improvisation ab. Zumindest überwies der Mossad jeden Monat 5.000 Euro auf ein Konto bei der Raiffeisenbank, von dem unter anderem die Miete bezahlt wurde. Ende 2015 wurde al-Halabis Asylantrag in Österreich bewilligt und er bekam einen Reisepass – vor allem dank der Mitteilung des BVT, dass keine Information vorliege, wonach der Brigadier in Kriegsverbrechen oder andere Vergehen verwickelt gewesen sei.[654] Eben diese Unterstützung wurde mit der Zeit brisant, weil eine US-Nichtregierungsorganisation, die Kriegsverbrechen in Syrien untersucht, al-Halabi in Wien vermutete. Anfang 2016 wurde dies den Behörden mitgeteilt. Mit am Tisch saßen auch zwei BVT-Vertreter, die Stillschweigen bewahrten. Die Staatsanwaltschaft Wien nahm im April 2016 Ermittlungen bezüglich al-Halabi auf. Aber erst im August 2018 erstattete das BVT Strafanzeige. Zu diesem Zeitpunkt war die Operation White Milk schon beendet und al-Halabi untergetaucht.[655] Dem BVT kam die Angelegenheit teuer zu stehen. Es kam zu Ermittlungen gegen mehrere hochrangige Beamte wegen Amtsmissbrauchs. Es soll auch eine Anweisung per E-Mail gegeben haben, „für eine zeitnahe Vernichtung der Partnerdienst-Informationen bzw. klassifizierten Dokumente" im Zusammenhang mit „White Milk" zu sorgen.[656]

Die Frage, was das BVT zu der riskanten Vorgangweise bewog, ist leicht beantwortet: Wenn ein „großer Geheimdienst" um Hilfe bittet, dann ist es für den schwächeren Partner nur allzu verlockend, zuzusagen. Auf diese Weise baut man nämlich Kredit auf, der sich in Zukunft auszahlen kann. So ist es etwa bei möglichen Geiselnahmen österreichischer Bürger im Nahen Osten leichter, die Mithilfe des Mossad anzufragen. Wer den Grundsatz „geben und nehmen" beherzigt, der muss zunächst geben. Der öffentliche Skandal in Sachen „White Milk" dürfte das Plus in der Bilanz gleich wieder ausradiert haben.

1: Die Räumlichkeiten des Evidenzbüros im ehemaligen k.u.k. Kriegsministerium am Stubenring befanden sich im Mezzanin, dem Stockwerk unterhalb des Balkons.

2: Das Palais Modena, der Sitz des Innenministeriums in der Wiener Herrengasse: Hier war auch die staatspolizeiliche Gruppe untergebracht (Gruppe C/II).

3: Die Wiener Polizeidirektion am Schottenring beherbergte ab 1974 die Wiener Staatspolizei. Davor war diese in der Zedlitzgasse Nr. 8 untergebracht.

4: Das ehemalige Café Louvre (Ecke Renngasse/Wipplingerstraße) war ein wichtiger Umschlagsplatz für Informationen und wurde unter anderem von Kim Philby besucht.

5: In der Metternichgasse in Wien-Landstraße befand sich die Wiener SIS-Station – in den 1920er Jahren der wichtigste Außenposten des britischen Geheimdiensts in Europa.

6: Das Hauptquartier des Counterintelligence Corps (CIC) in Wien war in der Michaelerstraße in Wien-Währing.

7: In diesem Gemeindebau in der Thalheimergasse in Wien-Ottakring wurde Benno Blum 1950 vom CIC gestellt und erschossen.

8: Das Hotel Imperial wurde nicht nur von der sowjetischen Militärverwaltung bis zum 17. September 1955 als Hauptquartier benützt, es war 1984 auch beinahe Schauplatz einer Geiselnahme.

II. Der Untergang des BVT

Die BVT-Affäre und Jan Marsaleks Netzwerk

Am 28. Februar 2018 führte die Wirtschafts- und Korruptionsstaatsanwaltschaft (WKStA) in sechs Büros im Hauptquartier des BVT am Rennweg eine Hausdurchsuchung durch.[1] Es ging um Vorwürfe des Amts- und Datenmissbrauchs, die sich gegen insgesamt fünf Beschuldigte richteten. Dazu zählten der BVT-Referatsleiter B. P., dessen Mitarbeiter, Chefinspektor F. S. und der Leiter der BVT-IKT, C. H. BVT-Direktor Gridling und der 2017 ausgeschiedene ehemalige BVT-Vizedirektor Wolfgang Zöhrer wurden ebenfalls beschuldigt, aber „nur" einvernommen. Neben den Büros der Beschuldigten wurden auch die Räumlichkeiten von BVT-Mitarbeitern durchkämmt, die von der WKStA als Zeugen geführt wurden. Dazu zählten die Referatsleiterin S. G. sowie die IKT-Mitarbeiter F. K. und N. B. Überdies wurden noch die Wohnadressen zweier Beschuldigter sowie zweier Zeugen durchsucht. Laut Medienberichten wurden insgesamt zwei Mobiltelefone, ein Stand-PC, drei USB-Sticks, acht Floppy-Discs, 397 Seiten Schriftverkehr sowie 315 CDs und DVDs sichergestellt. Darauf befanden sich einer Schätzung zufolge 40.000 Gigabyte Daten.[2]

Was die konkreten Vorwürfe anging, so legte die WKStA dem BVT-Referatsleiter B. P. nicht nur die Weitergabe nordkoreanischer Blanko-Reisepässe an den südkoreanischen Partnerdienst zur Last, sondern auch, dass er sich gesetzeswidrige Kopien von Daten beschafft haben soll.[3] BVT-IKT-Leiter C. H. wiederum war in der IT-Abteilung zuständig für die Herstellung solcher Kopien, wenn jemand diese verlangen sollte – und zählte daher zu den Beschuldigten.[4] Chefinspektor F. S. wurde beschuldigt, an der Passweitergabe beteiligt gewesen zu sein, wie auch an illegalen Observationen von nordkoreanischem Botschaftspersonal.[5] Ex-Vizedirektor Zöhrer wiederum wurde vorgeworfen, er habe es vorsätzlich unterlassen, Altakten zu skartieren. Und Gridling wurde beschuldigt, dass ihm der Datenmissbrauch durch BVT-Mitarbeiter bekannt gewesen sein soll, er aber nichts dagegen unternommen habe.[6]

Genau sechs Monate nach der Razzia, am 28. August 2018, sollte das Oberlandesgericht (OLG) Wien feststellen, dass das Vorgehen der WKStA

„nicht verhältnismäßig" war. Gebilligt wurde nur die Durchsuchung der Privatwohnung von BVT-Referatsleiter B. P., alle anderen Bewilligungen wurden aufgehoben.[7] Von September 2018 bis Juni 2019 beschäftigte sich ein parlamentarischer Untersuchungsausschuss mit der Affäre. Von den Vorwürfen blieb trotz langwieriger Ermittlungen kaum etwas übrig. Letztlich mussten sich nur Referatsleiter B. P. und Chefinspektor F. S. vor Gericht verantworten. P. wurde zur Last gelegt, falsche Spesenabrechnungen in Höhe von 700 Euro vorgenommen zu haben. Außerdem brachte die WKStA einen später aufgetauchten Vorwurf zur Anklage, wonach P. eine Gruppe von Nordkoreanern überwachen ließ, ohne die dafür notwendige Zustimmung des Rechtsschutzbeauftragten eingeholt zu haben.[8] Eine dieser Observationen im Jahr 2014 trug die Bezeichnung „Eric", weil ein Partnerdienst vermutet hatte, dass ein Sohn des nordkoreanischen Diktators Kim Jong-il ein Konzert von Eric Clapton in Wien besuchen wollte. Daraufhin soll eine neunköpfige Reisegruppe aus Nordkorea in einem Hietzinger Lokal und am Flughafen Schwechat beobachtet worden sein.[9] Anfang März 2022 wurden beide Angeklagten freigesprochen. Der Richter hielt in der Urteilsbegründung fest, dass es „keine eindeutige Regelungen" für die Meldung an den Rechtschutzbeauftragten gegeben habe.[10] Die Causa hatte sich damit in Luft aufgelöst.

Der angerichtete Schaden für den Verfassungsschutz war aber gravierend. Besonders schwer wog die Tatsache, dass auch Daten befreundeter Dienste bei der Hausdurchsuchung das BVT „physisch" verlassen hatten. Schon unmittelbar nach der Razzia, am 1. März 2018, hatte die Leiterin des Bereichs Recht im BVT, M. K., gewarnt, dass ein „unsensibler Umgang" mit derartigen Informationen „einen Schaden der Reputation der Republik Österreich und eine nachhaltige Beeinträchtigung außenpolitischer Interessen" nach sich ziehen könnte. Zu befürchten sei auch, „dass ausländische Partnerdienste eine weitere Kooperation mit dem BVT abbrechen und somit ein exorbitanter Informationsverlust entstehen könnte".[11] Wenige Wochen später wurde festgestellt, dass auf einer Commcenter-Back-up-Platte, die die WKStA retourniert hatte, auch streng geheime Daten des Berner Clubs gespeichert gewesen waren: das „Neptun Kommunikationssystem der Jahre 2013 bis 2017", die „Neptun Exchange Datenbank mit Stand 2016", die „Outlookarchive des Commcenter der Jahre 2012-2015" und „Sicherungen der PWGT (Police Working Group on Terrorism) mit Stand 2012 und 2013".[12] Gridling hat im BVT-UsA ausgesagt, die „kritischen Fragen" der Kollegen von den Partnerdiensten hätten sich „vor allen Dingen auch darauf erstreckt, dass von der Neptun-Kommunikation eine Back-up-

Harddisk sichergestellt wurde, die doch empfindliche Daten beinhaltet hätte".[13] Denn „Neptun" war und ist ein System zum Informationsaustausch zwischen den europäischen Geheim- und Nachrichtendiensten, das zum sensibelsten Datenbestand des BVT zählt.[14]

Aber es war nicht nur der Umstand, dass das BVT die Kontrolle über seine Informationen verloren hatte – für viel Misstrauen sorgte auch die politische Entwicklung in Österreich. Seit 2017 war die FPÖ an der Regierung beteiligt und hatte unter anderem das Innenministerium und damit das BVT unter sich. In den Jahren zuvor hatte die FPÖ enge Kontakte zu Russland aufgebaut und die Position des Kremls bei der Annexion der Krim unterstützt. Das nährte offenbar die Befürchtung, dass wenn man sensible Informationen mit den österreichischen Diensten teilte, diese in falsche Hände geraten könnten.[15] Als Bundeskanzler Sebastian Kurz Anfang 2018 Berlin besuchte, soll seine deutsche Amtskollegin Angela Merkel auch die Sorge geäußert haben, „dass von der FPÖ, [...], Erkenntnisse nach Moskau gelangen könnten, die es den dortigen Nachrichtendiensten ermöglichten, Rückschlüsse auf die Quellen westlicher Dienste zu ziehen."[16]

Am 17. August 2018 meldete die *Washington Post*, dass Österreich von Informationen ausgeschlossen und das BVT gelähmt sei. Seit der Razzia teile man keine sensiblen Informationen mehr mit Österreich, weil man Angst habe, sie könnten in falsche Hände geraten, wurde ein führender europäischer Geheimdienstler zitiert.[17] Die Bestätigung, dass das BVT tatsächlich isoliert war, erbrachte ein Faksimile, das am 6. November 2018 im *Falter* abgedruckt war. Auf einer offiziellen Mitteilung an die Partner des Berner Clubs stand zu lesen: „except BVT Vienna".[18] Ende Februar 2019 erläuterte Gridling im BVT-UsA, dass der angedrohte Rauswurf Österreichs aus dem Berner Club durch „vertrauensbildende Maßnahmen" gerade noch abgewendet worden sei – durch einen freiwilligen Rückzug aus den Arbeitsgruppen des Berner Clubs. Verantwortlich für diese Maßnahme war BVT-Vizechef Dominik Fasching, der vorübergehend Gridling vertrat. Aber: „Den Status ‚Rückzug' haben wir beibehalten", so Gridling.[19]

Anfang Mai 2019 machte die BVT-Affäre nochmals internationale Schlagzeilen. Die *New York Times* bekrittelte die „übergroße Macht" der FPÖ über die Sicherheitsapparate. Der Informationsfluss ans BVT sei jedenfalls eingeschränkt: „Wir überlegen uns sehr genau, was wir mit unseren österreichischen Partnern teilen, weil wir nicht sicher sein können, wo die Information landet", wurde ein Nachrichtendienstmitarbeiter zitiert.[20]

Das Verhältnis zwischen Österreich und den Partnerdiensten wurde weiter schwer belastet: Am 17. November 2019 war (zeitweise) ein fast vollständiges und ungeschwärztes „Security assessment of BVT" der „Soteria"-Arbeitsgruppe des Berner Clubs auf einer Nachrichtenseite online gestellt. Aus diesem Dokument ging hervor, dass Anfang 2019 Experten von vier Diensten die Gebäude- und Informationssicherheit im Hauptquartier in der Rennwegkaserne untersucht und dabei zahlreiche Mängel festgestellt hatten. So war etwa das interne Netzwerk des BVT nicht für die Verarbeitung und Speicherung von vertraulicher Information ausgelegt. Weiters war es noch mit dem Internet verknüpft, was die Gefahr von Hackerangriffen erhöhte. Das eingesetzte Anti-Viren-Programm stammte aus Russland. Diese Defizite wurden in der Zwischenzeit behoben.[21]

Das „Soteria"-Leak machte nicht nur das Wappen des Berner Clubs öffentlich, sondern auch die Einschätzung, dass das BVT ein Sicherheitsrisiko darstellte. Das führte dazu, dass die Partnerdienste den Austausch deutlich zurückfuhren und „nur noch bei Gefahrenlagen" mit dem BVT zusammenarbeiteten.[22] Es dauerte bis Ende Mai 2022 – nachdem die DSN das BVT abgelöst hatte – ehe gemeldet wurde, dass Österreich wieder Teil des Berner Clubs ist. Allerdings handle es sich immer noch nicht um eine Voll-Mitgliedschaft, sondern um eine Art Anwärterschaft. In gewisse Arbeitsgruppen sei die DSN wieder involviert. In andere Bereiche dürfe man nach wie vor nur Informationen liefern. Dabei soll es sich um jene handeln, die einen Bezug zu Russland und zur Ukraine haben.[23]

Wie hatte es soweit kommen können? Die BVT-Razzia hatte eine längere Vorgeschichte. Begonnen hatte alles mit einer Reihe von teils identen anonymen Anzeigen, die zwischen April und Herbst 2017 an verschiedene politische Stellen, Staatsanwaltschaften, Behörden und Medien geschickt wurden. Man fasste die insgesamt 39 Seiten bald unter der Bezeichnung „Konvolut" zusammen. Offenbar standen mehrere Autoren dahinter; aber die Urheberschaft konnte bis heute nicht ermittelt werden. Im Stile eines reißerischen Groschenromans verfasst, wurden schwere Vorwürfe gegen hochrangige Mitarbeiter im BVT und im Innenministerium erhoben: Einflussnahme auf Ermittlungsmaßnahmen, illegal gespeicherte Daten, falsch abgerechnete Spesen, veruntreute Lösegelder, Kickback-Zahlungen und sexuelle Übergriffe. Kaum eine dieser Behauptungen hat sich bis heute verifizieren lassen. Was sie ursprünglich glaubwürdig und brisant machte, war die Detaildichte, mit der ein „schwarzes Netzwerk" ÖVP-naher Führungskräfte nachgezeichnet wurde, das sich im Sicherheitsapparat breitgemacht habe. In dessen Zentrum stünde Michael Kloibmüller, langjähriger Kabinetts- und zuletzt Präsidialchef im Innenministerium. Weitere Schlüsselfunktionen nähmen BVT-Vizedirektor Wolfgang Zöhrer und ein Kreis von hohen Beamten und Behördenleitern ein, hieß es.[24]

Erstmals öffentlich bekannt wurde das „Konvolut" im Herbst 2017. Medien berichteten über einen der Vorwürfe, nämlich, dass der Leiter des Nachrichtendienstreferates, B. P., von der Österreichischen Staatsdruckerei Muster nordkoreanischer Reisepässe beschaffte, die an den südkoreanischen Nachrichtendienst weitergegeben wurden. Im Oktober 2017 begann die WKStA ein Ermittlungsverfahren einzuleiten. Allerdings passierte zunächst nur wenig.[25] Erst die Angelobung der ÖVP-FPÖ-Bundesregierung am 18. Dezember 2017 und der damit verbundene Antritt von Herbert Kickl (FPÖ) als Innenminister brachten Bewegung in die Causa. Am 19. Jänner 2018 kam der Generalsekretär im Innenministerium, Peter Goldgruber, in die WKStA und führte dort ein Gespräch mit Staatsanwältin Ursula S. und mit ihrem direkten Vorgesetzten. Goldgruber übergab das anonyme Dossier, das er in der ersten Jännerwoche 2018 von Anwalt Gabriel Lansky erhalten hatte, der auch den Termin in der WKStA vermittelte. Lansky selbst hatte 2017 „Post" von dem/den anonymen Konvolutschreiber(n) bekommen.[26]

Was nun den Inhalt der Vorsprache in der WKStA anging, so fertigte die Staatsanwältin dazu einen Aktenvermerk an. Darin heißt es, Goldgruber habe gesagt: „Er habe vom Minister den Auftrag, das BMI aufzuräumen. Er ist der Meinung, das BMI ist derzeit so korrupt wie noch nie und die Hauptprotagonisten der kriminellen Organisation im BMI hätten es verstanden, die internen Strukturen so zu gestalten, dass sich die Macht in den Händen einiger weniger konzentriere."[27] Im BVT-UsA meinte Goldgruber, diese Aussagen wären ihm „nicht erinnerlich".[28]

Woher stammte nun das „Konvolut", das in weiterer Folge die BVT-Razzia auslösen sollte? Dazu sind seit 2019, als die erste Ausgabe von *Österreich geheime Dienste* erschienen ist, viele neue Details bekannt geworden, welche die Vorgänge in anderem Licht erscheinen lassen. Zunächst einmal war schon länger bekannt, dass es eine Gruppe von ehemaligen und aktiven BVT-Mitarbeitern gab, die mit ihrer persönlichen Situation unzufrieden war, offene Rechnungen mit Vorgesetzten hatte oder die Entwicklung des Verfassungsschutzes nicht goutierte.

Ein zentraler Player in diesem Netzwerk soll der ehemalige BVT-Abteilungsleiter Martin W. gewesen sein. Seine Karriere im Staatsschutz hatte 1992 bei der EBT begonnen, später stieg er zum Leiter der wichtigen BVT-Abteilung 2 hoch. Politisch war er nach allen Seiten gut vernetzt. Doch 2012 wurde ihm Wolfgang Zöhrer als stellvertretender BVT-Direktor vorgezogen. Danach ging es mit W.s Karriere bergab: Nach einem Bandscheibenvorfall im Sommer 2016 ging er für ein Jahr in Krankenstand und wurde mit 31. März 2018 karenziert.[29]

Bereits 2015 hatte W. bei einer „Veranstaltung in einem Ministerium" Jan Marsalek kennengelernt, den Chief Operating Officer des digitalen Zahlungsdienstleisters Wirecard. Nach dem gebürtigen Wiener wird seit dem Zusammenbruch des einstigen deutschen Fintech-Vorzeigeunternehmens 2020 per Haftbefehl gefahndet. Marsalek wird verdächtigt, Geldwäsche und Bilanzfälschung mit einer Schadenssumme von 1,9 Milliarden Euro betrieben zu haben.[30] Marsalek ist aber nicht nur ein mutmaßlicher Wirtschaftskrimineller; er wird auch eng mit Spionage in Zusammenhang gebracht. Dem britische Journalisten Dan McCrum zufolge war Marsalek „mehr als ein krimineller Betrüger": „Er schien mit mindestens zwei Geheimdiensten in Verbindung zu stehen und hatte offenbar Beziehungen zu einigen der skrupellosesten Menschen der Welt."[31]

Marsalek hatte nicht nur ein ausgeprägtes persönliches Faible für die Welt der Spionage, auch das Geschäftsmodell von Wirecard war umgekehrt für Geheim- und Nachrichtendienste interessant. Mittels anonymer Prepaid-Kreditkarten von Wirecard konnte man Zahlungen verschleiern. Über die Jahre beglich der BND so operative Kosten in der Höhe von knapp 22.000 Euro.[32] Das deutsche Bundeskriminalamt wiederum bezahlte Vertrauenspersonen (V-Leute) zwischen 2014 und 2020 in 33 Prozent aller operativen Kreditkarteneinsätze mit Prepaid-Karten von Wirecard. Darüber hinaus konnte Wirecard ein „Fenster" in die Schattenfinanz sein, wenn man die Möglichkeit hatte, Transaktionsdaten abzuschöpfen. 2019 soll Marsalek bei der Technologie-Vorständin von Wirecard einen kompletten Jahresdatensatz der Wirecard-Geschäftspartner angefordert haben. Er begründete dies damit, diesen an den BND weiterzuleiten. Dort wollte man die Daten aber weder bestellt noch erhalten haben, hieß es im Nachhinein.[33] Marsalek war jedenfalls ein „Geheimnisträger erster Güte", weil er Informationen über Zahlungsflüsse und die dahinter stehenden Personen liefern konnte. Er selbst kokettierte damit, mit der US-amerikanischen CIA, den britischen, kanadischen, australischen und neuseeländischen Diensten, dem BND und dem Mossad zusammengearbeitet zu haben.[34] Jahrelang soll Marsalek die Wirecard-Bank, das konzerneigene Geldhaus, dafür benutzt haben, um vor allem russischen Klienten Zugang zum westlichen Bankensystem zu verschaffen. Das deutsche Bundeskriminalamt hat eine Liste mit russischen Namen sichergestellt, die Marsalek für das Kreditinstitut als Kunden gewonnen hat.[35] Beispielsweise ließ Marsalek für die Firmengruppe des pro-russischen ukrainischen Oligarchen Dmitri Firtasch 2019 bei der Wirecard-Bank 15 Konten einrichten. Zuvor war Firtasch von seiner Stammbank vor die Tür gesetzt worden.[36]

In auffälliger Art und Weise interessierte sich Marsalek auch für Überwachungssoftware und Spionage-Tools kommerzieller Anbieter, die oft eine Russland-Nähe aufweisen. So hatte Marsalek Verbindungen zu der Firma Virtual Solutions, die in der BRD mehr als 40 Bundesbehörden schützt. Marsalek war dem Unternehmen dabei behilflich, Geschäftskontakte in Österreich anzubahnen und zwar just nach dem Cyberangriff auf das Außenministerium Anfang 2020. Ein Deal mit dem Ministerium kam aber nicht zustande.[37] Marsalek legte sich auch für die Firma Cyan Networks ins Zeug, die für das österreichische Außenministerium seit Jahren die Cybersicherheit betreut und zwischenzeitlich zum Firmennetzwerk von Alexander Schütz gehörte.[38] Dieser soll bei einer geplanten Übernahme der Deutschen Bank durch Wirecard, dem „Projekt Panther“, eine Rolle gespielt haben.[39] 2018 bekam Marsalek von einem Vertrauten eine Firmenpräsentation der DSR Decision Supporting Information Research Forensic GmbH (DSIRF) zugeschickt. Dieses in Wien angesiedelte Unternehmen ist unter anderem auf biometrische Gesichtserkennung spezialisiert.[40] Die DSIRF, die bestreitet, jemals etwas mit Marsalek zu tun gehabt zu haben, wurde 2022 beschuldigt, Sicherheitslücken an Hacker verkauft zu haben.[41]

Außerdem veranstaltete Marsalek gemeinsam mit einem Kommunalpolitiker der CSU München eigene sicherheitspolitische Dialoge, unter anderem zu den Themen Libyen und Ukraine. Zu Gast waren etwa der ehemalige französische Staatspräsident Nicolas Sarkozy, der frühere bayrische Ministerpräsident Edmund Stoiber und der ehemalige militärpolitische Berater von Bundeskanzlerin Angela Merkel, Erich Vad.[42]

Auch wenn anzunehmen ist, dass Marsalek mit diversen Nachrichtendiensten Kontakte pflegte, so ist seine Nähe zu den russischen Geheimdiensten besonders gut belegt. Marsalek, der knapp zehn Pässe nutzte, soll zwischen 2010 und 2020 mindestens 60mal nach Russland gereist sein.[43] Laut Medienberichten verfolgte der russische Inlandsgeheimdienst FSB spätestens ab 2015 diese Reisebewegungen und speicherte Marsaleks Flugbuchungen in den eigenen Datenbanken. Dass das Bewegungsprofil des Wirecard-Managers so detailliert festgehalten wurde, könnte mehrere Gründe haben: Marsalek war ein interessantes Überwachungsziel, man verfolgte ihn als potentiellen Rekruten oder der FSB wollte eine seiner Quellen im Auge behalten.[44] Am 15. September 2017 wurde eine Ausreise als „verweigert“ gespeichert. Am Nachmittag des nächsten Tages durfte der Manager das Land verlassen. In der Zeit danach wurden in der Datenbank keine Einreisen Marsaleks mehr registriert, was als Indiz für die Arbeit Marsaleks für einen russischen Geheimdienst gewertet wird – etwa als Geldbote und

Zahlungsabwickler.[45] Dazu passt, dass der Wirecard-Manager 2017 damit angab, die syrische Wüstenstadt Palmyra besucht zu haben, nachdem diese von russischen Truppen von der Terrormiliz IS zurückerobert worden war. Eine solche Reise wäre wohl nur möglich gewesen, wenn Marsalek unter dem Schutz Russlands reisen konnte.[46] Einem Besucher in Marsaleks Büro in der Münchner Wirecard-Zentrale fielen dort eine lebensgroße Donald Trump-Figur, russische Fellmützen, Militärabzeichen und Matruschka-Puppen auf. Von Marsalek hieß es dazu, es handle sich um Geschenke von russischen Oligarchen, mit denen er befreundet sei und auch mal in den Urlaub fahre.[47] Einem Mitarbeiter wiederum blieb in Erinnerung, dass Marsalek „ständig über Libyen, Syrien, Afghanistan, das Militär" quatschte: „Bei diesen Themen hatte man ihn sofort. Wieso? Ich weiß es nicht. Er war ja nicht einmal beim österreichischen Bundesheer."[48]

Vor allem aber wirkte Marsalek ganz konkret im Interesse russischer Geopolitik: Im Juni 2017 ließ er bei dem deutschen Migrationsexperten Kilian Kleinschmidt eine Machbarkeitsstudie für den Wiederaufbau in Libyen ausarbeiten. Den Kontakt zwischen Marsalek und Kleinschmidt hergestellt hatte ein ehemaliger stellvertretender Kabinettschef im österreichischen Innenministerium. Involviert war auch ein Brigadier des Bundesheers, der damalige stellvertretende Leiter der Direktion für Sicherheitspolitik.[49] Offenbar köderte Marsalek österreichische Regierungskreise mit dem Versprechen, die Migrationskrise im Mittelmeerraum zu lösen.[50] Laut Kleinschmidt wurde eine Unterstützung von staatlicher Seite in Österreich zumindest in Erwägung gezogen: „In Bezug auf Zahlungen kam dann vom österreichischen Bundesministerium für Landesverteidigung und Sport am 13.12.2017 ein Engagement, diese Studie mitzufinanzieren, von 20.000 Euro vor Steuern. […] Das war also ein sogenannter Letter of Intent. Es ist allerdings nie zu dieser Zahlung gekommen und auch zu keinem Vertragsabschluss."[51] Dem erwähnten Bundesheer-Brigadier zufolge war Kleinschmidt für den Fall eines erfolgreichen Projektfortschrittes ein Beratervertrag in Aussicht gestellt worden. Dazu kam es aber nicht.[52]

Zwischendurch kam der russische Ex-Oberst Andrey Chuprygin ins Spiel. Kleinschmidt wurde erklärt, der „Kolonel" sei „koordinierend für die russischen Interessen in Nordafrika, Libyen und dem Nahen Osten zuständig". Chuprygin, offiziell ein Nahost-Experte, wäre für die Sicherheit während eines Libyen-Aufenthalts zuständig gewesen.[53] Ihm werden Verbindungen zum russischen Militärgeheimdienst GRU nachgesagt, obwohl er dies „definitiv" bestreitet.[54] Die russische Dimension des gesamten Unternehmens wurde mit der Zeit noch offensichtlicher. Bei einer Besprechung im

Februar 2018 überraschte Marsalek Kleinschmidt damit, dass er nunmehr kein Interesse an einem zivilen Programm habe, sondern stattdessen den Aufbau und die Ausbildung einer 15.000 bis 20.000 Mann starken bewaffneten Söldnertruppe plane, welche die Südgrenze Libyens gegen Migrantinnen und Migranten „abriegeln" sollte.[55] In einer von drei Zementfabriken, an denen Marsalek angeblich beteiligt war, sollen zu diesem Zeitpunkt bereits russische Söldner des Unternehmens RSB Group Quartier bezogen haben – offiziell zum Zwecke der Minenräumung.[56] Die Verbindung zu der Söldner-Firma dürften auch einen geschäftlichen Hintergrund gehabt haben: Dem Wirecard-Untersuchungsausschuss des deutschen Bundestages lagen Unterlagen vor, die nachweisen, dass Wirecard im Dezember 2017 für rund 1,4 Millionen Euro der RSB eine Software mit dem Namen „Open Loop Salary Card Platform" verkauft hat, die vermutlich der Abwicklung von Gehältern in Bürgerkriegsgebieten wie Libyen diente.[57]

In dem Gespräch mit Kleinschmidt und zwei anderen Projektbeteiligten kam Marsalek auf das „neue Equipment" zu sprechen: „Ja, die neuen Bodycams, die sind ja – Zitat – ‚so geil' und ‚Wir haben ja so geiles Videomaterial, aber das Dumme ist, das können wir ja nicht für die Werbung benutzen, weil die Jungs erschießen ja alle Gefangenen'."[58] Das war eine Anspielung auf die Gräueltaten, die russischen Söldnern in Libyen vorgeworfen werden. Für Marsaleks Projektpartner war das zu viel. Als Kleinschmidt im November 2018 den Bundesheer-Brigadier bei einer Veranstaltung traf, sagte dieser: „Du, Kilian, mit Jan kann man ja nicht mehr arbeiten, der ist ja zu eng an den Russen dran. – Das war also dieser Hinweis. Daraufhin war das Ganze also für uns auch erledigt."[59] Kleinschmidt erhielt schließlich 50.000 Euro von Marsalek, die gerade seine Kosten deckten.[60] Im Nachhinein erschien Marsalek dem Migrationsexperten dennoch nur als „Randfigur" und „Geldbote" in einem „großen, kriminellen Netz": „Dahinter geht es um ein großes politisches Ziel – Europa durch das Migrationsthema zu destabilisieren und die Populisten zu stärken."[61]

Eine besondere Bedeutung für Marsaleks Russland-Kontakte soll die Österreichisch-Russische Freundschaftsgesellschaft (ORFG) gespielt haben. Diese ist im Juni 2000 entstanden und zählt Politiker verschiedenster Parteien, hohe Beamte, Kammerfunktionäre, Rechtsanwälte, Steuerberater, Manager und Unternehmer zu ihren Mitgliedern. Ehrenpräsident ist traditionell der jeweilige russische Botschafter.[62] Laut Medienberichten waren Marsalek und der Wirecard-Vorstandsvorsitzende Markus Braun Ehrensenatoren der ORFG. Die Wirecard AG war nämlich 2010 einstimmig als Mitglied in die ORFG aufgenommen worden, wobei der Mitgliedsbeitrag für

Unternehmen dieser Größe 10.000 Euro pro Jahr beträgt.[63] Die ORFG gilt zudem als wichtige Drehscheibe und Vernetzungsagentur für die Beziehungen Österreichs zu Russland. Der Wirecard-Untersuchungsausschuss des deutschen Bundestages geht in seinem Schlussbericht davon aus, „dass Herr Marsalek über die ORFG Kontakte zu russischen Nachrichtendiensten erlangte, die ihm auch bei seiner Flucht und seinem Untertauchen zugute kamen".[64] Das *Dossier Center*, eine Enthüllungsplattform, die von dem Kreml-kritischen russischen Exilanten Michail Chodorkowski betrieben wird, will gar von einer Quelle erfahren haben, dass Marsalek über die ORFG mit hochrangigen Offizieren des russischen Auslandsgeheimdiensts SVR und des Militärgeheimdiensts GRU zusammenkam: „Zu dieser Zeit rekrutierten die russischen Sonderdienste aktiv vielversprechende Österreicher, und der junge und abenteuerlustige Marsalek schien ein guter Kandidat für eine ‚Freundschaft' mit Geheimdienstoffizieren zu sein." Problematisch an dieser Darstellung ist jedoch, dass sich diese Rekrutierung Ende der 1990er Jahre zugetragen haben soll – als die ORFG noch gar nicht existierte.[65]

Um an dieser Stelle auf den Konnex zwischen Marsalek und den Machenschaften hinter der BVT-Razzia zurückzukommen: Dem bereits erwähnten ehemaligen BVT-Abteilungsleiter Martin W. kam es vor, als wollte Marsalek „auch ein Geheimagent sein".[66] Ein anderes Mal meinte er auf die Frage, ob Marsalek Kontakte zu ausländischen Geheimdiensten pflegte: „Ja. (…) Aber es hat sich niemand als Geheimdienstler vorgestellt. Aber dass er als Person für Geheimdienstler interessant ist. Natürlich! Wer, wenn nicht er?"[67] Nach seinem Ausscheiden beim BVT hatte W. Marsalek kontaktiert, „ob er nicht etwas für mich hätte. Er hat dann von einem Start-up gesprochen". Gemeint war die Beteiligungsgesellschaft IMS Capital, die von einem Geschäftsfreund Marsaleks in München geleitet wurde und in Wirklichkeit nur ein Vehikel für dubiose Aktivitäten dargestellt haben soll.[68] Marsalek habe dort laut W. „öfter vorbeigeschaut, und wir haben unser freundschaftliches Verhältnis vertieft, indem wir mehrmals die Woche (...) geschrieben haben".[69]

IMS Capital hatte ihren Sitz just in jener Villa in der Prinzregentenstraße Nr. 61, die Marsalek für 680.000 Euro jährlich gemietet hatte. In der Villa zu Gast war der ehemalige Chef des libyschen Geheimdiensts, Rami El Obeidi, der 20 Millionen Euro in IMS-Capital investiert hatte. Zu den Besuchern zählte auch Stanislav P. („Stas"). Dieser hatte für die Verwaltungsabteilung des Kreml und später unmittelbar im Stab von Präsident Wladimir Putin gearbeitet.[70] Ermittler halten „Stas" für einen geheimdienstlichen Führungsoffizier von Marsalek.[71]

Direkt gegenüber von der Villa in der Prinzregentenstraße liegt das russische Generalkonsulat. Marsaleks Beziehungen dorthin waren eng. Er half dem Sohn des Generalkonsuls sogar bei der Bachelorarbeit und war mit dem Diplomaten mindestens seit 2015 in persönlichem Kontakt.[72] Der Generalkonsul selbst hatte offenbar einen geheimdienstlichen Hintergrund. Aus einem Magazinbericht von 2001 geht hervor, dass er damals Nachrichtendienstoffizier in der Konsularabteilung der russischen Botschaft in Wien gewesen sein soll.[73] Dafür spricht auch eine Szene, die der Journalist McCrum beschreibt. Demnach soll bei einem feuchtfröhlichen Grillabend von Marsaleks Umfeld Anfang 2020 ein geladener russischer Diplomat „mit zittrigen Fingern" auf den ebenfalls anwesenden W. gezeigt und gesagt haben: „Sie sind schuld, dass ich nicht Botschafter in Deutschland bin." Der Russe warf dem ehemaligen BVT-Abteilungsleiter W. vor, ihn damals als Spion aus Österreich „rausgeschmissen" zu haben[74] – was zu den Enthüllungen von 2001 passen könnte.[75]

W., der für IMS-Capital als ein Art „Start-up-Scout" in Erscheinung trat,[76] stellte Marsalek zwei ehemalige Kollegen aus dem BVT vor: E. O. und A. H.[77] Das Trio kannte sich aus der gemeinsamen Zeit beim Staatsschutz, die bei der EBT begonnen hatte. Als langgediente „Veteranen" sollen sie mit der Entwicklung hin zum BVT aus unterschiedlichsten Gründen nicht zufrieden gewesen sein. Das Amt sei früher schon „ein Sauhaufen" gewesen – „und jetzt noch ein viel größerer", hieß es etwa in Chats zwischen W. und O.[78] Letzterer war 1993 zur EBT gewechselt. 1998 warf ihm der damalige Kärntner Landeshauptmann Jörg Haider vor, Daten zu Innenminister Caspar Einem vertuscht zu haben, wogegen O. erfolgreich vor Gericht klagte. Seit damals soll O. auch in einer Art Fehde mit Peter Gridling verbunden gewesen sein, der später Direktor des BVT wurde.[79] 2001 bis 2008 war O. Verbindungsbeamter an der österreichischen Botschaft in Rom, von 2010 bis 2012 Attaché bei der österreichischen Botschaft in der Türkei.[80] Die Kontakte, die O. dort geknüpft haben soll, seien „hochgradig auffällig" gewesen.[81] Außerdem gab es ein Zerwürfnis mit dem Getränkeriesen Red Bull, der sich im Streit mit seinem Manager in der Türkei befand. O. soll angeblich dessen Interessen vertreten haben.[82] Zwischen 2015 bis 2017 war O. dann im Referat für „verdeckte Ermittler" (VE) als VE-Führer zugeteilt, einem besonders sensiblen Bereich des Verfassungsschutzes.[83]

Zu dieser Zeit geriet O.s Karriere in schwere Turbulenzen. Im Jänner 2017 soll die CIA Gridling erstmals informiert haben, dass es aus seinem Dienst Informationsabflüsse nach Russland gebe.[84] Am 22. November 2017 wurde O. von der Polizei am Flughafen Wien gestoppt, als er einen Flug nach Amsterdam nehmen wollte. Die CIA hatte ihre Warnung erneuert und damit gedroht, sich aus einer Sicherheitskonferenz in den Niederlanden zurückzuziehen, sollte O. wie geplant dort erscheinen.[85] Laut den Hinweisen aus den USA hatte O. von seiner dienstlichen Adresse klassifizierte Unterlagen an seinen Gmail-Acount geschickt. O. wiederum meinte, die Papiere an seine Privatadresse versandt zu haben, um diese „zu Schulungszwecken" parat zu haben.[86] Der Verdacht gegen ihn reichte nicht aus, um eine Suspendierung vor Gericht durchzusetzen. Stattdessen wurde O. 2017 an die Sicherheitsakademie versetzt.[87]

Allerdings sollen bei O. im Rahmen einer Hausdurchsuchung 2021 auch andere klassifizierte Dokumente befreundeter Dienste gefunden worden sein – so etwa als „geheim" eingestufte Berichte britischer Sicherheitsbehörden zu den Themen Terrorismus und islamistische Extremisten – „daneben Geheimpapiere der Nachrichtendienste aus Kanada und den USA – und eben ein als ‚Verschlusssache' gekennzeichnetes Dokument ‚Nachrichtendienst Deutschland mit Informationen im Bereich Terrorismus vom Oktober 2014'".[88]

Nach seiner Versetzung soll sich O. ein Zubrot als privater Informationsbeschaffer verschafft haben. Als solcher nannte er sich „Giovanni Parmigiano". Auf O.s Handy fanden die Ermittler laut Medienberichten die Fotos von hunderten Pässen sowie Profile von „Zielpersonen".[89] Spätestens ab 2015 soll O. 309 Namen ohne dienstlichen Bezug überprüft haben, so das deutsche Bundeskriminalamt.[90]

Bei den Zielpersonen handelte es sich um mehrere russische Staatsbürger, wie Vladimir P., der als mutmaßlicher Mitorganisator eines Putsches in Montenegro (2016) von Interpol gesucht wird.[91] Weiters ging es um Wirecard-Geschäftspartner, die Geschäftsführerin einer Krypto-Währungsbörse, einen kasachischen Oligarchen, der unter Mordverdacht steht sowie um den Wirecard Asien-Finanzchef Edo K.[92] Aber auch Julian Hessenthaler, der „Macher" des Ibiza-Videos, der ehemalige Beauftragte für die Nachrichtendienste des Bundes, Bernd Schmidbauer, und der Sohn des russischen Konsuls in München wurden in Datenbanken abgefragt. Für Aufsehen bei deutschen Ermittlern sorgte die Tatsache, dass sich O. für das Ehepaar Andreas und Heidrun Anschlag interessiert hatte, die 2013 wegen Spionage für Russland verurteilt wurden (siehe dazu das Kapitel „Spionagedrehscheibe Österreich").[93] Laut der *Washington Post* soll O. im Dezember 2020 auch nach Informationen zu Christo Grozev gesucht haben, dem Executive Director der investigativen Plattform *Bellingcat*, die immer wieder zu russischen Spionageoperationen recherchiert. Außerdem soll ein dreiseitiges Dokument auf

O.s Mobiltelefon gefunden worden sein, dass der Vorgangsweise bei einem Mordanschlag auf einen Exil-Tschetschenen im Kleinen Tiergarten in Berlin (2019) auf den Grund geht. Selimchan Changoschwili war mutmaßlich im Auftrag des russischen Inlandsgeheimdienst FSB erschossen worden. Der Attentäter wurde gefasst. Das bei O. gefundene Papier war eine Fehleranalyse, die konkrete Lehren vorschlug – so etwa, dass es eine undichte Stelle durch einen Maulwurf oder einen Überläufer gebe, den man „eliminieren" müsse.[94] Bemerkenswerterweise stürzte am 19. Oktober 2021 ein russischer Diplomat aus einem der obersten Stockwerke der russischen Botschaft in Berlin. Der Mann, Sohn eines hochrangigen FSB-Generals, soll selbst FSB-Agent gewesen sein. Er war im Juni 2019, zwei Monate vor dem Mord im Kleinen Tiergarten, nach Berlin gekommen. Zuvor hatte er als Dritter Sekretär der ständigen Vertretung Russlands bei der UNO in Wien gedient und war mindestens seit 2013 dort stationiert gewesen.[95]

Was das Motiv O.s betrifft, so spekulierten Ermittler über Neugierde bis hin zu einem sogenannten „Spezialauftrag", der testen sollte, ob jemand wie O. tatsächlich brisante Informationen beschaffen kann.[96] O. selbst will nur auf öffentlich zugängliche Datenbanken wie das Firmenbuch zurückgegriffen haben.[97] Nach seiner Suspendierung 2017 habe er keinen Zugriff mehr auf polizeiliche Datenbanken gehabt. O. sieht sich überhaupt als Opfer einer Intrige des „schwarzen Netzwerks". Weil er nicht bei illegalen Aktivitäten und Korruption im BVT mitgemacht habe, wollte man ihn loswerden. Das BVT habe im Auftrag ausländischer Geheimdienste Personen in Österreich illegal überwacht und angezeigt, lautet einer von O.s Vorwürfen.[98]

Die Informationslücke konnte der gesperrte O. aber angeblich dadurch umgehen, weil ihm ein Netzwerk von Zuträgern in- und außerhalb von Behörden zur Verfügung stand. Dazu sollen auch seine internationalen Kontakte aus der Zeit als Attaché gezählt haben.[99] Es geht konkret um einzelne Behördenmitarbeiter und Privatermittler in der Schweiz, der Türkei, in Italien und in Deutschland. Ungeklärt ist bis dato die Frage, ob O. diese Kontakte dazu genutzt hat, um an Vertrauliches zu gelangen.[100] Die Abnehmer wiederum sollen Wirtschaftstreibende, Politiker im In- und Ausland sowie Medien gewesen sein – auch wenn mitunter Falschinformationen geliefert wurden, die der Stimmungsmache dienten.[101]

Die Beteiligten an diesem Art Nachrichtenhändlerring gaben sich Decknamen wie „Osbourne Cox, „Ellie Connor", „Winston", „Giovanni Parmigiano" oder „Aigistos Aigistios". Mit letzteren beiden Aliase schmückte sich O. Hinter „Ellie Connor" soll eine Amtsdirektorin im Innenministerium stehen. Laut Medienberichten soll sie O. Ende Juli 2020 Projektunterlagen zur Einrichtung einer Direktion für Sichere Informations- und Kommunikationstechnologie (DISIT) im Innenministerium zur Ablichtung zur Verfügung gestellt haben. Darüber hinaus soll ein weiterer BVT-Mitarbeiter involviert gewesen sein, der etwa für kritische Infrastruktur zuständig war.[102]

Der dritte im Bunde war der bereits erwähnte Kollege aus EBT-Zeiten, A. H. Er hatte zuletzt 2016 bis Anfang 2018 im BVT gearbeitet und war für forensische Datensicherheit von mobilen Endgeräten zuständig.[103] Bei ihm wurden im Rahmen einer Hausdurchsuchung 2021 rund 50 Mobiltelefone sichergestellt, die zum Teil hochrangigen Beamten und Kabinettsmitarbeitern im Innenministerium gehörten.[104] Darunter war auch jenes von Michael Kloibmüller, als dieser Kabinettchef von Innenminister Wolfgang Sobotka gewesen war. An letzteres war H. durch einen Zufall geraten: Im Sommer 2017 hatten die Kabinettsmitglieder bei einem Teambuilding-Ausflug zur Gartenmesse Tulln eine Kanufahrt unternommen. Dabei war das „halbe Kabinett" mitsamt den Mobiltelefonen im Wasser gelandet. Einer der Mitarbeiter brachte die Handys ins BVT zu H. Dieser erklärte die Geräte mitsamt der Daten für verloren. Anstatt sie aber, wie versprochen, zu vernichten, soll er sich Kopien gezogen haben. Ein USB-Stick mit bereits ausgelesenen Daten soll einem Privatdetektiv übergeben worden sein, um mithilfe von Spezialisten noch mehr Inhalte auszuwerten. Dazu kam es aber nicht mehr und der Stick wurde – in einer Hydrokultur versteckt – sichergestellt.[105]

H. soll ebenso wie O. „immer wieder" für Marsalek gearbeitet haben.[106] Von Anfang 2018 bis Ende 2020 bat W. seinen Ex-Kollegen O. darum, Abfragen zu 25 Personen in Polizeidatenbanken vorzunehmen, teilweise auf Bitten von Marsalek.[107] Dafür soll W. laut eigenen Angaben zumindest 6.800 Euro bezahlt haben.[108] W. betont, ein Zusammenhang zwischen der Zahlung und den Abfragen bestünde nicht.[109] Konkret soll O. soll die Bonität von Anbietern pornographischer Webseiten überprüft haben, die zu den Hauptkunden von Wirecard zählten. Darüber hinaus führte er aber auch „Recherchen" zu diversen Personen durch.[110] Bei einigen der Namen orteten die Ermittler, wie bereits erwähnt, einen direkten Bezug zu Wirecard. Es soll sich um Investoren und Konkurrenten des Zahlungsdienstleisters gehandelt haben. Aber auch in Marsaleks privatem Umfeld wurde herumgeschnüffelt. So überprüfte O. die Meldedaten zu Marsaleks gesamter Familie, zu der dieser den Kontakt schon seit Jahren abgebrochen hatte.[111] W. beauftragte O. außerdem mit mehreren Personenabklärungen zum „Projekt LY", wobei es darum gegangen sein soll, Aufträge der libyschen Botschaft in Österreich zu lukrieren.[112]

Mithilfe der Recherchen soll Marsalek nach möglichen Agenten Ausschau gehalten haben – entweder wollte er sich vor Spionen in seinem

Umfeld schützen oder Kontakt aufnehmen (oder gar, um solche Personen an andere Geheimdienste zu verraten?).[113]

Ebenso möglich ist, dass dieses Aufklärungsinteresse primär Wirecard selbst geschuldet war: Der Zahlungsanbieter befand sich immer wieder im Visier von „Shortsellern", die auf einen fallenden Kurs der Wirecard-Aktie spekulierten, weil sie das Geschäftsmodell des Unternehmens und sein Gebaren kritisch hinterfragten und diesbezüglich recherchierten. Das Erscheinen dieser Berichte wie zum Beispiel des „Zatarra-Reports" (2016) brachte den Wirecard-Kurs ins Schwanken.[114] Seitdem, so Marsalek, soll er für einen Bereich zuständig gewesen sein, „den man umgangssprachlich als Feindaufklärung bezeichnen könnte".[115] Diese „Feindaufklärung" war alles andere als zimperlich. Nach der Publikation des Zatarra-Reports wurden kritische Journalisten und Investoren beschattet.[116] Marsalek, der sich „nahtlos zwischen Investoren, Oligarchen und Spionen" bewegte, habe sein Netzwerk für den „Kampf gegen Zatarra" mobilisiert, so der Journalist McCrum.[117] Der bereits erwähnte ehemalige libysche Geheimdienstmann und Wirecard-Aktionär El Obeidi soll mithilfe zweier Detekteien 2019 Hedgefonds-Manager in London und Manchester ausspähen haben lassen.[118] Die deutschen Journalisten Bettina Weiguny und Georg Meck schreiben dazu: „Marsalek ist jedes Mittel recht, die Kritiker zu diskreditieren, Zeugen berichten von manipuliertem Material, etwa über käufliche Journalisten, das in seinem Auftrag verbreitet werden sollte: der reine Fake – wie so vieles in Marsaleks Märchenwelt."[119] Sein „Meisterstück" lieferte Marsalek am 18. Februar 2019, als die deutsche Finanzaufsichtsbehörde Bafin für zwei Monate ein Leerverkaufsverbot für Wirecard-Aktien verhängte. Damit wurden neue Wetten auf Kursverluste von Wirecard untersagt. Eine ähnliche Maßnahme hatte es bis dahin nur während der Finanzkrise 2008 gegeben.[120]

Besonders brisant an diesem Konnex zu Marsalek ist, dass alle drei – Martin W., E. O. und A. H. – im Jahr 2018 wichtige Rollen in der BVT-Affäre spielten. Aber auch Marsalek mischte mit: Er soll Insiderinformationen aus dem Verfassungsschutz erhalten haben. Diese soll er dann über einen Mittelsmann, den damaligen Generalsekretär der ORFG, an den FPÖ-Politiker Johann Gudenus weitergeleitet haben, ebenfalls Mitglied in der ORFG.[121] Der Nachrichtenaustausch baute aus Fakten und Halbwahrheiten ein stimmiges Narrativ zusammen: Das „schwarze Netzwerk" arbeite gegen FPÖ-Innenminister Kickl. „Da formiert sich Widerstand sogar über die ÖVP hinaus mit dem Ziel, den Einfluss der FPÖ im BMI zu minimieren", schrieb der Mittelsmann an Gudenus noch am frühen Morgen des 28. Februar 2018, dem Tag der BVT-Razzia.[122] Als Quelle nannte er einen „Jan aus dem BVT" oder einen „Freund aus den Tiefen des BMI". Bei diesem „Jan" handelte es sich laut Medienberichten um Marsalek. „Jan" erzählte von geheimen außenpolitischen Positionen einzelner Staaten, von Gerüchten über BVT-Direktor Gridling und von Interna aus anderen Parteien.[123] Gudenus wiederum hatte Kickls Kabinettchef bereits am 9. Jänner 2018 die Nummer jenes Polizeioffiziers und damaligen FPÖ-Gemeinderats weitergeschickt, der sieben Wochen später die Hausdurchsuchung polizeilich leitete – als ob die Razzia von langer Hand geplant gewesen wäre.[124]

Die Zukunft des Verfassungsschutzes war ebenso Thema. So wollte „Jan" einen Termin, um unter der Bezeichnung „Projekt Pyramide" eine Neuaufstellung des BVT voranzutreiben.[125] Marsalek, so die Journalistin Anna Thalhammer, hatte offenbar „seine eigenen Ideen, was man mit dem Amt anstellen könnte." Er machte Gudenus Personalvorschläge und nannte im Mai 2018 einen passenden neuen BVT-Direktor: einen Wiener Anwalt, der früher Staatsanwalt und im Kabinett von Justizministerin Bandion-Ortner gewesen war.[126] Auf die Frage nach einer Gegenleistung habe Marsalek um eine Terminkoordinierung beim Vorstand des Mineralölkonzerns OMV, Rainer Seele, gebeten. Marsalek soll in Ölgeschäfte in Libyen investiert haben und wollte angeblich darüber sprechen. Der Termin soll aber nicht zustande gekommen sein.[127]

Gudenus und Marsalek sollen sich 2017 auch mehrfach persönlich getroffen haben. Einmal geschah das im Beisein von FPÖ-Obmann Heinz-Christian Strache.[128] Letzterer erinnerte sich, dass Gudenus ihm Marsalek vor den Regierungsverhandlungen vorgestellt hatte: „Er und Johann hatten angeblich vor Jahren gemeinsam das Gymnasium (Theresianum) besucht und schienen eng befreundet zu sein." Das Treffen fand in den FPÖ-Klubräumlichkeiten statt. Marsalek erschien Strache „auffallend arrogant und selbstherrlich". Der Wirecard-Manager erzählte etwas von seinem geplanten Grenzschutzprojekt in Libyen, wofür Strache aber nichts tun konnte. Strache schließt nicht aus, dass dieses Treffen „inszeniert" war, „um mir den Kontakt mit ihm unterzujubeln". Inzwischen wisse er, dass Gudenus „den Jan Marsalek ohne mein Wissen in unserer Regierungszeit auch in das Innenministerium zu Minister Herbert Kickl sowie ins Verteidigungsministerium begleitet haben soll".[129]

Marsalek unterhielt überhaupt enge Verbindungen in die österreichische Innenpolitik. Im Innenministerium unter Kickl präsentierte er Pläne für eine Flüchtlings-App, deren Daten wiederum für Geheimdienste interessant gewesen wären. 2018 bemühte sich Marsalek um die Unterstützung des gut vernetzten Ex-CIA-Agenten Gary Brensten, um Österreichs Botschaft von Tel Aviv nach Jerusalem zu verlegen, was einen Wunsch der FPÖ darstellte.[130] Die Gradus Proximus Business Intelligence GmbH, an der der ehemalige Kabinettschef von Innenminister Ernst Strasser, Christoph Ulmer, und der Unternehmensberater Thomas Zach beteiligt sind, erstellte für Wirecard zwischen Mitte 2016 und Juni 2020 „Social Media-Reports" – zu einem Jahreshonorar von 300.000 Euro.[131] Als Ehrensenator der ORFG nahm Marsalek am 29. Mai 2017 an einem Abendessen im Restaurant Boris Godunov in Moskau teil, am nächsten Tag an einem Empfang in der österreichischen Botschaft. Auf einem Foto ist Marsalek neben dem damaligen Innenminister Wolfgang Sobotka beim Dinner zu sehen.[132]

Die wohl folgenreichste Einflussnahme Marsaleks ergab sich über seinen Kontakt zur FPÖ. Im November 2017 – noch während der Koalitionsverhandlungen zwischen ÖVP und FPÖ – schickte Marsaleks Mittelsmann eine geheime Aktenzahl aus dem BVT-Referat Nachrichtendienst. Die FPÖ glaubte offenbar, dass unter dieser Aktenzahl Informationen über sie gesammelt wurden und soll deswegen Interesse an dem betreffenden Dokument gehabt haben (tatsächlich ging es darin um Sensibilisierungsgespräche mit FPÖ-Mandataren, die 2016 als Wahlbeobachter eine Reise auf die russisch besetzte Krim unternommen hatten). Eine andere Information betraf die sogenannte „Liederbuchaffäre". Der FPÖ-Spitzenkandidat Udo Landbauer hatte kurz vor der niederösterreichischen Landtagswahl am 28. Jänner 2018 zurücktreten müssen. Stein des Anstoßes war ein Liederbuch der Burschenschaft „Germania zu Wiener Neustadt", in dem antisemitische Botschaften enthalten waren. Landbauer war damals der stellvertretende Vorsitzende der „Germania". In der FPÖ soll man überzeugt gewesen sei, dass diese Vorwürfe aus dem BVT stammten und gezielt lanciert worden waren.[133]

Dazu passt, dass das Büro der Leiterin des Extremismusreferats, S. G., im Zuge der Hausdurchsuchung am 28. Februar 2018 besonders ausgiebig durchkämmt wurde, obwohl S. G. nur als Zeugin geführt war. Sichergestellt wurden rund 80.000 E-Mails sowie die Zugangsprotokolle aus dem internen Aktenverwaltungssystem, wo sie „täglich auf Hunderte Akten" zugriff.[134] Von besonderem Interesse waren außerdem ausgedruckte E-Mails von S. G. Es wurden 397 Seiten mitgenommen.[135] Davon wurde letztlich nur eine (!) elfzeilige E-Mail aus dem Jahr 2011 als relevant in den Akt aufgenommen. Diese betraf die Speicherung von Daten im BVT.[136]

Die Beamten der Einsatzgruppe zur Bekämpfung der Straßenkriminalität (EGS), die die Durchsuchung vornahmen, hatte man auch angewiesen, sämtliche elektronischen Datenträger mitzunehmen.[137] Darunter war Brisantes: So etwa mehrere CDs mit dem gut lesbaren Aufdruck „Bundesamt für Verfassungsschutz",[138] also Material vom deutschen Partnerdienst. Andere Daten betrafen insbesondere Ermittlungen in der rechten Szene – darunter zu Gottfried Küssel, alpen-donau.info, der Moschee-Schändung in Graz sowie zum Angriff von Hooligans auf das Ernst-Kirchweger-Haus.[139]

Das BVT hatte schon lange vor dem Regierungsantritt der FPÖ 2017 einen schweren Stand bei dieser Partei, denn der Verfassungsschutz hatte immer wieder auf Verbindungen der FPÖ zur rechtsextremen Szene hingewiesen. So hatte S. G. persönlich einen Lagebericht über das FPÖ-nahe Internetportal *unzensuriert.at* und den Linzer Kongress „Verteidiger Europas" im Herbst 2016 abgezeichnet. Kickl hatte damals als Nationalratsabgeordneter die Veranstaltung besucht.[140] Und dann schien die genannte Liederbuch-Causa alle Vorbehalte zu bestätigen: Das „schwarze" BVT spüre der FPÖ nach und sammle kompromittierendes Material, um es den Medien zuzuspielen. Eben dieses Misstrauen wurde am 29. Jänner 2018 deutlich: Am Tag nach der niederösterreichischen Landtagswahl fand eine Besprechung bei Generalsekretär Goldgruber statt. BVT-Direktor Gridling erinnerte sich, dass ihm wiederholt Fragen zu laufenden Ermittlungen im rechtsextremen Milieu gestellt wurden.[141]

Dass die Hausdurchsuchung im BVT überhaupt stattgefunden hatte, war nicht nur den Vorwürfen aus dem „Konvolut" geschuldet, sondern auch den Aussagen von vier „Belastungszeugen" im Vorfeld. Während einer dieser Zeugen, ein Stellvertreter von Martin W., Entlastendes zu Protokoll gab, hatten die anderen drei Zeugen vor der Einvernahme ein Vorgespräch mit einem Kabinettsmitarbeiter von Innenminister Kickl gehabt. Dieser begleitete auch alle drei zur Einvernahme als Vertrauensperson. Bei diesen drei Zeugen handelte es sich um Martin W., A. H. und R. P., die 2015 bis 2017 im Referat Nachrichtendienst gearbeitet hatte.[142] Bei ihrem Vorgespräch am 19. Februar 2018 war auf ausdrücklichen Wunsch von R. P. anfänglich Kickl selbst zugegen.[143]

Martin W. kam am 22. Februar 2018 zur Aussage in die WKStA. Seine Angaben hatten Gewicht, weil er zwei zentrale BVT-Beamte mit der Causa in Zusammenhang brachte: Direktor Gridling, der durch das „Konvolut" persönlich nicht belastet worden war,[144] und andererseits die Leiterin des Extremismus-Referats, S. G. Diese stünde mit BVT-Vizedirektor Zöhrer im „engen Kontakt per E-Mail", einer Schlüsselperson des angeblichen „schwarzen Netzwerks".[145] Außerdem soll ihn Zöhrer „im Jahr 2015 darauf angesprochen haben, dass wir uns mit den Burschenschaften auseinandersetzen müssen." W. will entgegnet haben, „dass man natürlich eine Rechtsgrundlage dazu benötigt" und dass er „keinen Anhaltspunkt" sehe: „Daraufhin hat er sich dann an Frau S. G. (BVT) gewandt, bei der er sich dann auch mehr Fachkompetenz erwartet hat." W. will nie einen Bericht erhalten haben und war „umso erstaunter", „dass eben kurz vor der Wahl die Causa Landbauer aufgepoppt ist."[146]

Das ist eine ähnliche Argumentation wie im Narrativ, das in den Chatnachrichten zwischen „Jan" und Gudenus transportiert wurde. Überhaupt fielen Beobachtern Ähnlichkeiten zwischen den Aussagen von „Belastungszeugen" wie W. und dem „Konvolut" auf. Speziell W. und auch O. wurden „von Anfang an verdächtigt, das Pamphlet geschrieben zu haben".[147]

Die Aussage von A. H. am 23. Februar 2018 war ebenfalls bedeutsam, weil die WKStA zu diesem Zeitpunkt noch bremste. Doch A. H. gab warnend an, „dass damit zu rechnen ist, dass Fernlöschungsmechanismen installiert wurden."[148] Diese angebliche Möglichkeit einer „Fernlöschung" von Daten erzeugte aus Sicht der WKStA zusätzliche „Dringlichkeit".[149] Daran änderte auch die relativierende Aussage des vierten Zeugen nichts mehr. Für die Staatsanwältin war „der ausreichende Tatverdacht für die Durchführung einer Durchsuchung gegeben" und sie traf gemeinsam mit ihrem unmittelbaren Vorgesetzten die Entscheidung, „diese Durchsuchungen anzuordnen".[150]

Auch nach der BVT-Razzia am 28. Februar 2018 wurde aktiv versucht, der WKStA weitere Belastungszeugen zuzuführen. So meldete sich O. bei dem Kabinettsmitarbeiter Kickls und bot an, eine Zeugenaussage des ehemaligen deutschen Staatsministers und Koordinators der Nachrichtendienste, Bernd Schmidbauer, zu organisieren, die dann auch stattfand. Schmidbauer hatte mit Martin W. in der Vergangenheit dienstlich zu tun gehabt. Seine Aussage ergab in der Sache nichts Neues, stellte aber W. ein gutes Zeugnis aus. O. wiederum bekundete, selbst als Zeuge bereitzustehen und wurde von der WKStA einvernommen.[151]

Es soll Pläne gegeben haben, die „Belastungszeugen" später entsprechend zu belohnen und in einer Sondergruppe unterzubringen. Auf einem sichergestellten Organigramm wurden die Namen von drei der Zeugen, darunter A. H. und O. mit einer sehr hohen Einstufung im Beamtengehaltsschema gefunden.[152] Offenbar war geplant gewesen, eine neue Abteilung (A1/6) im damals FPÖ-geführten Außenministerium direkt unter Generalsekretär Johannes Peterlik mit fünf Referaten anzulegen. Dieser Art „Mininachrichtendienst" wäre für Sicherheit, spezielle Rechtsfragen, Krisenunterstützung, Analyse und IT zuständig gewesen – offenbar als eine Art Auffangbecken für jene Mitarbeiter, die im Innenministerium zuvor die FPÖ unterstützt hatten.[153]

Generalsekretär Peterlik soll noch auf eine andere Art und Weise in den Komplex verstrickt gewesen sein. Konkret geht es um einen möglichen Informationsabfluss an Marsalek. Dieser hatte Mitte Oktober 2018 bei einem Meeting in London vor Managern mit einem brisanten Dokument geprahlt.[154] Es handelte sich um einen Bericht der Organisation für das Verbot chemischer Waffen (OPCW) zu dem Mordanschlag auf den russischen Überläufer Sergej Skripal und dessen Tochter am 4. März 2018 in Salisbury. Die Hintergründe dieses Falls waren damals von enormem Interesse für die Geheimdienste aus West und Ost. So wurde eine russische Cyber-Spionageoperation gegen den OPCW-Sitz in Den Haag am 13. April 2018 vereitelt.[155]

Das 50-seitige Dokument, das Marsalek bei sich hatte, enthielt nicht nur die Formel des Nervengifts Nowitschok, das bei dem Anschlag auf Skripal verwendet worden war, sondern auch eine Präsentation, die hochrangige Politiker erst Monate später sehen sollten.[156] Teil des Papiers waren die Dementis Russlands gegen die Darstellung des Falls durch die britische Seite. Angeblich wollte Marsalek das Dokument in London auf dem Schwarzmarkt an kriminelle Spekulanten verkaufen und mit seinen Verbindungen zu Geheimdiensten Eindruck schinden.[157]

Wie war es nun in seine Hände gelangt? Da Österreich ein Mitgliedstaat der OPCW ist, lag das Dokument in drei österreichischen Ministerien vor und war als „geheim" eingestuft. Laut Medienberichten soll Peterlik das Papier am 3. Oktober 2018 von der zuständigen Abteilung im Außenministerium angefordert haben[158] – angeblich nach einem Gespräch mit dem russischen Botschafter.[159] Nur zwei Tage später, am 5. Oktober 2018, wurde mit O.s Mobiltelefon ein Video erstellt, auf dem die Dokumentenseiten zu sehen sind. Nach Ansicht der Ermittler habe Peterlik O. das Dokument abfilmen lassen, das daraufhin seinen Weg zu Marsalek gefunden haben soll. Peterlik bestreitet das vehement.[160] Ein Gutachten belege, dass das bei Marsalek gelandete Foto nicht jenes Dokument sei, dass von Peterlik abgeheftet wurde. O. wiederum soll angegeben haben, dass es „Schwachsinn" sei, zu glauben, Peterlik wäre die Quelle gewesen. Abseits davon sollen die beiden aber laut *Kurier* einen „regen Informationsaustausch" gepflegt haben.[161] Erwähnenswert ist auch, dass Peterlik in der ORFG engagiert gewesen sein soll und seine Ehefrau zu den vier „Belastungszeugen" zählte.[162]

Das Bundesamt zur Korruptionsprävention und Korruptionsbekämpfung (BAK) kam in einem Bericht zur Einschätzung, das Datenleck habe dem Ruf der Republik Österreich schwer geschadet. Bestätigt wurde auch, dass ein möglicher Zugang zu diesen Unterlagen damals für die russische

Seite viel bedeutet hätte: „Für den russischen Militärgeheimdienst GRU, welcher in der internationalen Staatengemeinschaft für den Nervengiftanschlag in Großbritannien öffentlich verantwortlich gemacht wurde, bestand ein hoher Druck zur nachrichtendienstlichen Beschaffung von Informationen über den im Westen vorliegenden Ermittlungsstand."[163]

Es gibt noch eine weitere Querverbindung. Im November 2018 – zu einem Zeitpunkt als der Besitz des Nowitschok-Dokuments durch Marsalek noch nicht öffentlich war – besuchte der bereits erwähnte Ex-Geheimdienstkoordinator Schmidbauer Marsalek in München. Schmidbauer war wie „elektrisiert" und wollte wissen, „woher Marsalek dieses Wissen hatte". Zwar habe ihn Marsalek mit seinem „breiten" nachrichtendienstlichen Wissen überrascht und es war erkennbar, dass er „Verbindungen zu mehreren Geheimdiensten, etwa zu amerikanischen und russischen" unterhielt. Aber eine Antwort auf die Frage nach der Herkunft des Dokuments habe er nicht bekommen – es sei „jedenfalls ein Skandal, dass diese Papiere wie auf dem Basar gehandelt wurden".[164] Bemerkenswerterweise hatte Marsalek noch zu einem weiteren ehemaligen deutschen Geheimdienstkoordinator Kontakt: Klaus-Dieter Fritsche, der 2019 das Innenministerium unter Kickl in Sachen einer Reform des Verfassungsschutzes beriet, lobbyierte zeitgleich für Wirecard.[165]

Marsalek Netzwerk soll diesem auch bei der Flucht assistiert haben. Am Vorabend seines Verschwindens, am 18. Juni 2020, war Marsalek mit Martin W. und seiner Assistentin im Münchner Restaurant „Il Sogno" essen. Laut W. habe Marsalek gesagt, dass er von Wirecard beurlaubt worden sei und über Minsk auf die Philippinen reisen wolle, um Nachforschungen anzustellen, um die ihn der Aufsichtsrat gebeten habe. Es gelte, den Verbleib von 1,9 Milliarden Euro zu klären. W. schickte hierauf den Reisepass von Marsalek nach Österreich, „mit der Bitte, dass man ein Flugzeug organisiert".[166] Diese Aufgabe übernahm der ehemalige FPÖ-Nationalratsabgeordnete Thomas Schellenbacher. Ihm sei deswegen der „Arsch schon auf Grundeis gegangen", bekannte dieser später. Er habe das Ganze „nur wegen der guten Geschäftsbeziehung zu M. W. gemacht". Er habe außerdem beweisen wollen, „dass wir auch imstande sind, schwierige Sachen zu meistern".[167] Schellenbacher war kein unbeschriebenes Blatt. Er hatte gute Verbindungen zu ukrainischen Oligarchen. Diese sollen einst der FPÖ-Spitze angeblich zehn Millionen Euro geboten haben, wenn Schellenbacher in den Nationalrat einziehen könnte. 2013 verzichteten schließlich auch mehrere FPÖ-Politiker auf ihr Mandat, damit Schellenbacher zum Zug kam, der bis 2017 Abgeordneter war.[168]

Nun buchte Schellenbacher für Marsalek einen Minsk-Flug für den Abend des 19. Juni 2020 – und zwar vom diskret-kleinen Flughafen Vöslau-Kottingbrunn im Privatjet einer Innsbrucker Charterfirma. Die Kosten in der Höhe von 7.920 Euro bezahlte Marsalek beim Abflug in bar. Zuvor soll Schellenbacher noch die Örtlichkeit am Flughafen ausgekundschaftet haben. Er fotografierte die Polizeistation und bestellte das Catering für den Flug. „Zufällig" waren die beiden Grenzpolizisten nicht auf dem Posten, als Marsalek verspätet in den Flieger eincheckte. Gegen 17 Uhr, als Marsaleks Start eigentlich geplant war, sollte eine Grenzkontrolle durch Beamte der Polizeiinspektion Leobersdorf stattfinden. Doch der Passagier traf erst gegen 19.45 Uhr ein, angeblich, weil sein Taxi die Abzweigung zum Flughafen nicht finden konnte. Eine gute Viertelstunde später hob die Maschine ab,[169] die um 22.07 Uhr Ortszeit in der weißrussischen Hauptstadt landete. Dort stieg Marsalek in den bereitstehenden Bus eines „VIP-Einreiseservice", der ihn in ein 45 Minuten entferntes Hotel in der Minsker Tolstoistraße brachte. Damit verliert sich seine Spur.[170]

Am 7. August 2020 meldete die BND-Residentur in Moskau an die Zentrale „das Gerücht, dass sich der Gesuchte in der Obhut der russischen Dienste befindet". Marsalek sei eventuell in Balashikha, einem weiträumigen Übungsgelände des Inlandsgeheimdienstes FSB untergebracht.[171] Tatsächlich soll Marsalek sich bis mindestens Anfang 2021 in dem abgeschirmten Moskauer Vorort Razdory aufgehalten haben. Er soll von dort aus mit dem Impfstoff Sputnik gehandelt und mit einer Söldnertruppe in Kontakt gestanden haben.[172] Angeblich soll ein sicherheitspolitischer Berater von Präsident Putin dem BND-Residenten ein Verhör mit Marsalek angeboten haben. Doch der deutsche Nachrichtendienst ging darauf nicht ein, weil man befürchtete, die eigenen Agenten könnten in eine verfängliche Situation gelockt werden, um den BND vorzuführen. Das Kanzleramt war über die Angelegenheit informiert.[173]

Laut russischen Quellen, die Mitte 2022 veröffentlicht wurden, soll Marsalek zuletzt in Meidendorf Gardens, einer der teuersten Wohngegenden in Moskau residiert haben. Er stehe unter dem Schutz des FSB – im Gegenzug für Informationen zu Marsaleks Geschäftsaktivitäten, zur politischen Landschaft in Deutschland und in Österreich sowie zu seinen persönlichen Kontakten. Ein solches umfassendes „Debriefing" muss ein Überläufer in der Regel leisten, bevor er in den Genuss von Privilegien gelangt.[174] Zu letzteren sollen auch zwei russische Pässe gehören. Die Authentizität des einen Reisedokuments, das auf den Namen „German Bazhenov" ausgestellt ist und an das *Dossier Center* geleakt wurde, ist umstritten. Allerdings enthält es dasselbe Geburtsdatum wie jener fabrizierte Pass, den Marsalek auf seiner Flucht benutzt hatte. Darüber hinaus soll er noch eine zweite Identität besitzen, die von den russischen Sicherheitsbehörden gehütet wird.[175] Manche der Daten und Dokumente, die aus Russland zu Marsalek geleakt wurden, haben sich allerdings als gefälscht herausgestellt. Von daher könnte es sich auch um den Versuch handeln, Spuren zu verwischen. Denn es gibt Hinweise auf andere Aufenthaltsorte. Beim Vermieter einer von Marsalek angemieteten Wohnung in München-Schwabing gingen 2021 rund 80.000 Euro ein – die gesamte Jahresmiete im Voraus, versehen mit „für Jan". Das Geld kam von einer Großbank aus den Vereinigten Arabischen Emiraten.[176]

Die gesamte Causa ist nach wie vor undurchsichtig. Für alle genannten Protagonisten gilt selbstverständlich die Unschuldsvermutung.

Der Terroranschlag von Wien 2020

Lange konnte sich der Staatsschutz auf die Fahnen schreiben, dass es in Wien seit Mitte der 1980er Jahre keinen großen Terroranschlag gegeben hatte. Auch als ab 2015 radikal-islamistische Terroristen in europäischen Großstädten Attentate verübten, blieb Wien verschont. Das änderte sich am 2. November 2020: Um 19.59 Uhr schoss Kujtim Fejzula, ein 20jähriger österreichisch-nordmazedonischer Doppelstaatsbürger, mit einem Zastava M70-Sturmgewehr und einer Pistole insgesamt 80 Mal auf Passanten und Besucher von Bars im „Bermudadreieck", einem beliebten Ausgehviertel von Wien.[177] Vier Tote und 22 Verletzte waren an sechs Tatorten in einem Radius von 75 Metern zu beklagen. Die ersten Schüsse hatte Fejzula am Desider-Friedmann-Platz abgegeben – in unmittelbarer Nähe zu den Räumlichkeiten der Israelitischen Kultusgemeinde (Synagoge, Büros, Buchhandlung), die zum Zeitpunkt des Anschlags bereits geschlossen waren. Das dem Gebäudekomplex angeschlossene koschere Restaurant hatte infolge einer kurzfristig erfolgten Stornierung nicht geöffnet.[178] In der Seitenstettengasse, nicht weit vom Synagogeneingang, schoss Fejzula auf sein drittes Opfer, eine 44-jährige Österreicherin.[179] Eigentlich soll er ein französisches Lokal in der nahen Mark-Aurel-Straße im Visier gehabt haben, das aber geschlossen hatte. Das deutet auf einen Zusammenhang mit der im Herbst 2020 wieder aufgeflammten Auseinandersetzung rund um die Mohammed-Karikaturen in Frankreich hin.[180]

Fejzula war in ein loses transnationales Netzwerk von Sympathisanten des sogenannten „Islamischen Staates" (IS) eingebunden, das in die BRD, in die Schweiz, in die Länder des Westbalkans und nach Tschetschenien reicht. Ein Bericht des UN-Sicherheitsrats von Anfang 2021 nennt sogar eine konkrete Gruppe namens „Lions of the Balkans" (Löwen des Balkan), der Fejzula angehört haben soll – ohne dafür Belege zu liefern.[181] Der Abschlussbericht der Ermittler listet insgesamt 27 Beschuldigte auf, die auf unterschiedliche Art und Weise mit dem Attentat in Verbindung stehen sollen. Sieben gelten als Hauptbeschuldigte, weil sie den Attentäter in seinen Plänen konkret bestärkt und das Beschaffen von Waffen und Munition ermöglicht haben sollen. So soll etwa ein 32-Jähriger dem Attentäter im Prater das M70-Sturmgewehr verkauft und später Munition überlassen haben. Ein anderer 28-jähriger Mann hielt sich offenbar bis zum 1. November 2020 – dem Tag vor dem Anschlag – in der Wohnung des Attentäters auf. Es wird vermutet, dass er dem Attentäter beim Präparieren der Waffe behilflich war.[182]

Ermittler und Staatsanwaltschaft gehen aber davon aus, „dass der Attentäter in der Nacht alleine tätig war, alleine gehandelt hat und keine Mittäter hatte".[183] Fejzula dürfte die rund sieben Kilometer lange Strecke von seiner Wohnung zum späteren Anschlagsort zu Fuß gegangen sein.[184] Er handelte „spontan und unvorbereitet", so das Innenministerium. Dafür spreche etwa, dass Fejzula die Munition in einem Plastiksack transportierte und keine Reservemagazine hatte: „Sein Schussbild und die Waffennutzung waren unkoordiniert. Der Weg seines Verbrechens war nicht geplant und wurde offensichtlich willkürlich gewählt." Möglicherweise wollte Fejzula noch vor der Verhängung eines Pandemie-bedingten Lockdowns handeln, oder weil er wegen einer automatischen SMS-Benachrichtigung geglaubt hatte, unter Beobachtung der Polizei zu stehen.[185]

Nach neun Minuten konnte Fejzula schließlich von Polizisten der Wiener Einsatzgruppe Alarmabteilung (WEGA) gestellt und erschossen werden. Das war möglich, weil Spezialkräfte im sogenannten Sektor-Streifendienst über ganz Wien verteilt auf Abruf verfügbar waren.

Was die Rolle des IS betrifft, so entfaltet diese Organisation seit der militärischen Niederlage in Syrien (2017) und im Irak (2019) ihre Hauptwirkung als eine Art inspirierendes „Franchiseunternehmen", das auf lokale Eigeninitiative setzt. Täter bekennen sich dazu, im Namen des IS zu handeln. So funktionierte es auch im Falle von Fejzula, der zuvor zweimal erfolglos versucht hatte, als Jihad-Freiwilliger in die Konfliktgebiete im Nahen Osten zu reisen. Er steht für einen jungen, unberechenbaren „homegrown"-Tätertypus, der sich, von außen angeleitet und inspiriert, jederzeit zum Handeln entschließen kann. So postete er kurz vor dem Attentat auf seinem Instagram-Account ein Foto, das ihn mit zwei Waffen zeigte, die er beim Anschlag auch verwendete.[186] Weiters dürften Kontakte mitgeholfen haben, dass ein von Fejzula selbst aufgenommenes Video dem offiziellen IS-Medienkanal *Amaq* zuging. Es wurde am 3. November 2020 veröffentlicht, was einen gewissen Propagandaerfolg für den IS darstellte, der seit dem Verlust seines Territoriums in den Untergrund gedrängt worden ist.[187] Mit dabei hatte Fejzula einen gefälschten Ausweis, der ihm von einer in der Lombardei etablierten Bande geliefert worden war.[188] Dass es ihm außerdem gelang, sich Schusswaffen zu besorgen und er „gut genug" damit umgehen konnte, wird als weiteres Indiz dafür gewertet, dass er „zumindest virtuelle Unterstützung" hatte, so der deutsche Islamwissenschaftler Guido Steinberg.[189]

Erste Informationen über den späteren Attentäter erhielt das Heeresnachrichtenamt (HNaA) bereits im Jahr 2018 – und leitete diese an das BVT weiter. Fejzula war 2019 nach Paragraf 278b des Strafgesetzbuches

(„terroristische Vereinigung“) zu 22 Monaten Haft verurteilt und im Dezember 2019 unter Auflagen vorzeitig entlassen worden. Noch Ende 2019 kam es zu einer sogenannten „Gefährderansprache“ durch das LVT-Wien. Damit ist eine präventive Maßnahme gemeint, die dazu dient, verdächtigen Personen aufzuerlegen, zu einem bestimmten Zeitpunkt persönlich auf einer Polizeidienststelle zu erscheinen, um dort von einem ausgebildeten Präventionsbeamten über rechtskonformes Verhalten belehrt zu werden. Im Falle von Fejzula zeigte sich dieser unkooperativ und nervös. Es wurde aber kein Waffenverbot verhängt.[190] Dafür wurde er am 19. Dezember 2019 in das RADAR-iTE aufgenommen. Dabei handelt es sich um ein in Deutschland entwickeltes Instrument zur einheitlichen Bewertung des Gewaltrisikos von „Gefährdern“. Wegen deren hoher Anzahl im Vergleich zur personellen Ausstattung erfolgte eine definitive Erstbewertung von Fejzula aber erst zehn Monate später, im Oktober 2020, mit der Einschätzung: „moderates Risiko“.[191] Zwischenzeitlich hatte das HNaA im Februar 2020 noch einmal vor Fejzula gewarnt, weil dieser Kontakt zu einem IS-Mitglied hatte, das sich wohl in der Türkei aufhielt.[192]

Zwischen 16. und 20. Juli 2020 trafen sich in Wien Jihadisten aus Österreich, der Schweiz und Deutschland. Auf Ansuchen der deutschen Behörden wurde diese Zusammenkunft vom BVT observiert. Fejzula wurde als Teilnehmer noch während der Überwachung identifiziert.[193] Es konnten keine „ansatzweise strafbaren Handlungen (...) oder radikale Vorgänge“ festgestellt werden. Fejzula wurde als „Kontakt- oder Begleitperson“ eingestuft.[194] Nur einen Tag nach dem Treffen, am 21. Juli 2020, fuhr Fejzula mit einem Bekannten nach Bratislava, wo sie versuchten, in einem Waffengeschäft Munition für eine AK-47 zu kaufen. Doch dort war man misstrauisch. Das verdächtig wirkende Duo wurde abgewiesen. Verdeckt aufgenommene Bilder von ihrem Fahrzeug und aus der Überwachungskamera wurden an die slowakische Polizei übergeben, die das BVT am 29. Juli 2020 diesbezüglich informierte. Nun vergingen drei Wochen, bis diese Mitteilung bearbeitet wurde – „aufgrund der damaligen Arbeitsüberlastung“, wie ein BVT-Gruppenführer zu Protokoll gab. Urlaube und die Corona-Pandemie hätten die ohnehin dünne Personalsituation im Verfassungsschutz damals überstrapaziert.[195] So mussten ab Ende Juli 2020 auch Beamte für die „Soko Pax“ abgezogen werden, die nach den Angriffen rechtsextremer Türken auf Kurden und Linke in Wien-Favoriten für Schwerpunktaktionen gebildet wurde.[196]

So kam es dazu, dass erst ab 19. August 2020 den Hinweisen aus der Slowakei nachgegangen wurde. Aufgrund der Identifikation des Kennzeichens wurde die Angelegenheit an das Wiener LVT weitergegeben.[197] Dort landete der Fall am 24. August 2020. Tags darauf hatte einer der Ermittler bereits „die leise Vermutung“, dass es sich bei einer der beiden Personen um Fejzula handeln könne. Eine Observation wurde nahegelegt, doch die Vorgesetzten des Ermittlers meinten, „dass dies in diesem Stadium noch nicht erforderlich wäre, man möge die Abklärung mit der Slowakei abwarten und dann werde man weitere Maßnahmen beraten“.[198] Am 26. August 2020 wurde daher eine Anfrage an die slowakischen Behörden gestellt, die Identität von Fejzula und seinem Begleiter durch eine Vernehmung des Waffenverkäufers zu bestätigen.[199] Zwischenzeitlich wurde die RADAR-iTE-Gefährdungseinschätzung von Fejzula am 7. Oktober 2020 „auf die unterste Stufe eines hohen Risikos angehoben“.[200]

Es dauerte bis zum 20. Oktober 2020, ehe die Antwort aus der Slowakei eintraf und Fejzula als mutmaßlichen Käufer auswies. Noch am selben Tag und am darauffolgenden 21. Oktober 2020 tagte die Steuerungsgruppe des RADAR-iTE und diskutierte Maßnahmen zu 34 islamistischen „Gefährdern“, darunter auch zu Fejzula. Es wurde festgelegt, dass das LVT-Wien weitere Erhebungen durchführen sollte, um die Identität von Fejzulas Begleiter in Bratislava festzustellen „und dann dem BVT zu berichten“. Diese Erhebungen hätten in Form einer Gefährderansprache stattfinden sollen.[201] Die Konfrontation von Fejzula wurde „aber aufgrund der damals längst anstehenden Großoperation ‚Ramses‘ und der damit gebundenen Ressourcen auf nach dem 3. November verschoben“, heißt es im Zwischenbericht der unabhängigen Untersuchungskommission, die die Vorgänge rund um den Terroranschlag aufgeklärt hat.[202] Mit der Operation „Ramses“ (oder „Luxor“) war ein großer Schlag gegen rund 70 mutmaßliche Anhänger der Muslimbruderschaft und der Hamas in ganz Österreich gemeint. Diese Amtshandlung hätte eigentlich am 3. November 2020 durchgeführt werden sollen und wurde wegen des Terroranschlags um sechs Tage auf den 9. November 2020 verschoben. Der Operation waren „umfangreiche und intensive, über ein Jahr dauernde Ermittlungen“ des führend zuständigen LVT Steiermark zusammen mit dem LVT Wien vorausgegangen. Am Tag des Zugriffs verfolgte Innenminister Nehammer das Geschehen über Video und ließ sich dabei medienwirksam in Szene setzen. Doch die Operation Ramses/Luxor gilt mittlerweile als Fehlschlag, dem bis dato keine Anklage gefolgt ist. Vielmehr wurden die Razzien bei neun Beschuldigten Anfang August 2021 vom Oberlandesgericht Graz für teilweise rechtswidrig erklärt.[203] Im Nachhinein gesehen dürfte der größere Schaden aber indirekt angerichtet worden sein: Die Priorität für den „Schlag gegen den politischen Islam“ verknappte die

Ressourcen des Verfassungsschutzes just zu dem Zeitpunkt, wo es vielleicht noch möglich gewesen wäre, den als gefährlich erkannten späteren Attentäter Fejzula rechtzeitig zu stoppen.

Schonungslos offengelegt wurden aber auch die schon lange vorhandenen strukturellen Probleme des Verfassungsschutzes, vor allem, was die nur grob geregelte Zuständigkeitsverteilung zwischen BVT und LVT anging. So erfolgte die Observation des Islamistentreffens durch das BVT, die Sachbearbeitung aber durch das LVT Wien: „Jede dieser Dienststellen hat die jeweils andere als verantwortlich gesehen."[204]

Der mangelnde Informationsaustausch war auch der fehlenden technischen Verknüpfung geschuldet. Die Informationen wurden zwar im Elektronischen Daten-Informationssystem (EDIS) gespeichert, aber dort gab es zehn getrennte Einzelberechtigungen. Das bedeutete, dass jeder im LVT nur auf die eigenen Daten zugreifen konnte. Das BVT hatte keinen Einblick in die Daten der LVTs. Eine gemeinsame Datenanwendung war nur in Form eines Index von Aktenstücken vorhanden. Diese mussten wiederum eigens angefordert werden.[205] Zusätzlich erschwerend wirkte, dass die Atmosphäre zwischen LVT Wien und der Zentralstelle bereits vor dem Terroranschlag „geradezu zerrüttet" war.[206] Die Untersuchungskommission ortete bei den Mitarbeitern „deutlich Vorbehalte, Vorwürfe und Misstrauen gegenüber der jeweils anderen Dienststelle".[207]

Der Staatsanwaltschaft wurde erst gar nichts gemeldet. Dabei hätte eine geplante Syrien-Reise Fejzulas, seine Teilnahme an dem Islamistentreffen und der versuchte Munitionskauf den erneuerten Tatverdacht auf Mitgliedschaft in einer terroristischen Vereinigung nahegelegt.[208]

Übereinstimmend beklagten sowohl die BVT- als auch die LVT Wien-Mitarbeiter „ihre hohe Belastung und die fehlenden technischen und personellen Ressourcen". Wegen der Corona-Pandemie hatte man auf Videoformate umgestellt, aber diese hätten den persönlichen Austausch nicht ersetzen können. Außerdem drückten Altlasten auf die Stimmung. So sei beim BVT immer noch eine „große Verunsicherung der Belegschaft wahrnehmbar, die insbesondere auf die Durchsuchungsaktion im Jahr 2018 zurückzuführen ist".[209]

Aber auch die Information an die Weisungsspitze im Innenministerium ließ zu wünschen übrig. Der Generaldirektor für öffentliche Sicherheit werde durch das BVT nicht regelmäßig konkret über die Terrorlage informiert, hieß es. Es gebe zudem „keinen regelmäßigen Fluss von Informationen" an den Innenminister.[210] So konnten der Untersuchungskommission „bedauerlicherweise … keine operativen Lagebilder zum islamistischen Extremismus und Terrorismus für die Monate Juli, August, September und Oktober" 2020 übermittelt werden. In ihrem Abschlussbericht hielten die Kommissionsmitglieder aber fest, dass der „Informationsfluss vom BVT zum vorgesetzten Generaldirektor" für sie insgesamt „nicht vollständig" nachzuvollziehen gewesen sei.[211]

Es ist davon auszugehen, dass der Staatsschutz von dem Anschlag nicht völlig überrascht wurde. Aus geschwärzten Teilen des Zwischenberichts, die nachträglich auf der Nachrichtenseite *zackzack.at* veröffentlicht wurden, geht hervor, dass das BVT etwa am 23. Juli 2020 an den Rechtsschutzbeauftragten über das Jihadisten-Treffen Anfang Juli 2020 berichtete: Man stellte das gesamte Treffen angesichts seiner „Multilateralität" in den Kontext eines „sich in Wien konsolidierendes internationales Netzwerk von Islamisten" und einer „IS-Terrorzelle im Kosovo", der die Planung von Anschlägen (auch) in Europa zugeschrieben wird. Außerdem gab es „zumindest seit Anfang Juni 2020" Hinweise auf „im Kosovo an den sog. ‚Islamischen Staat' angebundene Strukturen", die unter anderem ein „Tor nach Europa" darstellen und deren Beteiligte nur auf das Kommando einer IS-Führungsebene warten, um „operativ tätig zu werden".[212]

Offenbar wurden diese generelle Informationen nicht mit den verschiedenen Erkenntnissen zu dem „Gefährder" Fejzula verknüpft. Den verantwortlichen Stellen dürfte es aufgrund der fehlenden Schnittstelle bei der Informationsverarbeitung, den schwachen personellen Ressourcen und gegenseitigen Vorbehalten nicht möglich gewesen, sich ein Gesamtbild über die Lage zu verschaffen und die sich abzeichnende Bedrohung rechtzeitig zu erkennen.[213] Die fortschreitende Radikalisierung des Attentäters wurde „immer nur punktuell und teilweise verzögert" wahrgenommen, wie die Kommission kritisierte.[214]

Als unmittelbare Konsequenz wurden bereits Mitte November 2020 die Eckpunkte einer umfassenden Reform des Staatsschutzes präsentiert. Diese Neuaufstellung war schon Mitte Februar 2020 erstmals angekündigt worden.[215] Der Terroranschlag sorgte für zusätzlichen Handlungsdruck. Zuvor schon hatten der Ausschluss aus dem Berner Club, die Nachwehen der BVT-Affäre und die Involvierung ehemaliger und aktiver BVT-Beamten in den Wirecard-Skandal für einen schweren Imageschaden und Vertrauensverlust gesorgt. Es dauerte noch bis 1. Dezember 2021, ehe die neue Direktion für Staatsschutz und Nachrichtendienst (DSN) den Dienst aufnahm und damit ein neues Kapitel in der Geschichte der inneren Sicherheit Österreichs aufgeschlagen wurde.

9: In der Salzburger Hellbrunnerstraße befand sich eine Dienststelle des CIC. Hier wurde Wilhelm Höttl verhört.

10: Im Hotel Krone war das Field Office Gmunden des CIC untergebracht. Diese Dienststelle arbeitete eng mit Wilhelm Höttl zusammen. Credit: Sammlung Risch-Lau, Vorarlberger Landesbibliothek.

11: In der Pfarrhofgasse in Wien-Landstraße war die Wohnung des Spions der Organisation Gehlen, Walter Kainz.

12: Die „Villa Beer" in Wien-Hietzing, errichtet 1929–1931 von Josef Frank (u. Oskar Wlach), wurde 1946-1952 vom britischen Militärgeheimdienst genutzt. Eine Sondereinheit – die 20 Field Security Section – fahndete von hier aus unter anderem nach NS-Verbrechern.

13: In der Pestalozzigasse befand sich die Wiener Vertretung der London Films von Alexander Korda.

14: In London hatte Korda sein Büro von 1932 bis 1936 in der Grosvenor Street.

15: Der Boodle's Gentlemen's Club in London wurde sowohl von Ian Fleming als auch von Claude Dansey frequentiert.

16: Conrad O'Brien-ffrench, wahrscheinliches Vorbild für James Bond, 1935 in Kitzbühel. Credit:https://www.facebook.com/OBrienffrench/.

III. Fallgeschichte(n)

Wer war der dritte Mann?

Ende 1948 wurde in Wien ein Film gedreht,[1] der wie kein anderer für Spionage steht: *Der dritte Mann* (Originaltitel: *The Third Man*). Doch erzählt wird eine Kriminalgeschichte, die Jagd auf einen skrupellosen Schwarzmarkt-Schieber. Dem US-Groschenroman-Autor Holly Martins (Joseph Cotten) wird von seinem alten Schulfreund Harry Lime (Orson Welles) ein Job in Wien versprochen. Kaum angekommen, erfährt Martins, dass Lime einem Autounfall zum Opfer gefallen ist und schafft es gerade noch zu dessen Begräbnis. Martins startet Nachforschungen und trifft unter anderem Limes Freundin, die Tschechin Anna (Alida Valli). Er muss feststellen, dass die britischen Besatzungsbehörden Lime als Schwarzmarkthändler verfolgten. Schließlich wird die Wahrheit enthüllt: Lime hat seinen Tod nur vorgetäuscht und versucht Martins während einer Fahrt mit dem Riesenrad zur Zusammenarbeit zu überreden. Doch der von Limes Skrupellosigkeit enttäuschte Martins entschließt sich, mit dem britischen Nachrichtendienstoffizier Galloway (Trevor Howard) zusammenzuarbeiten, um dem Verbrecher das Handwerk zu legen. In der Kanalisation kommt es zum finalen Showdown. Martins erschießt den tödlich verletzten Lime, nachdem ihm dieser sein Einverständnis signalisiert hat. Anna steht weiterhin zu Lime und würdigt Martins in der Schlussszene keines Blickes. Besondere Bedeutung kommt der Filmmusik des Zitherspielers Anton Karas zu. Sein Harry-Lime-Thema ist bis heute präsent. Nur einmal fällt höhnisch das Wort „Spion“ („… was für ein Spion bist Du – mit Deinen Quadratlatschen?“).

Trotzdem wird *Der dritte Mann* seit der Premiere 1949 mit dem Thema Spionage in Zusammenhang gebracht.

Als beispielsweise 2010 der größte „Agentenaustausch“ seit Ende des Kalten Krieges auf dem Flughafen Wien-Schwechat abgewickelt worden war, bemerkte dazu der damalige CIA-Direktor Leon Panetta in seinen Memoiren: „Der Kalte Krieg war vorbei, aber die Szene in Wien war der Beweis, dass die alten Spiele munter weitergingen. Alles, was fehlte, war der Klang einer Zither, die das Thema des Films *Der dritte Mann* spielte.“[2] Auch im Sitz des BVT in der Rennweg-Kaserne war lange Zeit ein gerahmtes Plakat von *Der dritte Mann* am Gang zu sehen.[3]

Dass der Film zum Synonym für Spionage werden konnte, erklärt sich zunächst durch den „realen" Schauplatz, das zerbombte und in Besatzungszonen aufgeteilte Wien. Vergleichsweise weniger wird reflektiert, dass es schon in der Konzeptionsphase des Films und am Set von ehemaligen und aktiven Geheimdienstlern wimmelte: vom Produzenten (Alexander Korda) über den Autor von Romanvorlage und Drehbuch (Graham Greene) bis zum realen Vorbild der Hauptfigur „Harry Lime" (Kim Philby). Noch dichter ging es hinter den Kulissen zu, wo die frühere Agentin Elizabeth Montagu als Assistentin sowie der mutmaßliche Sowjet-Spion Peter Smollett-Smolka als Stichwortgeber agierten. Die Historikerin Brigitte Timmermann hat deswegen darauf hingewiesen, dass der Film zwar ein „Produkt der Fantasie", die gesamte Handlung aber von einem Wissen geprägt ist, „das nur ein Insider haben kann".[4] Was genau für ein „Insiderwissen" war das und wie floss es in den Film ein?

2017 hat der belgische Autor Jean-Luc Fromental seine Graphic Novel *The Prague Coup* vorgelegt. Auch wenn man es angesichts des Titels nicht auf den ersten Blick vermuten würde, wird hier die „Schöpfung" von *Der dritte Mann* erzählt – und zwar als teils fiktiver, aber eng an die realen Ereignisse angelehnter Spionagethriller: Graham Greene, der Anfang 1948 nach Wien kommt, um für die Filmvorlage zu recherchieren, befindet sich in Wirklichkeit auf einer Mission. Er versucht an Belege heranzukommen, um nachweisen zu können, dass im britischen Secret Intelligence Service (SIS, bekannt als MI6) ein gefährlicher „Maulwurf" platziert ist. Im Finale wird enthüllt, dass es sich um einen früheren Arbeitskollegen und persönlichen Freund Greenes handelt, den er aber deckt: Kim Philby. Fromentals Comic legt sehr anschaulich dar, dass Greenes Roman wie auch der Film zahllose unterschwellige Botschaften enthalten, die auf diesen realen Spionagefall Bezug nehmen. Als habe Greene auf diese Weise indirekt mit Philby kommuniziert.

Nun gibt es keinen Beleg dafür, dass Greene Philby bereits vor dessen „offizieller" Enttarnung 1963 durchschaut hätte. *The Prague Coup* bleibt hochinteressante Spekulation, die aber auf Fakten gebaut ist. Um bei Greene zu beginnen, so war der Schriftsteller zwar nur 1941-1944 Offizier beim SIS, blieb aber dem Dienst zeitlebens verbunden. Wenn er auf unzähligen Reisen auch hinter den Eisernen Vorhang unterwegs war, wurden Greenes Spesen oft vom SIS bezahlt. Im Gegenzug diente der Journalist und Romancier seinem früheren Arbeitgeber bis in die frühen 1980er als Informationsquelle über ansonsten schwer zugängliche Länder wie Vietnam, Polen, China und die Sowjetunion.[5]

Einen ebenfalls ausgeprägten Geheimdienst-Hintergrund hatte der Filmproduzent Alexander Korda (eigentlich Sandor Laszlo Kellner), jener Mann, der die ursprüngliche Idee hatte, einen Thriller in einer vom Krieg zerstörten europäischen Hauptstadt zu drehen. Der ungarischstämmige Korda hatte seine Karriere in Budapest und Wien begonnen, ehe er 1932 nach London emigrierte. Er wurde zur grauen Eminenz einer ganzen Periode des britischen Kinos. Wie Greene unterhielt er nebenbei enge Beziehungen zu den angloamerikanischen Geheimdiensten.[6] Korda, der keinerlei militärischen Hintergrund oder Erfahrung in Sachen Spionage hatte, war ab Anfang der 1930 Jahre der engste zivile Mitarbeiter und persönliche Freund von Claude Dansey, auch „Colonel X" genannt. Dansey gründete 1936 die „Z Organisation", ein Art privates Spionagenetzwerk, das dem klammen SIS zuarbeitete. Die „Z Organisation" sollte vor allem Informationen über Nazi-Deutschland und Italien beschaffen. Ihre Mitglieder waren kaum ausgebildete Amateur-Spione, die unter geschäftlicher Tarnung agierten. So schickte man einen Universitätsabgänger nach Wien, wo er vorgeblich für eine Film-Produktionsgesellschaft arbeitete. Insgeheim sollte er die Aufstellung von deutschen Truppen und andere militärische Ziele aufklären. Ohne jede Instruktion, wie das zu bewältigen wäre, verlegte sich der Mann darauf, rückzumelden, was ihm bei Touren in der Gegend auffiel.[7]

Das Beispiel zeigt, dass gerade die Filmindustrie Möglichkeiten bot, Agenten mit einer glaubwürdigen Legende auszustatten. An dieser Stelle kam Korda ins Spiel. Dansey und andere hatten einen australischen Geschäftsmann überzeugt, in die von 1932 von Korda gegründete „London Films" zu investieren. Diese Produktionsfirma sollte nicht nur Großbritannien international bewerben, sondern auch für geheime Zwecke nützlich sein. Denn die „Z Organisation" konnte für ihre Spionageaktivitäten auf keine offiziellen Ressourcen zurückgreifen. Den Agenten war es verboten, mit britischen Botschaften und Konsulaten in Kontakt zu treten. In dieser Situation war eine Tätigkeit für die „London Films" wie geschaffen: Danseys Mitarbeiter wurden zu den lokalen Repräsentanten einer stetig expandierenden Firma. Sie nutzen deren Kommunikationsmittel und konnten sich relativ frei bewegen.[8]

Auch Korda selbst überquerte zwischen 1935 und 1945 nachweislich vierundzwanzig Mal den Atlantik in die USA. Die meisten dieser Reisen unternahm er im Auftrag des Geheimdienstes. Unter anderem stellte er Drehorte zur Schulung britischer Agenten zur Verfügung. Außerdem wurde im Zuge von Location-Scouting in Nordafrika mitgeholfen, die Landung der Alliierten in der Normandie vorzubereiten.[9]

In Österreich hatte Korda mit Karl Hartl einen kongenialen Partner, der mit ihm in den 1920er Jahren als Produktionsmanager zusammengearbeitet hatte. Hartl war 1938 Leiter der Wien-Film geworden und machte auch nach 1945 nahtlos Karriere. Es war Hartl, der Korda vorschlug, die Handlung des geplanten Streifens nach Wien zu verlegen, um an Originalschauplätzen zu drehen.[10] Korda wiederum beauftragte Greene, eine Vorlage für den geplanten Thriller zu erstellen. Um den Stoff zu recherchieren, besuchte Greene zweimal Wien: Von 12. bis 23. Februar und zwischen 10. und 30. Juni 1948. Seine Reiseangelegenheiten wurden von einem Angestellten Kordas gecheckt: dem früheren SIS-Oberst Joseph Cordington, der schon im Rahmen der „Z Organisation" tätig gewesen war und anfänglich vom Filmgeschäft wenig Ahnung hatte. Er habe einen Filmstar nicht von einem Rennpferdbesitzer unterscheiden können.[11] Nun war es Cordington, der Greene ein Zimmer im Hotel Sacher beschaffte. Dort genoss Greene sein Frühstück normalerweise mit Rosé-Champagner. Die „faulige Atmosphäre" Wiens habe er mit der Wertschätzung eines „Connaisseurs" in sich aufgesaugt, erinnerte sich eine britische Mitarbeiterin der Alliierten Kontrollkommission.[12]

Das Hotel Sacher war die perfekte Basis für Greene. Dort waren das Information Service Branch und das Political Intelligence Department des britischen Außenministeriums untergebracht, alles hoch sensible Schaltstellen. In der Roten Bar des Hotels hatte Greene „Zugang zu Informationen aus erster Hand, hier blieben ihm die ständigen Reibereien zwischen den westlichen Alliierten und den Sowjets nicht verborgen", schreibt Timmermann.[13]

Dass Greene im Anschluss an seinen ersten Wien-Aufenthalt ausgerechnet über Prag nach Rom weiterreiste, ist nur ein weiteres Indiz dafür, dass die Schöpfung des „dritten Manns" für sich schon eine Spionage-Geschichte war. Greene hatte den Umweg angeblich nur deswegen eingelegt, weil man damals in die italienische Hauptstadt über Prag fliegen „musste". Also habe er die „Gelegenheit" genutzt, um dort zwei Verleger zu treffen und sei so zufällig Zeuge des KP-Putsches am 25. Februar 1948 geworden.

Später schrieb Greene etwas scheinheilig: „An dem Abend, als ich Wien verließ, kursierten Gerüchte, dass die Kommunisten die Macht übernehmen würden, mir aber machte mehr das dichte Schneetreiben Sorgen, das den Start des Flugzeugs um Stunden hinauszögerte. Mit demselben Flugzeug reisten zwei englische Korrespondenten, einer arbeitete für eine Agentur, der andere für die BBC. Sie erzählten mir, dass sie unterwegs seien, um über die Revolution zu berichten. ‚Revolution?'"[14] Greenes Biograf Michael Shelden lässt das nicht gelten und bezeichnet gleich den ganzen Scouting-Trip als Tarnmanöver für nachrichtendienstliche Erkundungen.[15]

Doch damit enden die Spionage-Bezüge nicht. In Wien war Greene eine besondere Dolmetscherin, Assistentin und „Fremdenführerin" zur Seite gestanden: Elizabeth Montagu. Die zweite Tochter von Lord John Montagu of Beaulieu hatte ihr privilegiertes Leben aufgegeben, um im Zweiten Weltkrieg als Ambulanzfahrerin zu dienen. Nach dem deutschen Sieg über Frankreich 1940 floh sie vor der Gestapo in die Schweiz. Dort arbeitete sie für das Berner Büro des Office of Strategic Services (OSS), Vorläufer der späteren CIA. Nach Kriegsende war Montagu für Kordas London Films tätig. Er schickte sie als Emissärin los, um die alten Kontakte zur mitteleuropäischen Filmindustrie wiederzubeleben oder neue zu etablieren. In diesem Zusammenhang reiste Montagu zunächst nach Prag und anschließend nach Wien. Kurz bevor sie heimkehren sollte, erhielt sie ein Telegramm, in dem Korda die baldige Ankunft von Greene ankündigte. Ihre Aufgabe war es, den Schriftsteller vom Flughafen abzuholen und sich um seine Angelegenheiten zu kümmern.[16] Das Ganze hatte von Beginn an einen geheimnisumwitterten Anstrich: Noch bevor Greene angekommen war, wies er Montagu an, in seinem Namen ein Ankunfts-Telegramm aus Wien an seine Frau zu schicken, obwohl er sich zu diesem Zeitpunkt noch im englischen Brighton aufhielt. In Wien verlor er dann kein Wort über die Angelegenheit.[17]

Montagu organisierte für Greene Touren in die sowjetische Zone, zum Zentralfriedhof und in die Abwasserkanäle. In das unterirdische Labyrinth wurden sie von den Männern der Kanalbrigade, einer ab 1934 bestehenden Sonderabteilung der Wiener Polizei, begleitet. Diese spielten später eine wichtige Rolle bei der finalen Verfolgungsjagd in *Der dritte Mann*. Während der Begehung sah Montagu im Fackelschein furchteinflößende Ratten, die die Größe von kleinen Hunden hatten. Grund dafür war, dass man die Tiere ursprünglich in Pelzfarmen gehalten hatte und sie im Zuge der Kriegswirren freigekommen waren.[18] Aus solchen Eindrücken, aber auch aus Bargesprächen und anderen Unterhaltungen in Wien schöpfte Greene die Inspiration für die berühmte Verfolgungsjagd im Kanal, die Penicillin-Schiebergeschäfte und die Hauptfigur des Harry Lime. Fünf Tage vor seiner Abreise tauschte sich Greene mit dem Journalisten Peter Smollett-Smolka aus. Laut Norman Sherry verbrachten die beiden mehrere Nächte im Gespräch und besuchten sogar einmal gemeinsam den sowjetischen Sektor.[19] Montagu hingegen legte in ihren Memoiren dar, dass man sich nur einmal in Smollett-Smolkas Villa in der Wiener Jagdschlossgasse Nr. 27 (heute Seelosgasse) getroffen habe: „Die Besprechung war sehr erfolgreich und die beiden Männer unterhielten sich für fast zwei Stunden. Als wir aufbrachen, fiel mir auf, dass Graham Smolletts Manuskript unter den Arm gepackt hatte. ‚Bitte verlieren Sie es nicht, ich habe nur eine Kopie', bat Peter voller Hoffnung, dass Greene ihm helfen würde, einen Verleger zu finden." Später retournierte Montagu das Skript. Sie hatte den Eindruck, dass es Greene nur überflogen hatte, weil keinerlei Anmerkungen zu finden waren. Eine der darin enthaltenen Geschichten fand sie besonders spannend: Es ging um einen rätselhaften Mann, der mit gestrecktem Penicillin Schwarzmarktgeschäfte betrieb.[20] Genau dieser illegalen Aktivität ging auch Harry Lime nach.

Ob die Quelle hierfür nun Smollett-Smolka war, lässt sich nicht mit Sicherheit sagen. Timothy Smolka, Sohn von Peter Smollett-Smolka, erinnerte sich im Interview 2019, dass sein Vater „nur" die Idee von der Kanalisation als Handlungsort geliefert habe: „Davon hat er immer wieder mit großer Begeisterung erzählt. Und zwar hat mein Vater 1932 oder 1933 einen Artikel über das Wiener Kanalnetz geschrieben – entweder für ‚Der Tag' oder für die ‚Der neuen Jugend'. Der Titel hat gelautet: ‚Gold liegt unter der Straße'. Er hat erzählt, dass er dafür mit einem Strotter durch die Kanäle gegangen ist. Strotter waren so Halbkriminelle, die in der Kanalisation nach verlorenen Wertsachen gesucht und davon gelebt haben. Mein Vater hat mit dem Strotter einen Geldbetrag vereinbart und wie sie dann heraufgekommen sind, wollte der unbedingt mehr. Daraufhin ist mein Vater um sein Leben gerannt, weil der wollte ihn ausnehmen. Das war seine Geschichte für den 3. Mann. Die Sache mit dem Penicillin-Schmuggel kann sich damals in Wien so abgespielt haben, aber das stammte nicht von meinem Vater. Davon habe ich von ihm nie etwas gehört."[21]

Was genau Smollett-Smolka letztlich zu *Der dritte Mann* beigetragen hat, ist also unsicher. Aber eine Leistung hatte er zweifelsfrei erbracht. Das geht auch aus Montagus Erinnerungen hervor: Sie habe sich unsicher gefühlt, als ihr während des Drehs Ähnlichkeiten zu Smollett-Smolkas Manuskript auffielen. Sie sprach mit dem ausführenden Produzenten darüber, der versicherte, dass man mit Smollett-Smolka handelseinig geworden sei.[22] Zwar hatte sich dessen Wunsch nach einer Veröffentlichung nicht erfüllt, dafür wurden ihm am 24. Juli 1948 210 Pfund vertraglich zugesichert – und zwar für Dienstleistungen wie „Beratung für das Film-Skript" („giving advice on the film script") sowie Assistenz bei der Produktion in Wien („provide assistance in Vienna in connection with the production"). Das geht aus Dokumenten hervor, die aus dem Fundus von London Films stammen und dem Autor vom Betreiber des „Dritte Mann Museums", Gerhard Strassgschwandtner, dankenswerterweise zur Verfügung gestellt wurden.[23] Die

Abmachung war freilich an die Bedingung geknüpft, dass Smollett-Smolka nie einen Anspruch im Zusammenhang mit *Der dritte Mann* erheben würde.[24] Greene erwähnte seinen Beitrag jedenfalls nie, ebenso wenig wie jenen von Montagu. In seinen Memoiren behauptete Greene vielmehr, der Tipp in Sachen Penicillin-Schiebergeschäften sei von eben jenem Group Captain Beauclerk gekommen, der ihn auch über die Kanalbrigade aufgeklärt hatte. Die Zeit beim SIS während des 2. Weltkriegs habe auf diese Weise Dividenden abgeworfen, so Greene. Während letzteres sicher zutreffend ist, stellt sich die Frage, warum der Schriftsteller die Rolle Smollett-Smolkas so unter den Tisch kehrte.[25] Nur im Film selbst findet sich ein gut versteckter Credit. Und zwar gibt ein britischer Offizier, der Lime auf der Spur ist, seinem Fahrer das Kommando: „Schmolka!" (= Šmolka). Damit meint er ein Kellerlokal in der Kärntnerstraße, wo er einen Drink spendieren will.[26]

Der Hauptgrund für die Diskretion dürfte darin liegen, dass Smollett-Smolka noch viel mehr mit *Der dritte Mann* verband. Er war das Bindeglied zwischen dem fiktiven Harry Lime und dessen realem Vorbild, einem Bekannten von Greene und Smollett-Smolka: Harold Adrian Russell Philby, von allen nur „Kim" genannt. Der Geschichte-Student in Cambridge und Sohn eines wohlhabenden Diplomaten war 1933 nach Wien gekommen, um vor Eintritt in den diplomatischen Dienst seine Deutschkenntnisse zu verbessern. Außerdem wollte der begeisterte Marxist Philby einen Beitrag in der sich abzeichnenden Konfrontation zwischen den Sozialdemokraten und dem austrofaschistischen Regime von Bundeskanzler Engelbert Dollfuß leisten. Philby war für die Internationale Arbeiterhilfe (IAH) sowie als Kurier für die im Untergrund agierende Kommunistische Partei Österreichs (KPÖ) tätig.[27] Eine Kontaktperson hatte Philby eine Adresse in Wien-Alsergrund gegeben, wo „regelmäßig Besprechungen zur Organisierung illegaler politischer Tätigkeiten" stattfanden: Latschkagasse Nr. 9.[28] Es war die Wohnung von Alice „Litzi" Kohlmann – zu diesem Zeitpunkt 23 Jahre alt und bereits von ihrem ersten Ehemann geschieden, den sie mit 18 geheiratet hatte. Vor allem aber war Litzi eine leidenschaftlich politische Frau, Mitglied der KPÖ und in Kontakt mit der Komintern. Zwischen der erfahrenen Aktivistin und dem noch naiven Upperclass-Sprössling funkte es sofort: „Er war zwei Jahre jünger als ich, und ich war schon von meinem ersten Mann geschieden und Mitglied der Partei. Er kam aus Cambridge, hatte gerade sein Studium dort abgeschlossen, war ein sehr gut aussehender Mann, benahm sich gentlemanlike und war dazu Marxist, eine seltene Erscheinung. Er stotterte, manchmal mehr und manchmal weniger, und wie viele Menschen mit einem Handikap war er sehr charmant. Wir haben uns schnell ineinander verliebt."[29]

Schon bald fungierte Philby als Kurier für die verbotene KPÖ und Kontakte in Ungarn, Paris und Prag.[30] Laut dem KGB-Agenten Yuri Modin war der sowjetische Geheimdienst bereits zu dieser Zeit auf Philby aufmerksam geworden. Aber es sollen keine Kontaktversuche stattgefunden haben. Stattdessen sei Litzis Einfluss viel entscheidender gewesen, obwohl Philby selbst in späteren Jahren versucht habe, diesen herunterzuspielen.[31] Philbys Engagement fiel jedenfalls positiv auf. Im Café Louvre traf er einen österreichischen Sozialisten namens Edward Spiro, der später emigrierte und eine Karriere im militärischen Nachrichtendienst machte. Unter dem Pseudonym E. H. Cookridge schrieb Spiro 1968 eine Biografie Philbys. Darin bekundet er seinen Respekt für den jungen Engländer, weil er einer Untergrundbewegung in einem kleinen Land half, das eigentlich keine Rolle für ihn spielte. Allerdings kamen Spiro Zweifel, als Philby als kommunistischer Kontaktmann auftrat und sagte, dass er so viel Finanzmittel auftreiben könne, wie gebraucht würden. Diese Mittel hätten nur von sowjetischer Seite kommen können.[32]

Die Historikerin Helen Fry wiederum hält es für möglich, dass Philby in Wirklichkeit für den britischen Auslandsgeheimdienst SIS tätig war und den Auftrag hatte, kommunistische Netzwerke zu infiltrieren. Das würde erklären, warum Philbys Tätigkeit und seine Verbindung mit Litzi von der SIS-Station in Wien nicht entsprechend registriert wurde. Ihr Chef Thomas Kendrick lieferte damals viele Informationen über Operationen von kommunistischen Organisationen und der Komintern. Und da soll ihm ausgerechnet Philby entgangen sein? Oder geschah das deswegen, weil Philby für Kendrick gearbeitet hatte? Das lässt sich bislang nicht eindeutig beantworten und bleibt Spekulation.[33]

Als am 12. Februar 1934 der viertägige Bürgerkrieg ausbrach, passierte Philby gemeinsam mit Litzi die Absperrungen der Regierungstruppen, indem er seinen britischen Reisepass wie eine „Ikone" vor sich hertrug. Dabei beobachtete er auch die Schwäche des Republikanischen Schutzbunds. Dessen Anhängern gelang es über Stunden nicht, eine Maschinengewehrstellung aufzubauen. Ganz gleich, wie viel Bereitschaft zum Aufstand vorher bekundet würde, wenn es darauf ankomme, sei keine entsprechende Bewaffnung vorhanden, so Philbys bitteres Fazit.[34]

Er half mit, flüchtende Angehörige des Republikanischen Schutzbunds mit Geld, Essen und Kleidung zu versorgen.[35] In Heiligenstadt hatte sich eine Gruppe in der Kanalisation versteckt. Auf der Suche nach Kleidung zwecks Tarnung kam Philby in die Wohnung des Daily-Telegraph-Korrespondenten Eric Gedye, der insgeheim einer der wichtigsten Agenten Kendricks war.[36] Über die Begegnung mit Philby berichtete Geyde später: „Ich öffnete meine Garderobe, um alles auszusuchen. Als Kim mehrere Anzüge sah, sagte er: ‚Guter Gott, du hast sieben, ich muss sie haben. Ich habe sechs verwundete Freunde in den Abwasserkanälen, die in Gefahr sind, aufgehängt zu werden." Geyde gab Philby die Anzüge mit, der damit die Schutzbündler ausstaffierte und sie über eine Fluchtroute in die Tschechoslowakei schickte.[37] Bald ging es darum, sich selbst in Sicherheit zu bringen. Am 24. Februar 1934 heirateten Philby und Litzi im Rahmen einer schnell arrangierten Zeremonie im Wiener Rathaus.[38] Im April 1934 bekam Litzi von Kendrick einen britischen Pass und die Eheleute emigrierten im selben Monat nach Großbritannien.[39]

Dass den SIS-Leuten in Wien die politischen Verbindungen dieses Paars nicht aufgefallen sein sollen, ist nicht die einzige Merkwürdigkeit. So hatte als Trauzeuge Anton Straka fungiert, der 1966 Leiter des Staatspolizeilichen Diensts im Innenministerium werden sollte. Straka war während des 2. Weltkrieges nach Großbritannien emigriert und soll dort beim britischen Geheimdienst gearbeitet haben. Nach 1945 kehrte Straka zurück und leitete 1960-1964 die Kärntner Sicherheitsdirektion. Er soll Innenminister Franz Hetzenauer das Ehrenwort gegeben haben, Philby nicht zu kennen. Der Staatspolizist Leo Maier glaubte das nicht und begann zu recherchieren: „Ich ging ins Standesamt des Magistrates Wien und sichte dort die Kopie der Heiratsurkunde des Kim Philby. Und wurde fündig: Als einer der Trauzeugen hatte Dr. Straka unterschrieben". Ob letzterer weitere Kontakte mit Philby unterhalten hatte, wurde aber nie geklärt, weil Straka „plötzlich" an einem Herzinfarkt verstarb.[40] Noch ein weiterer Gast bei der Hochzeit von Litzi und Philby stach im Nachhinein hervor: Teddy Kollek, langjähriger Bürgermeister von Jerusalem, nahm als Freund von Litzis Familie an der Zeremonie teil. Kollek arbeitete danach zwischen 1942 und 1945 selbst für die Geheimdienste der Alliierten. Als er später die CIA besuchte und mitbekam, dass Philby seit 1949 als SIS-Verbindungsoffizier in Washington war, soll er seinen Freund, den Leiter der CIA-Gegenspionage, James Angleton, gewarnt haben: „Was macht denn der Kommunist hier?" Aber der nahm den Hinweis nicht ernst.[41]

Philby wurde wenige Wochen nach seiner Rückkehr nach Großbritannien vom sowjetischen Geheimdienst KGB (damals noch NKWD) angeworben. Eine andere jüdische Emigrantin aus Österreich, die Fotografin Edith Tudor-Hart (geborene Suschitzky), spielte eine Schlüsselrolle. Bereits in Wien war sie mit Litzi eng befreundet gewesen und hatte 1933 Philby kennengelernt.[42] Tudor-Hart erkannte als sogenannte „Talentsucherin“ das Potential des jungen Manns. Ihre Rolle wurde seitens des sowjetischen Geheimdiensts gewürdigt. So hieß es in einem Schreiben der Londoner Residentur an die Zentrale von 1936: „Through EDITH we obtained SÖHNCHEN [Philby]“.[43] Und zwar führte Tudor-Hart Philby im Mai 1934 zu einer Parkbank am Boating Lake im Londoner Regents Park. Dort saß der Agentenführer Arnold Deutsch, der den Decknamen „Otto“ führte und Philby nun offiziell für den sowjetischen Geheimdienst anwarb. Auch Deutsch war in Wien geboren und hatte dort Chemie/Physik studiert. Seit Anfang der 1930er Jahre in den Diensten der Sowjets, war er an der Philosophischen Fakultät der University of London tätig und hatte es auf kommunistische Sympathisanten unter den Studenten abgesehen. Laut den KGB-Akten, die der britische Historiker Christopher Andrew und der in den Westen geflohene Archivar Wassili Mitrochin ausgewertet haben, gelang Deutsch während seiner Zeit in London die Anwerbung von 20 Agenten und der Kontakt zu 29 anderen Spionen.[44]

Von Philby war Deutsch gleich vom Start weg angetan und rekrutierte ihn unter dem Decknamen „Sonny“ (Söhnchen).[45] In einem Schreiben an die Moskauer Zentrale charakterisierte Deutsch Philby als ernst – so ernst, dass man vergesse, dass er erst 25 Jahre alt sei. Nur eine Schwäche fiel Deutsch auf: Philby sei sehr scheu, unentschlossen und tollpatschig. Sein Stottern mache ihn noch unsicherer. Dafür sei er von Natur aus sanft und liebenswürdig, trotz mancher Stimmungsschwankungen. Er habe die marxistischen Lehren gut studiert, auch wenn er immer behaupte, dass er wenig wisse.[46] Von Philby bekam Deutsch eine Liste mit sieben weiteren passenden Kandidaten. Darunter waren Donald Maclean, Antony Blunt und Guy Burgess. Gemeinsam mit Philby und John Cairncross, der 1937 zu einem Anwerbetreffen mit Deutsch im Regents Park geführt wurde,[47] bildeten sie den Agentenring der „Cambridge Five“. Alle fünf handelten nicht aus Geldgier, sondern aufgrund von Überzeugung. Sie begriffen sie sich nicht als Agenten im Dienste der Sowjetunion, sondern als Akteure im Kampf gegen den Faschismus und britischen Imperialismus im Ausland bzw. für Wandel im eigenen Land, wo einige von ihnen als Homosexuelle mit strengen Strafen bedroht wurden. Von den Zuständen in der stalinistischen Sowjetunion hatten die „Cambridge Five“ freilich keine Ahnung.[48]

Deutsch wiederum sollte nicht erleben, was aus seinen Agenten wurde. Am 7. November 1942 war er bei einem Schiffsuntergang im Nordatlantik ums Leben gekommen. Die SS Donbass war von einem deutschen U-Boot torpediert worden. Selbst schwer verletzt, starb Deutsch beim Versuch, andere Schiffbrüchige zu retten.[49] Der Journalist Ben Macintyre hält es allerdings genauso für möglich, dass Deutsch in Wahrheit einer Säuberung des sowjetischen Geheimdienstes zum Opfer fiel.[50] Doch die Saat, die Deutsch und Tudor-Hart gelegt hatten, ging auf. Man hatte bewusst Angehörige des Establishments ausgewählt – junge Männer, die in Cambridge studiert und Aussicht auf glänzende Karrieren hatten. Das prädestinierte sie zur Infiltration des Regierungsapparats – allen voran Philby, der 1939 beim SIS seinen Dienst antrat (wenn er nicht schon seit 1933 mit dem britischen Auslandsgeheimdienst zu tun hatte). Das erste Opfer, das er dafür brachte, war die Trennung von Litzi. Die Ehe mit einer ausländischen Kommunistin wäre eine Hypothek gewesen. Denn Litzi führte ihre klandestine Tätigkeit zunächst fort. Alleine zwischen März und April 1934 unternahm sie mit ihrem britischen Pass drei Reisen in die Tschechoslowakei – ein Faktum, das Philby später nicht erklären konnte. Litzi landete Ende September 1934 auch in Wien und blieb für einen Monat – angesichts der herrschenden Repression eine nicht ungefährliche Sache. Offenbar waren diese Reisen von einer kommunistischen oder sowjetischen Organisation finanziert worden.[51]

1946 ließen sich Litzi und Philby formell scheiden. Im Jahr darauf verließ Litzi Großbritannien und zog nach Ost-Berlin, wo sie Georg Honigmann heiratete, den späteren Herausgeber der *Berliner Zeitung*. Auch diese Ehe wurde 1966 geschieden. In der DDR arbeitete Litzi im Filmgeschäft und synchronisierte Deutsch/Englisch. Ob sie insgeheim weiter Spionin blieb, konnte selbst ihre Tochter Barbara Honigmann nicht herausfinden: „Über ihre eigene Rolle und Funktion im sowjetischen Geheimdienst sagte sie weniger. Eigentlich sagte sie darüber gar nichts. Wie lange sie noch für den KGB [...] gearbeitet hat, wie diese Arbeit eigentlich aussah, darüber hat sie sich auch während unseres Gesprächs in meinem Atelier nur sehr vage ausgelassen, und erst viel später ist mir klar geworden, dass sie, als sie mir so groß angekündigte ‚Details' erzählen wollte, im Grund wenig preisgegeben hat." Von der Mutter gebe es keine Stasi-Akte – der ostdeutsche Dienst sei für Litzi nämlich nicht zuständig gewesen, weil sie direkt vom KGB „geführt wurde". Eigentlich habe sie ein Risiko dargestellt, weil sie ihren Ex-Ehemann durch Indiskretionen jederzeit hätte auffliegen lassen können. Doch Litzi hielt diesen „Lebenspakt" bis zu ihrem Tod 1991 ein.[52]

Ihr Ex-Mann dagegen wurde zur Topquelle innerhalb der „Cambridge Five". Philby und seine Kollegen Burgess, Maclean, Blunt und Cairncross bekleideten ab den ersten Jahren des Zweiten Weltkrieges Positionen in

Schatzamt, im Außenministerium, im Geheimdienst und im Joint Intelligence Committee. Auf diese Weise konnten sie dem sowjetischen Geheimdienst einen wahren Schatz zukommen lassen. Zwischen 1935 und 1951 sollen es rund 20.000 Seiten Dokumente und Berichte gewesen sein: „Der Umfang des von ihnen gelieferten Materials war derart groß, dass es Moskau gelegentlich schwerfiel, es zu bewältigen."[53] Allerdings misstraute die sowjetische Führung den „Cambridge Five" lange Zeit und vermutete ein britisches Täuschungsmanöver.[54] Dabei waren sie laut Christopher Andrew „die fähigste Gruppe britischer Agenten, die jemals für eine fremde Macht spioniert hat."[55] Als es 1951 gelang, ein sieben Jahre altes Telegramm des sowjetischen Volkskommissariats für Staatssicherheit (NKGB, Vorläufer des KGB) im Rahmen des „Venona"-Projekts teilweise zu entschlüsseln, führte das zur Enttarnung der ersten beiden Agenten: Burgess und Maclean. Dem damals von den Medien als „dritten Mann" verdächtigten Philby gelang es noch einmal, seinen Kopf aus der Schlinge zu ziehen. Aber er musste 1952 in den Ruhestand treten.

Währenddessen ging der britische Inlandsgeheimdienst MI5 den Spuren von Philbys Rekrutierung nach. Ins Visier geriet dabei insbesondere Tudor-Hart, die Philbys Talent einst „entdeckt" und seine Anwerbung in die Wege geleitet hatte. Der MI5 spürte ihr bereits seit Jahren nach, öffnete ihre Post und hörte das Telefon ab. Aber man hatte nie genug in der Hand, um ihre Verbindung zu Philby zu beweisen. Anfang 1952 befragten zwei MI5-Beamte Tudor-Hart für eine Stunde in ihrer Londoner Wohnung. Das gestaltete sich schwierig. Tudor-Hart habe wie jemand geantwortet, der dafür ausgebildet worden war, einem Verhör standzuhalten, heißt es in dem Bericht dazu. Sie stritt jede Bekanntschaft mit Philby ab und behauptete, Litzi erst in Großbritannien getroffen zu haben.[56] Der MI5 vermutete anderes. Man sah es als erweisen an, dass Tudor-Hart bereits 1932/33 für den sowjetischen Geheimdienst in Österreich gearbeitet hatte.[57] Das war auch das Einzige, was sie schon in einem früheren Verhör zugegeben hatte.[58] Tatsächlich hatte sie damals für einen in Wien operierenden Spionagering unter Leitung des ungarischen Emigranten Arpad Haasz Kurierdienste ausgeführt. 1933 wurde Tudor-Hart verhaftet und blieb einen Monat in Untersuchungshaft. Der weiteren Verfolgung durch die österreichischen Behörden entzog sie sich durch die Emigration nach Großbritannien.[59]

Den MI5-Beamten erschien es auffällig, dass beide – Tudor-Hart und Litzi – 1933 bzw. 1934 in Wien einen britischen Staatsbürger geheiratet hatten. In Edith's Fall war das der Chirurg und überzeugte Kommunist Alexander Tudor-Hart gewesen, dem sie nach England folgte. Der MI5 sah darin ein mögliches Manöver des sowjetischen Geheimdiensts und der Komintern, gefährdete Agentinnen in Zeiten von politischem Chaos in Österreich in Sicherheit zu bringen. Dem Offizier, der den diesbezüglichen Bericht verfasste, charakterisierte Tudor-Hart darüber hinaus als eine „typische emotionale, introspektive und etwas intellektuelle Wiener Jüdin" (a rather typical emotional, introspective and somewhat intellectual Viennese Jewess").[60]

1965 – nach den diversen Enthüllungen in der Causa rund um die „Cambridge Five" – wurde auch das Verhältnis zwischen Tudor-Hart und Litzi/Philby neu bewertet. Der MI5 kam zum Schluss, dass Tudor-Hart wohl mehr als Kurier bzw. Vermittlerin denn als Spionin gehandelt hatte. Es sei möglich, dass Philby erst durch sie mit dem sowjetischen Geheimdienst in Kontakt getreten war. Dafür spreche auch, dass sie gegenüber ihren „kommunistischen Freunden" über ihre Angst gesprochen habe, dass man bei ihr ein Negativ von Philby finden könnte.[61] Dieses Foto war 1933 in Wien entstanden (anderen Darstellungen zufolge in London 1934[62]) und zeigte Philby Pfeife rauchend. Es war das einzige Beweismittel, das ihn mit Tudor-Hart verband. Als Philby 1951 als Verräter in Verdacht geriet, leugnete er jede Bekanntschaft mit Tudor-Hart und MI5 gelang es nicht, das Foto eindeutig zu Tudor-Hart zurückzuverfolgen.[63]

Anthony Blunt, einer der „Cambridge Five", räumte 1964 ein, dass Tudor-Hart eine enge Freundin von Litzi war und dass er immer geglaubt habe, dass sie Philby als ersten für den Spionagering rekrutiert habe. Sie sei die „Großmutter von uns allen" („the grandmother of us all") gewesen, obwohl er sie selbst nie getroffen hatte.[64]

Tudor-Hart spielte aber noch in einem anderen Spionage-Fall eine Schlüsselrolle, der viel mit jenem von Philby gemein hat: Ende 1942 hatte sie den österreichischen Physiker Engelbert Broda, Bruder des späteren Justizministers Christian Broda, dem KGB als Quelle empfohlen. Tudor-Hart und Broda waren liiert und kannten sich aus Wien, wo Broda auch Litzi und Philby begegnet war.[65] 1938 emigrierte der überzeugte Kommunist Broda nach Großbritannien und arbeitete seit 1941 am Cavendish-Laboratorium in Cambridge.[66] Dort hatte er Einblick in den Arbeitsfortschritt des seit 1942 voll angelaufenen US-amerikanischen Atomwaffenprogramms („Manhattan-Projekt"). Unter dem Decknamen „Eric" soll Broda einem KGB-Kurier alle zwei bis drei Wochen Berichte und technische Informationen übergeben haben. Von besonderem Wert sollen die Pläne der ersten Reaktoren des „Manhattan-Projekts" gewesen sein, die Broda weitergegeben haben soll. Broda habe angesichts des verzweifelten Kampfes an der Ostfront eine Verantwortung gesehen, der Sowjetunion zu helfen, schrieb sein Sohn Paul in einer 2011 erschienen Familiengeschichte.[67] So wie der MI5 Tudor-Hart überwachte, wurde auch Broda beschattet. Außerdem führte der britische Inlandsgeheimdienst einen Informanten in seiner engsten Umgebung. Diese Quelle mit dem Decknamen „Kaspar" dürfte ein weiterer österreichischer Flüchtling gewesen sein: Josef Otto Laemmel. Dieser arbeitete ab 1939 als Bibliothekar im Londoner Austrian Center, einer Gründung von Exil-Österreichern und Treffpunkt der Emigrantenszene.[68] Beispielsweise berichtete „Kaspar" dem MI5 Ende 1945 über seinen Verdacht, dass Broda in Wissenschaftsspionage verwickelt sei.[69] Enttarnt wurde Broda aber nie – auch weil man annahm, dass er nicht über wertvolle Informationen verfügt habe.[70] Broda kehrte 1947 nach Österreich zurück und war von 1968 bis 1980 Professor für Angewandte physikalische Chemie an der Universität Wien. Seine Rolle als Atomspion wurde erst 2009 bekannt.

Damit zurück zu Philby: 1962 war er endgültig aufgeflogen. Zu diesem Zeitpunkt befand er sich seit sechs Jahren für den SIS als Journalist getarnt in Beirut. Aber als aus verschiedenen Quellen neue Hinweise auf Philbys Verrat auftauchten, konfrontierte man ihn damit. Bevor es zu weiteren Untersuchungen kam, verschwand Philby am 23. Jänner 1963 aus Beirut und setzte sich in die Sowjetunion ab. Das gelang ihm auch deswegen, weil der SIS kein Interesse an weiteren Bloßstellungen hatte.[71] Die vielen Jahre, die Philby danach in Moskau verbrachte, waren von Alkoholismus und Isolation überschattet. Erst in seinen letzten Lebensjahren durfte Philby KGB-Rekruten unterweisen und mithelfen, das sowjetische Hockeyteam zu motivieren. Man verlieh ihm den Leninorden, die höchste Auszeichnung der Sowjetunion. Öffentlich geehrt wurde Philby erst nach seinem Tod am 11. Mai 1988. 2018 wurde ein Moskauer Platz in der Nähe des Hauptquartiers des russischen Auslandsgeheimdienstes SVR nach ihm benannt.[72]

1948, als in Wien *Der dritte Mann* entstand, war die Welt für Philby noch in Ordnung. Er galt als aufstrebender Stern im SIS. Dort hatte er auch Greene kennengelernt. Als dieser am 9. Mai 1944 überraschend seinen Abschied nahm, hatte er zuletzt in der „Section V" Dienst getan – direkt unter Philby.[73] An dieser Stelle kommt wieder Smollett-Smolka ins Spiel. Auch wenn es keinen Beleg dafür gibt, so ist es gut möglich, dass er und Greene 1948 in Wien über einen gemeinsamen Freund sprachen: Philby. Den hatte Smollett-Smolka nämlich über Litzi kennengelernt.[74] Sohn Timothy Smolka hingegen will nur bestätigen, dass sein Vater und Philby befreundet waren: „Aber Litzi war keine Kindheitsfreundin meines Vaters, wie oft behauptet wird. Nein, sie war primär eine Freundin meiner Mutter. Sie haben sich über eine Freundin in England kennengelernt."[75]

In Großbritannien hatte Smollett-Smolka zwischen Herbst 1930 und März 1931 zum ersten Mal für ein paar Monate gelebt. Zu diesem Zeitpunkt war er noch Student und Korrespondent für die Zeitschrift *Der Tag*. Er kehrte am 6. Mai 1933 gemeinsam mit seiner Frau zurück und nannte sich noch Peter Smolka. Erst 1938, als er die britische Staatsbürgerschaft erhielt, sollte er den Namen auf Peter Smollett-Smolka anglisieren.[76] Die Verbindung zu Philby bestand spätestens ab November 1934: Da taten sich die beiden zusammen, um eine Presseagentur namens *London Continental News* zu gründen.[77] Es ging um den Vertrieb von Nachrichten aus Zentraleuropa. Smollett-Smolka hielt 98 Prozent der Anteile, Philby zwei Prozent.[78] Doch die Agentur habe nie wirklich funktioniert.[79]

Das war aber nicht alles: Laut den bereits erwähnten Mitrochin-Dokumenten soll Philby seinen Freund und Geschäftspartner 1939 unter dem Decknamen „ABO“ angeworben haben.[80] Timothy Smolka ist auch in diesem Punkt vom Gegenteil überzeugt: „Mein Bruder ist nach Russland gefahren, als Akten schon freigegeben waren. Er hat erzählt, dass er nachgeschaut hat und fündig geworden ist. Es stand dort, dass Smollett-Smolka als Spion ungeeignet sei, weil er viel zu sehr mit seiner Familie verbunden sei. Also, mein Vater war sicher ein sogenannter fellow traveller, ein Sympathisant. Er war meines Wissens nie Mitglied der Kommunistischen Partei und war auch kein sowjetischer Agent. Er war 1935 und 1936 in der Sowjetunion, hat dort einiges gesehen, was er hätte erkennen sollen und hat es aber nicht gesehen. Er war in Lagern und hat nicht gemerkt, was sich dort abspielt.“[81]

Fest steht, dass Smollett-Smolka wegen guter Beziehungen zu Churchills Informationsminister Brendan Bracken 1941 zum Leiter der Soviet Relations Division im Ministry of Information aufrückte. Seine Aufgabe war es, Vorbehalte der Bevölkerung abzubauen und ihr das Bündnis gegen das Dritte Reich schmackhaft zu machen.[82] Gut möglich, dass er bereits seit dieser Zeit Greene kannte, der 1940 für einige Monate im Ministry of Information gearbeitet hatte. Wie auch immer, Oleg Gordievsky, wie Mitrochin ein KGB-Überläufer, wertete Smollet-Smolkas Rolle als einen der größten Coups in Sachen von Beeinflussungsoperationen („aktive Maßnahmen“) in der Geschichte des sowjetischen Geheimdiensts.[83] Widerstände gegen die Beschäftigung von Smollett-Smolka zwischen 1938 und 1944 hatte es jedenfalls gegeben – doch diese wurden zurückgezogen, nachdem eine andere Abteilung interveniert habe. Mehrmals wurde vor Smollett-Smolka als möglicher undichter Stelle gewarnt. Es gab aber keine Beweise, dass er gegen britische Interessen arbeitete.[84] Wie aus einem Memorandum von 1942 hervorgeht, hatte Philby das Seine getan, um Bedenken zu zerstreuen. Einem

Kollegen war beim Aktenstudium der Hinweis auf die gemeinsame Vergangenheit von Philby und Smollett-Smolka bei London Continental News ins Auge gesprungen. Der Nachrichtendienstoffizier instruierte einen gemeinsamen Freund, Philby diesbezüglich um Auskunft zu bitten.[85] Philby tat das und sagte einige uncharmante Dinge, die wohl jeglichen Verdacht zerstreuen sollten. Zwar sei Smollett-Smolka „extrem clever", aber gleichzeitig ein „ängstlicher Charakter", geplagt von einem Minderwertigkeitsgefühl wegen seines „abstoßenden Äußeren". Smollett-Smolka sei ein Feigling, der wie gelähmt gewesen sei, als die deutschen Luftangriffe auf London begannen. Von der politischen Haltung sei er leicht links eingestellt („mildly left-wing"). Insgesamt handle es sich aber um einen harmlosen Mann: Er sei viel zu ängstlich, um sich in irgendwelche finsteren Angelegenheiten zu verstricken.[86] Auch wenn er Smollett-Smolka nicht besonders gemocht hatte, bekannte Philby später, dass dieser viel über ihn, Burgess und wahrscheinlich über die anderen der „Cambridge Five" gewusst habe. Aber Smolka-Smollett habe sein Wissen für sich behalten.[87]

Das war auch durchaus im Sinne von Philby. Denn die britischen Nachrichtendienste behielten Smollett-Smolka im Auge, nachdem dieser im Juni 1945 nach Wien zurückgekehrt war. Dort bekam er die „arisierte" Villa seines Schwiegervaters rückgestellt[88] und wurde Mitteleuropa-Korrespondent für *The Times* sowie für den *Daily Express*. Er schrieb aber auch für die Zeitung *Neues Österreich*.[89] 1946 erhielt man in London Hinweise, dass Smollett-Smolka nach einer militärischen Einheit und nach dem MI5-Vertreter in Wien gefragt hatte. Außerdem sei er in Kontakt mit Tito-jugoslawischen Kreisen.[90] 1949 wurde eine Reise zum „Sokol Festival" nach Prag im Juli des Vorjahres registriert. Außerdem hieß es, Smollett-Smolka würde seinen Urlaub in Dobrisch, einem Erholungsheim für kommunistische Schriftsteller südwestlich der tschechoslowakischen Hauptstadt, verbringen.[91] Aber 1951, als die ersten beiden Angehörigen der „Cambridge Five" enttarnt wurden, meldete der MI6-Vertreter in Wien nach London, dass von seiner Seite nichts vorliege, das Smollett-Smolka etwa mit Guy Burgess verbinde. Smollett-Smolka verkehre kaum in der Community in Wien, befinde sich in schlechtem Gesundheitszustand und gehe geschäftlichen Aktivitäten nach.[92] Sicher sei zumindest, dass der Mann „ein Kommunist" sei („there seems little doubt that he is a Communist").[93] Das US-amerikanische CIC dagegen hielt Smollet-Smolka schon Ende der 1940er Jahre für „extrem gefährlich" („extremley dangerous"), weil er „fanatisch" an die Überlegenheit der sowjetischen imperialistischen Ziele („Soviet international imperialistic aims") glaube. Seine Villa sei ein Treffpunkt für führende Kreise der KPÖ. Zu den

Besuchern wurden unter anderem das Mitglied des KPÖ-Zentralkomitees, Ernst Fischer, ein Korrespondent der sowjetischen Nachrichtenagentur TASS und die Seketärin des KPÖ-Vorsitzenden Johann Koplenig gezählt. Unter seinen Freunden sei Smollett-Smolka als „brilliant, ehrgeizig und völlig skrupellos" („brilliant, ambitious, and completley unscrupulous") bekannt.[94]

Gesundheitlich ging es Smollet-Smolka tatsächlich schlechter. Seit 1958 war er aufgrund einer Multiple-Sklerose-Erkrankung auf den Rollstuhl angewiesen. Im September 1961 war er nach langer Zeit wieder einmal in London und wurde prompt vom MI5 interviewt. Er leugnete seine Bekanntschaft mit den „Cambridge Five" nicht und gab an, zwischen 1946-1952 Mitglied der Kommunistischen Partei in Wien gewesen zu sein. Nun sympathisiere er mit dem moskaukritischen Titoismus.[95] Trotz Gebrechlichkeit entfaltete Smollett-Smolka bis zu seinem Tod 1980 beachtliche Energie: Er hatte das einst arisierte Unternehmen seines Vaters, die Wiener Metallwaren- und Schnallenfabrik in Schwechat, wieder übernommen und die Firma Tyrolia-Skibindungen aufgebaut. Nach deren Verkauf 1974 half ihm sein Jugendfreund, Bundeskanzler Bruno Kreisky, noch ein letztes Projekt zu verwirklichen. 1975 erschien die erste Nummer des englischsprachigen Vierteljahrs-Magazins *Austria Today*, das ab 1980 zusätzlich auf Französisch herauskam.[96]

Es ist kaum vorstellbar, dass sich Smollett-Smolka und Greene 1948 nicht über Philby ausgetauscht hätten. Jeder diesbezügliche Informations-„Happen" wäre für Greene interessant gewesen. Denn Philby hatte sich große Mühe gegeben, sein Vorleben durch Engagement in einer rechtsextremen Gruppe und durch eine Tour als Korrespondent im Lager von General Francisco Franco unkenntlich zu machen.[97] Michael Shelden hält es überhaupt für möglich, dass Greene Philby schon lange vor der offiziellen Enttarnung durchschaut hatte: Als Vorgesetzter von Greene hatte Philby 1944 alles getan, um im Sinne Moskaus die Pläne des deutschen Widerstands, einen Separatfrieden mit den Westalliierten zu schließen, zu hintertreiben.[98] Weitere Indizien waren die Ehe mit einer prononcierten Kommunistin und der Versuch, sich danach einen antikommunistischen Anstrich zu geben. Greene sei aber diskret geblieben, mutmaßt Shelden. Anstatt die Sache öffentlich zu machen und schlechte Publicity für westliche Geheimdienste zu produzieren, habe er andere Wege gefunden, unterschwellige Botschaften auszusenden: „Er konnte immer Geschichten schreiben" („He could always write fiction").[99] Richard Greene, Autor einer 2020 erschienenen Greene-Biographie, hat für den Abschied Greenes vom SIS eine andere Erklärung: Der Schriftsteller sei ein Mann gewesen, dem schnell langweilig wurde. Er habe nach einem Jahr den schlechtbezahlten Schreibtischjob einfach sattgehabt. Die Entscheidung zu gehen, sei Greene auch deswegen leichtgefallen, weil er eine Beschäftigung bei einem Verlag in Aussicht hatte. Es sei möglich, dass Greene spätere Enthüllungen über Philby in seine Erinnerungen an die Kriegsjahre hineininterpretiert habe.[100]

Zweifellos hatte Greene eine Schwäche für Philby. Als der abtrünnige Agent 1968 im Exil seine Memoiren schrieb, lieferte Greene dazu das Vorwort. Darin deutete er den Verrat als Geste höheren Glaubens: „‚He betrayed his country' – yes, perhaps he did, but who among us has not committed treason to something or someone more important than a country? In Philby's own eyes he was working for a shape of things to come from which his country would benefit."[101]

Auch wenn die These, *Der dritte Mann* wäre eine Art Botschaft an Philby gewesen, Spekulation ist, so trägt Harry Lime doch unverkennbar dessen Züge. Das beginnt beim Vornamen Harold, der in „Harry" abgewandelt wird und endet bei jenem dunklen Charme, der sowohl Lime als auch sein reales Vorbild faszinierend macht.[102] So wie Philby seine Geheimdienstarbeit „racket" (Gaunerei, Schiebung) nannte, legte Greene Lime dasselbe Wort in den Mund, sein Handwerk zu umschreiben.[103] Und die finale Jagd durch die Kanalisation, die wohl berühmteste Sequenz in *Der dritte Mann*, erinnert an Philbys Untergrundtätigkeit in Wien 1934. Wenn sich der zynisch gewordene Lime und sein Jugendfreund, der naiv gutgläubige Westernautor Holly Martins, im Showdown gegenüberstehen, zählt Loyalität mehr als abstrakte Prinzipien – so wie im Verhältnis zwischen Greene und Philby.[104]

Ian Flemings „goldene Zeit" in Kitzbühel und die Inspiration für James Bond

Österreich spielte nicht nur als Schauplatz des Kultfilms *Der dritte Mann* eine zentrale Rolle bei der Realisierung eines Klassikers der Spionage-Literatur. Auch der Schöpfer von James Bond, Ian Fleming, durchlebte hierzulande eine intensive und prägende Zeit. Anders als im Fall von Graham Greene war der Angelpunkt das ländliche Tirol und hier besonders der Wintersportort Kitzbühel. Fleming hielt sich insgesamt knapp neun Monate im Alter von 18 bzw. 19 Jahren in Kitzbühel auf. Grund für die zwei Aufenthalte im Sommer 1926 und im Winter 1927/28 war der Besuch einer kleinen, elitären Privatschule.[105] Die Mutter hatte das veranlasst, nachdem Ian sowohl am Internat Eton als auch an der Militärakademie Sandhurst gescheitert war. Der junge Fleming, der vaterlos aufgewachsen war, litt unter dem Erfolg seines älteren Bruders Peter, dem alles zu gelingen schien, während es ihm selbst an Halt und Orientierung fehlte. Insofern war die Zeit in den Tiroler Bergen die „letzte Chance", sein Leben auf die Reihe zu kriegen. Und es sollte gelingen.[106]

Im Tennerhof auf den Ausläufern des Kitzbühler Horns betrieben der pensionierte britische Geheimdienstoffizier Ernan Forbes Dennis und dessen Frau, die Schriftstellerin Phyllis Bottome, von 1924 bis 1929 eine Schule der besonderen Art – und zwar für rund 20 Jugendliche, hauptsächlich Briten und Amerikaner, die Deutsch und Französisch lernen wollten. Dennis und Bottome lehnten autoritäre Erziehung ab und gaben keine starren Regeln vor. Allerdings wurde erwartet, dass die Schüler pünktlich zu den Mahlzeiten erschienen.[107] Die Lektionen fanden vormittags zwischen Frühstück und Mittagessen statt, wobei der geduldige Dennis Wert darauf legte, den Jungen Freude am Lernprozess zu vermitteln. An den Nachmittagen trieben die Schüler Sport in der freien Natur. Zwischen der Teezeit und dem Abendessen bereiteten sie sich in ihren Zimmern auf den kommenden Tag vor. Im Anschluss an das Essen wurden die Möbel zur Seite geschoben und man spielte Tischtennis oder hörte Grammophon. Die Schulbetreiber hatten keine privaten Bereiche und wohnten fast kommunal unter den jungen Leuten, denen sie zusätzlich zum Sprachenschwerpunkt eine gesamtheitliche Bildung vermittelten.[108] Die Erziehungsmethoden waren von den Lehren des Wiener Individualpsychologen Alfred Adler inspiriert, den Dennis und Bottome bewunderten und dessen offizielle Biographen sie wurden.[109] Im Juni 1929 sollten die beiden ihr Schulprojekt schweren Herzens aufgeben. Das Anwesen wurde zunächst als Pension und später als Hotel weitergeführt.[110]

Für Fleming war es trotz des kurzen Aufenthalts eine lebensprägende Zeit. In dem familienähnlichen Umfeld am Tennerhof, weit weg von den Zwängen der englischen Oberschicht, konnte er sich entsprechend entfalten. Er lernte nicht nur makellos Deutsch, sondern auch Französisch und Russisch.[111] Vor allem aber fand er zu sich selbst. Stets auf der Suche nach dem Adrenalinkick rammte einmal ein Zug Flemings Auto, ein anderes Mal wurde er auf einer gesperrten Skipiste von einer Lawine begraben.[112] Er trieb überhaupt viel Sport – Schwimmen, Skifahren und Klettern. Besonders schätzte Fleming die Tour auf das Kitzbüheler Horn. Nach dem Abstieg zum Haus St. Franziskus bestellte er sich Kaffee und Rührei, laut Fleming die „einzigen zwei Dinge auf der ganzen Welt, die dich nie im Stich lassen".[113] Er war aber auch gern im Tanzcafé Reisch zu Gast und hatte zahlreiche Affären mit einheimischen Mädchen. So lernte Fleming 1926 die um acht Jahre ältere Lisl Popper kennen und bedachte sie später in seinem Testament mit 500 Pfund. Popper erinnerte sich an einen jungen Mann, der „aufregend und lebendig" gewesen sei: „Not an Englishman at all!"[114] Außerdem sei Fleming mehr ein „wilder" als ein geübter Skifahrer gewesen sei, der wegen seines waghalsigen Stils öfters schwer zu Sturz kam.[115]

Fleming selbst blickte auf die Zeit in Kitzbühel nostalgisch zurück. Für ihn war es die „goldene Zeit, wo immer die Sonne schien". Speziell für die Tiroler Bevölkerung hatte er viel übrig und zog sie der „spröden" und „gekünstelten Fröhlichkeit der Wiener" vor.[116] Ein anderes Mal vergleich er die Tirolerinnen und Tiroler romantisch verklärt mit schottischen Hochländern.[117] Negatives wurde im Nachhinein überlagert. Denn laut Flemings Biograph Oliver Buckton war Kitzbühel auch ein Ort, der mit Trauma verbunden war. So lobte Fleming die 1962 erschienenen Memoiren seiner Tutorin Bottome, merkte aber kritisch an, sie hätte den „individuellen Horror" („individual horrors") ihrer Schüler offen ansprechen können. Mehr verriet Fleming nicht. Aber im James Bond-Roman *On Her Majesty's Secret Service* (1963) finden sich Anspielungen: So erinnert Piz Gloria, die alpine Klinik des Schurken Ernst Stavro Blofeld, mit seinen jungen weiblichen Patientinnen an den Tennerhof – als ob Fleming die Schule auch als Gefängnis oder klaustrophoben Ort wahrgenommen hatte.[118]

Nach sechs Monaten ging der zweite und längere seiner beiden Kitzbühel-Aufenthalte zu Ende. Seine Mutter hatte sich in der Zwischenzeit mit der Idee angefreundet, dass Ian in den diplomatischen Dienst treten könnte. Dennis war darüber erfreut, hatte er doch Fleming bereits auf diesen Karriereweg hingewiesen. Er versicherte Eve Fleming, dass ihr Sohn zwar undiszipliniert sei, aber bei den Auswahlverfahren für das Foreign Office 1931/32 gute Chancen haben würde.[119] Möglicherweise wurde Fleming auch bereits in der Tennerhof-Schule für den Geheimdienst rekrutiert. Er kannte jedenfalls auch Thomas Kendrick, den Nachfolger von Dennis als Wiener SIS-Stationschef aus seiner Zeit in Österreich. Während des 2. Weltkrieges sollten beide eng zusammenarbeiten.[120]

Doch vorerst verlief Flemings Karriereweg wechselvoll: Nach Studien-Aufenthalten in Genf und München landete er bei der Prüfung für das Foreign Office nur im Mittelfeld, was nicht reichte. Daher wurde Fleming zunächst 1931 Journalist bei der Nachrichtenagentur Reuters. Dann wechselte er als Börsenmakler zu einer Handelsbank. 1939 unternahm Fleming im Auftrag des Foreign Office eine Russland-Reise und schrieb den Verschluss-Bericht „Russia's Strength". Jobs wie dieser hatten bereits eng mit der Welt der Geheimdienste zu tun, denn in den 1930er Jahren musste der personell beschnittene SIS auf britische Geschäftsleute und Angestellte britischer Firmen im Ausland zurückgreifen, um an Informationen zu kommen.[121]

1940 hatte Fleming schließlich ein Vorstellungsgespräch bei Admiral John Henry Godfrey, dem Leiter der Naval Intelligence Division (NID). Er wurde prompt dessen persönlicher Assistent – ohne jegliche Ausbildung oder Erfahrung in Sachen nachrichtendienstlicher Tätigkeit. Was Fleming aber auszeichnete, waren Initiative, Phantasie und sein unermüdlicher Einsatz für die Mission, dass Großbritannien den Krieg gewinnen würde.[122] 1964 erinnerte sich Fleming in einem Interview an diese wohl intensivste Zeit seines Lebens und wie dadurch sein literarisches Schaffen beeinflusst wurde: „Meine Aufgaben führten mich geradewegs in das tiefste Innere von allem, auch zu den geheimsten Angelegenheiten. Ich hätte den Krieg nicht spannender oder interessanter erleben können. Freilich waren meine Erfahrungen im Marinenachrichtendienst und das, was ich dort über geheime Operationen der einen oder anderen Art erfuhr, der Anlass, letztlich darüber zu schreiben, in stark bereinigter Form, mit James Bond als zentraler Figur."[123]

Flemings Aufgabe beim NID war es, sich Szenarien auszudenken, wie man Nazi-Deutschland schwächen konnte. Unter anderem wälzte er den Plan, die Donau durch Abwurf von Betonhindernissen an der schmalsten Stelle unpassierbar zu machen.[124] Fleming baute auch eine eigene Kommandoeinheit auf, die Intelligence Assault Unit (IAU), später 30 Assault Unit (30 AU) genannt. Die Truppe von zunächst 50 Royal Marines war dafür konzipiert, Überfälle durchzuführen und deutsche Dokumente zu erbeuten. Besonders abgesehen hatte es Fleming auf die Chiffriermaschine Enigma und die dazugehörigen Code- und Schlüssel-Bücher.[125]

Ihren ersten diesbezüglichen Einsatz hatte die IAU im Rahmen des alliierten Landeunternehmens im französischen Dieppe am 19. August 1942. Wegen des schweren Abwehrfeuers konnte das Boot mit Flemings Kommandos den Hafen aber nicht erreichen. Er selbst hatte den katastrophalen Verlauf der gesamten Operation von einem Kommandoschiff aus verfolgt.[126]

Es war das einzige Mal, dass er sich direkt im Kriegsgeschehen wiederfand. Schließlich war Fleming sowohl ein Geheimnisträger ersten Ranges, als auch ein Bürohengst, dessen exzessiver Alkohol- und Zigarettengenuss ihn von vornherein für den Einsatz hinter feindlichen Linien disqualifizierte. Fleming musste daher andere Kanäle finden, um seine stark ausgeprägte Angriffslust und sein Bedürfnis nach Aktion auszudrücken.[127] Das Schreiben sollte dieses Ventil werden und das Erlebte aus der Kriegszeit wurde zur Hauptinspiration. Dazu zählten insbesondere die Missionen der 30 AU, die nach der Landung in der Normandie 1944 tatsächlich ein Set an Engima-Walzen sicherstellte.[128] Ihren größten Coup feierte die Einheit aber im April 1945, als den Soldaten auf Schloss Tambach bei Coburg das deutsche Marinearchiv in die Hände fiel. Die Unterlagen und Dokumente, die bis 1847 zurückgingen, wogen insgesamt 485 Tonnen. Teile daraus bildeten bei den Nürnberger Prozessen wichtiges Beweismaterial für die Anklage.[129]

Nach 1945 fand sich Fleming in der Nachkriegsgesellschaft nicht zurecht. Eine Stelle im James Bond-Roman *From Russia with Love* (1957), in der Fleming seinen Helden grübeln lässt, bringt seine eigene Stimmung auf den Punkt: „Er war ein Mann des Krieges, und wenn für eine lange Zeitspanne kein Krieg herrschte, sank seine Stimmung auf den Nullpunkt. In seiner speziellen Branche hatte nun seit fast einem Jahr Frieden geherrscht. Und dieser Frieden brachte ihn um."[130] Fleming war vom imperialen Niedergang und der herrschenden Mangelwirtschaft enttäuscht. Auch dies bildete eine zusätzliche Motivation, sich eine Phantasiewelt auszudenken, in der Großbritannien immer noch eine Großmacht darstellte und über den besten Geheimdienst der Welt verfügte.[131] 1952 wurde der erste James Bond-Roman publiziert und bis zu Flemings Tod 1964 sollten weitere elf Bände folgen. Anders als der Superagent in den Verfilmungen ist der literarische James Bond kein Übermensch, sondern ein Veteran mit einer Narbe im Gesicht. Er ist Ende dreißig, kennt Angst und Zweifel – auch weil er oft übel zugerichtet wird. Dieser Bond ist kein Einzelkämpfer, sondern ein Teamplayer, der auf seinen Missionen im Ausland mit Kollegen von den Partnerdiensten zusammenarbeitet. Zu diesen realistischen Zügen trug bei, dass Fleming nicht nur phantastische Elemente mit persönlichen Erfahrungen mixte, sondern auch seinen eigenen anspruchsvollen Lebensstil bei der Zeichnung von Bond einfließen ließ.[132] Und so hat die Zeit in Kitzbühel Spuren im Romanstoff hinterlassen.

Das beginnt bei Flemings Tutoren: Vor der Zeit als Schulgründer war Dennis zwischen Dezember 1919 und Oktober 1922 „Passport Control Officer“ in Wien gewesen. Das war die Tarnung für seine eigentliche Tätigkeit als Chef der SIS-Station. Er und seine Frau wohnten gegenüber der Votivkirche und feierten Dinner Partys, auf denen sich auch altösterreichische Aristokraten einfanden, die in den Kriegszeiten verarmt waren. Zum Freundeskreis zählten bald der Ökonom Joseph Schumpeter und Baron Höfflinger, der Rechtsberater des ehemaligen österreichisch-ungarischen Außenministers Leopold Berchtold. Der Zeitvertreib beim Pferderennen und in der Oper konnte nicht darüber hinwegtäuschen, dass kurz nach dem 1. Weltkrieg Elend und Hunger in der ganzen Stadt herrschten. Ab 1920, so Bottome, sei Wien aber aus der Asche auferstanden und sie und ihr Mann erlebten dies aus der Nähe mit.[133]

Dennis unterhielt enge Kontakte zu Johannes Schober, dem Wiener Polizeipräsidenten. Aber er kam nicht dazu, Agenten oder Quellen zu führen, weil seine Abteilung mit den Visa-Angelegenheiten völlig ausgelastet war.[134] Zu Dennis Mitarbeitern zählte unter anderem eine Miss Margery Bates, die wegen ihrer resoluten Spionageabwehrarbeit in der Schweiz auch als „Sergeant-Major Bill“ bekannt war.[135] 1922 nahm Dennis seinen Abschied vom SIS, blieb dem Dienst aber wohl zeitlebens verbunden. Bottome wiederum schrieb 1946 selbst einen Spionageroman. *The Lifeline* drehte sich um einen 36jährigen britischen Agenten names Mark Chalmers, einen Amateur-Bergsteiger und Eton-Absolventen. Flemings Bond hatte dasselbe Alter und den gleichen Lieblingssport.[136]

Hinsichtlich der Frage, ob sein fiktionaler Geheimagent ein reales Vorbild hatte, äußerte sich Fleming ausweichend, streute aber Hinweise. So meinte er 1964, Bond wäre eine „hochgradig romantisierte Version einer Person“: „Er ist ein Art romantischer Draufgänger in der Kleidung und mit der Sprache des 20. Jahrhunderts. Ich glaube, er entspricht ein wenig mehr dem Typen des modernen Helden, den Kommandosoldaten des letzten Krieges und so weiter sowie einigen der Geheimdienstleute, die ich kennengelernt habe, als den recht flachen Helden althergebrachter Thriller.“[137] Aber schon vor dem 2. Weltkrieg hatte Fleming in Kitzbühel ein mögliches Vorbild für Bond getroffen und zwar einen waschechten Spion mit dem klingenden Namen: Conrad Fulke Thomond O’Brien-ffrench. Für den Journalisten und Historiker Ben Macintyre ist er der einzige unter 15 möglichen Kandidaten aus Flemings Bekanntschaft, der sich tatsächlich als Modell für James Bond eignet. Außerdem sieht ein von Fleming in Auftrag gegebenes Bond-Porträt dem jungen O'Brien-ffrench sehr ähnlich. Und dieser war genauso ein Lebemann, Champion-Skifahrer und guter Schütze wie der fiktionale Spion.[138]

O'Brien-ffrench, 1893 als zweiter Sohn des Marquis de Castelthomond geboren, war 1933 nach Wien gekommen, um sein Tourismus-Unternehmen „Tyrolese Tours" auf die Beine zu stellen.[139] Mit seiner damaligen Frau Maud wohnte in einer kleinen Pension nicht weit vom Rathaus.[140] „Wien war voller Spione und Intrigen und Täuschung", schrieb O'Brien-ffrench später in seinen Memoiren.[141] Bald richtete sich das Paar in Kitzbühel ein, wo der Winter-Tourismus gerade Fahrt aufgenommen hatte. Darüber hinaus war der Tiroler Ort für O'Brien-ffrenchs Zwecke günstig gelegen: in der Linie Innsbruck-Salzburg und nach Norden hin in der Nähe zu München bzw. nach Süden hin zu Bozen/Venedig. Vor allem war Kitzbühel der „ideale Platz zum Leben", unverbraucht und von natürlichem Charme, wie O'Brien-ffrench befand.[142]

Der Wechselkurs war so vorteilhaft, dass O'Brien-ffrench einen zweiwöchigen Trip London-Tirol um 14 Pfund, 14 Shillings (etwas mehr als 800 Euro) anbieten konnte. Neben Wintersport bot er den Gästen Sightseeing im Raum Innsbruck-Salzburg sowie in Südbayern. Unter anderem stand Berchtesgaden auf dem Programm, wo damals Adolf Hitler auf dem Berghof residierte.[143] Das war kein Zufall. Denn hinter „Tyrolese Tours" steckte in Wirklichkeit ein Spionagenetz. O'Brien-ffrench war Agent „Z3" der bereits erwähnten „Organisation Z", die den SIS bei der Aufklärung der Achsenmächte Deutschland und Italien unterstützte. Vom Hauptquartier im Londoner Bush House aus, schickte Spymaster Claude Dansey seine Agenten nach Italien, Deutschland, in die Schweiz und in den Alpenraum. Dabei waren sie oft als Geschäftsleute getarnt. O'Brien-ffrench baute mit der Zeit ein effektives Informationsnetzwerk auf.[144] Sein wichtigster Tippgeber war Rudolf von Gerlach, einst engster Mitarbeiter von Papst Benedikt XV. Weitere „sub-agents" konzentrierten sich auf Truppenbewegungen, militärische Einrichtungen und Entwicklungen auf dem Gebiet der Elektronik.[145] Der Aufstieg des Nationalsozialismus führte dazu, dass es immer leichter wurde, NS-Gegner als Informanten im österreichisch-deutschen Grenzgebiet zu rekrutieren. Diese schrieben oder meldeten sich per Telefon, wenn es interessante Neuigkeiten gab. Nach außen hin gab O'Brien-ffrench währenddessen den Playboy – stets auf der Suche nach Vergnügen und Herausforderungen beim Wintersport und Bergsteigen.[146]

1937 machte O'Brien-ffrench im Café des Hotel Tiefenbrunner Bekanntschaft mit Fleming, der wieder einmal auf Besuch in Kitzbühel war.[147] Die beiden verstanden sich gut, sodass O'Brien-ffrench bald hinter die Fassade blickte. Dem jungen Fleming habe es damals an Stabilität und Durchhaltewillen gemangelt. Stattdessen brauchte er Bewegung, Aufregung, Glamour, was dazu führte, dass es ihn nirgends lange hielt.[148] In dem ruhelosen Fleming erkannte O'Brien-ffrench eine überspitzte und aufbrausendere Ausgabe von sich selbst.[149] Das führte dazu, dass er sich mehr öffnete, als es ratsam gewesen wäre. Denn Fleming soll O'Brien-ffrench's Frau leichtsinnigerweise einem Deutschen namens Markwert vorgestellt haben, dem nachgesagt wurde, für die Gestapo zu spionieren. Dieser Markwert führte Maud dann zum Abendessen aus und fragte direkt, ob O'Brien-ffrench für den SIS arbeite. Maud kicherte nervös und antwortete: „Conrad, ein Geheimagent? Oh nein, dafür ist er viel zu dumm."[150]

O'Brien-ffrench sah sich selbst als den Dummen. Für das jahrelange „Hitler-watching" habe er so wenig bezahlt bekommen wie ein Fensterputzer. Immer wenn er Dansey im Carlton Hotel in London traf, führte der kleinliche Debatten über die Reiseausgaben, weil das Budget so schmal war.[151] Als am 12. März 1938 die deutschen Truppen in Österreich einmarschierten, war O-Brien-ffrench laut eigener Angabe von einer osterreichischen Quelle zwei Tage vorher gewarnt worden, dass sich zwei Kolonnen von Bad Tölz auf Rosenheim bewegten. Weil er die Botschaft mit Verspätung erhielt, konnte Brien-ffrench erst am 11. März 1938 vormittags London warnen. Angeblich war es die erste diesbezügliche Information.[152]

Weil es so wichtig gewesen war, hatte O'Brien-ffrench für den Anruf die lokale Telefonvermittlung gewählt und es dauerte eine Stunde, bis er durchkam. Für die Gestapo, die ihre Agenten bereits in die österreichischen Kommunikationsnetze eingeschleust hatte, war es daher einfach, dem Briten auf die Spur zu kommen. O'Brien-ffrench floh in einer viereinhalbstündigen Fahrt an die Schweizer Grenze und soll es gerade noch geschafft haben, den Posten zu passieren. Hinter ihm sollen bereits „Halt, Halt!"-Rufe und einige Gewehrschüsse zu hören gewesen sein.[153] Ganz so glücklich verlief die Flucht aber nicht: O'Brien-ffrench hatte seine verbliebenen Finanzmittel – einige Tausend österreichische Schillinge – in den Absatz eines seiner Stiefel gepackt. Als er in Sicherheit war, musste er feststellen, dass die Banknoten dadurch unbrauchbar geworden waren, was er Dansey kaum erklären konnte.[154]

Als Spion war O'Brien-ffrench freilich „verbrannt". Während des Zweiten Weltkriegs erfüllte er noch einige nicht-militärische Aufgaben in England, Schottland und auf den Westindischen Inseln. Danach ließ er sich in

Kanada nieder und verstarb 1986. Dass er ein Vorbild für James Bond gewesen sei, stellte O'Brien-ffrench in Abrede – allerdings nur auf allgemeiner Ebene: Kein Spion würde über ähnliche Gadgets verfügen oder so mutwillig Gewalt anwenden wie Bond. Aber O'Brien-ffrench war sich ziemlich sicher, dass der von Fleming beschriebene Lebensstil Bonds inklusive vieler schöner Frauen oder sorgfältig ausgewählter Weine seine Erinnerungen an die Zeit in Österreich reflektierte.[155]

Kitzbühel hat aber auch selbst Eingang in Flemings Werk gefunden. In *On Her Majesty's Secret Service* (1963) ist es der Ort, an dem Bond und seine Frau Tracy ihre Flitterwochen verbringen wollen. Doch am Weg dorthin fällt Tracy einem heimtückischen Angriff zum Opfer. Das war eine Anspielung auf einen tragischen Verlust Flemings: Das Fotomodel Muriel Wright, das er 1935 in Kitzbühel getroffen hatte, war 1944 bei einem deutschen Raketenangriff auf London ums Leben gekommen. An diesem Punkt wird deutlich, dass Kitzbühel für Fleming beides war: ein Sehnsuchtsort, der auch mit Trauer und Verlust verbunden war.[156]

Das wird insbesondere in der postum erschienenen Kurzgeschichte *Octopussy* (1966) deutlich, die anfangs in Kitzbühel spielt. Es geht um den britischen Major Dexter Smythe, der als stellvertretender Kommandeur einer Spezialeinheit kurz nach Kriegsende in Tirol Unterschlüpfe der Gestapo und der deutschen Abwehr „ausräuchern" soll. In Kitzbühel stößt Smythe auf Unterlagen, in denen ein Goldbarrenversteck am „Wilden Kaiser. Franziskanerhalt" verzeichnet ist.[157] Der korrupte Smythe beschließt, sich an diesem Schatz zu bereichern. Nachdem er die Waffenkiste mit den zwei Barren gefunden hat, tötet Smythe den einzigen Mitwisser, seinen Bergführer Hannes Oberhauser. 15 Jahre später wird der Mörder von James Bond auf Jamaika gestellt. Der Geheimagent hat ein persönliches Interesse, den Fall aufzuklären. Denn das Opfer war zufällig ein Freund Bonds. Oberhauser hatte ihm vor dem 2. Weltkrieg das Skifahren beigebracht und nicht nur das: „Er war ein wundervoller Mann. Er war eine Art Vater für mich, als ich dringend einen brauchte."[158] Während Fleming mit Smythe ein bitteres Selbstporträt zeichnete, modellierte er Oberhauser wohl an seinem Lehrer Dennis. Dieser war für den unsicheren Teenager, der seinen Vater 1917 im 1. Weltkrieg verloren hatte, ein Vaterersatz gewesen.[159] Quasi als Hommage trug Christoph Waltz als Bösewicht im James Bond-Film *Spectre* (2015) den Namen Franz Oberhauser. Es wurde enthüllt, dass er seinen Vater Hannes durch einen mutwillig herbeigeführten Lawinenabgang getötet hat – aus Eifersucht auf die innige Beziehung zwischen letzterem und dem jungen James Bond.[160]

Welchen Wert die bergkundigen Einheimischen im realen Kalten Krieg tatsächlich darstellten, belegen CIA-Unterlagen. Als der US-Geheimdienst ein Widerstandnetz gegen die Rote Armee einrichtete, wollte man 1954/55 in Kitzbühel den ehemaligen Militärarzt Hans T. rekrutieren. Man gab ihm den Codenamen „GRBEAVER". Für ihn sprach, dass er ein erfahrenerer Bergsteiger und Skifahrer war. Aber letztlich ließ die CIA von T. ab – weil der sich Sorgen um die Sicherheit seiner Familie machte und nur zögerlich dabei mithelfen wollte, ein Flucht- und Evakuierungsnetzwerk für den Kriegsfall aufzubauen. Man trennte sich 1955 im Guten.[161] Nicht alles in der Welt der Spionage ist romantauglich.

Sieht man von Kitzbühel ab, so gibt noch eine weitere Verbindung zwischen Fleming, Bond und Österreich. Es geht um einen ungelösten Kriminalfall, der Fleming inspirierte, eine der spannendsten Sequenzen der Bond-Romanreihe zu schreiben.[162] In *From Russia with Love* nimmt Bond den Orient-Express, um eine russische Überläuferin und eine von ihr mitgebrachte Dechiffriermaschine von Istanbul aus in den Westen zu bringen. Tatsächlich handelt es sich aber um ein Komplott der Gegenspionageeinheit SMERSH, die plant, Bond und seine Begleiterin während der Durchfahrt im Simplontunnel zu ermorden. Vorher aufgenommene Fotos sollen der französischen Presse zugespielt werden, um so einen Riesenskandal zu inszenieren. „Alter Knabe, diese Geschichte hat einfach alles. Den Orientexpress. Eine wunderschöne russische Spionin, die im Simplontunnel ermordet wurde. Schmutzige Fotos. Eine geheime Chiffriermaschine. Einen gut aussehenden britischen Spion mit einer ruinierten Karriere, der die Frau ermordet und dann Selbstmord begeht. Sex, Spione, ein Luxuszug. […], diese Sache wird monatelang in den Nachrichten sein", äußert sich der SMERSH-Killer Donovan Grant begeistert.[163] Dann schießt er auf Bond, verletzt ihn aber „nur". Im anschließenden Handgemenge tötet Bond Grant mit dessen eigener Waffe, einem in einem Buch getarnten Schussapparat.

Dieser Kampf auf Leben und Tod im beengten Zugabteil fußte auf einem ungeklärten Fall, der sich in der Garnitur des Orient-Express tatsächlich abgespielt hatte, wenngleich unter anderen Umständen: Am 23. Februar 1950 befand sich der Kabelmonteur Ignaz Karner auf dem Rückweg von seinem Blockposten und durchquerte den Eisenbahntunnel unter dem Pass Lueg bei Golling. Er dachte sich noch nichts, als sich im Schein der Taschenlampe etwas Unkenntliches abzeichnete: ca. 200 Meter in den Tunnel hinein stieß Karner auf eine völlig verstümmelte Leiche: „Der Körper war in der Höhe des Magens abgetrennt." Vier oder fünf Meter entfernt lag ein Bein zwischen der linken Schiene und der Tunnelwand, das andere zwischen den

Gleisen. Karner berührte den Toten an der linken Schulter und stellte fest, dass der Körper „noch etwas warm" war: „Da ich Angst hatte, dass mir durch den Anblick schlecht wurde, suchte ich nicht weiter nach einzelnen Teilen, sondern ging weiter in der Richtung nach Golling." Dort verständigte Karner den Bahnhofsvorstand und alsbald begannen die Erhebungen.[164] Ein Diplomatenpass und eine Kurierfahrkarte, die man bei dem Toten fand, gaben Auskunft über seine Identität: Hauptmann Eugene Simon Karpe, 45 Jahre alt, seit 1946 Marine-Attaché an der US-Botschaft in Bukarest. Der Offizier war im Arlberg-Express Nr. 111 von Wien nach Paris unterwegs gewesen und zwar in jenem Wagenteil, der zum Orient-Express gehörte. In besagtem Tunnel bei Golling fand die Reise gegen 13.35 Uhr ein jähes Ende. Karpe stürzte aus dem fahrenden Zug.[165] Warum und unter welchen Umständen ist bis heute ungeklärt.

Für einen Selbstmord gab es keine Anhaltspunkte. Karpe, den seine Marine-Kameraden „Fisch" nannten,[166] galt als „lebensfroher Mann". Seine beachtliche Größe und körperliche Stärke ließen bei den österreichischen Behörden die Vermutung aufkommen, dass Karpe „im kritischen Augenblick" das Gleichgewicht verloren hatte – und zwar als der Zug im Unglückstunnel eine scharfe Rechtskurve passierte. In diesem Moment sei der Offizier aus einer Tür gestürzt, die aufgerissen worden war.[167] Die Gleise waren in der Kurve überhöht, wodurch sich Lok und Wagen beim Durchfahren stark in die Kurve legen und auch Schleuderbewegungen auftreten können."[168] Ein weiteres Indiz für die Unfallthese war, dass ausgerechnet die rückwärtige Tür des Waggons vor Karpes Schlafwagen „sehr schlecht" schloss. Mitreisende sagten zudem aus, „sie hätten gesehen und gehört, dass eine Tür auf- und zugeschlagen habe". Weil der Arlberg-Express kurz vor dem Tunnel einen halbstündigen Aufenthalt hatte, war es auch möglich, dass jemand den Zug verlassen und beim Wiedereinsteigen die Türsicherung nicht geschlossen hatte. Außerdem fanden sich Dichtungslack-Farbspuren vom Rahmen eben jener schlecht schließenden Tür an Karpes linker Schuhspitze. Er habe sich noch festhalten können, „aber infolge des Luftdruckes" die Griffstange auslassen müssen. Karpe sei dann „mit dem Kopfe an die Tunnelwand und von dort aus unter den Zug geschleudert" worden.[169] „Nach diesem Stand der Dinge ist die Wahrscheinlichkeit eines Unfalles größer als die eines Verbrechens", heißt es in einem zusammenfassenden staatspolizeilichen Bericht.[170]

Der letzte Mann, mit dem man Karpe zusammen frühstücken gesehen hatte, war kein „gewöhnlicher Student", wie zuerst behauptet, sondern ein US-Amerikaner namens Russell McMichan. Er soll laut Zeitungsmeldungen zum Stab der US-Besatzungsbehörde gehört haben und wegen eines Spezialauftrags kurz in Österreich gewesen sein.[171] McMichan erinnerte sich nur, dass sein Gegenüber ein einfaches Frühstück und dann eine Flasche Mineralwasser zum Mittagessen getrunken habe. Nichts habe den Eindruck erweckt, dass Karpe in Gefahr gewesen wäre.[172] Der zugeknöpfte französische Schlafwagenschaffner wiederum wollte erst in Innsbruck bemerkt haben, dass ein Passagier fehlte. Man vermutete, dass er etwas von dem Sturz „gewusst hat und aus Angst nicht spricht".[173]

Viele Fragezeichen blieben. Die US-Besatzungsbehörden, die den Fall ebenfalls untersucht haben, rekonstruierten den Todessturz mit Sandsäcken, die dasselbe Gewicht hatten wie Karpe. Denn eines gab ihnen besonders zu denken: Karpe war an die Tunnelwand geprallt und nicht seitwärts gefallen, wie man vermuten würde. Gleich zwei Beamte mussten den Sandsack mit voller Wucht aus der Tür werfen, um dasselbe Ergebnis zu erzielen.[174] Also doch ein Mord im Arlbergexpress?

Es gab auch ein mögliches Motiv: Für einen US-Attaché in einem kommunistischen Land war Informationsbeschaffung natürlich ein wichtiger Teil des Jobs, was Karpe unweigerlich ins Visier der gegnerischen Spionageabwehr brachte.[175] Freunden gegenüber soll Karpe während des Wien-Aufenthalts mehrmals geäußert haben, „dass er sich auf allen seinen Wegen beobachtet fühlte."[176] Karpe war außerdem in ein riskantes Unternehmen verstrickt: Er wollte einen Freund aus kommunistischer Haft befreien. Der US-Geschäftsmann Robert Vogeler war 1949 beim Versuch, die ungarischen Werke seiner Firma (Internationale Telefon- und Telegraphengesellschaft) vor der Verstaatlichung zu retten, eingesperrt worden. Karpe und Vogeler teilten dieselbe Begeisterung für die US-Navy und hassten den Kommunismus. Um den Freund freizubekommen, versuchte Karpe ein Kommando von antikommunistischen Emigranten auf die Beine zu stellen. Und zwar unmittelbar vor seiner letzten Paris-Reise. Karpe hielt sich neun Tage in Wien auf und nutzte die Zeit für Treffen mit Informanten und Doppelagenten.[177] Einen Tag vor seinem Tod war er noch bei Vogelers Frau Lucile, die damals in Wien lebte.[178] Ein Feuerzeug, das Karpe geborgt hatte und als Erkennungszeichen bei der Befreiung hätte dienen sollte, wurde später bei seiner Leiche gefunden.[179]

Kurz nach Karpes Tod wurde Frau Vogeler von einer Unbekannter angerufen, die Englisch mit leichtem Akzent sprach: „Wissen Sie schon, was Ihrem Freund zugestoßen ist? Sie sollten das Schicksal Ihres Freundes im Gedächtnis behalten."[180] Ins Spiel brachte Frau Vogeler noch eine ungarische Blondine, die Karpe auf früheren Reisen im Orient-Express getroffen haben soll. Die Frau war immer wieder zwischen Paris und Budapest unterwegs, was angesichts des strengen Grenzregimes in Ungarn verdächtig war. Angeblich soll Karpe noch ein Treffen in Paris vereinbart haben, um dahinter zu kommen, was die Frau im Schilde führte. Die Unbekannte soll in Wirklichkeit die Mätresse von Mátyás Rákosi, Generalsekretär der ungarischen KP, gewesen sein.[181] Auch wenn letzteres etwas weithergeholt erscheint, ist es durchaus vorstellbar, dass die ungarische Staatssicherheit die Frau auf Karpe angesetzt hatte, um diesen während seiner häufigen Fahrten im Orient-Express auszuhorchen.[182] Auf seiner letzten Fahrt war Karpe laut Zeugenaussagen seiner Mitreisenden aber nicht in Begleitung einer Frau. Die Passagiere wurden überprüft. Die Ermittlungen ergaben nichts Verdächtiges, was mit dem Todesfall zu tun gehabt hätte.[183] Es ist aber gut möglich, dass Fleming die 1952 veröffentlichen Memoiren Vogelers oder entsprechende Medienberichte kannte und sich insbesondere durch die angebliche Verwicklung einer schönen Frau inspirieren ließ. Fleming soll überzeugt gewesen sein, dass Karpe einem kommunistischen Spion zum Opfer gefallen war.[184]

Eine weitere mysteriöse Geschichte schien das zu stützen: In der Nacht vom 16. auf den 17. November 1951 wurde in der Westschweiz ein erschöpfter Rumäne namens Ryan Taresco aufgegriffen. Er behauptete, im 2. Weltkrieg bei den Partisanen gekämpft zu haben. Anschließend sei er auf der Militärschule in Rumänien und später in Moskau gewesen. Auf seinem Oberkörper hatte Taresco Hammer und Sichel eintätowiert, was für die Schüler „obligatorisch" gewesen sein soll. So richtig aufhorchen ließ Taresco aber mit folgender Geschichte: Um seine Verlässlichkeit zu prüfen, habe man ihm eine Reihe „heikler Aufgaben" übertragen – eine davon sei die Ermordung von Karpe gewesen.[185] Laut Taresco war er zunächst nach Triest geschickt worden und habe schließlich den Auftrag bekommen, sich mit dem in Bukarest stationierten Karpe in Verbindung zu setzen. An diesen sei er mit dem Vorwand herangetreten, er wolle ins Ausland flüchten. Karpe habe seine Unterstützung zugesagt und Taresco angewiesen, denselben Zug zu benutzen: „Im Zug zwischen Bukarest und Paris habe er nun, unterstützt von 2 Komplicen, deren Namen er nicht preisgeben wolle, Hauptmann Karpe zuerst die Dokumente gestohlen und ihn dann ermordet."[186] Die entwendeten Unterlagen hätten in Rumänien zur Verhaftung von über 300 Saboteuren geführt. 1951 sei Taresco der Boden zu heiß geworden, weshalb er nach Westeuropa floh.[187]

Während in den Medien groß berichtet wurde, dass der Fall damit geklärt sei, bekam Tarescos Glaubwürdigkeit Risse. Er hatte einzelne Fragen „offensichtlich unwahr" beantwortet und seine Version immer wieder geändert, wahrscheinlich, um als politischer Flüchtling anerkannt zu werden. Schließlich erklärte er, in Wirklichkeit Litauer zu sein und Alexander Milkevick zu heißen. Er sei ein Offizier der Roten Armee, der wegen einer „Liebensangelegenheit“ desertieren habe müssen. Dieses Verwirrspiel war den Behörden zu viel. Weder Österreich noch die USA bemühten sich um eine Auslieferung. In einem Bericht an den Schweizer Bundesrat hieß es, die amerikanischen Polizeibehörden seien der Überzeugung, „Hptm. Karpe sei nicht das Opfer eines Anschlages geworden, sondern tatsächlich verunfallt“.[188]

In einem Schreiben an den Polizeikommandanten von Bern wurde letzterer Punkt noch weiter ausgeführt. Tarescos Behauptung, die Tat mit zwei Gehilfen begangen zu haben, würde „nicht zutreffen“: „Diese Auffassung stützt sich auf das Ergebnis der sehr einlässlichen Untersuchung, die von den amerikanischen Behörden in Österreich nach dem mysteriösen Todesfall des Hptm. Karpe durchgeführt worden ist. Viele Einzelheiten in den Aussagen des Taresco stimmen mit jenem Ergebnis nicht überein.“[189] Zwischenzeitlich war auch ein Wien stationierter „Commander Cook“, ein US-amerikanischer Polizeioffizier, nach Bern gekommen, um Taresco zu vernehmen. Das dauerte vier Stunden, brachte aber keine Klarheit: „Taresco beantwortete einzelne der auf Wunsch von Commander Cook gestellten Fragen überraschend richtig (im Vergleich zu dem, was sich in der amerikanischen Untersuchung in Österreich ergeben hatte), während er auf andere Fragen völlig falsche oder offenkundig unwahre Antworten erteilte.“ So schilderte er das Aussehen Karpes „ziemlich genau“, behauptete aber gleichzeitig, dieser wäre höchstens 1,70 m groß gewesen. Dabei war Karpe mit 1,98 m auffallend großgewachsen.[190] Außerdem erzählte Taresco, dass dem Hauptmann Dokumente gestohlen worden seien – obwohl dieser keine geheimen Unterlagen mit sich geführt hatte. Taresco erwähnte auch nur drei Gepäcksstücke Karpes, während dieser mit elf Taschen gereist war. Und genauso wenig stimmte die Angabe, dass Karpe nach einem Handgemenge durch die linksseitige Tür eines 2-Klasse-Wagens gestoßen worden sei (er fiel von der rechten Seite). Cook kam zum Schluss, dass Taresco nicht der Mörder Karpes gewesen sein könne. Er sei dem Hauptmann nie begegnet und an jenem Tag auch nicht mit dem Orient-Express unterwegs gewesen.[191]

Dafür kam der Verdacht auf, dass Taresco sehr wohl ein „russischer Spitzel oder Agent“ sein könnte. Nicht nur, dass er „gewisse Schwierigkeiten“ hatte, sich in Rumänisch auszudrücken,[192] in seinem Adressbuch fand sich der Name eines Verdächtigen, gegen den in den USA wegen „kommunistischer Umtriebe“ ermittelt wurde.[193] Ende Juni 1952 stellten die Schweizer Behörden fest, „dass wir es bei Taresco nicht mit einem geistig kranken Manne zu tun haben.“ Seine Aussagen seien „nicht das Ergebnis krankhafter Gedankengänge“, sondern „wohl mit Absicht“ unwahr.[194] Man wollte den

Mann, der als „unerwünschter Ausländer“ eingestuft wurde, dazu bringen, das Land „so rasch als möglich zu verlassen“.[195] Zu diesem Zweck brachte man Taresco zunächst in die Justizvollzugsanstalt Witzwil, dann in die Heil- und Pflegeanstalt Waldau und schließlich am 10. Oktober 1952 in der Arbeiterkolonie Dietisberg. Kalkül dahinter war, „dass die Luft in Dietisberg Taresco veranlasst, von sich aus unser Land zu verlassen“, wie es in einem Dokument süffisant heißt.[196] Dem Vorsteher des Justiz- und Polizeidepartements, Bundesrat Markus Feldmann, war schon Ende Juni 1952 vorgeschlagen worden, dass Taresco „heimlich über die Grenze abgeschoben wird, und zwar in der Richtung nach Frankreich“. Dabei sei ihm ein „Reisegeld“ in der Höhe von etwa 50 Francs mitzugeben.[198] Dieses Vorhaben dürfte so umgesetzt worden sein. Am 13. Oktober 1952 war Taresco aus Dietisberg verschwunden. Mitte November 1952 erreichte den Schweizer Bundespolizeichef André Amstein die Mitteilung, dass sich der Rumäne in französischen Mühlhausen in Haft befände. Taresco habe ausgesagt, „er sei von der Schweizer Polizei illegal nach Frankreich überstellt worden“. Eine Rücknahme wurde aber seitens der Schweiz ausgeschlossen, „da Taresco seiner Zeit ohnehin illegal von Frankreich zugereist sei“.[199]

Taresco lebte danach in Nizza und versuchte Anfang 1959 nochmals, sich in die Schweiz durchzuschlagen. Er wurde unter ähnlichen Umständen wie sieben Jahre zuvor aufgegriffen und dieses Mal rasch wieder der französischen Polizei übergeben.[200]

Der Tod Karpes blieb ein Rätsel, trotz enormen Aufwands. So hatte man den Schlafwagen, aus dem der Offizier gestürzt war, nach Wien gebracht, wo er unter Bewachung verwahrt wurde. US-amerikanische Ermittler untersuchten alles genau und fotografierten das Inventar, Fenster und Türen. Seitens der Staatspolizei soll Maximilian Pammer Raub- und Selbstmord ausgeschlossen haben. Die kritische Frage, ob es ein Unfall oder ein politisch motivierter Mordanschlag gewesen sein könnte, ließ er offen. Es gab keine Hinweise, die irgendeine Theorie bestätigt hätten. Auch die Autopsie des Toten in einer US-Armee-Klinik in München brachte keine Klarheit. Und schließlich sollte eine gemeinsame Kommission von US-Armee und US-Marine zu keinem eindeutigen Ergebnis kommen.[201]

Das CIC, NS-Agenten und die „vierte Partei"

Bei der Gründung des Verbands der Unabhängigen (VdU), Vorgängerorganisation der heutigen Freiheitlichen Partei Österreichs (FPÖ), spielten Geheimdienste, ehemalige NS-Agenten und die Politik des Kalten Krieges eine bedeutende Rolle. Dieser Aspekt der Geschichte des VdU war nur ein Randthema, als das Freiheitliche Bildungsinstitut Ende 2019 einen „Bericht der Historikerkommission" zur FPÖ-Parteigeschichte vorlegte.[202]

Der VdU hatte sich am 26. März 1949 in Salzburg konstituiert und war von Anfang an ein Sammelbecken der „Ehemaligen" – also jener österreichischen Nationalsozialisten, die Ende der 1940er Jahre gegen die „Entnazifizierung" aufbegehrten. Diese hatte für den Großteil der 700.000 ehemaligen NSDAP-Mitglieder in Österreich Registrierung, Berufsverbote, Sühnemaßnahmen und Wahlausschluss gebracht. Außerdem wurden rund 2.000 Personen wegen NS-Gewaltverbrechen von Volksgerichten verurteilt und über 10.000 NS-Funktionsträger bis 1947 in alliierten Internierungslagern festgehalten. Obwohl die „Entnazifizierung" durch die im April 1948 beschlossene „Minderbelastetenamnestie" von ca. 500.000 Personen überwiegend beendet war, stilisierten sich die „Ehemaligen" weiter zu Opfern.[203]

Es war dann auch die Agitation gegen die „Entnazifizierung", die den VdU-Gründer, den Journalisten Herbert Kraus, bekannt machte. Beispielsweise verlautbarte er in einer VdU-Versammlung im Salzburger Stieglkeller Anfang Juni 1949: „In keinem anderen Staat der Welt hat eine so grausame Verfolgung der Mitläufer des NS-Regimes stattgefunden, wie in Österreich. […] Es gibt nur eines, die derzeitige NS-Gesetzgebung muss einfach gestürzt werden."[204] Solche Ansichten konnten wieder geäußert werden, weil sich Ende der 1940er Jahre die Priorität zugunsten der gesellschaftlichen und politischen Reintegration der „Ehemaligen" verschoben hatte. Bei den Wahlen zum Nationalrat am 9. Oktober 1949 durfte zum ersten Mal wieder mehr als eine halbe Million „Ehemaliger" wählen und um Abgeordnetensitze kandidieren. Wenige Wochen vorher, im September 1949, stimmten die US-amerikanischen Besatzungsbehörden der Zulassung des VdU endgültig zu. Dabei war US-Hochkommissar Geoffrey Keyes dem VdU zuvor noch ablehnend gegenübergestanden, konnte sich damit aber im alliierten Rat gegenüber Frankreich und Großbritannien nicht durchsetzen.[205] Vor allem aber wurde Keyes von US-Außenminister Dean Acheson auf Linie gebracht. Dieser teilte dem US-Hochkommissar am 15. Juli

1949 telegraphisch mit, dass es besser sei, wenn sich alle politischen Kräfte in Österreich entfalten könnten und nicht erst nach Abzug der Alliierten.[206] Dabei waren die USA ursprünglich mit dem „engagiertesten Konzept einer Entnazifizierung, verbunden mit einer Revolution von oben und einem Elitenaustausch" nach Österreich gekommen waren, so der Historiker Oliver Rathkolb.[207] Aber bereits 1949 wurde deutlich, dass im nunmehrigen Kalten Krieg die Aufrechterhaltung des Status quo gegen die „kommunistische Gefahr" Priorität hatte. Die USA zogen sich „völlig" aus dem Entnazifizierungsdiskurs zurück. Von nun an wurden die „Ehemaligen" integriert, „um den antikommunistischen Block zu stärken", so Rathkolb.[208]

Um dieses Ziel zu erreichen, leistete die Spionageabwehr der US-Armee, das Counterintelligence Corps (CIC), Kraus beim Aufbau des VdU verdeckte Hilfe. Die Verbindung zum VdU-Gründer reichte freilich länger zurück. Er selbst hatte einen nachrichtendienstlichen Hintergrund. Kraus war im 2. Weltkrieg als Abwehroffizier („Abwehr II") in der Ukraine stationiert gewesen und hatte dort an der Ausbildung der zur Partisanenbekämpfung eingesetzten Wlassow-Truppen mitgewirkt.[209] Er wurde vor ein Kriegsgericht gestellt, nachdem er die Besatzungsmethoden kritisiert hatte.[210]

Nach Kriegsende gründete Kraus in Salzburg das Österreichische Forschungsinstitut für Wirtschaft und Politik und gab ab Mai 1946 die von der US-Besatzungsmacht genehmigte Wochenschrift *Berichte und Informationen* heraus.[211] Wie Kraus in seinen Memoiren schrieb, hatte er die „Freundschaft der Amerikaner" gesucht: „Die Gründung des Instituts brachte uns den CIC von selbst ins Haus. Seine Funktionäre hatten ebenso wie unsere späteren Freunde von der politischen Abteilung laufend Berichte über die Stimmung und das politische Geschehen zu erstatten. Da konnten sie uns nicht genug über unsere Meinungen und Erfahrungen befragen – im Büro und bei den gegenseitigen privaten Einladungen." Das Institut habe überhaupt das Interesse der Besatzungsmächte geweckt: „Der englische Verbindungsoffizier, Major Gardener, kam regelmäßig zum politischen Gedankenaustausch. Vom französischen ‚Deuxieme Bureau' (so etwas wie die deutsche Abwehr) hielt Captain Baudet den engsten Kontakt mit uns." Einmal habe sich auch eine sowjetische Delegation angemeldet und wollte nur wissen, „ob wir ‚geheime Agenten der Amerikaner' oder eine unabhängige österreichische Institution seien."[212] Die Frage war berechtigt. Tatsächlich gingen Kraus' Kontakte – vor allem zur Salzburger Stelle des CIC – über reinen Gedankenaustausch weit hinaus. Wie aus einer Mitteilung von Anfang April 1962 hervorgeht, hatte das CIC 1945 Kontakt zu Kraus hergestellt und ihn als

Informanten rekrutiert, der mehrere Netze von Zuträgern führte. Das wichtigste davon sollte sich aber als Erfindung herausstellen.[213] Die CIA, die ab Ende der 1940er Jahre allmählich die Agenden des CIC in Österreich übernahm, erwog 1954/1955 sogar selbst, Kraus zu rekrutieren. Aber man entschloss sich dagegen, nachdem dieser immer noch lockere Kontakte zum CIC unterhielt und man an seiner Vertrauenswürdigkeit zweifelte.[214]

Der US-amerikanische Historiker Norman Goda zitiert aus CIC-Dokumenten, wonach man Kraus dort wegen seiner Verlässlichkeit und pro-amerikanischen Haltung schätzte, ungeachtet seiner „milden rechten Tendenzen" („mild rightist tendencies"). Kraus habe sich außerdem empfohlen, weil er nach Kriegsende 1945 mithalf, dass zahlreiche SS-Angehörige den US-Behörden in die Hände fielen. Zudem habe er vier nachrichtendienstliche Operationen gegen die KPÖ mit in die Wege geleitet. Schon 1948 hatte der CIC-Operationschef in Salzburg, Major James Milano, festgehalten, dass die nachrichtendienstliche Arbeit der US-Armee in Österreich zu einem Drittel von Kraus abhing. Deshalb, so Goda, liege der Schluss nahe, dass Kraus Institut eine nachrichtendienstliche Funktion („intelligence-gathering function") hatte.[215] In einem anderen Dokument ist die Rede davon, dass Kraus für US-Stellen Kontakte zu osteuropäischen Emigranten hielt, die sich als Anführer künftiger Exilregierungen positionierten.[216]

Der CIC tat auch das Seine, um die Entstehung des VdU auf verdeckte Weise zu unterstützen. Die wichtigsten Kontakte verliefen über den sogenannten „Gmundner Kreis" rund um den Ex-SS-Obersturmbannführer Wilhelm Höttl. Laut ihm bestand diese Gruppe aus „ehemaligen Nationalsozialisten, nicht sehr prominenten, die rechtzeitig Anschluss gefunden hatten an das CIC". Es seien vor allem Journalisten gewesen: „Und die dachten eher daran, eine vierte Partei aufzumachen oder zu unterstützen und sich damit zu empfehlen, dass sie eben Verbindung zum CIC hatten."[217]

Höttl selbst war 1938-1945 Referent im Auslands-Sicherheitsdienst (SD) gewesen und galt als Experte für Ungarn und den Balkanraum. Nach Kriegsende 1945 machte er eine erstaunliche zweite Karriere: Als Autor, Gründer des Privatrealgymnasiums in Bad Aussee und als Spion verschiedener Geheimdienste und zeitweiliger Informant für „Nazijäger" Simon Wiesenthal.[218] Höttl wurde Ende 1947 nach Haft in Nürnberg und in Dachau ins Lager Kleßheim bei Salzburg überstellt, wo er einen Prozess vor einem österreichischen Volksgericht zu erwarten hatte. Doch im Dezember 1947 entließ die US-Armee Höttl und verweigerte seine Auslieferung.[219] Es dauerte nicht lange und der CIC-Major Edward Prix wurde vorstellig. Er fragte Höttl, ob das Angebot, seine früheren Agentennetze in Osteuropa zu reaktivieren, noch gültig sei: „Als Gegenleistung versprach er [Prix], alle in Frage kommenden Mitarbeiter zu decken – auch wenn sie ‚hohe Nazi' gewesen wären."[220]

Ab Juli 1948 war es soweit: Höttl installierte für das CIC Field Office Gmunden zwei Agenten-Netzwerke. Zur Seite standen ihm dabei die beiden ehemaligen SS-Männer Karl Kowarik und Erich Kernmayr. Sie waren zwischen 1945 und 1947 in Glasenbach interniert gewesen und hatten dort eine NS-Untergrundgruppe organisiert, welche als „Spinne" bekannt wurde. Deren wichtigste Anliegen waren die Rehabilitierung der „Ehemaligen" und eine pan-germanische Agenda.[221] Es kursierten auch Gerüchte, wonach „Spinne" eine Fluchthilfeorganisation gewesen sei. Beispielsweise gab ein Informant 1949 an, „Spinne" hätte NS-Funktionären in Österreich und in Süddeutschland die Flucht aus alliierten Internierungslagern ermöglicht, während Kernmayr diese Aktivitäten mit in den Alpen versteckten Wertgegenständen ungarischer Juden finanziert haben soll.[222] Einer breiten Öffentlichkeit wurde „Spinne" 1949 bekannt, als der Journalist Curt Riess in einer „Enthüllungsserie" angebliche Hintergründe aufdeckte und den NS-Propagandisten Johannes von Leers zu einem Führungsmitglied machte.[223] Seitdem wird „Spinne" als mächtige NS-Fluchtorganisation imaginiert, deren Wirkungsbereich sich bis in den Mittleren Osten, nach Südamerika und Südafrika erstreckt habe.[224] An der Entstehung dieses Mythos hatten Kernmayr und Kowarik selbst Anteil. Höttl behauptete, es sei Kernmayrs „ständiger Slogan" gewesen: „Du musst wie die Spinne im Netz sein und nur die Fäden ziehen, alles andere machen wir." Dieser Kernmayr-Spruch sei dann in der Presse „reichlich ausgeschlachtet" worden.[225]

In einem Bericht der Organisation Gehlen vom Juni 1949 wiederum ist die Rede davon, dass die „Spinne" nur eine Umschreibung für das Netzwerk Höttls war: „Die Bezeichnung ‚Spinne' stammt von Kernmeyer [sic!], der sie anfangs wohl nur vergleichsweise gebrauchte; sie wurde aber vom engsten Kreis seiner Mitarbeiter wegen ihrer bildhaften Einprägsamkeit übernommen." Kernmayr sei bestrebt gewesen, die Verwendung von „Spinne" wieder zu unterbinden, weil man ihn darauf aumerksam gemacht hatte, „dass diese Bezeichnung an sich schon von jedem Staatspolizisten und Untersuchungsrichter als Beweis für staatsgefährliche Absichten, Neonazismus oder wenigstens Geheimbündelei qualifiziert werden müsse."[226]

Was nun die gemeinsame Arbeit von Höttl, Kernmayr und Kowarik für das CIC anging, so handelte es sich zunächst um ein Spionage-Netzwerk mit dem Codenamen „Montgomery", das in Ungarn Informationen über militärische und kommunistische Aktivitäten sowie über wirtschaftlich-industrielle Entwicklungen beschaffen sollte.[227] Verantwortlicher Operationschef war der ehemalige SS-Hauptsturmführer Karoly Ney. Er stellte mit mehreren Dutzend Freiwilligen, vor allem ungarische Kriegsveteranen und Emigranten, die Antibolschewistische Magyarische Hauptkampflinie (AMA) auf.[228] Ihr Hauptquartier hatte die Truppe in einem Gebäude des CIC in Lambach, 25 km von Gmunden entfernt. Ausbildungsmaßnahmen wurden rund um eine Hütte des Alpenvereins bei Grünau durchgeführt. Die abgelegene Gegend im Toten Gebirge eignete sich für das Training im Partisanenkampf. Als „Pressechef" und Leiter der „aktiven Erkundung" bei der „AMA" fungierte Kernmayr.[229]

Parallel zu „Montgomery" lief ein weiteres Unternehmen: „Mount Vernon". Ziel war es, eine „österreichische Nachrichtenorganisation" aufzubauen, „die im Ernstfall als antibolschewistische Untergrundbewegung funktionieren soll."[230] Vor allem aber ging es um Informationsbeschaffung über die KPÖ und über sowjetische Aktivitäten in Österreich.[231] Die Leitung oblag Kowarik. Das CIC stellte für seine Truppe, „vorwiegend Leute aus der früheren Hitler-Jugend", „reichlich" Finanzmittel zur Verfügung. Angeblich Kowarik reiste auch nach Bayern, um eine Funk- und Sabotageausbildung zu organisieren.[232] Was die nachrichtendienstliche Ebene betraf, so sollen sich unter den acht „Quellen" von „Mount Vernon" zwei frühere SS-Geheimdienstoffiziere und ein SS-Untersturmführer befunden haben.[233]

Das gesamte Unternehmen stand unter keinem guten Stern. Das Lager in Grünau wurde schon Mitte November 1948 aufgelöst, weil es angeblich von einem ungarischen Spitzel infiltriert worden war.[234] Ebenso problematisch waren Neys Nahverhältnis zum französischen Geheimdienst und dass er aus Sicht des CIC keine Befehle befolgen wollte.[235] Höttl zufolge führten „Finanzierungsfragen" zum Bruch. Er sei Neys „Soldatenspielerei" immer skeptisch gegenübergestanden. Irgendwann „konnte und wollte" er dann die Übungen Neys aus dem „schmalen Budget" nicht mehr finanzieren.[236] Höttls restliche Netzwerke hielten noch bis 1. September 1949, dann wurden auch sie aufgelöst. Beim CIC war es zu einer „allgemeinen Neuorientierung" gekommen. Neun Beamte, die mit Höttl eng zusammengearbeitet hatten, wurden abgelöst.[237]

CIC-Operationschef Milano meldete, warum man „Mount Vernon" und „Montgomery" fallen gelassen hatte: Höttl sei ein „exzellenter" Nachrichtendienstler, aber auch „extrem gefährlich" („extremely dangerous"). Einer Verurteilung als Kriegsverbrecher sei Höttl nur deshalb entkommen, weil er sich im Nürnberger Kriegsverbrecherprozess als Zeuge für die Anklage zur Verfügung gestellt hatte. Entgegen anderslautender Warnungen hatte er in der Folge die Spionagearbeit mit der lokalen Politik vermischt[238] und die eigentliche Aufgabe vernachlässigt. So seien die gelieferten Berichte seit einem halben Jahr „extrem schlecht" („extremely poor") und die monatliche Kosten von 2.600 Dollar nicht wert gewesen.[239]

Besonders ungehalten war man beim CIC darüber, dass Höttl, Kowarik und Kernmayr US-Ressourcen für ein innenpolitisches Projekt verwendet hatten, die Etablierung einer „vierten Partei" als Vertretung der „Ehemaligen".[240]

Zu diesem Zweck hatte sich der informelle „Gmundner Kreis" organsiert. Zu den Führungsfiguren zählte neben Höttl, Kernmayr und Kowarik auch Stefan Schachermayer, der ehemalige Gauinspektor der NSDAP in „Oberdonau". Dieser sei „recht vernünftig" gewesen, „brachte aber auch zwangsläufig ehemalige Parteigenossen mit, die vor allem aus dem Linzer Raum und der dort ansässigen neuen Industrie (VOEST) wertvolle Nachrichten brachten", erinnerte sich Höttl.[241] In weiterer Folge suchte man den Kontakt zu Kraus, der schon 1947 die Stimmung unter internierten Nationalsozialisten im Lager Glasenbach ausgelotet und festgestellt hatte, dass große Zustimmung für das Projekt einer „vierten Partei" vorherrschte.[242] In seinen eigennützigen Memoiren spricht Höttl davon, dass Kernmayr, Kowarik und Schachermayr den VdU „mit allen Mitteln" unterstützt hätten, „wofür die Deckung durch den CIC sehr wertvoll war".[243] Er selbst habe sich von der „innenpolitischen Entwicklung" stets „fernhalten" wollen.[244] Das habe ihn nicht davor bewahrt, später für den „Gmundner Kreis" den Kopf hinhalten zu müssen.[245]

Näher an der Realität erscheinen zeitgenössische Bewertungen der Außenorganisationen der Organisation Gehlen in Österreich, auch wenn hier quellenkritischer Vorbehalt angebracht ist. In einem Dokument von 1948 wird festgehalten, dass der Nachrichtendienst für Höttl „ein Mittel zum Zweck" sei „und zwar für einen Zweck politischer Natur." Er habe es als sein Ziel bezeichnet, ein tragbares Verhältnis „zwischen der Regierung und der nationalen Opposition sowie zwischen Österreich und dem ‚deutschen Raum'" herzustellen: „Man müsse die ehemaligen Nationalsozialisten, sofern sie aufbauwillig sind, aus der sozialen Misere herausführen und sie wieder an den österreichischen Staat anschließen."[246]

Letztendlich zusammengebracht wurde der „Gmundner Kreis" mit dem VdU durch das CIC. In seinen Memoiren schreibt Kraus, dass ihn im März 1949 der CIC-Offizier Jack Hiebler informierte, „dass der CIC in einer beschlagnahmten Villa in der Nähe von Gmunden ein Büro eingerichtet habe, in dem einige ehemals führende Nationalsozialisten bestimmte antikommunistische und sonstige Geheimdienstaufgaben zu erfüllen hätten." Da Kraus nach der Gründung des VdU nun der „Sprecher aller belasteten Nazis" sei, würden ihm diese „ihre Wünsche an die neue Partei vorbringen". Hiebler habe vorgeschlagen, Kraus mit dem Auto hinzufahren.[247] Dieser „Hiebler" hieß in Wirklichkeit Heibler und trat unter dem Alias „Mr. Huebner" auf. Es handelte sich um den Assistent Chief of Operations der CIC-Stelle in Salzburg. Er war dort unter anderem für die Sicherheit des V-Manns Richard Kauder vor sowjetischen Entführungsversuchen zuständig.[248] Auf Heibler wird in dem CIA-Dokument von 1952 referenziert. Er hatte den Bericht eines Informanten abgezeichnet, wonach sowohl die Staatspolizei als auch der parallele Nachrichtendienst der ÖVP unter Staatssekretär Ferdinand Graf von der KPÖ und von den Sowjets unterwandert worden sei.[249]

Zu dem Treffen mit dem „Gmundner Kreis" ließen sich Kraus und sein wichtigster Mitstreiter, der Journalist Viktor Reimann, nicht von Heibler, sondern von dem oberösterreichischen VdU-Leiter Gustav Neumann chauffieren. In der Villa Maria Luise, Kernmayrs Residenz in Altmünster bei Gmunden, warteten an die 30 Personen, der „Inner Cercle des ‚Gmundner Kreises'". Neumann soll gesagt haben: „Da sitzen 300 Jahre Kerker."[250] In seinen Memoiren behauptete Kraus, er habe sich gegen den Besuch gesträubt und erklärt, „dass ich wohl viele Wählerstimmen ehemaliger Nazi erwarte, aber dazu keinen solchen Kontakt brauche". Als die CIC-Leute nicht nachgaben, habe er eingewilligt – „aber mit der Einschränkung, den ‚Sprechern der Nazi' nicht anders zu begegnen, als ich den Sprechern der ÖVP, der SPÖ oder der KPÖ begegnen würde." Es sei dann „nur zu einigen distanzierten Gesprächen" gekommen – „aber sie waren keineswegs nützlich, denn sie brachten auf der nationalen Seite nichts als Missverständnisse".[251]

Aus einem fragmentarischen staatspolizeilichen Dokument von 1953 geht hervor, dass die Kontaktaufnahme deutlich früher erfolgte, als von Kraus angegeben. Demnach hatten sich Höttl und Kernmayr „vor Gründung des VdU" mit Kraus in Verbindung gesetzt, um mit diesem „nachrichtenmäßig" zusammenarbeiteten. Sie hätten Kraus das Versprechen gegeben, „dass die Nachrichtenorganisation unter Dr. Höttl dem VdU zur Verfügung stehen würde. Die Organisation Dr. Höttl streckte dann wie eine Spinne ihre Fühler über ganz Österreich aus, um alle ehem. führenden Nazi für den VdU zu gewinnen."[252]

Welche Leistungen angeblich erbracht wurden, darüber gibt eine detaillierte Chronologie Aufschluss, die Teil einer CIC-Akte ist. Demnach hatte das erste Treffen zwischen Kraus, Höttl und Kernmayr am 10. Jänner 1949 stattgefunden. Vereinbart wurde eine „Unterstützung der Parteigründung“. Man kam außerdem überein, den VdU „durch Flüsterpropaganda zu unterstützen“. Ein anderes Mal berichtete Kernmayr, „er habe der ‚Neuen Front‘ [publizistisches Organ des VdU] Belastungsmaterial gegen ÖVP-Funktionäre aus Oberösterreich übergeben, das erst später veröffentlicht werden solle.“[253] Kernmayr und Kraus standen laut einem Bericht der Organisation Gehlen schon seit längerem „in ständiger Beziehung“: Kernmayr habe in den „Berichten und Informationen“ von Kraus „auch Material veröffentlicht, dass er entweder direkt von den Emigranten gesammelt hat oder nur durch Verbindungen zu den ND-Stellen (CIC Salzburg und Gmunden) bekommen haben kann.“[254]

Reimann zufolge war das Verhältnis von Kraus zum „Gmundner Kreis“ daher „anfangs besser, als er später zugeben mochte.“ Es bestehe auch kein Zweifel, „dass Kernmayr und Schachermayer viel für den VdU in Oberösterreich getan haben“. Das betraf etwa die Finanzierung. Laut dem bereits erwähnten staatspolizeilichen Bericht hatte der „Gmundner Kreis“ Verbindung zu einem Konzern in Vöcklabruck aufgenommen. Dessen Generaldirektor soll Kraus und Reimann persönlich 186.000 Schilling „als Geschenk“ übergeben haben – „von diesem Betrag entfielen S. 150.000 für die Gründung der VdU-Wochenzeitung ‚Die neue Front‘, [...].“ Kraus soll deswegen auch erklärt haben: „Unsere Stütze sind einzig und allein die Nationalsozialisten.“[255] Weitere Unterstützung für Kraus kam von anderen national orientierten Industriellen in Oberösterreich.[256]

Der „Gmundner Kreis“ half weiters in Personalfragen. So wurden die Landtagsabgeordneten des VdU für Oberösterreich zum Teil von Schachermayer rekrutiert.[257] Am wichtigsten war die Rolle des „Gmundner Kreises“ bei Verhandlungen mit den Großparteien ÖVP und SPÖ. Während es der ÖVP darum ging, eine Zusammenarbeit zustande zu bringen und den Aufstieg einer weiteren bürgerlichen Partei zu verhindern, zielte die SPÖ auf eben diese Spaltung ab.[258]

An den Verhandlungen zwischen der ÖVP und Exponenten der „Ehemaligen“ am 28. Mai 1949 im Schloss Oberweis war unter anderem Höttl beteiligt. Er gibt selbst an, der „Schutzpatron“ der Veranstaltung gewesen zu sein. Zu diesem Zweck tarnte er die Tagung so, „dass diese im Interesse der amerikanischen Besatzungsmacht wäre, worauf die bekannt feigen Staatspolizisten nicht aktiv wurden“. Später seien die US-Stellen darüber nicht verstimmt gewesen, „zumal von einigen der dort anwesenden Persönlichkeiten innenpolitisch wertvolle Nachrichten über unser Netz kamen“. Höttl selbst sei, „überhaupt niemals auf Schloss Oberweis gewesen“, behauptet er.[259] Auf dem Rückweg wurden mehrere der „Ehemaligen" entweder auf dem Wiener Westbahnhof von der Staatspolizei verhaftet oder von zuhause in Oberösterreich abgeholt. Es bestünde der „Verdacht auf Wiederbetätigung im Sinne des Nationalsozialisten-Gesetzes", lautete die Begründung. Um zu entkräften, dass eine Verschwörung vorlag, enthüllten die Verhafteten, dass sie Vertreter der Regierungspartei ÖVP getroffen hatten. Daraufhin wurden die „Ehemaligen" auf freien Fuß gesetzt.[260] Somit war das Oberweiser Treffen gescheitert, weil es öffentlich bekannt geworden war. Mitschuld daran waren aber auch die überzogenen Forderungen der „Ehemaligen" sowie Widerstände innerhalb der ÖVP.[261]

Kernmayr und Kowarik bemühten sich indes um Kontakte zur SPÖ, wobei sie mit dem oberösterreichischen SPÖ-Parteisekretär und Nationalrat Karl Krammer einen Ansprechpartner hatten. Auf diese Weise entrierten sie für Kraus und Reimann ein Treffen mit SPÖ-Vizekanzler Adolf Schärf in Salzburg am 8. April 1949. In dessen Verlauf soll Schärf unter anderem angedeutet haben, nach der Wahl bestünde Aussicht auf eine Dreierkoalition.[262] Im August 1949 kam es in Kernmayrs Gmundner Villa zu einem weiteren Treffen, diesmal zwischen der VdU-Spitze und SPÖ-Innenminister Oskar Helmer. Auf diese Weise kam eine Art Stillhalteabkommen zustande, so das Fazit der Historikerin Margit Reiter: „Die SPÖ unterstützte den VdU-Wahlkampf, indem sie auf Kosten des parteieigenen Vorwärts-Verlags Papier der Firma Steyrermühl für Plakate zur Verfügung stellte. Als Gegenleistung verpflichtete sich der oberösterreichische VdU-Obmann Gustav A. Neumann im Wahlkampf hauptsächlich die ÖVP anzugreifen."[263] Letztlich seien aber Überlegungen in Richtung „taktisch motiviertes Zweckbündnis" wichtiger gewesen als eine ernsthafte Zusammenarbeit.[264]

Bei den Nationalratswahlen am 9. Oktober 1949 konnten ÖVP und SPÖ vom Wählerpotential der „Ehemaligen" nur geringfügig profitieren. Der VdU dagegen schaffte aus dem Stand ein Ergebnis von 11,6 Prozent (16 Mandate). Bei den gleichzeitig stattfindenden Landtagswahlen erhielt die Partei in Oberösterreich, Tirol, Salzburg und der Steiermark zwischen 15 und 20 Prozent der Stimmen, in Vorarlberg wurde der VdU zweitstärkste Kraft.[265]

Es kam allerdings zu einer schellen Erosion des innerparteilichen Machtgefüges. Kraus und Reimann, die Exponenten des „liberalen" Flügels, verloren gegen die deutschnationalen Kräfte rasch an Boden. Nach mehreren Wahlniederlagen und Abspaltungen wurde am 3. November 1955 die FPÖ gegründet. Im Jahr darauf wurde der VdU aufgelöst bzw. von der FPÖ absorbiert. Anton Reinthaller, ehemaliger Landesbauernführer Donauland und SS-Oberführer, wurde erster FPÖ-Parteichef. Kraus kommentierte diese Entwicklung in der *Wiener Zeitung* bitter: Die FPÖ sei von „Rechtsextremisten und ehemaligen Naziführern" ins Leben gerufen worden.[266]

Kraus ging in die Privatwirtschaft und gründete 1957 zusammen mit Hans Priebsch und Hans von Behr die Donau-Finanz GesmbH & Co. KG, deren geschäftsführender Gesellschafter er 1959 wurde. Drei Jahre später geriet Kraus in eine große Post- und Telefonabhöraktion der CIA hinein. Diese richtete sich gegen den Alt-Nazi Hans-Joachim Rechenberg, der Pressereferent in Joseph Goebbels' Reichsministerium für Volksaufklärung und Propaganda und in der Nachkriegszeit Informant des BND gewesen war. 1960 hatte Rechenberg in Bad Tölz die „Arabo-Afrika Gesellschaft für Wirtschaftsfragen mbH" gegründet. Diese übernahm die „Durchführung wirtschaftlicher Forschungs- und Beratungsaufgaben sowie die Auswertung der Ergebnisse zur Vorbereitung von Investitionen und Beteiligungen in den Ländern der Dritten Welt und Afrika".[267] Tatsächlich handelte es sich aber um ein Tarnunternehmen, das für den BND Spionage-Operationen vor allem im Nahen Osten durchführte.[268] Rechenberg konnte dabei auf ein weitverzweigtes Netz an hochrangigen Kontakten in der deutschen Wirtschaft und Politik zurückgreifen. An erster Stelle aufgelistet war aber Kraus, dessen finanzielle Interessen in Kuweit und Algerien sowie seine guten Kontakte zu deutschen Regierungskreisen ihn mit Rechenberg zusammengebracht hatten. Wie aus einem von der CIA kopierten Schreiben von Kraus hervorging, wollte er Rechenberg gemeinsame Entwicklungsprojekte in Algerien mit einer kuweitischen Gesellschaft schmackhaft machen.[269] Dabei hatten Rechenbergs Aktivitäten vor allem einen geheimdienstlich-militärischen Hintergrund. Unter anderem lieferte er Abhörgeräte, Rezeptoren und Messwagen an den Sicherheitsdienst in Algerien.[270] Später soll Rechenberg von einem Büro in Zürich aus Waffenlieferungen koordiniert haben.[271]

Ähnlich wie im Falle von Kraus sollte sich auch für den „Gmundner Kreis" die Entwicklung nicht bezahlt machen. Seine Exponenten hatten zunächst die Sondierungen bei der SPÖ fortgeführt. Am 29. Jänner 1950 nahm unter anderem Nationalrat Bruno Pittermann auf Einladung Kernmayrs an einer Konferenz in Linz teil. Hauptgesprächspunkt war: „Bildung einer SPÖ-freundlichen Gruppe ehemaliger Nationalsozialisten, womöglich mit einem eigenen Presseorgan". Hierzu gab es von den SPÖ-Vertretern keine Zusage. Allerdings interessierte man sich für den nachrichtendienstlichen „Apparat" Kernmayrs und soll diesem eine monatliche Spesenvergütung zugesichert haben. Angeblich hielt man es „auf sozialistischer Seite" nämlich für „durchaus möglich, dass Kernmayr mit seiner Gruppe eine größere Abwanderung früherer Nationalsozialisten vom VdU erzielen und innere Schwierigkeiten des VdU verschärfen könne."[272]

Aus diesen hochtrabenden Plänen wurde aber nicht: 1950 begann sich der VdU von seinem zwielichtigen Unterstützermilieu abzukapseln. Nach diversen kompromittierenden Enthüllungen über die „Spinne" untersagte Kraus den VdU-Funktionären jeglichen Kontakt zum „Gmundner Kreis". Zur selben Zeit distanzierte sich auch das CIC von Höttl, Kernmayr und Kowarik aus den bereits genannten Gründen.[273] Im Nachhinein soll Kernmayr ein bitteres Resümee gezogen haben: Es sei falsch gewesen, den Apparat des CIC „politisch zu benutzen und für den VdU wenigstens in Personalunion zu verwenden". Man habe anderen NS-Funktionären „zu viel Einfluss" und „zugleich zu weitgehende Informationsmöglichkeiten gegeben". Das habe bei den US-Partnern Misstrauen erzeugt.[274]

Kernmayr versuchte Anfang der 1950er Jahre ergebnislos bei der ÖVP und der SPÖ Fuß zu fassen. 1950 wandte er sich mit einer „Gnadenbitte" an den Bundespräsidenten: „Ich habe durch mein Verhalten seit dem Zusammenbruch 1945, aber auch schon früher bewiesen, dass ich die Gewaltmethoden des NS-Regimes ablehne und positiv zur neuen Ordnung eingestellt bin. Sühne habe ich durch die 2-jährige Haft im Internierungslager Glasenbach bereits geleistet. Schließlich auch dadurch, dass ich seit dem Jahre 1945 praktisch existenzlos gewesen bin."[275] Doch das Bundesministerium für Justiz lehnte sein Ansinnen ab – unter anderem mit der Begründung, Kernmayr fehle „jede Glaubwürdigkeit".[276] Mitte der 1950er Jahre stieß er kurz zum BND, dem seine politischen früheren Aktivitäten bekannt waren. Unter dem Namen „Erich Kern", den er bereits vor 1945 für zahlreiche Propagandaschriften gewählt hatte, publizierte er das revisionistische Buch *Der große Rausch. Rußlandfeldzug 1941-1945*, auf das bis heute in der rechtsextremen Szene verwiesen wird.[277]

Kowarik war schon 1948 von der Organisation Gehlen rekrutiert worden, verließ diese aber ein Jahr später, als seine politische Karriere in Österreich Fahrt aufnahm. 1957 wurde er Generalsekretär der FPÖ und blieb drei Jahre im Amt.[278] Er hielt über NS-Netzwerke Kontakt zum BND und leistete diesem den einen oder anderen Dienst. 1962 bis 1963 war er als Agent tätig. Auch ansonsten war Kowarik immer zur Stelle, „wenn es galt im Kalten Krieg mitzumischen", so der Journalist Klaus Zellhofer. 1975 versuchte Kowarik beispielsweise eine „Österreichisch-Rhodesische Gesellschaft" zu gründen, was aber vom Innenministerium mit dem Hinweis auf „staatsgefährliche Zwecke" untersagt wurde.[279] In einem Nachruf auf Kowarik in den *Glasenbacher Nachrichten* hieß es 1988: „Immer wieder interessierten sich ausländische Historiker und Militärs für seinen Lebenslauf. Im Dienste der Wahrheitsfindung wurde er in verschiedene Länder, u.a. Dänemark, Schweden, Großbritannien, die USA, wo er sogar im Weißen Haus empfangen wurde, Südkorea, Mexiko und Paraguay eingeladen."[280]

Höttls Karriere war wechselvoll weitergegangen: Im September 1951 wurde er vom CIC Linz, für den er bis dahin gearbeitet hatte, „abgeschaltet" – angeblich wegen des „Missverhältnisses der von ihm lequidierten [sic!] Unkosten und seiner Leistung." Der Geschasste fand umgehend eine neue Anstellung. Höttl war in den Jahren 1951/1952 Leiter des Hauptstützpunktes des Friedrich-Wilhelm-Heinz-Diensts (FWHD) in Österreich. Dabei handelte es sich um einen deutschen Nachrichtendienst, der zwischen 1950-1956 bestand. Außerdem hieß es, Höttl sei für einen französischen Dienst tätig.[281] Gemeinsam mit dem früheren Wehrmachtsagenten Baron Heinrich Mast, auch „Graf Bobby" genannt, baute Höttl für den FWHD ein umfangreiches Unternehmen mit einer Zentrale in der Linzer Bethlehemstraße 1d und sieben Nebenstellen auf. Neben militärischer Aufklärung betrieb man Wirtschafts- und Politikspionage. Eine „Sonderlinie Triest" streckte ihre Fühler bis nach Südosteuropa, nach Italien zum Vatikan und in den Nahen Osten aus. Man schöpfte antikommunistische Emigranten ab und reaktivierte alte Kontakte aus der Zeit des 2. Weltkriegs.

Einer von Höttls wichtigsten Mitarbeitern war der ehemalige SS-Offizier und Kriegsverbrecher Karl Haß.[282] Aber es zeigten sich alte Muster: Viele Informationen, die Höttl und Mast beschafften, waren ohne großen Wert oder überhaupt Produkt ihrer lebhaften Fantasie. Am schwerwiegendsten aber war, dass ihr Netzwerk von den Sowjets infiltriert worden war. Eine von Höttls Quellen war der frühere SS-Offizier Alois Eder.[283] Dieser war, wie Kernmayr und Kowarik, in Glasenbach interniert gewesen und wurde danach Organisationsleiter im oberösterreichischen VdU.[284] Laut dem Historiker Lothar Höbelt soll Eder „eines schönen Tages über die Donaubrücke nach Urfahr zum einem Treffen mit einem Major des NKWD spaziert sein und ward nicht mehr gesehen, bis er einige Jahre später in der BRD wegen Spionage für die Russen verurteilt wurde".[285]

Nichts verdeutlicht den Opportunismus dieser NS-Agenten mehr, als dass beide – Höttl und Mast – Informanten von Simon Wiesenthal waren. 1953 stellte sich Mast dem „Nazijäger" als Antifaschist vor und gab den Hinweis, dass sich der flüchtige NS-Verbrecher Adolf Eichmann in Buenos Aires verstecke. Möglicherweise wollten sich Mast und Höttl auf diese Weise dem israelischen Geheimdienst Mossad empfehlen,[286] von dem Wiesenthal als fester Mitarbeiter unter dem Decknamen „Theokrat" ein monatliches

Salär bezog.[287] Der Tipp war einer der ersten, der den Fluchtort von Eichmann bezeichnete. Obwohl Wiesenthal seinerseits das israelische Konsulat in Wien und den World Jewish Congress informierte, wurde nicht gehandelt. Erst 1960 wurde Eichmann vom Mossad nach Israel entführt. Dabei war man anderen Spuren gefolgt.[288] Die Eingaben von Wiesenthal waren offenbar nicht ernst genug genommen worden.[289]

Im November 1952 entließ der FWHD Höttl, der wenige Monate später in eine Spionageaffäre verstrickt wurde. Es ging um seine Kontakte zu zwei jüdischen Soldaten der US-Armee, Curt Ponger und dessen Schwager Otto Verber. Man verdächtigte das Duo zugunsten der Sowjetunion zu spionieren. Angeblich hatte Ponger den Kontakt zu Höttl hergestellt, weil eine „internationale Organisation" eine Belohnung auf den Kopf Eichmanns ausgesetzt hatte. Angeblich hatte sich Höttl geweigert, mit Ponger zu kooperieren.[290] Trotzdem wurde er am 25. März 1953 vom Special Agent Rolf Ringer in Bad Ischl aufgesucht und „in freundlicher Manier" aufgefordert, mit nach Salzburg zu kommen. Dort brachte man Höttl in einen Verhörraum in der Hellbrunnerstraße Nr. 5, wo er von 25. bis 29. März 1953 intensiv befragt wurde. Gleichzeitig durchsuchten CIA-Leute Höttls Wohnadresse sowie sein Büro und stellten dort 20.000 Seiten Unterlagen sicher. Trotz des Aufwands gelang es nicht, Höttl festzunageln. Dieser beharrte darauf, kein sowjetischer Agent zu sei und verwies auf seine durchgängige „anti-sowjetische und antikommunistische Aktivität".[291] Am 11. April 1953 war Höttl wieder ein freier Mann. Seine Beziehungen zu den beiden Sowjet-Spionen seien nur „geschäftlicher Natur" gewesen.[292] Insgeheim hatte die CIA aber schon Presseveröffentlichungen vorbereitet, um Höttl ein für alle Mal zu diskreditieren – damit er dem US-Geheimdienst nicht mehr länger mit fabrizierten Informationen belästige.[293] Das bestätigt auch eine Passage in einer Biografie des Wiener CIA-Stationschefs John Richardson. Darin wird festgehalten, dass spätestens 1952 die Geduld der US-Geheimdienste mit Höttl erschöpft war. Er sei ein „Meister-Fabrikant" gewesen, der zu oft Lügengeschichten aufgetischt habe. Schließlich entschied sich Richardson, Höttl zu „verbrennen". Die Gelegenheit dazu ergab sich dann sieben Monate später, als der Spionagering rund um Ponger und Verber aufgedeckt wurde.[294] Am 22. April 1953 war es so weit: In einem wenig schmeichlerischen Artikel des *Spiegel* wurde Höttl als einer der „raffiniertesten Nachrichten-Händler in Europa" dargestellt. Unter anderem hieß es, dass aus einem „ranken SS-Musterjüngling" „eine Figur im kanari-gelben Ledermantel und mit Palmen-Krawatte um den Hals" geworden sei.[295] Es spricht einiges dafür, dass Kernmayr der Verfasser war, weil er zu dieser Zeit für den *Spiegel* arbeitete.[296] Nun war es mit Höttls Agentenkarriere endgültig vorbei. 1963 behauptete ein russischer Überläufer noch, dass Höttl „viele Jahre“ für die Sowjets gearbeitet habe. Er sei angeblich der „am besten bezahlte Spion“ gewesen, den er kannte.[297]

Zu diesem Zeitpunkt war Höttl längst honorig geworden. Er hatte 1952 in Bad Aussee eine Privatmittelschule gegründet, welche schon bald als „Fliegerschule“ galt: „Aus sämtlichen Schulen geflogene Schüler fanden sich hier, um gegen gutes Geld eine letzte Chance zu kaufen.“[298] Zu den Absolventen zählten etwa Jochen Rindt, Niki Lauda, Harald Ertl, Thomas Prinzhorn, Peter Schachner-Blazizek und Karin Brandauer.[299] Als André Heller an seinem ersten Schultag von Höttl der Klasse vorgestellt wurde, sagte der: „Das ist unser neuer Schüler. Er heißt Heller. Ihr setzt euch besser nicht neben ihn, in seinen Adern fließt böses Blut.“[300]

Höttl stellte Pädagogen an, die aufgrund ihrer NS-Vergangenheit Lehrverbot bekommen hatten.[301] 1999 erzählte er dem Journalisten Martin Haidinger: „Die meisten Schüler kamen aus Deutschland, weil sie das Abitur nicht geschafft haben. Da aus der Gegend waren nur weniger. Die Leute haben gesagt: Die Lehrer sind alles ehemalige Nazis, und das hat auch gestimmt, denn die haben ja auch eine Stellung gesucht.“[302] Im Jänner 1964 ging Höttls Ausseer Privatmittelschule GesmbH in Konkurs und die Marktgemeinde Bad Aussee führte die Schule als Realgymnasium weiter.[303] Als „Historiker und Ausseer Schulgründer“ erhielt Höttl 1995 das Goldene Ehrenkreuz des Landes Steiermark – eine Entscheidung, die bis heute für Empörung sorgt.[304]

„Mr. Seven“ und der tote Überläufer

Bundeskanzler Bruno Kreisky war besorgt. Innerhalb seines engsten Kreises befände sich ein Spion. Das war die Information, die ihm der schwedische Ministerpräsident Olof Palme zukommen hatte lassen. Und noch mehr: Der Verräter arbeite für die tschechoslowakische Staatssicherheit (Štátna bezpečnosť, StB) – genauso wie der Mann, von dem die Information ursprünglich stammte: Jarouslaus Hladik alias Janos Hartl, Deckname „Robek“, hatte sich im Oktober 1973 den schwedischen Behörden gestellt.[305] Polizeichef Carl Person sprach gar von einem „Spitzenagenten des Ostblock in Westeuropa“, der da übergelaufen sei.[306] Ein solcher „Spitzenagent“ war „Robek“ nicht, das sollte sich bald herausstellen. Aber die Auskünfte in Bezug auf seinen früheren Einsatzort Österreich wogen schwer. Dort waren in der Vergangenheit bereits mehrere spektakuläre Spionagefälle geplatzt. Immer wieder war die StB darin verwickelt gewesen. In Wien wusste man deshalb, dass der von „Robek“ gemeldete „Maulwurf“ tatsächlich existierte, und man hatte eine bestimmte Person in Verdacht. Der Verräter wurde „Mr. Seven“ genannt. Dieser Spitzname war keine Anspielung auf James Bond, sondern verwies auf die Arbeitsadresse des Spions: Wien, Herrengasse Nr. 7, das Innenministerium und Sitz der dortigen staatspolizeilichen Abteilung.

Eben weil die Sache so brisant war, flog der Ministerialrat und spätere Chef der Staatspolizei, Anton Schulz, am 25. Februar 1974 für zwei Tage nach Stockholm.[307] In Gegenwart von Kollegen der schwedischen Reichspolizei unterzog er „Robek“ einer „eingehenden Befragung“. Dabei lief ein Tonband mit. Die Aufzeichnung fiel aber einem „bedauerlichen technischen Gebrechen zum Opfer“.[308] Somit bleibt bis heute ein 26 Seiten starker Verschluss-Bericht, der in der Wiener Stiftung Bruno Kreisky Archiv aufbewahrt wird.[309] Aus der Lektüre wird deutlich, dass Schulz in erster Linie an einer Sache interessiert war: Würde „Robek“ Hinweise liefern können, um „Mr. Seven“ festzunageln?

Über „Mr. Seven“ hatte ein weiterer StB-Überläufer schon 1972 ein paar brisante Zeilen geschrieben. Anders als „Robek“ war Ladislav Bittman ein hochrangiger Offizier, der 1966 bis 1968 in der tschechoslowakischen Botschaft in Wien stationiert war. Nach der Niederschlagung des „Prager Frühlings“ suchte er um Asyl an und wurde noch am selben Tag dem BND übergeben. Dieser reichte Bittman an die CIA weiter. Seit damals in den USA lebend, veröffentlichte Bittman 1972 einen Memoirenband unter dem Originaltitel *The Deception Game.* Darin hieß es wenig schmeichelhaft: „Die österreichische Polizei und Spionageabwehr waren weitgehend von osteuropäischen Agenten unterwandert. Sogar auf höchster Ebene der österreichischen Sicherheitstruppen saß ein tschechischer Geheimdienstmann, den seine Kollegen ‚Herr Sieben' nannten." Gegenüber den westlichen Diensten hatte Bittman schon im September 1969 vor dem „großen Unbekannten" gewarnt und damit offene Türen eingerannt. Aber es fehlten die Beweise, um einen Verdächtigen zu überführen.[310]

Nun kam es auf „Robek" an. Dieser war in vielerlei Hinsicht genauso rätselhaft. Er behauptete, mit richtigem Namen nicht Jaroslaus Hladik, sondern Josef Hopfinger zu heißen, geboren am 2. März 1930 im Sudetenland als Sohn einer tschechischen Mutter und eines österreichischen Vaters. Am 27. April 1959 wurde ihm von der österreichischen Gesandtschaft in Prag ein Reisepass lautend auf Jaroslaus Hladik ausgestellt. Wenige Wochen später schleuste man ihn als StB-Agenten „Robek" in Österreich ein – dort hielt er sich zunächst bis 1962 auf und dann wieder von 1966 bis zu seinem „Absprung" 1973.

Die Wege von „Robek" hatten sich nur indirekt mit jenen von „Mr. Seven" gekreuzt. Alles spielte sich im Sommer 1960 in Prag ab. „Robek" war zu einer wichtigen Besprechung heimgerufen worden. Dort wurde ihm eröffnet, dass er künftig einen „führenden Agenten", und zwar einen „hochgestellten Beamten des Innenministeriums in Wien", als Führungsoffizier betreuen würde. Dieser sei die „bedeutendste Quelle der Zentrale überhaupt": „Wörtlich hieß es: ‚Und wenn wir außer ihm niemand hätten, was er liefert und wie produktiv er ist, genügt, um unsere Abteilung zu ernähren. Unsere Existenz ist allein durch diesen Agenten gerechtfertigt.' Der Mann sei intelligent und diskutiere gerne, man könne mit ihm über alle Probleme sprechen, doch lege er auf Kürze in der Unterhaltung Wert. Er sei eine Autorität."

Laut „Robek" war „Mr. Seven" kein Verräter aus Überzeugung, sondern es spielten ein „gewisser Ehrgeiz" und der „Reiz an der Sache" eine Rolle: „Der Agent sei auch nicht auf der Basis einer regelmäßigen Bezahlung angeheuert worden, nehme aber Geld als Anerkennung für seine Leistungen. Verlange er Geld, müsse ihm dieses widerspruchslos und ohne Feilschen gegeben werden. Er brauche zwar kein Geld, da er ohnedies gut verdiene und auch seine Altersversorgung gesichert sei, wenn mit ihm alles gutginge. Sollte aber etwas passieren, ‚dann würde er schon nicht verhungern'. Es war sogar von einer Villa die Rede, die ihm dann in der CSSR als Wohnsitz zur Verfügung stünde. Während der Erörterung dieses Problems fiel auch die Äußerung, dass dem Agenten für die Bezahlung einer Autoreparatur ein größerer Betrag von 30.000,- oder 35.000,- Schilling genannt wurde, und man dachte sich noch dabei, dass man um dieses Geld besser einen neuen Wagen hätte kaufen können. Wörtlich hieß es: ‚Was auch immer der Agent verlange, habe er zu bekommen.' Er betrachte die Bezahlung nicht als Lohn für die Informationen, sondern als Anerkennung des csl. [tschechoslowakischen] Staates und der Regierung für seine guten und sehr wertvollen Dienste. Es müsse daher im Gespräch mit ihm immer wieder sein Verdienst um die Republik und um den Frieden betont werden."

„Robeks" Angaben zu „Mr. Seven" blieben allgemeiner Natur: Er sei verheiratet und lebe in einer Villa oder in einem Einfamilienhaus. Der Agent sei „kein Trinker, verschmähe aber harte Getränke nicht". Deshalb habe man ihn, „Robek", angewiesen, bei den künftigen Treffen mit „Mr. Seven" solche Getränke parat zu haben. Weitere Details über die Privatsphäre des großen Unbekannten oder über dessen berufliche Tätigkeit wollte er nicht erhalten haben. Nur so viel, dass der Agent „auch mit politischen Themen befasst war". Vor allem aber habe er nie einen Deck- und schon gar keinen Klarnamen gehört. Weil „Robek" in der Zwischenzeit Bittmans Angaben kannte, vermutete er, dass der zu übernehmende Agent mit „Mr. Seven" „ident" gewesen war. Grund zum Zweifel daran gab es nicht.

Denn „Robek" zeichnete das Bild einer „Spitzenquelle", wie sie im Buche steht: „Mr. Seven" sei eine Persönlichkeit mit „weitem Horizont", ein sehr pünktlicher und genauer Mensch, „der vor allem auf Sachlichkeit Wert lege". „Mr. Seven" diskutiere gerne, befasse sich mit philosophischen Themen und schätze Wissen. Der Agent lege Wert auf Anerkennung, „er heische nach Lob". Weiters verfasse er höchstpersönlich seine Berichte – „sie zeichnen sich durch guten Stil und Formulierung aus". Die so gelieferten Informationen seien kompakt und aufschlussreich, „es erübrigten sich daher Rückfragen". „Mr. Seven" sei jedenfalls der bestimmende Faktor in der Kommunikation: „Der FO [Führungsoffizier] habe sich nach seinen diesbezüglichen Intentionen zu richten." Irgendwelche persönliche Details erfuhr „Robek" nicht, nur wie wichtig der Unbekannte war: „Ich erinnere mich aber, dass er als einer der wichtigsten Agenten des StB überhaupt bezeichnet wurde."

„Robek" hätte ihn beinahe persönlich getroffen und betreut. Doch es sollte anders kommen. Im Jänner 1961 erhielt er plötzlich die Anweisung, eine Übersiedlung nach Südafrika in die Wege zu leiten. Von einer Übernahme der Führung von „Mr. Seven" war keine Rede mehr: „Erst 1966 erfuhr ich anlässlich eines Aufenthaltes in Prag, dass die Übernahme des Agenten durch mich wegen der im Dezember 1960 aufgeflogenen Affäre Frenzel gestoppt worden war." Alfred Frenzel war ein westdeutscher SPD-

Politiker und Bundestagsabgeordneter. Am 31. Oktober 1960 enttarnte man ihn als StB-Spion „Anna". Dieser Rückschlag und ein mögliches Auffliegen von „Robek" infolge der Enthüllungen waren entscheidend dafür, dass man ihn doch nicht an „Mr. Seven" heranließ: „Eine Überprüfung der sztg. [seinerzeitigen] Führungsoffiziere und eine Analyse der dabei abgewandten Methoden hätte laut Zentrale auch zu einer Enttarnung meiner Person führen können."

Während sich „Robeks" Behauptung einer Infiltrierung von Kreiskys Umfeld als Zeitungsente herausstellte, erachtete Schulz die Darstellungen zu „Mr. Seven" als glaubwürdig. Aber es waren Informationen aus zweiter Hand und „nicht geeignet, den entscheidenden Beweis zur Überführung dieser Person zu liefern. Nur in diesem Punkte lag die Bedeutung Robeks in seiner nachrichtendienstlichen Tätigkeit gegen Österreich".[311] Schulz' Wortwahl macht deutlich, dass man seit längerem jemand verdächtigte, hinter dem Phantom „Mr. Seven" zu stehen: Und zwar Alfred Petrovic, einen der wichtigsten Mitarbeiter des langjährigen Leiters der staatspolizeilichen Gruppe im Innenministerium, Maximilian Pammer. Wie eng die Verbindung der beiden war, belegt ein CIA-Dokument von 1956. Darin wird Petrovic als Kustode von Verschlussdokumenten Pammers genannt. Dieser habe Petrovic zuvor auf besondere Missionen nach London und Washington geschickt. Gemeinsam mit dem Kollegen Oswald Hlubicek unternehme Petrovic immer wieder Dienstreisen nach München und unterhalte enge Kontakte mit dem Amt Blank, dem Vorläufer des deutschen Verteidigungsministeriums.[312]

Es gibt keinen Beweis dafür, dass Petrovic tatsächlich „Mr. Seven" war. Aber viele Indizien legen dies nahe. Am 6. September 1963, als Otto Schulmeister seit zwei Jahren Chefredakteur der Tageszeitung *Die Presse* war, traf er einen CIA-Agenten zu Mittagessen. Denn seit über einem Jahr wurde der Journalist als Quelle mit dem Decknamen „GRCAMERA" geführt. Schulmeister bat den CIA-Kontaktmann um einen Kommentar zu einer hochbrisanten Angelegenheit: Ein hochrangiger Staatspolizist, die „rechte Hand" Pammers, sei als Ost-Agent entlarvet worden – und zwar auf Basis US-amerikanischer Informationen, die allerdings mit einem Verwertungsverbot belegt worden seien. Das bedeute, dass der Verräter weiter auf der Lohnliste des Innenministeriums verbleibe. Der CIA-Mann zeigte sich beeindruckt von Schulmeisters Insiderwissen und legte diesem dann allgemein dar, welche Probleme für die Geheimhaltung von Quellen und Methoden durch eine Veröffentlichung entstehen könnten. Schulmeister zeigte Verständnis und erklärte, dass er nichts zu der Geschichte bringen werde.[313] In der CIA-Station Wien läuteten dennoch die Alarmglocken: Zumindest an eine Tageszeitung war der Fall von „GRENGULF/7“ geleakt worden. „GRENGULF“ ist das bereits erwähnte Akronym für die Staatspolizei. In diesem Fall bezeichnet es eine bestimmte Person und zwar „Mr. Seven“. Entscheidende Hinweise zu dem Verräter waren also von der CIA gekommen.[314]

Weitere Indizien, die zu dieser Spur passen, finden sich in den Memoiren von Innenminister Franz Olah. Dieser geht darin kurz auf einen Staatspolizisten ein, gegen den „Ermittlungen wegen nachrichtendienstlicher Tätigkeit für einen Nachbarstaat“ eingeleitet wurden. Dabei sei man so weit gegangen, „die Hilfe eines dritten Staates in Anspruch zu nehmen, um das Privattelefon des Betreffenden anhören zu lassen“. Der fremde Nachrichtendienst (wohl die CIA) habe „zur ungestörten Beobachtung und zur leichteren Kommunikation mit seinen Zuträgern“ eine Wohnung gegenüber dem Innenministerium angemietet. Die Untersuchungen seien jedoch ergebnislos verlaufen, weil der Verdächtige die Observation bemerkt habe.[315] Olah nannte diesbezüglich keine Namen, druckte aber ein Dokumenten-Faksimile ab. Aus diesem geht hervor, dass die die genannte Überwachungsaktion zunächst im Mai 1962 begann und sich gegen „Alfred Petrovic“ richtete. Zu diesem Zweck wurde in der Herrengasse Nr. 6-8 „mit großer Mühe“ eine Wohnung erworben: „Sie liegt direkt gegenüber der Dienststelle und war am besten geeignet für die notwendige elektronische Beobachtung.“ Was noch für die Wohnung sprach, war die Tatsache, dass es einen unterirdischen Tunnel zwischen dem Innenministerium und dem Haus Herrengasse Nr. 6-8 gab: „Dadurch wäre die Gruppe [Staatspolizeiliche Gruppe] in der Lage, mit befreundeten Diensten Zusammenkünfte abzuhalten ohne eventuell kompromittierende Besuche von Ausländern im Ministerium zu riskieren.“[316] Die letztlich gescheiterten Ermittlungen gegen „Mr. Seven“ hatten offenbar zwei Staatspolizisten in Zusammenarbeit mit der CIA geführt. Olah versetzte sie dafür in eine andere Abteilung.[317] Es dürfte sich um Leo Maier und Otto Weidinger gehandelt haben, gegen die 1967 – wie bereits an anderer Stelle erwähnt – wegen allzu enger Kontakte zur CIA und zum Mossad ermittelt wurde.

Auch aus anderen Veröffentlichungen ist bekannt, dass die Staatspolizei 1962 gegen einen Verdächtigen im Verratsfall „Mr. Seven“ ermittelt hatte.[318] Doch anstatt eine Sachverhaltsdarstellung an die Staatsanwaltschaft zu übergeben, schritt man zu einer „österreichischen Lösung“, wie sich der ehemalige Staatspolizist Erwin Kemper in seinem Buch *Verrat an Österreich* (1996) erinnerte. Kollegen hätten versucht, den vermeintlichen „Mr. Seven“ beim Kaffeehaus-Plausch zu unbedachten Äußerungen hinzureißen – was diesen erst recht misstrauisch machte und er daraufhin nichts mehr preisgab.[319] Laut Darstellung des Journalisten Harald Irnberger gab es für die zaghafte Vorgangsweise einen Grund. Eine aufsehenerregende Enttarnung hätte weite Kreise gezogen und westliche Agenten in der Tschechoslowakei gefährdet. Deshalb habe man sich darauf beschränkt, den Verdächtigen auf ein „Abstellgleis" zu schieben. Er befasste sich in der Folge mit Gemeindeangelegenheiten und Familienpolitik. Nachdem etwas Gras über die Sache gewachsen war, habe „Mr. Seven" den Agentenjob wieder aufgenommen – freilich ohne noch groß „liefern" zu können.[320] Dazu passt der Tonfall in einer parlamentarischen Anfragebeantwortung von Olah aus dem Jahr 1964. Darin wird vermerkt, Petrovic sei der allgemeinen Verwaltungssektion zugewiesen worden, „weil er für eine weitere Verwendung in der Generaldirektion für die öffentliche Sicherheit nicht geeignet ist".[321]

Die Geschichte von „Mr. Seven" ist aber noch mit einem weiteren mysteriösen Fall verbunden, die den Vorgängen eine besonders abgründige Note verleihen: In der Nacht vom 8. auf den 9. Mai 1962 war ein 24jähriger Unterleutnant des ungarischen Geheimdiensts Magyar Államrendőrség Államvédelmi Osztálya (AVO) bei Nickelsdorf über die Grenze geflüchtet. Dieser Mann namens Bela Lapusnik war angeblich ein Top-Überläufer. Damalige Medienberichte behaupteten, er habe im Saum seines Ledermantels eine Liste von 180 Österreichern mitgebracht, deren Namen auf Kontaktlisten östlicher Dienste standen. Im *Kurier* hieß es: „Die Aussagen dieses Mannes [Lapusnik] waren von größter Bedeutung. Sein Wissen um die Geheimdiensttätigkeit war von größtem Wert für die österreichischen Sicherheitsdienststellen und damit nicht zuletzt für die innere Ordnung und Ruhe in unserer Republik."[322] Ein Kurierflugzeug der CIA hätte Lapusnik abholen und außer Landes bringen sollen. Doch kurz davor starb er – in österreichischem Polizeigewahrsam, um den er aus Sicherheitsgründen selbst gebeten hatte.[323]

Einige Jahre später wurden Gerüchte laut, der junge Ungar sei von einem StB-Agenten umgebracht worden. Hauptverdächtiger: „Mr. Seven". Hauptquelle hierfür war ein weiterer Überläufer, der es in den Westen geschafft hatte. Drei Jahre nach Lapusniks Tod sagte dieser László Szabó vor dem US-Kongress aus. Er erinnerte sich, dass nach der Flucht von Lapusnik eine interne Anordnung der AVO-Leitung zirkulierte. Darin wurde dieser als korrupter und unmoralischer Verräter gebrandmarkt, der dem Dienst großen Schaden zugefügt hatte. Der Fall an sich sei aber unter Verschluss genommen worden – weil, wie Szabó es gehört haben wollte, Lapusnik vom StB vergiftet wurde.[324]

Dem Fall wirklich auf den Grund zu gehen, ist auch heute nicht möglich. Die im Wiener Staatsarchiv einsehbare Akte zu Lapusnik besteht nur aus ein paar Blättern. Demnach hatte Lapusnik schon während seiner Einvernahme über Halsschmerzen geklagt und sein Gesundheitszustand hatte sich in der Folge verschlechtert. In den Morgenstunden des 3. Juni 1962 lautete der Befund schließlich auf Mandelabszess. Daraufhin wurde eine „sofortige Überführung" in die chirurgische Abteilung des AKH veranlasst. Dort wurde Lapusnik in einem Einzelzimmer untergebracht und ständig von zwei Justizwachebeamten beaufsichtigt. Doch in den Abendstunden des 3. Juni 1962 war der Patient kaum noch ansprechbar: „Ein Ärztekonsilium, das noch in der Nacht zusammenkam, äußerte die Ansicht, dass es sich um eine Vergiftungserscheinung handle, ohne eine nähere Ursache angeben zu können."[325]

Als endlich ein Dolmetscher anwesend war, konnte Lapusnik nicht mehr sprechen. Laut einem Medienbericht kritzelte er auf einen Zettel, dass man ihm den Magen auspumpen solle. Bevor es dazu kam, verstarb er am 4. Juni 1962 gegen 05.45 Uhr. Bei der Obduktion wurde festgestellt, dass der junge Ungar an einer Dünndarm- und Mandelentzündung gelitten hatte. Gestorben war er an einer Gehirnlähmung.[326] Einer anderen Quelle zufolge lautete die Todesursache: „Toxische Schädigung des Herzens nach mehrmaligen Gaumen- und Mandelentzündungen."[327]

Das plötzliche Ableben des Überläufers löste „in Kreisen westlicher Agenten [...] mancherlei Vermutungen" aus, berichtete die *Arbeiter-Zeitung*. Sogar das US-amerikanische FBI habe sich an der Klärung des Falls „überaus interessiert" gezeigt.[328] Es gab wilde Spekulationen über eine gegen Lapusnik eingesetzte „Bakterienpistole" und Vergleiche mit ähnlichen Fällen aus der Vergangenheit: War doch der ukrainische Partisanenführer und NS-Kollaborateur Stepan Bandera 1959 in München mit Blausäuregas vergiftet worden, das ihm ein Sowjetagent ins Gesicht gesprüht hatte.[329]

1974 wurde Lapusniks Tod vom US-amerikanischen Autor John Barron als ähnlich teuflischer Mord interpretiert. „Mr. Seven" habe zu dem abgeschirmten Lapusnik Zugang gehabt und ihn vergiften können. Die dafür notwendige Substanz sei aus dem berüchtigten Laboratorium X, einer Giftfabrik des KGB, gekommen. Bei der Autopsie waren keine entsprechenden Anzeichen festgestellt worden: „Das war auch unwahrscheinlich, weil das Moskauer KGB-Labor und Agent Sieben in Wien gute Arbeit geleistet hatten."[330]

Das Laboratorium X wird noch heute mit zahllosen Vergiftungen russischer Regimegegner in Zusammenhang gebracht – bis hin zum Fall Skripal. Boris Volodarsky etwa vermutet, dass Lapusnik mit Dimethylsulfat, einer farblosen Flüssigkeit, vergiftet wurde. Wenn es als chemische Waffe auf ein Opfer zerstäubt wird, zeigen sich erst nach bis zu zehn Stunden Symptome. Der Tod kann innerhalb von drei Tagen eintreten.[331]

Dazu passen die Beobachtungen von Peer de Silva, CIA-Stationschef in Wien in den 1950er Jahren. Ohne Lapusnik beim Namen zu nennen, bestätigte de Silva Medienberichte, wonach der Überläufer eigentlich in die USA ausgeflogen worden wäre. Lapusnik sei in Todesangst gewesen, weshalb ihn die österreichischen Behörden unter „maximaler Sicherheit" abgeschottet hätten. Trotzdem habe man Lapusnik zwei Tage vor dem Abflug am Boden der Isolierzelle vorgefunden. Er habe vor Schmerzen geschrien und geklagt, dass er vergiftet worden sei. Eine Untersuchung der Umstände seines Todes führte dazu, dass man den Personenkreis, der zu dem Überläufer Zugang gehabt hatte, auf einen Verdächtigen eingrenzen konnte, einen hohen Beamten der Staatspolizei, ihre „Nummer Drei". Der CIA-Stationschef kannte diesen Mann gut, weil er der Verbindungsbeamte für das Tagesgeschäft zu seinem Stab war. Er sei es gewesen, der Lapusnik vergiftet habe. Das Gift wiederum hätten „die Sowjets" zur Verfügung gestellt.[332]

Zieht man Lapusniks Krankengeschichte in Betracht, so könnte sein Tod letztendlich auch natürlich gewesen sein. Außerdem würde es gegen Regeln des Spionagegeschäfts verstoßen, eine Topquelle wie „Mr. Seven" kurzfristig für einen Auftragsmord einzusetzen und damit eine Enttarnung zu riskieren. Der gut informierte Irnberger hat deshalb angemerkt, dass man „Mr. Seven" „zu viel Agentenehre" antäte, „wollte man ihm die Durchführung eines derartigen Einsatzes zutrauen und nachsagen".[333]

Ob sich hinter Petrovic „Mr. Seven" verbarg, konnte nie eindeutig geklärt werden. Als ihn der ORF-Report 2010 vor laufender Kamera mit den Vorwürfen konfrontierte, schwieg der nunmehrige „Ministerialrat in Ruhe". Nur die Frage, ob er Lapusnik „vergiftet" habe, lockte ihn aus der Reserve: „Geh bitte, hearns auf!" 2016 ist Petrovic verstorben.

Wie ein Österreicher den Mossad narrte

Am 23. Oktober 1962 kam ein Unbekannter in eine israelische Vertretung in Köln und stellte sich als „Prof. Otto Joklik" vor. Er sei ein hochrangiger Berater der ägyptischen Regierung in Sachen Nuklearforschung. Wie ein „Kühlschrank-Vertreter" habe er seine Aktentasche geöffnet und Dokumente hervorgeholt, die seinen Experten-Hintergrund und seine politischen Verbindungen belegen sollten. Daraufhin bot er der israelischen Seite Insiderwissen über die nuklearen Ambitionen Ägyptens an. Ein technischer Experte, der sich mit Joklik unterhielt, war von dessen Fachwissen angetan. Gleichzeitig warnte er, dass Joklik dubios war, ohne Zweifel ein hochrangiger Gauner von internationalem Format. Dennoch gab der Chef des Mossad, Isser Harel, seinen Männern die Erlaubnis, mit Joklik zusammenzuarbeiten.[334]

Denn was dieser „Selbstanbieter" erzählt hatte, war in der Tat beunruhigend: Tel Aviv befände sich bald in Reichweite ägyptischer Mittelstreckenraketen, deren Gefechtsköpfe mit radioaktivem Abfall gefüllt seien. Die Angaben Jokliks bestätigten die schlimmsten Befürchtungen des Mossad. Der israelische Geheimdienst verfolgte seit längerem mit Besorgnis das Rüstungsprogramm des ägyptischen Präsidenten Gamal Nasser, das von deutschen und österreichischen Technikern vorangetrieben wurde, die schon für das Dritte Reich gearbeitet hatten.[335] Um die Bedrohung abzuwenden, wurde die „Operation Damokles" gestartet – ein Schattenkrieg mit Morden, Entführungen und Sabotage. Zu spät stellte sich heraus: Die angebliche Spitzenquelle Joklik war ein Hochstapler, der es geschafft hatte, dem Mossad eine der größten Pleiten seiner Geschichte zu bescheren.

Otto Joklik, geboren 1921, stammte ursprünglich aus Mährisch-Ostrau im heutigen Tschechien. Im Zweiten Weltkrieg hatte er als Artillerist gedient und es 1944 zum Oberleutnant gebracht.[336] In seiner Personalakte heißt es unter anderem: „Guter Nationalsozialist. Vor dem Feinde mehrfach bewährt."[337] Bei Kriegsende geriet er in Italien in US-amerikanische Gefangenschaft. Nach der Entlassung zurück in Wien, verdingte sich Joklik im Hauptquartier der alliierten Polizei als Dolmetscher.[338] Angeblich war er während dieser Zeit mit einer „neonazistischen Gruppe" eng verbunden und soll in deren Auftrag Kontakte mit US-Nachrichtendiensten in Österreich gesucht haben.[339]

Nächste Station für Joklik war die Politik: Ab 1. Juli 1949 wurde er für den Verband der Unabhängigen (VdU), die Partei der ehemaligen Nationalsozialisten und Vorgängerin der heutigen FPÖ, aktiv. Zunächst Landeswahlkreisleiter im Hausruckviertel, wurde Joklik wenig später oberösterreichischer Landessekretär. Im Februar 1950 wurde er wegen diverser Unregelmäßigkeiten ausgeschlossen und dockte beim direkten „Gegenüber", der kommunistischen „Nationalen Liga" an. Unter Führung eines früheren SS-Manns versuchte diese kurzlebige Kleinpartei mit Unterstützung der sowjetischen Besatzungsmacht ebenfalls in Kreisen der Ex-Nazis Stimmen zu fischen. Hier zeigte sich erstmals Jokliks Talent als Informationshändler: Noch als VdU-Funktionär soll er der KPÖ einen Bericht zugespielt haben, wie man die „Ehemaligen" am besten unterwandern könne.[340] Der lange gehegte Spionageverdacht aus dieser Zeit wird anhand von Dokumenten aus dem Schweizer Bundesarchiv erhärtet. Darin heißt es, Joklik habe bereits als VdU-Landessekretär „Beziehungen zur sowjetischen Besatzungsmacht" aufgenommen: „Er hatte persönlichen Kontakt zum sowjetischen Oberst Grischin, der damals Referent für Fragen der österreichischen Innenpolitik war." Laut einer anderen Meldung könne es „als ziemlich sicher angenommen werden", dass Joklik „seine Dienste der sowjetischen Besatzungsmacht zur Verfügung gestellt hat".[341]

Ab 1952 entwickelte Joklik eine emsige Geschäftstätigkeit. Die Pfade waren so undurchsichtig, dass nicht einmal die Staatspolizei seinen genauen Verbleib 1952-1962 rekonstruieren konnte: „Aus verschiedenen Berichten ist ersichtlich, dass er sich während dieser Zeit in der Bundesrepublik Deutschland, in der Schweiz, Frankreich, Holland, Italien und in der Vereinigten Arabischen Republik (Ägypten) aufgehalten hat."[342] Joklik beeindruckte zudem mit einem überbordenden wissenschaftlichen Lebenslauf: Zwischen 1959 und 1961 habe er Beratertätigkeit in Sachen Verfahrenstechnik, Apparatebau, Atomtechnik, Raumfahrt und Strahlenschutz ausgeführt. Ab 1961 wurde er Privatdozent an der Internationalen Geisteswissenschaftlichen Hochschule in Haarlem (Niederlande). Darüber hinaus gingen angeblich „5 Bücher und ca. 80 wissenschaftliche Veröffentlichungen" auf Jokliks Konto.[334] Aber seine Meriten – unter anderem ein „Master of Science in Chemical Engineering", ein „Doctor of Philosophy" und ein „Honorary Degree of Doctor of Chemical Engineering" – waren gerade mal das Papier wert, auf dem sie standen. Er hatte sie bei sogenannten „Doktorfabriken" („Degree Mills") in den USA erworben, deren Diplome „überhaupt keinen Wert" darstellten.[344] Das Fazit der Staatspolizei lautete: „Joklik behauptet, in Prag, Wien, Brünn, Riga, Breslau, Chicago und Amsterdam studiert zu haben. Vor österreichischen Behörden bezeichnet er sich fallweise als Dr. rer. pol. oder Jurist. Es konnte bisher nicht ermittelt werden, ob Joklik jemals promovierte."[345] Ebenso sei die tatsächliche Mitgliedschaft bei mehreren wissenschaftlichen Institutionen aus den entsprechenden Verzeichnissen „nicht ersichtlich" – genauso wie die angebliche Teilnahme an wissenschaftlichen Kongressen „nicht nachweisbar" sei.[346] „Vernehmlich soll Dr. JOKLIK an der Universität in Rom zum Professor ernannt worden sein und wird als Fachmann bei der Herstellung von Raketenwaffen bezeichnet. Laut anderer Quelle soll er als freiberuflicher Industrieberater tätig sein. Eine Überprüfung dieser Angaben war nicht möglich und es konnte über seine tatsächliche Tätigkeit nichts Konkretes ermittelt werden", so ein zusammenfassender staatspolizeilicher Bericht aus dem Jahr 1967.[347]

Ein Fall von Hochstapelei war auch die angebliche Tätigkeit für internationale Firmen, als deren Repräsentant und Mitinhaber sich Joklik legitimierte. Er hatte etwa die „Gestaltungsmöglichkeiten" des Finanzplatzes Liechtenstein genutzt und „sogenannte Etablissements" eingetragen, „hinter denen weder Kapital noch Organisation zu stehen braucht und die einem rechtlichen Zugriff praktisch entzogen sind". Das meldete die „Deutsche Zentralstelle zur Bekämpfung der Schwindelfirmen" 1958 an das Bundeskriminalamt in Wiesbaden.[348] Im selben Jahr wurde an die Schweizer Bundesanwaltschaft berichtet, dass Jokliks Ruf in Österreich, Deutschland und Italien „denkbar schlecht" sei: „Er soll in vielen Fällen Firmen um beträchtliche Beträge gebracht haben, indem er Anzahlungen für Industrieprojekte annahm, die nie zur Ausführung kamen." Joklik habe sich die Errungenschaften anderer zu eigen gemacht, um daraus „in jeder Weise wie ihm angebracht erscheint, Geld zu schlagen."[349]

Schweizer Behörden wiederum vermuteten, dass Joklik diese Konstrukte nutzte, „um überzeugend aussehendes Material zu sammeln", das er dann an den russischen Nachrichtendienst verkaufte.[350] Schon 1950 war Joklik in Zürich beim kantonalen Militärdirektor mit der Tür ins Haus gefallen: „Ich bin Dr. Joklik vom VdU. Ich liefere vertrauliche Nachrichten aus meiner Partei. Was zahlen Sie dafür?"[351] 1958 unterhielt er „Beziehungen zur russischen Botschaft in Bern".[352] Das Urteil der Schweizer Stellen war vernichtend: Man habe es mit einer „skrupellosen Person" zu tun, „die Kontakte mit ausländischen Nachrichtendiensten und solche Beziehungen sucht, um daraus Kapital oder sonstige Vorteile für seine undurchsichtigen Geschäfte zu erlangen." Joklik unterhalte oder suche Verbindungen zu Geheimdienststellen, „denen er Nachrichten gegen Bezahlung offeriert und muss als sog. Nachrichtenhausierer bezeichnet werden".[353]

Schon bald verstrickte sich Joklik in ein viel größeres Abenteuer. Laut eigener Angabe nahm ihn zwischen Anfang 1962 und Oktober 1962 die ägyptische Regierung als „Chefberater" unter Vertrag: „Meine Aufgabe bestand in der selbständigen Bearbeitung und Entwicklung sämtlicher Projekte, welche im Zusammenhang mit der militärischen Nutzung der Atomenergie zusammenhängen." Angeblich direkt dem Oberbefehlshaber der Luftwaffe, „Marschall Sidky", unterstellt, habe Joklik in einem eigenen Labor in einem streng überwachten Areal in unmittelbarer Nähe zum Hauptquartier von Sidky gearbeitet.[354]

Das war eine lukrative Sache, denn in Ägypten herrschte seit 1952 Nasser, der sein Land als Führungsmacht der arabischen Welt sehen wollte. Das dafür notwendige Know-how holte er sich aus dem Ausland. So erschienen ab Sommer 1958 Inserate in deutschen und österreichischen Zeitungen: Gesucht wurden Wissenschaftler und Techniker für das ehrgeizige Luftfahrt- und Rüstungsprogramm Ägyptens. Über Tarnfirmen in der Schweiz wurden bis zu 600 Fachkräfte rekrutiert. Eingesetzt wurde die überwiegende Mehrzahl in zwei Militärfabriken bei Heluan, 30 Kilometer südlich von Kairo. Dort arbeitete man gemeinsam mit einigen Tausend ägyptischer Hilfskräfte an der Entwicklung überschallschneller Düsenjäger.[355]

Die Leitung hatte seit 1960 ein gebürtiger Wiener inne: Ferdinand Brandner, ab 1932 illegales NSDAP-Mitglied und SA-Obersturmführer. Der Spezialist in Fragen des Gasturbinenbaus hatte im Zweiten Weltkrieg bei Junkers den damals stärksten Jagdflugzeugmotor mitentwickelt, weshalb ihn die Sowjetunion ab 1947 für sechs Jahre zwangsverpflichtete.[356] Während dieser Zeit leistete Brandner einen „entscheidenden" Beitrag zum Bau der Kampfflugzeuge MIG-15 und MIG-17. Diese Rolle gab nach seiner Rückkehr nach Österreich (1954) Anlass zu Spekulationen, Brandner wäre ein kommunistischer Sympathisant und Industriespion, der als solcher Kontakt zu westlichen Forschern anstrebe. So äußerte zum Beispiel die Nachrichtensektion der Schweizer Generalstabsabteilung 1956 einen Verdacht: „1. Brandner ist nicht verschleppt worden, sondern er ist freiwillig in die UdSSR gegangen; 2. Brandner hat auch während der Nazizeit Sympathien für den Kommunismus gezeigt; 3. Brandner ist weiterhin Vertrauensmann der Russen." Alle diesbezüglich durchgeführten Ermittlungen verliefen allerdings „negativ".[357] Nach der Heimkehr konnte Brandner nicht wirklich Fuß fassen: Eben technischer Direktor der neugeschaffenen Austrian Airlines (AUA) geworden, erreichte ihn das Job-Angebot aus Kairo.[358]

Dort arbeitete Brandner an der Entwicklung eines „arabischen Triebwerks" für den Kampfjet HA 300. Dabei wurde er von mehreren Dutzend Landsleuten unterstützt. Außerdem fungierten neun österreichische Firmen als „Hauptlieferanten der ägyptischen Kriegsindustrie" mit Maschinen und

Material, wie Außenminister Bruno Kreisky 1965 den Ministerrat über Informationen aus Israel aufklärte.[359]

So bedrohlich die Aufrüstung Ägyptens in Israel empfunden wurde, noch größere Ängste rief die zweite Hauptstoßrichtung des Programms hervor, die Raketenentwicklung. In der Militärfabrik 333 wurde an zwei Typen gefeilt: „El-Kahir" mit einer Reichweite von 560 Kilometern und „El-Safir" mit einer Reichweite von 280 Kilometern. 20 deutsche Forscher, von denen einige schon am V2-Raketenprogramm des 3. Reichs in Peenemünde mitgewirkt hatten, kontrollierten die Arbeit der Ägypter und halfen, wo es notwendig war.[360] „Der Aktionsradius der Raketen", drohte Nasser, „reicht gerade bis südlich von Beirut".[361]

Diese unverhohlene Drohung traf in Israel einen Nerv, während sich die Politik in Deutschland und Österreich lange gleichgültig verhielt. Das war womöglich kein Zufall: Wie einer der Raketenbauer später gegenüber der Polizei angab, hatte sich Ägypten bereit erklärt, „alle wissenschaftlich-technischen Ergebnisse, aus dieser Zusammenarbeit resultierend, der Bundesrepublik zur Verfügung zu stellen, für deren eigene Raumfahrtforschung."[362] Aber gleichzeitig wusste der Bundesnachrichtendienst (BND) Bescheid, dass das ägyptische Raketenprogramm vor unüberwindbaren Problemen stand: Von 32 Probeabschüssen waren gerade einmal sechs gelungen. Ab November 1963 hatte es überhaupt keinen funktionierenden Raketenstart gegeben. Die Hitze zwischen Mai und Oktober, die mangelnde Filterung, die Staub- und Sand-Partikel eindringen ließ und die Tatsache, dass die deutschen Experten keine direkten Anweisungen erteilen konnten, behinderten den Fortgang der Arbeiten.[363] BND-Präsident Reinhard Gehlen versuchte schon ab 1961 Harel zu überzeugen, dass von dem ineffizienten Programm keine Bedrohung ausging. Falls die Sowjets den Platz der deutschen Experten einnehmen würden, wäre dies sogar gefährlicher, argumentierte Gehlen.[364] Harel war aber nicht bereit, ein Risiko für Israel außer Acht zu lassen. Hatte doch Joklik angegeben, dass das ägyptische Rüstungsprogramm auch atomare und biologische Massenvernichtungswaffen umfasste. Konkret hatte er behauptet, als „Chefberater" des Projekts „Kleopatra" die „Herstellung von fünf nominalen Atombomben mit Uranium 239" betreut zu haben. Unter dem Decknamen „Ibis" sei weiters an der Entwicklung von „istotopengefüllten Fliegerbomben und Raketen" und „Atomartillerie" gearbeitet worden.[365]

Wie es zu Jokliks Zusammenarbeit mit dem Mossad gekommen war, dazu gibt es mehrere Versionen: Jene, dass Joklik ein „Selbstanbieter" war, wurde eingangs erwähnt. Er selbst sagte später in einem Polizeiverhör aus, er habe im September 1962 um die Sicherheit seiner Familie gefürchtet und sei nicht mehr nach Kairo gereist. „Gewisse Arbeiten" habe er noch von Salzburg aus erledigt. Doch am 12. Dezember 1962 hätten ihn zwei Unbekannte vor seiner Wohnung abgepasst. Sie stellten sich als „Mitglieder einer Organisation ehemaliger KZ-Insassen" vor, deren Aufgabe es sei, „dafür zu sorgen, dass über die Juden kein weiteres Unheil kommt." Sie forderten Joklik ultimativ auf, „seine Tätigkeit für Ägypten sofort einzustellen". Dann wiesen sie ihm einen Kontaktmann zu, dem Joklik sein Wissen über einige ihm persönlich bekannte deutsche Raketen-Experten offenbarte.[366]

Es spricht viel dafür, dass dies eine Schutzbehauptung war, die verschleiern sollte, dass Joklik schon länger im Dienst des Mossad stand. Einem Schweizer Nachrichtendienst-Bericht zufolge war er schon 1960 als Vertreter einer italienischen Erzeugerfirma nach Ägypten gereist und hatte den deutschen Wissenschaftlern elektronische Bestandteile geliefert. Nach dieser Geschäftsreise soll Joklik die israelische Botschaft in Rom aufgesucht und mitgeteilt haben, „dass deutsche Wissenschaftler in Ägypten unter der Tarnung einer Flugzeugproduktion Raketen bauen würden". In weiterer Folge soll Joklik zugesagt haben, „an jeder Verhinderung eines neuen Verbrechens am jüdischen Volk mitzuwirken". Der Tarnung halber habe Joklik seine Geschäftsverbindungen nach Ägypten fortgesetzt und eines Tages dann die Berufsbezeichnung „Berater der Vereinigten Arabischen Republik" geführt.[367]

Schon vor Jokliks Warnungen hatte der Mossad die „Operation Damokles" gestartet, um das Raketenprogramm zu sabotieren. Anfangs hatte man noch versucht, die ausländischen Rüstungsforscher mit Drohungen zum Gehen zu bewegen. Als das nichts fruchtete, wurde zu härteren Maßnahmen gegriffen: Am 11. September 1962 verschwand der Geschäftsführer der Intra-Handelsgesellschaft, Heinz Krug, spurlos aus München. Er hatte zuvor Material für den Raketenbau geliefert. Noch eine Woche vor seinem Verschwinden hatte sich Krug in Zürich hinter verschlossenen Türen mit seinen ägyptischen Partnern getroffen.[368] Erst 2018 enthüllte der israelische Journalist Ronen Bergman, dass Krug über Frankreich nach Israel entführt worden war. Dort wurde er lange verhört und schließlich an einem verlassenen Ort nördlich von Tel Aviv erschossen, um die Spuren zu verwischen.[369]

Das war nicht der einzige tödliche Schlag: Am 27. November 1962 verletzte eine Briefbombe die Sekretärin des Raketenforschers Wolfgang Pilz schwer und einen weiteren deutschen Mitarbeiter leicht. Vier ägyptische Todesopfer und weitere Verletzte forderte am 26. Jänner 1963 die Explosion eines Postpakets im Werk von Heluan.[370]

Nächster Schauplatz von „Operation Damokles" war Westdeutschland: Ins Visier genommen wurde der Elektronik-Spezialist Hans Kleinwächter, der zu dem für Ägypten tätigen Kreis von Wissenschaftlern zählte. Er entging am 20. Februar 1963 nur knapp einem Schussattentat, als er spätabends in sein Haus in Lörrach (Baden-Württemberg) zurückfuhr. Wie aus einer Mitteilung der Staatsanwaltschaft hervorgeht, wurde ein Schuss aus einer Kleinkaliberpistole mit Schalldämpfer auf Kleinwächter abgegeben: „Das Geschoss zertrümmerte die Scheibe des Wagenfensters und blieb im Wollschal des Überfallenen in Brusthöhe stecken." Der Wissenschaftler blieb unverletzt. Der Attentäter drückte noch einmal ab, hatte aber Ladehemmung.[371] Kleinwächter wiederum zog unerwartet eine Waffe, aber er hatte auch Ladehemmung. Daraufhin entriss ihm der Attentäter die Pistole und ergriff zusammen mit seinen beiden Begleitern die Flucht.[372] Der Teamleiter, der spätere israelische Ministerpräsident Jitzchak Schamir, und Mossad-Chef Harel hatten die Aktion vor Ort geleitet und wurden Zeugen des peinlichen Fehlschlags.[373]

Die nachfolgende Aktion wurde überhaupt zum Desaster: Am 2. März 1963 waren die beiden jugendlichen Kinder des Raketenfachmannes Paul Goercke zu einer Unterredung ins Basler Hotel „Drei Könige" bestellt worden. Heidi und Rainer sollten ihren Vater „so schnell wie möglich" zur Rückkehr aus Ägypten bewegen. Diese Chance habe er noch. Doch die Jugendlichen hatten längst die Polizei informiert. Diese verhaftete ihre beiden Gesprächspartner. Es handelte sich um einen Mossad-Agenten, der sich Joseph Ben-Gal nannte und niemand geringeren als Joklik. Denn Harel hatte entschieden, Joklik nicht nur als Quelle, sondern auch operativ zu nutzen[374] – da er Familienangehörige von einigen deutschen Wissenschaftlern persönlich kannte und man dieses Vertrauensverhältnis nutzen wollte. So war es im Falle der Familie Goercke, wo Joklik den Termin in Basel eingefädelt hatte. Ben-Gal und Joklik wurden wegen versuchter Nötigung und nachrichtendienstlicher Betätigung für einen anderen Staat vor Gericht gestellt.[375]

Der Basler „Agentenprozess" schlug hohe Wellen. Jokliks Heimatland Österreich versuchte sich aus der ganzen Sache herauszuhalten. Mitte April 1963 wurde der Botschafter vorstellig und erklärte, dass Joklik „nicht österreichischer Staatsbürger sei". Dieser sei „übrigens ursprünglich Tscheche gewesen und als Volksdeutscher hätte er Deutscher werden müssen". Man sei aber bereit, Joklik „zurückzunehmen", sofern dieser keine andere Staatsbürgerschaft besitze. Dem Botschafter war das Ganze offenbar peinlich, weshalb er nichts Schriftliches übermitteln wollte.[376]

Joklik kam mit einer Gefängnisstrafe von zwei Monaten glimpflich davon. Beobachtern fiel keine Missstimmung zwischen ihm und Ben-Gal auf. Nach der Urteilsverkündung verabschiedete sich der Mossad-Agent

„besonders freundlich und mit einem ‚Auf Wiedersehen'" von ihm. Für die Schweizer Bundesanwaltschaft war das ein Anzeichen dafür, „dass Joklik von seinen bisherigen israelischen Auftragsgebern nicht etwa ignoriert wird."[377] Tatsächlich verachtete der Mossad-Agent Joklik zutiefst. Er beschrieb ihn später als Feigling, der eine „schmutzige Seele" gehabt habe. Besonders gestört hatte den Führungsoffizier, dass Joklik ihn in Salzburg zum Essen eingeladen hatte, nur um später die Rechnung bei der Spesenabrechnung wieder vorzulegen.[378] Joklik dagegen kokettierte mit seiner Rolle und gab gegenüber Journalisten an, dass er sich „nicht beleidigt" fühle, „wenn man mich als israelischen Agenten bezeichnen würde."[379] Aber seine Spionagekarriere war vorbei, denn nunmehr war der letzte Rest an Glaubwürdigkeit in sich zusammengebrochen. Der mit dem Mossad konkurrierende Militärgeheimdienst Aman war längst zum Schluss gekommen, dass Joklik ein „Betrüger" und „Scharlatan" sei. Die von ihm beschriebenen Programme „Ibis" und „Cleopatra" seien so nicht realisierbar. Das führte zu einer grundlegenden Neuorientierung beim Mossad: Harel reichte am 25. März 1963 seinen Rücktritt ein.[380]

Nun besorgte sich der Mossad Informationen bei einem anderen Österreicher, dem ehemaligen SS-Obersturmbannführer Otto Skorzeny, der sich in seinem Exil in Spanien unter anderem als Waffenhändler verdingte. Laut Informationen der Schweizer Bundesanwaltschaft bestanden Verbindungen zwischen Skorzeny und dem Chef-Beschaffer des ägyptischen Rüstungsprogramms Hassan Kamil.[381]

1964 ließ sich Skorzeny vom Mossad mit der Aussicht auf eine „Lebensversicherung" ködern, die Sicherheit vor etwaigen Vergeltungsmaßnahmen gewährte, die andere Nazi-Größen getroffen hatten.[382] Skorzenys Führungsoffizier beim Mossad erinnerte sich an einen „Hünen", der auf der linken Wange eine Narbe bis zum Ohr hatte. Einmal habe Skorzeny plötzlich ein Monokel aus der Tasche gezogen und es in seine rechte Augenhöhle gesteckt: „Er sah aus wie der vollendete Nazi."[383] Für den Mossad zapfte Skorzeny den Sicherheitsberater der deutschen Experten an: Hermann Valentin war ein früherer Untergebener und zwischen den beiden herrschte immer noch ein Vertrauensverhältnis. Skorzeny machte Valentin glauben, der britische Geheimdienst wolle ihn rekrutieren, wobei es sich in Wirklichkeit um den Mossad handelte.[384] Die Informationen die Valentin infolge beschaffte, schlossen „alle Wissenslücken" des Mossad in Bezug auf das ägyptische Rüstungsprogramm: „Sie offenbarten zuverlässig, wer an dem Projekt beteiligt war und in genau welchem Stadium sich jede einzelne Komponente befand", so der Journalist Ronen Bergman. Dieser berichtete, dass Skorzeny auch frühere Wehrmachtsoffiziere, die in das Raketenprogramm involviert gewesen waren, zu sich nach Hause in Madrid einlud. Die Gäste hätten nicht geahnt, dass „die israelische Regierung für ihre Mahlzeiten und Getränke bezahlte und ihre Gespräche abhörte".[385]

Auf diese Weise wurde offenkundig, dass das Entwicklungsland Ägypten zu keinem Zeitpunkt in der Lage gewesen war, seine hochfliegenden Pläne zu verwirklichen. Bis zuletzt ohne funktionierende Steuerung und Leitsystem spielten die Raketen im Sechstagekrieg (1967) keine Rolle. Die deutschen Experten hatten Ägypten zu diesem Zeitpunkt längst den Rücken gekehrt. Auf israelischen Druck hin veranlasste Jobangebote hatten die letzten endgültig in die Heimat zurückgelockt. Nur Brandner hielt bis 1969 durch, dann wurde auch sein Projekt eingestampft.[386]

Und Otto Joklik? Er wurde Ende 1964 wieder einmal verhaftet: Er soll als Vertreter einer deutschen Firma für Spezialfahrzeuge 87.000 DM aus Ägypten erhalten und diese nie abgeliefert haben.[387] 1971 machte er die Behörden als mutmaßlicher Technologieschmuggler nochmals auf sich aufmerksam. Er hatte zuvor embargogesperrte „Laserwaren" aus den USA bezogen und zwar unter der Versicherung, diese seien für den Verbleib in Österreich bestimmt. Stattdessen ließ er sie durch ein Wiener Speditionsunternehmen an eine Moskauer Firma versenden. Das diesbezügliche Verfahren wurde eingestellt, genauso wie eines wegen Devisenvergehen.[388] Im Zuge der Ermittlungen wurde festgestellt, dass sich unter der Anschrift des Wiener Institue of Advanced Biotechnology, wo Joklik angeblich forschte, „nur eine Wohnung" befand. Auch das seinem Briefpapier angegebene Institute of Advanced Technology and Biotechnology, Haarlem University „soll ebenfalls nicht existieren".[389] Danach verlief Jokliks Leben in respektablen Bahnen: 1996 erhielt er das Ehrenkreuz für Wissenschaft und Kunst I. Klasse – „für seine langjährige humanitäre Tätigkeit für die Organisation der Vereinten Nationen für industrielle Entwicklung (UNIDO) als Entwicklungsberater, insbesondere durch die Zurverfügungstellung von Trinkwasseraufbereitungsanlagen für die österreichische Caritas und durch die großzügige Beschaffung von Medikamenten für Krisengebiete."[390] 2005 ist Joklik verstorben.

„Den Wegweiser falsch gedeutet“: Die gescheiterte Geiselnahme im Hotel Imperial 1984

Der Sonntag, 1. Juli 1984, hätte womöglich als blutiger, schwarzer Tag in die Geschichte der 2. Republik eingehen können, vergleichbar mit Ereignissen wie der OEPC-Geiselnahme 1975 oder dem Attentat auf den Flughafen Schwechat 1985. Nur durch Zufall passierte nichts dergleichen. Stattdessen geriet ein geplanter Terroranschlag zur Farce. Neun pakistanische Terroristen wollten im Hotel Imperial zuschlagen und Geiseln nehmen. Getroffen hätte es einen Empfang der kanadischen Botschaft für Autovertragshändler von Ford Canada, die auf Einladung des Konzerns in Wien waren.[391] Doch es kam ganz anders.

Bevor die Operation starten sollte, hatten sich die Terroristen nacheinander im Zimmer 218 des Hotels versammelt. Dort logierte seit zwei Tagen bereits der Anführer des Kommandos, der 23jährige John Barry Cann (der mit richtigem Namen Javed Malik hieß[392]). Die Männer bewaffneten sich und legten rote Stirnbänder an, um sich im zu erwartenden Chaos nicht gegenseitig zu erschießen. Um 18.45 Uhr ging Cann alleine auf Erkundung. Im Parterre stieß er auf eine Tafel mit der Aufschrift „Reception“. Ebenfalls abgebildet war ein senkrecht nach oben zeigender Pfeil. Cann las diesen Hinweis falsch: Anstatt weiter durch die Hotelhalle geradeaus zu gehen, stieg er nach oben in den ersten Stock, wo sich ebenfalls Empfangsräumlichkeiten befanden. Dort stand er unerwartet vor verschlossenen Türen. Darüber aus der Fassung gebracht, ging er zunächst einmal an die Hotelbar und konsumierte einen doppelten Whisky: „Ich saß an einem Tisch mit einem freien Blick zur Rezeption und beobachtete das Kommen von Gästen. Mir fielen aber nur zwei Paare in Abendkleidung auf.“ Cann war der Meinung, dass die „für uns interessante Veranstaltung offenbar abgesagt worden war“: „Etwa gegen 20.00 Uhr ging ich wieder die Stiege nach oben in mein Zimmer und sah den vorher erwähnten Saal noch immer verschlossen.“ Während man sich über das weitere Vorgehen beriet, öffnete Cann das Fenster. Da fiel ihm eine Menschenansammlung vor einem repräsentativen Veranstaltungsgebäude in der Nähe auf. Es handelte sich dabei um den vom Hotel Imperial nur wenige Meter entfernten Musikvereinssaal. Die vielen gut gekleideten Leute ließen Cann vermuten, „dass es sich vielleicht um ‚unsere‘ kanadische Veranstaltung handeln könne“. Alleine ging er nach unten und fragte zwei Besucherinnen, ob dies eine „kanadische Veranstaltung“ sei. Wiederum Fehlanzeige. Es handle sich um ein „Konzert“, lautete die Auskunft. Schließlich hielt Cann noch gemeinsam mit einem Kameraden direkt vor der kanadischen Botschaft Nachschau: „Auch dort war keine Gesellschaft zu sehen."[393] In einer späteren Befragung bekundete Cann fast schon verzweifelt: „Wenn Sie mich heute fragen, wo die Gesellschaft, die wir überfallen wollten, wirklich war, ich weiß es nicht."[394] Die Staatspolizei kam zum Schluss, dass es „ausschließlich" dem Missverständnis mit der „Deutung des senkrechten Pfeiles" zu verdanken war, „dass der Überfall […] nicht durchgeführt wurde."[395]

Gegen 22 Uhr brachen die Pakistanis ihr Vorhaben endgültig ab. Das Hotelzimmer wurde quittiert, und man teilte sich wieder auf die ursprünglichen Unterkünfte auf. In den drei kleinen Hotels im 6., 7. und 15. Bezirk wollten sie weitere Instruktionen abwarten. Denn es gab weder einen Plan für den Fall, das etwas schieflaufen sollte, noch hatte das Kommando eine Karte von Wien mit dabei. Keiner der neun Männer sprach ein Wort Deutsch. Ihre Führung hatte sie im Stich gelassen. Es dauerte nur wenige Tage, bis sie aufflogen.[396]

Am 6. Juli 1984 war einer der führenden Terrorismus-Ermittler der Staatspolizei gerade in Oberösterreich unterwegs, als er zu Mittag einen Anruf erhielt: „In der Nähe des Westbahnhofs sind vier, fünf so schwarze Wuzln, genauso hat er es gesagt, abgestiegen. Und einer kommt täglich, bezahlt und geht wieder. Die anderen blieben im Zimmer. Das ist natürlich auffällig gewesen, woraufhin ich die Anweisung gegeben habe, fünf Mann hinzuschicken und nachzusehen. Es hat nicht lange gedauert und man hat mich verständigt: ‚Es ist besser, du kommst nach Wien.'"[397]

Was war geschehen? In einer der Unterkünfte, wo sich fünf der neun Männer ein Zimmer teilten, hatte das Personal schon bei der Ankunft der Gäste ein ungutes Gefühl gehabt: „Sie telefonierten recht häufig und bezahlten jeden Tag die Rechnung."[398] Die Unsicherheit wurde durch eine kleine Meldung in der *Kronen Zeitung* weiter genährt. Darin hieß es, Terroristen einer radikalen Splittergruppe seien unterwegs nach Österreich. Schließlich öffnete man in Abwesenheit der Gäste die sonst immer verschlossenen Kastentüren und fand darin die Waffen. Die davon verständigten Staatspolizisten führten den bereits erwähnten Zugriff durch, wie sich der ehemalige Terrorfahnder erinnerte: „Meine Leute sind dort reingegangen, die wollten noch aufspringen, hatten aber keine Chance mehr, zu entkommen."[399] Ein Ermittlungsbericht hielt fest: „In einem ersten befragenden Gespräch verwickelten sich die fünf Personen in eklatante Widersprüche. Sie gaben ihre Geburtsdaten falsch an und auf ihre Berufe angesprochen erhielten wir äußerst fragwürdige Auskünfte. Während des Gesprächs wurden die fünf Personen zunehmend nervös und [es] wurde eine genaue Nachschau in der Wohnung gehalten. In verschiedenen Taschen und Koffern wurden daraufhin Faustfeuerwaffen, Maschinenpistolen, Eierhandgranaten, Sprengstoff (soweit dies äußerlich zu vermuten war) und Munition aufgefunden."[400]

Das Arsenal bestand aus drei Beretta-Maschinenpistolen, sieben belgischen FN-Pistolen, fünf Handgranaten, 362 Schuss Munition, fünf Handgranaten sowie zwei Päckchen mit jeweils einem halben Kilogramm Nitropenta-Sprengstoff und Zünder.[401] Ebenfalls gefunden wurde Schuhpaste zum Schwärzen der Gesichter und Stricke in verschiedener Länge – zum Fesseln der Geiseln.[402]

Über ihre Komplizen schwiegen sich die Männer aus. Aber die Staatspolizisten hatten einen Trumpf in der Hand. Ein Fotoapparat war sichergestellt worden und die Bilder wurden umgehend entwickelt – zu sehen bekamen die Ermittler Schnappschüsse wie von einer Urlaubsreise: „Die haben sich zusammen in Rom fotografiert, in Mailand, so glaube ich, und in Wien. Auf den Fotos waren jedenfalls neun Personen zu sehen und wir haben zum Suchen angefangen." Einen weiteren Hinweis lieferte ein Zettel mit zwei Telefonnummern von benachbarten Pensionen: „Dort sind wir hin und haben weitere Mitglieder des Kommandos festgenommen. Um Mitternacht habe ich dann dem letzten in einer Stehbar in der Mariahilferstraße die Waffe angesetzt: Dem ist das Glas aus der Hand und auf die Theke gefallen, als ich gesagt habe: ‚Polizei'. Die Kellnerin hat sich geärgert: ‚He, was macht ihr da für eine Sauerei.' Da habe ich geantwortet: ‚Dirndl, wir haben nicht so viel Zeit' und mich zu erkennen gegeben. ‚Uuhh' war ihr einziger Kommentar."[403]

In dieser an haarsträubenden Zufällen nicht gerade armen Geschichte gab es noch ein weitere bemerkenswerte Facette: Dem Ehemann der Besitzerin eben jenes Hotels, wo man die ersten fünf Pakistanis verhaftet hatte, war elf Jahre zuvor Ähnliches passiert. 1973, als Portier im Hotel Westbahn beschäftigt, waren ihm die israelischen Reisepässe von drei Arabern verdächtig vorgekommen. Darüber informierte Staatspolizisten legten sich auf die Lauer: „Die waren undercover, so richtig ‚wilde Hunde', wie das damals in den 1970er gewesen ist." Sie nahmen die Männer fest, als diese vom Zimmer herunterkamen. Und tatsächlich: Es handelte sich um Mitglieder der berüchtigten Terrororganisation „Schwarzer September", die einen Überfall auf jüdische Emigranten vornehmen wollten. Weil es Verständigungsschwierigkeiten gab, wurde der Portier kurzfristig als Dolmetsch beigezogen: „Es hat geheißen: Kommen Sie, wir können kein Englisch, und ich musste den Arabern dann erklären, dass sie verhaftet sind, wegen der falschen Reisedokumente usw." So richtig absurd sei jedoch, „dass das in unserer Familie zweimal passiert ist".[404]

Die Verhöre gestalteten sich auch im Falle der Pakistanis langwierig und zäh. Aber nach und nach konnte die Staatspolizei den Fall aufklären. Die neun Männer, zwischen 22 und 38 Jahre alt, waren ein bunt zusammengewürfelter Haufen: Bauern, Handwerker und Studenten. Wirkliche Erfahrung hatte nur einer von ihnen, der Anführer Cann. „Die meisten Mitglieder des Kommandos stammten aus einfachen Milieus, sie waren im Grunde Schafhirten. Die hatten keine fundierte Ausbildung erhalten und konnten auch nicht mit den Waffen umgehen", so der Ermittler.[405] Die Mehrzahl habe erst in den Hotels die Handhabung der Maschinenpistolen und der Handgranaten geübt. Es habe sich um „blutige Anfänger" gehandelt, „die in Wien ihren Ersteinsatz hatten", war im *Kurier* zu lesen.[406] Und später vor Gericht meinte der Anwalt über seine Mandanten: „Hätte die Polizei sie nicht verhaftet, sie wären heute noch in der Welt unterwegs, von einem Misserfolg zum anderen."[407]

Vom politischen Hintergrund waren alle Anhänger der Pakistan Peoples Party (PPP). Deren Führer Zulfikar Ali Bhutto war zwischen 1973 und 1977 Premierminister gewesen, ehe er von General Zia-ul-Haq gestürzt wurde. 1979 wurde Zulfikar trotz internationaler Proteste hingerichtet. Während die politische Führung der PPP seine Tochter Benazir übernahm, organisierten die Söhne Shahnawaz und Murtaza vom Exil aus einen Untergrundkampf gegen das Militärregime. Dabei wurden sie von Syrien, Libyen und der Palästinensischen Befreiungsbewegung (PLO) unterstützt. Shahnawaz wurde 1985 im französischen Nizza tot aufgefunden, angeblich war er vergiftet worden. Bruder Murtaza war die eigentliche Triebkraft des Widerstands. Sein Biograf und früherer Mitarbeiter, Raja Anwar, hat ihn wenig schmeichelhaft als „terrorist prince" charakterisiert, als jemanden, der ständig neue Aktionen plante, deren Ausführung aber anderen überließ und sich lieber rechtzeitig in Sicherheit brachte.[408]

So war es schließlich auch im Falle der geplanten Geiselnahme in Wien. Diese sollte die Aufmerksamkeit der Weltöffentlichkeit auf die Situation in Pakistan lenken: „Wir hatten vor der Welt zu demonstrieren, was für eine Regierung in Pakistan herrscht", stellte Cann vor Gericht klar und klagte den Machthaber Zia bei dieser Gelegenheit als „Diktator" an.[409] In die Wege geleitet worden war das Unternehmen Ende Mai 1984. Die Mitglieder des Kommandos – allesamt Angehörige von Murtazas Untergrundorganisation „Al-Zulfikar" – versammelten sich in Damaskus, wo sich auch das Hauptquartier für die Aktivitäten gegen Zias Regime befand. Anschließend reiste man in drei Gruppen getrennt per Schiff über Griechenland nach Ancona bzw. Rom. Dort sollte am 12. Juni 1984 eigentlich die philippinische Botschaft überfallen werden. Aber die Sicherheitsmaßnahmen waren zu engmaschig und die Aktion schien „zu riskant".[400] Außerdem wollte die PLO keine Waffen zur Verfügung stellen – angeblich, weil sie eine ihre wichtigen Unterstützergruppen, die italienische Kommunistische Partei, nicht vor den Kopf stoßen wollte. Nach einer anderen Version hatte Murtaza die Operation gestartet, ohne sich vorher sicher zu sein, dass die PLO die Gruppe bewaffnen würde. Wie dem auch sei, das Vorhaben musste abgebrochen werden. Daraufhin rückte nach einer entsprechenden Order Murtazas Wien ins Visier.[411]

Dafür gab es einen Grund, wie Cann angab: „[...], die Sicherheitsmaßnahmen sind in Österreich nicht so groß. Österreich ist kein Polizeistaat."[412] Das wurde bei westeuropäischen Behörden damals übrigens ähnlich gesehen, vor allem was den Schutz von Botschaften anging. „Trotz aller Anstrengungen der Polizei gelten die Überwachungsmaßnahmen im Gegensatz zu anderen Ländern als mangelhaft", hieß es im *Kurier* süffisant.[413] Innenminister Karl Blecha versuchte solcher Kritik den Wind aus den Segeln zu nehmen: „Der Terrorismus ist eine Erscheinung unserer Zeit, die in freien, demokratischen Staaten nicht so bekämpft werden kann, wie in Diktaturen."[414]

In Wien waren die Pakistans in Dreiergruppen zwischen 22. und 28. Juni 1984 per Bahn angekommen.[415] Erst hier erhielten sie die Waffen. Laut Murtazas Biografen Anwar war die PLO die Quelle: Am 30. Juni 1984 hätten PLO-Leute den Sprengstoff und die Waffen übergeben, die zuvor aus Ungarn eingeschmuggelt worden waren.[416] Das deckt sich nicht mit den Erkenntnissen der Staatspolizei: Demnach soll Cann schon am 29. Juni 1984 am Westbahnhof einen „Waffenüberbringer" getroffen haben, der die Ausrüstung in einem Koffer mit sich führte. Anschließend fuhr man im Taxi zum Hotel Intercontinental, wo Cann zu diesem Zeitpunkt logierte. Bei dieser Gelegenheit sollen die Terroristen zum ersten Mal über das konkrete Aktionsziel „Kanadische Gesellschaft" im Hotel Imperial informiert worden sein.[417] Später hieß es in der Hauptverhandlung, Cann habe nur eine telefonische Mitteilung erhalten, dass in einem Schließfach am Westbahnhof der Schlüssel für ein anderes Fach sei, in dem sich dann eine Reisetasche mit Waffen und Sprengstoff befunden habe.[418]

Der bereits zitierte Ex-Staatspolizist erinnerte sich im Interview mit dem Verfasser dennoch an einen unbekannten Kurier: „Eine Personenbeschreibung durch die Terroristen passte zu einem libyschen Diplomaten." Offenbar war die Botschaft Libyens in die Vorbereitungen der Geiselnahme involviert – so wie 1975, als Carlos, der „Schakal", die Tagung der OPEC-Minister überfiel.[419] Im Falle der Pakistanis ging die libysche Beteiligung noch weiter. Fünf der Kommandomitglieder sollen in einem Wellblechhütten-Lager am Stadtrand von Tripolis in der Waffenhandhabung rudimentär trainiert worden sein.[420] Als sie in Wien waren, gab es noch eine Abschluss-Instruktion durch den Chef persönlich. Murtaza war kurz eingeflogen, um seine Männer, einen nach dem anderen, zu treffen. In einem Nordsee-Fischlokal händigte er jeweils 2.000 Schilling aus. Dann sagte er, dass man sich in Kuba wieder sehen werde, weil die Terroristen mit den Geiseln dorthin ausfliegen sollten.[421]

Weitere Anweisungen wurden später auf Mikrofilmen gefunden, die in den Schuhen der Pakistanis versteckt waren. Demnach sollten unter den Geiseln anwesende Franzosen, Schweizer und Schweden freigelassen, Personen aus Pakistan und Südafrika (dem damaligen Apartheidregime) hingegen erschossen werden. Auf der Todesliste standen weiters Geiseln aus Zaire, Bangladesch, Indonesien, Sri Lanka und den Philippinen, weil deren Exekution zwar Schrecken und zusätzlichen Druck erzeugt hätte, aber gleichzeitig politisch ungefährlicher gewesen wäre – anders als der Tod von Staatsbürgern der USA oder Saudi-Arabiens, weil „die sind zu stark", wie Cann im Verhör aufklärte.[422] Einer seiner Untergebenen ergänzte: „Für uns waren am wichtigsten die Amerikaner und die Saudis. Beim Erscheinen des pakistanischen Botschafters hätten wir sofort das Feuer auf ihn eröffnet. Wäre er schon dagewesen, hätten wir ihn sofort erschossen."[423]

Die Mission war also darauf angelegt, im Hotel Imperial eine Riege internationaler, hochrangiger Spitzendiplomaten in die Hände zu bekommen. Tatsächlich waren aber gar keine Diplomaten vor Ort, sondern „kanadische Staatsangehörige der ‚Ford Motor Company', insgesamt 58 Personen". Als einzige „höher gestellte Person" war lediglich der Generaldirektor Ken Harrigan mit seiner Gattin anwesend.[424] Seitens des Veranstalters, eines österreichischen Reisebüros, gab ein Angestellter vor Gericht Auskunft. Demnach war die kanadische Reisegruppe am 1. Juli 1984 mit dem Orient-Express von Deutschland aus angekommen. Am Abend gab es einen Cocktail-Empfang mit anschließendem Dinner im Marmorsaal des Hotel Imperial: „Es sollte das Beste vom Besten sein", so der Zeuge. Und er fügte hinzu: „In der Mitte hat ein Trio gespielt. Ich war selbst am Abend dort, und es war alles ok."[425] Nicht auszudenken, was passiert wäre, wenn die Terroristen tatsächlich in die Runde „geplatzt" wären.

Ob das Schicksal dieser völlig unbeteiligten Personen ein geeignetes Pfand gewesen wäre, darf bezweifelt werden. Denn der Plan hätte vorgesehen, im Anschluss an die Geiselnahme vor dem Hotel eine Ansprache zu halten und die Forderungen bekannt zu geben: Die Freilassung und Rehabilitierung von 200 namentlich aufgelisteten politischen Gefangenen in Pakistan und deren Ausfliegen in ein noch bekannt zu gebendes Land. Die österreichische Bundesregierung wiederum hätte sich einverstanden erklären müssen: „1.) sich jeglicher Herausforderung zu enthalten, denn dies würde zu einem Blutbad unter unseren Geiseln führen, [...]. 2.) morgen um 08.00 Uhr, Ortszeit, eine Boeing 707 (mit drei Mann Besatzung), beladen mit 73.000 kg Treibstoff und bereit, vom Internationalen Wiener Flughafen abzufliegen, bereitzustellen. 3.) Morgen, um 07.00 Uhr, Ortszeit, sollen zwei Busse [...] vor unserem Haus zu unserer Verfügung sein, um uns und unsere Geiseln bis genau zu den Einstiegstiegen des Flugzeuges zu bringen. 4.) Jegliche Verzögerung wird die Leben unserer Geiseln gefährden." Am Ende stand ein Aufruf: „Für die Freiheit und Demokratie in Pakistan."[426] Mit den Geiseln wollte man anschließend nach Havanna ausfliegen und diese erst freigeben, wenn die erwähnten 200 Gefangenen entlassen worden wären. Während des Prozesses versicherte Cann: „Hätten wir keinen Erfolg gehabt, so hätten wir alle wieder freigelassen." Diese Aussage rief bei den Mitangeklagten so viel Schmunzeln hervor, dass sie der vorsitzende Richter ermahnte: „Das letzte Wort hat das Gericht, und das wird vielleicht nicht so lustig sein."[427]

Und so war es auch. Am 28. März 1985 wurden die Angeklagten wegen versuchter erpresserischer Entführung und Ansammlung von Kampfmitteln schuldig gesprochen. Cann erhielt 13 Jahre und der ebenfalls in führender Position tätige Lias Khan eine 11jährige Freiheitsstrafe. Die übrigen sieben wurden zu je sieben Jahren verurteilt. In der Urteilsbegründung wies das Gericht unter anderem die Argumentation der Verteidigung, die „relativ dilettantische Art der Planung und Vorbereitung" würde die Schuld der Täter und ihre Gefährlichkeit „gering" erscheinen lassen, zurück: „Mag man auch die Art der beabsichtigten Ausführung der gegenständlichen Taten insbesondere in Hinblick auf die Gründe des Scheiterns der Geiselnahme tatsächlich als eher ungeschickt beurteilen, ändert dies nichts an der Gefährlichkeit der Täter und der von ihnen beabsichtigten und verwirklichten Taten."[428] Weiters hielt der Richter fest: „Die Strafen sind unter dem Gesichtspunkt verhängt worden, dass der Terrorismus ein sicherheitspolitisches Problem ist, das auch in Österreich virulent ist."[429]

Von jenem Mann, dem sie ihre Lage zu verdanken hatten, waren die Terroristen längst fallengelassen worden. Die Geldzuwendungen, die sie erhalten hatten, um sich den Rechtsbeistand leisten zu können, wurden 1985 eingestellt – zeitgleich als Murtaza die Auflösung von Al-Zulfikar bekannt gab. In den folgenden Jahren gab es für die Inhaftierten weder Besuch noch irgendeine finanzielle Hilfe. Zumindest sprach Frau Begum Bhutto, als ihrer Tochter Benazir 1987 in Wien der Bruno Kreisky-Preis für Menschenrechte verliehen wurde, den Innenminister auf die Inhaftierten an. 1988 erfolgte in Pakistan ein Machtwechsel: General Zia starb bei einem mysteriösen Flugzeugabsturz und Benazir Bhutto wurde Premierministerin. Daraufhin wurden in Österreich acht der Pakistanis 1989 vorzeitig entlassen. Zwei von ihnen blieben im Land. Lediglich Cann war noch bis 1993 in Haft – zurück in Pakistan musste er wegen eines anderen Falls noch zwei weitere Jahre absitzen.[430]

Einige Ermittlungsergebnisse hatte die Staatspolizei dem Gericht gar nicht erst weitergereicht. Diese gingen, so der Ex-Staatspolizist, exklusiv an einen interessierten ausländischen Dienst: „Mitten in den Ermittlungen hat sich der MI6 eingeschaltet: Cann, sei möglicherweise einer der Topterroristen in Pakistan und habe einige Leute am Gewissen. Zum Beispiel habe er gemeinsam mit einem anderen Täter von einem Motorrad aus eine Handgranate in eine pakistanische Kaserne geschleudert und wie die Offiziere aus dem Kasino kamen, auf diese das Feuer eröffnet. Dabei sei er an der Schulter angeschossen worden – und tatsächlich, Cann hatte Spuren einer solchen Verletzung. Daraufhin habe ich ihm gesagt: Wir reden über diese ganz ‚alten Geschichten' oder wir reden nicht darüber und liefern dich aus – und zwar gleich binnen einer Woche. Dann haben wir über 35 Seiten Niederschrift darüber gemacht, was er alles gemacht hat. Der MI6 hat das über das Bundesministerium für Inneres übermittelt bekommen und war hoch begeistert. Das hat außer mir und meinem Vorgesetzten niemand gewusst. Die Briten waren an allem und jedem interessiert, was sich international getan hat. Alles, was zum Thema Terrorismus da war, haben die aufgesogen und weiter berichtet. Das war aber keine Einbahnstraße."[431]

Noch eine weitere Entscheidung wurde im Hinterzimmer getroffen: Im Unterschied zu den „kleinen Fischen" hatte der eigentliche Mastermind nie etwas zu befürchten. Eine schon eingeleitete Fahndung nach Murtaza Bhutto wurde vom Justizministerium unterbunden. Seine Verfolgung dürfte politisch nicht opportun gewesen sein.[432] 1993 kehrte Murtaza wieder nach Pakistan zurück. Drei Jahre später wurde er unter ungeklärten Umständen gemeinsam mit fünf Anhängern von der Polizei erschossen.[433] Dem Bhutto-Clan blieb eine weitere Tragödie nicht erspart: 2007 starb auch Benazir bei einem Attentat radikal-islamistischer Terroristen.

„Dem größten illegalen Waffengeschäft seit 1945 auf der Spur"

Der Abend des 11. Juli 1985 ist tropisch-schwül in Athen. Der österreichische Botschafter in Griechenland, Herbert Amry, hat zu einem Abschiedsempfang geladen. Der 46jährige ist zu einem Karrieresprung in das Wiener Außenamt rückberufen worden. Rund 150 Gäste kommen in die Residenz – griechische Regierungsmitglieder, Diplomaten anderer Länder und Auslandsösterreicher. Es wird 23 Uhr, bis die letzten Gäste gegangen sind. Dann setzt sich Amry noch mit einem Mitarbeiter zusammen. Man trinkt zwei Flaschen kaltes Bier. Anschließend legt sich Amry mit seiner Gattin hin. Im Bett liest er noch etwas, als er plötzlich an der linken Schulter Schmerzen verspürt. Eine starke Übelkeit kommt hinzu. Bald kann Amry nur mehr stoßweise atmen. Seine Gattin leistet erste Hilfe und verständigt den Vertrauensarzt der Botschaft, der die Einlieferung ins Krankenhaus veranlasst. Diese verläuft nicht pannenfrei. Die Staatspolizei berichtete später, dass die Rettung „sehr spät" gekommen sei. Außerdem sei der Krankentransport mit einem alten und offenen Auto durchgeführt worden, „sodass man die Beine ‚herausbaumeln' sah." Im Spital wird der Patient an die Herz-Lungenmaschine angeschlossen, „jedoch diese startete erst beim dritten Versuch." Tatsächlich sei Amry „bereits klinisch tot" gewesen, als ihn der Arzt erstuntersuchte: „Er habe dies aber nicht der Gattin gesagt."[434]

Der plötzliche Tod des Botschafters war hochbrisant: Amry war Leiter der Dienstrechtsabteilung des Außenministeriums, Generalkonsul in Istanbul und Botschafter im Bürgerkriegsland Libanon (1978–1981). Dort arbeitete er mit dem Geheimdienst der Palästinensischen Befreiungsorganisation (PLO) zusammen, um Anschläge in Österreich zu verhindern. Im Gegenzug soll Amry seinem Kontaktmann Abu Iyad „im Auftrag von Bundeskanzler Kreisky" angeboten haben, „im Falle einer persönlichen Notlage österreichische Pässe zur Verfügung zu stellen".[435] 1982, wieder zurück in Wien, betreut Amry im Bundeskanzleramt den Bereich „Verstaatlichte Industrie" und wurde später Kabinettschef von Bundeskanzler Bruno Kreisky. Im Dezember 1983 wurde er Botschafter in Griechenland. Zwischen 1983 und 1985 sollte es ihm gelingen, in zähen Verhandlungen den Austausch dreier israelischer Geiseln gegen 1.150 palästinensische Häftlinge zu erreichen.[436] Während Kreisky mehrfach persönlich in Damaskus mit dem syrischen Präsidenten Hafez Assad sprach, pendelte Amry zwischen Syrien und Israel, absolvierte Kontakte vor Ort und war monatelang damit beschäftigt, palästinensische

Gefangene in Israel zu identifizieren, ihr Schicksal aufzuzeichnen und Listen zu erstellen, wer ausgetauscht werden sollte.[437]

Nur knapp eine Woche vor seinem Tod wurde Amry erneut in eine „große" Sache verwickelt: Am 4. Juli 1985 kam der österreichische Handelsdeligierte in Griechenland, Günter Wurzer, in Amrys Büro und berichtete über die Intervention eines iranischen Waffenhändlers. Dieser Mann namens Hadji Dai hatte sich wegen einer ausgebliebenen Provision beschwert. Diese stünde ihm für die Lieferung österreichischer Haubitzen und Munition in den Iran zu. Amry wurde nervös. „Etwa bei der Hälfte hat er das Gespräch plötzlich abgebrochen und es nur mehr auf Zetteln weitergeführt. Wir haben Fragen und Antworten nur mehr auf Zetteln aufgeschrieben – aus Furcht, abgehört zu werden", erinnerte sich Wurzer später.[438]

Amry war ein Gegner des Waffenexports und hegte schon seit 1984 den Verdacht, dass der Stahlkonzern VOEST Waffen gesetzeswidrig an den kriegsführenden Iran verkaufte.[439] Waffenproduktion hatte in der 2. Republik lange keine Rolle gespielt – bis 1979 die VOEST, das Schwergewicht der Verstaatlichten Industrie, in die „Wehrtechnik" einstieg. Als Verkaufsschiene wurde ein Tochterunternehmen, die Noricum Maschinenhandels GesmbH, aufgebaut. Bei der Auswahl des Produkts ging man seitens der VOEST davon aus, dass gerade weitreichende Geschütze gute Absatzchancen haben würden. Im Mai und November 1979 kam es zum Abschluss zweier entsprechender Lizenzverträge mit der kanadischen Space Research Cooperation von Gerald Bull.[440] Dieser galt damals als führende Autorität auf dem Gebiet der Artillerietechnologie. Die VOEST erwarb von Bull für zwei Millionen Dollar die Lizenz zur Erzeugung der Gun Howitzer Noricum-Kaliberlänge 45, kurz GHN-45. Hierbei handelte es sich um eine gezogene 155-mm Haubitze, die sowohl mit konventioneller Munition als auch mit taktischen Nuklearwaffen bestückt werden konnte. Mit einer Reichweite von 39 km übertraf die GHN-45 die Schussweiten sämtlicher Konkurrenzprodukte um fast 10 km.[441] Mit der Fertigung der GHN-45 waren alleine in Liezen 1.600 Arbeiter beschäftigt. Die zur Kanone passende Spezialmunition, Treibladungen und Zünder wurden von der Hirtenberger Patronen-, Zündhütchen- und Metallwarenfabrik AG hergestellt, von der die VOEST im Juli 1981 mehr als 73 Prozent der Aktien gekauft hatte.[442]

Dass die Politik grünes Licht gegeben hatte, war später das Hauptargument bei der Verteidigung der angeklagten Noricum-Manager.[443] Beim Wehrtechnik-Engagement sei „überhaupt kein Politiker dagegen" gewesen, „vom Betriebsrat bis zur Regierung", gab etwa Noricum-Gesamtprokurist Anton Elmer 1990 an: „Wenn ich jetzt höre, Kreisky war dagegen, dann möchte ich ein Zitat wiedergeben, was er wirklich zum Schluss gesagt hat: ‚Okay, macht's es, aber macht's es unter der Tuchent.'"[444] Kreisky bezichtigte Elmer der „Verleumdung"[445] und legte Wert darauf, „nicht der Diktator der Industrie" gewesen zu sein[446]. Der parlamentarische Untersuchungsausschuss, der die Causa Noricum 1989/90 untersuchte, konnte jedenfalls „keine Einflussnahme" von politischer Seite „gegen" die Ausweitung der Waffenproduktion feststellen: „Bei mehreren offiziellen Auslandsbesuchen von Regierungsmitgliedern wurde sogar ausdrücklich auf diese Waffenproduktion hingewiesen."[447]

Das Hauptproblem für die österreichische Waffenproduktion war, dass allenfalls Staaten Interesse hatten, „die das Zeug auch wirklich verwenden", wie Außenminister Leopold Gratz beklagte.[448] Das führte zu Protesten, als beispielsweise 1980 die chilenische Militärdiktatur Panzer erhalten sollte. Die Verstaatlichten-Manager waren empört. Laut einem Aktenvermerk für ein Gespräch mit Bundeskanzler Kreisky war „die ganze Angelegenheit in Öffentlichkeit ausgetragen und der Kunde diffamiert" worden, „wo es sich doch bei Waffengeschäften um diskrete Geschäfte handeln sollte!"[449]

1982 wurde das Kriegsmaterialgesetz novelliert, und zwar unter anderem dahingehend, dass künftige Exporte untersagt würden, wenn in dem Bestimmungsland „[...] auf Grund schwerer und wiederholter Menschenrechtsverletzungen die Gefahr besteht, dass das gelieferte Kriegsmaterial zur Unterdrückung der Menschenrechte verwendet wird". Als weitere Exporthindernisse galten: bewaffnete Konflikte, Kriegsgefahr, gefährliche Spannungen und Embargobeschlüsse des UN-Sicherheitsrats.[450] Außerdem verbot der § 320 des Strafgesetzbuches unerlaubte Waffenexporte „während eines Krieges oder eines bewaffneten Konfliktes, an denen die Republik Österreich nicht beteiligt ist" als „Neutralitätsgefährdung".[451] Es war nur eine Frage der Zeit, bis diese rigide Rechtslage mit den wirtschaftlichen Notwendigkeiten in Konflikt geriet und sich der „Noricum-Skandal" entzündete.

Es begann damit, dass Jordanien 1981 200 GHN-45-Haubitzen und 700.000 Granaten orderte. Doch die Waffen kamen dort nie an, sondern gelangten in den Irak, der 1980 seinen Nachbarn Iran überfallen hatte.[452] Der Einsatz österreichischer Waffen in diesem 1. Golfkrieg blieb nicht verborgen. Am 20. Januar 1983 überbrachte der iranische Botschafter in Österreich eine „Demarche" seiner Regierung: „Sollte Österreich dem Ersuchen, die Weitergabe des erwähnten Kriegsmaterials an den Irak zu verhindern, nicht entsprechen können, so wäre man in Teheran zufrieden, wenn der Iran ebenfalls die Möglichkeit erhielte, aus Österreich Kriegsmaterial zu beziehen, [...]."[453] In der Folge soll es zu massiven iranischen Drohungen gekommen sein. Ein ausgehandeltes Ölkompensationsgeschäft im Wert von 21 Milliarden Schilling kam nicht zur Unterzeichnung, Verhandlungen über Wirtschaftsprojekte mit mehreren österreichischen Firmen wurden unterbrochen.[454] Daraufhin kam am 29. April 1984 ein Vertrag zwischen der Noricum und dem iranischen Verteidigungsministerium zustande. Insgesamt sollten 200 GHN-45, 200 Ersatzrohre mit Verschluss und 200 Ersatzrohre mit Mündungsbremse, Zubehör sowie 190.000 Sprenggranaten zwischen Juni 1985 bis Mai 1988 geliefert werden.[455] Davon wurden 180 Haubitzen, 60 Rohre mit Verschluss, 120 Rohre ohne Verschluss sowie 98.000 Sprenggranaten in acht Teillieferungen tatsächlich überstellt.[456]

Der in die Verhandlungen mit dem Iran eingebundene Marketing-Leiter der Noricum, Gaan Eisenburger, berichtete in seinen 2021 erschienenen Memoiren, wie „absurd" ihm das Ganze vorgekommen war. Aber ihm sei ebenso klar gewesen, dass der Verkauf der Kanonen die VOEST „auf einen Schlag für Jahre hinweg sorgenlos arbeiten" ließ: „Ich neigte nicht zu Sentimentalitäten. Ich wusste aber, dass die Arbeitsplätze politisches Kalkül waren und wir mit diesem Geschäft ganze Fabriken vor der Schließung bewahren konnten."[457] Libyen, so Eisenburger, willigte gegen eine Provision von zwei Prozent ein, als Zwischenhändler zu fungieren.[458] Denn es sollte keinerlei direkte Lieferungen, Zahlungen oder Kontakte zwischen österreichischen und iranischen Institutionen geben. Nur für diesen Fall habe die Noricum „grünes Licht" erhalten.[459]

Eben diesen Verwicklungen war Amry auf die Schliche gekommen. Er forschte nach und empfing sowohl den VOEST-Vertreter in Athen, Georg Loukas, als auch den übergangenen Waffenhändler Hadji Dai. Immer mehr gelangte der Botschafter zur Ansicht, dass der kriegsführende Iran das Bestimmungsland des Kriegsmaterials war – und nicht, wie dokumentiert, Libyen. Amry schlug Alarm und schickte zwischen 5. und 11. Juli 1985 insgesamt vier Fernschreiben an das Wiener Außenministerium. Bereits im ersten Telex berichtete er gleich eingangs: „Laut der Botschaft zugegangener Information soll von der Tochterfirma der VOEST, der Firma Noricum, ein größeres Waffengeschäft über die Lieferung von Geschützen an den Iran abgeschlossen worden sein." Im Anschluss meinte Amry kryptisch: „Ein zweiter Schiffsuntergang à la Lucona wäre sicherlich unerfreulich".[460] Damit spielte er auf den Versicherungsbetrug durch Udo Proksch an, dessen volle Dimension erst Ende der 1980er Jahre offenbar werden sollte.

Im zweiten Fernschreiben vom 8. Juli 1985 wurde Amry noch konkreter. Die Anbahnung des Deals zwischen der Noricum und dem Iran sei im Herbst 1983 in München erfolgt.[461] Das dritte Telex, ebenfalls am 8. Juli

1985 versendet, gab die Erkenntnisse wieder, die Amry aus einer Unterhaltung mit dem VOEST-Vertreter Loukas gewonnen hatte. Dieser war seinen Fragen ausgewichen und hatte darauf bestanden, dass Libyen der Geschäftspartner von VOEST und Noricum sei. Aber „was die Libyer dann mit den Geschützen anfingen, sei ihre Sache. Am besten wäre es, wenn diese nach Übernahme möglichst bald untergingen oder in Luft flögen."[462]

Das wichtigste und letzte Telex sandte Amry am 11. Juli 1985, wenige Stunden vor seinem Tod. Es betraf den Gesprächsinhalt seines Treffens mit dem Waffenhändler Hadji Dai und war schon erstaunlich präzise: „Was das Geschäft selbst anlange, sei dieses ein solches mit dem Iran, es sei mit dem Iran verhandelt worden und die Lieferung gehe dorthin. [...]. Libyen scheine weder als Zahler auf noch bekomme es die Ware. Iran sei Vertragspartner, daher Zahler und Empfänger."[463] Noch am 9. Juli 1985 hatte Amry Kontakt mit dem britischen Nahost-Korrespondenten James Dorsey gehabt.[464] Um was es dabei gegangen sei, erläuerterte das Magazin *Basta,* indem es Dorsey anonym zitierte: „Herbert Amry hat mir erzählt, dass er hinter einer heißen Waffenschmuggelgeschichte in den Iran her ist. Er hat sich von mir einige Informationen über iranische Waffenhändler in Athen geben lassen – und hat sich mit mir für nächsten Freitag vor seiner Abreise nach Wien einen Termin vereinbart. Da wollte er mir seine ganze Geschichte erzählen..."[465] In einem Interview gegenüber dem Autor gab Dorsey an, dass er eine der letzten Personen gewesen sei, die am Abend des 11. Juli 1985 den Abschiedsempfang in der Botschaft verlassen habe. „Kurz vor seinem Tod hatte mir Herbert noch erzählt, dass er Drohungen von einem iranischen Waffenhändler erhalten hatte. [...] Weil es keine Autopsie gab, haben viele Beobachter vorschnelle Schlüsse gezogen. Ob es ein natürlicher Tod war oder ein Mord war, dafür gibt es keine Beweise – weder für das eine noch für das andere."[466]

Dass Amry just in diesem Moment verstarb, war im Nachhinein mehr als verdächtig. Hatte man den Botschafter gar vergiftet, weil er „dem größten illegalen Waffengeschäft seit 1945 auf der Spur" war, wie seine Tochter vermutete?[467] Erst nachdem in „Journalistenkreisen" Gerüchte kursierten, gab Staatspolizeichef Anton Schulz am 9. August 1985 Ermittlungen in Auftrag.[468] Es wurde ihm berichtet, dass der Arzt „eindeutig Tod durch Herzversagen infolge eines Herzinfarktes" festgestellt hatte: „Keinesfalls konnten irgendwelche Symptome einer Vergiftung oder sonstigen Einwirkung, die auf einen gewaltsamen Tod schließen lassen würden, vorgefunden werden. Von einer Obduktion wurde nach Rücksprache mit Frau Amry Abstand genommen."[469] Warum sie so entschieden haben, erklärte Frau

Amry später Innenminister Karl Blecha im Rahmen einer Aussprache. Sie habe gedacht, „dass fremde Menschen in wenigen Stunden an meinem Heribert herumschnipseln werden, der eben unter meinen Armen gestorben war, und sagte nein."[470]

Der Vertrauensarzt, der Amry zuletzt behandelt hatte, schloss, dass dieser einen „plötzlichen Herztod" erlitten hatte. Dazu passte, dass sich Amry erst im Mai 1985 wegen „häufiger Herzbeschwerden" Untersuchungen unterzogen hatte: „Der Arzt erstellte ein EKG und veranlasste auch ein Herzröntgen, deren Ergebnisse ihn veranlassten, Dr. Amry dringend eine Bypass-Operation zu empfehlen."[471] Ferdinand Hennerbichler, zwischen 1983 und 1985 Presseattaché in der Athener Botschaft, wiederum verneinte, dass Amry etwas am Herzen gehabt hätte. Allerdings „hatte er große Kreislauf- und Venenprobleme. Er war in ärztlicher Behandlung. Und er wollte in Zukunft leiser treten. Er hat immer öfter gesagt: ‚Die Politik rennt auch ohne uns – gemma auf Urlaub'."[472]

Eine Auszeit hatte Amry bitter nötig. Im Vorfeld des bereits erwähnten Gefangenenaustauschs war er 1984/85 monatelang damit beschäftigt gewesen, Inhaftierte zu identifizieren und Listen zu erstellen. Als alles unter Dach und Fach schien, hatte er einen lang verschobenen Urlaub auf einer griechischen Insel angetreten – nur um unter größten Schwierigkeiten von dort rückbeordert zu werden, als der Deal kurzfristig nochmals auf der Kippe stand. Die letzten Tage vor seinem Tod war Amry hochnervös, erinnert sich der Zeitzeuge Hennerbichler im Interview mit dem Autor. Amry habe angerufen und gesagt: „Pass' bitte auf, wenn Du ins Auto einsteigst. Schau nach, bevor Du den Motor startest." Diese Warnung habe ihm zu denken gegeben, so Hennerbichler. Er habe Amry verklausuliert gefragt, ob es in Sachen Waffengeschäfte etwas Neues gebe. Amry habe nur gemeint: „Ich bin sehr unter Druck. Wir sehen uns in ein paar Tagen. Dann besprechen wir alles Nötige." Dazu kam es nicht mehr.[473]

Amrys emsige Bemühungen hatten das Waffengeschäft nicht unterbinden können. Weil sich, wie Innenminister Blecha später in einer Vernehmung zu Protokoll gab, aus den Informationen des Botschafters „kein schlüssiger Verdacht" ergeben hatte, „war daher beabsichtigt, die Manager mit diesem Verdacht zu konfrontieren, und von einem Eigentümervertreter Einsicht in jene Papiere nehmen zu lassen, die Auskunft darüber geben, ob das in Rede stehende Geschäft ein solches mit Libyen ist und die zu liefernden Waren nach Libyen abgehen."[474]

Im Zuge einer offiziellen Griechenlandreise Ende März 1986 nutzte Blecha später die Gelegenheit, um mit Hadji Dai persönlich zu sprechen.

Schließlich hatte die Beschwerde des Waffenhändlers alle weiteren Ereignisse losgetreten. Gegen Mitternacht am 25. März 1986 saß man sich in „voluminösen Lederfauteuils" in der Bar des Hotels Astir Palace gegenüber. Wie Blecha in einem Aktenvermerk festhielt, wollte er von Dai „Klarheit darüber erhalten, ob er Dr. Amry noch irgendein Beweismaterial für ein illegales Noricumgeschäft bringen wollte, ob er über ein solches verfügt hat oder jetzt noch verfügt und was er vom Libyengeschäft der Noricum wüsste." Dai verneinte „eindeutig" alle Fragen: „Er erklärte außerdem immer wieder, dass er mit dem Libyengeschäft nichts zu tun hätte, und dass das Libyengeschäft ganz sicher kein Irangeschäft wäre." Offenbar waren Provisionsforderungen von Dai in der Zwischenzeit erfüllt worden.[475]

Die Scheindestination Libyen wurde auch in Österreich selbst untermauert. Bereits am 11. Juli 1985 hatten Noricum-Manager dem für die Verstaatlichte Industrie zuständigen Bundesminister Ferdinand Lacina den Libyen-Vertrag sowie weitere Dokumente vorgelegt. Über das Ergebnis der Prüfung heißt es in einem Aktenvermerk: „Die eingesehenen Unterlagen wiesen ausschließlich auf ein Libyen-Geschäft hin. Es konnten keinerlei Indizien gefunden werden, die die aufgetretenen Zweifel hätten gerechtfertigt erscheinen lassen. Es ergaben sich keinerlei Hinweise auf ein unkorrektes Verhalten der Geschäftsführung der Firma Noricum."[476] Am 12. Juli 1985 bescheinigte das Außenministerium, dass das libysche Enduserzertifikat (Endverbleibserklärung) „als ausreichend anzusehen" sei, woraufhin ein kurzfristiger freiwilliger Lieferstopp wieder aufgehoben wurde[477].

Wenige Wochen später wurden die Waffengeschäfte erstmals Gegenstand einer öffentlichen Kontroverse: Am 30. August 1985 verschafften sich zwei Journalisten des Magazins *Basta* im jugoslawischen Hafen Kardeljevo – heute Ploče – Zugang zu einem angeblich für Libyen bestimmten Noricum-Container. Der Hafen war eigentlich militärisches Sperrgebiet. Trotzdem soll es genügt haben, die Führerscheine vorzulegen und anzugeben, dass es in Österreich „Verdachtsmomente" gäbe, dass mit der Noricum-Fracht „irgend etwas nicht in Ordnung ist …" Offenbar wusste niemand im Hafen von der Brisanz des Besuchs: „Es gibt keinen Kontrollanruf bei der VOEST, keinen Kontrollanruf bei der Spedition – der Weg in den Hafen ist für uns frei. Ganz legal spazieren wir mit dem Passierschein durch die Polizeikontrolle beim Eingangstor." Als die Journalisten Otto Grüner und Burkhardt List die Containertüren öffnen ließen, fand sich am Rohrende der Geschütze eine Bedienungsanleitung zur ordnungsgemäßen Entladung. Der Text war nicht in Arabisch, sondern in Persisch abgefasst.[478] Zwecks Entkräftigung wurde am 3. Oktober 1985 eine „Scheinentladung" für den österreichischen Handelsdelegierten in Tripolis organisiert, um den Bestimmungsort Libyen zu belegen (tatsächlich wurde der Container wieder auf das Schiff verladen und dieses verließ den Hafen von Tripolis in Richtung Iran)[479].

Doch Zweifel blieben bestehen. Im Februar 1986 wurde Bundeskanzler Fred Sinowatz in Anspielung auf ein Zitat von Bruno Kreisky gefragt: „Ein paar tote Irakis sind Ihnen lieber als ein paar hundert Arbeitslose?" Sinowatz stellte das entschieden in Abrede: „Alle Hinweise in diese Richtung sind ergebnislos überprüft worden. Mir sind keine Waffenlieferungen in den Iran, den Irak oder andere kriegsführende Länder bekannt. Sie werden doch nicht glauben, dass wir nicht sofort zum Staatsanwalt gingen, wenn wir davon wüssten."[480] Diesen Schritt machte der *Basta*-Journalist List. Nach seiner Anzeige kam es zu ersten Ermittlungen gegen Noricum-Manager durch die Staatsanwaltschaft Linz, die am 30. April 1986 eingestellt wurden. In der Zwischenzeit war die Exportgenehmigung für Libyen zurückgezogen worden.[481] Nicht verhindert wurde, dass noch im Juni 1986 eine Teillieferung an den Iran abging. Die restlichen Lieferungen realisierte man über gefälschte Papiere, die Abnehmerländer wie Argentinien, Thailand, Brasilien, Bulgarien, Polen und Ägypten angaben, woraufhin Bewilligungsbescheide ergingen – bis der Iran Ende 1987 die neunte Teillieferung wegen eines verweigerten Preisnachlasses nicht akzeptierte.[482]

Bis Ende 1987 lieferte die VOEST-Tochter Hirtenberger AG außerdem Granatwerfermunition: 1,8 Millionen Stück Teilladungen für 81-mm-Werfergranaten und 1 Million Stück 60mm-Werfergranaten sowie 300.00 Teilladungssätze Kaliber 60mm auf Vorrat produziert. Dafür täuschte man die Abnehmerländer Spanien, Polen, Bulgarien und Ägypten vor.[483] Doch es gab noch einen weiteren Kanal, der im Noricum-Verfahren keine Rolle spielte und auf den bislang kaum referenziert wurde: Die DDR. Das Land war während des 1. Golfkrieges eine geheime Drehscheibe für den internationalen Waffenhandel. Darüber hinaus wurden im Volkseigenen Betrieb Spreewerk Lübben (SWL) Ende der 1980er Jahre bis zu 100 Millionen Schuss Kalaschnikow-Gewehrmunition erzeugt und an die Kriegsparteien geliefert. Die dafür notwendigen Maschinen stammten unter anderem von dem westdeutschen Rüstungskonzern Fritz Werner Industrie-Ausrüstungen GmbH. Die DDR hatte sie allerdings nicht von dort, sondern unter Umgehung des westlichen Embargos bezogen – und zwar über die Hirtenberger AG.[484] 1983 waren dort acht verschiedene Hülseneinziehmaschinen für SWL beschafft worden. Damit konnten 25 Millionen Schuss pro Jahr erzeugt werden – eine Steigerung von mehr als 30 Prozent ohne zusätzlichen Einsatz von Arbeitskräften. Laut dem Bericht des in die Vorgänge involvierten

Inoffiziellen (IM) der Staatssicherheit „Heinz" war die Hirtenberger AG aus „geschäftlichen Gründen (Profitinteresse)" bereit gewesen, „einen geheimen Liefervertrag mit der DDR abzuschließen sowie die erforderlichen Ausrüstungen aus der BRD und Frankreich anzukaufen und in gedeckter Weise an die DDR auszuliefern." Das Geheiminteresse bestand darin „1. die österreichische Neutralität absolut zu gewährleisten und 2. von den beiden Vorlieferanten BRD und Frankreich unter Umgehung der Embargobedingungen die Ausrüstungen beschaffbar zu machen."[485] Deswegen war es notwendig, gegenüber den Vorlieferanten einen „fiktiven Bedarfsträger" zu ernennen, der auch gleichzeitig als Empfänger und Transporteur zu fungierte. Diese Rolle werde von Bulgarien übernommen, das mit einem eigenen Transportunternehmen die Maschinen über Ungarn statt nach Bulgarien in die DDR transportieren lasse. Eine weitere Voraussetzung zur Realisierung des Geheimvertrages sei die regierungsseitige Freigabe der Ausfuhrgenehmigung von Embargo- und Rüstungsgütern aus Österreich: „Dazu ist ein hoher Regierungsbeamter zu bestechen gewesen. [...] Die Bestechungssummer soll (nicht verbürgbar eine 6-stellige DM-Größe haben."[486] Die Realisierung erfolge bis spätestens 30. Juni 1983 mit Lieferung an SWL. Hirtenberger hatte auf „absolute Diskretion" bestanden – insbesondere deshalb, weil die Firma zur VOEST-Alpine gehörte und es „erhebliche Auswirkungen auf die Regierung hätte bis hin zu daraus entstehenden Komplikationen zu politischen Beziehungen DDR-Österreich, wenn ein solcher ‚Skandal' bekannt werden würde."[487]

Der IM gab charakterisierte auch die wichtigsten Manager der Hirtenberger AG. Während der Generaldirektor sich nur wenig beteiligt habe, meistens bei kurzen Anschlussgesprächen oder Arbeitsessen in Wien-Grinzing, spielte der technische Direktor eine wichtige Rolle: „Seine politische Einstellung in Form einer parteilichen Bindung ist nicht bekannt, jedoch zählt er sich nach eigenen Äußerungen als Monarchist. In diesem Sinne billigt er beispielsweise auch die Militärdiktaturen Lateinamerikas, da nur mit solchen straffen ‚Ordnungssystemen' die dortigen Verhältnisse revidiert werden könnten. Interessanterweise äußerte er sich auch in gleichem Sinne zu der Militärregierung in Polen, weil dort auch endlich Ordnung gemacht werden müsste."[488]

Die Geschäftsbeziehungen zwischen der Hirtenberger AG und der DDR gingen aber noch weiter. Bereits im Dezember 1982 war ein Vertrag über die Lieferung von 100.000 Stück Granatwerfermunition in den Iran abgeschlossen worden. Vertragspartner waren die Hirtenberger AG und die IMES GmbH, eine Firma des DDR-Außenhandelsministeriums, die auf

Waffengeschäfte spezialisiert war. Die Ware wurde als Transitgut durch die DDR transportiert, um dann laut Enduserzertifikat von Rostock nach Bangladesch verschifft zu werden. Auch in diesem konkreten Fall wurde der tatsächliche Empfänger Iran verschleiert. Die Munition traf dann bis auf 60.000 Stück in der DDR ein, als plötzlich ein Lieferstopp verhängt wurde. Die österreichische Staatspolizei hatte die restliche Munition beschlagnahmt: „Man war in Zweifel gekommen, ob die Munition tatsächlich nach Bangladesch gehen sollte und vermutete, dass sie in die Fa. IMES in der DDR übernommen wurde und zur Einlagerung." Dann habe sich herausgestellt, dass die Papiere seitens der österreichischen Spedition und der Hirtenberger AG mangelhaft ausgestellt worden waren. Frachtbriefe und Rechnungen stimmten nicht überein. Nach Übermittlung entsprechender Dokumente, wonach die Ware in Rostock zur Verladung auf ein Schiff angekommen war, wurden die Restlieferungen binnen zehn Tagen getätigt.[489]

Es kam aber auch vor, dass die Geschäfte nicht so rund liefen. Ende 1983 hatte die IMES GmbH einen Vertrag mit den Iranischen Revolutionsgarden über die Lieferung von 100.000 Stück 60mm- und 50.000 Stück 81mm-Granaten abgeschlossen. Nachdem es aber Probleme bei der Bezahlung gab, wurde der Auftrag nicht bestätigt. Daraufhin meldete sich der Produzent der Ware, die Hirtenberger AG, und eröffnete, dass bereits im November 1985 auf „Verdacht" 30.000 60mm- und 15.000 81mm-Granaten in Auftrag gegeben worden seien und diese sich nun auf Lager befänden. In Absprache zwischen der IMES GmbH und dem DDR-Devisenbeschaffer Alexander Schalck-Golodkowski wurde entschieden, die bereits produzierte Ware im Wert von rund 4,7 Millionen Dollar zu übernehmen. Und das, obwohl man beim Weiterverkauf wegen des damaligen Überangebots an Munition Verluste von bis zu 30 Prozent erwartete. Ausschlaggebend waren übergeordnete Interessen, weil die Hirtenberger zur VOEST gehörte, zu der „seitens der DDR weitreichende Verbindungen bestehen".[490]

Am 4. September 1988 resümierte ein Mitarbeiter der DDR-Staatssicherheit über den damaligen Hirtenberger-Vorstand Heinz Träder: „Der hat in den letzten Jahren so viele Geschäfte mit der DDR gemacht und bekommt auch noch so viele, dass er gar nicht mehr weg kann. Viele Dinge, die er mit uns gemacht hat, sind in Österreich Wirtschaftsvergehen." Allerdings sei Vorsicht angemessen: „Je besser er die DDR kennt, umso mehr bescheißt er uns."[491] Aber auch für die Hirtenberger machten sich die illegalen Irangeschäfte letztlich nicht bezahlt. 1989 wurde die sanierungsbedürftige Firma um einen symbolischen Schilling an den Industriellen Emmerich Assmann verkauft. Bei der DDR-Staatssicherheit wurden diese

Entwicklungen noch im Mai 1989 mit Bedauern aufgenommen: „Herr Assmann wurde von mehreren Personen als ‚äußerst schwarz' mit nazistischer Vergangenheit charakterisiert. Sein Auftreten sei äußerst arrogant und überheblich und kaum kompromissbereit." Dennoch ortete man immer noch eine „progressive Haltung" der neuen Führungsspitze zur Fortführung eines Investitionsvorhabens. Seitens von Hirtenberger werde „alles unternommen", „um dieses Vorhaben erfolgreich zu beenden".[492]

1993 sollte Assmann als größter österreichischer privater Waffenhersteller selbst in die Pleite schlittern. Drei Jahre später erwarb der Unternehmer Helmut Schuster die gesamten Anteile der Hirtenberger und ließ fortan vermehrt zivile Güter produzieren. 2019 wurde die Munitionsfertigung endgültig eingestellt.[493]

Was den Noricum-Skandal anging, so platzte dieser erst zwei Jahre nachdem Herbert Amry erstmals vor kriminellen Machenschaften gewarnt hatte: Mitte Juni 1987 packte ein Mitwisser aus. Es war der wegen anderer Delikte verurteilte Verstaatlichte-Manager Gernot Preschern. Nunmehr ließ sich der Schein nicht mehr länger wahren. Am 3. März 1989 erhob die Staatsanwaltschaft Anklage gegen 18 Beschuldigte. Im selben Jahr nahm auch ein parlamentarischer Untersuchungsausschuss die Arbeit auf. 1991 wurden 14 angeklagte Manager wegen „Neutralitätsgefährdung" beziehungsweise Verstoßes gegen das Kriegsmaterialexportgesetz verurteilt. Zwei Jahre später gab der Oberste Gerichtshof deren Einsprüchen statt, was gemilderte Strafen und sieben Freisprüche nach sich zog. 1993 fand abschließend der sogenannte „Politikerprozess" statt: Ex-Bundeskanzler Sinowatz, Ex-Innenminister Blecha und Ex-Außenminister Gratz wurden vom Vorwurf des Amtsmissbrauchs und des Beitrags zur Neutralitätsgefährdung freigesprochen. Blecha erhielt eine befristete Freiheitsstrafe wegen Beweismittelfälschung und Urkundenunterdrückung.[494]

Der „schöne Gustav" und die Stasi

„Der Mann galt als ‚Sir' der Wiener Staatspolizei: teurer Maßanzug, dezente Krawatte, das Haar korrekt gescheitelt. Ein leichter Hauch von Eau de Cologne überspielte den Geruch der Zigaretten, die Gustav Hochenbichler gerne rauchte" – so führte der ehemalige Generaldirektor für die öffentliche Sicherheit, Michael Sika, in seinen Memoiren jenen Mann ein, der der Staatspolizei einen der größten Spionageskandale ihrer Geschichte bescherte.[495]

Hochenbichler hatte eine glänzende Karriere hinter sich: Er war 1965 in die Bundespolizeidirektion Wien eingetreten. 1971 wechselte er in das staatspolizeiliche Büro, um elf Jahre später zu dessen Vorstand aufzusteigen. Er war damit der operative Leiter der Wiener Staatspolizei und wurde zum „Hofrat der Dienstklasse VIII" ernannt. Der Staatspolizist Erwin Kemper schrieb später, Hochenbichler habe das „Sinnbild des erfolgreichen Staatspolizisten" verkörpert. Er sei sich seiner Protagonistenrolle bewusst gewesen: „Der gebildete Hochenbichler bewegte sich wie auf einer Bühne und eine Schar ihm nacheifernder Kollegen war sein Publikum. Wenn er sprach, und er war zweifellos wortgewaltig, lauschten alle ehrfürchtig. Hochenbichler hatte Stil. Er trug fast ausschließlich Maßanzüge und Maßschuhe und bediente sich selbstverständlich eines goldenen Feuerzeuges. Seine Bewunderer wollten sein wie er, bald hatten einige sich ebenfalls ein solches Feuerzeug beschafft."[496]

Laut einem ehemaligen Untergebenen war Hochenbichler aber auch „ein Mann fürs Grobe".[497] Seine Auftritte als Einsatzleiter bei Demonstrationen sollen „berühmt-berüchtigt" gewesen sein, denn er „liebte die Einsätze an vorderster Front".[498] Hochenbichler war für den prestigeträchtigen Begleitschutz von Staatsgästen und Kontakte mit Diplomaten zuständig: „Er geleitete Größen wie den Papst, Breschnew oder Prinzessin Di mit ihrem Charles durch die Stadt", war im *Spiegel* über den „schönen Gustav" zu lesen.[499] Gerne habe er mit hochgestellten Gästen geplaudert und ihnen seine Arbeit erklärt. So richtig in Fahrt gekommen sei Hochenbichler beim Umtrunk mit Diplomaten: „Mit triumphierender Miene genoss er es, wenn Botschaftssekretäre und Attachés beifällig nickend um ihren Gast herumscharwenzelten."[500] Dass Hochenbichler, den Kollegen hinter seinem Rücken „feucht" oder den „steifen Gustl" nannten, in Wirklichkeit ein schweres Alkoholproblem hatte, wusste die *Wochenpresse* schon Mitte 1987 zu berichten. Demnach konsumierte Hochenbichler im Kreise seiner Entourage während der Dienstzeit beim Gemüsehändler um die Ecke der Wiener Polizeidirektion so viel Hochprozentiges, dass man die „Ineffizienz der Staatspolizei" darauf zurückführte. Im Hinterzimmer vom „Hansi Schimpansi" sei durch das „Absingen altdeutschen Liedguts" wie des Horst-Wessel-Liedes auch rechtsextreme Gesinnung ungeniert zum Ausdruck gebracht worden. Nicht umsonst wurde später in Hochenbichlers Wohnzimmer ein lebensgroßes Hitler-Bild vorgefunden.[501] Das wurde der Staatsanwaltschaft Wien angezeigt, aber wie aus einer parlamentarischen Anfragebeantwortung hervorgeht, ergaben sich angeblich „keine konkreten Verdachtsmomente hinsichtlich einer rechtsextremen Gesinnung" Hochenbichlers.[502]

Ende der 1980er Jahre sollen erste Verdachtsmomente gegen Hochenbichler aufgekommen sein. Aber konkret wurde es erst 1991: Im April dieses Jahres wurde der eingangs erwähnte Staatspolizist Kemper beauftragt, Hinweisen nachzugehen, die von einem befreundeten Dienst stammten. Diese Informationen, die mit einem Verwertungsverbot belegt waren, legten nahe, dass Hochenbichler ein Agent der DDR-Staatssicherheit gewesen war und man es „mit dem größten Verratsfall der letzten Jahrzehnte in Österreich zu tun" hatte.[503] Darüber hinaus wurde vermutet, dass Hochenbichler nach Zusammenbruch der DDR 1989/1990 an den sowjetischen KGB weitergereicht worden war und nun in dessen Dienst stand.[504] Bei dem Tippgeber dürfte es sich um die CIA gehandelt haben. Diese war mit Hochenbichler selbst im Clinch gestanden, weil der den eigenen Mitarbeitern „inoffizielle Amtshilfe" für die US-Botschaft in Wien untersagt hatte.[505] Bis dahin soll nämlich ein Exil-Ungar, der in US-amerikanischen Diensten stand, immer wieder unangemeldet die Informationskartei der Staatspolizei durchgeblättert haben.[506] Die Quelle der CIA in Bezug auf Hochenbichler sollen HVA-Mitarbeiter gewesen sein, die 1990 von der DDR nach Ungarn flüchteten.[507]

Diese Verratsvorwürfe waren hochbrisant. Denn er stand 1991 vor einem weiteren Karrieresprung: Der Chef der Wiener Staatspolizei, Werner Liebhart, ging in Frühpension und Hochenbichler galt als der „klassische und logische Nachfolger". Das wurde verhindert, indem man Hochenbichler am 24. April 1991 zum Vorstand des Büros für sonstige Sicherheitsverwaltung machte, dem auch die Fremdenpolizei unterstellt war. Aber es war eine Position, von der aus er vergleichsweise wenig Schaden anrichten konnte. Ähnlich war schon im Verratsfall um „Mr. Seven" in den 1960er Jahren vorgegangen worden.[508]

Obgleich Hochenbichler also unter Verdacht stand, zogen sich die Ermittlungen hin. Erst 1994 wurden Hausdurchsuchungen in seinem Büro, seiner Stadtwohnung in der Helfersdorferstraße und seinem Domizil in Gars am Kamp genehmigt und Vorerhebungen nach § 256 (Geheimer Nachrichtendienst zum Nachteil Österreichs) und § 310 StGB (Verrat von Amtsgeheimnissen) eingeleitet. Bevor noch Anklage erhoben werden konnte, verstarb Hochenbichler am 2. März 1995 an einem Krebsleiden. „Da gegen Tote nicht weiter ermittelt wird, wurden die Akten geschlossen und ins Archiv gestellt. Dabei war dies der einzige Fall der letzten Zeit, der beweiskräftig abgeschlossen wurde", vermerkte Sika mit einem Ausdruck des Bedauerns.[509]

Aus den Recherchen Kempers hatte sich ergeben, dass Hochenbichler Anfang der 1980er Jahre von der Hauptverwaltung Aufklärung (HVA) der DDR-Staatssicherheit als „Inoffizieller Mitarbeiter" (IM) „BAU" angeworben worden war. Ein ehemaliger HVA-Oberleutnant sagte gegenüber dem *Kurier*, dass die Enttarnung zweier „Stapo-Oberste" in Wien Anfang der 1980er Jahre Aufregung in seiner Dienststelle ausgelöst hatte: „Ersatz musste gefunden werden. Damals lernten einander Hochenbichler und der 2. Sekretär der DDR-Botschaft in Wien, Ulrich Fritz, kennen."[510] Die „Treffs" der beiden in der DDR und im Ausland waren mit der Urlaubsplanung Hochenbichlers koordiniert. Das ließ sich anhand des Abgleichs von Abrechnungen der HVA mit Terminkalendereinträgen und Notizen feststellen.[511] 1989 war Hochenbichler beispielsweise in Finnland und Schweden auf Urlaub und nutzte dies für diskrete Treffgespräche mit Fritz.[512]

Das Hauswartehepaar eines HVA-Gästehauses im Norden Berlins wiederum konnte sich an einen Österreicher erinnern, der Mitte der 1980er Jahre vorbeigekommen sei. Dieser Mann hatte ein „Auftreten wie ein preußischer Offizier" und Bügelfalten, „da hätte man Brot mit schneiden können". Als Kemper dem Ehepaar mehrere Fotos vorlegte, um den Unbekannten zu identifizieren, zeigten beide zielstrebig auf jenes von Hochenbichler.[513] Angeblich hatte Hochenbichler in angeheitertem Zustand vor Kollegen auch damit geprotzt, „inkognito" Gast bei HVA-Leiter Markus Wolf gewesen zu sein.[514]

Hauptsächlich lief die Verbindung aber über „Tote Briefkästen" (TBK), die im Keller und an der Fassade von Hochenbichlers Wohnhaus in der Helfersdorferstraße angelegt worden waren.[515] In einem Fall versteckte Hochenbichler Filmrollen unter dem losgelösten Isolierfilz einer Rohrleitung hinter einem Kellerfenster.[516] Die TBKs sollen dann jeden Dienstag zwischen 14 und 15 Uhr geleert worden sein.[517] Im Rahmen der Hausdurchsuchung wurden weiters „hochbrisante Papiere" in einem begehbaren Schrank gefunden. Darunter befand sich eine „geheim gehaltene Studie über nachrichtendienstliche Strukturen und Verflechtungen zu Terrororganisationen eines Landes, von dem die Gefahr des Staatsterrorismus ausging", so Kemper.[518] Es handelte sich um Dokumente, Organisationsstrukturen und Namen im Zusammenhang mit von Libyen gefördertem Terrorismus in den 1980er Jahren. Im Falle einer Weitergabe an die HVA hätte diese den mit ihr verbündeten libyschen Geheimdienst warnen und Ermittlungen vereiteln können. Zu den wichtigsten Beweistücken aber zählten handgeschriebene Zetteln, auf denen Hochenbichler die Abwicklung eines „Treffs" mit seinem Führungsoffizier detailliert festgehalten hatte.[519]

Rekonstruieren ließ sich, dass Hochenbichler gut bezahlt worden war: Er erhielt ein fixes monatliches Salär von 2.000 DM (1.023 Euro). Das gelieferte Material wurde je nach Wertigkeit mit Zusatzprämien bedacht. Im Rahmen eines „Abschlusstreffs" wurden Hochenbichler seine Dienste mit 50.000 DM (25.500 Euro) abgegolten.[520] Im Archiv der Unterlagen der DDR-Staatssicherheit sind noch heute einige wenige Abrechnungen vorhanden. Sie belegen Zahlungen an Hochenbichler von 7.400 $ (1986), 2.000 $ (1987) und 3.000 $ (1988). Interessanterweise erhielt er noch am 27. Dezember 1989 2.430 tschechoslowakische Kronen.[521]

Der Zusammenbruch der DDR bedeutete aber nicht das Ende von Hochenbichlers Verrat. Wie bereits erwähnt, soll Hochenbichler ab 1990 in den Diensten des KGB gestanden sein und den Decknamen „Sorokin" getragen haben. Er soll dafür weitere 50.000 Schilling (3.633 Euro) kassiert haben.[522] Es ist möglich, dass Hochenbichlers Kontakte zum KGB länger zurückreichten. Laut dem russischen Exilanten Boris Volondarsky habe Hochenbichler schon seit den frühen 1970er Jahren unter dem Decknamen „ZAK" für den KGB spioniert. Damals war er unter anderem für Objektschutz zuständig und soll bei der Entführung des Überläufers Nicholas Shadrin (1975) mitgeholfen haben (siehe dazu *Österreichs geheime Dienste* 2019).[523] 1990 sollen „mehrmals" Russen, die als hochrangige KGB-Agenten identifiziert wurden, in Hochenbichlers Privatwohnung gewesen sein. „Ob in der Wohnung nur freundschaftlich Wodka getrunken wurde oder auch Staatsgeheimnisse besprochen wurden, ist offen. Durchgesickert ist, dass die Russen sich über ein lebensgroßes Hitler-Bild in der Wohnung mokierten", hieß es im *Kurier*.[524]

In einem Buch zweier ehemaliger HVA-Offiziere von 2010 zur Geschichte ihres Dienstes wird Hochenbichler jedenfalls lobend erwähnt. Demnach hatte er seit 1975 zwecks Abstimmung von Sicherheitserfordernissen zur DDR-Botschaft Verbindungen unterhalten, die die „Grundlage eines engen persönlichen Vertrauensverhältnisses auf vorwiegend politischer-ideologischer Basis“ bildeten. IM „BAU“ habe bis zu seinem Krebstod „zu Strukturen, Personen, Mittel und Methoden und Aktionen der österreichischen Stapo und deren Verbindungen zu westlichen Diensten über zehn Jahre lang als Quelle zuverlässig berichtet, anfangs mündlich, später schriftlich und mit Dokumenten“.[525]

Dass Hochenbichler tatsächlich auf „politisch-ideologischer Basis“ zum Verräter wurde, ist nicht allzu glaubwürdig. Seine damaligen Kollegen orteten vielmehr ein „übersteigertes Geltungsbedürfnis“ als mögliches Motiv: „Er wollte immer zeigen: Ich bin besser und schlauer als alle anderen.“[526] Als der Ermittler Kemper Anfang 1994 ein letztes Mal mit Hochenbichler sprach, sagte der als letzten Satz: „Was mir noch bleibt, ist die Ehre.“[527] Tatsächlich hatte Hochenbichlers Verrat weite Kreise gezogen, wie Kemper betonte: Die Wiener Staatspolizei sei dadurch „jahrelang eine Filiale der DDR-Stasi“ gewesen: „Es muss davon ausgegangen werden, dass jede Ermittlung gegen vermeintliche Ostagenten, aufgedeckte nachrichtendienstliche Aktionen der unter diplomatischer Abdeckung agierenden Offiziere aus den Botschaften, die Daten von Asylwerbern sowie jede Observation und Ermittlung im Staatsschutzbereich der Bundespolizeidirektion Wien an die Zentrale in Ost-Berlin gemeldet worden ist.“[528] Eine Reihe von „mysteriösen Begebenheiten“ in der Vergangenheit deutete jedenfalls darauf hin, dass der „Maulwurf“ Hochenbichler seine Hände im Spiel hatte. Unter anderem war 1990 ein mutmaßlicher KGB-Agent vor einer Observation gewarnt worden. Und eine rund um den Fundort einer Agentenfunkausrüstung im Wienerwald angebrachte Kontaktmatte war durchlöchert und damit unbrauchbar gemacht worden.[529]

Was genau Hochenbichler verraten hatte, ließ sich nicht nachvollziehen. Während viele Unterlagen des Ministeriums für Staatssicherheit (MfS) nach der Wende 1989 zugänglich wurden, klaffen gerade im Bestand der HVA große Lücken. Denn diese hatte sich in den Wirren der Wende 1989/1990 ein Sonderrecht ausgehandelt: Während alle anderen MfS-Abteilungen ab Januar 1990 aufgelöst wurden, betrieb die HVA bis Juni 1990 ihre Abwicklung selbst. Sie nutzte die Gelegenheit und vernichtete ihr Archiv fast vollständig.[530] Es gibt allerdings einen relevanten Quellenbestand, der erhalten blieb und 1998 entschlüsselt wurde: Die „SIRA“-Datenbank, auch das „Pharaonengrab“ („Der Spiegel“) genannt. Bei SIRA, dem „System zur Informationsrecherche der HVA“, handelt es sich um das Inhaltsverzeichnis der gesamten Auslandsspionage von 1969 bis 1987, insgesamt 180.564 Datensätze. Aufgelistet sind die Decknamen der Inoffiziellen Mitarbeiter im Westen sowie Zeitpunkt, Art, Umfang und „Benotung“ der von ihnen gelieferten Informationen. Die Dokumente, auf die sich diese Angaben beziehen, existieren nicht mehr. Insofern lässt sich SIRA mit Karteikarten einer verschwundenen Bibliothek vergleichen. Der Aussagewert bleibt daher beschränkt. Aber eine auf Antrag des Autors 2021vorgenommene Auswertung der relevanten SIRA-Daten zu „IM Bau" ermöglicht zumindest erstmals eine grobe Übersicht zu Art und Umfang der von Hochenbichler an die HVA weitergegebenen Informationen.

Der „IM-Vorgang mit Arbeitsakte BAU" wurde am 9. September 1982 registriert. Eine erstmalige Registrierung erfolgte bereits am 10. September 1981.[531] Den Eingang der letzten Information von der Quelle „IM BAU" verzeichnete man am 16. August 1989, wenige Wochen vor dem Fall der Berliner Mauer am 9. November 1989. In etwas mehr als acht Jahren hatte „IM BAU" insgesamt 812 Informationen geliefert (fünf zusätzliche Einträge stammen von 1980).

Aus den kryptischen Angaben lässt sich etwa herauslesen, dass Hochenbichler viele seiner eigenen Kollegen geoutet hatte. 92 Mitarbeiter der Staatspolizei, darunter zwei „inoffizielle Mitarbeiter", wurden unter anderem mit Klarnamen, Geburtsdatum und -ort in SIRA abgespeichert. Einer der beiden „inoffiziellen Mitarbeiter" war dadurch insbesondere gefährdet worden, weil es sich um einen ehemaligen DDR-Bürger handelte, der nun als „Reisekader" unterwegs war und Kontakt zum BND hielt. Darüber hinaus wurde auch eine Information zu einem Mitarbeiter des Bundespressediensts (Ministerratsdienst) weitergegeben sowie zu vier „Militärpersonen", die mit dem Innenministerium und der Staatspolizei in irgendeiner Verbindung standen.

Was ausländische Geheimdienstmitarbeiter betrifft, so finden sich fünf Einträge zum Personal der CIA – darunter zu einem leitenden Mitarbeiter, der vor seiner Zeit in Wien auf den Philippinen und in Indien Dienst getan hatte sowie zum „Auslandsresidenturleiter", also dem Chef der Vienna Station.

Vermerkt sind außerdem 27 Observationen, die hauptsächlich in Wien stattgefunden hatten und sich oftmals gegen Diplomaten sowie gegen offenbar verdächtige einzelne Bürger der Niederlande, der USA und der BRD richteten. Eine Kooperation mit Partnerdiensten in diesem Zusammenhang bezog sich auf eine Personenkontrolle und -überprüfung auf den Bahnhöfen Gmünd und Hohenau an der österreichisch-tschechoslowakischen Grenze. Man muss davon ausgehen, dass diese Operationen durch den Verrat Hochenbichlers durchkreuzt worden waren. Zehnmal war eine Zusammenarbeit der Staatspolizei mit der CIA betroffen – dabei ging es etwa um die Observation eines nordkoreanischen Diplomaten, Ermittlungen wegen illegalen Technologietransfers und den Versuch einer Anbahnung/Werbung einer libyschen Quelle.

Besonders brisant waren acht Informationen zu „Verrätern“, wobei sich darunter fünf ehemalige DDR-Bürger und ein ehemaliger Sowjetbürger befanden. Sie alle waren von Hochenbichler einem hohen Risiko ausgesetzt worden. Überhaupt hatte er immer wieder Informationen zu Aktivitäten von Emigranten aus dem Sowjetblock weitergegeben, was von besonderem Interesse für die dortigen Geheimdienste war. Eine entsprechende Weitergabe von der HVA an Partnerdienste ist mitunter vermerkt.[532]

Leider ist nur ein geringer Bestandteil der von Hochenbichler übermittelten Informationen mit einer Kurzinfo zum Inhalt versehen worden. Nach Jahren sortiert, scheinen folgende Thematiken auf:

1984
Erkenntnisse zu gemischten Gesellschaften sozialistischer Staaten in Österreich

1987
Einschätzung imperialistischer Geheimdienste zu Tendenzen in der internationalen kommunistischen Bewegung

1988
Staatspolizeiliche Überprüfungen in einer gemischten Gesellschaft in Österreich zu DDR-Aktivitäten
Verrat eines Mitarbeiters eines Bruderorgans
Zur STAPO-Struktur
Staatspolizeiliche Erkenntnis zu Aktivitäten der rumänischen Emigranten
Staatspolizeiliche Aufgaben in Vorbereitung einer Weltfriedensversammlung der christlichen Kirchen
Staatspolizeiliche Erkenntnisse zu einem Mitglied einer polnischen konterrevolutionären Gruppe in Wien
Mitglied der polnischen konterrevolutionären „Initiative Gruppe“ und seine Verbindungen
Polnische Buchhandlung „dwojka“ und konterrevolutionäre Kräfte in Wien
Gründung des konterrevolutionären Vereins „polnisch-österreichische Kulturgemeinschaft dwojka“
Feinderkenntnisse zu Verbindungen polnischer Emigranten zum Partnerorgan der VRP [Volksrepublik Polen]
Staatspolizeiliche Kontrollmaßnahmen (Observation) gegen Diplomaten der

UdSSR wegen Verdacht der Spionagetätigkeit
Feinderkenntnisse zu angeblichen Aktivitäten des albanischen Staatssicherheitsdienstes in Westeuropa
Pol-Verräter (Aussagen)
Personeninformation (Grenzverletzung AUT-TCH [Tschechoslowakei] durch USA-Bürger)
Versuch der Beschaffung des geheimen „Blister Lackes" zur Herstellung der fälschungssicheren Bundespersonalausweise (BRD) durch eine österr. Firma
Hinweis zu einem Mitglied einer palästinensischen Organisation mit gefälschten Papieren
Bericht einer STAPO-Quelle zum iranischen Terrorismus
Offenbarung der Zusammenarbeit mit dem ND der SFRJ [Sozialistische Föderative Republik Jugoslawien] gegen antijugoslawische Gruppen in Europa
Verdacht illegaler Technologietransfer von Österreich nach Ungarn
Verdacht illegalen Technologietransfers durch die österreichische Fa. Importek
Geplante Aktivitäten iranischer Terroristen
Überprüfung von Besuchern der URS [Sowjetunion]-Handelsabteilung
Überprüfung von URS-Verbindungen
Feinderkenntnisse
Staatspolizeiliche Ermittlungen zu Personen mit DDR-Verbindung
Zuwanderer Bearbeitung
Verdacht des illegalen Technologietransfers durch einen BRD-Bürger über österreichische Fa.[irma]
Feindbearbeitung (10 Blatt Fotokopie)
Observation der österreichischen Staatspolizei gegen eine Studentin
Staatspolizeiliche Kontrollmaßnahmen zur Verhinderung von terroristischen Angriffe gegen jordanische Persönlichkeiten

1989
FBI-Erkenntnisse zur PLO (drei Blatt Fotokopie)
Pt-Anschluss Ltr [Leiter] STAPO
Charakteristika zum Erkennen von gefälschten Visa
Anonyme Denunziation
Verdacht der ND[nachrichtendienstlichen]-Tätigkeit für die CSSR
Verdacht der nachrichtendienstlichen Tätigkeit für die CSSR
Schulungsmaterial über ND-Aktivitäten von diplomatischen MA [Mitarbeitern] der URS [Sowjetunion] in der BRD
Offenbarung der Zusammenarbeit mit dem Nachrichtendienst der CSSR
Verdacht des illegalen Technologietransfers für soz.[ialistische] Staaten[533]

Unter dem Strich belegt diese Auswertung die Einschätzung, wonach die Tätigkeit der Wiener Staatspolizei für die HVA und damit auch für andere Ostgeheimdienste über viele Jahre ein offenes Buch darstellte. Der Schaden, den „IM BAU“ angerichtet hat, war zweifellos groß – nicht nur für die Sicherheit Österreichs, sondern für jene des Westens im Kalten Krieg.

Zur Tätigkeit von DDR-Militärspionen in Österreich

Im Stasi-Unterlagenarchiv finden sich auch Dossiers des Bereichs Militärische Aufklärung (MA) der Nationalen Volksarmee (NVA). Dieser Nachrichtendienst mit 1.000 Bediensteten unterstand dem Stellvertreter des Ministers und Chef des Hauptstabes des Ministeriums für Nationale Verteidigung (MfNV). Die MA war einerseits zuständig für die Truppenaufklärung, die vor allem als elektronische Fernmeldeaufklärung durchgeführt wurde. Andererseits ging es um agenturische Aufklärung, also um die Beschaffung von militärisch relevanten Informationen mit nachrichtendienstlichen Methoden und Mitteln.[534]

MA-Mitarbeiter waren unter anderem bei den DDR-Militärattachés eingesetzt und klärten Gastgeberländer wie Österreich auf. Die eingesetzten Kräfte waren gering: 1984 standen dem DDR-Militärattaché in Wien ein weiterer Offizier als Gehilfe und zwei „Legalisten" zur Seite,[535] die als Diplomaten oder Außenhändler in den westlichen Ländern unterwegs waren.[536] Sie alle zusammen bildeten die Residentur „MA – Wien".

Die Geschichte der MA – Wien lässt sich auf Basis der vorhandenen Unterlagen nicht stringent erzählen – aber es lassen sich einige aussagekräftige Episoden herausschälen, welche Ereignisse in den 1980er Jahren betreffen.

In dieser Zeit waren die Erwartungen an die MA – Wien groß. So hieß es in der Jahresaufgabe 1983/84: „Die Residentur hat eine Werbungsbasis aufzubauen, die als Gewinnung von Personenhinweisen zu Bürgern aus Frankreich, Großbritannien, Belgien und den Niederlanden, die Werbung von Hilfsnetzelementen für die Nutzung durch das Zentrum sowie die Aufklärung der befohlenen Beobachtungsobjekte gewährleistet." Neben der Informationsgewinnung zu Bürgern von NATO-Staaten war auch eine Grundaufklärung über das österreichische Bundesministerium für Landesverteidigung und einzelne Kommanden vorzunehmen: „Die Beobachtung der Objekte ist bei höheren Stufen der Gefechtsbereitschaft zu führen."[537]

Ende der 1980er Jahre konzentrierte man sich noch stärker auf die Lagebedingungen und Möglichkeiten in Österreich selbst. So zählten u. a. zu den inhaltlichen Schwerpunkten und Hauptrichtungen der Aufklärung: Eine Raumverteidigungsübung des Bundesheeres und dessen Entwicklung bis 1994; die Beteiligung Österreichs an der westeuropäischen Weltraumorganisation ESA; die Einbeziehung österreichischer Rüstungsfirmen in westliche Rüstungsvorhaben; die Neubildung der österreichischen Regierung sowie die „agenturische Lageentwicklung in Österreich" („Aktivitäten des Gegners").[538]

Der diesbezügliche Halbjahresbericht von 1987 hielt fest, dass man abgesehen von der Führung des Abwehramts vier Offiziere namentlich und 26 weitere Beamte erkannt, aber „bisher nicht namentlich erfasst" habe. Vom sowjetischen Residenten habe man erfahren, dass „gegenwärtig" eine Abteilung im Heeresnachrichtenamt geschaffen werde, „die sich speziell mit der nachrichtendienstlichen Bearbeitung des Personals der Auslandsvertretungen und einreisenden Bürger der soz. [ialistischen] Staaten (bes. WV [Warschauer Vertrag]) beschäftigt." Die Schaffung dieser neuen Struktureinheit solle „auf Druck CIA und BND" erfolgt sein. Darüber hinaus waren die Leiter von sechs Nebenaußenstellen des Heeresnachrichtenamts (NAST) ausgeforscht worden – ebenso wie insgesamt 64 Kennzeichen erkannter Fahrzeuge der „Abwehr", wobei eine genaue Zuordnung zu STAPO, AbwA, BND und CIA „nicht möglich" war. Abgehört worden seien ermittelte Funkfrequenzen von Wiener STAPO-, BND- und CIA-Stellen. Und was die Kooperation der österreichischen Nachrichtendienste mit westlichen Partnern angehe, so gebe es entsprechende Vereinbarungen zur Zusammenarbeit zum Austausch von Informationen und Daten sowie gegenseitiger Hilfe- und Unterstützungsmaßnahmen mit folgenden Ländern: „BRD (BND, MAD, BfV), USA (CIA), Schweiz, Italien, Frankreich, Großbritannien, Belgien, Niederlande, Griechenland." Die Kooperation mit letzteren beiden Ländern war zum Zeitpunkt der Berichterstellung „noch nicht sicher nachgewiesen".[539]

So wichtig solche Informationsgewinnung war, der DDR-Militärattaché war gleichzeitig per Direktive angewiesen, dass „keinesfalls" etwas passieren dürfe, „was die politischen, ökonomischen, kulturellen und militärpolitischen Beziehungen belasten könnte". Außerdem hatte er sich im Klaren zu sein, dass Österreich trotz der „freundschaftlichen und guten Beziehungen" zur DDR immer noch ein „kapitalistischer Staat" sei, „wo der Gegner außerordentlich massiv gegen die Staaten des Warschauer Vertrages, besonders auch gegen die DDR, arbeitet". Mit dem „Gegner" waren die westlichen Geheimdienste gemeint, die von ihren österreichischen Partnern unterstützt würden, wurde der DDR-Militärattaché gewarnt.[540]

Die ambitionierten Ziele der MA – Wien waren aber nicht nur durch gegnerische Aktivitäten gefährdet, sondern auch durch die schwierige Alltagsarbeit. Der Hauptteil der Informationsbeschaffung wurde im Rahmen der offiziellen Kontaktarbeit erledigt.

Ein Mitarbeiter der MA – Wien gab 1987 Aufschluss darüber, mit wem er sich in Österreich im Rahmen seiner Tätigkeit offen getroffen hatte: „Freiheitliche Partei Österreichs; Österreichischer Bund; Bewegung der Grünen Österreichs; Parlament Österreichs mit Nationalrat und Bund; Freundschaftsgesellschaft." Darüber hinaus hatte der MA – Wien-Mitarbeiter Kontakt zum „Leiter des Meinungsforschungsinstituts der SPÖ".[541]

Brisante Informationen ließen sich freilich vor allem verdeckt beschaffen. Und in diesem Feld beklagte man seitens der MA – Wien Mitte 1985 eine triste Situation. Es sei noch nicht gelungen, eine erfolgversprechende Konzeption für die agenturische Arbeit zu entwickeln: „Aktivitäten auf Veranstaltungen erbrachten trotz guten Kontaktverhaltens [...] keine greifbaren Ergebnisse." Dasselbe galt für die Ausbeute aus den „Freundschaftsgesellschaften Österreich-DDR", weil diese „stark geheimdienstlich unterwandert" seien. Immer schwieriger war es die Kontakte zu möglichen Quellen glaubhaft zu „legendieren". Deshalb wich man verstärkt in den „Freizeitbereich" aus, was aber die Sicherheit belastete und die „Anforderungen an Legendierung/Abdeckung" nochmals verstärkte.[542]

Was mit diesem Ausweichen in den Freizeitbereich gemeint war, führte ein Mitarbeiter der Residentur auf unkonventionelle Weise vor: Er dockte im Februar 1985 beim BSC-Arcus Wien, einem Bogenschießclub, an. Sein Ziel war es, „Beziehungen zu den Clubmitgliedern" aufzubauen, die Aktivitäten des Clubs „aufzuklären" und insbesondere von neuen Mitgliedern Personenangaben zu beschaffen.[543] Der DDR-Spion besorgte sich im Juni 1985 sogar privat einen Bogen und ließ sich von einem der Club-Mitglieder beraten und bei der Ausrüstungsbeschaffung helfen. Im Zuge dessen wurde nicht nur der Kontakt gefestigt, der MA – Wien-Mitarbeiter gewann auch Aufschlüsse über ein weiteres Hobby seiner Zielperson, das vielleicht als Anknüpfungspunkt dienen konnte: Briefmarkensammeln.[544] Die Integration in den Verein entwickelte sich positiv weiter: Der DDR-Spion erhielt eine Einladung zur Teilnahme an den Wiener Landesmeisterschaften von 27. bis 29. September 1985. Er lehnte ab, demonstrierte aber seine Hilfsbereitschaft bei der Durchführung des Wettkampfes, um Vertrauen zu bilden. Besonders erfolgreich war diese Initiative dennoch nicht. Obgleich der Mann verdeckt agierte, war für ihn eine „Agentenhysterie gegen die DDR" bemerkbar.[545] Ende 1987 wurde dann verfügt, dass es keine weiteren Aktivitäten im Bogenschießklub und keine Reaktionen auf Initiativen seitens des Klubs geben würde. Grund waren offenbar generelle Sicherheitsbedenken, denn im Umfeld der Residentur häuften sich bedenkliche Vorfälle.[546]

So tat sich der Gehilfe des Militärattachés, Oberstleutnant Dieter S., durch besonders hektische Aktivität hervor. Er unterhielt eine Vielzahl an

Kontakten zu Angehörigen und Funktionären der KPÖ, die er bevorzugt in Lokalen der Kette „Wienerwald“ traf. Diese Vorgangsweise erregte den Argwohn des großen Konkurrenten der MA, des Ministeriums für Staatssicherheit (MfS). Dessen Hauptabteilung (HA) I war für die Überwachung des MfNV sowie der nachgeordneten Führungsorgane, Truppen und Einrichtungen zuständig und beäugte daher die Aktivitäten der MA kritisch. Bezogen auf deren Wiener Residentur befürchtete die HA I „die ernste Gefahr der Kompromittierung der KP Österreichs sowie eine starke Belastung der politischen und ökonomischen Beziehungen zwischen der DDR und Österreich.“ Aus diesem Grund wurde seitens der HA I entschieden, auf den Chef der Aufklärung des MfNV Einfluss zu nehmen, „dass von den gegenwärtigen Arbeitspraktiken, der Nutzung von führenden Mitgliedern der Kommunistischen Parteien und anderer fortschrittlicher Organisationen für die Militäraufklärung insgesamt Abstand genommen wird.“ Die Angelegenheit war delikat, weil die Residentur in Wien seit Ende 1983 von Oberst Jura Hoffmann geführt wurde, dem Sohn des Ministers für nationale Verteidigung, Heinz Hoffmann.[547]

Es dauerte aber nicht lange und die engen KPÖ-Kontakte von S. führten zu einem konkreten Sicherheitsproblem. Ende Juni 1984 entging S. aufgrund eines Hinweises durch die MfS-HA IX nur knapp einer Festnahme. Hätte er einen geplanten Treff mit der KPÖ-Quelle „Altig“ am 28. Juni 1984 wahrgenommen, wäre er an Ort und Stelle verhaftet worden.[548] In einer internen Untersuchung kam man zum Schluss, dass die Staatspolizei unterschätzt worden war: „Dazu gezählt werden muss auch, dass die Vielzahl der Kontakte zur KPÖ nicht mit der Deckungsfunktion legendiert werden konnte.“[549] Tatsächlich hatte S. 40 Treffs und Kontakte im Zeitraum Mai 1983 bis Juni 1984 abgehalten und circa 20 operative Dienstreisen nach Linz, Salzburg, Graz, Innsbruck und Steyr geplant: „Damit hob er sich vom Bewegungsbild bisheriger Gehilfen des Militärattachés ab.“ Offenbar hatte der Offizier seine Kontaktarbeit deshalb so intensiviert, weil der die ihm gestellten Aufgaben „unter allen Umständen“ erfüllen wollte.[550]

Dass so stark auf Kontakte in der KPÖ gesetzt worden war, hing auch damit zusammen, dass die Quellen der MA in Österreich dünn gesät waren. Eine Ausnahme war der Journalist und Nationalökonom Roman Hädelmayer (1907-1988), der in der Arbeitsgemeinschaft der Österreichischen Gemeinwirtschaft wirkte. Hädelmayer hatte eine wechselvolle NS-Vergangenheit: Ende der 1920er Jahre hatte er die Landesleitung der Hitler-Jugend in Österreich inne, wandte sich aber ab, nachdem das Ziel eines „Anschlusses“ immer stärker hervortrat. Hädelmayer gehörte zu einer Gruppe von

NS-Gegnern und wurde vom SS-Sicherheitsdienst 1938 verhaftet. Er war danach Häftling in den Konzentrationslagern Dachau und Buchenwald. 1943 entlassen, musste Hädelmayer noch bis 1945 als Soldat dienen.[551]

Seine Tätigkeit als Agenturischer Mitarbeiter (AM) der MA mit dem Decknamen „Absatz" begann 1963/64. In einer Kurzeinschätzung zu seiner Person hieß es positiv: „Er arbeitet aus politischen Motiven mit uns zusammen. Die materiellen Vergünstigungen nimmt er gerne entgegen. Die DDR erkennt er als die Zukunft Deutschlands. Vom Charakter her ist er der typische Österreicher, kontaktfreudig, beredsam, hilfsbereit und etwas schmuddelig. In der Erfüllung seiner Aufgaben ist er zuverlässig. Dabei liegt ihm mehr die Beschaffung von Unterlagen als die Anfertigung von Berichten. Er ist außerordentlich pünktlich und der Einhaltung gegebener Zusagen."[552] Immer wieder ließ Hädelmayer der MA wehrtechnische Dokumente, militärpolitische und außenpolitische Informationen wie etwa das *Weißbuch zur Lage der Landesverteidigung Österreichs* (1973) zukommen.[553] Ende der 1970er Jahre war die Quelle aber „immer weniger in der Lage, militärische Probleme zu erfassen und abzuschöpfen".[554] Für die Residentur Wien war Hädelmayer dennoch wichtig und man erstellte einen eigenen Leitfaden für seine effektive Führung. Darin heißt es unter anderem: „Er [Hädelmayer] findet es außerordentlich aufmerksam, wenn er zum Treff eine Schachtel Zigaretten erhält (Marke ‚Dunhill') – Streichhölzer nicht vergessen. Für die Treffs Restaurants mit Niveau auswählen (keinesfalls ‚Wienerwald-Restaurants'). Stets Grüße von ‚Eberhard' übermitteln. Dabei zum Ausdruck bringen, dass er ein enormes Arbeitspensum zu leisten hat; trotzdem aber noch seinen sportlichen Interessen nachkommt […]. Ab und zu sagen, dass es ‚Siegfried' gut geht, dass er grüßen lässt. Zur Rückfahrt vom Treffort zur Wohnung 150, -- öS übergeben." Aufgrund seines Alters könnte „Absatz" keine großen Strecken zu Fuß gehen: „Er möchte sein Alter auch respektiert wissen (höflich sein; ihn unterstützen u.a.)."[555] 1985 ließ die MA die Zusammenarbeit mit „Absatz" „ausklingen" – nicht ohne vorher noch die „Möglichkeit Nutzung Ehefrau als AM/VE" (Agenturischer Mitarbeiter – vorgesehener Ermittler) abzuklären.[556]

Wie sich aus den Dokumenten ergibt, verhielt sich die österreichische Spionageabwehr keineswegs passiv. Zwar wurde die Staatspolizei in der Regel „nur aktiv, wenn österreichische Interessen berührt werden", aber das hindere sie nicht daran, eine „zumeist zeitlich begrenzte und fallbezogene Zusammenarbeit" mit westlichen Partnerdiensten zu pflegen. So konnte es vorkommen, dass westliche Geheimdienste versuchten, „selbstständig oder in Zusammenwirken mit STAPO-Mitarbeitern" Zielpersonen anzusprechen und in Folge als Doppelagenten zu werben. Solche Aktivitäten wurden zum Teil auch „unter Legende der Stapo" durchgeführt.[557]

Ein besonders anschaulicher Fall spielte sich Anfang der 1980er Jahre ab: Am 9. Juni 1983 reiste ein Kurier der MA mit dem Decknamen „Heer" über Wien nach Linz, um dort die Quelle „Hisse" zu treffen. Unter letzterem Decknamen verbarg sich ein in München ansässiger Physiklaborant.[558] „Heer" wiederum war ein Programmierer in der Rechenstation der Reichsbahndirektion Halle, der seit 1971 mit der MA inoffiziell zusammenarbeitete. Bis 1983 hatte er es auf insgesamt 23 Einsätze als Kurier gebracht, die ihn in die BRD, Westberlin, die Schweiz und Österreich führten. Die Mission zwischen 9. und 12. Juni 1983 sollte sein letzter Auftrag im Dienst der MA werden. Denn dieser ging gehörig schief.[559]

Der geplante Treff mit „Hisse" am 11. Juni 1983 kam nicht zustande, weil „Heer" am Vorabend in der Hotelgaststätte „Zum schwarzen Bären" von Tischnachbarn angesprochen worden. Laut Darstellung von „Heer" fragten ihn die beiden sportlich-elegant auftretenden Herren, „ob sie mit mir einen Plausch machen könnten". Dabei wiesen sie Blechmarken vor, die mit „Bundespolizei – Höherer Dienst" beschriftet waren. Einer der beiden Staatspolizisten sagte ohne Umschweife zu „Heer": „Sie sind geheimdienstlich unterwegs. Beweisen Sie mir, dass diese Tätigkeit nicht gegen Österreich gerichtet ist." Der Kurier erklärte, dienstlich im Auftrage eines DDR-Außenhandelsunternehmens in Österreich zu sein und stritt jede geheimdienstliche Tätigkeit ab. Dabei blieb er auch, nachdem ihn Staatspolizisten auf sein Zimmer begleitet hatten, um sich dort mit ihm „persönlich" zu unterhalten. Reisedokumente und Gepäck wurden von ihnen durchgesehen. Zumindest bemerkten sie nicht, dass sich in einer Kognakgeschenkpackung ein „Container" befand, der 12.200 US-Dollar enthielt. Aber dafür stellten die Beamten einen Zettel sicher, auf dem sich „Heer" eine Gedächtnisstütze für den Treff mit „Hisse" gemacht hatte. Der Kurier hatte große Schwierigkeiten, zu erklären, was mit den Begriffen „Geheimtinte" oder „militärtechnische Vorschriften" gemeint war. Er stellte es so dar, dass er auf der Suche nach Veröffentlichungen zu diesen Themen war. Um die Stimmung aufzulockern, holte einer der Staatspolizisten „drei Schoppen" Wein und sie boten dem DDR-Bürger das Du-Wort an. Sie versicherten, dass er hier in Österreich tun könne, was er wolle und boten sogar Hilfe an, „wenn es nicht gegen Österreich geht". Ein anderes Mal meinte einer der beiden Staatspolizisten: „Wenn Sie etwas gegen die NATO machen, ist uns das scheißegal – entschuldigen Sie den Ausdruck." Alles zielte offenbar darauf ab, den in Bedrängnis geratenen Kurier durch eine Mischung aus unterschwelligen Drohungen und verständnisvollen Äußerungen zu einer Zusammenarbeit zu überreden. Zu diesem Zweck vereinbarte man ein weiteres Treffen am nächsten Tag in einem Linzer Caféhaus. Wiederum wurde „Heer“ eine Kooperation angeboten und man gab ihm eine Telefonnummer, unter der er sich, wenn er wieder in Österreich „oder auch in einem anderen kapitalistischen Land“ sei, melden könne. Anschließend kehrte „Heer“ über Wien in die DDR zurück und meldete den Vorfall.[560]

Das löste aufwendige Nachforschungen aus, warum der Kurier der Staatspolizei ins Netz gegangen war. Man eruierte folgenden Fehler: Für „Heer“ waren für die ersten drei Reisen zu Treffs mit „Hisse“ die Hotelzimmer durch den DDR-Militärattaché in Wien reserviert worden.[561] Eine Zimmerbestellung („1 Bett, 1 Nacht“) für dieselbe Person in kurzen Abständen sei „auffällig für die gegnerische Abwehr“ gewesen, zu deren Aufgaben ja die Kontrolle der Hotel-Meldungen gehörte.[562] Man schlussfolgerte, dass kein Interesse an einer Verhaftung oder Ausweisung von „Heer“ bestanden habe: „Das Gespräch der feindlichen Mitarbeiter wurde zielgereichtet auf die Gewinnung von ‚Heer‘ zur Mitarbeit (am 2. Tag ging es nur noch darum) für die österreichischen Organe gelenkt, [...].“[563] Es wurde vermutet, dass dieser „Anwerbeversuch“ möglicherweise im Auftrag des BND erfolgt war.[564] Nachdem „Heer“ den auf seinen Klarnamen ausgestellten Dienstpass mit sich geführt hatte, wusste die Gegenseite nun auch seine Identität und er konnte nicht wieder für operative Aufgaben herangezogen werden.[565] Es gab weitere provokative Akte von unbekannter Seite: So erhielt „Heer“ anlässlich seines Geburtstags 1984 eine Postkarte mit Glückwünschen aus Linz an seine Privatadresse in Halle an der Saale.[566] Auch zwei telefonische Kontaktaufnahmen sollen erfolgt sein, offenbar mit dem Ziel, „sich wieder in ‚Erinnerung‘ zu bringen“.[567]

Die Staatssicherheit erkannte darin einen „operativ bedeutenden Sachverhalt“. Denn sie verdächtigte „Heer“, dass er sich in Wirklichkeit „offenbarte und anwerben ließ“.[568] Deswegen startete die HA I in Zusammenarbeit mit der MA Ende 1983 eine umfassende Überwachungsoperation gegen den enttarnten Kurier, dem man nunmehr den Decknamen „Hornisse“ gab. Der „Inoffizielle Mitarbeiter Sicherheit“ (IMS) „Franz“ wurde auf ihn angesetzt, um die politische Zuverlässigkeit, Ehrlichkeit und Einstellung der Zielperson aufzuklären.[569] Zusätzlich wurde am 21. Februar 1984 die Privatwohnung verwanzt, als sich „Hornisse“ samt Familie auf Urlaub in der Tschechoslowakei befand.[570] Die Überwachung zog sich bis Ende 1984 hin. Erkenntnisse für eine mögliche „Überwerbung“ von „Hornisse“ wurden jedoch nicht zutage gefördert.[571] Zweitweise wurde die Zielperson auch über mehrere Tage intensiv observiert. Einer der Beobachtungsberichte bescheinigte „Hornisse" eine „gute physische und psychische Verfassung": „Durch sein gepflegtes Äußeres fiel der [Name geschwärzt] im Stadtbild nicht auf. [...] Fuhr der [Name geschwärzt] mit seinem PKW, so fuhr er größtenteils unter der zulässigen Höchstgeschwindigkeitsgrenze der StVO [Straßenverkehrsordnung] der DDR. Dies kam beim Benutzen der Autobahn und der Landstraße zum Ausdruck. Während des BO [Beobachtungs]-Zeitraums konnte festgestellt werden, dass der [Name geschwärzt] bei seinem Gaststättenaufenthalt große Mengen Alkohol genoss und bereits nach 6 Stunden seinen PKW fuhr."[572] Erst am 18. Dezember 1984 gab man sich zufrieden und ließ alle eingeleiteten Kontroll- und Fahndungsmaßnahmen löschen.[573] Anhand dieser Episode zeigt sich nicht nur den enormen Aufwand, den DDR-Geheimdienste mitunter investierten, sondern auch die herrschende Paranoia in einem autoritären System und die völlige Missachtung von Grund- und Persönlichkeitsrechten.

Während die MA – Wien im Falle des Kuriers eine wichtige Rolle am Rande gespielt hatte, geriet sie selbst ins Visier von gegnerischen Aktivitäten. Der Militärattaché Oberst Hoffmann hatte zu Silvester 1984 im Hotel eines österreichischen Skiorts einen deutschen Staatsbürger kennengelernt. Dieser behauptete, bis 1979 als Hauptmann bei der Luftwaffe gedient zu haben und nun zwischen der Bundeswehr und Zulieferbetrieben Geschäfte vermitteln zu wollen. Bei der MA – Wien witterte man daher die Chance, dass sich „bei günstig verlaufender Entwicklung" Chancen zur „Beschaffung von Aufklärungsangaben über Rüstungsproduktion und Rüstungsbeschaffung in der BRD" ergeben könnten. Die mögliche Quelle habe nicht nur eine „völlig normale Einstellung zur BRD" gezeigt, sondern auch die „Verhinderung eines Krieges" als wichtigste Aufgabe internationaler Politik betont. Aus der Kombination aus ähnlichen Anschauungen und „materieller Interessiertheit zur Verwirklichung geschäftlicher Interessen" ortete man mögliche Motive für eine Zusammenarbeit.[574]

Im März 1985 kündigte der BRD-Bürger kurzfristig bei Hoffmann einen Kurzbesuch samt Freundin in Wien an. Bei dieser Gelegenheit eröffnete der Mann, dass sich seine Geschäftsvorstellungen bislang enttäuschend entwickelten. Er sei an der Aufrechterhaltung eines „lockeren Kontakts" zu Hoffmann interessiert. Außerdem deponierte er einen Wunsch: „Er fragte, ob wir ihm eine Theaterkarte für ‚Cats' (läuft seit längerer Zeit mit großem Erfolg und großer Nachfrage in Wien) besorgen könnten, da es ihm während der drei Tage nicht gelang, 2 Karten zu erstehen."[575] Ende Mai 1985 meldete sich der BRD-Bürger erneut telefonisch und erkundigte sich nach der *Cats*-Karte. Ihm musste aber mitgeteilt werden, dass das Musical im Mai und Juni 1985 wegen der Wiener Festwochen nicht gespielt wurde. Das habe „große Enttäuschung" hervorgerufen, dennoch kam der Mann für einen kurzen Aufenthalt nach Wien.[576] Bei den Zusammenkünften waren gegenseitig Erinnerungsfotos gemacht worden. Eben diese Fotos wurden im Juni 1985 von einem Inoffiziellen Mitarbeiter (IM) der HA I zugespielt. Der IM vermutete nämlich, dass es sich bei dem Kontakt zwischen Hoffmann und dem BRD-Bürger um eine „zielgerichtete Provokation" handeln könnte, weil der Militärattaché „Sohn des Ministers für nationale Verteidigung" war.[577] Diese Sorge war nur zu berechtigt: Tatsächlich ließ Hoffmanns deutscher Bekannter während eines Mittagessens im Mai 1986 die Masken fallen und stellte sich als „Mitarbeiter des BND" vor. Er machte Hoffmann, dessen Vater Ende 1985 verstorben war und deswegen „keinerlei Perspektive mehr hätte", ein Angebot: „1 Mio DM und 5000 DM netto (monatlich) bis zum Lebensende und der Dienstgrat eines Obersten in der Bundeswehr".[578] Hoffmann meldete diese „Provokation", woraufhin das MfNV die Durchsetzung ständiger Sicherheitsanforderungen „einschließlich Meldepflicht" bei der Feststellung von Besonderheiten und Vorkommnisse einschärfte.[579]

Der starke gegnerische Druck war generell Thema einer Meldung der MA – Wien von Ende 1986. Darin beschwerte sich die Residentur über die „Angriffe auf Mitarbeiter sozialistischer Auslandsvertretungen". Die österreichischen Nachrichtendienste, so der Vorwurf, würden immer enger mit den westlichen Partnern kooperieren: „Nach unbestätigten Angaben soll die österreichische Staatspolizei und das Heeresnachrichtenamt Vereinbarungen mit den Geheimdiensten und Abwehrorganen von 11 westlichen Staaten über Zusammenarbeit, gegenseitige Unterstützung und Informationsaustausch besitzen." Es sei vorgekommen, dass Mitarbeiter und Reisekader gezielten „Provokationen" ausgesetzt wurden – etwa indem der Betreffende von einem Warenhaus-Detektiv angehalten wurde, nur um dann von einer Person zugeführt zu werden, „die dialektfrei deutsch sprach (offensichtlich BND-Mitarbeiter)", „die vorgab, extra gekommen zu sein, um ihm zu helfen". Gut möglich, dass auch Paranoia eine Rolle spielte, solche Situationen mitunter falsch einzuschätzen. Ein anderes Mal wurde ein DDR-Bürger in Innsbruck der Zechprellerei beschuldigt und zwei Beamten in Zivil übergeben, die daraufhin einen „Werbeversuch" unternahmen. Ein Mitarbeiter der DDR-Botschaft wiederum wurde auf der Toilette einer Autobahnraststätte von „zwei Mitarbeiten des Geheimdienstes" (wahrscheinlich Staatspolizei) gleich namentlich angesprochen: „Sie erklärten ihm ganz zielgerichtet, dass sie ihn bereits seit einem halben Jahr beobachten […] und warfen ihm vor, nachrichtendienstlich zu arbeiten." Mittels Drohungen versuchten die zwei Männer den Botschaftsmitarbeiter zu einem zweiten Gespräch zu bewegen, wo es dann wohl um eine Anwerbung gegangen wäre. Das war aber nicht alles: Der „Gegner" lasse nicht nur das Botschaftsgelände, sondern auch die Wohngebäude wichtiger Mitarbeiter ständig beobachten – etwa durch Informanten/Objektbeobachter vor Ort oder über die Anmietung von angrenzenden Wohnungen. Darüber hinaus würden die Mitarbeiter der DDR-Vertretung „im Freizeitbereich und bei dienstlichen Maßnahmen außerhalb der Botschaft" offen und verdeckt observiert. Zu diesem Zweck würden speziell CIA und BND auf „neue Methoden" zurückgreifen, indem nämlich Taxifahrer „gezielt" für Observationen angeworben wurden: „Dabei erhält der Taxifahrer seinen genauen Auftrag, die notwendigen Angaben und ein Foto der zu observierenden Person. Observationsauftrag kann über Stunden, Tage und Wochen gehen". Zu diesem Zweck würden sich CIA- und BND-Mitarbeiter auch Taxis von Privatunternehmen mieten und selbst die Beobachtungen durchführen.[580]

Welche Gefahr durch solche Aktivitäten im schlimmsten Fall drohte, zeigt ein Fall auf, den die MA – Wien Ende 1986 berichtete: Die Residentur des ungarischen Militärgeheimdiensts in Wien war durch die „Überwerbung eines ungarischen Mitarbeiters mit Übertritt auf die österreichische Seite" aufgeflogen. Der Verräter hatte das gesamte „agenturische Netz der Residentur", also auch die Quellen in Österreich, preisgegeben. Außerdem mussten mehrere ungarische Diplomaten das Land verlassen, was aber nicht an die große Glocke gehängt wurde: „Im Interesse der guten Beziehungen Österreichs zu Ungarn wurde gesamte Aktion diskret und geheim behandelt, um einen Skandal in Massenmedien zu verhindern." Die Überwerbung soll im „Zusammenspiel" von CIA und österreichischer Abwehr erfolgt sein.[581]

Die MA verfügte in Österreich auch über „Spezialkader", also Kundschafter, die unter falscher Identität lebten. Einer dieser Schläfer-Agenten war Heinz Hempel, der unter dem Decknamen „Vogt" geführt wurde. Er verursachte Anfang der 1980er Jahre eine aufwendige Operation, die viel über die perfiden Abgründe des Spionage-Alltags im Kalten Krieg verrät. Hempel war nämlich 1966 in die Rolle eines anderen Menschen geschlüpft – Ludwig Bergmann. Dieser war 1941 als Besatzungskind eines deutschen Soldaten und einer norwegischen Mutter in Haugesund geboren worden. Noch als Baby wurde Bergmann als Opfer der nationalsozialistischen „Lebensborn"-Ideologie nach Deutschland verschleppt, und er wuchs in der DDR auf. Dort wurde Bergmann von seiner Vergangenheit abgeschirmt, während sich die MA seiner Identität bediente, um ihren Agenten Hempel in den NATO-Staat Norwegen einzuschleusen. So erging es etlichen ehemaligen „Lebensborn"-Kindern aus Norwegen, Frankreich, Belgien, den Niederlanden oder Dänemark, die nach dem Krieg meist als Staatenlose in der DDR aufwuchsen.

Im Falle Bergmanns beantragte sein „Doppelgänger" Hempel in der norwegischen Botschaft in Bonn die Bestätigung der norwegischen Staatsbürgerschaft und einen Pass, um Kontakt zur Verwandtschaft von Bergmann herzustellen. Dessen Mutter Solveig hieß den Spion als ihren verschollenen Sohn willkommen.[582]

Aber die Tarnung hatte von Anfang an Risse. So wurde Hempel gleich beim Grenzübertritt bei der norwegischen Militärverbindungsmission „ohne Umschweife" erklärt, „dass er ein Spion sein kann". Diese Formulierung wurde von der Polizei in seinem „Geburtsort" Hagsund wiederholt. Trotzdem übersiedelte Hempel 1967 nach Norwegen. Seine Kundschaftertätigkeit dort dauerte aber nicht lange. Bei der Beobachtung des Manövers „Wintex 71" verhielt sich Hempel so auffällig, dass er „in das Blickfeld des Gegners gelangte.[583]

Daraufhin zog ihn die MA umgehend in die BRD ab. Vom westfälischen Münster aus sollte er zur Aufklärung des dort stationierten Stabs des I. Armeekorps und anderer Einheiten wie der Luftwaffengruppe Nord und Teilen der britischen Rheinarmee beitragen. Diese Aufgaben erfüllte der SK „Vogt" nicht zufriedenstellend und er verkomplizierte die Lage, indem er nicht nur eine West-Bürgerin namens Annerose Pietzner heiratete, sondern ihr auch Einblicke in sein Agentendasein gab. Die MA machte Hempel daraufhin zum „Reserveelement" für den „Spannungs- und Kriegsfall" (SKF) und ließ ihn 1972 nach Österreich umsiedeln.[584] In St. Aegyd am Neuwalde fand Hempel alias „Ludwig Bergmann" Beschäftigung als Chemiker in einem Stahlwerk der VOEST, während seine Frau einige Jahre als Lehrerin tätig war. Die Zugereisten lebten unauffällig und wurden 1976 von der niederösterreichischen Landesregierung eingebürgert.[585] Hempels Spionageaktivitäten waren relativ bescheiden: Er erwarb Landkarten, abonnierte die Militärzeitschriften *Soldat* und *Spind* und kaufte sich den Bildkalender des Bundesheers. Außerdem sammelte er Informationen zur militärpolitischen Lage, besuchte öffentliche Veranstaltungen wie Heeres- und Luftwaffenschauen und beobachtete Manöver und den Ausbau von Stellungen im Wohnbezirk.[586] Bei der MA war man einmal mehr unzufrieden: „Mangelnder Ideenreichtum, fehlende Phantasie und Mängel im Persönlichkeitsbild führen zu einer Beeinträchtigung der Kontaktarbeit." Hempel besitze „zum Aufklärer nicht das politisch-ideologische, charakterliche und operative Format".[587]

1981 wurde es plötzlich ernst: Bei einer Betriebsweihnachtsfeier ließ Hempels Vorgesetzter durchscheinen, dass die Staatspolizei gegen ihn ermittle: „Es wird durch diese vermutet, dass irgendwie ein Doppelgänger existiere und er ein Spion sein könnte."[588] Daraufhin wurde eine „vollständige Konservierung" des SK „Vogt" verfügt. Hempels Spionagetätigkeit wurde somit auf Eis gelegt, aber die Ermittlungen gegen ihn liefen weiter. Im Juni 1983 wurde er zweimal auf den Gendarmerieposten von St. Aegyd gerufen, wo ihn zwei Beamte der Staatspolizei befragten. Von Hempel darüber verständigt, entschloss sich die MA zu einem radikalen Schritt: Hempel und seine Familie wurden am 7. November 1983 kurzerhand aus dem „Operationsgebiet" abgezogen.[589] Dabei spielten auch außenpolitische Überlegungen eine Rolle. So hieß es in der Konzeption des Rückzugs von „Vogt": „Unser Ziel muss es sein, vor allem aus politischer Rücksichtnahme gegenüber Österreich, alle Schritte so seriös, so gesetzlich und offiziell wie möglich durchzuführen."[590] Es durfte „nicht zu einer Verhaftung des SK kommen!",[591] weil dies die aus wirtschaftlicher Sicht wichtigen Beziehungen zu Österreich belastet hätte.

Also wurde Hempel samt Ehefrau und dem gemeinsamen Sohne Arne telefonisch nach Budapest bestellt, angeblich zu einem Routinetreff. Im Hotel Szabadsag konfrontierten Offiziere der Staatssicherheit die Familie damit, dass sie ihr altes Leben hinter sich lassen müsse und sofort in die DDR zurückzukehren hätte. Ansonsten drohe bei der Rückkehr die „unmittelbare Verhaftung". Hempel habe daraufhin „eine parteiliche und einem sozialistischen Kundschafter würdige Haltung eingenommen", heißt es in dem offiziellen Bericht. Für seine Ehefrau mit ihren familiären Wurzeln in der BRD hingegen war es ein schwerer „Schlag", aber durch die „Einflussnahme der Offiziere" trat „nach relativ kurzer Zeit" eine „Beruhigung" ein. Der 12jährige Arne wiederum machte „keinerlei Schwierigkeiten" und fügte sich den Anordnungen seiner Eltern.[592] Alle mussten ihre österreichischen Pässe abgeben und bekamen DDR-Dokumente ausgehändigt. Im Anschluss fuhr die Familie unter Eskorte nach Ost-Berlin, wo Hempel zu guter Letzt auch noch seinen neuen Audi 100 an das Ministerium für Staatssicherheit abtreten musste.[593]

Das plötzliche Verschwinden der Familie „Bergmann" aus St. Aegyd erregte natürlich gehöriges Aufsehen. Brieflich teilte Hempel seinem Arbeitgeber lakonisch mit, dass er sich „umständehalber" entschlossen habe, seinen Job aufzugeben, mit der Familie in die DDR zu ziehen und nicht mehr nach Österreich zurückzukehren. Das konnte freilich nicht überzeugen. „Spion oder nicht Spion? Rätsel um VOEST-Ingenieur" titelte nicht umsonst *Die Presse*.[594] Die Staatssicherheit war trotz dieses Echos beruhigt: Weil die österreichischen Behörden „keinerlei Beweise" für eine Spionagetätigkeit Hempels in der Hand hatten, würde der „Übertritt des Spezialkaders in die DDR keine weiteren politischen Auswirkungen haben". Und so war es auch.[595]

In weiterer Folge wurden Hempel und seine Familie in Dresden „wiedereingegliedert": Er wurde Kaderleiter im VEB Chemiehandel mit der Perspektive, sich zum technischen Direktor weiterzuentwickeln. Seine Frau wurde SED-Mitglied und schien sich bald eingelebt zu haben. Ihr Briefverkehr mit den Verwandten in der BRD, die die Übersiedlung verständlicherweise nicht nachvollziehen konnten, wurde von der Staatssicherheit nicht nur überwacht, es erfolgte keine Postsendung ohne vorherige „Einflussnahme und Zustimmung" des Führungsoffiziers, der die Familie betreute. Sohn Arne wurde Mitglied der Jungen Pioniere. Für ihn war der befohlene Umzug sicher besonders einschneidend gewesen, aber seine ausgezeichneten schulischen Leistungen wurden als Anzeichen dafür gewertet, dass er sich an das neue Leben gewöhnt hatte.[596]

Diese Existenz überlebte sogar den Zusammenbruch der DDR. Doch 1997 brach infolge von Recherchen des *Spiegel* das Lügengebäude rund um den Identitätsdiebstahl zusammen. Der echte Ludwig Bergmann, den man in der DDR über seine Familiengeschichte jahrzehntelang ahnungslos gehalten hatte, lernte nun seine norwegischen Halbgeschwister kennen, die Mutter war 1982 gestorben. Seinem „Doppelgänger" Hempel dagegen begegnete Bergmann „zum Glück" nie: „Sonst hätte ich mich vergessen." Zumindest seinen Erbanteil von 7.068 norwegischen Kronen holte er sich 1998 mit anwaltlicher Hilfe zurück.[597] Und 2013 wurde in dem Kinofilm *Zwei Leben* eine ähnliche Geschichte erzählt, wie jene des „doppelten Herrn Bergmann".[598]

Ein Österreicher geht über die „Brücke der Spione“

Die Glienicker Brücke, die die Havel zwischen Potsdam und West-Berlin überspannt, ist als „Brücke der Spione“ in die Geschichte des Kalten Krieges eingegangen. Seit dem Mauerbau am 13. August 1961 lag sie im Grenzgebiet und wurde scharf bewacht. 1962, 1985 und 1986 geriet die Glienicker Brücke aber in den Blickpunkt des Weltinteresses, als Sowjets und Amerikaner auf ihr Agenten austauschen. Erstmals geschah das am 10. Februar 1962. Damals wurde der über der Sowjetunion abgeschossene US-Pilot Francis Gary Powers gegen den sowjetischen Spion Rudolf Abel ausgetauscht. Der zweite und größte Austausch fand am 11. Juni 1985 statt: 23 West-Spione aus DDR-Haft gegen vier entlarvte Ost-Agenten. Die meisten der Westspione waren DDR-Bürger. Man hatte sie verhaftet, weil sie kleinere Spionagetätigkeiten für die USA übernommen hatten, etwa Militärfahrzeuge der Nationalen Volksarmee (NVA) zu zählen.

Bis heute praktisch unbekannt ist jedoch, dass auch ein Österreicher zu den Ausgetauschten auf westlicher Seite zählte: Der damals 33jährige Tiroler Hannes Sieberer. Er hat seine Geschichte 2005 in dem Band *Verheizt und Vergessen* erzählt. Aus im Zuge der Recherchen für dieses Buch freigegebenen Unterlagen der DDR-Staatssicherheit ergeben sich nun weitere Details zu diesem Fall, der auch exemplarisch dafür steht, wie sich westliche Staatsbürger zu Spionagetätigkeiten im Kalten Krieg einspannen ließen und oft einen hohen Preis dafür bezahlten. Sieberer hat laut eigenen Angaben relevante Dokumente zu seinem Fall im Stasi-Unterlagenarchiv eingesehen und keine Einwände gegen die Darstellung darin erhoben.[599]

Sieberer, 1951 in Schwaz geboren, seit seiner Jugend sportlich engagiert, wurde u.a. Generalsekretär des österreichischen Taekwondo-Verbandes bzw. Schatzmeister der Europäischen Taekwondo-Union (ETU), die in München ansässig war. Als Sportfunktionär, der öfters auch in die Länder des Ostblocks reiste, war Sieberer interessant für westliche Geheimdienste. Dazu kam sein familiärer Hintergrund: Ein Teil seiner Verwandtschaft lebte in Rostock, damals ein strategisch wichtiger Seehafen der DDR. 1975 lernte Sieberer zuerst „Ben“, einen Mitarbeiter des US-Militärgeheimdiensts Military Intelligence (MI), in München kennen. Dieser stellte Sieberer im Jahr darauf „Jim“ vor, angeblich ein Kollege von der CIA, aber in Wirklichkeit ebenso ein MI-Agent. Gegenüber „Jim“ verpflichtete sich Sieberer zur Mitarbeit und erhielt den Decknamen „Kurt Klepp“.[600] Das geschah im Einklang mit seiner pro-amerikanischen und antikommunistischen Einstellung, die ein Produkt der Familiengeschichte war.[601] Unter anderem war Sieberer in der Österreichisch-Amerikanischen Gesellschaft (ÖAG) aktiv.[602]

Er und seine Führungsoffiziere hielten telefonisch, brieflich und im Rahmen von persönlichen Treffen Verbindung zwecks Absprachen und Auftragserteilung. In der späteren Anklageschrift des DDR-Militärobergerichts heißt es dazu: „Insgesamt hat er [Sieberer] 20 Anrufe in seinem Büro bei der Tiroler Landesregierung und 2 Anrufe in der Wohnung in Schwaz empfangen, selbst 23-mal telefonische Verbindungen genutzt, wobei ihm die Rufnummer eines automatischen Anrufbeantworters in München zur Verfügung stand. In 4 Fällen schrieb er unter Nutzung einer Postfachnummer Briefe an den Geheimdienst und unterhielt selbst ein teilweise vom Geheimdienst finanziertes Postfach an seinem Wohnort. Mindestens 60 Treffen fanden in 6 verschiedenen Städten der BRD statt. Sie wurden überwiegend in Hotels und Gaststätten durchgeführt. Daran waren 8 verschiedene Geheimdienstmitarbeiter und 5 Spezialisten beteiligt."[603]

Sieberer erhielt auch eine entsprechende Ausbildung. Experten brachten ihm „handwerkliche Fähigkeiten" bei, die zum „Geheimdienstgewerbe" gehören: „Das waren das Verschlüsseln und Entschlüsseln von Nachrichten, das Dekodieren von Funksendungen, das Erkennen und die Identifikation sowjetischer Militärtechnik, das Anlegen und Auffinden ‚toter Briefkästen' (TBK) usw. Die Regeln der nachrichtendienstlichen Konspiration brachten mir die Führungsoffiziere bei, mit denen ich es jeweils zu tun hatte."[604]

Ein Teil der Spionagetätigkeit bestand darin, bei Aufenthalten in der DDR „alles zu erkunden", was mit sowjetischem Militär in Zusammenhang stand. Deswegen gab auch die erwähnten umfangreichen Schulungen, etwa für das Erkennen von speziellen LKW und Panzern. 1976/77 etwa berichtete Sieberer über eine von ihm beobachtete Kolonne von Schwimmfahrzeugen und konnte den Ort, die Bewegungsrichtung, die Anzahl der Fahrzeuge und Details der äußeren Aufbauten nennen, was von dem US-amerikanischen Geheimdienst als „wertvoll" bewertet wurde. Darüber hinaus kundschaftete Sieberer die Abläufe an DDR-Grenzübergangsstellen aus – hinsichtlich des Orts, der Dauer, der Intensität und des Mechanismus der Kontrollen. Er war weiters angehalten, nach brauchbaren möglichen Quellen Ausschau zu halten und lieferte diesbezügliche Informationen.[605] 1978 warb Sieberer 1978 seinen in Rostock lebenden Großcousin unter dem Decknamen „Max" an, denn die Aufklärung dortigen Stadthafens war von besonderem Interesse für die US-amerikanischen Geheimdienste – insbesondere was die Auslieferung von Militärtransporten der Gruppe der Sowjetischen Streitkräfte in Deutschland (GSSD) betraf.[606]

Insgesamt neunmal reiste Sieberer zu „Max“ in die DDR ein, um diesen zu schulen, ihn zu instruieren und mit den notwendigen Mitteln auszustatten.[607] Er brachte ihm den Empfang von Funksendungen mittels Radio und das Dechiffrieren dieser Sendungen bei. Außerdem schleuste er in einem speziellen „Container“ Hilfsmittel wie zwei Stadtpläne von Rostock, ein Codebuch, ein Buch mit abgebildeter Militärtechnik, Dechiffrierkärtchen und präpariertes Geheimschreibpapier ein.[608] Sieberer erteilte „Max“ auch immer wieder konkrete Aufträge wie die Feststellung der Existenz und der Lage eines Militärobjekts der GSSD in Rostock sowie die Beobachtung des Baugeschehens an einem anderen Objekt in der Umgebung.[609] Dafür und für andere Dienste übergab Sieberer an „Max“ Bargeld, Lebens- und Genussmittel in der Höhe von ca. 3.000 DM (umgerechnet etwa 1.534 Euro). Er selbst verdiente mehr als 31.000 DM (15.850 Euro) in bar, die er zum Teil in den Kauf eines Alfa Romeo investierte, den er für die Fahrten durch die DDR und CSSR bzw. zu den Auftraggebern in der BRD nutzte.[610]

Was Sieberer nicht wusste: Bereits ein Treffen mit „Max“ im Sommer 1981 in der Tschechoslowakei wurde von der Staatssicherheit beobachtet.[611] Auf die Spur gekommen war man ihm, weil eine Briefsendung von „Max“ an eine BRD-Adresse im Fahndungsraster aufgefallen war. Man vermutete, es handle sich um den zweiten Brief eines noch nicht identifizierten Spions. Um diesen dingfest zu machen, mobilisierte die Staatssicherheit Ressourcen, die einem autoritären System zur Verfügung stehen: Man beschaffte und überprüfte die Handschriften von etwa 200.000 Menschen, die im Bezirk Rostock, auf dem Seehaften Rostock und in angrenzenden Kreisen und Bezirken wohnten. Im Ausschlussverfahren wurde zunächst eine Vorselektion vorgenommen. Dann beschafften und verglichen 60 operative Mitarbeiter innerhalb von zwei Monaten 98.000 Vergleichsschriften, die dann in Tiefenprüfungen weiter ausgesondert wurden. Am 5. Februar 1981 lag das Ergebnis vor: Der Spion war „Max“. Dieser wurde in weiterer Folge intensiv überwacht und observiert. Auf diese Weise wurde bekannt, dass sich „Max“ am 1. März 1981 mit Sieberer traf. Dieser wurde in weiterer Folge als Werber und Instrukteur von „Max“ identifiziert. Am 24. Oktober 1982, nach der Abreise von Sieberer und dessen Mutter von einem Besuch bei den Verwandten in Rostock, schlug die Staatssicherheit zu: Als erster wurde „Max“ verhaftet,[612] dann wurde Sieberers PKW auf einer Landstraße auf dem Weg zu einer Grenzübergangsstelle gestoppt. Die diesbezügliche Operation lief unter dem Namen „Aster“. 41 Beamte der Staatssicherheit waren daran beteiligt.[613]

Während man Sieberers unbeteiligte Mutter in der österreichischen Botschaft in Ost-Berlin ablieferte, wurde er zunächst in Untersuchungshaft genommen und am 9./10. August 1983[614] vom Militärobergericht Berlin „wegen Spionage in besonders schwerem Fall“ zu einer Freiheitsstrafe von 15 Jahren verurteilt. Er wurde in der Sonderhaftanstalt des Ministeriums für Staatssicherheit Bautzen II interniert. Die Haftzeit schädigte Sieberer gesundheitlich. Er verlor 17 kg Gewicht.[615]

Zumindest hatte sein Fall für entsprechende Schlagzeilen gesorgt: Bundeskanzler Fred Sinowatz und Bundespräsident Rudolf Kirchschläger bemühten sich um Sieberers Freilassung. Von seinen US-amerikanischen Auftraggebern hingegen war Sieberer bitter enttäuscht: Weder die US-Botschaft in Wien noch der Nachrichtendienst MI hatten Unterstützung gewährt: „Die Amis waren einfach auf Tauchstation gegangen, es gab sie nicht mehr. Nicht einmal eine Nachricht erreichte mich, dass man in München oder Frankfurt am Main von meinem Schicksal Kenntnis erhalten habe. Ich war anscheinend abgeschrieben, verbrannt, tot.“[616] Warum Sieberer trotz der Fürsprache höchster Stellen und der eigentlich guten Beziehungen zu Österreich erst nach drei Jahren Haft im Rahmen des Agentenaustauschs auf der Glienicker Brücke freikam, hing offenbar damit zusammen, dass die DDR ein „Faustpfand“ behalten wollte. 1983 waren in Wien eigene Agenten aufgeflogen.[617]

Am 11. Juni 1985 war es dann soweit: Sieberer bestieg gemeinsam mit 24 anderen enttarnten Spionen einen Reisebus in Karl-Marx-Stadt, der die Gruppe zur Glienicker Brücke brachte. Bei dieser Gelegenheit sah Sieberer „Max“ wieder. Auch dieser wurde abgeschoben. Die Wiedersehensfreude hielt sich in Grenzen, weil Sieberer noch vermutete, „Max“ hätte ihn „ans Messer“ geliefert. Erst später sollte er erfahren, dass es anders gelaufen war. Noch ehe der Bus die Brücke erreichte, entschlossen sich zwei weitere DDR-Bürger, im Land zu bleiben. Somit wurden 23 West-Spione ausgetauscht. Sieberer geriet mitten hinein in einen „medialen Aufgalopp“: „Presse, Rundfunk und Fernsehen berichteten, auch Filmkameras liefen, um den ‚High Noon auf der Glienicker Brücke‘, den ‚Agententhriller‘ für die Nachwelt zu dokumentieren.“ Es dauerte bis um die Mittagszeit, bis Sieberer und die anderen aufgefordert wurden, den Bus zu verlassen, um zu Fuß über die Brücke zu gehen. Dieser Grenzübergang wurde ansonsten ausschließlich von den Alliierten benutzt.[618]

Die Heimkehr war eine ernüchternde Erfahrung: Im Gegensatz zu anderen Ausgetauschten, die in der BRD als Patrioten und Freiheitskämpfer gefeiert wurden, war die Stimmung in Österreich gleichgültig. Das Wiedersehen mit der Ehefrau mündete in eine rasche Scheidung, weil man sich wechselseitig voneinander entfremdet hatte.[619] Die US-Amerikaner führten noch ein De-Briefing durch, bei dem sich die Fragen auf die Verhaftung, die Haftbedingungen und die unterhaltenen Kontakte beschränkten. Die Gründe für Sieberers Enttarnung und mögliche Fehler wurden „nicht erörtert, ja nicht einmal thematisiert".[620] Weitere Gesprächsansuchen Sieberers zwecks Aufklärung wurden zuletzt Mitte der 1990er Jahre „endgültig" abgewiesen.[621]

17: Der Desider-Friedmann-Platz in Wien-Innere Stadt mit dem Gedenkstein für die Opfer des Terroranschlags vom 2. November 2020.

Fazit und Ausblick

Die Geschichte der österreichischen Nachrichtendienste ist durch Kontinuität geprägt, sowohl strukturell als auch personell. Staatsschutz ist seit Anfang des 18. Jahrhunderts eine polizeiliche Angelegenheit. Das drückte sich in der Bezeichnung der 1945 neuaufgestellten „Staatspolizei“ aus. Diese wurde mit Führungspersonal aus den Sicherheitsstrukturen des Ständestaates besetzt, während der Aufbau des militärischen Nachrichtendiensts ganz wesentlich von Maximilian Ronge geprägt wurde, dem letzten Leiter des Evidenzbüros der österreichisch-ungarischen Monarchie.

2002 wurden die Staatspolizei und zwei Sondereinheiten zum BVT verschmolzen. Aber es war nach wie vor ein „Hybrid“ aus Polizei und nachrichtendienstlichen Elementen. Auch viele Mängel blieben bestehen: eine dünne Personaldecke, unklare Zuständigkeiten und eine hohe Abhängigkeit von ausländischen Partnern. Schon die Staatspolizei war auf „Kompensationsgeschäfte“ angewiesen. Fehlende technische und personelle Kapazitäten wurden so wettgemacht. Die Gegenleistungen stellen für das an sich neutrale Österreich mitunter eine Herausforderung dar. Einrichtungen wie die Lauschstation Königswarte, die mit US-amerikanischer Finanzhilfe aufgebaut wurde und nach wie vor die US-Dienste beliefern soll, stehen symbolhaft für diese Ambivalenz.

Umso größer war der Schaden, als infolge der BVT-Razzia 2018 bereits grassierendes Misstrauen der Partnerdienste überstrapaziert wurde. Bis 2022 war das BVT im Berner Club, dem inoffiziellen Gremium der westlichen Inlandsdienste, kein gleichberechtigtes Mitglied. Allerdings werden bestimmte Sachverhalte bis dato immer noch nicht mit Österreich geteilt. Die BVT-Razzia legte auch die negativen Auswirkungen chronischer Mangelverwaltung offen: Das Amt hatte kein zertifiziertes Aktenverwaltungssystem, zu wenige Tresore und vor allem zu wenig Personal. So zählte das Referat „Nachrichtendienst und Proliferation“, das unter anderem auch für die Spionageabwehr zuständig war, Anfang 2018 knapp mehr als 30 Mitarbeiter.[1] Wenn es tatsächlich freie Planstellen gab, wurden diese oftmals nach politischen Gesichtspunkten besetzt. Der Einfluss der Parteipolitik war im Staatschutz stets stark. Der erste Direktor des BVT, Gert Polli, hat im Rahmen einer TV-Dokumentation 2015 angemerkt, dass „seinerzeit unter Alleinregierungen bestimmte Organisationseinheiten fast ausschließlich mit eigenen Parteileuten besetzt“ worden seien: „Das hat den großen Vorteil, dass man von Ermittlungen im Prinzip nie überrascht wurde, politisch gesehen. Das hat aber auch die Konsequenz, dass wir in einem Staat leben, nach wie vor, wo also nachrichtendienstliche Tätigkeit, wenn Sie so möchten – nicht nur der eigenen Nachrichtendienste – sehr, sehr stark verquickt ist mit Wirtschaft und Politik. Ich kenne vergleichsweise keinen europäischen Staat, wo diese Verbindung so unausgesprochen, so omnipräsent, so gefährlich und so intensiv ist wie Österreich."[2]

In anderen Geheim- und Nachrichtendiensten ist diese Politisierung deutlich weniger ausgeprägt: So ist etwa in Großbritannien der Chef des Auslandsgeheimdienst SIS in der Regel ein Diplomat. Seine politische Schlagrichtung wird dadurch ausgeglichen, dass die Stellvertreter aus dem Apparat selbst kommen und sich um alle operativen Angelegenheiten kümmern. In anderen Staaten wie Frankreich oder Italien dominiert das Militär zum Teil die Geheimdienste, was bedeutet, dass sich das Führungspersonal oft durch die Reihen hochdienen muss. In Österreich hingegen waren die Nachrichtendienste seit jeher eng mit dem politischen System verquickt, obwohl die Eliten bis heute ein distanziertes Verhältnis pflegen. Gleichzeitig hat „kompromittierendes Material" (Kompromat) in der politischen Auseinandersetzung immer wieder eine große Rolle gespielt. Man denke hier an die Aufdeckung des „Spitzelskandals" durch Franz Olah 1964, die Causae „Lucona" und „Noricum" in den 1980er Jahren oder an das „Ibiza-Video" (2019). Insbesondere in wirtschaftlich schwierigen Zeiten mit akzentuierter Polarisierung zeitigt die politisch-mediale Debatte in Österreich eine Fixierung auf ausschlachtbare Information. Und in diesem Zusammenhang soll die Politik mitunter auf den Nachrichtendienst zurückgegriffen haben. So beschrieb ein angeblicher „BVT-Insider" das Amt gegenüber dem Magazin *profil* als Selbstbedienungsladen: „Wenn Kabinettsmitarbeiter XY direkt anruft und bittet, eine Person zu überprüfen, weil diese angeblich zum Minister kommt, wird der Beamte nicht im Terminkalender des Ministers nachschauen, ob das stimmt."[3] Aus dem „Spitzelskandal" ist bekannt, dass „Kompromat" gesammelt wurde – wobei unklar ist, was genau damit bezweckt wurde. Das „Ibiza-Video" wiederum kann tatsächlich so etwas wie ein „zivilgesellschaftlich motiviertes Projekt" gewesen sein.[4] Schon vor seiner Erstellung existierte eine Art „Schwarzmarkt" für unkonventionelle „Wahlkampfmunition". So wurde 2015 eine angeblich belastende Haarprobe von Heinz-Christian Strache im Vorfeld eines Urnengangs einem ÖVP-nahen Berater angeboten.[5]

Die österreichische Debatte zeichnet weiters aus, dass aufgrund der Erfahrung des Gestapo-Terrors ein generelles Misstrauen gegenüber Geheim- und Nachrichtendiensten vorherrscht. In den angloamerikanischen Ländern verhält es sich umgekehrt: Dort spielten die Geheimdienste eine Schlüsselrolle im 2. Weltkrieg und sind seitdem überwiegend positiv besetzt. In Österreich dagegen häuften sich zuletzt zwischen 2018 und 2020 die negativen Nachrichten: Ehemalige und aktive BVT-Mitarbeiter waren in den Wirecard-Skandal verwickelt. Das Unvermögen, den Terroranschlag von Wien (2020) zu verhindern, führte zu weiterem Vertrauensverlust. Kurz nach dem Terrorakt ließ der Chef des steirischen LVT, Rupert Meixner, aufhorchen. In einer E-Mail an Landeshauptmann Hermann Schützenhöfer warnte Meixner vor „aktuell 23 Gefährdern, die auf freiem Fuß sind". Dagegen stünden ihm nur ungenügend Kräfte zur Verfügung: „Solche Typen wie der Attentäter aus Wien laufen auch in der Steiermark frei und nicht überwacht herum. Ich habe keine Ressourcen diese Leute zu überwachen und daher ist so etwas wie in Wien auch in Graz möglich."[6] Aber nicht nur das Risiko durch radikalislamistischen Terrorismus ist gestiegen, sondern auch die Bedrohung durch rechtsextremen Terror. So wurden in Österreich zwischen 2019 und Ende 2021 20 Waffenlager bei Neo-Nazis ausgehoben. Die Corona-Proteste sorgten für weiteren Zulauf in die Szene und verstärkten deren Radikalisierung.[7]

Angesichts dieser vielfältigen Herausforderungen und dem Imageschaden für das BVT war eine tiefgreifende Reform des Staatsschutzes unabdingbar. Mit der Neuaufstellung als DSN (Direktion Staatsschutz und Nachrichtendienst im Bundesministerium für Inneres) gelang 2021 ein für österreichische Verhältnisse vergleichsweise „großer Wurf". Mit der DSN verfügt Österreich zum ersten Mal in seiner Geschichte über eine nachrichtendienstliche Struktur für das Innere – auch wenn diese nur eine „Hälfte" des neuen Amts bildet und die DSN eine Sicherheitsbehörde bleibt. Dafür ist der neue nachrichtendienstliche Arm für die Analyse und die Früherkennung von Gefahren zuständig. Das war im BVT bislang unterentwickelt, weil die Polizei darauf ausgerichtet ist, zu ermitteln, wenn etwas passiert ist und nicht bereits im Vorfeld.

Damit dieser Nachrichtendienst-Bereich wirklich funktioniert, wird es künftig noch stärker auf Mehrsprachigkeit, Diversität und Expertise im Verfassungsschutz ankommen. Bislang wurde zu stark aus der Polizei rekrutiert, mit dem Effekt, dass zivile Verwaltungsbedienstete Außenseiter blieben. Der personelle Aufbau ist mit Sicherheit eine große Herausforderung und wird mit darüber entscheiden, ob das sehr ambitionierte Schema der DSN auch mit Leben erfüllt wird. Am Reißbrett betrachtet ist die neue Struktur vielversprechend: Es wird das Beste aus der bisherigen österreichischen Regelung und internationalen Vorbildern kombiniert. Positiv sind vor allem die Synergieeffekte aus dem engen Nebeneinander von Nachrichtendienst und polizeilichem Staatsschutz. Die „Feuermauer" dazwischen beugt Informationsverlust vor und sorgt für klare Verhältnisse. Das hat mitgeholfen, dass die DSN Vertrauen bei den Partnerdiensten wettgemacht hat. Mittlerweile soll ein neues Sorgenkind im Berner Club ausgemacht worden sein: Ungarn, wegen dessen russlandfreundlicher Politik und der Nähe zu China, aber auch wegen des Einsatzes von Spionagesoftware durch ungarische Sicherheitsbehörden.[8]

Es gab und gibt freilich noch einige Baustellen auf dem Weg zu einem völlig reformierten Staatsschutz. Auf politischer Ebene wurde erst Anfang 2023 eine Einigung erzielt, um die fünfköpfige Kontrollkommission einzurichten.[9] Auch wird sich zeigen, ob die DSN-Struktur sich in der Praxis bewährt. So bemängelte etwa die langjährige Leiterin des Extremismusreferats, S. G., in einer Stellungnahme zum Entwurf der DSN-Reform, dass dieser „im Wesentlichen praxisuntauglich" sei: „Systembedingte Kompetenzkonflikte, Doppelgleisigkeiten, Informationsverluste udgl. sind unvermeidbar, wobei auch eine mögliche Missbrauchsanfälligkeit nicht unterschätzt werden darf." So ist etwa der polizeiliche Staatschutz für den vorbeugenden Schutz vor verfassungsgefährdenden Angriffen durch Einzelpersonen zuständig – während der Nachrichtendienst auf Gruppierungen fokussiert ist. Doch in der Praxis gibt es häufig Überschneidungen bzw. kann eine Einzelperson auch Teil einer Gruppierung sein.[10] Es bleibt abzuwarten, ob diese missverständliche Regel nach der Evaluierung beibehalten wird, die die Auswirkungen der Strukturreform bis Ende 2026 in einem Bericht darstellen soll.[11]

Dass Spitzenposten im Verfassungsschutz oftmals an Bewerber gehen, die eine politische Nähe zur Regierungspartei ÖVP aufweisen. Daran hat sich auch nach der Reform nichts geändert. Neu ist allerdings, dass Opposition und Zivilgesellschaft nicht bereit sind, eine solche Personalpolitik widerspruchslos hinzunehmen. So musste die Besetzung des Kärntner LVT-Leiters mit Stephan Tauschitz Anfang 2022 binnen weniger Tage revidiert werden. Tauschitz war ÖVP-Landespolitiker und Klubobmann im Kärntner Landtag gewesen. In dieser Funktion trat er in den Jahren 2008 und 2010 zweimal als Redner beim umstrittenen Ulrichsbergtreffen in Erscheinung. Außerdem hatte Tauschitz laut Medienberichten weder eine polizeiliche Ausbildung noch war er Jurist. Im Anschluss an seine politische Karriere war er im BVT tätig gewesen und danach als Referatsleiter ins LVT gewechselt.[12] Als erfolgreicher Einzelbewerber folgte er am 1. Februar 2022 dem langjährigen LVT-Chef Helmut Mayer nach. Doch aufgrund von anhaltender Kritik und Rücktrittsforderungen wurde Tauschitz bereits Mitte Februar 2022 „einem anderen Verantwortungsbereich in der LPD [Landespolizeidirektion] Kärnten dienstzugeteilt".[13]

Auch in einem anderen Bereich gab es Diskussionen, ob die Neuaufstellung der DSN so konsequent war, wie behauptet: Als für die DSN die IT neu aufgestellt wurde, waren im August 2021 Aufträge an die Firmen msg Plaut Austria GmbH und die RISE GmbH für den Aufbau und den Betrieb von Hochsicherheitsnetzen ergangen. Brisant daran war, dass das Führungspersonal beider Firmen jahrelang enge geschäftliche Beziehungen mit Wirecard, überwiegend direkt mit Jan Marsalek, gepflegt haben soll.[14] Das Innenministerium wiederum argumentierte, dass es erforderlich gewesen sei, getrennte Netzwerke zu etablieren. Sämtliche Mitarbeiter beider Firmen seien zudem einer umfassenden Sicherheitsüberprüfung unterzogen worden: „Keiner dieser Mitarbeiter hat oder hatte jemals Zugriff auf Netzwerke oder Daten des Staatsschutzes."[15]

Abgesehen davon hat die DSN ihre ersten Aufgaben bewältigt. Gleich nach ihrer Etablierung musste die neue Behörde die Szene der Corona-Leugner beobachten – laut Direktor Haijawi-Pirchner „derzeit die größte Bedrohung für die Sicherheit" in Österreich.[16] Mit dem russischen Angriffskrieg gegen die Ukraine (2022) wurde ein neues Kapitel aufgeschlagen. Die DSN ist an einer Task Force federführend beteiligt, die russischem Oligarchenvermögen in Österreich nachspürt, das von den EU-Sanktionen betroffen ist. Bis Ende 2022 konnten rund 1,7 Milliarden Euro an Vermögenswerten eingefroren werden. Betroffen waren nicht nur rund 200 Konten, sondern auch Immobilien und hochwertige Sachgüter wie Kraftfahrzeuge.[17]

Schon lange vor dem Ukraine-Krieg war ein neues Zeitalter der Spionage angebrochen.

2020 warnte der Präsident des deutschen Verfassungsschutzchef Thomas Haldenwang: „Das Niveau von Spionageaktivitäten gegen deutsche Interessen ist auf einem Stand wie zu Zeiten des Kalten Krieges oder sogar darüber."[18] An einem Hotspot wie Österreich kann eine solche Entwicklung natürlich nicht spurlos vorübergehen, im Gegenteil. So war es nicht überraschend, dass bereits dem BVT die Herausforderungen über den Kopf wuchsen. Denn Österreich ist nicht mehr länger „bloß" Schauplatz von Spionage, sondern wird zunehmend selbst zum Ziel.

Ein erhebliches Risiko birgt die Regelung, wonach in Österreich Spionage nur strafbar ist, wenn sie sich gegen österreichische Interessen richtet. Sie stammt von 1956 und ist ein Erbe der Besatzungszeit. Die laxe Gesetzeslage & die schwache Abwehr haben den Begegnungsort Wien mit seinen vielen internationalen Organisationen mit ermöglicht. Denn viel diplomatische Präsenz bedeutet automatisch viel Spielraum für Spionage. Aber weil sich die Supermächte im Kalten Krieg vor allem gegenseitig auskundschafteten, erschien eine effektive Abwehr nicht notwendig. Anfang der 1980er Jahre hat der Journalist Bernd Ender die Motivation hinter diesem Zugang so umschrieben: „Da das Land personell und materiell nicht in der Lage ist (und nicht sein wollte) die beschriebenen Aktivitäten auf allen Ebenen unter Kontrolle zu halten, hat man, abgeleitet aus der Neutralitätspolitik aus der Not eine Tugend gemacht. Die Arbeitsformel unserer Abwehr, diktiert von den politischen Beziehungen zum jeweiligen Land, lautet: Wir wollen nicht immer wissen, was die anderen machen. Was andere machen, stört uns nicht, wenn sie uns nicht stören.“[19] Auch Polli hat nach seinem Karriereende beim BVT kritisiert, dass an eine „effiziente Spionageabwehr“ in Österreich immer noch nicht zu denken ist, weil diese politisch gar nicht gewollt sei.[20] Es gebe aber auch organisationsinterne Gründe, warum man nur selten aktiv gegen die Spionageumtriebe vorgehe: „Zu groß ist die Gefahr, dass solche Informationen die Öffentlichkeit erreichen und in einer ‚Career-Ending-Mission‘ für die Verantwortlichen enden könnte. Die in Österreich operierenden ausländischen Nachrichtendienste wissen das. Ein stillschweigender Konsens hat sich über Jahre eingebürgert: Man weiht uns nicht ein – und wir sind dafür auch noch dankbar. So funktioniert Spionageabwehr in Österreich im Kern.“[21]

Man muss allerdings auch festhalten, dass die österreichische Spionage-Gesetzgebung im internationalen Kontext kein Sonderfall ist. Nur wenige Staaten ahnden Spionage, die sich auf ihrem Territorium ereignet, wenn sich diese gegen ein anderes Land richtet. So akzeptiert beispielsweise Deutschland das Ausspähen eines engen Bündnispartners auf deutschem Boden nicht. Ein Mitarbeiter der britischen Botschaft in Berlin wurde deshalb 2021 wegen mutmaßlicher Agententätigkeit für Russland festgenommen. Der Generalbundesanwalt verzichtete auf die eigene Strafverfolgung, sah aber den Tatbestand der geheimdienstlichen Agententätigkeit erfüllt.[22] In der Schweiz wird Spionage dann geahndet, wenn sich diese gegen die Schweiz, deren Einwohner oder Organisationen (darunter auch internationale Organisationen mit Sitz in der Schweiz) richtet. Das ist ein Unterschied zur österreichischen Regelung. Diese hat mehr gemein mit der Situation in Belgien, wo Spionage kaum verfolgt wird. Denn nach belgischen Gesetz ist nur strafbar, wer geheime Informationen von wichtigem nationalen Interesse an eine fremde Macht verrät. Diese Regelungen gehen auf die 1930er Jahre zurück und verhindern eine effektive Vorgangsweise gegen die intensive Spionagetätigkeit in der EU-Hauptstadt – ganz ähnlich wie in Österreich.[23]

Im Kalten Krieg war das alles kein Problem gewesen. Zunächst war Österreich ein besetztes Land direkt am „Eisernen Vorhang“. Von der für alle Seiten gefährlich-riskanten Anfangszeit Ende der 1940er Jahre und in den frühen 1950er Jahren einmal abgesehen, war der Spionagealltag in den darauffolgenden Jahrzehnten relativ beschaulich. „Aufgrund Österreichs geografischer Lage nahe am Ostblock waren vor allem Wien und Ostösterreich beliebte Horchposten und Sender für westliche Geheimdienste, aber auch Vorposten der westlichen Welt für die östlichen Geheimdienste. Wien blieb bis zum Ende des Kalten Krieges und darüber hinaus ein ‚Tummelplatz' für die Nachrichtendienste", lautet die Bilanz von Günter Bischof und Peter Ruggenthaler in ihrer 2022 erschienenen Studie *Österreich und der Kalte Krieg*.[24]

Westalliierte wie östliche Geheimdienste schätzten Österreich als „neutralen Boden" für diskrete Treffen und Kontaktgespräche. Zu den wichtigsten Aufklärungszielen zählen bis heute die zahlreichen internationalen Organisationen, aber auch ausländische Vertretungen in Österreich. Innerhalb der letzten Jahre ist verstärkt die hiesige Diaspora aus Ägypten, dem Iran, der Türkei und aus Tschetschenien ins Visier genommen worden.

Eine effektive Abwehr findet dennoch nicht statt. Dies würde dem Kerngedanken des „neutralen Begegnungsortes" widersprechen, mit dem sich die 2. Republik traditionell abzusichern versucht. Mit dieser inoffiziellen Doktrin ist Österreich lange relativ gut gefahren und konnte sich kostspielige Investitionen in den Sicherheits- und Verteidigungsbereich ersparen. Es hat viele Jahrzehnte mehr oder weniger gut funktioniert. So wurde der PLO Ende der 1970er Jahre zugestanden, in Wien ein Büro zu eröffnen. Das trug dazu bei, dass die jüdische Emigration aus dem Ostblock über Österreich nach Israel laufen konnte. Aber auch sonst hatten Terrorgruppen ein Interesse daran, Österreich als „Ruheraum" oder Transitstation zu nutzen und nicht unnötig auf sich aufmerksam zu machen. Im Gegenzug wurde gegen diese Aktivitäten kaum etwas unternommen. Doch diese informelle Sicherheitsdoktrin stößt mittlerweile an ihre Grenzen. Der radikal-islamistische Terrorismus kennt keine Rücksicht mehr. In den 1970er und 1980er Jahren hatte man es mit Organisationen zu tun, die konkrete politische Ziele verfolgten und oft von staatlichen Sponsoren kontrolliert wurden. Deshalb konnte man zur Not verhandeln. Nun handelt es sich um eine völlig andere Form der Bedrohung: diffus, netzwerkartig, ohne „Ansprechpartner" oder verhandelbare Agenda. Und von einem „homegrown"-Attentäter wie Kujtim Fejzula war erst recht keine Abwägung zu erwarten, aus diesem oder jenem Grund in Wien nicht zuzuschlagen.

Genauso erodieren allmählich die „roten Linien" des Spionagegeschäfts. Geheim- und Nachrichtendienste führen – auch in Österreich – immer riskantere Operationen durch. Darunter fallen Mordanschläge genauso wie strategische Einflussnahme, Desinformation und Cyberangriffe. Eines ist klar: Auf das „Gentlemen's Agreement" – freie Bahn im Gegenzug für „anständiges Benehmen" – kann man sich nicht mehr verlassen. Österreich ist nicht mehr außen vor.

Von Ende Dezember 2019 bis Februar 2020 wurde das Außenministerium von einer Cyberattacke heimgesucht. Schon in den Jahren davor waren Einrichtungen der „kritischen Infrastruktur" (Flughafen Wien, Nationalbank), Unternehmen (A1), politische Parteien und die Webseiten des Parlaments oder des Bundesheeres von Cyberattacken unterschiedlicher Intensität betroffen. Aber auch Methoden der traditionellen Spionage kommen gegen Österreich zum Einsatz, wie der Verratsfall um den pensionierten Oberst gezeigt hat. Besonders riskant ist, dass es generell wieder zu Mordanschlägen gegen Zielpersonen auf fremdem Territorium kommt – auch Österreich ist von dieser Entwicklung betroffen. 2009 und 2020 ereigneten sich hier zwei Auftragsmorde an regimekritischen Tschetschenen.

Für Aufregung sorgte 2021 eine Häufung des „Havanna-Syndroms" unter US-Diplomaten in Wien. Die CIA ist schon seit längerem der Ansicht, dass die mysteriöse Erkrankung bewusst hervorgerufen wird. Wenn das zutrifft, würde es eine Eskalation bedeuten: Seit dem Kalten Krieg ist es eigentlich üblich, dass diplomatisch abgedeckte Spione sich gegenseitig nicht aufs Korn nehmen. Diese stillschweigende Übereinkunft ist in den letzten Jahren aber immer öfter verletzt worden. Insbesondere der russischen Spionageabwehr wird vorgeworfen, sehr hart vorzugehen – von psychologischem Druck hin bis zu körperlicher Gewalt. Sollten solche Methoden in Österreich Einzug halten, hätte das Auswirkungen auf die innere Sicherheit. Das „Havanna-Syndrom" ist ein Indiz dafür, auch wenn es sich laut Untersuchungen in den meisten Fällen um Symptome einer Überbelastung handeln dürfte.

Darüber hinaus ist in Österreich eine neue Qualität von strategischer Einflussnahme festzustellen. Der spektakulärste Fall betrifft den ehemaligen Wirecard-Vorstand Jan Marsalek. Mittlerweile muss davon ausgegangen werden, dass er mit russischen Geheimdiensten eng zusammengearbeitet hat und offenbar in Österreich subversiv tätig war. Er kompromittierte politische Entscheidungsträger und hohe Beamte, indem er Kontakte zu Firmen mit Russland-Nähe anbahnte oder Pläne für eine libysche Grenzschutzmiliz an sie herantrug. Vor allem aber soll Marsalek – wie bereits erwähnt – vor der BVT-Razzia Misstrauen in die Behörde geschürt haben. Es könnte sich um eine gezielte Schwächung des Verfassungsschutzes, speziell der Spionageabwehr gehandelt haben. Dieser Schaden ist auch eingetreten. Die Abwehr lag ab

2018 de facto brach und wurde erst nach der DSN-Reform wieder hochgefahren.[25] Marsalek war wohl kein russischer Agent, sondern mit mehreren Geheim- und Nachrichtendiensten in Kontakt. Aber spätestens 2018 dürfte er sich entschieden haben, für die Interessen der russischen Seite zu arbeiten. Das ist angesichts der engen Kontakte, die er zu aktiven und ehemaligen BVT-Mitarbeitern pflegte, eine schwere Hypothek für den österreichischen Staatschutz – auch weil mindestens ein Informationsabfluss, das Nowitschok-Dokument, belegt ist. Überhaupt erscheinen die für das BVT ruinösen Vorgänge seit 2018 durch Marsaleks Involvierung in neuem Licht, und eine internationale Dimension wird immer wahrscheinlicher.

An dieser Stelle kommt Russland ins Spiel, dessen Geheimdienstaktivitäten in Österreich seit der Zwischenkriegszeit eine besonders große Rolle spielen. Für Russland selbst noch wichtiger ist, dass Österreich einen sicheren Hafen für halbseidene und diskrete Geschäfte darstellt.[26] Das wurde deutlich, als der letzte Chef des KGB, Wladimir Krjutschkow, noch 1990 den Transfer von Parteigeldern in den Westen in die Wege leitete.[27] Rund 400 Milliarden Schilling sollen schätzungsweise jährlich aus den Ländern der ehemaligen Sowjetunion über Österreich in den Westen geflossen sein. Binnen kurzem waren damals rund 600 Gesellschaften mit russischen Eigentümern oder Teilhabern im Handelsregister eingetragen. Die Großen der russischen Mafia-Syndikate, so das Magazin *profil*, zog es „fast magisch nach Wien, in die traditionelle Drehscheibe des Osthandels, und nächstliegende Bastion westlichen Wohlstands".[28] Eine besondere Rolle spielte das Handelshaus „Nordex" in Wien. Das von Grigori Loutchansky geleitete Unternehmen mit weltweit über 100 Tochtergesellschaften stand in enger Beziehung zu den Regierungen der Nachfolgestaaten der Sowjetunion und war an der Privatisierung der staatlichen Wirtschaft „an vorderster Front" beteiligt.[29] Korruptions- und Geldwäschevorwürfe brachten 1997/98 das Ende für die „Nordex". Für Loutchansky selbst wurde aber noch 2017 wegen einer Einbürgerung beim Kabinettschef des Innenministers interveniert – ob der Oligarch die Staatsbürgerschaft bekam, ist unbekannt.[30]

Der Staatschutz nahm die Rolle der organisierten Kriminalität schon in den 1990er Jahren wahr. Man ließ die Mafiapaten aus Osteuropa aber gewähren, so der ehemalige Leiter des Wiener Sicherheitsbüros, Max Edelbacher: „Wir konnten sie nur beobachten. Wir sind dann vor dem Hilton, dem ANA Grand Hotel, dem Marriott gestanden. Alles sinnlos. Wir durften zusehen, wie sie vorgefahren sind, aber nicht mithören, was sie dann im Hotel besprochen haben." Es habe tatsächlich so etwas wie ein Stillhalteabkommen gegeben: „Es wurde nicht groß an die Wand geschrieben, aber der geheime Slogan war, dass, wer Ruhe gibt, auch Ruhe hat.“[31] Auch der Ex-Generaldirektor für die öffentliche Sicherheit, Michael Sika, erinnerte sich, dass man die Anwesenheit von Mitgliedern verschiedener Gruppierungen aus Russland, Tschetschenien und Georgien registrierte. Diese „Herren der feinen kriminellen Gesellschaft und ihre Damen“ seien in Nobelhotels oder schönen Häusern in der City abgestiegen. Sie ließen sich aber „keine Verletzungen österreichischer Vorschriften“ zuschulden kommen.[32] Die „größte Bedrohung“ stellten aber die „enormen Gelder der GUS [Gemeinschaft Unabhängiger Staaten]-Staaten“ dar, „die über eigens in Österreich gegründete Handelsgesellschaften in das heimische Bankwesen einfließen.“ Zu diesem Resümee gelangte 1997 ein Bericht der Einsatzgruppe für Bekämpfung der organisierten Kriminalität (EDOK). Die Herkunft der Gelder sei „meist nicht zu ermitteln“: „Es gibt immer wieder Hinweise, die auf Betrug, Drogenhandel, Korruption hinweisen.“[33]

Seit dem Amtsantritt von Wladimir Putin 1999/2000 haben sich die Akteure auf russischer Seite gewandelt: Die bis dahin dominierenden Oligarchen wurden auf Linie gebracht und insbesondere der Erdölbereich wieder in Staatsbesitz rücküberführt. Bei der Verteilung der neuen Besitztümer wurden Günstlinge aus Putins engstem Umfeld begünstigt.[34] Selbst die organisierte Kriminalität hat sich dieser Clique aus ehemaligen Geheimdienstmitarbeitern rund um Putin („Silowiki“) untergeordnet. Wenn die Verbrecher dem Regime zur Durchsetzung seiner Interessen dienen, haben sie im Gegenzug wenig zu befürchten. Aber nun war der Staat die größte Gang in der Stadt („biggest gang in town“), wie Russland-Experte Mark Galeotti festgehalten hat.[35]

Österreich blieben die neuen Machteliten treu. Insbesondere die Oligarchen schätzten es, dass sich hier gewisse Dinge schneller bewerkstelligen ließen als in anderen westeuropäischen Ländern – gleich ob Passvergabe, Immobilienerwerb, Einstieg in Unternehmen oder die Gründung einer diskreten Privatstiftung. Die Russland-Expertin Elisabeth Schimpfössl hatte dafür folgende Erklärung: „Die österreichische Neigung zur Schludrigkeit eignet sich ideal für dubiose Deals aller Art. Etwa, um nicht ganz legales Geld gerade nicht legal reinzuwaschen. Österreichischer Charme lässt gerne auch mal mehr Flexibilität zu.“ Geld, so Schimpfössl, könne in Österreich Türen öffnen.[36] Der Journalist Florian Horcicka hat weitere Vorzüge Österreichs für die russische Geldelite aufgelistet: Diese würde ihre Privatjets unter eigens gegründeten Tarnfirmen ins österreichische Luftfahrtregister eintragen, damit der wahre Halter so anonym bleibt: „Der Wiener Flughafen ist ein gut ausgebautes Drehkreuz nach Osteuropa und mittlerweile auch auf die arabische

Halbinsel. Es gibt sehr gute Hotels. Die Infrastruktur funktioniert – ebenso besteht Rechtssicherheit. […] Hinzu kommen politische Trägheit, ein sehr überschaubares Netzwerk an Entscheidungsträgern im Land und die geografische Lage am Schnittpunkt zwischen Ost und West und nahe am sicherheitspolitisch unruhigen Balkan."[37] In Österreich selbst wurde der Zustrom an russischen Geld schon Anfang der 1990er Jahre willkommen geheißen, gleichgültig, ob es aus schmutzigen Quellen stammte. Dazu passt eine Anekdote, die Sika in seinen Memoiren zum Besten gibt. Es geht um den Fall eines russischen Neureichen und wie diesem in einem „südlichen Bundesland" hofiert wurde, ohne dass lästige Fragen gestellt wurden: „Der Russe erschien wie ein Fürst zu Zarenzeiten auf der Bildfläche, mit Pomp und Hofstaat. Er schuf Arbeitsplätze, betätigte sich als großzügiger Mäzen. Doch niemand fragte, woher das Geld kam. Die rauschenden Empfänge, die er gab, wurden von höchster Prominenz besucht. Der Russe war ein blendender Gastgeber. Warum sollte man ihm nicht da und dort eine kleine Gefälligkeit erweisen? Oder vielleicht einmal einen besonderen Wunsch erfüllen? Wo er doch so viel tat fürs Land, unser Freund, und das Buffet so gut war."[38]

Ein Sonderfall ist der Ukrainer Dimitri Firtasch, der als erklärter prorussischer Oligarch gilt. Wie bereits berichtet, sitzt ist er seit 2014 in Wien fest, seitdem ihn US-Behörden zur Fahndung ausgeschrieben haben. Der Grund ist eine angebliche Schmiergeldzahlung, die über eine US-amerikanische Firma geflossen sein soll. Firtasch hinterlegte die Rekordkaution von 125 Millionen Euro. Das Geld kam aus Russland und floss über Belgien nach Österreich. Bezahlt hatte es der Milliardär Vasily Anisimov, der Präsident des russischen Judoverbands.[39] Im Februar 2017 erklärte das Oberlandesgericht die Auslieferung von Firtasch für zulässig. Aber seine Verteidiger stellten einen Wiederaufnahmeantrag, dem das Landesgericht Wien aufschiebende Wirkung zuerkannte. 2021 kamen deswegen vier US-Kongressabgeordnete zum Schluss, Firtasch habe die österreichische Justiz unterwandert, was dieser vehement bestreitet.[40] Firtasch beklagt, dass er aus politischen Motiven in den USA verfolgt werde. Seitdem er sich in Wien befindet, wird er mit allerlei Machenschaften in Zusammenhang gebracht, so auch mit der „Ukraine-Affäre" von 2019, die ein erfolgloses Amtsenthebungsverfahren gegen Donald Trump in die Wege geleitet hatte.[41] Es gibt aber auch einen Konnex zum Verfassungsschutz: Für Firtasch war – ebenso wie für die OMV-Gruppe, den Glücksspielkonzern Novomatic und die Vienna Insurance Group – die deutsche Privatagentin „Nina" tätig. Diese wiederum soll unter anderem einen BVT-Mitarbeiter als Informanten rekrutiert haben. Der Verdacht lautet auf Amtsmissbrauch und Bestechung beziehungsweise Bestechlichkeit.

Der Mann wurde 2016 suspendiert.[42] Laut Medienberichten hatte die Privatagentin einem Firtasch-Vertrauten angeboten, Anstrengungen zu unternehmen, die zu einer Aufhebung des US-Haftbefehls führen sollten.[43]

Besonders eng und lange zurückreichend sind die wirtschaftlichen Verknüpfungen zwischen Österreich und Russland in Sachen Energie: Am 1. Juni 1968 unterzeichnete Österreich als erstes westliches Land einen Gasliefervertrag mit der damaligen Sowjetunion. Der 1956 gegründete österreichische Mineralölkonzern OMV ging aus der Sowjetischen Mineralölverwaltung (SMV) hervor, mit deren Hilfe die sowjetische Besatzungsmacht die Ölfelder Österreichs ausgebeutet hatte. Diesen Erdölkomplex, die spätere OMV, musste Österreich mit bis zu sechs Millionen Tonnen Ablöselieferungen zurückkaufen.[44]

In den 2000er Jahren wurde Wien zum „bevorzugten Operationsgebiet russischer und ukrainischer Öl- und Gasunternehmen", so der deutsche Autor Jürgen Roth. Wien habe sich damals zur „Drehscheibe für die wichtigsten russischen Gasaktivitäten in Westeuropa" entwickelt.[45] Diese einseitige Abhängigkeit wurde zuletzt unter dem norddeutschen OMV-Vorstandsvorsitzenden Rainer Seele noch gesteigert. Vor Seele warnte anlässlich seines Antritts 2015 sogar ein befreundeter Geheimdienst: „Succus: Putin selbst würde Seele als OMV-Spitze fördern, denn das sei den Interessen Russlands nur dienlich. Seeles Einsatz als Vorstand der OMV würde Österreich in eine noch größere Abhängigkeit von Russland bringen." Diese Warnung fiel aber auf taube Ohren, denn die OMV war zum damaligen Zeitpunkt in wirtschaftlichen Turbulenzen und setzte daher auf billiges Gas aus Russland.[46] 2018 wurden die Gaslieferverträge vorzeitig bis 2040 verlängert. Diese waren ursprünglich bis 2028 befristet gewesen. Zudem kaufte sich die OMV in ein russisches Gasfeld ein und beteiligte sich an der Finanzierung der Ostseepipeline Nord Stream 2, die zwar fertig gebaut wurde, aber wegen des russischen Angriffskriegs auf die Ukraine nicht in Betrieb gehen sollte. Währenddessen unterstützte die Bundesregierung „die Strategie der OMV und damit auch ihr verstärktes Engagement mit und in Russland", wie aus dem Entwurf einer Absichtserklärung von 2019 hervorgeht.[47]

Als Konsequenz daraus flossen Anfang 2022 jährliche Mengen in einer Größenordnung von sechs Milliarden Kubikmeter, das sind bis zu 80 Prozent des in Österreich verbrauchten Erdgases, aus Russland. Der frühere OMV-Generaldirektor Gerhard Roiss hat daher kritisiert, dass „Österreich und die OMV von einer Gruppe von Leuten, allesamt Putin-Versteher, gezielt in eine Abhängigkeit von Russland gelenkt wurde". Diese Leute hätten „ihre eigenen finanziellen Interessen über jede Moral gestellt".[48]

Ähnliche Prozesse waren auch anderswo zu beobachten. Die britische Journalistin Catherine Belton hat recherchiert, wie die westlichen Systeme mittels Schwarzgeld oder Schmiergeldfonds systematisch korrumpiert und manipuliert wurden.[49] So wie die Finanznetzwerke des KGB die Interessen der Kommunistischen Partei während der Sowjetzeiten vorangetrieben hatten, seien nun Gelder im Interesse des Regimes von Putin verschoben worden. 2022 bezifferte ein US-Bericht russische Zahlungen an Parteien und Politiker in mehr als zwei Dutzend Ländern mit mindestens 300 Millionen US-Dollar.[50] Auf diese Weise war es möglich, die europäische Politik im Sinne des Kreml zu unterminieren – auch durch das Streuen von Desinformation und das Befeuern von gesellschaftlichen Spannungen.

Österreich dürfte in diesem Zusammenhang als „schwächstes Glied in der Kette" gesehen worden sein – geeignet, um politische Entscheidungen auf EU-Ebene in prorussischem Sinne zu beeinflussen. Denn mit der zunehmenden wirtschaftlichen Verschränkung waren auch die politischen Bande enger geknüpft worden. So setzte sich Österreich auf EU-Ebene dafür ein, die Sanktionen gegen Moskau im Gefolge der Krim-Annexion so rasch als möglich zu beenden. Österreich fungierte am 24. Juni 2014 als erster Gastgeber für einen Auslandsbesuch Putins nach dieser Okkupation.[51]

Die Rechtspartei FPÖ begann bereits 2008 mit einer Annäherung an Moskau. Symbolischer Höhepunkt war die Unterzeichnung einer „Vereinbarung über Zusammenwirken und Kooperation" mit der Putin-Partei „Einiges Russland" in Moskau 2016.[52] Diese wurde 2021 für nichtig erklärt, wobei der Ausstieg formell erst 2026 möglich ist.[53] Schon 2014 waren FPÖ-Vizeparteichef Johann Gudenus und der außenpolitische Sprecher der Partei, Johannes Hübner, sowie ihr früherer Parteikollege, der EU-Abgeordnete Ewald Stadler, als inoffizielle Wahlbeobachter des umstrittenen Referendums auf die Krim gereist und hatten den Urnengang als frei von Zwang bezeichnet. 2017 besuchten die FPÖ-Politiker Hans-Jörg Jenewein und Detlef Wimmer die Krim. Schon 2014 hatten Strache und Gudenus an einem Kongress von europäischen Rechtsparteien in Wien teilgenommen. Diese Veranstaltung erfolgte unter Schirmherrschaft des russischen Oligarchen Konstantin Malofejew. Ebenfalls beteiligt war der Ideologe Alexander Dugin, der für ein europäisch-asiatisches Bündnis unter Führung Russlands eintritt.[54]

2018, nachdem die FPÖ der Regierung angehörte, lud die von der FPÖ nominierte Außenministerin Karin Kneissl Putin zu ihrer Hochzeitsfeier ein. Diese fand am 18. August 2018 auf einem steirischen Gasthof nahe der slowenischen Grenze statt. Putin war für rund 90 Minuten zugegen und tanzte mit der Braut. Die Bilder vom anschließenden Knicks Kneissls gingen um die

Welt. Der ehemalige KGB-Agent und nunmehrige Regimekritiker Sergej Schirnow behauptete, dass er 1990 „viel Kontakt“ zu Kneissl hatte, als beide die Pariser Eliteverwaltungsschule ENA besuchten: „Ich hatte den Eindruck – und schrieb das auch in ihre Geheimdienst-Karteikarte –, dass sie eine gute Kandidatin sei, um von unseren Diensten angeworben zu werden. Ich teilte damals auch nach Moskau mit, dass sie Walzer möge. Vielleicht tanzte Putin bei ihrem Hochzeitsfest deshalb mit ihr.“[55]

In westlichen Geheimdienstkreisen wurden die Vorgänge „als eine Art Kriegserklärung an die EU-Partner“ aufgefasst, so der *Standard*.[56] Im *New Yorker* stand zu lesen, dass Beamte im Weißen Haus „völlig baff“ („gobsmacked“) angesichts der Hochzeitsbilder waren, die sowohl US-amerikanische als auch EU-Außenpolitik untergraben hätten. „Die Russen schätzen Österreich. Sie haben immer gedacht, sie hätten eine besondere Beziehung“, meinte ein früherer US-Diplomat. Deshalb sei es auch ein Ziel der US-Außenpolitik gewesen, Länder wie Österreich wieder auf Linie zu bringen. Eine Botschaft an die österreichische Regierung sei gewesen: „Ungeachtet eurer formellen Neutralität, seid ihr Jungs, Teil des Westens. Wir sind keine bloßen Bekannten. Wir sind Alliierte.“[57]

Österreich musste seine ambivalente Rolle spätestens nach der russischen Invasion in der Ukraine am 24. Februar 2022 aufgeben. Der Angriffskrieg hatte die Hoffnung zerstört, dass sich auf Basis enger wirtschaftlicher Verflechtungen eine stabile europäische Friedensordnung gründen ließe. Es war in jeder Hinsicht ein bitteres Erwachen: Die Geldflüsse und die oft beschworenen guten Beziehungen erscheinen im Rückblick als abgekartetes Spiel. Spätestens mit der Annexion der Krim (2014) hatte sich Putin einer revisionistischen Geopolitik verschrieben, die auf Wiedererrichtung eines großrussischen Reichs abzielt.[58] Im Rahmen eines offiziell nicht-erklärten „hybriden“ Krieges kamen seitdem verschiedene Strategien zum Einsatz: Hackerangriffe, Desinformation, Sabotage, die Einmischung in Wahlen, Mordkomplotte gegen Überläufer sowie Interventionen mit Söldnertruppen in der Ostukraine, in Syrien, in Libyen, in der Zentralafrikanischen Republik sowie in Mali.[59] Auch die Rohstoffvorkommen Russlands werden als Waffe eingesetzt und sind „Grundlage für die militärische Macht des Landes“, wie Putin schon 1999 angemerkt hat.[60] Dass Österreich zuletzt ab 2018 durch die neuen OMV-Gasverträge noch einmal verstärkt in Abhängigkeit geriet und danach zum Ziel verdeckter Maßnahmen wurde (wie z.B. der Cyberangriff auf das Außenministerium Anfang 2020), muss in diesem Kontext betrachtet werden – ebenso wie die Schwächung des Verfassungsschutzes, insbesondere der Spionageabwehr in den Jahren nach 2018.

Im nunmehrigen Ukraine-Krieg weiß der Kreml genau, welche Länder kaum Handlungsspielraum haben, um bei schärferen EU-Entscheidungen zugunsten der Ukraine mitzuziehen. Österreich zählt nicht umsonst zu den Bremsern bei der Verabschiedung neuer Sanktionen oder bei der Frage, ob die Ukraine EU-Beitrittskandidat werden sollte. Auch in einem anderen kritischen Bereich blieb Österreich zurückhaltend: Als Folge des Angriffs auf die Ukraine wiesen westliche Staaten alleine bis Mitte April 2022 rund 400 russische Diplomaten aus. Das war ein schwerer Schlag gegen die Spionage-Kapazitäten Russlands im Ausland.[61] Diese sollen um die Hälfte reduziert worden sein.[62] Die verbliebenen Kräfte konzentrieren sich seitdem vor allem in jenen europäischen Ländern, die sich nicht an den Ausweisungen beteiligt hatten: Malta, Schweiz, Ungarn und Zypern. Aber nicht nur dort: Österreich hatte erst nach langem Zögern Anfang April 2022 vier russische Diplomaten zu unerwünschten Personen erklärt. Drei von ihnen waren an der bilateralen Botschaft in Wien tätig, der vierte im russischen Generalkonsulat in Salzburg. Allen vier sollen entweder der GRU oder dem Auslandsgeheimdienst SVR angehören und in Desinformationskampagnen, Internetspionage sowie in das Führen von menschlichen Quellen verwickelt gewesen sein.[63] Bundeskanzler Karl Nehammer hatte zuvor bekundet, dass es für Ausweisungen „konkreten Tatverdacht" brauche und räumte ein: „Österreich war immer schon ein Begegnungsplatz der weltweiten Spionageaktivitäten aller Großmächte."[64] Im historischen Kontext betrachtet waren die vier Ausweisungen für Österreich ein großer Schritt. Nach dem Nervengas-Anschlag auf Sergej Skripal (2018) waren weltweit 342 russische Diplomaten ausgewiesen worden. Österreich hatte sich nicht beteiligt und – wie bereits erwähnt – erst im Jahr 2020 eine Ausweisung wegen Wirtschaftsspionage vorgenommen.[65]

Das Missverhältnis zwischen der starken russischen Präsenz und den wenigen Ausweisungen ließ sich aber nicht überdecken. Dass in Österreich bilateral und bei den internationalen Organisationen 2022 insgesamt 290 russische Diplomaten akkreditiert sind, wurde im Ausland sehr kritisch kommentiert. Die *Financial Times* zitierte einen anonymen europäischen Diplomaten, der Österreich einen „veritablen Flugzeugträger" für verdeckte russische Aktivitäten nannte. Das Verteidigungsministerium sei „praktisch eine Filiale der GRU", des russischen Militärgeheimdiensts.[66] Während letzteres eine polemische Übertreibung ist, die wohl dem Ärger über den Spionagefall im Bundesheer geschuldet war, so ist es wahrscheinlich, dass die russische Residentur in Österreich in das geheimdienstliche Vorgehen im Ukraine-Krieg stark involviert ist. Von hier aus dürften Operationen in anderen Ländern koordiniert und unterstützt werden. Ende 2022 hieß es, jeder vierte russische Spion, der in Europa aktiv sei, sei in Wien stationiert. Das stellt angesichts des Eskalationsrisikos im Ukraine-Krieg eine ernstzunehmende Gefahr für die innere Sicherheit Österreichs dar.

An dieser Stelle lohnt sich ein Vergleich mit der Schweiz, die in Sicherheitsbelangen vor ähnlichen Herausforderungen steht. Die Schweiz hat die westlichen Sanktionen mitgetragen, aber bislang auf Ausweisungen verzichtet.[67] Allerdings ist in der Schweiz weniger russisches Personal stationiert als in Österreich. Bei der Botschaft in Bern sowie bei den internationalen Organisationen in Genf befinden sich 220 akkreditierte Personen, von denen ein Drittel – also mindestens 70 – geheimdienstlich tätig sein soll.[68] Der Schweizer Nachrichtendienst des Bundes (NDB) warnte deshalb auch im Lagebericht 2022: „Spionage ist ein dauerhaft präsentes Phänomen – entsprechende Tätigkeiten sind heute bereits auf einem hohen Niveau und nehmen weiter zu. Das internationale Genf bleibt ein Brennpunkt der Spionage. Verschiedene europäische Staaten haben jüngst russische Nachrichtendienstoffiziere ausgewiesen, was die russischen Dienste dazu bewegen könnte, ihre Kräfte in Staaten wie der Schweiz einzusetzen, die keine Ausweisungen vorgenommen haben."[69] Deshalb sollten die verfügbaren Instrumente genutzt werden, um eine Einreise dieser Nachrichtendienstoffiziere zu verhindern.[70]

Die Geheimdienstarbeit aus Legalresidenturen besteht im Wesentlichen aus Berichterstattung nach Moskau (Sammeln und Auswerten von Informationen), dem Rekrutieren und Führen von Quellen sowie der Unterstützung von Spezialoperationen, für die speziell ausgebildete Mitarbeiter unter diplomatischer Abdeckung ins Zielland geschickt werden. Die Legalresidenturen fungieren in diesem Fall als Logistikbasen, wo Geheimdienstoffiziere falsche Pässe, Identitäten und Tickets erhalten oder für ihren Einsatz gebrieft oder trainiert werden. So hatten sich beispielweise die Skripal-Attentäter in den Monaten vor dem Anschlag mehrfach in Genf aufgehalten.[71]

Dieser Befund lässt sich auch auf Österreich umlegen. Hier soll laut dem früheren Nationalratsabgeordneten und nunmehrigen Journalisten Peter Pilz ein Großteil des diplomatischen Personals Russlands für die Geheimdienste arbeiten – und zwar „vom 1. Sekretär der Botschaft abwärts": „Der FSB-Resident ist für hunderte Agenten in Österreich zuständig. Ein Teil von ihnen ‚kümmert' sich um tschetschenische Flüchtlinge und arbeitet dabei nach Angaben von DSN-Mitarbeitern zufolge eng mit Beamten des Innenministeriums zusammen. Die umfangreiche Wirtschaftsspionage bis zur Auskundschaftung technischer Details im Rüstungsbereich wird über die Handelsabteilung der russischen Botschaft organisiert. Die DSN kennt die Spione und meldet dem Landesverteidigungsministerium jährlich die

Namen der russischen Agenten, die ihren Besuch bei der militärischen Luftfahrtshow ‚Airpower' in Zeltweg planen."[72]

Dass die 13 Satellitenschüsseln auf dem Dach der „Ständigen Vertretung der russischen Föderation bei den internationalen Organisationen in Wien" zu einer Station für Fernmelde- und elektronische Aufklärung (SIGINT) gehören dürften, beleuchtete 2022 der Journalist Erich Möchel. Offenbar werden Datenströme von wechselnden Satelliten des Westens abgezapft. Die Vertretung soll dabei sogar als Europa-Leitstation einer ganzen Kette von ähnlichen Einrichtungen in anderen Ländern fungieren. Das geschieht analog zu bereits beschriebenen SIGINT-Abschöpfungsaktivitäten der NSA.[73]

In Bezug auf den Ukraine-Krieg zählen die Aktivitäten der ukrainischen Flüchtlinge zu den wichtigsten Interessengebieten der russischen Spionage in Österreich. Aber es geht auch darum, die Nachschubwege für die westlichen Waffenlieferungen in die Ukraine aufzuklären. Ebenfalls wichtig ist der Technologieschmuggel, denn der russischen Rüstungsindustrie mangelt es infolge der westlichen Sanktionen an Chips, Halbleiter, Linsen und anderen Hightech-Komponenten. Der Bedarf lässt sich durch Einkäufe bei internationalen Zwischenhändler decken. Um die Komponenten einzubauen und zu nutzen, ist Wissenstransfer aus dem Ausland notwendig. In diesem Bereich erwartet etwa der deutsche Verfassungsschutz eine verstärkte russische Spionagetätigkeit.[74] Konkret auf Österreich bezogen, beklagte etwa der Sekretär des nationalen Sicherheitsrats der Ukraine, Oleksij Danilow, Mitte Juni 2022, dass Wien ein sicherer Hafen für russische Agenten sei: „Wien ist zu einer weiteren Hauptstadt geworden, in der sich russische Agenten verstecken. Es wimmelt nur so von ihnen. Das hat sich historisch entwickelt." Er äußerte die Vermutung, dass sich der prorussische Politiker Jewgeni Murajew nach Wien oder nach Moskau abgesetzt haben könnte.[75]

Aber auch Österreich selbst wurde wieder Ziel von Cyberattacken, die das russische Vorgehen in der Ukraine flankieren und für die westliche Unterstützung Vergeltung üben sollen. So war das Außenministerium Ende April 2022 erneut betroffen, wobei die Bandbreite der Angriffe „von der versuchten Ausspähung öffentlicher/klassifizierter Informationen bis hin zur Zerstörung unseres Netzwerks" reichte, wie der Generalsekretär die Belegschaft informierte.[76] Dass sich mitten in der Gaskrise und just am Tag der ordentlichen OMV-Hauptversammlung, am 3. Juni 2022, in der Raffinerie Schwechat ein schwerer Unfall ereignete, ist wohl einer jener Zufälle, die zum Nachdenken anregen. Im Zuge von Wartungsarbeiten wurde die Außenhaut der Rohöl-Destillationsanlage beschädigt und zwei Personen wurden verletzt. Auch Wochen danach wusste man nicht genau, wie groß der Schaden war.

Als Folge musste Österreich einen Teil seiner Not-Treibstoffreserven zur Kompensation des Produktionsausfalls freigeben. Die Produktion der Raffinerie fiel zwischenzeitlich auf 20 Prozent der Gesamtkapazität, was zu Engpässen bei der Versorgung mit Kerosin am Flughafen Wien führte.[77]

Ein möglicher vorangegangener Cyberangriff – etwa gegen Kontroll- und Steuersysteme – wurde als Schadensursache zunächst nicht einmal diskutiert. Dabei sind Cyberangriffe auf Energienetze und Industrieanlagen aus der Ukraine (2015) oder aus den USA bekannt: 2021 legte ein Hackerangriff die US-Colonial Öl-Pipeline lahm und führte zu Engpässen bei der Benzinversorgung in Teilen der USA. Am 8. Juni 2022 kam es zu einer Explosion in einer Flüssiggas-Fabrik in Texas, über die 20 Prozent der US-Exporte an Flüssiggas abgewickelt werden. Auch hier wurde über mögliche Cyber-Sabotage berichtet.[78] Außerdem soll eine dem Geheimdienst FSB zugerechnete Hackergruppe Ende August 2022 erfolglos versucht haben, in die Systeme einer Raffinerie eines NATO-Landes einzudringen.[79] Im Falle des Unfalls in Schwechat beharrt die OMV auf der Unfallversion. Die DSN war lediglich zweimal vor Ort, die Untersuchung erfolgte durch interne Experten und externe Sachverständige. Es sollen „keinerlei Hinweise auf einen Sabotageakt gefunden" worden sein.[80]

Allerdings verdoppelten sich Cyberattacken gegen österreichische Unternehmen bis Mitte 2022 generell. Der Ukraine-Krieg spielte dabei eine Rolle, weil Russland mittlerweile Hacker dazu motiviert, westliche Firmen anzugreifen.[81] Wegen des zusätzlichen Risikos durch physische Sabotageakte wird der Schutz der kritischen Infrastruktur insgesamt ständig evaluiert und angepasst. 388 neuralgische Punkte – Kraftwerke, Regierungseinrichtungen, Telekommunikationsnetze oder Krankenhäuser – wurden von der DSN definiert und besonders abgesichert.[82]

Ende 2022 wurde bekannt, dass bereits am 24. März 2022 ein mutmaßlicher russischer Spion den Behörden ins Netz gegangen war. Der Mann soll Informationen zur außenpolitischen, gesamtgesellschaftlichen sowie sicherheitspolitischen Lage beschafft und diese an Russland weitergegeben haben. Dazu wurde auch ein eigenes System an Geheimverstecken („Tote Briefkästen") genutzt.[83]

Interessanterweise wird im Verfassungsschutzbericht 2021 ausgeführt, dass es die russischen Geheimdienste auch auf die Arbeitsmethoden und die Zielsetzungen der österreichischen Nachrichtendienste und Sicherheitsbehörden abgesehen haben: „Dabei bedienen sich der SVR sowie auch die anderen Nachrichtendienste sowohl der offenen Informationsgewinnung (Internetquellen, Presse etc.) als auch der konspirativen Informationsbeschaffung, insbesondere durch nachrichtendienstliche Anwerbung von Mitarbeiterinnen und Mitarbeitern in Einrichtungen, die für die Russische Föderation von besonderem Interesse sind."[84]

Insgesamt wird immer deutlicher: Das neutrale Österreich kann sich von der spannungsgeladenen Weltlage nicht mehr länger abkoppeln. Organisierte Kriminalität und Terrorismus stellen zusätzliche Herausforderungen dar. Globale Konflikte verschärfen sich stetig und rücken auch geografisch näher an Österreich heran. Die DSN-Reform war insofern höchst an der Zeit und es ist im Nachhinein ärgerlich, dass nicht bereits „ruhige Jahre" für eine entsprechende Adaptierung der Sicherheitsstrukturen genutzt wurden.

Erst infolge des Ukraine-Krieges hat das große Umdenken eingesetzt. Es ist nicht mehr länger möglich, so zu tun, als würden einen die zahllosen Bedrohungen nicht betreffen. Denn diese sind längst hierzulande angekommen. Dass „die Welt" im neutralen Österreich zu Gast war und ist, hat dem Land vor allem im Kalten Krieg viel Sicherheit gebracht. Doch nun haben sich die Spielregeln geändert. Das Gastrecht wird immer öfters verletzt und Österreich ist vermehrt selbst Spionageziel, auch um an Informationen Dritter heranzukommen. Daher ist es notwendig, die österreichische Sicherheitspolitik grundsätzlich neu auszurichten. Es braucht eine rasche Umsetzung des lang geplanten gesamtstaatlichen Lagezentrums, den Aufbau eigener Informationsgewinnungs-Kapazitäten, klare Zuständigkeiten in der Cyberabwehr, Personalhoheit für den DSN-Direktor und einen robusteren Zugang in Sachen Spionageabwehr, der allen Beteiligten klare Grenzen aufzeigt. Wo diese verletzt werden, muss entsprechend sanktioniert werden. Dazu ist eine Anpassung des §256 StGB notwendig. Dieser stellt Spionage „zum Nachteil" für die Republik Österreich unter Strafe, ohne den Tatbestand genauer zu fassen. Das hatte bislang zur Folge, dass es kaum Anklagen gegeben hat. Weitere legistische Nachschärfungen wären vonnöten, damit die DSN schneller präventiv tätig werden kann und nicht erst, wenn mit „schwerer Gefahr" für die öffentliche Sicherheit zu rechnen ist. Darüber hinaus muss der österreichische Staat künftig noch besser in der Lage sein, Informationssicherheit zu gewährleisten, kritische Infrastruktur zu schützen und Einflussnahme abzuwehren. Die lange vorherrschende Sorglosigkeit ist einer neuen Unsicherheit gewichen, auf die es Antworten zu finden gilt.

Anmerkungen

Einleitung

1 Gerhard Schindler, Wer hat Angst vorm BND? Warum wir mehr Mut beim Kampf gegen die Bedrohungen unseres Landes brauchen. Eine Streitschrift, Berlin 2020, 214.

2 Keith Jeffrey, MIG. The History of the Secret Intelligence Service 1909-1949, London 2010, John Ferris, Behind the Enigma: The Authorised History of GCHQ, Britain's Secret Cyber-Intelligence Agency, London 2020.

3 Nehammer: Lückenlose Aufarbeitung der Rolle der Polizei im Nationalsozialismus, OTS vom 30.6.2021.

4 Parlamentarische Anfragebeantwortung, 4.5.2015, https://www.parlament.gv.at/PAKT/VHG/XXV/AB/AB_03854/imfname_406716.pdf.

5 Harald Irnberger, Nelkenstrauß ruft Praterstern. Am Beispiel Österreich: Funktion und Arbeitsweise geheimer Nachrichtendienste in einem neutralen Staat, Wien 1981, Hans Wolker, Schatten über Österreich. Das Bundesheer und seine geheimen Dienste, Wien 1993, Manfred Fuchs, Der österreichische Geheimdienst. Das zweitälteste Gewerbe der Welt, Wien 1994, Kid Möchel, Der geheime Krieg der Agenten. Spionagedrehscheibe Wien, Hamburg 1997, Erwin A. Schmidl (Hg. u.a.), Österreich im frühen Kalten Krieg 1945-1958. Spione, Partisanen, Kriegspläne, Wien 2000, Reinhold Knoll, Martin Haidinger, Spione, Spitzel und Agenten. Analyse einer Schattenwelt, St. Pölten 2001, Kurt Tozzer, Max Tozzer, Das Netz der Schattenmänner. Geheimdienste in Österreich, Wien 2003, Walter Blasi, Erwin A. Schmidl, Felix Schneider (Hg.), B-Gendarmerie, Waffenlager und Nachrichtendienste. Der militärische Weg zum Staatsvertrag, Wien 2005, Emil Bobi, Die Schattenstadt. Was 7.000 Agenten über Wien aussagen, Salzburg 2014, Florian Horcicka, Im Fadenkreuz der Spione. Wie Agenten Österreich unterwandern, Wien 2016, Gert-René Polli, Schattenwelten: Österreichs Geheimdienstchef erzählt, Graz 2022.

6 Siegfried Beer, Professor i.R. für Geschichte der Neuzeit an der Universität Graz, konnte auf einer Forschungsreise in die USA in den 1980er Jahren in Akten des Office of Strategic Services (OSS), dem Amt für strategische Dienste, US-Nachrichtendienst während des Zweiten Weltkriegs, über Österreich Einsicht nehmen. Daraufhin begann er, sich intensiv mit Fragen zu Geheimdienstaktivitäten und -aktionen in der Nachkriegszeit und während des Kalten Krieges auseinanderzusetzen. Paul Schliefsteiner, Geheimdienst und Spionage, in: Öffentliche Sicherheit Nr. 11-12/2016, 28ff.

7 Der vielschichtige englische Begriff „Intelligence" steht sowohl für Geheimdienst- als auch für Nachrichtendiensttätigkeit.

8 Andreas Gémes, Über Intelligence. http://www.acipss.org/intelligence.

9 Zum Projekt wurden publiziert: Florian Traussnig, Militärischer Widerstand von außen. Österreicher in US-Armee und Kriegsgeheimdienst im Zweiten Weltkrieg, Wien 2016, Robert Lackner, Camp Ritchie und seine Österreicher. Deutschsprachige Verhörsoldaten der US-Armee im Zweiten Weltkrieg, Wien 2020, Florian Traussnig, Die Psychokrieger aus Camp Sharpe. Österreicher als Kampfpropagandisten der US-Armee im Zweiten Weltkrieg, Wien 2020.

10 Günter Bischof, Peter Ruggenthaler, Österreich und der Kalte Krieg. Ein Balanceakt zwischen Ost und West, Wien 2022, 23.

11 Die Rolle der tschechoslowakischen Nachrichtendienste in Österreich 1945-1989, http://bik.ac.at/die-rolle-der-tschechoslowakischen-nachrichtendienste-in-oesterreich-1945-1989/.

12 Otmar Lahodynsky, Der Spion am Ballhausplatz, in: profil Nr. 51/2017, 34ff.

13 Siehe dazu: https://bik.ac.at/buchpraesentation-a-frontline-of-espionage/.

14 Sämtliche Protokolle des BVT-UsA sind abrufbar unter: https://www.parlament.gv.at/PAKT/VHG/XXVI/A-USA/A-USA_00003_00862/index.shtml#tab-VeroeffentlichungenBerichte.

Grundlagen

Österreichs geheime Dienste

1 Bernd Stöver, CIA. Geschichte, Organisation, Skandale, München 2017, 18-22.
2 „Sind ja kein Geheimdienst", in: Format, Nr. 27/2000, 38f., hier 38.
3 Militärbefugnisgesetz § 20, Fassung vom 22.08.2020.
4 2009 meinte der damalige Generalstabschef Edmund Entacher zur Stärke des HNaA: „Sie können so annehmen, um die 700 bis 750 herum." Herbert Lackner, Der geheimste Dienst, in: profil, Nr. 29/2013, 14-19, hier 14.
5 Fuchs, Geheimdienst, 200-203.
6 Gernot Bauer, Spezialdisziplin, in: profil, Nr. 23/2013, 30f.
7 Keine Rede von Spitzelakten", in: Format Nr. 27/2000, 37.
8 „Maßnahmenpaket verhindert extremistische Strömungen im Heer", in: Die Presse, 4.5.2017.
9 Militärischer Eigenschutz, in: Öffentliche Sicherheit, Nr. 5-6/2008, 49f.
10 Hubertus Czernin, Herbert Lackner, Der geheimste Dienst, in: profil, Nr. 9/1989, 24-28, hier 24.
11 Fabian Schmid, „Maulwurf": Freiheitliche Seilschaften im Heeresabwehramt, in: Der Standard, 24.11.2017.
12 Patrick Dax, Bundesheer: Rückzieher bei Vorratsdaten, Kurier, 7.2.2013.
13 Fabian Schmid, Markus Sulzbacher, Mehr Überwachung durch Militär und BVT sorgt für Kritik, in: Der Standard, 29.1.2019.
14 Herbert Lackner, „Du kleiner Spion du", in: profil, Nr. 31/1998, 22-24, hier 22.
15 Fragwürdige Kooperation europäischer Geheimdienste in Den Haag, https://andrej-hunko.de/wk/7-beitrag/3494-fragwuerdige-kooperation-des-bfv-mit-europaeischen-geheimdiensten-in-einer-operativen-plattform-in-den-haag.
16 Ingo Mayer-Knoch, Erhöhte Gefährdungslage. Interview mit BVT-Chef Peter Gridling, in: Journal für Intelligence, Propaganda and Security Studies 10, Nr. 1/2016, 180-183, hier 181.
17 Direktion für Staatschutz und Nachrichtendienst, Auftrag, https://www.dsn.gv.at/102/.
18 Polli, Schattenwelten, 13.
19 „Die rechtsextreme Szene in Österreich militarisiert und bewaffnet sich. Daher sind wir alarmiert", in: News, Nr. 3/2021, 20-25, hier 23.
20 Bundesgesetz über die Organisation, Aufgaben und Befugnisse des Verfassungsschutzes, Fassung vom 15.12.2021.
21 Gefahren erforschen und abwehren, in: Öffentliche Sicherheit, Nr. 1-2/2022, 15ff., hier 17.
22 Dominik Schreiber, Kid Möchel, Jeder vierte Verfassungsschützer quittiert seinen Dienst, in: Kurier, 17.6.2021.
23 Innenminister Karner bekräftigt Umbaupläne, in: Kurier, 29.12.2021, BVT ist Geschichte, neuer Verfassungsschutz nimmt Arbeit auf, in: Die Presse, 1.12.2021. Hinsichtlich des Personalstand kursieren unterschiedliche Zahlen. Anfang 2020 war im „Kurier" die Rede davon, dass 430 Personen beim BVT Dienst versehen statt wie früher 300. Tatsächliche Ermittler gebe es allerdings nur rund 80, dafür über 100 Posten für Akademiker. Dominik Schreiber, Kid Möchel, Nach BVT-Skandal: Innenminister stellt Geheimdienst komplett neu auf, in: Kurier, 12.2.2020.
24 Neuer Verfassungsschutz startklar, OTS vom 30.11.2021, https://www.dsn.gv.at/news.aspx?id=2F4C38504C6863635566513D.

25 Siegbert Lattacher, „Vor die Lage kommen“, in: Öffentliche Sicherheit, Nr. 1-2/2022, 18-21, hier 20.
26 Daniel Bischof, Vernichtendes Urteil für Verfassungsschutz, in: Wiener Zeitung. 10.2.2021.
27 Ronald Reiter, Erweiterte Gefahrenerforschung. Grundriss einer präventiven Aufgabe, in: SIAK-Journal - Zeitschrift für Polizeiwissenschaft und polizeiliche Praxis, Nr. 3/2005, 51-60, hier 51f.
28 Bundesgesetz über die Organisation, Aufgaben und Befugnisse des Verfassungsschutzes, Fassung vom 15.12.2021.
29 Manfred Burgstaller, et al., Zentrale Daten des Rechtsschutzbeauftragten 2016, in: SIAK-Journal - Zeitschrift für Polizeiwissenschaft und polizeiliche Praxis Nr. 3/2017, 4-18, hier 7f.
30 Andreas Wetz, Österreichs Dienste mit der Lizenz zum Schweigen, in: Die Presse, 1.11.2013.
31 937 der Beilagen XXVII. GP - Regierungsvorlage – Erläuterungen, 9.
32 Anis Amri wurde schon 2015 gezielt überwacht, in: Die Welt, 17.12.2017.
33 Bundesgesetz über die Organisation, Aufgaben und Befugnisse des Verfassungsschutzes, Fassung vom 15.12.2021.
34 BVT: Hauptbelastungszeugen im Visier der Justiz, in: Die Presse, 14.1.2019.
35 Wolfgang Krieger, Die deutschen Geheimdienste. Vom Wiener Kongress zum Cyber War, München 2021, 44f.
36 Tanjev Schultz, NSU. Der Terror von rechts und das Versagen des Staates, München 2018, 131.
37 Holger Schmidt, Wie sicher sind wir? Terrorabwehr in Deutschland. Eine kritische Bilanz, Zürich 2017, 139.
38 104/ME XXVII. GP - Ministerialentwurf – Erläuterungen, https://www.parlament.gv.at/PAKT/VHG/XXVII/ME/ME_00104/index.shtml.
39 Schindler, Angst, 112f.
40 Fabian Schmid, Maria Sterkl, Welche „Details“ Altkanzler Kurz bei der BVT-Affäre nicht gewusst hat, in: Der Standard, 3.6.2019.
41 Krisengesetz: Wie das neue Lagezentrum aussehen soll – und was es kann, in: Kurier, 29.10.2021.
42 Regierung präsentiert neues Krisensicherheitsgesetz, in: bmi.gv.at, 8.11.2022, https://bmi.gv.at/news.aspx?id=7A2F4A45616F656838584D3D.
43 Kurt Kuch, Geheimnisträger Nr. 1 im Interview, in: News Nr. 43/2010, 34f.
44 Gert Polli, Geheimdienstarbeit in Österreich. Im Spannungsfeld zwischen Politik und Spionageabwehr, in: Österreichisches Jahrbuch für Politik 2013, Wien 2014, 343-359, hier 357.
45 Michael Sika, Mein Protokoll. Innenansichten einer Republik, München 2001, 254.
46 Anna Thalhammer, „Operation Schweinsohr“: Ein Streit der Geheimdienste, in: Die Presse, 4.7.2016.
47 Fabian Schmid, Colette Schmidt, Markus Sulzbacher, Polizei soll Heeresagenten bei Rechtsextremisten geoutet haben, in: Der Standard, 14.12.2017.
48 Melanie Jaindl, Schuldspruch gegen Abwehramt-Mitarbeiter in Grazer Sauschädel-Affäre, in: Der Standard, 22.1.2021.
49 Manfred Seeh, Offiziere des Heeres-Abwehramts vor Gericht, in: Die Presse, 24.11.2020.
50 Schindler, Angst, 126ff.
51 Nationale Cybersicherheitsstrukturen, https://www.bundeskanzleramt.gv.at/themen/cybersicherheit/nationale-strukturen.html.
52 Christopher Nehring, Die 77 größten Spionage-Mythen, München 2019, 31 und 80f.

Wie alles begann

53 Christopher Andrew, The Secret World. A History of Intelligence, London 2019, 277ff.
54 Siegfried Beer, Die Nachrichtendienste in der Habsburgermonarchie, in: SIAK-Journal – Zeit-

schrift für Polizeiwissenschaft und polizeiliche Praxis, Nr. 3/2007, 53-63.
55 Albert Pethö, Agenten für den Doppeladler: Österreich-Ungarns Geheimer Dienst im I. Weltkrieg, Graz 1998, 14f.
56 Armin Fuhrer, Görings NSA. Das „Forschungsamt" im Dritten Reich. Die unbekannte Geschichte des größten Geheimdienstes der Nazis, Hamburg 2019, 16.
57 Pethö, Agenten, 23.
58 Ebenda, 85.
59 Verena Moritz, Hannes Leidinger, Oberst Redl. Der Spionagefall, der Skandal, die Fakten, Wien 2012, 145. Zur Zeit von Alfred Redl bearbeiteten im Evidenzbüro neun Offiziere die Hauptinteressensgebiete Russland, Balkan, Italien, Deutschland, Frankreich sowie Großbritannien/USA/Japan. Das Team verschaffte sich täglich einen Überblick über 80 Publikationen und nahm die Meldungen der Militärattachés aus Paris, Berlin, Bukarest, St. Petersburg und Istanbul entgegen. Darüber hinaus informierte das Evidenzbüro zu Fragen von Strategie, Taktik und Mobilisierungsplänen. John Sadler, Silvie Fisch, Spy of the Century. Alfred Redl & the Betrayal of Austo-Hungary, Barnsley 2016, 76.
60 Siegfried Beer, Alfred Redl. The Habsburg Arch-Spy De-mythologized, in: The Intelligencer. Journal of U.S. Intelligence Studies, Winter-Spring 2022, 65-68, hier 65.
61 Moritz, Leidinger, Oberst, 187f.
62 Ebenda, 225.
63 Ebenda, 243.
64 Beer, Redl, 68.
65 Pethö, Agenten, 253.
66 Max Ronge, Kriegs- und Industriespionage. Zwölf Jahre Kundschafterdienst, Wien 1930, 92f.
67 Verena Moritz, Hannes Leidinger, Gerhard Jagschitz, Im Zentrum der Macht. Die vielen Gesichter des Geheimdienstchefs Maximilian Ronge, St. Pölten 2007, 119f.
68 Ebenda, 127.
69 Pethö, Agenten, 118.
70 John R. Schindler, Fall of the Double Eagle. The Battle for Galicia and the Demise of Austria-Hungary, Nebraska 2015, 262f.
71 Ebenda, 274, Pethö, Agenten, 134.
72 Ronge, Kriegs- und Industriespionage, 10.
73 Leidinger, Moritz, Jagschitz, Zentrum, 198.
74 Ebenda, 273.
75 Walter Blasi, Mario Muigg, Die österreichische Staatspolizei in der Ersten und Zweiten Republik, in: Alfred Ableitinger, Martin Moll (Hg.), License to detect. Festschrift für Siegfried Beer zum 65. Geburtstag, Graz 2013, 287-307, hier 200.
76 Staatspolizei: Peterlungers Reich, in: profil, Nr. 12/1972, 30-53, hier 36. In der kaiserlichen Entschließung vom 28. April 1852 wurde der staatspolizeiliche Aufgabenkern so definiert: „Die oberste Polizeibehörde hat ihre Wirksamkeit vorzugsweise auf die Vorbeugung, Entdeckung und Hintanhaltung der Gefahren zu richten, welche die staatlichen Einrichtungen und überhaupt die bestehende staatliche Ordnung bedrohen." Friedrich Jäger, Das große Buch der Polizei und Gendarmerie in Österreich, Graz 1990, 200. Noch 1987 meinte Innenminister Karl Blecha im Nationalrat, dass diese Bestimmung ebenso wie eine „allerhöchste Entschließung" vom 10. Juli 1850 über die Grundzüge für die Organisation der Polizeibehörden weiter gelte: „Das bestehende System hat sich bewährt. Eine Änderung ist weder notwendig noch zweckmäßig." Tozzer, Schattenmänner, 140.
77 Robert Buchacher, Herbert Lackner, „Wer ist Herr Belushi?", in: profil, Nr. 4/1989, 17ff, hier 17.
78 Beer, Nachrichtendienste, 60f.

79 Leidinger, Moritz, Jagschitz, Zentrum, 362.
80 Ebenda, 295-298.
81 Ebenda, 337.
82 Ebenda, 360.
83 Rolf-Dieter Müller, Reinhard Gehlen. Geheimdienstchef im Hintergrund der Bonner Republik. Die Biografie. Teil 1: 1902-1950, Berlin 2017, 406. Aus einem CIA-Dokument von 1951 geht hervor, dass Kurt Fechner im April 1945 vorher versteckte Unterlagen und Codes seiner Abwehr-Dienststelle der 1. US-Armee zukommen ließ. Darunter sollen sich technische Daten genauso wie das komplette Archiv zu den deutschen stay behind-Netzwerken in Südosteuropa (Codenamen, Missionen und die genauen Orte für Munitions- und Versorgungslager, Adressen sowie Treffpunkte) befunden haben. Chief of Station Vienna to Chief, Pullach Operations Base, 26.9.1951, in: CIA Records Search Tool (künftig: CREST), https://www.cia.gov/readingroom/docs/SLAVIK%2C% 20ADOLF_0027.pdf.
84 Walter Blasi, Die Anfänge des militärischen Nachrichtendienstes in Österreich, in: Blasi, Schmidl, Schneider B-Gendarmerie, 135.
85 Leidinger, Moritz, Jagschitz, Zentrum, 348f.
86 Dietmar Rust, Die Geschichte des militärischen Nachrichtendienstes in Österreich, Wien 2012, 30.
87 Blasi, Anfänge, 137.
88 Martin Staudinger, Klaus Zellhofer, Agentenwelt: Österreichs schwarze Spione im Sold der US-amerikanischen Geheimdienste, in: Format, Nr. 48/1999, 48.
89 From Chief of Station, Vienna to Chief EE, 7.2.1956, in: CREST, https://www.cia.gov/readingroom/docs/ANGERER%2C%20JOHANN_0032.pdf.
90 „Stefanie (sic!) briefly referred to Fechner, the only OeVP member on his current staff and admitted that the latter has 'some intelligence contact' with Krim. Bezirksinspektor Beham of the Vienna Sicherheitsbuero and (Dr.) Roman Loos of the Salzburg police. Fechner, Beham and Loos reportedly served in the same German Geheime Feldpolizei unit in Greece." Ebenda.
91 Ebenda.
92 Tozzer, Netz, 10.
93 Christoph Franceschini, Erich Schmidt-Eenboom, Thomas Wegener Friis, Spionage unter Freunden. Partnerdienstbeziehungen und Westaufklärung der Organisation Gehlen und des BND, Berlin 2017, 125.
94 Markus Sulzbacher, NSA-Lauschstation Königswarte: Jahrelanger Bruch der Neutralität, in: Der Standard, 26.10.2016.
95 Fabian Schmid, Wo das Bundesheer unter dem Wienerwald lauscht, in: Der Standard, 27.6.2015, Florian Horcicka, Das sind die NSA-Lauschposten in Österreich, in: Format, 9.11.2013.
96 Markus Sulzbacher, „NSA-Bunker": Bundesheer modernisiert Abhöranlage, in: Der Standard, 6.10.2020.
97 Wolker, Schatten, 126f.
98 Ebenda, 122.
99 Tozzer, Netz, 24f.
100 Franceschini, Schmidt-Eenboom, Wegener Friis, Spionage, 125.
101 Leidinger, Moritz, Jagschitz, Zentrum, 349.
102 Official Dispatch Chief Station Karlsruhe to Chief, Foreign Branch, 21.6.1949, in: CREST, https://www.cia.gov/readingroom/docs/LINHART%2C%20FERDINAND_0001.pdf.
103 Leidinger, Moritz, Jagschitz, Zentrum, 360f.

104 Erich Schmidt-Eenboom, Schnüffler ohne Nase. Der BND. Die unheimliche Macht im Staate, Düsseldorf 1995, 174.
105 Franceschini, Schmidt-Eenboom, Wegener Friis, Spionage, 127
106 To: Info Director, Juni 1983, in: CREST, https://www.cia.gov/readingroom/docs/ZUBER%2C%20EBRULF%20%20%20VOL.%202_0054.pdf.
107 Irnberger, Nelkenstrauß, 186.
108 Ebenda, 187.
109 Andreas Hilger, Sabrina Nowack, Die BND-Spionage in Südosteuropa 1956-1968. Personal, Sicherheit, Operationen, in: Wolfgang Krieger (Hg.), Die Auslandsaufklärung des BND. Operationen, Analysen, Netzwerke, Berlin 2021, 263-8395, hier 324.
110 Leidinger, Moritz, Jagschitz, Zentrum, 261f.
111 Personalbericht Walter Kainz, enthalten in: CREST, https://www.cia.gov/readingroom/docs/KAINZ%2C%20WALTER_0022.pdf.
112 Hilger, Nowack, BND-Spionage, 325. Laut neueren Erkenntnissen von Gerhard Sälter gehörte Walter Kainz zur mittleren Führungsebene der Einsatzgruppen. Nach Dienstzeit bei der Gestapo-Leitstelle Wien und bei der Gestapo-Stelle Nürnberg-Fürth habe Kainz von Januar 1943 bis April 1945 dem Einsatzkommando 3a angehört. Zuletzt war er Hauptsturmführer. Gerhard Sälter, NS-Kontinuitäten im BND: Rekrutierung, Diskurse, Vernetzungen, Berlin 2022, 242.
113 Hilger, Nowack, BND-Spionage, 324-329.
114 Rust, Geschichte, 30f.
115 Christoph Kotanko, Die Schnüfflerbrigade, in: Wochenpresse, Nr. 36/1983, 17f.
116 Information, in: Stiftung Bruno Kreisky Archiv (künftig: StBKA), VI.4. Landesverteidigung, Waffenproduktion, Exporte, Box 18. Rechtschreibfehler in Primärquellen werden durchwegs korrigiert.
117 Lackner, Der geheimste Dienst, 16.
118 Emil und die Detektive, in: profil, Nr. 16/1976, 12ff.
119 Ein Spion packt aus, in: Täglich alles, 25.5.1997.
120 Entwicklung, Struktur und Hauptaufgaben der Geheimdienstorgane Österreichs, in: Stasi-Unterlagen-Archiv (künftig: BStU), MfS - Hauptverwaltung Aufklärung Nr. 877, Bl.-1-47, hier 35-39.
121 Ebenda, Bl. 31
122 Ebenda, Bl. 35.
123 Ebenda, Bl. 37.
124 Ebenda, Bl. 31.
125 Lackner, Du kleiner Spion, du, 23.
126 Wolker, Schatten, 116.
127 Elste, Wadl, Schatten, 38 und 585.
128 Robert Buchacher, Der Provinz-James-Bond, in: profil, Nr. 11/1979, 18f., Irnberger, Nelkenstrauß, 180f., Fuchs, Geheimdienst, 168f.
129 Elste, Wadl, Schatten, 38 und 585.
130 Alfred Worm, „Kein Pardon mehr“, in: profil, Nr. 27/1991, 51.
131 Ohren am Balkan, in: profil, Nr. 35/1992, 10ff.
132 Freunde im Geheimen, in: News, Nr. 16/1999, 22ff.
133 Herbert Lackner, Firma Lausch & Horch, in: profil, Nr. 17/1999, 22-25, hier 25.
134 Markus Sulzbacher, Briefbombenterror: Als das Bundesheer der NSA zuvorkam, in: Der Standard, 3.6.2018.
135 Lackner, Der geheimste Dienst, 16.
136 Entwicklung, Struktur und Hauptaufgaben der Geheimdienstorgane Österreichs, in: BStU, MfS – Hauptverwaltung Aufklärung Nr. 877, Bl. 43ff.

137 Ebenda, Bl. 45.
138 Czernin, Lackner, Der geheimste Dienst, 24-28.
139 ANLAGE zum Bericht des Lucona-Untersuchungsausschusses. Zu 1000 der Beilagen XVII. GP - Band 6, 2398, https://www.parlament.gv.at/PAKT/VHG/XVII/I/I_01000_U1/imfname_ 645933.pdf.
140 Bericht des parlamentarischen Untersuchungsausschusses (Lucona), 23, https://www.parlament.gv.at/PAKT/VHG/XVII/I/I_01000/imfname_265268.pdf.
141 Herbert Lackner, Der geheimste Dienst, 16.
142 Otmar Lahodynsky, Blinde Lauscher, in: profil, Nr. 38/2017, 32f.
143 Anton Oschep, 25 Jahre Abwehramt. Entwicklung, Grundlagen und Ausblick (Stand: Oktober 2010), http://www.bundesheer.at/organisation/beitraege/n_dienste/pdf/25_jahre_abwa2011.pdf.
144 Gernot Bauer, Herbert Lackner, Otmar Lahodynsky, Spion gegen Spion, in: profil Nr. 30/2009, 14-19.
145 Kurt Kuch, Explosiv: Stasi-Alarm im Abwehramt, in: News, 19.6.2008, 32f., ders., Geheimakte Abwehramt, in: News, 23.7.2009.
146 Gernot Bauer, Wanzen-Warnung, in: profil, Nr. 13/2009, 25.
147 Otmar Lahodynsky, „Gewaltige Altlastenprobleme“, in: profil, Nr. 35/2009, 22-24, hier 24.
148 Bauer, Lackner, Lahodynsky, Spion gegen Spion, 19.
149 Ermittlungen, Mobbing und Grabenkämpfe im militärischen Abwehramt, in: Der Standard, 7.5.2019
150 Gernot Bauer, Operation Biobuffet, in: profil, Nr. 36/2009, 29.
151 Lackner, „Du kleiner Spion, du, 24.
152 Bundesheer: Kunasek führt Sperrvermerke für Identitäre wieder ein, in: Die Presse, 4.4.2019.

Von der Staatspolizei zum BVT

153 Blasi, Muigg, Staatspolizei, 293-297.
154 Leidinger, Moritz, Jagschitz, Zentrum, 250f.
155 Ebenda, 254.
156 Ebenda, 258.
157 Siehe dazu: Hans Schafranek, Widerstand und Verrat. Gestapospitzel im antifaschistischen Untergrund 1938–1945, Wien 2017, Elisabeth Boeckl-Klamper, Thomas Mang, Wolfgang Neugebauer, Gestapo-Leitstelle Wien 1938–1945, Wien 2018.
158 Blasi, Muigg, Staatspolizei, 300f.
159 Leidinger, Moritz, Jagschitz, Zentrum, 323f. Biographischer Abriss von Maximilian Pammer unter https://oecv.at/Biolex/Detail/11000246. Innenminister Helmer wollte Pammer bereits 1955 versetzen lassen, weil ihm Medienberichte über Pammers Privatleben missfielen. Doch Bundeskanzler Julius Raab befürchtete Widerstand in den eigenen Parteireihen und Pammer blieb noch an der Spitze der Staatspolizei im Innenministerium. Wilhelm Svoboda, Die Partei, die Republik und der Mann mit den vielen Gesichtern, Wien 1993, 141f.
160 Tozzer, Schattenmänner, 143f.
161 Irnberger, Nelkenstrauß, 81.
162 Hugo Portisch, Österreich II. Die Wiedergeburt unseres Staates, Wien 1985, 318.
163 Arnold Kopeczek, Die amerikanischen Waffenlager, die „Einsatzgruppe Olah“ und die Staatspolizei im Kalten Krieg der fünfziger Jahre, in: Schmidl, Österreich im frühen Kalten Krieg, 108f.
164 Winfried Meyer, Klatt. Hitlers jüdischer Meisteragent gegen Stalin: Überlebenskunst in Holocaust und Geheimdienstkrieg, Berlin 2015, 978.
165 Leidinger, Moritz, Jagschitz, Zentrum, 324, Fuchs, Geheimdienst, 138f.

166 Portisch, Wiedergeburt, 318.
167 Svoboda, Partei, 63.
168 Ebenda, 66ff.
169 Portisch, Wiedergeburt, 319.
170 Markus Stumpf, „Ich erteile deshalb den mir nachgeordneten Dienststellen des Staates und der Partei den Befehl, nach der erfolgten Evakuierung der Juden sämtliche Tschechen aus dieser Stadt zu entfernen." Das „Gaupresse"-Archiv Wien anhand ausgewählter Reden Baldur von Schirachs, in: Lucile Dreidemy (u.a) (Hg)., Bananen, Cola, Zeitgeschichte: Oliver Rathkolb und das lange 20. Jahrhundert, Bd. 1, Wien 2015, 330-345, hier 331.
171 Meyer, Klatt, 978.
172 Hugo Portisch, Österreich II. Der lange Weg zur Freiheit, Wien 1986, 314.
173 Stefan Karner, Halt! Tragödien am Eisernen Vorhang. Die Verschlussakten, Salzburg 2013, 59.
174 Oskar Helmer, 50 Jahre erlebte Geschichte, Wien 1957, 235ff.
175 Tozzer, Schattenmänner, 145.
176 Ebenda, 237, Fuchs, Geheimdienst, 139, Meyer, Klatt, 979.
177 Staatspolizei: Peterlungers Reich, 31.
178 Portisch, Weg, 314.
179 Staatspolizei: Peterlungers Reich, 31.
180 Fuchs, Geheimdienst, 140
181 Irnberger, Nelkenstrauß, 171.
182 Ebenda, 41.
183 Irnberger, Nelkenstrauß, 77f., Hubertus Czernin, Amerikas Nazi-Spione, in: profil, Nr. 26/1988, 16-20. Verbelens Informantennetz „Herbert" soll laut seinen Angaben etwa 150 Personen umfasst haben. Darunter waren ein Drittel Frauen und vor allem „Ehemalige" und Nationale aller Schattierungen. Alleine dank dieses Netzes soll Verbelen bis 1955 2.350 Sammelberichte für die CIA verfasst haben. Irnberger, Nelkenstrauß, 79.
184 Elisabeth Horvath, „Ein Trauerspiel", in: Wochenpresse, Nr. 25/1988, 14ff., hier 15.
185 Arnold Kopeczek, Fallbeispiele des Kalten Krieges in Österreich 1945-1965, Dissertation, Wien 1992.
186 Ebenda, 78f.
187 Staatspolizei: Peterlungers Reich, 32.
188 Knoll, Haidinger, Spione, 309.
189 John H. Richardson. My Father, the Spy. An Investigative Memoir, New York 2005, 102f.
190 Staatspolizei: Peterlungers Reich, 44.
191 Otto ohne Detektive, in: profil Nr. 36/1975, 35-39, hier 39.
192 Christoph Franceschini, Die Welle der Sprengstoffanschläge in Südtirol, in: Anton Pelinka, Andreas Maislinger (Hg.), Handbuch zur neueren Geschichte Tirols. 1. Teil: Politische Geschichte, Innsbruck 1993, 467-507, hier 477.
193 Herbert Lackner, Als die Masten fielen, profil, 8/1999, 42-44, hier 43.
194 Christoph Franceschini, Bruno Kreisky und die Attentäter – Mythos und Wirklichkeit, in: Gustav Pfeifer, Maria Steiner (Hg.), Bruno Kreisky und die Südtirolfrage, Bozen 2017, 123-151, hier 140-145.
195 Christoph Franceschini, Geheimdienste, Agenten, Spione. Südtirol im Fadenkreuz fremder Mächte, Bd. 1, Bozen 2020, 298.
196 Leo Frank-Maier, Geständnis. Das Leben eines Polizisten. Vom Agentenjäger zum Kripochef Oberst Leo Maier, Linz 1993, 44-49. Leo Maier wurde vom BND verdächtigt, Informant des ehemaligen Sicherheitsdienst-Agenten und Nachrichtenhändlers Adolf Urban gewesen zu sein. Ihm soll Maier etwa Material geliefert haben, das Urban an italienische Stellen in den 1950er und 1960er Jahren verkaufte. Sälter, NS-Kontinuitäten, 533.

197 Franz Olah, Erlebtes Jahrhundert: Die Erinnerungen, Wien 2008, 247. Laut dem Bericht einer Untersuchungskommission hatte die Staatspolizei zwischen 1947 und 1960 50.959 Akten angelegt. 64,4 % davon wurden vernichtet, 25,3 % der weiteren Archivierung zugeleitet und 0,3 % einer ergänzenden Überprüfung unterzogen. Lediglich bei 54 Akten ergaben sich Verdachtsmomente auf strafbare Handlungen dahinter. Wilhelm Svoboda, Franz Olah. Eine Spurensicherung, Wien 1990, 88ff. Mit „Ausnahme einzelner Fälle" wurden keine Akten festgestellt, „die sich ohne begründeten Anlass etwa nur mit persönlichen Angelegenheiten oder gar mit der Intimsphäre einzelner Personen befasst hätten". Allerdings erschien das Zustandekommen „mancher Berichte" im Nachhinein „unbegründet und überflüssig". Jäger, Buch, 206. Ein Grund für das hohe Aufkommen an Akten war, dass gerade in den späten 1940er und 1950er Jahren antikommunistische Ängste eine große Rolle spielten: „Es galt, zu kontrollieren, ob, wo und wie die Gefahr einer Unterwanderung durch die KPÖ gegeben sei." Spitzel und Patrioten, in: Wochenpresse, Nr. 6/1964, 1f. Der „Aufdecker" Olah handelte jedenfalls nicht uneigennützig. Sein Biograph Wilhelm Svoboda deutet die TV-Affäre primär als „Entlastungsmanöver Olahs", „der damit von den substanziellen Versetzungen im Innenministerium ablenken wollte". Svoboda, Olah, 65. Außerdem war die Enthüllung ein Warnsignal an Olahs innerparteiliche Gegner. Tozzer, Schattenmänner, 153.

198 Buchacher, Lackner, Belushi, 17.

199 Staatspolizei: Peterlungers Reich, 32f.

200 Kommando Kranzschleife, in: Der Spiegel, Nr. 29/1962, 53.

201 Spionageaffäre: War es Ostmaterial?, in: Arbeiter-Zeitung, 17.1.1967.

202 Staatspolizei: Peterlungers Reich, 46. Maier wiederum stellte einen internen Machtkampf zwischen seinem Vorgesetzten Josef Rossmanith und Sektionschef Franz Ruppertsberger als Hintergrund in den Raum, Frank-Maier, Geständnis, 64.

203 Stefan Karner, Österreicher als Spione vor Gericht, in: Die Presse, 9.4.2009.

204 Dieter Bacher, Harald Knoll, Österreich als Drehscheibe ausländischer Nachrichtendienste?, in: Stefan Karner et al. (Hg.), Prager Frühling. Das internationale Krisenjahr 1968. Beiträge, Köln 2008, 1063-1074, hier 1072.

205 Bericht des parlamentarischen Untersuchungsausschusses zur Untersuchung von Vorfällen im Bundesministerium für Inneres, 1391 der Beilagen XI. GP - Ausschussbericht NR, 4, 8, https://www.parlament.gv.at/PAKT/VHG/XI/I/I_01391/imfname_313329.pdf.

206 Karner, Österreicher als Spione vor Gericht.

207 Bericht des parlamentarischen Untersuchungsausschusses zur Untersuchung von Vorfällen im Bundesministerium für Inneres, 4.

208 Das Ende einer Affäre: Simon Wiesenthal in Liquidation, in: profil, Nr. 1/2/1976, 35-41, hier 40.

209 Bacher, Knoll, Drehscheibe, 1073, Bobi, Schattenstadt, 23.

210 Bericht des parlamentarischen Untersuchungsausschusses, Minderheitsbericht, 11f.

211 Siegfried Beer, The „Spy" Karl Erwin Lichtenecker: Victim or perpetrator? A tale of ambivalence, in: Journal of Intelligence, Propaganda and Security Studies, Nr. 1/2010, 128-139, Der Kampf der Spione im „Kalten Krieg", in: noe.orf.at, 9.12.2019, https://noe.orf.at/stories/3025047/.

212 Schöner Gustav, in: Der Spiegel, Nr. 4/1994, 121.

213 Buchacher, Lackner, Belushi, 19.

214 Alfred Worm, Gestatten: Karl Weber – Stasi!, in: News, Nr. 3/1996, 24f., Thomas Seifert, Verraten und verkauft, in: Falter, Nr. 1/2/1996, 12f.

215 Erwin Kemper, Verrat an Österreich. Zeitschriftenbuch, Wien 1996, 48. Martina Lettner, In geheimer Mission, in: profil Nr. 4/2008, 18. Laut einer parlamentarischen Anfragebeantwortung setzten sich die 67 namentlich bekannten Verdächtigen in Sachen DDR-Spionage so zusammen: „Fünf Angehörige des Staatssicherheitsdienstes bzw. des Ministeriums für Staatssicherheit der ehemaligen DDR, acht öffentlich Bedienstete (hievon drei Lehrer, ein Angehöriger des Bundesministeriums für Inneres, zwei

Angehörige der Bundespolizeidirektion Wien, ein Angehöriger des Bundesministeriums für wirtschaftliche Angelegenheiten und ein Finanzbeamter), drei leitende Angestellte in der Privatwirtschaft, 16 Arbeiter bzw. Angestellte in der Privatwirtschaft, zwölf selbständige Unternehmer bzw. Kaufleute, drei Journalisten bzw. Hörfunkmitarbeiter, zwei Pensionisten, ein Abgeordneter zum Nationalrat, ein Opernsänger, ein Wissenschaftler, ein Sinologe und eine Hausfrau." Anfragebeantwortung, 234/AB XXI.GP, https://www.parlament.gv.at/PAKT/ VHG/XXI/AB/AB_00234/fname_595707.pdf

216 Boris Volodarsky, The KGB's Poison Factory. From Lenin to Litvinenko, Barnsley 2009, 119.

217 Ebenda, 130.

218 Sika, Protokoll, 34f.

219 Ebenda, 35.

220 Otmar Lahodynsky, Der Spion in der SPÖ-Zentrale, in: profil Nr. 31/2016, 30ff.

221 Otmar Lahodynsky, Der Spion am Ballhausplatz, in: profil Nr. 51/2017, 34ff.

222 Herbert Lackner, Deckname „Holec", in: profil, Nr. 13/2009, 21, Oliver Pink, Das Doppelleben des Helmut Zilk alias „Holec", 22.3.2009.

223 Alfred Estle, Wilhelm Wadl, Titos langer Schatten. Bomben- und Geheimdienstterror im Kärnten der 1970er Jahre, Klagenfurt 2015, 698.

224 Ebenda, 723.

225 Anlassbericht 2.6.2015, Archiv Autor.

226 Estle, Wadl, Schatten, 657.

227 Anlassbericht 2.6.2015, Archiv Autor.

228 Alexander Mitchell Lee, How Operation Phoenix exported violence from Australia to Yugoslavia, in: The Conversation, 24.6.2022, https://theconversation.com/how-operation-phoenix-exported-violence-from-australia-to-yugoslavia-185499.

229 Information für den Herrn Bundesminister, 13.4.1973, in: Österreichisches Staatsarchiv/Archiv der Republik (künftig: ÖStA/AdR), BMI,16.200/15 – 17/73.

230 Mündlicher Vortrag für den Ministerrat, 11.9.1972, in: ÖStA/AdR, BKA, Ministerratsprotokolle II. Republik, Kreisky II, Nr. 39-40, Karton 343.

231 Ustascha-Aktion: Mit Hobby in den Tod, in: profil, Nr. 9/1972, 57-63.

232 Lee, How Operation Phoenix exported violence from Australia to Yugoslavia.

233 Mündlicher Vortrag für den Ministerrat, 11.9.1972.

234 Christa Zöchling, Cold Case, in: profil, Nr. 21/2014, 34f.

235 Robert Buchacher, Staatsterror gegen Österreich, in: profil, Nr. 10/2015, 24-33.

236 Österreichisches Generalkonsulat an Bundesministerium für Auswärtige Angelegenheiten, 27.11.1979, in: StBKA, VII. 1 Länderboxen, Jugoslawien, Box 3

237 Robert Buchacher, Die „Temperatur erhöhen", in: profil, Nr. 11/2015, 40-44.

238 Thomas Riegler, Im Fadenkreuz: Österreich und der Nahostterrorismus 1973-1985, Göttingen 2010, 314ff.

239 Tino Teller, Das Abu Nidal Geheimdossier, in: News, Nr. 26/1998, 32 ff.

240 Riegler, Fadenkreuz, 331-336.

241 Ebenda, 341f.

242 Markus Sulzbacher, Abu Nidals Millionen: Freigabe von „Terrorgeld" in Wien blieb jahrelang geheim, in: Der Standard, 27.8.2019.

243 Peter Pilz, Eskorte nach Teheran. Der österreichische Rechtsstaat und die Kurdenmorde, Wien 1997, 94f.

244 Bericht an Herrn Bundesminister für Inneres Mag. Karl Schlögl, 5.5.1997, in: Oberstaatsanwaltschaft Wien (künftig: OStA Wien), 002 OStA 1620/08a, Bd. 1.

245 Bericht, 26.7.1989, in: OStA Wien, 002 OStA 1620/08a, Bd. 1, Bl. 303-307, hier Bl. 305.

246 Staatsanwaltschaft Wien an Oberstaatsanwaltschaft Wien, 20.7.1989, in: OStA Wien, 002 OStA 1620/08a, Bd. 1.
247 Kurdenmorde am 13.7.1989 in Wien. Aktivitäten des Bundesministeriums für auswärtige Angelegenheiten (chronologische Darstellung aufgrund der Aktenlage), in: OStA Wien, 002 OStA 1620/08a, Bd. 1.
248 Pilz, Eskorte, 117.
249 Fuchs, Geheimdienst, 186f.
250 Bericht des parlamentarischen Untersuchungsausschusses, 1000 der Beilagen XVII. GP, 23, https://www.parlament.gv.at/PAKT/VHG/XVII/I/I_01000/imfname_265268.pdf.
251 Herbert Lackner, Christian Skalnik, „Die reinsten Waserln", in: profil, Nr. 10/1990, 24-28.
252 Löchrige Socken, in: Der Spiegel, Nr. 10/1990, 186f.
253 Staatspolizei: Peterlungers Reich, 36.
254 Andreas Weber, „Methode Metternich", in: profil, Nr. 17/1990, 17.
255 „Haarsträubende Denunziationen", in: profil, Nr. 4/1989, 20f.
256 Renate Saßmann, Hans G. Zeger, Chronologie der Akteneinsicht, in: Hans Gerhard Zeger (u.a), Alpen-Stasi - die II. Republik im Zerrspiegel der Staatspolizei, Linz 1990, 28.
257 Zeger, Kleine Geschichte der II. Republik, in: Alpen-Stasi, 53.
258 Löchrige Socken, 187.
259 Staatspolizei: Peterlungers Reich, 49.
260 „Haarsträubende Denunziationen", in: profil, Nr. 4/1989, 20f.
261 Zitiert aus dem Amtskalender 1989/90, in: Alpen-Stasi, 11f.
262 Irnberger, Nelkenstrauß, 172f
263 Staatspolizei: Peterlungers Reich, 34.
264 Buchacher, Lackner, Belushi, 17.
265 Weber, „Methode Metternich", 17.
266 Blasi, Muigg, Staatspolizei, 305.
267 Entwicklung, Struktur und Hauptaufgaben der Geheimdienstorgane Österreichs, in: BStU, MfS – Hauptverwaltung Aufklärung Nr. 877, Bl. 15f.
268 Ebenda, Bl. 16.
269 Ebenda, Bl. 17ff.
270 Ebenda, Bl. 20.
271 Ebenda, Bl. 21.
272 Ebenda, Bl. 22-26.
273 Erich Grolig, Wien: Idealer Treff für Ost- und Westspione, in: Kurier, 9.4.1983.
274 Andreas Weber, Einfach Spitzel, in: Wochenpresse Nr. 52/1985, 21f.
275 Buchacher, Lackner, Belushi, 18.
276 Otto Klambauer, Der Kalte Krieg in Österreich. Vom Dritten Mann zum Fall des Eisernen Vorhangs, Wien 2000, 127.
277 Andreas Weber, Einfach Spitzel, in: Wochenpresse Nr. 52/1985, 21f.
278 Christian Skalnik, Doppelnull statt Null-Null-Sieben, in: profil Nr. 31/1989, 13f., hier 14.
279 Manöverspion arbeitete für die Schweiz, in: Arbeiter-Zeitung, 30.11.1979, Irnberger, Nelkenstrauß, 30.
280 Als die Schweiz Österreich ausspionieren wollte, in: Tages-Anzeiger, 17.2.2017.
281 Titus J. Meier, Der Fall Schilling – ein Schweizer Spion in Österreich, in: Neue Züricher Zeitung, 25.11.2019.
282 Der Fall Palmers: Möchtegern-RAF, in: profil Nr. 48/1977, 37-46, hier 46.
283 Dass auch Gratt zum Zeitpunkt der Entführung beschattet wurde, erschließt sich aus der Aktenlage nicht.

284 Interview mit Edgar K., 22.8.2016.
285 Bericht, 21.11.1977, in: Landesgericht Wien (künftig: LG Wien), AZ 20o Vr 9534/77 Hv 59/78, Bd. V, Bl. 439.
286 Lanc kündigt Anti-Terror-Polizei an, in: Kurier, 21.12.1977.
287 Die Grenzschutzgruppe 9 (GSG 9) ist ein seit 1972 bestehender Spezialverband der Bundespolizei (früher Bundesgrenzschutz).
288 Thomas Riegler, „Wiener Club", in: Öffentliche Sicherheit Nr. 2/2017, 47-51.
289 Fuchs, Geheimdienst, 191.
290 Riegler, Club, 48f.
291 Sondergruppe zur Bekämpfung des internationalen Terrorismus beim österreichischen Innenministerium – Organisatorische Gliederung und Aufbauprinzipien, in: BStU, MfS – HA XXII Nr. 6002.
292 Konzept für die Aufstellung der Sondergruppe zur Bekämpfung des Internationalen Terrorismus, in: BStU, MfS – HA XXII Nr. 6002.
293 Wilhelm Theuretsbacher, Neuer Mann für die Staatspolizei, in: Kurier, 14.11.1990.
294 Pilz, Eskorte, 75f.
295 Tödliche Verdrängung, in: profil, Nr. 9/1995, 27ff.
296 Robert Buchacher, Theaterwaffen für „Tag X", in: profil, Nr. 7/1992, 13f.
297 Sika, Protokoll, 113f.
298 Walter Pohl, Stapo-Chef im Kugelhagel, in: News, Nr. 11/1995, 34.
299 Sika, Protokoll, 87.
300 Paul Schliefsteiner, Austria's Homegrown Lone Actor Terrorist: Franz Fuchs and the Letter Bomb Campaign of the 1990s, in: Journal of Intelligence, Propaganda and Security Studies, Nr. 1/2018, 67-92.
301 Sika, Protokoll, 83.
302 Thomas Vasek, Zielobjekt: EDOK, in: profil, Nr. 33/1996, 28-34, hier 31.

Das BVT

303 Blasi, Muigg, Staatspolizei, 307.
304 Polli, Schattenwelten, 109.
305 Paul Schliefsteiner, Expertengespräch mt Dr. Gert R. Polli (BVT-Direktor 2002-2008), in: Journal for Intelligence, Propaganda and Security Studies, Nr. 1/2017, 183-203, hier 189f.
306 Sika, Protokoll, 252
307 Polli, Schattenwelten, 108
308 Schliefsteiner, Expertengespräch, 189f.
309 194/KOMM XXVI. GP, Befragung S. R. (BVT), 28.
310 Ebenda.
311 Christa Zöchling, Jakob Winter, Gernot Bauer, Familienbetrieb: Wenn Parteinähe mehr als Eignung zählt, in: profil, 24.2.2022, https://www.profil.at/oesterreich/familienbetrieb-wenn-parteinaehe-mehr-als-eignung-zaehlt/401911153.
312 Laurenz Ennser-Jedenastik, Spitzenjobs im Innenministerium: Parteibuch wechselt, Parteibuchwirtschaft bleibt, in: Der Standard, 24.1.2019.
313 198/KOMM XXVI. GP, Befragung Gerold Szopinski, 5. Mittlerweile ist es so, dass je nach Position zu entscheiden ist, ob ressortintern oder gänzlich öffentlich gesucht werden soll. Danach erfolgt eine sogenannte Interessentensuche – die Bewerbungen gehen an die DSN, die für die Durchführung eines 3-stufigen Auswahlverfahrens verantwortlich ist. Das Ergebnis wird der Dienstbehörde in Form der Sektion I/BMI übermittelt, welche für Besetzungsmaßnahme verantwortlich zeichnet.
314 123/KOMM XXVI. GP, Befragung Dr. Gert-René Polli, 32
315 Ebenda, 35.

316 Ebenda, 31.
317 Schliefsteiner, Expertengespräch, 187.
318 Rätsel um Steyr-Gewehre im Irak, in: Der Standard, 13.2.2007.
319 Edith Meinhart, Ulla Schmid, Die Polli-Klinik, in: profil Nr. 24/2006, 22ff.
320 Kurt Kuch, Der Skandal, in. News, Nr. 45/2009, 12-15.
321 Polli, Schattenwelten, 170.
322 Edith Meinhart, Ulla Schmid, Der Angezählte, in: profil Nr. 42/2007, 40.
323 Kuch, Skandal, 15.
324 Polli, Schattenwelten, 265.
325 Emil Bobi, Der Waffendeal der Verfassungsschützer, in: profil, Nr. 32/2007, 13-19.
326 Meinhart, Schmid, Polli-Klinik, 23.
327 Kuch, Der Skandal, 14f.
328 Innenminister Peschorn zieht Ex-BVT-Direktor Polli aus Spanien ab, in: Der Standard, 18.9.2019.
329 Fabian Schmid, Haijawi-Pirchner wird Staatsschutz-Direktor, auch Ex-BVT-Chef Polli bewarb sich, in: Der Standard. 15.9.2021.
330 Peter Gridling: Der Staatsfreund Nr. 1, in: Die Presse, 24.1.2015.
331 128/KOMM XXVI. GP, Befragung Peter Gridling, 10.
332 Michael Nikbakhsh, Die Akte BVT, in: profil, Nr. 3/2016, 30f.
333 Mayer-Koch, Erhöhte Gefährdungslage, 181.

Spionagedrehscheibe Österreich: Vom „Schießstand" zum Begegnungsort

334 Helen Fry, Spymaster. The Man who saved MI6, New Haven 2021, 24-38.
335 Verena Moritz, Hannes Leidinger, Russische Spionage in Wien. Ein kurzer Überblick zum 20. Jahrhundert, in: Journal of Intelligence, Propaganda and Security Studies, Nr. 1/2007, 22-29, hier 25.
336 Jeffrey, MI6, 201.
337 Fry, Spymaster, 24.
338 Ebenda, 34.
339 Ebenda, 57.
340 Ebenda, 47.
341 Christopher Andrew, Secret Service. The Making of the British Intelligence Community, London 1985, 240.
342 Fry, Spy, 116.
343 Andrew, Service, 395f.
344 Panagiotis Dimitrakis, Our Man in Vienna. The Spymasters' War at the Heart of Europe, New Haven 2021, 42.
345 Polli, Geheimdienstarbeit, 343.
346 Irnberger, Nelkenstrauß, 25f.
347 BMI, Verfassungsschutzbericht 2000, 89.
348 ÖVP verhinderte ein Spionagegesetz, in: Arbeiter-Zeitung, 13.1.1965.
349 Sika, Protokoll, 32.
350 Klaus Stephan, Der dritte Mann' 84, in: Playboy, September 1984, 66-70 und 170f., hier 66.
351 Bobi, Schattenstadt, 137.
352 Möchel, Krieg, 9-18.
353 Kevin C. Ruffner, Prussian Nobleman, SS Officer, and CIA-Agent. The Case of Otto Albrecht Alfred von Bolschwing (S), in: Studies in Intelligence 1999, in: CREST, http://www.foia.cia.gov/sites/default/files/document_conversions/1705143/STUDIES%20IN%20INTELLIGENCE%20NAZI%20-%20RELATED%20ARTICLES_0014.pdf.

354 Subject: Specific: ODEOUM Interest in Austrian Intelligence Circles, 21.6.1949, in: CREST, http://www.foia.cia.gov/sites/default/files/document_conversions/1705143/ LINHART% 2C%20 FERDINAND_0001.pdf.
355 Matthias Ritzi, Erich Schmidt-Eenboom, Josef Adolf Urban (1897-1973). Einsamer Rekord – im Sold eines guten Dutzends Nachrichtendienste, in: Helmut Müller-Enbergs, Armin Wagner (Hg.), Spione und Nachrichtenhändler. Geheimdienstkarrieren in Deutschland 1939-1989, Berlin 2016, 78-108.
356 Beer, Rund um den „Dritten Mann", 91f.
357 Richardson, Father, 83.
358 Ebenda, 98.
359 Die ersten Chefs der CIA-Station Wien waren Alfred Ulmer (1947/48), John H. Richardson (1948-1952), Bronson Tweedy (1952-1955) und Peer de Silva (1955-1957). Siegfried Beer, The CIA in Austria in the Marshall Plan Era, 1947-1953, in: Günter Bischof, Anton Pelinka, Dieter Stiefel (Hg.), The Marshall Plan in Austria, Contemporary Austrian Studies, Vol. 8, New Brunswick 2000, 185-211, hier 209.
360 Siegfried Beer, Der Kampf an der „Unsichtbaren Front" der Geheimdienste in Österreich, in: Magnus Pahl, Gorch Pieken, Matthias Rogg (Hg.), Achtung Spione! Geheimdienste in Deutschland 1945 bis 1956. Band 1, Dresden 2016, 301-313, hier 310, ders., The CIA in Austria, 199.
361 Tennent H. Bagley, Spy Wars. Moles, Mysteries, and Deadly Games, New Haven 2007, 33f.
362 Peer de Silva, Sub Rosa. The CIA and the Uses of Intelligence, New York 1978, 43.
363 Ebenda, 47.
364 Portisch, Weg, 354.
365 Information, 31.10.1948, in: ÖStA/AdR, BMI, 157.513-2/4B, Ross Irving S., Ermordung.
366 Ralph W. Brown III, U.S. Army Intelligence in Vienna & the Case of Irving S. Ross and Dana Superina, in: Journal for Intelligence, Propaganda and Security Studies 1, Nr. 1 (2007), 35-45.
367 Howard E. Hunt, Undercover. The autobiography of America's most famous secret agent, London 1975, 58f.
368 Gordon Corera, The Art of Betrayal. Life and Death in the British Secret Service, London 2011, 35.
369 James V. Milano, Patrick Brogan, Soldiers, Spies and the Rat Line. America's Undeclared War against the Soviets, Dulles 2000, 173.
370 Stephen Dorril, MI6 – Inside the Covert World of Her Majesty's Secret Intelligence Service, New York 2000, 120.
371 Siegfried Beer, Nachrichten- und Geheimdienste in Österreich, 1945-1955, in: Stefan Karner, Gottfried Stangler (Hg.), „Österreich ist frei!" Der Österreichische Staatsvertrag 1955. Beitragsband zur Ausstellung auf Schloss Schallaburg 2005, Wien 2005, 221-226, hier 225.
372 Stefan Karner, Im Kalten Krieg der Spionage. Margarethe Ottillinger in sowjetischer Haft 1948-1955, Innsbruck 2016, 19f.
373 Svoboda, Partei, 80f.
374 Portisch, Weg, 359.
375 Karner, Halt!, 60.
376 Meyer, Klatt, 978f.
377 Milano, Soldiers, 173.
378 Dimitrakis, Man, 222.
379 Friedrich Stepanek, „Ich bekämpfte jeden Faschismus". Lebensweg Tiroler Spanienkämpfer, Innsbruck, 152ff. APA-Meldung vom 22.4.1950, in: ÖStA/AdR, 54.847-2/50, Gegenstand Bair Max, Verfahren vor einem amerikanischen Gericht, Bair gegen Kaution auf freien Fuß, in: W. Pr. Graz am Abend, 31.3.1950.

380 Svoboda, Partei, 87-90.
381 Heinz Höhne, Pullach intern. General Gehlen und die Geschichte des Bundesnachrichtendienstes, Hamburg 1971, 159.
382 Amerikanische Soldaten als Menschenräuber, in: Wiener Zeitung, 14.3.1950.
383 Meyer, Klatt, 1049f.
384 Karner, Österreicher als Spione vor Gericht.
385 Ian Sayer, Douglas Botting, America's Secret Army. The Untold Story of the Counter Intelligence Corps, London 1990, 357.
386 Beer, Nachrichten- und Geheimdienste, 221.
387 Leidinger, Moritz, Jagschitz, Zentrum, 339.
388 Höhne, Pullach, 160.
389 Ebenda, 161.
390 Höhne, Pullach, 162ff.
391 William Hood, Mole, New York 1982, 16.
392 Martin Haidinger, Investigator und Gentleman: Das abenteuerliche Leben des CIC-Mitarbeiters Jury von Luhovoy in Wien des Kalten Krieges, in: Journal of Intelligence, Propaganda and Security Studies, Nr. 2/2010, 163-178, hier 166.
393 Danny Orbach, Fugitives. A History of Nazi Mercenaries during the Cold War, London 2022, 19f.
394 1948 berichteten Kundschafter der Organisation Gehlen (ORG) in die Zentrale nach Pullach: „Ein unbefangener Besucher hat gar nicht das Empfinden, dass er sich in einer von verschiedenen Siegerstaaten besetzten Stadt aufhält. Es sind ihm in gleicher Weise alle Sektoren zugänglich, er kann sich daher vorllkommen frei bewegen, sofern sich in seinem Besitz vollwertige Ausweispapiere befinden." Höhne, Pullach intern, 159.
395 Peter Deriabin, KGB. The Secret World, New York 1959, 285.
396 Ebenda, 298.
397 Richardson, Father, 82f.
398 Harald Knoll, Dieter Bacher, Nachrichtendienste und Spionage im Österreich der Nachkriegszeit, in: Stefan Karner, Barbara Stelzl-Marx (Hg.), Stalins letzte Opfer. Verschleppte und erschossene Österreicher in Moskau 1950-1953, Wien 2009, 157-168, hier 163-168, Dieter Bacher, Austrian „Spies" in the Early Cold War, in: Wladyslaw Bulhak, Thomas Wegener-Friis (Hg.), Need to know. Intelligence and Politics. Western and Eastern Perspectives, Aarhus 2014, 229-244, hier 233-241.
399 Siegfried Beer, Rund um den „Dritten Mann". Amerikanische Geheimdienste in Österreich 1945-1955, in: Schmidl (Hg. u.a.), Österreich im frühen Kalten Krieg, 73-99.
400 Hood, Mole, 12.
401 Stefan Karner, Barbara Stelz-Marx (Hg.), Stalins letzte Opfer. Verschleppte und erschossene Österreicher in Moskau 1950-1953, Wien 2009, 11.
402 Vienna's Crimson Shadows, in: Collier's Magazine, 6.10.1950.
403 Reinhard Federmann, Bertrand Alfred Egger, Raubersg'schichten, Wien 1962, 78.
404 Ebenda, 80-83.
405 Meyer, Klatt, 1011.
406 Der Zigarettenschmuggel der Blum-Bande: 100 Millionen Schilling Schaden, in: Neues Österreich, 1.4.1950.
407 Meyer, Klatt, 1011f.
408 Vienna's Crimson Shadows, 14.
409 Meyer, Klatt, 1053.
410 Ebenda, 1047.
411Federmann, Egger, Raubersgeschichten, 83f.

412 Martin Haidinger, Investigator und Gentleman: Das abenteuerliche Leben des CIC-Mitarbeiters Jury von Luhovoy im Wien des Kalten Krieges, in: JIPSS, Nr. 2/2010, 163-178, hier 168.
413 Federmann, Egger, Raubersgeschichten, 78.
414 Clemens Marschall, Wiener Unterwelt: Die Geister aus dem Milieu, in: Die Zeit, 31.7.2018.
415 Bericht, Überprüfungsgruppe bei der Sicherheitsdirektion für das Bundesland Oberösterreich, 24.10.1960, in: ÖStA/AdR, BMI, 28.935-2A/64, Gegenstand: Altmann Adolf, 16.9.1922 geb, Ansuchen um Verleihung der Staatsbürgerschaft.
416 Ebenda.
417 Die Menschenräuber und ihre Helfer, in: Arbeiter-Zeitung, 31.3.1950.
418 Eine Bande von Menschenräubern ausgehoben, in: Wiener Zeitung, 12.1.1950.
419 Das Menschenräuberhaus in der Gußhausstraße, in: Arbeiter-Zeitung, 9.4.1950.
420 Meyer, Klatt, 1051.
421 Die „blonde Grete" – Beamtin einer amerikanischen Besatzungsbehörde, in: Der Abend, 5.4. 1950.
422 Ein „Mitläufer" der Menschenräuberbande. Benno Blums Tod und das Menschenräuberauto auf der Urfahrer Brücke, in: Arbeiter-Zeitung, 5.4.1950.
423 Chef der sowjetischen Entführerband im 16. Bezirk nach Kugelwechsel erschossen, in: Wiener Kurier, 3.4.1950, Das Ende des Menschenräuberkönigs, in: Arbeiter-Zeitung, 4.4.1950, Botting, Sayer, Army, 360f.
424 Günter Bischof, Österreich – ein „geheimer Verbündeter" des Westens? Wirtschafts- und sicherheitspolitische Fragen der Integration aus der Sicht der USA, in: Michael Gehler, Rolf Steininger (Hg.), Österreich und die europäische Integration seit 1945: Aspekte einer wechselvollen Entwicklung, Wien 2014, 451-477, hier 451ff. und 477.
425 Beer, The CIA in Austria, 198.
426 Peer de Silva, Sub Rosa, 134,
427 Beer, Rund um den „Dritten Mann", 92f.
428 Christa Zöchling, Ex-„Presse"-Chef im Dienste der CIA: Otto Schulmeister agierte für den Geheimdienst, in: profil, 18.4.2009, https://www.profil.at/home/ex-presse-chef-dienste-cia-otto-schulmeister-geheimdienst-34.
429 Anatole Re Nosenko, Crucial Questions, 4.7.1969, https://www.archives.gov/files/research/jfk/releases/docid-32404748.pdf, Kennedy-Akten enthalten auch Querverweise nach Österreich, in: Der Standard, 7.11.2017.
430 Erich Grolig, Der „Dritte Mann" geistert durch Wien, in: Kurier, 23.12.1986.
431 Skalnik, Doppelnull, 13f.
432 Irnberger, Nelkenstrauß, 26.
433 Am 12. Januar 1965 wurde der Ministerrat über die Aufdeckung eines Agentenrings informiert. Bereits Mitte November 1964 war in Linz der 37jährige deutsche Staatsbürger Hans H. verhaftet worden. Ihm konnte nachgewiesen werden, dass er bereits seit Jahren für das MfS spioniert hatte. Das bei ihm sichergestellte Material brachte ihn mit einem weiteren Deutschen und einem 35jährigen Österreicher in Verbindung. Letzterer war als technischer Angestellter im Metallwerk Plansee in Reutte (Tirol) tätig. Von dort hatte er „schon seit Jahren Forschungsergebnisse [...], die von besonderer Bedeutung für die Raketentechnik und die Raumfahrt waren, nach Ostberlin weitergeleitet". Im Zuge der Ermittlungen stießen die Behörden auf einen weiteren Führungsoffizier. Dessen Ehefrau hatte ab 1961 in der ÖVP-Presseabteilung gearbeitet und dort „Zugang zu vertraulichen Informationen" gehabt. Aufdeckung eines ostdeutschen Agentenringes in Österreich, in: ÖStA/AdR, BKA, Ministerratsprotokoll, Beilage zur Verhandlungsschrift Nr. 29 vom 12.1.1965.
434 Möchel, Krieg, 203ff., Angela Schmole, Jochen Staadt, Die Stasi in Österreich, in: Journal for Intelligence, Propaganda and Security Studies, Nr. 1/2013, 92-107, hier 93.

435 Herbert Lackner, Alfred Worm, Lauschangriff auf Österreich, in: profil Nr. 31/1990, 14f., hier 15.
436 Gerade einmal zehn Seiten fanden sich in der BStU zu Jörg Haider. Zunächst einmal handelt es sich um die Erfassung des damals aufstrebenden Jung-Politikers in der Zentralen Personendatenbank (ZPDB), dem wichtigsten Datenbankprojekt des Ministeriums für Staatssicherheit (MfS). 1981 in Betrieb genommen, waren in der ZPDB bis zur „Wende" 1989 Datensätze zu 1,32 Millionen Menschen gespeichert. Daten und Datenträger wurden aber im März 1990 vernichtet. Deshalb gibt es zu Haider nur den Erfassungsbeleg. Demnach wurde seine Personalie am 12. September 1989, also nur knapp zwei Monate vor dem Mauerfall, eingespeist – samt Tätigkeitsbezeichnung „Landeshauptmann bzw. Ministerpräsident Land Kärnten u. Bundesvorsitzender FPÖ". Aus den „ergänzenden Erfassungsangaben" geht hervor, dass an Quellen zu Haider „westliche Massenmedien" zur Verfügung standen. Und schließlich findet sich noch die Karteikarte zu Haider aus der Zentralen Materialablage (ZMA). Dort wird angeführt: „Seit 1986 Bundesvorsitzender der rechtslastigen Partei ‚Freiheitliche Partei Österreichs' (FPÖ). Nach den Landtagswahlen im April 1989 wurde H. Landeshauptmann (Ministerpräsident) des Landes Kärnten gewählt."
437 Alfred Worm, Die Stasi-Liste, in: profil, Nr. 35/1990, 26.
438 Maximilian Graf, Österreich und die DDR 1949-1990. Politik und Wirtschaft im Schatten der deutschen Teilung, Wien 2016, 459ff.
439 Möchel, Krieg, 11f.
440 Thomas Riegler, Die „Wiener Residentur" der Stasi – Mythos und Wirklichkeit, in: Journal for Intelligence, Propaganda and Security Studies, Nr. 2/2013, 89-113, hier 90-95.
441 Interview Autor mit anonymem Zeitzeugen, 21.11.2014.
442 Andreas Förster, Auf der Stasi-Millionen. Die Wien-Connection, Berlin 1998, 12.
443 Olivia Kühni, Wie eine Schweizer Bank zu DDR-Millionen kam, in: Republik, 5.12.2019.
444 Andreas Weber, Alfred Worm, Fluchtpunkt Wien, in: profil, Nr. 14/1992, 26ff.
445 Förster, Stasi-Millionen, 177.
446 Weber, Worm, Fluchtpunkt, 27.
447 Andreas Förster, Eidgenossen contra Genossen. Wie der Schweizer Nachrichtendienst DDR-Händler und Stasi-Agenten überwachte, Berlin 2016, 152.
448 Weber, Stasi-Millionen, 193.
449 Renate Graber, Deutsche Justiz schließt Krimi zu KPÖ-Millionen, in: Der Standard, 6.5.2017.
450 Jan von Flocken, Eberhard Vogt, Wolfs Prinzessin in Wien, in: Focus Nr. 10/1999.
451 Leah Garrett, X Troop: The Secret Jewish Commandos Who Helped Defeat the Nazis, London 2021, 256.
452 Anthony Cavendish, Inside Intelligence, London 1997, 73.
453 Dorril, MI6, 130f.
454 Beer, Rund um den „Dritten Mann", 96.
455 From Chief of Station, Vienna to Chief EE, 7.2.1956, in: CREST, https://www.cia.gov/readingroom/docs/ ANGERER%2C%20JOHANN_0032.pdf.
456 Ritzi, Schmidt-Eenboom, Josef Adolf Urban (1897-1973), 89.
457 Hilger, Nowack, BND-Spionage in Südosteuropa, 297-304.
458 Ebenda, 303
459 Ebenda, 301f.
460 Classified Message to Director from Vienna, 10.6.1954, in: CREST, https://www.cia.gov/readingroom/ docs/KAINZ%2C%20WALTER_0007.pdf.
461 Classified Message to Director from Pullach, 9.6.1954, in: CREST, https://www.cia.gov/readingroom/docs/ KAINZ%2C%20WALTER_0006.pdf.
462 Classified Message to Director from Vienna.

463 „The fact that Austria regained her independence after the war and is no longer a part of the Reich seems to have finally penetrated the ZIPPER [Org Gehlen] mind, at last. [...] This precipitated the agreements reached between ZIPPER and GRENGULF-1, which were to the effect that ZIPPER would maintain a hands off attitude on amy Austrians in official status with the Austrian government." Extract of EGLA-13644, dated 29.4.1955, in: CREST, https://www.cia.gov/readingroom/docs/KAINZ %2C%20WALTER_0009.pdf.
464 Hilger, Nowack, BND-Spionage in Südosteuropa, 325.
465 Classified Message to Director from Vienna.
466 Andreas Hilger, Blick durch den Eisernen Vorhang. Der westdeutsche Nachrichtendienst und der „Sowjet-Kommunismus" 1946-1968, in: Krieger, Auslandsaufklärung, 47-262, hier 125f., Ritzi, Schmidt-Eenboom, Josef Adolf Urban (1897-1973), 95.
467 Grengulf 1 – Arrest and Planned Expulsion of Josef Urban, Heinz Fröhlich and Franz Haschka, 5.3.1954, in: CREST, https://www.cia.gov/readingroom/docs/URBAN%2C%20JOSEF%20%20%20VOL.%202_0035.pdf.
468 Sicherheitsdirektion für Oberösterreich an die Staatsanwaltschaft Graz, 15.9.1948, in: ÖStA/AdR, BMI, Abt. 2, Jahr 1949, 23.097 Sacher, Soucek und Genossen (Teil 1).
469 „Rupertsberger was able to suppress the evidence against Urban in the joint British-American prosecution of the leader's of the Nazi Edelweiss Movement, of which Urban was one of the founders, and thus prevent Urban's execution for treason under Austrian law. Rupertsberger's key subordinate during this period was the police official Siegfried Peter." Notes on the Connections of Josef Adolf Urban, https://www.cia.gov/readingroom/docs/URBAN%2C%20JOSEF%20%20%20VOL.%201_0082. pdf.
470 Ritzi, Schmidt-Eenboom, Josef Adolf Urban (1897-1973), 80.
471 Ebenda, 96 und 98.
472 From Chief of Station, Karlsruhe to Chief of Foreign Division, 16.1.1952, in: CREST, https://www.cia.gov/readingroom/docs/URBAN%2C%20JOSEF%20%20%20VOL.%201_0041. pdf.
473 Ritzi, Schmidt-Eenboom, Josef Adolf Urban (1897-1973), 92.
474 From Chief EE to Chief of Station, Vienna, 30.9.1952, in: CREST, https://www.cia.gov/readingroom/ docs/URBAN%2C%20JOSEF%20%20%20VOL.%201_0065.pdf.
475 Ritzi, Schmidt-Eenboom, Josef Adolf Urban (1897-1973), 86 und 88.
476 Thomas Riegler, Gerhard Sälter, Nachkriegsorganisationen der Nationalsozialisten in Österreich und die Geheimdienste: NS-Netzwerke im Untergrund, im Verband der Unabhängigen, in der Organisation Gehlen und im BND, in: Journal for Intelligence, Propaganda and Security Studies, Nr. 1/2020, 13-33.
477 Frank-Maier, Geständnis, 22f.
478 From Vienna to Director, 5.3.1954, in: CREST, https://www.cia.gov/ readingroom/docs/URBAN %2C%20JOSEF%20%20%20VOL.%202_ 0036.pdf.
479 Grengulf 1 – Arrest and Planned Expulsion of Josef Urban, Heinz Fröhlich and Franz Haschka, 5.3.1954.
480 Ritzi, Schmidt-Eenboom, Josef Adolf Urban (1897-1973), 99.
481 Grengulf 1 – Arrest and Planned Expulsion of Josef Urban, Heinz Fröhlich and Franz Haschka, 5.3.1954.
482 Memorandum for the Record, 20.6.1952, in: CREST, https://www.cia.gov/readingroom/docs/URBAN%2C%20JOSEF%20%20%20VOL.%201_0057.pdf, Manfred Mugrauer, Die Politik der KPÖ 1945–1955: Von der Regierungsbank in die innenpolitische Isolation, 2020, 599f.
483 Memorandum for the Record, 20.6.1952.
484 Maria Wirth, Ein Fenster zur Welt: Das Europäische Forum Alpbach 1945-2015, 45.
485 Christoph Franceschini, Segretissimo – Streng geheim! Südtirol im Fadenkreuz fremder Mächte, Bd. 2, Bozen 2021, 88.

486 Ebenda, 80f.
487 Ebenda, 94.
488 Ebenda, 113.
489 Möchel, Krieg, 242f.
490 Franceschini, Schmidt-Eeenboom, Wegener Friis, Spionage, 133.
491 Ebenda, 134.
492 Silva, Sub Rosa, 87ff.
493 Beer, Rund um den „Dritten Mann", 98.
494 Silva, Sub Rosa, 89.
495 Richardson, Father, 87.
496 Silva, Sub Rosa, 125f.
497 Ben Macintyre, A Spy among Friends. Philby and the great Betrayal, London 2015, 206.
498 Ex-DDR-Spionagechef Wolf: „Österreich war ein bequemes Land", in: Austria Presse Agentur, 23.3.2003.
499 Möchel, Krieg, 20.
500 Bodo V. Hechelhammer, Spion ohne Grenzen. Heinz Felfe – Agent in sieben Diensten, München 2019, 215ff.
501 Ebenda, 107.
502 Ebenda, 135ff.
503 Ebenda, 165.
504 Bobi, Schattenstadt, 23.
505 Beer, Rund um den „Dritten Mann", 96 und 98.
506 David E. Hoffman, The Billion Dollar Spy. A True Story of Cold War Espionage and Betrayal, London 2017, 10f.
507 Ben Macintyre, The Spy and the Traitor: The Greatest Espionage Story of the Cold War, London 2018, 189.
508 Heimliche Karriere, in: Der Spiegel, Nr. 26/1985, https://www.spiegel.de/politik/heimliche-karriere-a-2d2dbc83-0002-0001-0000-000013515730.
509 William R. Corson, Susan B. Trento, Joseph J. Trento, Maulwürfe. Die geheimen Kriege des KGB gegen die USA, München 1989, 315, Andreas Weber, Einfach Spitzel, Wochenpresse Nr. 52/1985, 21f., Möchel, Krieg, 68-72.
510 Milton Bearden, Der Hauptfeind. CIA und KGB in den letzten Tagen des Kalten Krieges, München 2004, 170f.
511 Ebenda, 216f.
512 Jürgen Streihammer, Devine: „Wien war ein gutes Jagdrevier für Agenten", in: Die Presse, 22.9.2014.
513 Josef Votzi, Andreas Weber, Der zweite Mann, in: profil, Nr. 31/1989, 10ff.
514 Polli, Geheimdienstarbeit, 349.
515 Agenten-Austausch: Fliegender Wechsel in Wien, in: Die Presse, 9.7.2010.
516 BMI, Verfassungsschutzbericht 2017, 29.
517 Florian Flade, Ein toter Diplomat und viele Fragen, in: tagesschau.de, 10.11.2021, https://www.tagesschau.de/investigativ/wdr/russland-diplomat-berlin-botschaft-103.html.
518 BMI, Verfassungsschutzbericht 2020, 37.
519 BMI, Verfassungsschutzbericht 2016, 29.
520 BMI, Verfassungsschutzbericht 2014, 45f.
521 BMI, Verfassungsschutzbericht 2013, 36.
522 BMI, Verfassungsschutzbericht 2014, 43ff.

523 Bei Konferenzen der IAEA in Wien seien wahrscheinlich mehr Agenten als Wissenschaftler anwesend, meinte der Ex-CIA-Agent Gene Coyle. Es gehe darum, Kontakte zu Wissenschaftlern aus dem Iran oder Nordkorea zu knüpfen und diese zum Absprung zu bewegen. Daniel Golden, The science of spying: how the CIA secretly recruits academics, in: The Guardian, 10.10.2017.
524 Die Datschas von Donaustadt, in: Wochenpresse Nr. 50/1985, 24ff.
525 Moritz, Leidinger, Russische Spionage, 28.
526 BMI, Verfassungsschutzbericht 2001, 70.
527 „Abdeckung an der Botschaft", in: Format, Nr. 6/2001, 45.
528 Anfragebeantwortung, 29.6.2022, https://www.parlament.gv.at/PAKT/VHG/XXVII/AB/AB_10628/index.html.
529 Österreich weist vier russische Diplomaten aus, in: Kurier, 7.4.2022.
530 Dylan Carter, Identity of Russian diplomat-spy agents expelled from Belgium revealed, in: The Brussels Times, 15.7.2022.
531 Russlands Spionage und Österreichs Toleranz-Tradition, in: Die Presse, 1.9.2020.
532 Francois Murphy, Brussels now bigger den of spies than Vienna: Austrian official, in: reuters.com, 28.6.2018, Bethany Bell, Vienna, nest of spies: Why Austria is still centre for espionage, in: BBC News, 17.11.2018.
533 Panyi Szabolcs, How Orbán's Eastern Opening brought Chinese spy games to Budapest, in: direkt36.hu, 15.3.2021, https://www.direkt36.hu/en/kemjatszmakat-hozott-budapestre-orban-kinai-nyitasa/.
534 Emil Bobi, Spionage und Gemütlichkeit, in: Die Presse, 19.7.2014.
535 Horcicka, Fadenkreuz, 22.
536 Ebenda, 40f. Laut Gert Polli gilt seit den letzten Jahren ein „zentrales Interesse" dem österreichischen Bankensektor und seinen Aktivitäten im Ausland, aber auch in Österreich. Polli, Geheimdienstarbeit, 350.
537 BMI, Verfassungsschutzbericht 2004, 93.
538 Schindler, Angst, 189.
539 Spionage bei Wiener Freunden, in: Die Presse, 13.2.2017.
540 Florian Horcicka, Lauschangriff auf falsche Freunde, in: Format Nr. 19/2015, 12f.
541 Die Fleurop-Liste, in: Der Spiegel Nr. 14/2016, 32-36, hier 33.
542 Clemens Neuhold, Michael Nikbakhsh, Christoph Zotter, Freund hört mit, in: profil, Nr. 25/2018, 14-20.
543 Jeremy Scahill and the staff of The Intercept, The Assassination Complex, New York 2016, 8f.
544 Julian Borger, Iran's nuclear programme: the holy grail of the intelligence world, in: The Guardian 10.12.2012, Ronen Bergman. Der Schattenkrieg. Israel und die geheimen Tötungskommandos des Mossad, München 2018, 686f.
545 Dan Raviv, Yossi Melman, Spies against Armageddon. Inside Israel's Secret Wars, New York 2012, 8.
546 Ebenda, 4.
547 James Risen, State of War. The Secret History of the CIA and the Bush Administration, New York 2006, 194-198 und 204-212.
548 Alexander Fanta, Capital of cloak and dagger, in: Metropole, Februar 2017, 14-19, hier 16.
549 Dan Sabbagh, Only 10% of Russian spy operations in Europe uncovered, says former MI6 chief, in: The Guardian, 19.4.2021.
550 Luke Harding, A very expensive Poison. The definitive story of the murder of Litvinenko and Russia's war with the West, London 2017, 240.
551 Kurt Kuch, Operation Vladimir, in: News, Nr. 23/2008, 66-69.

552 Gernot Bauer, Der aus der Kälte kam, in: profil Nr. 4/2008, 14-22.
553 Der rächende Druck Moskaus, in: Die Presse, 19.7.2011.
554 Uwe Müller, Lars-Marten Nagel, Agententhriller von historischer Dimension, in: Die Welt, 21.10.2012.
555 Herwig G. Höller, Liebesgrüße aus Moskau, in: Die Zeit, Nr. 1/2013.
556 CICL-28489, 28.8.1953, in: CREST, https://www.cia.gov/library/readingroom/docs/SLAVIK%2C%20 ADOLF_0057.pdf.
557 Activities of Dr. Adolf Slavik, Austrian National League Leader in 1950-1953 (Excerpts), in: CREST, https://www.cia.gov/library/readingroom/docs/SLAVIK%2C%20ADOLF_0001.pdf.
558 Director Info, 14.3.1968, in: CREST, https://www.cia.gov/readingroom/docs/SLAVIK% 2C% 20ADOLF_0122.pdf.
559 Classified Message, 1.3.1968, in: CREST, https://www.cia.gov/library/readingroom/docs/ SLAVIK%2C% 20ADOLF_0116.pdf.
560 Herwig Höller, Spionagefall: Österreichische Liebesgrüße aus Moskau, in: Der Standard, 10. 2.2013.
561 Ebenda, Wieland Schneider, Die Spione, die aus den steirischen Bergen kamen, in: Die Presse, 3.8.2013.
562 Müller, Nagle, Agententhriller.
563 Shaun Walker, Arms dealer '100% sure' Russian agents behind blast at Bulgarian depot, in: The Guardian, 1.8.2022.
564 Senior GRU Leader Directly Involved With Czech Arms Depot Explosion, in: belingcat.com, 20.4. 2021, https://www.bellingcat.com/news/2021/04/20/senior-gru-leader-directly-involved-with-czech-arms-depot-explosion/, Explosion in Munitionsdepot war wohl Operation des russischen Geheimddienstes, in: spiegel.de, 20.4.2021, https://www.spiegel.de/ausland/tschechien-explosion-in-munitionsdepot-war-wohl-operation-des-russischen-geheimdienstes-a-ca5bdb8e-d125-4013-a47c-74e615b589dc, Christoph Zotter, Russisches Killerkommando soll über Wien eingereist sein, in: Die Presse, 21.4.2021.
565 Viktoria Großmann, Botschaft der Agenten, in: Süddeutsche Zeitung, 26.4.2021.
566 Kurt Kuch, CIA. Wie US-Agenten in Wien über Leben und Tod entscheiden, in: News Nr. 44/2013, 18-23, Morten Storm with Paul Cruickshank and Tim Lister, Agent Storm. A Spy Inside al-Qaeda, London 2015, 215ff.
567 Kurt Kuch, Harte Abrechnung, in: News Nr. 46/2009, 22f., hier 23.
568 „Ich denke heute über vieles völlig anders als früher", in: News Nr. 46/2009, 24.
569 Kurt Kuch, Der Skandal, in: News Nr. 45/2009, 12-15, hier 14.
570 Franceschini, Schmidt-Eenboom, Wegener Friis, Spionage, 15f.
571 Horcicka, Fadenkreuz, 146.
572 Adam Entous, Vienna is the new Havana Syndrome Hot Spot, in: The New Yorker 16.7.2021.
573 John Hudson, CIA station chief in Vienna recalled amid criticism of management and handling of mysterious 'Havana Syndrome' incidents, in: The Washington Post, 23.9.2021.
574 Julian E. Barnes, Most 'Havana Syndrome' Cases Unlikely Caused by Foreign Power, C.I.A. Says, in: The New York Times, 20.1.2022.
575 Julian E. Barnes, Panel Says Some Havana Syndrome Cases May Stem From Radio Energy, in: The New York Times, 2.2.2022.
576 Martin Staudinger, Christoph Zotter, „Massiver Anstieg bei Fahndungen", in: profil, Nr. 35/2016, 47.
577 Pilz: Türkischer Geheimdienst bat österreichische Polizei um Spitzel-Hilfe, in: Die Presse, 31.3.2017.
578 Peter Pilz, Kurz. Ein Regime, Wien 2021, 211.
579 Pilz: Türkei verfolgt Oppositionelle auch in Österreich. orf.at, 10.2.2017, http://orf.at/stories/2378887/

580 Streng geheimer Spionage-Prozess, in: Kronen-Zeitung, 23.8.2021.
581 Anschläge sollen Wien ins Chaos stürzen, in: zackzack,at, 24.9.2020, https://zackzack.at/2020/09/23/anschlaege-sollen-wien-ins-chaos-stuerzen-erdogan-terrorist-packt-aus/.
582 Manfred Seeh, Ein Ex-Spion in den Mühlen der Behörden, in: Die Presse, 21.1.2021.
583 Geplanter Anschlag auf Aslan: Keine Verhandlung für angeblichen Ex-Spion, in: Der Standard, 18.1.2021.
584 Balazs Csekö, Turkish spy deported from Austria before he can stand trial over Kurdish MP assassination plot, in: The Telegraph, 18.1.2021.
585 Mutmaßliche türkischstämmige Spione in Tirol festgenommen, in: Die Presse, 28.7.2022.
586 Heeres-Spion lieferte Infos zu Waffen und Truppen, in: Kronen-Zeitung, 10.6.2020.
587 Kathrine Rushton. Dominic Nicholls, Balazs Cseko, The small fish Austrian spy who was bigger than anyone imagined, in: The Telegraph, 13.11.2020.
588 Mirek Toda, A Russian Spy's Manual: Send a sectret message to the Strela-3 satelitte and betray NATO allies, in: Dennik, 11.10.2020.
589 Großfahndung nach russischem Spion in Österreich, in: Kurier, 25.7.2019.
590 Florian Flade, Wie im Kalten Krieg, in: tagesschau.de, 13.4.2021, https://www.tagesschau.de/investigativ/ndr-wdr/spionage-russland-103.html
591 Toda, Spy's Manual.
592 BMI, Verfassungsschutzbericht 2019, 40f.
593 Toda, Spy's Manual.
594 Bundesheer-Spion: Urteil rechtskräftig, in: orf.at, 15.6.2020, https://salzburg.orf.at/stories/3053240/.
595 Christian Ultsch, Russische Spur im Cyberangriff aufs Außenamt, in: Die Presse, 28.2.2020, Erich Möchel, Vorläufige Bilanz des Cyberangriffs auf das Außenministerium, in: orf.at, 16.2.2020, https://fm4.orf.at/stories/2998771/, Barbara Steinbrenner, Der Cyberangriff auf das Außenministerium ist noch nicht vorüber, in: Die Presse, 20.1.2020.
596 Die Elite-Hacker des FSB, in: interaktiv.br.de, 17.2.2022, https://interaktiv.br.de/elite-hacker-fsb/index.html.
597 Jutta Sommerbauer, Christian Ultsch, Schlagabtausch nach Spionage, in: Die Presse, 25.8.2020.
598 Siobhán Geets, Martin Staudinger, Zum Schweigen gebracht, in: profil, Nr, 28/2020, 33-36, hier 33f.
599 Michael Möseneder, Lebenslang für sechs Schüsse auf Tschetschenen in Gerasdorf, in: Der Standard, 6.8.2021.
600 Kate Manchester, Polizei verhinderte Autobomben-Anschlag auf Tschetschenen in Bregenz, in: Der Standard, 20.7.2021.
601 Michael Möseneder, Prozess um „nicht ernst gemeinten" Mordauftrag wegen beleidigter Ehre, in: Der Standard, 11.1.2022.
602 „Vienna... is allegedly full of MOIS [Iranian Ministry of Intelligence and Security] agents. It is because of the continuous good relationship between Iran and Austria since the Revolution – after the US hostage crisis – which resulted in condemnation of the Islamic Republic by many countries and secluded Iran in many ways. Austria was one of the few countries that was not concerned." Iran's Ministry of Intelligence and Security: A profile, December 2012, 39, https://irp.fas.org/world/ iran/mois-loc.pdf.
603 Ingrid Steiner-Gashi, Wien als Tummelplatz iranischer Agenten, in: Kurier, 9.1.2013.
604 Ashwien Sankholkar, Ein Thriller aus Teheran, in: Dossier, Nr. 5 10/2021, 46-53, hier 48.
605 Alexander Bühler, Sabina Wolf, Iranischer Diplomat unter Terrorverdacht. Die Spur nach Deutschland, in: report München, 19.1.2021.
606 Christof Mackinger, Vereitelter Terroranschlag: Die iranische Bombe, die in Wien landete, in:

Der Standard, 19.1.2021.
607 Sankholkar, Thriller, 50.
608 Christian Ultsch, Christoph Zotter, Die Bombe aus Teheran im Toiletttascherl, in: Die Presse, 4.2.2021.
609 Martin Pazelt, Staatsterroristen als Verhandlungsmasse, in: Wiener Zeitung, 8.7.2022.

„Partnerdienstbeziehungen"

610 Schindler, Angst, 98f.
611 Elisabeth Braw, Germany's Spy Agency Is Ready To Shake Off Its Second Tier Reputation, in: Newsweek, 8.5.2014.
612 Franceschini, Schmidt-Eenboom, Wegener Friis, Spionage, 13f.
613 Warum die NSA nach Wien schielt, in: Die Presse, 3.11.2013.
614 Im Westen was Neues, in: profil Nr. 37/1994, 25.
615 Die Staatspolizei nascht nur mit, in: Arbeiter-Zeiung, 25.1.1973.
616 Geheime Staatssache, in: Basta, Nr. 3/1989, 33f, hier 34.
617 Entwicklung, Struktur und Hauptaufgaben der Geheimdienstorgane Österreichs, in: BStU, MfS – Hauptverwaltung Aufklärung Nr. 877, Bl. 8.
618 Ebenda, Bl. 9f.
619 Ebenda, Bl. 27.
620 Ebenda, Bl. 17.
621 Ebenda, Bl. 27f.
622 Ebenda, Bl. 46
623 John M. Nomikos, European Union Intelligence. Analysis Centre (INTCEN): Next stop to an Agency?, in: Journal of Mediterranean and Balkan Intelligence Studies 4, Nr. 2/2014, 5-13, Jan Jirat, Lorenz Naegeli, Der geheime Club der geheimen Dienste, in: WOZ, Nr. 10/2020 vom 5.3.2020.
624 Matthias Monroy, „Third-Party-Rule": Keine Auskunft zur internationalen Zusammenarbeit des deutschen Inlandsgeheimdienstes, in: netzpolitik.org, 22.8.2016. https://netzpolitik.org/2016/ third-party-rule-keine-auskunft-zur-internationalen-zusammenarbeit-des-deutschen-inlands-geheimdienstes/. Zum „Berner Club" siehe auch: Adrian Hänni, The secret clubs of intelligence and security services: A look behind the scenes of counter-terrorism cooperation in Europe, in: offiziere.ch, 31.3.2019, https://www.offiziere.ch/?16.
625 Matthias Monroy, Und noch ein neuer europäischer Geheimdienstverbund: Die „Paris-Gruppe", in: netzpolitik.org,15.12.2016. https://netzpolitik.org/2016/und-noch-ein-neuer-europaeischer-geheimdienstverbund-die-paris-gruppe/.
626 Antiterrorgipfel tagte in Wien. Es ging vor allem um Grenzkontrollen, in: Die Presse, 11.9.1978, Innenministertreffen im Schloß Laudon, in: ÖStA/AdR, BMI, 55.163-II/6/78.
627 Record of Conversation with Erwin Lanc, Minister of the Interior, 5.11.1982, in: The National Archives (künftig: TNA), FCO 93/3170.
628 Thomas Riegler, „Wiener Club", in: Öffentliche Sicherheit, Nr. 3-4/2017, 47-51.
629 Ebenda, 51.
630 Rhodri Jeffreys-Jones, In Spies We Trust. The Story of Western Intelligence, Oxford 2013, 214-229.
631 Snowden Archive, Partner Receives Time-Sensitive Report in Total Team Effort, 1.3.2018, https: //theintercept.com/snowden-sidtoday/4389917-austrian-partner-receives-time-sensitive-report/.
632 Polli, Geheimdienstarbeit, 349.
633 Fabian Schmid, Enthüllungsjournalist Greenwald: „Österreich ist ständiger und diskreter Partner der NSA", in: Der Standard, 26.5.2014.

634 Fabian Schmid, Markus Sulzbacher, Wie Bundesheer und NSA kooperieren, in: Der Standard, 17.10.2014.
635 Erich Möchel, Satellitenspionagestation Königswarte, in: fm4v3.orf.at, 6.7.2014, http://fm4v3.orf.at/stories/1741929/ index.html.
636 Gert R. Polli, Deutschland zwischen den Fronten. Wie Europa zum Spielball von Politik und Geheimdiensten wird, München 2017, 107.
637 Ebenda, 109.
638 Fabian Schmid, Markus Sulzbacher, NSA spionierte gezielt österreichische UPC-Kunden aus, in: Der Standard, 11.3.2015, Markus Sulzbacher, Fabian Schmid, Überwachung in Österreich: Ermittlungen gegen NSA auf Sparflamme, in: Der Standard, 20.10.2017.
639 Martin Staudinger, Robert Treichler, Gesucht: „Vienna & Annex, Unmanned Remote", in: profil Nr. 45/2013, 48-52, Florian Klenk, Josef Redl, Das überwachte Wien, in: Falter Nr. 22/2015, 10ff.
640 Thomas Drake: Natürlich ist Wien wichtig für die NSA, in: profil Nr. 36/2013, 70f.
641 Die „NSA-Villa" in Wien-Plötzleinsdorf war laut Auskunft der US-Botschaft ein Open Source Center, in dem öffentlich zugängliche Informationen aus aller Welt gesammelt wurden. Die Villa befand sich seit 1971 im Besitz der US-Botschaft. 2017 wurde die Einrichtung geschlossen und nach London übersiedelt. Markus Sulzbacher, „NSA-Villa" in Wien-Währing geschlossen, in: Der Standard, 2.10.2017. Florian Horcicka zufolge handelte es sich um einen „NSA-Horchposten": Rund 70% des Telekommunikationsverkehrs in Wien seien hier abgehört worden. Florian Horcicka, NSA, Horchposten Wien, in: Format Nr. 36/2013, 8-11, hier 9. 2017 wurde bekannt, dass das Grundstück mit der Villa für 6,9 Millionen Euro an die Privatstiftung von Niki Lauda verkauft wurde. Niki Lauda kaufte die „NSA-Villa", in: Kleine Zeitung, 7.11.2017.
642 Florian Horcicka, NSA, Horchposten Wien, in: Format Nr. 36/2013, 8-11, Erich Möchel, Das Überwachungsnetz über den Dächern Wiens, in: fm4v3.orf.at, 17.5.2015, http://fm4.orf.at/stories/1758861/.
643 Mit TIER B allies geht die NSA bestimmte Kooperationen ein. Gleichzeitig sind diese Länder Ziel von Spionage. Umfassend kooperiert die NSA mit den TIER A allies Australien, Kanada, Neuseeland und Großbritannien („Five Eyes"). Glenn Greenwald, No Place to hide. Edward Snowden, the NSA and the U.S. Surveillance State, New York 2014, 122f.
644 Nationalrat – Klug: Nachrichtendienste des Bundesheers schützen Österreich und unsere Bevölkerung, APA-OTS, 20.11.2013.
645 Sulzbacher, Schmid, Überwachung in Österreich: Ermittlungen gegen NSA auf Sparflamme, in: Der Standard, 20.10.2017.
646 Andreas Knapp, „Eine dramatische Herausforderung", in: profil Nr. 28/2016, 26ff., hier 28.
647 Rainer Novak, Christian Ultsch, NSA hat Vertrag mit Österreich geschlossen, in: Die Presse, 12.7.2013.
648 Die geheime Macht, in: Wiener, März 1989, 12-15, hier 14.
649 Markus Sulzbacher, Snowden-Papier: Heeresdienst liefert der NSA Info, in: Der Standard, 27.8.2018.
650 Edward Snowden, Permanent Record, London 2019, 309f.
651 Ben Taub, How a Syrian War Criminal and Double Agent Dissappeared in Europe, in, The New Yorker, 13.9.2021.
652 Faksimilie des Dokuments abrufbar unter https://www.fob.rocks/dank-bvt-foltergeneral-bekommt-wohnung-und-asyl/.
653 Fidelius Schmid, Wolf Wiedmann-Schmidt, Operation „Weiße Milch", in: Der Spiegel, Nr, 37/2021, 86ff., Fabian Schmid, Syrischer „Foltergeneral" in Wien: Wie ein Mossad-Deal zum Fiasko wurde, in: Der Standard, 10.9.2021, Domink Schreiber, Kid Möchel, So schützte das BVT einen

mutmaßlichen Kriegsverbrecher, in: Kurier, 15.11.2020.
654 Taub, Syrian War Criminal.
655 Kid Möchel, Dominik Schreiber, In der Causa rund um mutmaßlichen Folter-General: BVT-Beamter wehrt sich, in: Kurier, 21.11.2020.
656 Dominik Schreiber, Kid Möchel, BVT: Brisante Lizenz zum Löschen, in: Kurier, 12.2.2021.

II. Der Untergang des BVT

Die BVT-Affäre und Jan Marsaleks Netzwerk

1 Moser verteidigt Hausdurchsuchungen, in: Wiener Zeitung, 14.3.2018.
2 BVT: 40.000 Gigabyte an Daten sichergestellt, in: Die Presse, 22.3.2018.
3 111/KOMM XXVI. GP, Befragung Ursula Schmudermayer, 5.
4 Ebenda, 7.
5 Renate Graber, Fabian Schmid, BVT-Zeugen fürchten um ihre Finger, in: Der Standard, 15.5. 2018.
6 111/KOMM XXVI. GP, 9.
7 Oberlandesgericht: Hausdurchsuchung im BVT war rechtswidrig, in: Kurier, 28.8.2018.
8 Daniel Bischof, Staatsversagen auf allen Ebenen, in: Wiener Zeitung, 7.3.2022.
9 Manfred Seeh, Rüsten für den ersten BVT-Prozess, in: Die Presse, 8.4.2021.
10 Ex-Spionagechef des BVT vor Gericht freigesprochen, in: Kurier, 3.3.2022.
11 118/KOMM XXVI. GP, Befragung Andreas Wruhs, 30.
12 Florian Klenk, Was bei der BVT-Razzia mitgenommen wurde, in: Falter, Nr. 23/2018, 13.
13 128/KOMM XXVI. GP, 11.
14 Ebenda, 23.
15 Alexander Smith, Andy Eckardt, Austria's tilt toward Russia worries intelligence experts, in: NBC News, 22.5.2018, https://www.nbcnews.com/news/world/austria-s-tilt-toward-russia-worries-intelligence-experts-n870711.
16 Berlin besorgt über Einfluss der FPÖ auf Geheimdienste, in: Frankfurter Allgemeine Zeitung, 19.1.2018.
17 Souad Mekhennet, Griff Witte, Austria's far-right government ordered a raid on its own intelligence service. Now allies are freezing the country out, in: Washington Post, 18.8.2018.
18 Florian Klenk, „Except BVT Vienna", in: Falter, Nr. 45/2018, 14.
19 BVT noch immer international eingeschränkt, in: Die Presse, 1.4.2019.
20 Katrin Bennhold, As Far Right Rises, a Battle Over Security Agencies Grows, in: The New York Times, 7.5.2019.
21 Richard Schmitt, Der geheime BVT-Bericht. Das ist die Story, die Sie nicht lesen dürfen, in: oe24.at, 17.11.2019, https://www.oe24.at/oesterreich/politik/der-geheime-bvt-bericht-das-ist-die-story-die-sie-nicht-lesen-duerfen/406170736.
22 Florian Flade, Klaus Ott, Jörg Schmitt, Der Agent, Jan Marsalek und die Nowitschok-Formel, in: Süddeutsche Zeitung, 29.10.2021.
23 Anja Kröll, Zurück am Stammtisch der Agenten, in: Kurier, 21.5.2022.
24 Fabian Schmid, BVT-Verfahrensrichter: Kickl-Ministerium beeinflusste Staatsanwaltschaft, in: Der Standard, 24.6.2019.
25 111/KOMM XXVI. GP, 42.
26 126/KOMM XXVI. GP, Befragung Peter Goldgruber, 5.

27 Ebenda, 12.
28 Ebenda, 27.
29 Dominik Schreiber, Kid Möchel, BVT und Wirecard: Der sagenhafte Mister W., in: Kurier, 25.1.2021, Amtsmissbrauch, in: profil, Nr. 5/2021, 12-21, hier 13.
30 Fabian Schmid, Renate Graber, Florian Niederndorfer, Wirecard, BVT und Nervengift: Das mysteriöse Netzwerk des Jan Marsalek in Österreich, in: Der Standard, 29.10.2021.
31 Dan McCrum, House of Wirecard. Wie ich den größte Wirtschaftsbetrug Deutschlands aufdeckte und einen Dax-Konzern zu Fall brachte, Berlin 2022, 395.
32 Wirecard und die Spione, in: Handelsblatt, 8.10.2022.
33 Martin Hesse, Fidelius Schmid, Gerald Traufetter, Was Wirecard mit dem BKA zu tun hatte, in: spiegel.de, 14.1.2021, https://www.spiegel.de/politik/deutschland/wirecard-skandal-sonderermittler-des-bundestags-rueffelt-sicherheitsbehoerden-a-8bdf6939-2280-466f-8098-d19b030b6a4a.
34 Ex-Wirecard-Manager Marsalek als „Geheimnisträger erster Güte", in: Die Presse, 31.8.2020.
35 From Munich to Moscow, in: Dossier Center, 19.7.2022, https://dossier.center/yan-german-en/.
36 Lena Kampf, Frederik Obermaier, Jörg Schmitt, Jan Willmroth, Gegen jede Warnung, in: Süddeutsche Zeitung, 26.1.2021, Eduard Steiner, Wie der Ex-Oligarch Firtasch aus seinem Wiener Exil bei Wirecard landete, in: Die Presse, 28.1.2021.
37 Thomas Steinmann, IT-Sicherheit: ein Deal mit Fragezeichen, in: capital.de, 24.2.2022, https://www.capital.de/wirtschaft-politik/it-sicherheit--ein-deal-mit-fragezeichen--31655164.html, Causa Marsalek: Die Verbindungen einer Spionagefirma werfen Fragen auf, in: Der Standard, 20.11.2021.
38 Benjamin Weiser, Schütz-Firma macht Cyber-Security für Außenministerium, in: zackzack.at, 10.8.2021, https://zackzack.at/2021/08/10/schuetz-firma-macht-cyber-security-fuer-aussenministerium.
39 Bettina Weiguny, Georg Meck, Wirecard. Das Psychogramm eines Jahrhundertskandals, München 2021, 324f.
40 Jan-Philipp Hein, Der Datenkrieger mit dem Kreml-Pass, in: Focus, Nr. 47/2021, 36-38.
41 Wiener IT-Firma soll schwere Sicherheitslücken an Hacker verkauft haben, in: Der Standard, 28.7.2022. Mit der DSIRF-Software „Subzero" wurden rund zehn Anwaltskanzleien in Europa und Südamerika infiziert. Es soll sich um den „Bubenstreich" eines einzelnen Mitarbeiters gehandelt haben, der ausprobieren wollte, ob die Software funktioniert. Anna Thalhammer, Anwälte mit Software bespitzelt, in: Die Presse, 24.11.2022.
42 „Ein solches politisches Netzwerk entsteht nicht durch Zufall", in: Cicero Online, 8.5.2002, https://www.cicero.de/wirtschaft/fabio-de-masi-uber-wirecard-jan-marsalek-geheimdienste-bnd-finanzbetrug.
43 Felix Holtermann, Wie Wirecard Politik und Finanzsystem bloßstellt, Frankfurt am Main 2021, 278.
44 Auf der Jagd nach Dr. No, in: Der Spiegel, Nr. 30/2020, 8-17, hier 14, Christo Grozev, World's Most Wanted Man Jan Marsalek Located in Belarus; Data Points to Russian Intel Links, in: bellingcat.com, 18.7.2020, https://www.bellingcat.com/news/uk-and-europe/2020/07/18/worlds-most-wanted-man-jan-marsalek-located-in-belarus-data-points-to-russian-intel-links/.
45 Hans-Martin Tillack, Achtmal Österreich, einmal Usbekistan: Warum besaß Jan Marsalek so viele Reisepässe?, in: stern.de. 18.1.2021, https://www.stern.de/politik/deutschland/ex-wirecard-manager-jan-marsalek-hatte-acht-reisepaesse-aus-oesterreich-30004180.html.
46 Fabian Schmid, Renate Graber, Wirecard-Nachbeben: Weiterer Verfassungschützer festgemommen, in: Der Standard, 24.1.2021.
47 Melanie Bergermann, Volker ter Haseborg, Die Wirecard-Story. Die Geschichte einer Milliarden-Lüge, München 2021, 185.
48 „Am schlimmsten war es, wenn wir essen waren, nur er und ich", in: Der Spiegel, Nr. 6/2021, 14-

20, hier 16.
49 Abschlussbericht des Dritten Untersuchungsausschusses (Wirecard), 1653f, https://dserver.bundestag.de/btd/19/309/1930900.pdf.
50 Anna Thalhammer, Was Marsalek mit Österreichern für Libyen plante, in: Die Presse, 20.8.2020.
51 Abschlussbericht des Dritten Untersuchungsausschusses (Wirecard), 1419.
52 Ebenda, 2000.
53 Ebenda, 1420.
54 Auf der Jagd nach Dr. No, 14.
55 Abschlussbericht des Dritten Untersuchungsausschusses (Wirecard), 1655.
56 Christoph Efelein, Jan-Philipp Hein, Josef Hufelschulte, Das geheime Netzwerk des Jan. M., in: Focus, Nr. 33/2002, 28-32.
57 Abschlussbericht des Dritten Untersuchungsausschusses (Wirecard), 1654
58 Ebenda, 1420.
59 Ebenda, 1421.
60 Fabian Schmid, Wie Wirecard-Manager Marsalek mit Behördengeld eine Miliz aufbauen wollte, in: Der Standard, 19.8.2020.
61 Weiguny, Meck, Wirecard, 331f.
62 Stefan Melichar, Michael Nikbakhsh, Liebesgrüße nach Moskau, in: profil, Nr. 11/2022, 32-36, hier 32.
63 Abschlussbericht des Dritten Untersuchungsausschusses (Wirecard), 1998.
64 Ebenda, 1653.
65 Зачем Ян Марсалек был нужен ГРУ?, https://dossier.center/marsalek/.
66 Roman Lehberger, Wolf Wiedmann-Schmidt, „Ein noch größerer Sauhaufen", in: Der Spiegel, Nr. 6/2021, 12.
67 Arne Meyer-Fünffinger, Joseph Streule, Marsalek und die Geheimdienste. Recherchen zum Komplex „Wirecard", Report München, 24.5.2022, https://www.br.de/fernsehen/das-erste/sendungen/report-muenchen/videos-und-manuskripte/wirecard-marsalek-geheimdienste-128.html.
68 Hans-Martin Tillack, Anette Dowideit, Dirk Banse, Wie Marsaleks Nowitschok-Leak Österreichs Ansehen schwer beschädigte, in: Die Welt. 21.5.2022.
69 Schmid, Graber, Niederndorfer, Wirecard, BVT und Nervengift.
70 Marsaleks Villa Kunterbunt, in: Süddeutsche Zeitung, 4.1.2021.
71 Jörg Schmitt, Wer bin ich, und wenn ja, wie viele?, in: Süddeutsche Zeitung, 25.7.2022.
72 Hans-Martin Tillack, So gut waren die Beziehungen zwischen Jan Marsalek und dem russischen Generalkonsul, in: Die Welt, 19.11.2021.
73 „Abdeckung an der Botschaft", in: Format, Nr. 6/2001, 45.
74 McCrum, House, 407ff.
75 Hans-Martin Tillack, Jan Marsalek und der Russe aus dem Spionagenest, in: Die Welt, 19.7.2022, Benjamin Weiser, Auf den Spuren eines Generalkonsuls, in: zackzack,at, 19.7.2022, https://zackzack.at/2022/07/19/auf-den-spuren-eines-generalkonsuls-spionage-verdacht-gegen-putin-diplomat.
76 Weiguny, Meck, Wirecard, 319.
77 Schmid, Graber, Niederndorfer, Wirecard, BVT und Nervengift.
78 Lehberger, Wiedmann-Schmidt, „Ein noch größerer Sauhaufen".
79 Fabian Schmid, BVT-Beamter soll Geheimnisse ans Ausland und an Politiker verkauft haben, in: Der Standard, 27.1.2021.
80 Kid Möchel, Dominik Schreiber, Deckname Ernesto Zanetti: Was Sie über einen BVT-Beamten wissen sollten, in: Kurier, 14.2.2022.
81 Anna Thalhammer, Globales Spitzelnetz im Visier der Justiz, in: Die Presse, 7.7.2022.

82 Fabian Schmid, Renate Graber, Kickls Kabinett vermittelte BVT-Zeugen von rechts außen, in: Der Standard, 17.5.2018.
83 Möchel, Schreiber, Deckname Ernesto Zanetti.
84 Flade, Ott, Schmitt, Der Agent, Jan Marsalek und die Nowitschok-Formel.
85 Anthony Faiola, Souad Mekhennet, After invasion of Ukraine, a reckoning on Russian influence in Austria, in: Washington Post, 5.7.2022.
86 Flade, Ott, Schmitt, Der Agent, Jan Marsalek und die Nowitschok-Formel.
87 Amtsmissbrauch, in: profil, Nr. 5/2021, hier 16.
88 Flade, Ott, Schmitt, Der Agent, Jan Marsalek und die Nowitschok-Formel.
89 Fabian Schmid, Renate Graber, Parmigiano ermittelt: Jan Marsaleks krude Verbindungen ins BVT, in: Der Standard,17.2.2022.
90 Jan Diesteldorf, Christoph Giesen, Jörg Schmitt, Marsalek, der Maulwurf und der Wiener Sumpf, in: Süddeutsche Zeitung, 16.2.2022.
91 Florian Flade, Jörg Schmitt, Der Spione der Spione, in: Süddeutsche Zeitung, 27.5.2022.
92 Diesteldorf, Giesen, Schmitt, Marsalek, der Maulwurf und der Wiener Sumpf.
93 Anna Thalhammer, Causa Ott: Spur zu Deutschlands Spionage-Fall Anschlag, in: Die Presse, 27.5.2022.
94 Faiola, Mekhennet, After invasion of Ukraine, a reckoning on Russian influence in Austria.
95 Christo Grozev, Russian Diplomat Who Died at Berlin Embassy is Senior Intelligence Figure's Son, in: bellingcat.com, 5.11.2021, https://www.bellingcat.com/news/2021/11/05/russian-diplomat-who-died-at-berlin-embassy-is-senior-intelligence-figures-son/.
96 Florian Flade, Ein Ex-Spion und viele Fragen, in: tagesschau.de, 27.5.2022, https://www.tagesschau.de/investigativ/wdr/marsalek-wirecard agenten-101.html.
97 Fabian Schmid, Ex-BVT-Abteilungsleiter ließ prüfen, ob seine und Jan Marsaleks Kontakte Spione waren, in: Der Standard, 30.1.2021.
98 „Ich habe fertig!" Ex-BVT-Mann E. O. packt aus, in: zackzack.at, 17.9.2021.
99 Anna Thalhammer, Der Maulwurf-Akt: Wen Marsalek von Ex-BVT-Beamten ausspionieren ließ, in: Die Presse, 17.2.2022.
100 Florian Flade, Führt die Spur nach Deutschland?, in: tagesschau.de, 7.7.2022, https://www.tagesschau.de/investigativ/ndr-wdr/osterreich-geheimdienst-ex-agent-101.html.
101 Anna Thalhammer: Der Mauwurf-Akt: Das Netzwerk der Geheimnisverräter, in: Die Presse, 17.2.2022.
102 Kid Möchel, Dominik Schreiber, Spionage-Skandal: Vertrauliche Projektunterlagen des Innenministeriums abfotografiert, in: Die Presse, 15.2.2022.
103 124/KOMM XXVI. GP, Befragung A. H. (BVT), 4.
104 Anna Thalhammer, BVT: IT-Techniker saugte illegal Handydaten ab, in: Die Presse, 25.3.2021.
105 Anna Thalhammer, Neue Emittlungem: Sobotkas Kanu-Ausflug, Agenten und Wirecard, in: Die Presse, 1.12.2021.
106 Thalhammer, BVT: IT-Techniker saugte illegal Handydaten ab.
107 Josef Streule, Arne Meyer-Fünffinger, Marsalek-Vertrauter wehrt sich gegen Fluchthilfe-Vorwurf, in: br.de, 21.5.2022, https://www.br.de/nachrichten/deutschland-welt/wirecard-marsalek-vertrauter-wehrt-sich-gegen-fluchthilfe-vorwurf,T6OCeCO.
108 Hans Martin Tillack, Anette Dowideit, Dirk Banse, Most Wanted! Wirklich?, in: Die Welt, 22.5.2022.
109 Josef Streule, Arne-Meyer Fünffinger, Marsalek-Vertrauter wehrt sich gegen Fluchthilfe-Vorwurf, in: br.de, 21.5.2022, https://www.br.de/nachrichten/deutschland-welt/wirecard-marsalek-vertrauter-wehrt-sich-gegen-fluchthilfe-vorwurf,T6OCeCO.

110 Schmid, Graber, Parmigiano ermittelt.
111 Thalhammer, Der Maulwurf-Akt.
112 Anna Thalhammer, Wie eine Clique aus Ex-Verfassungschützern das Land vor sich hertrieb, in: Die Presse, 12.2.2022.
113 Klaus Ott, Jörg Schmitt, Heißer Draht zu Marsalek, in: Süddeutsche Zeitung, 1.2.2021.
114 Bergermann, Haseborg, Wirecard-Story, 138.
115 Ebenda, 186.
116 Ebenda, 189.
117 McCrum, House, 182f.
118 Holtermann, Wirecard, 92.
119 Weiguny, Meck, Wirecard, 204.
120 Ebenda, 217, René Höltschi, Das „kriminelle Meisterstück" von Jan Marsalek: wie es zum Leerverkaufsverbot für Wirecard-Aktien gekommen ist, in: Neue Züricher Zeitung, 11.3.2021.
121 Schmid, Graber, Wirecard-Nachbeben.
122 Stefan Melichar, Michael Nikbakhsh, Geld, Agenten, Politik, in: profil, Nr. 30/2020, 26-30, hier 29f.
123 Wirecard-Finanzchef flüsterte FPÖ offenbar geheime BVT-Infos, in: Der Standard, 9.7.2020.
124 Michael Nikbakhsh, Die BVT-Affäre: War die Razzia 2018 von langer Hand geplant?, in: profil.at, 18.6.2020, https://www.profil.at/oesterreich/die-bvt-affaere-war-die-razzia-2018-von-langer-hand-geplant/400944524.
125 Melichar, Nikbakhsh, Geld, Agenten, Politik, 30.
126 Anna Thalhammer, Marsalek und seine Clique der Verdächtigen, in: Die Presse, 21.10.2021.
127 Anna Thalhammer, Flüchtiger Wirecard-Manager war geheimer FPÖ-Informant, in: Die Presse, 9.7.2020.
128 Melichar, Nikabakhsh, Geld, Agenten, Politik, 30.
129 Heinz-Christian Strache, Das Ibiza-Attentat. Was wirkich geschah und warum ich weiter für euch kämpfe, Nordenstedt 2021, 230f.
130 Die Vorstadtbande, in: Der Spiegel, Nr. 6/2021, 8-13, hier 13.
131 Michael Nikbakhsh, „Wir sehen einander ja heute Abend", in: profil, Nr. 6/2021, 32-43, Stefan Melichar, Michael Nikbakhsh, Wie Wahnsinn, in: profil, Nr. 22/2022, 26-32, hier 32.
132 Anna Thalhammer, Marsaleks schwarz-blaues Politnetzwerk, in: Die Presse, 1.2.2021.
133 Thalhammer, Flüchtiger Wirecard-Manager war geheimer FPÖ-Informant.
134 117/KOMM XXVI. GP, Befragung S. G. (BVT), 13.
135 83/KOMM XXVI. GP, Befragung G. S. (EGS), 28.
136 133/KOMM XXVI. GP, Befragung Ursula Schmudermayer, 47f.
137 83/KOMM XXVI. GP, 7.
138 Ebenda, 43.
139 Michael Nikbakhsh, Fall BVT: „Eine Art Verfolgungswahn",in: profil.at, 28.4.2018, https://www.profil.at/oesterreich/fall-bvt-art-verfolgungswahn-10045364.
140 Medienbericht: Brisante Details zur Hausdurchsuchung beim BVT, in: Kurier, 13.3.2018.
141 128/KOMM XXVI. GP, 25.
142 120/KOMM XXVI. GP, Befragung R. P. (BVT), 4.
143 130/KOMM XXVI. GP, KOMM XXVI. GP, Befragung Herbert Kickl, 5.
144 121/KOMM XXVI. GP, 18.
145 Ebenda, 16.
146 121/KOMM XXVI. GP, Befragung M. W. (BVT), 31f.
147 Thalhammer, Marsalek und seine Clique der Verdächtigen.

148 124/KOMM XXVI. GP, 25.
149 119/KOMM XXVI. GP, Befragung Ursula Schmudermayer, 29.
150 111/KOMM XXVI. GP, 8.
151 Schmid, Graber, Kickls Kabinett vermittelte BVT-Zeugen von rechts außen.
152 Anna Thalhammer, Der neue BVT-Skandal, in: Die Presse, 25.3.2021.
153 Fabian Schmid, Colette M. Schmidt, Abtrünnige Beamte planten unter Türkis-Blau einen Minigeheimdienst im blauen Außenamt, in: Der Standard, 15.2.2022.
154 Anna Thalhammer, Wie die Nervengiftformel Österreich verließ, in: Die Presse, 29.10.2021.
155 Luke Harding, How Russian spies bungled cyber-attack on weapons watchdog, in: The Guardian, 4.10.2018.
156 Holtermann, Wirecard, 268.
157 McCrum, House, 273.
158 Hans-Martin Tillack, Anette Dowideit, Dirk Banse, Most Wanted! Wirklich? in: Die Welt, 23.5.2022.
159 Martin Gebhart, Nowitschok-Formel an Marsalek verraten? Ex-Spitzendiplomat kämpft um seinen Ruf, in: Kurier, 12.8.2022.
160 Thalhammer, Marsalek und seine Clique der Verdächtigen.
161 Gebhart, Nowitschok-Formel an Marsalek verraten?
162 Fabian Schmid, Jan Marsalek tauchte rund um Hackerangriff auf Außenministerium auf, in: Der Standard, 19.11.2021.
163 Hans-Martin Tillack, Anette Dowideit, Dirk Banse, Wie Marsaleks Nowitschok-Leak Österreichs Ansehen schwer beschädigte, in: Die Welt, 21.5.2022.
164 „Die Nowitschok-Formel wurde wie auf dem Basar gehandelt", in: Focus, 17.2.2021.
165 Fritsche: Zeitgleich BVT und Wirecard-Chefs beraten, in: oe24.at, 9.9. 2020, https://www.oe24.at/oesterreich/politik/fritsche-zeitgleich-bvt-und-wirecard-chefs-beraten/445531100.
166 Josef Streule, Arne Meyer-Fünffinger, Einblicke in Marsaleks Welt, in: tageschau.de, 21.5.2022, https://www.tagesschau.de/investigativ/br-recherche/marsalek-flucht-weiss-wehrt-sich-101.html.
167 Anordung der Festnahme, 1.3.2021, Faksimile online unter https://www.fob.rocks/wirecard-und-bvt-das-schwarze-imperium-schlaegt-zurueck/.
168 Schmid, Graber, Wirecard-Nachbeben.
169 Diesteldorf, Giesen, Schmitt, Marsalek, der Maulwurf und der Wiener Sumpf.
170 Klaus Ott, Jörg Schmitt, Wo ist Jan Marsalek?, in: Süddeutsche Zeitung, 20.3.2022.
171 Hans-Martin Tillack, Heiße Spur nach Moskau, in: Die Welt, 14.6.2021.
172 Nikolaus Harbusch, Merkel wusste vom Versteck des Wirecard-Betrügers, in: Bild, 11.4. 2022.
173 Angst der Agenten vor „Kompromat", in: Der Spiegel, Nr. 16/2022. 59.
174 From Munich to Moscow.
175 Jörg Schmitt, Wer bin ich, und wenn ja, wie viele?, in: Süddeutsche Zeitung, 25.7.2022.
176 Fahnder prüfen verdächtige Mietüberweisung, in: spiegel.de, 17.9.2021, https://www.spiegel.de/wirtschaft/soziales/jan-marsalek-verdaechtige-mietueberweisung-an-fluechtigen-wirecard-manager-a-cd6cf358-ea07-4c02-acea-8b7644ae6c6a.

Der Terroranschlag von Wien 2020

177 Sahel Zarinfard, Der Anschlag, in: Datum, Nr. 5/2021, 54-65, hier 55.
178 Markus Sulzbacher, Österreichischer Antisemitismusbericht: „Ein Jahr im Zeichen der Gewalt", in: Der Standard Watchblog, 26.4.2021, https://www.derstandard.at/story/2000126149916/oesterreichischer-antisemitismusbericht-ein-jahr-im-zeichen-der-gewalt.

179 Sechs Tatorte innerhalb von 150 Metern, in: orf.at, 6.11.2020, https://wien.orf.at/stories/3074794/.

180 Michaela Reibenwein, Nina Oezelt, Wien-Attentäter hatte Nobelrestaurant im Visier, in: Kurier, 27.4.2021.

181 Twenty-seventh report of the Analytical Support and Sanctions Monitoring Team submitted pursuant to resolution 2368 (2017) concerning ISIL (Da'esh), Al-Qaida and associated individuals and entities, https://undocs.org/pdf?symbol=en/S/2021/68.

182 Jan Michael Marchart, Gabriele Scherndl, Die sieben Männer im Fokus der Terrorermittlungen, in: Der Standard, 24.5.2022.

183 Vanessa Gaigg, Jan Michael Marchart, Johannes Pucher, Gabriele Scherndl, Fabian Schmid, Wiener Attentäter handelte bei Anschlag allein, soll aber Unterstützer gehabt haben, in: Der Standard, 20.10.2021.

184 Anschlag in Wien: Attentäter war 90 Minuten vor der Tat am Schwedenplatz, in: Die Presse, 26.4.2021.

185 Vanessa Gaig, Nach Klage von Angehöriger: Republik bestreitet Schuld an Terroranschlag, in: Der Standard, 23.4.2021.

186 Thomas Hoisl, Edith Meinhart, Clemens Neuhold, „Egal was kommt, ich freue mich", in: profil, Nr. 19/2021, 18ff., hier 19.

187 Johannes Saal, Felix Lippe, The Network of the November 2020 Vienna Attacker and the Jihadi Threat to Austria, in: CTC Sentinel, February 2021, 33-43, hier 36.

188 Gefälschten Ausweis an Wien-Attentäter gegeben: Verfahren in Italien geplant, in: Der Standard, 16.7.2021.

189 Guido Steinberg, Dschihadismus in Österreich. Eine gefährliche Szene mit großer Strahlkraft (Konrad-Adenauer-Stiftung, Berlin 2021), https://www.kas.de/de/einzeltitel/-/content/dschihadismus-in-oesterreich.

190 Vanessa Gaigg, Fabian Schmid, Terror-Untersuchungskommission kritisiert Verfassungsschutz drastisch, in: Der Standard, 23.12.2020.

191 Zwischenbericht der Untersuchungskommission zum Terroranschlag vom 02.11.2020, 11, https://www.bmi.gv.at/Downloads/Zwischenbericht.pdf.

192 Gaigg, Schmid, Terror-Untersuchungskommission kritisiert Verfassungsschutz drastisch.

193 Anschlag in Wien: Protokoll des Versagens, in: puls24.at, 13.9.2021, https://www.puls24.at/news/chronik/anschlag-in-wien-protokoll-des-versagens/243948.

194 Vanessa Gaigg, Nach Klage von Angehöriger: Republik bestreitet Schuld an Terroranschlag, in: Der Standard, 23.4.2021.

195 Thomas Hoisl, Radikale Signale, in: profil, Nr. 19/2022, 20f., hier 21.

196 Vanessa Gaigg, Jan Michael Marchart, Johannes Pucher, Gabriele Scherndl, Fabian Schmid, Die vielen Behördenfehler vor dem Wiener Terroranschlag, in: Der Standard, 19.10.2021.

197 Hoisl, Radikale Signale.

198 Anschlag in Wien: Protokoll des Versagens, in: puls24.at, 13.9.2021.

199 Zwischenbericht, 17.

200 Ebenda, 18.

201 Anschlag in Wien: Protokoll des Versagens, in: puls24.at, 13.9.2021.

202 Zwischenbericht, 18.

203 Laurin Lorenz, Walter Müller, Gabriele Scherndl, Razzien bei der Muslimbruderschaft: Wie aus „Ramses" die Operation „Luxor" wurde, in: Der Standard, 9.11.2020.

204 Daniel Bischof, Vernichtendes Urteil für Verfassungsschutz, in; Wiener Zeitung, 10.2.2021.

205 Abschlussbericht der Untersuchungskommission zum Terroranschlag vom 02.11.2020, 23f.,

https://www.bmi.gv.at/downloads/Endbericht.pdf.
206 Vanessa Gaigg, Fabian Schmid, Untersuchungskommission sieht „erhebliche Mängel“ in Terrorbekämpfung, in: Der Standard, 10.2.2021.
207 Abschlussbericht, 26.
208 Ebenda, 19.
209 Zwischenbericht, 23.
210 Vanessa Gaigg, Fabian Schmid, Terror-Untersuchungskommission kritisiert Verfassungsschutz drastisch, in: Der Standard, 23.12.2020.
211 Abschlussbericht der Untersuchungskommission, 20f.
212 Nehammer schwärzt und vertuscht, in: zackzack.at, 9.2.2021, https://zackzack.at/2021/02/09/nehammer-schwaerzt-und-vertuscht-vor-endbericht-der-u-kommission-zum-terroranschlag.
213 Abschlussbericht, 23.
214 Zwischenbericht, 21.
215 Dominik Schreiber, Kid Möchel, Nach BVT-Skandal: Innenminister stellt Geheimdienst komplett neu auf, in Kurier, 12.2.2020.

Fallgeschichte(n)

Wer war der dritte Mann?

1 Seit den Tagen des Dritten Manns ist Wien jedenfalls ein beliebter Schauplatz für Spionage-Filme geblieben – so etwa in Foreign Intrigue (1956), Schüsse im 3/4 Takt (1965), Gern hab' ich die Frauen gekillt (1966), Avec la peau des autres (dt. „Die Haut des Anderen", 1966), Scorpio (1973), The Living Daylights (1987), The Matador (2005), Mission Impossible: Rogue Nation (2015), Red Sparrow (2018), All the Old Knives (2022), The Gray Man (2022) und Extraction 2 (2023). In Firefox (1982) doubelte Wien für Moskau, dafür wurden in The Peacemaker (1997) die Wien-Szenen in Bratislava gefilmt. Weitere Wien-Gastspiele finden sich in den Serien The Sandbaggers (1978), Berlin Station (2018/19), Jack Ryan (2021), The Ipcress File (2022) und The Recruit (2022).
2 Leon Panetta, Worthy Fights. A Memoir of Leadership in War and Peace, New York 2014, 284.
3 Agenten-Lebensbeichte: Geld für Staatsgeheimnisse, in: Kronen-Zeitung, 26.1.2021.
4 Brigitte Timmermann, Frederick Baker, Der dritte Mann. Auf den Spuren eines Filmklassikers, Wien 2002, 88.
5 Michael Shelden, Graham Greene. The Man Within, London 1994, 36f.
6 Peter Wollen, The Vienna Project, in: Sight and Sound, July 1999.
7 Jeffrey, MI6, 314ff.
8 Anthony Read, David Fisher, Colonel Z. The Secret Life of a Master of Spies, London 1985, 176-180.
9 Timmermann, Baker, Mann, 90.
10 Ebenda, 22f.
11 Read, Fisher, Colonel Z, 185.
12 Dorril, MI6, 120.
13 Timmermann, Baker, Mann, 25.
14 Aus Graham Greenes unveröffentlichten Memoiren, in: Die Zeit, 21.2.1975.
15 Shelden, Greene, 324.
16 Elizabeth Montagu, Honourable Rebel, Beaulieu 2003, 374-381.
17 Ebenda, 381.
18 Ebenda, 394.

19 Norman Sherry, The Life of Graham Greene. Volume II: 1939-1955, New York 1995, 251.
20 Montagu, Rebel, 382.
21 Interview mit Timothy Smolka, 27.3.2019.
22 Montagu, Rebel, 392.
23 London Films an Peter Smollett, 24.7.1948, Archiv Autor.
24 Montagu, Rebel, 392.
25 Graham Greene, Ways of Escape, London 1980, 99
26 Peter Foges, My Spy. The story of H.P. Smolka, Soviet Spy and inspiration for „The Third Man", in: Roundtable, 14.1.2016. https://www.laphamsquarterly.org/roundtable/my-spy.
27 Christopher Andrew, Wassili Mitrochin, Das Schwarzbuch des KGB. Moskaus Kampf gegen den Westen, München 2001, 87.
28 Barbara Honigmann, Ein Kapitel aus meinem Leben, München 2004, 48f.
29 Ebenda, 59.
30 Christopher Andrew, Oleg Gordievsky, KGB. The Inside Story of its Foreign Operations from Lenin to Gorbachev, London 1991, 213
31 Yuri Modin, My Five Cambridge Friends, London 1994, 61
32 E. H. Cookridge, The Third Man. The Full Story of Kim Philby, New York 1968, 33f.
33 Fry, Spymaster, 67f.
34 Genrikh Borovik, The Philby Files. The Secret Life of the Master Spy – KGB Archives Revealed, London 1994, 19.
35 Richard Davenport-Hines, Enemies Within. Communists, the Cambridge Spies and the Making of Modern Britain, London 2019, 233.
36 Fry, Spymaster, 29.
37 Philip Knightly, The Masterspy. The Story of Kim Philby, New York 1990, 42.
38 Macintyre, Spy, 38.
39 Fry, Spymaster, 65.
40 Frank-Maier, Geständnis, 49ff.
41 Martin Pearce, Spymaster. The Life of Britain's Most Decorated Cold War Spy and Head of MI6 Sir Maurice Oldfield, London 2017, 108 und 218.
42 Peter Stephan Jungk, Die Dunkelkammern der Edith Tudor-Hart: Geschichten eines Lebens, Frankfurt am Main 2017, 71f.
43 Nigel West, Oleg Tsarev, The Crownjewels. The British Spies exposed by the KGB Archives, London 1999, 274.
44 Andrew, Mitrochin, Schwarzbuch, 86.
45 In einem Bericht der Londoner Residentur nach Moskau von Ende Juni 1934 zur Rekrutierung von Philby heißt es: „Sonny was never a member of tbe Party and tried to hide his sympathies for the Party, and was planning a diplomatic career after Cambridge. Edith's references on Sonny are highly positive. I decided to recruit the fellow without delay (of course not for the organs directly, it's too soon for that) for antifascist work. […] The meeting between Arnold and Sonny took place with all caution. The result is his complete readiness to work. Sonny made an excellent impression on Arnold." Borovik, Files, 39.
46 Borovik, Files, 55.
47 Chris Smith, The Last Cambridge Spy. John Cairncross, Bletchley Park Mole and Soviet Agent, Cheltenham 2022, 77.
48 Michael Holzmann, Kim and Jim. Philby and Angelton: Friends and Enemies in the Cold War, London 2021, 43.
49 Nigel West, Oleg Tsarev, The Crown Jewels. The British Secrets exposed by the KGB Archives, London 1998, 113.

50 Macintyre, Spy, 47f.
51 Holzmann, Kim and Jim, 40.
52 Honigmann, Kapitel, 63.
53 Andrew, Mitrochin, Schwarzbuch, 87.
54 Stephen Grey, The New Spymasters. Inside Espionage from the Cold War to Global Terror, London 2015, 39f.
55 Christopher Andrew, MI5. Die wahre Geschichte des britischen Geheimdienstes, München 2011, 402.
56 Interview with Edith Tudor-Hart on 8.1.1952, in: TNA), KV2/4091, 180b.
57 Summary of Information, 28.11.1951, in: TNA, KV2/4091, 163c.
58 Jungk, Dunkelkammern, 174.
59 Ebenda, 20-25.
60 Edith Tudor-Hart, 1.12.1951, in: TNA, KV2/4091, 166a.
61 Note on the Case of Edith Tudor-Hart, 16.7.1965, in: TNA, KV2/4093, 311a.
62 Jungk, Dunkelkammern, 85.
63 West, Tsarev, Crownjewels, 278.
64 Report, 2.7.1964, in: TNA, KV 2/4093, 306a.
65 Jungk, Dunkelkammern, 145.
66 Broda, Engelbert, 1.1.1946, in: TNA, KV 2/2352, 46f.
67 Paul Broda, Scientist Spies. A memoir of my three parents and the Atom bomb, Leicester 2011, 150ff.
68 Jungk, Dunkelkammern, 165f.
69 In dem Bericht heißt es: „Although I have no definitive proof, I have always suspected Broda of being engaged in scientific espionage, and according to Edith Tudor-Hart, he has for some time occupied himself with secret scientific research at Cambridge connected with atomic energy. She stressed Broda's importance to the party in view of his qualifications and connections. In view of the intimate relations existing between Edith Tudor-Hart and Broda, it must be presumed that she is well informed of her lover's activities." Source: Kaspar. Dr. E. Broda, 10.11.1945, in: TNA, KV 2/2352, 302a.
70 Brown, Broda, May and Atomic Espionage, 185.
71 Andrew, MI5, 402-423.
72 Moscow names square after British double agent Kim Philby, in: The Guardian, 8.11.2018.
73 Shelden, Greene, 33.
74 Davenport-Hines, Enemies, 240.
75 Interview mit Timothy Smolka, 27.3.2019.
76 Intelligence Organisation, British Troops Austria, B.T.A.4., Smollett-Smolka, Harry P., in: TNA, KV 2/4169, 227a.
77 Smollett Smolka, Harry Peter, in: TNA, KV 2/4169, 189a.
78 Charmian Brinson, „Nothing short of a scandal"? Harry Peter Smolka and the British Ministry of Information, in: Journal for Intelligence, Propaganda and Security Studies 10, Nr. 1/201, 63-75, hier 65.
79 Smollett Smolka, Harry Peter, in: TNA, KV 2/4169, 189a.
80 Andrew, Mitrochin, Schwarzbuch, 127.
81 Interview mit Timothy Smolka, 27.3.2019.
82 Foges, My Spy.
83 Andrew, Gordievsky, KGB, 334.
84 Schreiben vom 25.10.1940, in: TNA, KV 2/4169, 147a.
85 Internal Memorandum, 10.9.1942, in: TNA, KV 2/4169, 172A.
86 Internal Memorandum, 12.9.1942, in: TNA, KV 2/4169, 173A.
87 Borovik, Files, 139.
88 Erlebnisbericht von Timothy Smolka, http://www.centropa.org/de/biography/timothy-smolka.

89 Brinson, „Nothing short of a scandal"?, 72.
90 Brief an MI5-Offizier, 29.3.1946, in: TNA, KV 2/4169, 185.
91 Brief an MI5-Offizier vom 5.2.1949, in: TNA, KV 2/4169, 202.
92 Letter from MI6 re Smollett, 28.6.1951, in: TNA, KV 2/4169, 213B.
93 Harry Peter Smollett formerly SMOLKA, 20.6.1951, in: TNA, KV 2/4169, 213a.
94 Extracts from 430 CIC Det. MOIC dated 6. October 1950, in: TNA, KV 2/4169.
95 Davenport-Hines, Enemies, 494.
96 Interview mit Timothy Smolka, 27.3.2019.
97 Macintyre, Spy, 43-47.
98 Shelden, Greene, 308.
99 Ebenda, 316.
100 Richard Greene, The Life and Times of Graham Greene, London 2020, 155.
101 Vorwort zu Kim Philby, My Silent War. The Autobiography, London 2003, xvii.
102 Shelden, Greene, 323.
103 Brigitte Timmermann, The Third Man's Vienna: Celebrating a Film Classic, Wien 2005, 101.
104 Siegfried Beer, Film in Context: The Third Man, in: History Today, May 2001, 45–51, 50f.

Ian Flemings „goldene Zeit" in Kitzbühel und die Inspiration für James Bond

105 Karl Prieler, Story oder History? James Bond Faktencheck, in: Stadt Kitzbühel, Mitteilungsblatt der Stadtverwaltung, September 2020.
106 John Pearson, The Life of Jan Fleming, London 2003, 36f.
107 Phyllis Bottome, The Goal, London 1962, 130ff.
108 Andrew Lycett, Ian Fleming. The Man Who Created James Bond, London 2008, 32f.
109 Pearson, Life, 36.
110 Prieler, Story oder History?
111 Pearson, Life, 40.
112 Oliver Buckton, The World Is Not Enough. A Biography of Ian Fleming, London 2021, 45.
113 Pearson, Life, 44.
114 Steffen Arora, Ian Fleming: Der Bond-Erfinder in Kitz, in: Die Presse, 9.11.2008.
115 Pearson, Life, 47.
116 Buckton, World, 63.
117 Pearson, Life, 45f.
118 Buckton, World, 55ff.
119 Lycett, Fleming, 37.
120 Fry, Spymaster, 75.
121 Buckton, World, 69f.
122 David O'Keefe, One Day in August. Ian Fleming, Enigma and the deadly Raid on Dieppe, London 2020, 25.
123 Paul Duncan (Hg.), The James Bond Archives, Köln 2021, deutschsprachige Übersetzung als Begleitheft, 7.
124 Ben Macintyre, For Your Eyes Only. Ian Fleming and James Bond, London 2008, 28.
125 O'Keefe, August, 183ff., Edward Abel Smith, Ian Fleming's Inspiration. The Truth behind the Books, Yorkshire 2020, 101.
126 O'Keefe, August, 350f.
127 Macintyre, Eyes, 34f., Smith, Inspiration, 80.
128 Smith, Inspiration, 101.

129 Ebenda, 114, Nicholas Rankin, Ian Fleming's Commandos. The Story of 30 Assault Unit in WWII, London 2011, 327ff.
130 Ian Fleming, Liebesgrüße aus Moskau, Ins Deutsche übertragen von Anika Klüver und Stephanie Panner, Ludwigsburg 2013, 139.
131 Macintyre, Eyes, 84ff.
132 Ebenda, 5f.
133 Bottome, Goal, 69-73.
134 Jeffrey, MI6, 201f.
135 Bottome, Goal, 65.
136 Nigel West, Fiction, Faction and Intelligence, in: Intelligence & National Security, Vol. 19, No. 2, Summer 2004, 275-289, hier 279.
137 Duncan, Archive, 7.
138 Ben Macintyre, The real 007's cover has been blown, in: The Times, 25.9.2020.
139 Conrad O'Brien-ffrench, Delicate Mission. Autobiography of a secret agent, London 1979, 112.
140 Ebenda, 110.
141 "Vienna was full of spies and intrigue and subterfuge". Ebenda, 113.
142 Ebenda, 115.
143 Ebenda, 112.
144 Jim Ring, Storming the Eagle's Nest. Hitler's War in the Alps, London 2013, 125.
145 Ebenda, 118.
146 Ebenda, 127.
147 Lycett, Fleming, 90. Aufenthalte Flemings in Kitzbühel sind in den Jahren 1935, 1937 und 1963 verbürgt, Prieler, Story or History.
148 O'Brien-ffrench, Mission, 117
149 Ebenda, 116.
150 „Conrad, a secret agent? Oh, no, he's much too stupid". Ebenda, 117f.
151 Walter Stewart, James Bond of West Vancouver, in: Macleans, February 1975, 60-65, hier 64.
152 O'Brien-ffrench, Mission, 159.
153 Ebenda, 167.
154 Read, Fisher, Colonel, 184.
155 Stewart, James Bond, 64.
156 Buckton, 59.
157 Ian Fleming, Octopussy. Ins Deutsche übertragen von Anika Klüver und Stephanie Panner, Ludwigsburg 2014, 20-25.
158 Ebenda, 47.
159 Buckton, World, 51.
160 Duncan, Archive, 126.
161 Precis of Project GRBEAVER, 21.5.1958, in: CREST, https://www.cia.gov/readingroom/docs/TSCHURTSCHENTHALER%2C%20HANS_0012.pdf.
162 Macintyre, Eyes, 92f.
163 Ian Fleming, Liebesgrüße aus Moskau, Ins Deutsche übertragen von Anika Klüver und Stephanie Panner, Ludwigsburg 2013, 353.
164 Vernehmung Ignaz Karner, 28.2.1950, in: ÖStA/AdR, Geschäftszahl 40.866 – 13/50.
165 Bundesministerium für Inneres, Abteilung 2, Information, 24.2.1950, in: ÖStA/AdR, Geschäftszahl 40.866 – 13/50.
166 James E. Wise, Scott Baron, Dangerous Games. Face, Incidents and Casualties of the Cold War, Annapolis 2013, 53.

167 Information, 24.2.1950, in: ÖStA/AdR, Geschäftszahl 40.866 – 13/50.
168 Vernehmung Johann M., 24.2.1950, in: Ebenda.
169 Bericht Sicherheitsdirektion für das Land Salzburg an Bundesministerium für Inneres, 1.3.1950, in: Ebenda.
170 Information, 2.3.1950, in: Ebenda.
171 Das Dunkel um den Mörder von Karpe, in: Der Abend, 2.3.1950.
172 Wise, Baron, Games, 52. Der Tod des Captain Karpe – ein unlösbares Rätsel?, in: Weltpresse, 28.2.1950.
173 Bundespolizeidirektion Innsbruck an Landesgendarmeriekommando Salzburg, in: ÖStA/AdR, Geschäftszahl 40.866 – 13/50.
174 Robert A. Vogeler with Leigh White, I was Stalin's Prisoner, New York 1952, 240.
175 Ebenda, 64.
176 Diplomatenmord im Ofenauer Tunnel?, in: Neue Wiener Tageszeitung, 25.2.1950.
177 Vogeler, White, Prisoner, 239.
178 Information, 24.2.1950, in: ÖStA/AdR, Geschäftszahl 40.866 – 13/50.
179 Vogeler, White, Prisoner, 239.
180 Ms. Vogeler nach dem Tode von Captain Karpe bedroht, in: Weltpresse, 27.2.1950.
181 Vogeler, White, Prisoner, 240f.
182 Katja Iken, Abgefahren! Mythos Orientexpress, in: spiegel.de, 22.5.2017, https://www. spiegel.de/geschichte/orient-express-vor-40-jahren-landete-der-luxuszug-auf-dem-abstellgleis-a-1148225.html.
183 Wise, Baron, Games, 52.
184 Macintyre, Eyes, 93.
185 Bericht, 25.1.1952, in: Schweizerisches Bundesarchiv (künftig: BAR), B.41.21.Ro. Taresco, Ryan, rum. Staatsbürger, E2001E#1969/121#4372*.
186 Information, 12.2.1952, in: ÖStA/AdR, Geschäftszahl 40.866 – 13/50.
187 Bericht, 25.1.1952, in: BAR, B.41.21.Ro. Taresco, Ryan, rum. Staatsbürger, E2001E#1969/121#4372*.
188 An den Bundesrat, 3.4.1952, in: Ebenda.
189 Chef der Polizeiabteilung an Polizeikommandant Bern, 8.4.1952, in: Ebenda.
190 Schreiben an Bundesrat Feldmann, 19.3.1952, in: BAR, C.13.03266 P, Taresco Ryan, 1927, E4320B#1991/243#3466*.
191 Appendix F – Comments, 28.2.1952, in: BAR, N-050799, Taresco, Ryan. 03.12.1927, E4264 #2016/53#1696*.
192 Schreiben an Bundesrat Feldmann, 5.2.1952, in: BAR, B.41.21.Ro. Taresco, Ryan, rum. Staatsbürger, E2001E#1969/121#4372*.
193 Schreiben an Bundesrat Feldmann, 25.3.1952, in: Ebenda.
194 Schreiben an Bundesrat Feldmann, 25.6.1952, in: Ebenda.
195 Schreiben an Bundesrat Feldmann, 26.6.1952, in: BAR, N-050799, Taresco, Ryan . 03.12.1927, E4264#2016/53#1696*.
196 Herrn Dr. Jezler, 2.10.1952, in: Ebenda.
197 Schreiben an Bundesrat Feldmann, 26.6.1952, in: Ebenda.
198 Herrn Dr. Rothmund, 13.10.1952, in: Ebenda.
199 Aktennotiz, 14.11.1952, in: Ebenda.
200 Bericht von Komm. Zehnder, 5.3.1959, in: BAR, C.13.03266 P, Taresco Ryan, 1927, E4320B#1991/243#3466*.
201 Wise, Baron, Games, 52.

202 Vgl.: Michael Wladika, Die NS-Vergangenheit der Funktionäre von VdU und FPÖ, in: Bericht der Historikerkommission. Analysen und Materialien zur Geschichte des Dritten Lagers und der FPÖ, Wien 2019, 39-91.
203 Margit Reiter, Die Ehemaligen. Der Nationalsozialismus und die Anfänge der FPÖ, Göttingen 2019, 71f.
204 Redetranskript, 1.6.1949, in: ÖStA/AdR, BMI 78.805-2/49, Verband der Unabhängigen.
205 Portisch, Weg, 381.
206 Ebenda, 384f.
207 Oliver Rathkolb, NS-Problem und politische Restauration. Vorgeschichte und Etablierung des VdU, in: Sebastian Meissl, Klaus-Dieter Mulley, Oliver Rathkolb (Hg.), Verdrängte Schuld. Verfehlte Sühne. Entnazifizierung in Österreich 1945-1955, Wien 1986, 73-99, hier 88.
208 Reiter, Ehemaligen, 104.
209 Ebenda, 78.
210 Markus Sulzbacher, „Immer rechts, auch in der NSDAP“: Die Gründerväter der FPÖ, in: Der Standard, 25.1.2019.
211 Reiter, Ehemaligen, 80.
212 Herbert Kraus, „Untragbare Objektivität“. Politische Erinnerungen 1917 bis 1987, Wien 1988, 179.
213 „Kraus was described as being ‚responsible for the most of Odopal [CIC] Salzburg's positive intelligence networks.‘ The most important of these, which purported to run into the USSR through Finland, was finally proved to be a complete fabrication.“ From Chief of Station Germany to Chief of Liaison Base Munich, 2.4.1962, in: CREST, https://www.cia.gov/library/readingroom/docs/RECHENBERG%2C%20HANS%20%20%20VOL.%202_0009.pdf.
214 Ebenda.
215 Richard Breitman, Norman J. W. Goda, Hitler's Shadow. Nazi War Criminals, U.S. Intelligence, and the Cold War, Washington 2010, 61.
216 „Dr. Herbert A. Krauss [sic!] maintains contact, allegedly on US orders, with well known representatives of the Eastern emigration, for the purpose of probing into the life of political and other important personalities. His aim is to find men for the future exile governments. He approached the Yugoslav Gen. Popovic and the Bulgarian Illia Zlatrareff.“ The Past of Dr. Hoettl. (undatiert), in: CREST, https://www.cia.gov/library/readingroom/docs/HOETTL%2C%20WILHELM%20%20%20VOL.%204_0002.pdf.
217 Portisch, Weg, 360.
218 Orbach, Fugitives, 25.
219 Martin Haidinger, Wilhelm Höttl. Spion für Hitler und für die USA, Wien 2019, 123.
220 Wilhelm Höttl, Einsatz für das Reich. Im Auslandsgeheimdienst des Dritten Reichs, Koblenz 1997, 388.
221 Breitman, Goda, Shadow, 60.
222 Meyer, Klatt, 1041.
223 Werner Smoydzin, Half die Spinne bei der Flucht, in: Der Spiegel, Nr. 47/1966, 87.
224 Jeffrey M. Bale, The Darkest Sides of Politics, I: Postwar Fascism, Covert Operations and Terrorism, London 2018, 67.
225 Höttl, Einsatz, 389.
226 Betrifft: „Spinne“, 28.6.1949, in: CREST, https://www.cia.gov/library/readingroom/docs/HOETTL%2C%20WILHELM%20%20%20VOL.%203_0059.pdf.
227 Net Project Montgomery, in: CREST, http://www.foia.cia.gov/sites/default/files/document_con-

versions/1705143/ARMY%20CIC%20NETS%20IN%20EASTERN%20EUROPE_0003.pdf.
228 Nachrichtendienstliche Planungen des Dr. Wilhelm Höttl, 23.9.1948, in: CREST, http://www.foia.cia.gov/sites/default/files/document_conversions/1705143/HOETTL,%20WILHELM%20%20%20VOL.%203_0009.pdf.
229 Vorgänge im Kreis Dr. Wilhelm Höttl, 29.10.1948, in: CREST, http://www.foia.cia.gov/sites/default/files/document_conversions/1705143/HOETTL%2C%20WILHELM%20%20%20VOL.%203_0017.pdf.
230 Nachrichtendienstliche Planungen des Dr. Wilhelm Höttl, 23.9.1948.
231 Net Project Mount Vernon, in: CREST, http://www.foia.cia.gov/sites/default/files/document_conversions/1705143/ARMY%20CIC%20NETS%20IN%20EASTERN%20EUROPE_ 0002.pdf
232 Vorgänge im Kreis Dr. Wilhelm Höttl, 29.10.1948.
233 Net Project Mount Vernon.
234 Vorgänge in der Nachrichtenorganisation Dr. Wilhelm Höttl, 5.11.1948, in: CREST, https://www.cia.gov/readingroom/docs/HOETTL%2C%20WILHELM%20%20%20VOL.%203_0019.pdf
235 Dispatch from Vienna, 26.4.1955, in: CREST, https://www.cia.gov/library/readingroom/docs/NEY% 2C%20KAROLY_0050.pdf.
236 Wilhelm Höttl, Einsatz für das Reich. Im Auslandsgeheimdienst des Dritten Reichs, Koblenz 1997, 391.
237 Stilllegung des Nachrichtenapparats Dr. Wilhelm Höttls, 5.9.1949, in: CREST, http://www.foia.cia.gov/sites/default/files/document_conversions/1705143/HOETTL,%20WILHELM%20%20%20VOL.%203_0068.pdf.
238 Die Nachrichtenorganisation Dr. Wilhelm Höttls in der vertraulichen Berichterstattung einer österreichischen Sicherheitsdirektion, 9.3.1949, in: CREST, http://www.foia.cia.gov/sites/default/files/document_conversions/1705143/HOETTL,%20WILHELM%20%20%20VOL.%203_0041.pdf.
239 Memorandum for the record: Dropping of projects "Montgomery" and "Mount Vernon", in; CREST, http://www.foia.cia.gov/sites/default/files/document_conversions/1705143/HOETTL%2C% 20WILHELM%20%20%20VOL.%201_0004.pdf.
240 So heißt es in einem undatierten US-Bericht zu Höttls Ambitionen: „Organization of the 4th party and success in wining over of an active and important part of the Austrian population in order to satisfy ambitious purposes of a small group of former SD-'Fuehrer'." The Past of Dr. Hoettl. (undatiert), in: CREST, https://www.cia.gov/library/readingroom/docs/HOETTL%2C%20WILHELM%20%20%20VOL.%204_0002.pdf.
241 Höttl, Einsatz, 390f.
242 Reiter, Ehemaligen, 71f.
243 Höttl, Einsatz, 393.
244 Ebenda, 391.
245 Ebenda, 393.
246 Die Nachrichtenorganisation Dr. Wilhelm Höttls in der vertraulichen Berichterstattung einer österreichischen Sicherheitsdirektion, Ende Dezember 1948.
247 Viktor Reimann, Kraft, Die dritte Kraft in Österreich, Wien 1980, 118.
248 Meyer, Klatt, 1038.
249 Memorandum for the Record, 20.6.1952, in: CREST, https://www.cia.gov/readingroom/document/519bded8993294098d515461.
250 Die Geburt der FPÖ, in: profil, Nr. 12/1974, 24-32, hier 28.
251 Kraus, Objektivität, 266f.
252 Fragmentarischer Bericht der Staatspolizei, 2.7.1953, Konvolut zu Wilhelm Höttl, in: CREST, https://www.cia.gov/library/readingroom/docs/HOETTL%2C%20WILHELM%20%20%20VOL.

%206_0076.pdf.
253 Undatierte Chronologie, in: CREST, https://www.cia.gov/library/readingroom/docs/KUNGEL%2C%20ADALBERT_0005.pdf.
254 Betr.: Personenkreis Dr. Wilhelm Höttl, 15.10.1948, in: CREST, https://www.cia.gov/readingroom/docs/HOETTL%2C%20WILHELM%20%20%20VOL.%203_0014.pdf.
255 Reimann, Kraft, 121, Fragmentarischer Bericht der Staatspolizei, 2.7.1953.
256 Reiter, Ehemaligen, 76.
257 Lothar Höbelt, Von der vierten Partei zur dritten Kraft. Die Geschichte des VdU, Graz 1999, 77.
258 Reiter, Ehemalige, 102. Einer der Verbindungsleute zur ÖVP war der Polizeifunktionär Roman Loos. Als Höttl und Kernmayr als Zielpersonen einer sowjetischen Ausspähung wurden, informierte ein Informant Loos über das sowjetische Interesse und warnte vor möglichen Entführungsversuchen. Meyer, Klatt, 1041f.
259 Höttl, Einsatz, 392.
260 Portisch, Weg, 383, Fuchs, Geheimdienst, 140.
261 Matthias Falter, Zwischen Kooperation und Konkurrenz. Die ‚Ehemaligen' und die Österreichische Volkspartei, in: zeitgeschichte, Mai/Juni 2017, Heft 3, 160-174, hier 163.
262 Höbelt, Partei, 77.
263 Reiter, Ehemaligen, 103
264 Ebenda, 106.
265 Riegler, Sälter, Nachkriegsorganisationen, 25.
266 Sulzbacher, „Immer rechts, auch in der NSDAP".
267 Matthias Ritzi, Erich Schmidt-Eenboom, Im Schatten des Dritten Reiches. Der BND und sein Agent Richard Christmann, Berlin 2011, 206f.
268 Orbach, Fugitives, 115.
269 From Chief of Munich Liaison Base to Chief, EE, 2.4.1962, in: CREST, https://www.cia.gov/readingroom/docs/RECHENBERG%2C%20HANS%20%20%20VOL.%201_0041.pdf.
270 Karl Laske, Ein Leben zwischen Hitler und Carlos: Francois Genoud, Zürich 1996, 219. Willi Winkler, Der Schattenmann: Von Goebbels zu Carlos: Das mysteriöse Leben des François Genoud, Berlin 2011, 158.
271 Laske, Leben, 259.
272 Betr.: Besprechung des Kernmeyer-Kreises mit Nationalrat Dr. Bruno Pittermann, 6.2.1950, in: CREST, http://www.foia.cia.gov/sites/default/files/document_conversions/1705143/KOWARIK%2C%20KARL_0002.pdf.
273 Höbelt, Partei, 101.
274 Betr. Stilllegung des Nachrichtenapparats Dr. Wilhelm Höttl, 5.9.1949, in: CREST, https://www.cia.gov/library/readingroom/docs/HOETTL%2C%20WILHELM%20%20%20VOL.%203_0068.pdf.
275 Brief an den Bundespräsidenten, 12.5.1950, in: ÖStA/AdR, BMI, 101.535/17/72.
276 Bundesministerium für Justiz an Bundesministerium für Inneres, 19.8.1950, Ebenda.
277 Riegler, Sälter, Nachkriegsorganisationen, 28.
278 Ebenda, 19 und 26.
279 Klaus Zellhofer, Ein Diener zweier Herren, in: Falter, Nr. 5/1996, 10.
280 Klaus Zellhofer, Diener zweier Herren – Gladio in Österreich, in: Jens Mecklenburg (Hg.), Gladio. Die geheime Terrororganisation der NATO, Berlin 1997, 90-111, hier 105.
281 Agilof Kesselring, Die Organisation Gehlen und die Neuformierung des Militärs in der Bundesrepublik, Berlin 2017, 361.
282 Peter F. Müller, Michael Mueller, Gegen Freund und Feind. Der BND: Geheime Politik und

schmutzige Geschäfte, Reinbeck bei Hamburg 2002, 183-197.
283 Orbach, Fugitives, 70f.
284 Edler, Alois, Intelligence Operative, Upper Austria, Linz, 26.5.1954, in: CREST, https://www.cia.gov/library/readingroom/docs/EDER%2C%20ALOIS_0021.pdf.
285 Höbelt, Partei, 102.
286 Orbach, Fugitives, 59.
287 Tom Segev, Simon Wiesenthal. Die Biografie, München 2012, 207.
288 Orbach, Fugitives, 59.
289 Segev, Wiesenthal, 134.
290 Ebenda, 132f.
291 Preliminary Report on Hoettl Interrogation, 3.4.1953, in: CREST, https://www.cia.gov/readingroom/docs/HOETTL%2C%20WILHELM%20%20%20VOL.%206_0040.pdf.
292 Intermezzo in Salzburg in: Der Spiegel, Nr. 17/1953, 15-18, hier 16.
293 Preliminary Report on Hoettl Interrogation.
294 Richardson, Father, 99.
295 Intermezzo in Salzburg, 15f.
296 Haidinger, Höttl, 154.
297 Tozzer, Netz, 116.
298 Erika Wantoch, Ausgesturmbannt, in: profil, Nr. 19/1984, 72f., hier 72.
299 Haidinger, Höttl, 171.
300 Christian Seiler, André Heller. Feuerkopf. Die Biografie, München 2012, 75.
301 Burkhart List, Die Affäre Deutsch. Braune Netzwerke hinter dem größten Raubkunstskandal, Berlin 2018, 225.
302 Haidinger, Höttl, 171.
303 Markus Weilbuchner, Der lange Weg des BORG Bad Aussee, in: meinbezirk.at, 7.1.2015, https://www.meinbezirk.at/liezen/c-lokales/der-lange-weg-des-borg-bad-aussee_a1178146.
304 André Heller „mit dem bösen Blut“, in: Der Standard, 29.4.2005.

„Mr. Seven“ und der tote Überläufer

305 Irnberger, Nelkenstrauß, 113f.
306 Ex-Agent sagt: Ostspion sitzt bei Kreisky, in: Kurier, 18.1.1974.
307 Betr. Fall Robek, in: StBKA, VI. 4. Landesverteidigung, Waffenproduktion, Exporte, Box 18.
308 Information für den Herrn Bundesminister, 8.3.1974, in: Ebenda.
309 Betrifft: Fall Robek, Bundesministerium für Inneres, Abteilung 17, in: Ebenda.
310 Ladislav Bittman, Geheimwaffe D, Bern 1973, 19.
311 Betrifft: Fall Robek.
312 From Chief of Station, Vienna to Chief, EE, 7.2.1956, in: CREST, https://www.cia.gov/readingroom/docs/ANGERER%2C%20JOHANN_0032.pdf.
313 Contract Report, in: CREST, https://www.cia.gov/readingroom/docs/ SCHULMEISTER%2C%20OTTO_0021.pdf.
314 From Chief of Station Vienna to Chief, EE, 19.9.1963, Ebenda.
315 Olah, Jahrhundert, 246.
316 Ebenda, 248.
317 Ebenda, 246.
318 Tozzer, Schattenmänner, 151.
319 Kemper, Verrat, 97.

320 Irnberger, Nelkenstrauß, 175f.
321 76/AB X. GP – Anfragebeantwortung, 18.2.1964, https://www.parlament.gv.at/ PAKT/VHG/ X/AB/AB_00076/imfname_465220.pdf.
322 Wien: Ungarischer AVO-Leutnant starb unter mysteriösen Umständen, in: Kurier, 5.6.1962.
323 Kungeln und Rangeln, in: Der Spiegel, Nr. 36/1965, 70-80, hier 72.
324 Volodarsky, Poison, 119f.
325 Bundespolizeidirektion Wien an Staatsanwaltschaft Wien, 4.6.1962, in: OStA, AdR, BMI 184. 758 - 13/62.
326 Rätsel um den toten AVO-Offizer. Giftmord ist nicht auszuschließen, in: Kurier, 5.6.1962.
327 Irnberger, Nelkenstrauß, 112.
328 FBI zeigt Interesse für den Tod des AVO-Mannes, in: Arbeiter-Zeitung, 6.6.1962.
329 Noch kein Beweis für einen Mord mit Bakterien, in: Arbeiter-Zeitung, 7.6.1962.
330 John Barron, KGB. Arbeit und Organisation des sowjetischen Geheimdienstes in Ost und West, München 1974, 184.
331 Volodarsky, Poison, 112.
332 Silva, Sub Rosa, 144f.
333 Irnberger, Nelkenstrauss, 113.

Wie ein Österreicher den Mossad narrte

334 Orbach, Fugitives, 150f.
335 Roger Howard, Operation Damocles. Israel's Secret War Against Hitler's Scientists 1951-1967, Thistle Publishing 2011, 19/f.
336 Aktenvermerk LKA Baden-Württemberg, 19.3.1963, in: BAR, JOKLIK Otto 21.1.1921, / (3118:0)851.5/6, E4320C#1994/76#1249*.
337 Vorschlag für vorzugsweise Beförderung, 24.10.1944, in: Ebenda.
338 Joklik zur Person und Lebenslauf, 6.3.1963, in: Ebenda.
339 Bericht, 17.4.1963, in: Ebenda.
340 Einlageblätter zu 23.22-16/1967, 27.11.1967, in: ÖStA/AdR, BMfI, 105.538-II/7/78.
341 Notiz der Bundespolizei, 6.6.1963, in: BAR, JOKLIK Otto 21.1.1921, / (3118:0)851.5/6, E4320C#1994/76#1249*.
342 Einlageblätter zu 23.22-16/1967, 27.11.1967, in; ÖStA, AdR, BMfI, 105.538-II/7/78.
343 Aktenvermerk, 7.9.1964, in: ÖStA, AdR, BMfI, 105.538-II/7/78, Zl. I-X-3046/2/64-res.
344 Zentralstelle für das Ausländische Bildungswesen an Hessischen Minister für Erziehung und Volksbildung, 29.11.1960, in: BAR, JOKLIK Otto 21.1.1921, / (3118:0)851.5/6, E4320C# 1994/ 76#1249 *.
345 Einlageblätter zu 23.22-16/1967, 27.11.1967, in: ÖStA/AdR, BMfI, 105.538-II/7/78.
346 Bericht, 21.3.1963, in: Ebenda.
347 Einlageblätter zu 23.22-16/1967, 27.11.1967, in: Ebenda.
348 Deutsche Zentrale zur Bekämpfung der Schwindelfirmen eV an Bundeskriminalamt, 11.8.1959, in: BAR, JOKLIK Otto 21.1.1921, / (3118:0)851.5/6, E4320C#1994/76#1249*.
349 Schweiz. Bundesanwaltschaft an den Fürsprecher O. Hänni, Chef des Rechtsdienstes der Bundesanwaltschaft, 23.9.1960, Bl. 5f, in: Ebenda.
350 Ebenda, Bl. 9, in: Ebenda.
351 Bundespolizei an Beschwerdedienst des edig. Justiz- und Polizeidepartements, 20.1.1960, Bl. 1, in: Ebenda.
352 Ebenda, Bl. 2, in: Ebenda.
353 Ebenda, Bl. 4f., in: Ebenda.

354 Vorverhör Joklik, 5.3.1963, Bl. 4f, in: Ebenda.
355 Thomas Riegler, Agenten, Wissenschaftler und „Todesstrahlen": Zur Rolle österreichischer Akteure in Nassers Rüstungsprogramm (1958-1969), in: Journal of Intelligence, Propaganda and Security Studies, Nr. 2/2014, 44-72, hier 47.
356 Naher Osten Rüstung, in: Der Spiegel, Nr. 19/1963, 56-71, hier 46ff.
357 Aktenauszug über Brandner Ferdinand, in: BAR, JOKLIK Otto 21.1.1921, / (3118:0)851.5/6, E4320C#1994/76#1249*.
358 Naher Osten Rüstung, in: Der Spiegel, Nr. 19/1963, 56-71, hier 59.
359 Vortrag an den Ministerrat. Tätigkeit österreichischer Techniker in der VAR, israelische Interventionen, 14.1.1965, in: ÖStA/AdR, BKA, Ministerratsprotokolle 2. Republik Klaus I, Protokoll Nr. 29 bis 30, 12.1.1965 bis 19.1.1965.
360 Wolfgang Pilz, Der Auftrag der deutschen Raketenbauer in Ägypten, in: Süddeutsche Zeitung, 25.4.1974, 34.
361 Naher Osten Rüstung, 68.
362 Abschrift, 13.31963, in: BAR, JOKLIK Otto 21.1.1921, / (3118:0)851.5/6, E4320C#1994/76#1249*.
363 Tilman Lüdke, Die Aktivitäten von Organisation Gehlen und BND im Nahen Osten, 1946-1968, in: Krieger, Auslandsaufklärung, 396-502, hier 455f.
364 Orbach, Fugitives, 177.
365 Fortsetzung der Einvernahme am 3. März 1963, 14.30, Bl. 10f., in: Ebenda.
366 Ebenda, Bl. 6-10, in: Ebenda.
367 Notiz der Bundespolizei, 6.6.1963, in: BAR, JOKLIK Otto 21.1.1921, / (3118:0)851.5/6, E4320C#1994/76#1249*.
368 Rapport Kantonspolizei Zürich, 19.9.1962, in: BAR, KRUG Heinz / (4183:236)141/13, E4320C#1994/120#677*
369 Bergman, Schattenkrieg, 93ff.
370 Riegler, Agenten, 61.
371 Staatsanwaltschaft Freiburg an Justizministerium Baden-Württemberg, 4.3.1963, in: BAR, JOKLIK Otto 21.1.1921, / (3118:0)851.5/6, E4320C#1994/76#1249*.
372 LKA Baden-Württemberg an Staatsanwaltschaft beim LG Freiburg, 4.3.1963, in: Ebenda.
373 Bergman, Schattenkrieg, 100f.
374 Orbach, Fugutives, 153.
375 Riegler, Agenten, 62f.
376 Aktennotiz, 16.4.1963, in: BAR, JOKLIK Otto 21.1.1921,/(3118:0)851.5/6, E4320 C#1994/76#1249*.
377 Bericht, 23.6.1963, in: Ebenda.
378 Orbach, Fugutives, 153.
379 S. Waichhart, Otto Joklik: „Agententätigkeit ist ehrenhaft", in: Die Presse, 29./30.6.1963.
380 Ian Black, Morris, Israel's Secret Wars. The Untold History of Israeli Intelligence, London 1991, 200.
381 Aktenauszug über Kamil Hassan Sayed, 2.4.1963, in: BAR, JOKLIK Otto 21.1.1921, / (3118:0)851.5/6, E4320C#1994/76#1249*.
382 Bergman, Schattenkrieg, 111f.
383 Ebenda, 110.
384 Orbach, Fugutives, 171f.
385 Bergman, Schattenkrieg, 114f.
386 Riegler, Agenten, 65.
387 Der Hochstapler und Geheimagent Joklik unterschlug 87.000 D-Mark, in: Arbeiter-Zeitung,

6.11.1964.
388 Der Abteilung 24 im Hause, 26. 7. 1973, in: ÖStA, AdR, BMfl, 105.538-II/7/78.
389 Bundesministerium für Handel, Gewerbe und Industrie an Bundesministerium für Inneres, 26.3.1971, in: ÖStA, AdR, BMfl, 105.538-II/7/78.
390 Ehrungen im Wissenschaftsministerium, Austria Presse Agentur-Original Text Service, 10.10. 1996.

„Den Wegweiser falsch gedeutet": Die gescheitere Geiselnahme im Hotel Imperial 1984

391 Erich Grolig, Terroristen kamen mit Polizei ins „Imperial", in: Kurier, 13.7.1984.
392 Raja Anwar, The Terrorist Prince: The Life and Death of Murtaza Bhutto, London 1997, 147.
393 Niederschrift, 10.7.1984, in: LG Wien, 20kVr 8067184, Hv 8970/84, Bd. I, Bl. 441-449, hier Bl. 441-445.
394 Niederschrift, 11.7.1984, in: 20kVr 8067184, Hv 8970/84, Bd. II, Bl. 175-189, hier Bl. 187.
395 Bundespolizeidirektion Wien an Staatsanwaltschaft Wien, 7.7.1984, in: 20kVr 8067184, Hv 8970/84, Bd. I, Bl. 3-10, hier Bl. 8-11.
396 Anwar, Prince, 146.
397 Thomas Riegler, Terror: Die Farce von Wien, in: Die Presse, 27.6.2014.
398 Wien: Die neun verhafteten Terroristen sind Pakistani, in: Kronen Zeitung, 9.7.1984.
399 Riegler, Terror.
400 Bericht, 6.7.1984, in: 20kVr 8067184, Hv 8970/84, Bd. I, Bl. 31-35, hier Bl. 33-35.
401 Bundespolizeidirektion Wien an Bundesministerium für Inneres, 17.7.1984, in: 20kVr 8067184, Hv 8970/84, Bd. II, Bl. 329ff.
402 Terroristen kamen mit dem Zug. Eine Bombe war fertiggebastelt, in: Die Presse, 9.7.1984.
403 Riegler, Terror.
404 Ebenda.
405 Ebenda.
406 Terroristen übten im Hotel, in: Kurier, 14.7.1984.
407 Peter Pisa, Insgesamt 73 Jahre Haft für die neun Terroristen, in: Kurier, 29.3.1985.
408 Anwar, Prince, viiif.
409 Peter Pisa, Terrorüberfall in Wien „wegen der Sicherheit", in: Kurier, 26.3.1985.
410 Prozess um Terroranschlag in Wien. Pakistanis wollten Gefangene freibekommen, in: Die Presse, 26.3.1985.
411 Anwar, Prince, 145.
412 Protokoll Hauptverhandlung, in: LG Wien, 20kVr 8067184, Hv 8970/84, Bd. III, Bl. 8.
413 Neue Terrorziele: Die Botschaften in Wien, in: Kurier, 6.7.1984.
414 Terroristen wollten mit Diplomatengeisel Gefangene erpressen, in: Arbeiter-Zeitung, 10.7.1985.
415 Terroristen wollten Geiseln nehmen. Tagung in Wiener Hotel als Ziel, in: Die Presse, 10.7.1985.
416 Anwar, Prince, 145.
417 Bericht, 15.7.1984, in: LG Wien, 20kVr 8067184, Hv 8970/84, Bd. II, Bl. 305-311, hier Bl. 307.
418 Protokoll Hauptverhandlung, 25.3.1985, in: LG Wien, 20kVr 8067184, Hv 8970/84, Bd. III, Bl. 9.
419 Riegler, Terror.
420 Bericht, 9.8.1984, in: LG Wien, 20kVr 8067184, Hv 8970/84, Bd. II, Bl. 371-393, hier Bl. 379ff.
421 Anwar, Prince, 145.
422 Niederschrift, 11.7.1984, in: 20kVr 8067184, Hv 8970/84, Bd. II, Bl. 175-189, hier Bl. 185.
423 Niederschrift, 11.7.1984, in: 20kVr 8067184, Hv 8970/84; Bd. I, Bl. 525-545, hier Bl. 543
424 Bericht, 11.7.1984, in: 20kVr 8067184, Hv 8970/84, Bd. I, Bl. 629.

425 Protokoll Hauptverhandlung, in: LG Wien, 20kVr 8067184, Hv 8970/84, Bd. III, Bl. 59.
426 Bericht, 7.7.1984, in: 20kVr 8067184, Hv 8970/84, Bd. I, Bl. 221ff.
427 Terroristen leugnen weiter. „Wir wollten nicht schießen", in: Die Presse, 27.31985.
428 Protokoll Hauptverhandlung, in: LG Wien, 20kVr 8067184, Hv 8970/84, Bd. III, Bl. 89.
429 Peter Pisa, Insgesamt 73 Jahre Haft für die neun Terroristen, in: Kurier, 29.31985.
430 Anwar, Prince, 147f.
431 Riegler, Terror.
432 Riegler, Fadenkreuz, 31.
433 Anwar, Prince, 205-208.

„Dem größten illegalen Waffengeschäft seit 1945 auf der Spur"

434 Bericht, 9.8.1985, in: LG Wien, 21 Vr 1193/89, Bd. 143, Bl. 247-251.
435 Persönlich: Ministerium für Staatssicherheit Stellvertreter des Ministers Genossen Generalmajor Neiber, 12.12.1980, in: BStU, MfS AOP 12581/88.
436 Kurt Tozzer, Günther Kallinger, Todesfalle Politik. Vom OPEC-Überfall bis zum Sekyra-Selbstmord, St. Pölten 1999, 74.
437 Helene Maimann, Über Kreisky. Gespräche aus Distanz und Nähe, Wien 2011, 137f.
438 Wolfgang Fellner, Otto Grüner, Burkhart List, Im Angensicht des Todes, in: Basta, Nr. 9/1985, 3ff., hier 5.
439 Anklageschrift, Staatsanwaltschaft Linz 2 St 1305/89, 203, in: LG Wien, 21 Vr 1193/89.
440 Bericht des parlamentarischen NORICUM-Untersuchungsausschusses, 1235 der Beilagen zu den Stenographischen Protokollen des Nationalrates XVII. GP, 6.
441 Rudolf Stoiber, Die Kanone, von der man spricht, in: profil vom 21.1.1985, 38 ff., hier 38.
442 Pilz, Eskorte, 37.
443 „Kanonen-Roundtable: Die Politiker haben alles eingefädelt...", in: Basta, Nr. 7-8/1990, 40ff.
444 Protokoll der Hauptverhandlung, 18.4.1990, in: LG Wien, 30 Vr 305/87, Bd. 189, 134f.
445 Undatiertes Schreiben, in: StBKA, VI.4 Landesverteidigung, Waffenproduktion, Exporte, Box 19.
446 Herbert Lackner, „Widersprüchliches Bild bleibt bestehen", in: profil, 2.1.1990, 13f., hier 13.
447 Bericht des parlamentarischen Untersuchungsausschusses (Noricum), 7.
448 „Fast Hochverrat", in: Der Spiegel vom 21.9.1987, 149 f., hier 149.
449 Aktenvermerk, Betrifft: Vorsprache des Vorstandes beim Bundeskanzler, in: LG Wien, 21 Vr 1193/89, Bd. 143, Bl. 583-587, hier 583.
450 Wolfgang Brandstetter, Gerhard Loibl, Neutralität und Waffenexporte. Völkerrechtliche Überlegungen zum Tatbestand der „Neutralitätsgefährdung", Wien 1990, 105f.
451 Ebenda, 9f.
452 Anklageschrift, 80.
453 Vorsprache des iranischen Geschäftsträgers am 20.1.1983, in: StBKA, Iran Box 1.
454 Anklageschrift, Staatsanwaltschaft Linz 2 St 1305/89, 101, in: LG Wien, 21 Vr 1193/89.
455 Ebenda, 131f.
456 Ebenda, 141.
457 Gaan Eisenburger, Waffen für Teheran. Die Geschichte des Noricum-Skandals, Wien 2021, 55.
458 Ebenda, 71.
459 Ebenda, 54.
460 Fernschreiben, eingeangen 8.7.1985, in: LG Wien, 21 Vr 1193/89, Bd. 143, Bl. 223-227, hier Bl. 227.
461 Anklageschrift, 211.

462 Ebenda, 220.
463 Ebenda, 233.
464 Ebenda, 230.
465 Fellner, Grüner, List, Angesicht, 5.
466 Thomas Riegler, „Macht's es unter der Tuchent". Die Waffengeschäfte der österreichischen Verstaatlichten Industrie und der Noricum-Skandal, in: Vierteljahrshefte für Zeitgeschichte, Nr. 1/2016, 99-137, hier 130.
467 „Dem größten illegalen Waffengeschäft seit 1945 auf der Spur", in: profil, Nr. 7/1986, 32ff.
468 Aktenvermerk, 9.8.1985, in: LG Wien, 21 Vr 1193/89, Bd. 143, Bl. 241.
469 Resumeprotokoll, 30.8.1985, in: Ebenda, Bd, 143, Bl. 269-273.
470 Aktenvermerk, 13.8.1985, in: LG Wien, 21 Vr 1193/89, Bd. 143, Bl. 243ff.
471 Vertraulich, 9.9.1985, in: Ebenda, Bl. 345-351.
472 Fellner, Grüner, List, Angesicht, 5.
473 Interview Autor mit Ferdinand Hennerbichler.
474 Vernehmung des Beschuldigten, 10.8.1989, in: LG Wien, 21 Vr 1193/89, Bd. 160.
475 Aktennotiz, 15.3.1990, in: LG Wien, 21 Vr 1193/89, Bd. 163, Bl. 565-571.
476 Aktenvermerk, 22.8.1985, in: LG Wien, 30 Vr 305/87, Bd. 143, 262.
477 Bundesministerium für Auswärtige Angelegenheiten an das Bundesministerium für Inneres, 12.7.1985, in: Ebenda, Bd. 143, 233.
478 Burkhart List, Otto Grüner, Heavy Metal. Die geheimen Geschäfte der VÖST, in: Basta, Nr. 10/1985, 12–15, hier 14. In einer Sachverhaltsdarstellung der Firma Noricum hieß es, Grüner und List hätten sich als Mitarbeiter einer Spedition vorgestellt, die vor der endgültigen Verschiffung der Fracht noch die „Fixierung der Geräte" in den Containern überprüfen sollten. Ein Container sei auf Verlangen geöffnet worden: „In der Folge habe sich einer der beiden Männer in den Container begeben und der andere einige Fotoaufnahmen gemacht." Erhebungsergebnisse in der Angelegenheit „Firma Noricum – Kanonenexport Libyen", in: LG Wien, 30 Vr 305/87, Bd. 170, Bl. 222-224, hier Bl. 223.
479 Anklageschrift, 146f.
480 Christian Ortner, Josef Votzi, „Bin ein erfolgreicher Krisenkanzler", in: profil, 24.2.1986, 18ff., hier 20.
481 Vernehmung des Beschuldigten, 10.8.1989, LG Wien, 30 Vr 305/87, Bd. 160.
482 Peter Pelinka, Syndikat der Ehrenmänner, in: Die Zeit vom 22.9.1989.
483 Anklageschrift, 184-170.
484 „Niklas, Hölle und Kalle", in: Der Spiegel, Nr. 40/1991, 67-73, hier 67.
485 IM-Bericht über die Zusammenarbeit mit der Firma Hirtenberger, Wien, 9.6.1982, in: BStU, MfS – HA XVIII Nr. 4332, Bl. 4-27, hier Bl. 6f.
486 Ebenda, Bl. 7
487 Ebenda, Bl. 8.
488 Ebenda, Bl. 20.
489 Information, 10.11.1983, in: BStU, MfS AG BKK Nr. 911, Bl. 3.
490 Hauptabteilung XVIII/7 Information (undatiert), in: BStU, Archiv der Zentralstelle, MfS HA XVIII Nr. 384, Bl. 4.
491 Wilde Typen, in: Der Spiegel, Nr. 26/1982, 68ff., hier 70.
492 Information, 3.5.1989, in: BStU, MfS – HA XVIII Nr. 4332, Bl. 32f. hier 33.
493 Ursula Prutsch, Wer war Fritz Mandl. Die Biografie. Nazis und Geheimdienste, Wien 2022, 283f.
494 Christian Dickinger, Die Skandale der Republik: Haider, Proksch & Co, Wien 2001, 155-158.

495 Sika, Protokoll, 32.
496 Kemper, Verrat, 49f.
497 Wolfgang Purtscheller, Thomas Vasek, Alfred Worm, „Ein Mann fürs Grobe", in: profil, Nr. 3/1994, 12-16, hier 15.
498 Möchel, Krieg, 251.
499 Schöner Gustav, in: Spiegel, Nr. 4/1994, 121.
500 Purtscheller, Vasek, Worm, „Ein Mann fürs Grobe", 15.
501 Möchel, Krieg, 251. Die feuchtfröhliche Runde traf sich im Magazin eines Obst- und Gemüsehändlers in der Wasagasse. Man konsumierte „manchmal bereits ab zehn Uhr vormittags" zuletzt vornehmlich Erzeugnisse eines Weinguts aus Großmeiseldorf. Diese Bewirtung ohne Konzession verärgerte die Teilhaberin eines angrenzenden Gasthauses. Aber trotz ihrer Eingaben bei Finanzbehörde und bei der Polizeidirektion „blieben die fidelen Geheimdienst-Agenten und ihr Quartiergeber sakrosankt". Gerald Freihofner, Aktion Reblaus, in: Wochenpresse, Nr. 29/1987, 14-18, hier 15f.
502 Anfragebeantwortung, Zl. 5.380/83-II/C/95, 5.51995, https://www.parlament.gv.at/PAKT/VHG/XIX/AB/AB_00671/imfname_396235.pdf.
503 Kemper, Verrat, 45.
504 Ebenda, 48.
505 Tino Teller, Millionen für Stasi-Zeugen, in: News, 27.1.1994, 49.
506 Alfred Worm, Die irre Welt des Gustav H., in: News, 20/1994, 32f, hier 32.
507 Thomas Vasek, Alfred Worm, Wie ein Freund behandelt, in: profil, Nr. 4/1994, 35.
508 Kemper, Verrat, 48f.
509 Sika, Protokoll, 33.
510 Stasi-Mann plaudert aus der Schule, in: Kurier, 18.1.1994.
511 Thomas Vasek, Spion auf Reisen, in: profil, Nr. 46/1994, 44, Alfred Worm, Die irre Welt des Gustav H., 33.
512 Kemper, Verrat, 55.
513 Ebenda, 56.
514 Vasek, Worm, Freund, 35.
515 Worm, Die irre Welt des Gustav H., 33.
516 Kemper, Verrat, 62.
517 Worm, Die irre Welt des Gustav H., 33.
518 Kemper, Verrat, 60.
519 An der Angel der Stasi/Landesverrat?, in: profil, Nr. 22/1994, 54.
520 Kemper, Verrat, 54.
521 Abrechnung der Zahlungsmittel in fremder Währung, in: BStU, MfS – Abt. Finanzen Nr. 1575, Bl. 591ff., Nr. 1654, Bl. 184, Nr. 1670, Bl. 40f., Nr. 1669, Bl. 249f., Nr. 165, Bl. 260ff.
522 Sika, Protokoll, 35.
523 Volondarsy, Factory, 130.
524 Stapo-Hofrat soll für KGB gearbeitet haben, in: Kurier, 17.9.1994.
525 Klaus Eichner, Gotthold Schramm, Konterspionage. Die DDR-Aufklärung in den Geheimdienstzentralen Berlin 2010, 157.
526 Purtscheller, Vasek, Worm, „Ein Mann fürs Grobe", 15.
527 Kemper, Verrat, 62.
528 Ebenda, 60.
529 Vasek, Worm, Freund, 35.

530 Die „Rosenholz"-Dateien, online unter: http://www.bstu.bund.de/DE/Wissen/Aktenfunde/Rosenholz/rosenholz_node.html.
531 BStU, MfS, HV A/MD/6, SIRA-TDB 21, ZV8225778.
532 BStU, MfS, HV A/MD 5, SIRA-TDB 14, SE8800273 und SP8010184.
533 BStU, MfS, HV A/MD 5, SIRA-TDB 14, SE8800273.

Zur Tätigkeit von DDR-Militärspionen in Österreich

534 Klaus Behling, Der Nachrichtendienst der NVA. Geschichte, Aktionen und Personen, Berlin 2005, 8.
535 Anlage 3: Präzesierte Jahresaufgabe für die Residentur Wien im Ausbildungsjahr 1982/84, in: BStU, MfS - HA I Nr. 5344, Bl. 52f, hier Bl. 53.
536 Behling, Nachrichtendienst, 40.
537 Ebenda, Bl. 52
538 Quartalsbericht I/87, in: BStU, MfS – HA I Nr. 5346, Bl. 141-145, hier Bl. 141.
539 Halbjahresbericht zur Entwicklung der agenturischen lage im Einsatzland (Österreich), 18.5. 1987, in: BStU, MfS – HA I Nr. 10215, Bl. 1-6.
540 Direktiven des STMCH für die Tätigkeit des Militärattaches in Österreich, 19.7.1986, in: Ebenda, Bl. 44ff., hier Bl. 44.
541 Aktenvermerk, 7.9.1987, in: BStU, MfS – HA I Nr. 5346, Bl. 146ff., hier Bl. 147.
542 Arbeitsgespräch, 8.8. 1985, in: BStU, MfS - HA I Nr. 5344, Bl. 108.
543 Treffvorschlag, 8.10.1985, in: BStU, MfS – HA I Nr. 2697, Bl. 5f.
544 Kauf eines Bogens mit Koffer, in: Ebenda, Bl. 7-10.
545 Treffvorschlag, 8.10.1985, in: BStU, MfS – HA I Nr. 2697, Bl. 5.
546 Abteilung 6, 7.11.1985, in: BStU, MfS – HA I Nr. 5345, Bl. 48.
547 Leiter Hauptabteilung I an Genossen Minister Mielke, 4.7.1984, in: BStU, MfS - HA I Nr. 5344, Bl. 42ff., hier Bl. 44.
548 Ebenda, Bl. 42.
549 Stellverteter des Chefs für Strategische Aufklärung, Analyse, 11.7.1984, in: Ebenda, Bl. 45-49, hier Bl., 47.
550 Anlage 2: Einschätzung zur Person von Oberstleutnant S., in: Ebenda, Bl. 51.
551 Biografie von Roman Hädelmayr, http://agso.uni-graz.at/spannkreis/biografien/h/haedelmayr_roman.html.
552 Personalbogen, in: BStU, MfS – HA I Nr. 5345, Bl. 1-19, hier Bl. 3.
553 Materialabrechnung, in: Ebenda, Bl. 14-19.
554 Ergebnisse der Jahresanalyse, in: Ebenda, Bl. 9.
555 Hinweise zur weiteren Führung von „Absatz", 23.7.1984, in: Ebenda, Bl. 50ff.
556 Arbeitsgespräch, 8.8. 1985, in: Ebenda, Bl. 108.
557 LB Wien Mai 1986, in: Ebenda, Bl. 86ff., hier 87.
558 Personalangaben zu IM „Heer" und AM „Hisse", 28.6.1983, in: BStU, MfS HA I Nr. 485, Bl. 23.
559 Einleitungsbericht zur OPK „Hornisse", 10.10. 1983, in: BStU, MfS, AOPK Archivnummer 7016/85, Bd. 1, Bl. 11-14, hier Bl. 11f.
560 Bericht über die Reise nach Linz vom 9.6.83 bis 12.6.1983, in: BStU, MfS HA I Nr. 485, Bl. 2-13.
561 Betrifft Vorkommnis beim Einsatz des IM „Heer" in Österreich am 10. und 11.06.1983, 23.6.1983, in: Ebenda, Bl. 15-22, hier Bl 19.
562 Aktenvermerk, 21.6.1983, in: Ebenda, Bl. 45.
563 Betreff: Sicherheistanalystische Erkenntnisse aus den Vorgängen IM „Heer" und AM „Hisse",

1.7.1983, in: Ebenda, Bl. 37-44, hier Bl. 42.
564 Aktenvermerk, 31.8.1983, in: Ebenda, Bl. 55.
565 Betreff: Sicherheistanalystische Erkenntnisse aus den Vorgängen IM „Heer“ und AM „Hisse“, 1.7.1983, in: Ebenda, Bl. 37-44, hier Bl. 38.
566 Information, 1.8.1984, in: Ebenda, Bl. 65.
567 Abschlussbericht, 4.1.1985, in: Ebenda, Bl. 338.
568 Abschlussbericht, 4.1.1985, in: Ebenda, Bl. 70ff., hier Bl. 70.
569 Maßnahmeplan zur OPK „Hornisse“, 10.10.1983, in: BStU, MfS, AOPK Archivnummer 7016/85 Bd.1, Bl 15-20, hier Bl. 16.
570 Aktenvermerk, 22.2.1984, in: Ebenda, Bl. 212.
571 Zwischenbericht, 13.7.1984, in: Ebenda, Bl. 261ff., hier Bl. 263.
572 Beobachtungsbericht, 19.11.1984, in: Ebenda, Bl. 305-310, hier Bl. 309.
573 Abschlussbericht, 4.1.1985, in: Ebenda, Bl. 338-342., hier Bl. 342.
574 Personenhinweis AM (BRD), in: BStU, MfS – HA I Nr. 5345, Bl. 98ff.
575 Ermittlungsetappen, in: Ebenda, Bl. 70ff.
576 Telefongespräch am 22.5.1985, Bl. 92.
577 Information, 11.6.1985, in: Ebenda, Bl. 106.
578 Fernschreiben/Funkspruch, 15.5.1986, in: Ebenda, Bl. 119.
579 Fernschreiben/Funkspruch, 16.5.1986, in: Ebenda, Bl. 120.
580 Meldung, 22.10.1986, in: MfS – HA I Nr. 5346, Bl. 27-33, hier Bl. 27-32.
581 Wien, am 28.10.1986, in: MfS – HA I Nr. 5346, Bl. 35.
582 Georg Mascolo, Hajo Schumacher, „Das ist wirklich bodenlos“, in: Der Spiegel, Nr. 25/1997, 72-85.
583 Zwischenbericht zur OPK „Festung“, 11.2.1985, in: BStU, MfS, OPK XVIII 434/84 „Festung“ Archivnummer 9612/86, Bd. 2, Bl. 181-190, hier Bl. 186.
584 Konzeption Betreff: Rückzug des Spezialkaders „Vogt“, 6.10.1983, in: BStU, MfS, OPK XVIII 434/84 „Festung“ Archivnummer 9612/86, Bd. 1, Bl. 67-73, hier Bl. 67f.
585 Möchel, Krieg, 278f.
586 Einsatzbericht, 30.3.1984, in: BStU, MfS, AOPK, Archivnummer 9612/86 Bd. 1, Bl. 374-443, hier Bl. 432f.
587 Zwischenbericht zur OPK „Festung“, 11.2.1985, in: BStU, MfS, AOPK, Archivnummer 9612/86 Bd. 2, Bl. 185-190, hier Bl. 187.
588 Ebenda, Bl. 186.
589 Hauptabteilung I an Oberst Schramm, 23.1.1984, in: BStU, MfS, AOPK, Archivnummer 9612/86 Bd. 1, Bl. 163f., hier Bl. 164.
590 Konzeption Betreff: Rückzuig des Spezialkaders „Vogt“, 6.10.1983, in: BStU, MfS, OPK XVIII 434/84 „Festung“ Archivnummer 9612/86, Bd. 1, Bl. 71.
591 Ebenda, Bl. 68
592 Bericht über den Treff und die Rückführung des SK „Vogt“, 11.11.1983, in: Ebenda, Bl. 80-83.
593 Mascolo, Schumacher, „Das ist wirklich bodenlos“, 82.
594 Wien: Ingenieur setzte sich mit Familie in die DDR ab, Meldung der Austria Presse Agentur vom 9.12.1983, Spion oder nicht Spion? Rätsel um VOEST-Ingenieur, in: Die Presse, 3.12.1983.
595 HA I an Stellv. des Ministers, 7.12.1983, in: BStU, MfS, OPK XVIII 434/84 „Festung“ Archivnummer 9612/86, Bd. 1, Bl. 123.
596 Zwischenbericht zum Stand der Wiedereingliederung des SK „Vogt“, 12.7.1984, in: BStU, MfS, AOPK, Archivnummer 9612/86 Bd. 2, Bl. 53-60.
597 Hans-W. Saure, Peter Müller, Ich wuchs in einem Nazi-„Lebensborn“-Heim auf und ein Stasi-

Agent klaute meine Identität, in: Bild, 22.10.2013.
598 „Zwei Leben" im Kino: Lebenslügen im Stasi-Auftrag, in: Salzburger Nachrichten, 26.12.2013.

Ein Österreicher geht über die „Brücke der Spione"

599 Hannes Sieberer, Herbert Kierstein, Verheizt und vergessen. Ein US-Agent und die DDR-Spionageabwehr, Berlin 2005, 51f.
600 Ebenda, 18-21.
601 Ebenda, 14f.
602 Militärobergericht Berlin, Urteil in Strafsache gegen Sieberer Hans, in: BStU, MfS – ZAIG Nr. 37394, Bl. 4-14, hier Bl. 5.
603 Ebenda, Bl. 6.
604 Sieberer, Kierstein, Verheizt, 23.
605 Militärobergericht Berlin, Urteil in Strafsache gegen Sieberer Hans, in: BStU, MfS – ZAIG Nr. 37394, Bl. 4.
606 Anklageschrift, 18.5.1983, in: Ebenda, Bl. 15-26, hier Bl. 17.
607 Ebenda, Bl. 21.
608 Militärobergericht Berlin, Urteil in Strafsache gegen Sieberer Hans, in: Ebenda, Bl. 6f.
609 Anklageschrift, 18.5.1983, in: Ebenda, Bl. 25.
610 Militärobergericht Berlin, Urteil in Strafsache gegen Sieberer Hans, in: Ebenda, Bl. 11.
611 Sieberer, Kierstein, Verheizt, 105.
612 Ebenda, 38-146.
613 Ebenda, 39ff.
614 Ebenda, 41 und 52.
615 Ebenda, 79.
616 Ebenda, 55.
617 Willibald Plenk, Treffen mit einem Spion, in: kripo.at, 3.10.2009, https://www.kripo.at/assets/interview-mit-einem-spion.pdf.
618 Sieberer, Kierstein, Verheizt, 85.
619 Ebenda, 90.
620 Ebenda, 93.
621 Ebenda, 111.

Fazit und Ausblick

1 Michael Nikbakhsh, BVT: Goldgruberstimmung, in: profil.at, 26.5.2018, https://www.profil.at/oesterreich/bvt-oesterreichs-top-spion-10094125.
2 Dokumentaion „Die Schattenstadt - Was 7000 Agenten über Wien aussagen", ServusTV 2015.
3 Amtsmissbrauch, in: profil, Nr. 5/2021, 16.
4 Ibiza-Video: „Ein zivilgesellschaftlich motiviertes Projekt", in: Die Presse, 25.5.2019.
5 Michael Nikbakhsh, „Ibiza"-Anwalt bot 2015 Strache-Haarprobe zum Kauf an, in: profil.at, 28.9.2019, https://www.profil.at/oesterreich/ibiza-anwalt-strache-haarprobe-kauf-11150556.
6 Wilfried Rombold, Steirischer LVT-Chef warnt vor islamistischen Gefährdern in Graz, in: Kleine Zeitung, 20.12.2020.
7 Markus Sulzbacher, Waffen für den Tag X? Seit 2019 wurden 20 Waffenlager ausgehoben, in: Der Standard, 12.11.2021.

8 Florian Flade, Operation „Vertrauen gewinnen“, in: ojihad.wordpress.com, 7.4.2022, https://ojihad.wordpress.com/2022/04/07/operation-vertrauen-gewinnen/.
9 DSN bekommt unabhängige Kontrollkommission, in: APA, 18.1.2023.
10 8645/SN-104/ME XXVII. GP - Stellungnahme zu Entwurf, https://www.parlament.gv.at/PAKT/VHG/XXVII/SNME/SNME_89285/index.shtml.
11 Theo Anders, SPÖ und FPÖ einigen sich mit Regierung auf Reform des Verfassungsschutzes, in: Der Standard, 29.6.2021.
12 Landeshauptmann Kaiser fordert Aufklärung über Causa Tauschitz, in: Tiroler Tageszeitung, 6.2.2022.
13 Nach Kritik: Kärntner Verfassungsschutz-Chef bekommt anderen Posten, in: Oberösterreichische Nachrichten, 11.2.2022.
14 Arne Meyer-Fünffinger, Josef Streule, Österreichs Geheimdienst und brisante Marsalek-Kontakte, in: br.de, 24.6.2022, https://www.br.de/nachrichten/deutschland-welt/wirecard-oesterreichs-geheimdienst-brisante-marsalek-kontakte,T9ajvj3.
15 Kritik an Firmenaufträgen durch neuen Staatsschutz, in: orf.at, 24.6.2022, https://orf.at/stories/3272889/.
16 Vanessa Gaigg, Verfassungsschutz hält Corona-Leugner für größte Bedrohung, in: Der Standard, 13.12.2021.
17 Staatssicherheit: Zahl der Gefährder in „hohem zweistelligem Bereich“, in: Der Standard, 7.12.2022.
18 Das sind die wichtigsten Aussagen der Geheimdienstchefs, in: Der Tagesspiegel, 29.6.2020.
19 Bernd Ender, Spionage in Österreich: Bedingt abwehrbereit, in: Wie sicher ist Österreich?, in: Heinrich Neisser, Fritz Windhager, Wie sicher ist Österreich? Beiträge zu seiner konzeptiven Sicherheitspolitik, Wien 1982, 181-195, hier 190f.
20 Polli, Geheimdienstarbeit, 346.
21 Polli, Schattenwelten, 17.
22 Flade, Operation „Vertrauen gewinnen“.
23 Barbara Moens, Belgium's spy problem, in: politico, 29.9.2020, https://www.politico.eu/article/belgium-trying-to-build-spy-law-because-of-espionage-in-eu/.
24 Bischof, Ruggenthaler, Österreich, 134.
25 Anna Thalhammer, Warum Wien ein Brennpunkt russischer Spionagetätigkeit ist, in: Die Presse, 29.3.2022.
26 Ben Weiser, Mike Eckel, Rosneft-Privatjets jahrelang von Wiener Unternehmen betrieben, in: zackzack.at, 7.6.2022, https://zackzack.at/2022/06/07/rosneft-privatjets-jahrelang-von-wiener-unternehmen-betrieben.
27 Wolf Lotter, Thomas Vasek, Rätsel aus Rußland, in: profil, Nr. 31/1994, 26-30, hier 29.
28 W. Lotter, T. Vasek, O. Tanzer, Killergrüße aus Moskau, in: profil, Nr. 39/1994, 44-49, hier 47f.
29 „Kollosale Möglichkeiten“, in: profil, Nr. 39/1994, 46.
30 Ben Weiser, BMI-Chats 8: Mission Staatsbürgerschaft, in: zackzack.at, 10.2.2022, https://zackzack.at/2022/02/10/bmi-chats-8-mission-staatsbuergerschaft-zwischen-oligarchen-und-geheimdiensten.
31 Emil Bobi, „Wer Ruhe gibt, hat Ruhe“, in: profil, Nr. 19/2012, 20.
32 Sika, Protokoll, 189.
33 Jürgen Roth, Gazprom – Das unheimliche Imperium: Wie wir Verbraucher betrogen und Staaten erpresst werden, Berlin 2012, 227.
34 Margareta Mommsen, Das Putin-Syndikat. Russland im Griff der Geheimdienstler, München 2017, 56.

35 Mark Galeotti, The Vory. Russia's Super Mafia, New Haven 2019, 213.
36 Oliver Das Gupta, Warum Österreich für Putins Oligarchen attraktiv ist, in: Der Spiegel Online, 13.4.2022, https://www.spiegel.de/ausland/oesterreich-warum-das-land-fuer-putins-oligarchen-attraktiv-ist-a-e9315995-8eba-4919-849d-2b507d923227.
37 Horcicka, Fadenkreuz, 42.
38 Sika, Protokoll, 194.
39 Stefan Melichar, Michael Nikbakhsh, Christoph Zotter, All the President's Men, in: profil, Nr. 43/2019, 32-39, hier 38.
40 Eva Konzett, Der Oligarch im goldenen Käfig, in: Falter, Nr. 27/21, 17, Ex-Vize Biden soll in der Ukraine gegen Firtasch lobbyiert haben, in: Der Standard, 20.3.2020.
41 Stefan Melichar, Michael Nikbakhsh, Der 2,4-Milliarden-Dollar Mann, in: profil.at, 23.9.2020, https://www.profil.at/wirtschaft/der-24-milliarden-dollar-mann/401041031.
42 Stefan Melichar, Michael Nikbakhsh, BVT-Affäre um deutsche Privatagentin: Ermittlungen in Causa „Nina" abgeschlossen, in: profil.at, 17.12.2021, https://www.profil.at/wirtschaft/bvt-affaere-um-deutsche-privatagentin-ermittlungen-in-causa-nina-abgeschlossen/401845531.
43 Kid Möchel, Dominik Schreiber, Firtasch: Neue Details im Auslieferungs-Krimi, in: Kurier, 26.1.2017.
44 Eduard Steiner, Matthias Auer, Ohne die Russen würde es die OMV gar nicht geben, in: Die Presse, 3.4.2015.
45 Roth, Gazprom, 226.
46 Anna Thalhammer, Geheimdienst warnte vor OMV-Chef, in: Die Presse, 8.6.2022.
47 Günther Strobl, Abstimmung über das Erbe von Ex-OMV-Chef Rainer Seele, in: Der Standard, 2.6.2022, Anna Thalhammer, Liebesgrüße nach Moskau, in: Die Presse, 18.9.2022.
48 „Wir haben längst Austro-Oligarchen", in: profil, Nr. 10/2022, 39-41.
49 Cathrine Belton, Putin's People. How the KGB Took Back Russia and Then Took on the West, London 2021, 497.
50 Ebenda, 325f., Edward Wong, Russia Secretly Gave $300 Million to Political Parties and Officials Worldwide, U.S. Says, in: The New York Times, 13.9.2022.
51 Dr. Bernhard Weidinger, Fabian Schmid, Dr. Péter Krekó, Russian Connections of the Austrian Far-Right, a study by Political Capital, 2017, 9, https://www.politicalcapital.hu/pc-admin/source/documents/PC_NED_country_study_AT_20170428.pdf.
52 Michel Reimon, Eva Zelechowski, Putins rechte Freunde. Wie Europas Populisten ihre Nationen verkaufen, Wien 2017, 12ff.
53 FPÖ-Kooperationsvertrag mit Kreml-Partei läuft erst 2026 aus, in: Kurier, 10.3.2022.
54 Markus Sulzbacher, André Ballin, Fritz Neumann, Putins Fanclub in Österreich, in: Der Standard, 3.6.2018.
55 Stefan Brändle, Ex-Spion Schirnow: KGB hatte Karin Kneissl früh im Visier, in: Der Standard, 2.6.2022.
56 Fabian Schmid, Angst vor russischem Zugriff auf BVT, in: Der Standard, 9.4.2019.
57 Adam Entous, Vienna is the new Havanna syndrome hotspot, in: The New Yorker, 16.7.2021.
58 Katja Glogger, Putins Welt. Das neue Russland und der Westen München 2017, 149f.
59 Andreas Rüesch, Sabotage, Giftattacken und Umsturzpläne: 13 aufsehenerregende Operationen des russischen Militärgeheimdiensts, in: Neue Züricher Zeitung, 3.5.2021.
60 Silke Wettach, Wie Putin vor über 20 Jahren Rohstoffe als politische Waffe entdeckte, in: Wirtschaftswoche, 24.3.2022.
61 Patrick Wintour, Spy games: expulsion of diplomats shines light on Russian espionage, in: The Guardian, 15.4.2022.

62 Half of Russian spies in Europe expelled since Ukraine invasion, says MI6 chief, in: The Guardian, 21.7.2022.
63 Christian Ultsch, Anna Thalhammer, Jürgen Streihammer, Was die russischen Diplomaten in Österreich getrieben haben, in: Die Presse, 7.4.2022.
64 Nehammer: Österreich „immer schon" Spionage-Begegnungsplatz, in: Kurier, 1.4.2022.
65 Ultsch, Thalhammer, Streihammer, Was die russischen Diplomaten in Österreich getrieben haben.
66 Sam Jones, John Paul Rathbone, "Tip of the iceberg": rise in Russian spying activity alarms European capitals, in: Financial Times, 26.3.2022.
67 Schweiz verzichtet auf Ausweisung russischer Diplomaten, in: swissinfo.ch, 7.4.2022, https://www.swissinfo.ch/ger/schweiz-verzichtet-auf-ausweisung-russischer-diplomaten/47500794.
68 Mindestens 70 Russen-Spione in der Schweiz!, in: Blick, 10.4.2022.
69 Sicherheit Schweiz 2022, 12, https://www.newsd.admin.ch/newsd/message/attachments/72368. pdf.
70 Ebenda, 69.
71 Jonas Roth, „Die Botschaft dient als Logistikbasis" – so spioniert Russland in der Schweiz, in: Neue Züricher Zeitung, 28.6.2022.
72 Peter Pilz, Russische Geheimdienste in Österreich: Scheunentor für Putin, in: zackzack.at, 13.4. 2022, https://zackzack.at/2022/04/15/russische-geheimdienste-in-oesterreich-scheunentor-fuer-putin.
73 Erich Möchel, Wien offenbar EU-Leitstation für russische Sat-Spionage, in: fm4.orf.at, 26.12. 2022, https://fm4.orf.at/stories/3029962/.
74 Fleix Lincke, Russische Spionage: Verfassungsschutz warnt vor Spitzel-Attacken, in: br.de, 22.5.2022, https://www.br.de/nachrichten/wirtschaft/spionage-aus-russland-verfassungsschutz-warnt-vor-spitzel-attacken,T6MkCpj.
75 Kiewer Sicherheitsrat: Wien sicherer Hafen für russische Agenten, in: orf.at, 18.6.2022, https://orf.at/stories/3271826/.
76 Umfassende Cyberattacken auf Außenministerium, in: zackzack.at, 28.4.2022, https://zackzack.at/2022/04/28/umfassende-cyberattacke-auf-aussenministerium.
77 Anita Staudacher, OMV-Unfall gefährdet Kerosin-Versorgung am Flughafen Wien, in: Kurier, 9.6.2022, Anna Thalhammer, Österreich geht der Diesel aus, in: Die Presse, 5.7.2022.
78 Tom Rogan, Did Russian hackers blow up a Texas LNG pipeline on June 8?, in: Washington Examiner, 21.6.2022.
79 Vilius Petkauskas, Russian hackers tried breaching NATO country's petroleum refining company, in: cybernews.com, 20.12.2022, https://cybernews.com/news/russians-tried-breaching-nato-petroleum-refinery/.
80 Anja Kröll, Martin Gebhart, Sabotage? OMV wollte keine Ermittlungen, in: Kurier 30.9.2022.
81 Jakob Zirm, Cyberattacken auf Firmen steigen stark, in: Die Presse, 27.7.2022.
82 Thomas Riegler, Geheimer Rohbau, in: Datum, Nr. 11/22, 22-25.
83 Anja Kröll, Russischer Spion in Wien festgenommen: 39-Jähriger offenbar Diplomatensohn, in: Kurier, 19.12.2022.
84 BMI, Verfassungsschutzbericht 2021, 50.

Literaturverzeichnis

Alfred Ableitinger, Martin Moll (Hg.), License to detect. Festschrift für Siegfried Beer zum 65. Geburtstag, Graz 2013.

Christopher Andrew, Secret Service. The Making of the British Intelligence Community, London 1985.

Christopher Andrew, Wassili Mitrochin, Das Schwarzbuch des KGB. Moskaus Kampf gegen den Westen, München 2001.

Christopher Andrew, MI5. Die wahre Geschichte des britischen Geheimdienstes, München 2011.

Christopher Andrew, The Secret World. A History of Intelligence, London 2019.

Raja Anwar, The Terrorist Prince: The Life and Death of Murtaza Bhutto, London 1997.

Tennent H. Bagley, Spy Wars. Moles, Mysteries, and Deadly Games, New Haven 2007.

Jeffrey M. Bale, The Darkest Sides of Politics, I: Postwar Fascism, Covert Operations and Terrorism, London 2018.

John Barron, KGB. Arbeit und Organisation des sowjetischen Geheimdienstes in Ost und West, München 1974.

Milton Bearden, Der Hauptfeind. CIA und KGB in den letzten Tagen des Kalten Krieges, München 2004.

Klaus Behling, Der Nachrichtendienst der NVA. Geschichte, Aktionen und Personen, Berlin 2005.

Cathrine Belton, Putin's People. How the KGB Took Back Russia and Then Took on the West, London 2021.

Melanie Bergermann, Volker ter Haseborg, Die Wirecard-Story. Die Geschichte einer Milliarden-Lüge, München 2021.

Ronen Bergman. Der Schattenkrieg. Israel und die geheimen Tötungskommandos des Mossad, München 2018.

Günter Bischof, Anton Pelinka, Dieter Stiefel (Hg.), The Marshall Plan in Austria, Contemporary Austrian Studies, Vol. 8, New Brunswick 2000.

Günter Bischof, Peter Ruggenthaler, Österreich und der Kalte Krieg. Ein Balanceakt zwischen Ost und West, Wien 2022.

Ladislav Bittman, Geheimwaffe D, Bern 1973.

Ian Black, Morris, Israel's Secret Wars. The Untold History of Israeli Intelligence, London 1991.

Walter Blasi, Erwin A. Schmidl, Felix Schneider (Hg.), B-Gendarmerie, Waffenlager und Nachrichtendienste. Der militärische Weg zum Staatsvertrag, Wien 2005.

Emil Bobi, Die Schattenstadt. Was 7.000 Agenten über Wien aussagen, Salzburg 2014.

Genrikh Borovik, The Philby Files. The Secret Life of the Master Spy – KGB Archives Revealed, London 1994.

Phyllis Bottome, The Goal, London 1962.

Wolfgang Brandstetter, Gerhard Loibl, Neutralität und Waffenexporte. Völkerrechtliche Überlegungen zum Tatbestand der „Neutralitätsgefährdung", Wien 1990.

Richard Breitman, Norman J. W. Goda, Hitler's Shadow. Nazi War Criminals, U.S. Intelligence, and the Cold War, Washington 2010.
Paul Broda, Scientist Spies. A memoir of my three parents and the Atom bomb, Leicester 2011.
Oliver Buckton, The World Is Not Enough. A Biography of Ian Fleming, London 2021.
Wladyslaw Bulhak, Thomas Wegener-Friis (Hg.), Need to know. Intelligence and Politics. Western and Eastern Perspectives, Aarhus 2014.
Anthony Cavendish, Inside Intelligence, London 1997.
E. H. Cookridge, The Third Man. The Full Story of Kim Philby, New York 1968.
Gordon Corera, The Art of Betrayal. Life and Death in the British Secret Service, London 2011.
William R. Corson, Susan B. Trento, Joseph J. Trento, Maulwürfe. Die geheimen Kriege des KGB gegen die USA, München 1989.
Richard Davenport-Hines, Enemies Within. Communists, the Cambridge Spies and the Making of Modern Britain, London 2019.
Peter Deriabin, KGB. The Secret World, New York 1959.
Christian Dickinger, Die Skandale der Republik: Haider, Proksch & Co, Wien 2001.
Panagiotis Dimitrakis, Our Man in Vienna. The Spymasters' War at the Heart of Europe, New Haven 2021.
Stephen Dorril, MI6 – Inside the Covert World of Her Majesty's Secret Intelligence Service, New York 2000.
Lucile Dreidemy (Hg. u.a.), Bananen, Cola, Zeitgeschichte: Oliver Rathkolb und das lange 20. Jahrhundert, 2 Bände, Wien 2015.
Paul Duncan (Hg.), The James Bond Archives, Köln 2021.
Gaan Eisenburger, Waffen für Teheran. Die Geschichte des Noricum-Skandals, Wien 2021.
Alfred Estle, Wilhelm Wadl, Titos langer Schatten. Bomben- und Geheimdienstterror im Kärnten der 1970er Jahre, Klagenfurt 2015.
Reinhard Federmann, Bertrand Alfred Egger, Raubersg'schichten, Wien 1962.
Ian Fleming, Liebesgrüße aus Moskau, Ins Deutsche übertragen von Anika Klüver und Stephanie Panner, Ludwigsburg 2013.
Ian Fleming, Octopussy. Ins Deutsche übertragen von Anika Klüver und Stephanie Panner, Ludwigsburg 2014.
Andreas Förster, Auf der Stasi-Millionen. Die Wien-Connection, Berlin 1998.
Christoph Franceschini, Erich Schmidt-Eenboom, Thomas Wegener Friis, Spionage unter Freunden. Partnerdienstbeziehungen und Westaufklärung der Organisation Gehlen und des BND, Berlin 2017.
Christoph Franceschini, Geheimdienste, Agenten, Spione. Südtirol im Fadenkreuz fremder Mächte, Bd. 1, Bozen 2020.
Christoph Franceschini, Segretissimo – Streng geheim! Südtirol im Fadenkreuz fremder Mächte, Bd. 2, Bozen 2021.
Leo Frank-Maier, Geständnis. Das Leben eines Polizisten. Vom Agentenjäger zum Kripochef Oberst Leo Maier, Linz 1993.
Helen Fry, Spymaster. The Man who saved MI6, New Haven 2021.
Manfred Fuchs, Der österreichische Geheimdienst. Das zweitälteste Gewerbe der Welt, Wien 1994.

Armin Fuhrer, Görings NSA. Das „Forschungsamt" im Dritten Reich. Die unbekannte Geschichte des größten Geheimdienstes der Nazis, Hamburg 2019.
Mark Galeotti, The Vory. Russia's Super Mafia, New Haven 2019.
Leah Garrett, X Troop: The Secret Jewish Commandos Who Helped Defeat the Nazis, London 2021.
Michael Gehler, Rolf Steininger (Hg.), Österreich und die europäische Integration seit 1945: Aspekte einer wechselvollen Entwicklung, Wien 2014.
Katja Glogger, Putins Welt. Das neue Russland und der Westen München 2017.
Maximilian Graf, Österreich und die DDR 1949-1990. Politik und Wirtschaft im Schatten der deutschen Teilung, Wien 2016.
Graham Greene, Ways of Escape, London 1980.
Richard Greene, The Life and Times of Graham Greene, London 2020.
Stephen Grey, The New Spymasters. Inside Espionage from the Cold War to Global Terror, London 2015.
Martin Haidinger, Wilhelm Höttl. Spion für Hitler und für die USA, Wien 2019.
Luke Harding, A very expensive Poison. The definitive story of the murder of Litvinenko and Russia's war with the West, London 2017.
Bodo V. Hechelhammer, Spion ohne Grenzen. Heinz Felfe – Agent in sieben Diensten, München 2019.
Oskar Helmer, 50 Jahre erlebte Geschichte, Wien 1957.
Lothar Höbelt, Von der vierten Partei zur dritten Kraft. Die Geschichte des VdU, Graz 1999.
David E. Hoffman, The Billion Dollar Spy. A True Story of Cold War Espionage and Betrayal, London 2017.
Heinz Höhne, Pullach intern. General Gehlen und die Geschichte des Bundesnachrichtendienstes, Hamburg 1971.
Felix Holtermann, Wie Wirecard Politik und Finanzsystem bloßstellt, Frankfurt am Main 2021.
Michael Holzmann, Kim and Jim. Philby and Angleton: Friends and Enemies in the Cold War, London 2021.
Barbara Honigmann, Ein Kapitel aus meinem Leben, München 2004.
William Hood, Mole, New York 1982.
Florian Horcicka, Im Fadenkreuz der Spione. Wie Agenten Österreich unterwandern, Wien 2016.
Wilhelm Höttl, Einsatz für das Reich. Im Auslandsgeheimdienst des Dritten Reichs, Koblenz 1997.
Roger Howard, Operation Damocles. Israel's Secret War Against Hitler's Scientists 1951-1967, Thistle Publishing 2011.
Howard E. Hunt, Undercover. The autobiography of America's most famous secret agent, London 1975.
Harald Irnberger, Nelkenstrauß ruft Praterstern. Am Beispiel Österreich: Funktion und Arbeitsweise geheimer Nachrichtendienste in einem neutralen Staat, Wien 1981.
Friedrich Jäger, Das große Buch der Polizei und Gendarmerie in Österreich, Graz 1990.
Keith Jeffrey, MI6. The History of the Secret Intelligence Service 1909-1949, London 2010.

Rhodri Jeffreys-Jones, In Spies We Trust. The Story of Western Intelligence, Oxford 2013.
Peter Stephan Jungk, Die Dunkelkammern der Edith Tudor-Hart: Geschichten eines Lebens, Frankfurt am Main 2017.
Stefan Karner, Gottfried Stangler (Hg.), „Österreich ist frei!" Der Österreichische Staatsvertrag 1955. Beitragsband zur Ausstellung auf Schloss Schallaburg 2005, Wien 2005.
Stefan Karner, Barbara Stelz-Marx (Hg.), Stalins letzte Opfer. Verschleppte und erschossene Österreicher in Moskau 1950-1953, Wien 2009.
Stefan Karner, Halt! Tragödien am Eisernen Vorhang. Die Verschlussakten, Salzburg 2013.
Stefan Karner, Im Kalten Krieg der Spionage. Margarethe Ottillinger in sowjetischer Haft 1948-1955, Innsbruck 2016.
Erwin Kemper, Verrat an Österreich. Zeitschriftenbuch, Wien 1996.
Agilof Kesselring, Die Organisation Gehlen und die Neuformierung des Militärs in der Bundesrepublik, Berlin 2017.
Otto Klambauer, Der Kalte Krieg in Österreich. Vom Dritten Mann zum Fall des Eisernen Vorhangs, Wien 2000.
Philip Knightley, The Masterspy. The Story of Kim Philby, New York 1990.
Reinhold Knoll, Martin Haidinger, Spione, Spitzel und Agenten. Analyse einer Schattenwelt, St. Pölten 2001.
Arnold Kopeczek, Fallbeispiele des Kalten Krieges in Österreich 1945-1965, Dissertation, Wien 1992.
Herbert Kraus, „Untragbare Objektivität". Politische Erinnerungen 1917 bis 1987, Wien 1988.
Wolfgang Krieger, Die deutschen Geheimdienste. Vom Wiener Kongress zum Cyber War, München 2021.
Wolfgang Krieger (Hg.), Die Auslandsaufklärung des BND. Operationen, Analysen, Netzwerke, Berlin 2021.
Karl Laske, Ein Leben zwischen Hitler und Carlos: Francois Genoud, Zürich 1996.
Burkhart List, Die Affäre Deutsch. Braune Netzwerke hinter dem größten Raubkunstskandal, Berlin 2018.
Andrew Lycett, Fleming. The Man Who Created James Bond, London 2008.
Ben Macintyre, For Your Eyes Only. Ian Fleming and James Bond, London 2008.
Ben Macintyre, A Spy among Friends. Philby and the great Betrayal, London 2015.
Ben Macintyre, The Spy and the Traitor: The Greatest Espionage Story of the Cold War, New York 2018.
Helene Maimann, Über Kreisky. Gespräche aus Distanz und Nähe, Wien 2011.
Dan McCrum, House of Wirecard. Wie ich den größte Wirtschaftsbetrug Deutschlands aufdeckte und einen Dax-Konzern zu Fall brachte, Berlin 2022.
Jens Mecklenburg (Hg.), Gladio. Die geheime Terrororganisation der NATO, Berlin 1997.
Sebastian Meissl, Klaus-Dieter Mulley, Oliver Rathkolb (Hg.), Verdrängte Schuld. Verfehlte Sühne. Entnazifizierung in Österreich 1945-1955, Wien 1986.
James V. Milano, Patrick Brogan, Soldiers, Spies and the Rat Line. America's Undeclared War against the Soviets, Dulles 2000.
Winfried Meyer, Klatt. Hitlers jüdischer Meisteragent gegen Stalin: Überlebenskunst in

Holocaust und Geheimdienstkrieg, Berlin 2015.
Kid Möchel, Der geheime Krieg der Agenten. Spionagedrehscheibe Wien, Hamburg 1997.
Yuri Modin, My Five Cambridge Friends, London 1994.
Margareta Mommsen, Das Putin-Syndikat. Russland im Griff der Geheimdienstler, München 2017.
Elizabeth Montagu, Honourable Rebel, Beaulieu 2003.
Verena Moritz, Hannes Leidinger, Gerhard Jagschitz, Im Zentrum der Macht. Die vielen Gesichter des Geheimdienstchefs Maximilian Ronge, St. Pölten 2007.
Verena Moritz, Hannes Leidinger, Oberst Redl. Der Spionagefall, der Skandal, die Fakten, Wien 2012.
Helmut Müller-Enbergs, Armin Wagner (Hg.), Spione und Nachrichtenhändler. Geheimdienstkarrieren in Deutschland 1939-1989, Berlin 2016.
Peter F. Müller, Michael Mueller, Gegen Freund und Feind. Der BND: Geheime Politik und schmutzige Geschäfte, Reinbeck bei Hamburg 2002.
Rolf-Dieter Müller, Reinhard Gehlen. Geheimdienstchef im Hintergrund der Bonner Republik. Die Biografie. Teil 1: 1902-1950, Berlin 2017.
Christopher Nehring, Die 77 größten Spionage-Mythen, München 2019.
Heinrich Neisser, Fritz Windhager, Wie sicher ist Österreich? Beiträge zu seiner konzeptiven Sicherheitspolitik, Wien 1982.
Werner Novak, Armer kleiner Spion, Eigenverlag 1997.
Conrad O'Brien-ffrench, Delicate Mission. Autobiography of a secret agent, London 1979.
David O'Keefe, One Day in August. Ian Fleming, Enigma and the deadly Raid on Dieppe, London 2020.
Franz Olah, Erlebtes Jahrhundert: Die Erinnerungen, Wien 2008.
Danny Orbach, Fugitives. A History of Nazi Mercenaries during the Cold War, London 2022.
Magnus Pahl, Gorch Pieken, Matthias Rogg (Hg.), Achtung Spione! Geheimdienste in Deutschland 1945 bis 1956. 2 Bände, Dresden 2016.
Leon Panetta, Worthy Fights. A Memoir of Leadership in War and Peace, New York 2014.
Anton Pelinka, Andreas Maislinger (Hg.), Handbuch zur neueren Geschichte Tirols. 1. Teil: Politische Geschichte, Innsbruck 1993.
Martin Pearce, Spymaster. The Life of Britain's Most Decorated Cold War Spy and Head of MI6 Sir Maurice Oldfield, London 2017.
John Pearson, The Life of Ian Fleming, London 2003.
Albert Pethö, Agenten für den Doppeladler: Österreich-Ungarns Geheimer Dienst im I. Weltkrieg, Graz 1998.
Gustav Pfeifer, Maria Steiner (Hg.), Bruno Kreisky und die Südtirolfrage, Bozen 2017.
Kim Philby, My Silent War. The Autobiography, London 2003.
Peter Pilz, Eskorte nach Teheran. Der österreichische Rechtsstaat und die Kurdenmorde, Wien 1997.
Peter Pilz, Kurz. Ein Regime, Wien 2021.
Gert-René Polli, Deutschland zwischen den Fronten. Wie Europa zum Spielball von Politik und Geheimdiensten wird, München 2017.
Gert-René Polli, Schattenwelten: Österreichs Geheimdienstchef erzählt, Graz 2022.
Hugo Portisch, Österreich II. Die Wiedergeburt unseres Staates, Wien 1985.

Hugo Portisch, Österreich II. Der lange Weg zur Freiheit, Wien 1986.
Ursula Prutsch, Wer war Fritz Mandl. Die Biografie. Nazis und Geheimdienste, Wien 2022.
Nicholas Rankin, Ian Fleming's Commandos. The Story of 30 Assault Unit in WWII, London 2011.
Dan Raviv, Yossi Melman, Spies against Armageddon. Inside Israel's Secret Wars, New York 2012.
Anthony Read, David Fisher, Colonel Z. The Secret Life of a Master of Spies, London 1985.
Viktor Reimann, Kraft, Die dritte Kraft in Österreich, Wien 1980.
Michel Reimon, Eva Zelechowski, Putins rechte Freunde. Wie Europas Populisten ihre Nationen verkaufen, Wien 2017.
Margit Reiter, Die Ehemaligen. Der Nationalsozialismus und die Anfänge der FPÖ, Göttingen 2019.
John H. Richardson. My Father, the Spy. An Investigative Memoir, New York 2005.
Thomas Riegler, Im Fadenkreuz: Österreich und der Nahostterrorismus 1973-1985, Göttingen 2010.
Jim Ring, Storming the Eagle's Nest. Hitler's War in the Alps, London 2013.
James Risen, State of War. The Secret History of the CIA and the Bush Administration, New York 2006.
Matthias Ritzi, Erich Schmidt-Eenboom, Im Schatten des Dritten Reiches. Der BND und sein Agent Richard Christmann, Berlin 2011.
Max Ronge, Kriegs- und Industriespionage. Zwölf Jahre Kundschafterdienst, Wien 1930.
Jürgen Roth, Gazprom – Das unheimliche Imperium: Wie wir Verbraucher betrogen und Staaten erpresst werden, Berlin 2012.
Dietmar Rust, Die Geschichte des militärischen Nachrichtendienstes in Österreich, Wien 2012.
John Sadler, Silvie Fisch, Spy of the Century. Alfred Redl & the Betrayal of Austro-Hungary, Barnsley 2016.
Gerhard Sälter, NS-Kontinuitäten im BND: Rekrutierung, Diskurse, Vernetzungen, Berlin 2022.
Ian Sayer, Douglas Botting, America's Secret Army. The Untold Story of the Counter Intelligence Corps, London 1990.
Jeremy Scahill and the staff of The Intercept, The Assassination Complex, New York 2016.
Gerhard Schindler, Wer hat Angst vorm BND? Warum wir mehr Mut beim Kampf gegen die Bedrohungen unseres Landes brauchen. Eine Streitschrift, Berlin 2020.
John R. Schindler, Fall of the Double Eagle. The Battle for Galicia and the Demise of Austria-Hungary, Nebraska 2015.
Erwin A. Schmidl (Hg. u.a.), Österreich im frühen Kalten Krieg 1945-1958. Spione, Partisanen, Kriegspläne, Wien 2000.
Holger Schmidt, Wie sicher sind wir? Terrorabwehr in Deutschland. Eine kritische Bilanz, Zürich 2017.
Erich Schmidt-Eenboom, Schnüffler ohne Nase. Der BND. Die unheimliche Macht im Staate, Düsseldorf 1995.
Tanjev Schultz, NSU. Der Terror von rechts und das Versagen des Staates, München 2018.
Christian Seiler, André Heller. Feuerkopf. Die Biografie, München 2012.

Tom Segev, Simon Wiesenthal. Die Biografie, München 2012.
Michael Shelden, Graham Greene. The Man Within, London 1994.
Norman Sherry, The Life of Graham Greene. Volume II: 1939-1955, New York 1995.
Hannes Sieberer, Herbert Kierstein, Verheizt und vergessen. Ein US-Agent und die DDR-Spionageabwehr, Berlin 2005.
Michael Sika, Mein Protokoll. Innenansichten einer Republik, München 2001.
Peer de Silva, Sub Rosa. The CIA and the Uses of Intelligence, New York 1978.
Edward Abel Smith, Ian Fleming's Inspiration. The Truth behind the Books, Yorkshire 2020.
Chris Smith, The Last Cambridge Spy. John Cairncross, Bletchley Park Mole and Soviet Agent, Cheltenham 2022.
Edward Snowden, Permanent Record, London 2019.
Bernd Stöver, CIA. Geschichte, Organisation, Skandale, München 2017.
Heinz-Christian Strache, Das Ibiza-Attentat. Was wirkich geschah und warum ich weiter für euch kämpfe, Nordenstedt 2021.
Wilhelm Svoboda, Franz Olah. Eine Spurensicherung, Wien 1990.
Wilhelm Svoboda, Die Partei, die Republik und der Mann mit den vielen Gesichtern, Wien 1993.
Brigitte Timmermann, Frederick Baker, Der dritte Mann. Auf den Spuren eines Filmklassikers, Wien 2002.
Brigitte Timmermann, The Third Man's Vienna: Celebrating a Film Classic, Wien 2005.
Kurt Tozzer, Günther Kallinger, Todesfalle Politik. Vom OPEC-Überfall bis zum Sekyra-Selbstmord, St. Pölten 1999.
Kurt Tozzer, Max Tozzer, Das Netz der Schattenmänner. Geheimdienste in Österreich, Wien 2003.
Robert A. Vogeler with Leigh White, I was Stalin's Prisoner, New York 1952.
Boris Volodarsky, The KGB's Posion Factory. From Lenin to Litvinenko, Barnsley 2009.
Bettina Weiguny, Georg Meck, Wirecard. Das Psychogramm eines Jahrhundertskandals, München 2021.
Nigel West, Oleg Tsarev, The Crownjewels. The British Spies exposed by the KGB Archives, London 1999.
Willi Winkler, Der Schattenmann: Von Goebbels zu Carlos: Das mysteriöse Leben des François Genoud, Berlin 2011.
James E. Wise, Scott Baron, Dangerous Games. Face, Incidents and Casualties of the Cold War, Annapolis 2013.
Hans Wolker, Schatten über Österreich. Das Bundesheer und seine geheimen Dienste, Wien 1993.
Hans Gerhard Zeger (Hg. u.a), Alpen-Stasi – die II. Republik im Zerrspiegel der Staatspolizei, Linz 1990.

Personenregister

Namen von BVT-Mitarbeitern wurden analog zur Vorgangsweise im BVT-UsA zum Schutz von Persönlichkeitsrechten anonymisiert und werden aus diesem Grund auch im Verzeichnis nicht berücksichtigt.

Der Autor

Dr. Thomas Riegler, Historiker in Wien. Seit 2016 Affiliate Researcher am Austrian Center for Intelligence, Propaganda and Security Studies (ACIPSS). Der Autor beschäftigt sich insbesondere mit den Themen Spionage und Terrorismus im österreichischen Kontext und twittert diesbezüglich unter @thomas_riegler. Auch sei auf die Homepage https://thomas-riegler.net/ verwiesen.